CLAIRE STERLING

Die Mafia

Einzig berechtigte Übersetzung
aus dem Amerikanischen von
Michael Martin

BASTEI
LÜBBE

BASTEI-LÜBBE-TASCHENBUCH
Band 60349

Lizenzausgabé: Gustav Lübbe Verlag GmbH, Bergisch Gladbach
Printed in Germany, Juli 1993
Einbandgestaltung: Adolf Bachmann
Titelbild: Muthny/Silvestris
Satz: hanseatenSatz-bremen, Bremen
Druck und Bindung: Claussen & Bosse, Leck

ISBN 3-404-60349-4

Inhalt

Vorwort

Dieses Buch ist in der Vergangenheitsform geschrieben, weil die Fakten, die ich in den letzten vier Jahren gesammelt habe, allmählich bereits Geschichte werden. Die Mafia wartet nicht ab, bis sie von den Ereignissen überholt wird. Sie war schon immer einen Schritt weiter als die Erkenntnisse, die über sie vorlagen.

Als ich dieses Buch 1985 begann, merkten Strafverfolger auf der ganzen Welt gerade, was speziell die sizilianische Mafia während des letzten Vierteljahrhunderts getrieben hatte. Viele können noch gar nicht verkraften, was sie da alles entdeckt haben.

Seit 1957 hat sich eine kleine Verbrecherbande, deren Tätigkeit angeblich auf eine kleine Mittelmeerinsel beschränkt war, zu einem multinationalen Heroinkartell gemausert, das weltweit operiert. Inzwischen sind diese Kriminellen außerdem Großhändler für den größten Teil des Kokains der Welt. Tatsächlich ist die sizilianische Mafia das einzige organisierte Verbrechersyndikat, das sowohl Heroin als auch Kokain in großen Mengen über Meere und Kontinente hinweg vermarkten kann.

Bis Anfang der achtziger Jahre hatte keine Behörde hiervon auch nur die leiseste Ahnung. Zu diesem Zeitpunkt hatten sizilianische Ehrenmänner bereits strategische Stellungen bezogen: in Bangkok, London, München und Marseille, in Montreal, Caracas, São Paulo und in etwa 20 Schlüsselstädten der Vereinigten Staaten. Kaum ein Land in Europa, Asien, Afrika oder der gesamten westlichen Hemisphäre, das sie dabei nicht unterwandert oder korrumpiert hätten. Daß sie so lange unsichtbar bleiben konnten — in vielen dieser Länder sind sie es noch —, lag weniger an ihrer eigenen Abgefeimtheit, als an der Arglosigkeit der Gesellschaften, die ihnen zum Opfer fielen. Denn obwohl immer mehr Beweise über Charakter und Zweck ihrer Bruderschaft zusammenkamen, wurden sie einfach nicht geglaubt.

Die Öffentlichkeit war nicht imstande, sich das Phänomen zu erklären, und die Strafverfolgungsbehörden waren weder geschult noch ausgestattet, mit so etwas fertig zu werden. Viele Gesetzeshüter hatten keine Ahnung, was die sizilianische Mafia war, und wollten auch nichts von ihr wissen. Sie legten nicht nur keinerlei Neugier, sondern auch einen verblüffenden Gedächtnisschwund gegenüber den geschichtlichen Fakten an den Tag. Daß sie es unterließen, vorhandene Daten aus ihren eigenen Archiven herauszusuchen, miteinander zu kommunizieren und ihre Erkenntnisse auszutauschen, die Verbindung zwischen einzelnen Straftaten herzustellen und neue Verbrechen mit früheren zu vergleichen, wurde zur ausschlaggebenden Voraussetzung für den unerhörten Siegeszug einer höchst gefährlichen internationalen kriminellen Vereinigung.

Vielleicht sind nicht alle Strafverfolger erfreut, wenn solche unangenehmen Wahrheiten aufgedeckt werden, doch kann die Mafia nicht geschlagen werden, solange sie weiter gelten. Dasselbe gilt für andere unangenehme Wahrheiten, nach deren Veröffentlichung immer wieder behauptet wird, sie seien eine Verunglimpfung des sizilianischen Volkes.

Gerade diese Auslegung wird von der Mafia schon

seit mehr als einem Jahrhundert als klassisches Verteidigungsargument benutzt. Es handelt sich um eine reine Zwecklüge. Eingeschworene Mitglieder der Mafia machen in Sizilien nur den Bruchteil eines Prozents der Inselbevölkerung aus. Ihre wissentlichen und bereitwilligen Helfer sind eine kleine Minderheit. Millionen anständiger Sizilianer halten gegenüber der Mafia nur still, weil sie durch Terror zum Schweigen gebracht worden sind. Die tapfersten und kühnsten Männer und Frauen, die je gegen die Mafia vorgegangen sind, waren selbst Sizilianer.

Manche mögen dennoch Anstoß nehmen an dem häßlichen Bild ihrer Insel, das von den Tatsachen in diesem Buch gezeichnet wird. Das aber ist Schuld der Mafia, und nicht meine. Man erwürge nicht den Boten, nur weil er schlechte Nachricht bringt.

Prolog

Zwei Männer dinierten im *Palace*, damals einem der exklusivsten, teuersten Restaurants der New Yorker East Side. Das war im Winter 1976. (Gäste, die dort für mehr als 10 000 Dollar jährlich speisten, erhielten Kreditkarten aus 24 karätigem Gold.) Beide waren mit atemberaubender Eleganz gekleidet: Maßanzüge, dezente Krawatten, absolut keine Diamantringe am kleinen Finger. Nur ihre Sprache hätte sie verraten, hätte jemand ihren hingemurmelten Halbsätzen gelauscht.

Der eine, »Enzo«, konnte nur wenig Englisch und redete mit starkem italienischen Akzent. Sein Tischgenosse »Tommy« sprach unverfälschten Brooklyn-Dialekt. Bei Lammrücken und einer Flasche Château-Lafite-Rothschild '55 redeten sie Tacheles:

Enzo: »Es issen Gemälde aus 'nem Museum.«

Tommy: »Was bitte?«

Enzo: »Es issen Gemälde . . .«

Tommy: »Ach so, aussem Museum . . . 's gibt Leute, die hängen sich so was aufs Scheißhaus und lassen's jahrelang hängen, ist denen egal!«

Enzo: »Ja . . . In der Zeit, wo du weg warst, habe ich allerhand recherchiert. 100 000 Dollar, klar?«

Das Gemälde, von dem die Rede war, war ein »Tiepido«, soweit sie es benennen konnten (von Giovanni Battista Tiepolo, einem italienischen Meister des 18. Jahrhunderts). Enzo konnte auch andere Museumsstücke auf Bestellung klauen lassen, wie er sagte:

Tommy: »Rembrandt.«
  Enzo: »Rembrandt was?«
  Tommy: »Rembrandt, von denen gibt's 'ne Million: Da Vinci, van Gogh, soll ich dir die ganze Liste aufzählen? Van Gogh, da Vinci . . . Weißt du überhaupt, von was ich rede?«
  Enzo: »V-A-A, G-O-R-A. Van Go?«

Dann gingen sie zu Musikinstrumenten über:

Enzo: »Geigen . . . Stradinoff . . .«
  Tommy: »Stradius?«
  Enzo: »Stradivar . . . Ich weiß den Namen nicht mehr. Sechs. Sind 'ne Million Dollar wert.«
  Tommy: »Wofür brauchen die zwei?«
  Enzo: »Sie wollen 210 000 Dollar, für alle sechs. Geteilt durch sechs, also 35 000 Dollar pro Stück.«
  Tommy: »Weißt du, mit dir feilschen tötet mir den Nerv . . . Ich nehm' eine Stradivarus oder wie das Dings heißt. Wer zum Teufel soll mir sechs Stradivarus abkaufen?«

Daraufhin redeten die beiden Männer über unterschlagene Wertpapiere:

Tommy: »Beschaff mir für 100 000 Dollar Bundesschatzbriefe. Ich übernehm' sie nächstes Wochenende. Wenn sie sauber sind. Okay?«
  Enzo: »Wir warten. Damit würde alles hochgehen . . .

Da sind zehn Millionen Dollar für uns drin ... Zehn Prozent Vorauskasse, 15 Prozent nach der Einlösung. Klar?«

Tommy: »Klar ... Also beschaff mir 100 000 bis 125 000, und nächstes Mal nehmen wir vielleicht 'ne Million ...«

Schließlich schnitten sie noch verfänglichere Themen an:

Tommy: »Wie isses mit 'nem Bundesrichter?«
Enzo: »Was?«
Tommy: »Kennst du irgendein' Bundesrichter?«
Enzo: »In New York?«
Tommy: »Ja.«
Enzo: »Wenn's um Stoff geht, isses sauschwer, bei allem anderen kostet's mindestens 50 000 Dollar.«[1]

Bis sie beim Kognak angelangt waren — abgelagerter Napoleon, auf einem Karren hereingefahren, 1 800 Dollar die Flasche —, hatten sie noch allerhand mehr beredet. Enzo hatte falsche Cartieruhren zu 65 Dollar pro Stück angeboten, gefälschte 20-Dollar-Scheine zu 20 Prozent des Nennwerts, lastwagenweise Wertmünzen für Zigarettenautomaten und 20 000 Pfund Jakobsmuscheln zu 15 Cent unter Marktpreis.

Er hatte auch Spezialisten erwähnt: »Hör mal, Tommy, wenn du je jemand umgelegt oder zusammengeschlagen haben willst, brauchst du's bloß zu sagen. Ich hab' sehr gute Leute, ich kann das für dich machen lassen.« Für ein paar 100 Dollar könne er auch einen warmen Abbruch »für ein Gebäude oder so was« arrangieren. Er habe einen Piloten an der Hand, der ein beliebiges Paket aus Italien einschmuggle, wenn es nicht mehr als zehn Pfund wiege. Er könne ein Paket von der

Größe einer Schuhschachtel durch den Zoll schleusen, sofern es in Europa aufgegeben worden sei. »Es ist gefährlich. Es lohnt sich nur bei Diamanten oder Stoff«, erklärte er.

Ein großer Teil dieses rätselhaften Gesprächs an diesem Abend überforderte die abhörenden Agenten, bisweilen auch die beiden Männer selber:

Tommy: »Erzähl mir von der anderen Sache, von der Sache, weißt du, von der wir damals geredet haben . . . Weißt du, was ich meine?«

Enzo: »Nein.«

Auch die Agenten wußten es nicht mehr (sie drehten durch). Sie nahmen diese Treffen schon seit Monaten auf Band. »Tommy« trug ein winziges Aufnahmegerät in einer Spezialtasche in seiner Unterhose. In Wirklichkeit war er Detective Douglas Le Vien, angestellt bei der elitären zentralen Ermittlungsabteilung des Büros zur Bekämpfung des organisierten Verbrechens der Stadtpolizei von New York.

Detective Le Vien hat im Laufe der Jahre an vielen aufsehenerregenden Fällen mitgewirkt. Er war der Agent, der in dem berühmten Goldtberg-Fall von 1972 eine elektronische Wanze trug. Damals gab er sich auf einem Schrottplatz in Brooklyn als bestechlicher Polizist aus und überführte den Boß der Mafiafamilie Lucchese, Carmine Tramunti, dazu 40 weitere Gangster und 21 korrupte Polizisten. Die Presse feierte ihn als den »Polizisten, der nicht zu kaufen war«. Später arbeitete er am berühmten Abscamfall »The Sting« und deckte Korruption in hohen öffentlichen Ämtern auf. Detective Le Vien hat außerdem zahlreiche lobende Erwähnungen von der New Yorker Polizei, vom US-Justizministerium, vom Finanzministerium, von der Steuerfahndung, vom Federal Bureau of Investigation erhalten. Der damalige Direktor des FBI, Richter William Webster, belobigte ihn persönlich für seine »unschätzbaren Dienste« im Abscamfall. Anfang der achtziger Jahre leistete er hervorragende Arbeit für den vom US-Präsidenten eingesetzten Ausschuß gegen das organisierte Verbrechen. »Doug Le Viens Ortskunde und Erkenntnisse wurden zur Grundlage für die wichtigsten Ausschußempfehlungen an den Präsidenten«, sagte der Ausschußvorsitzende, Chefberater James Harmon. Heute zählt Le Vien zu den besten Kriminalisten Amerikas.

Für seine bemerkenswerten Ermittlungen über Vincenzo Napoli, genannt »Enzo«, bekam er indessen nicht einmal ein Dankeschön. Dabei war er einer Sache auf der Spur, die der Polizei zweier Kontinente mehr als ein Vierteljahrhundert verborgen geblieben war, vielleicht dem größten Ding der Gegenwartsgeschichte des organisierten Verbrechens. Hätte man ihn die Sache weiter verfolgen lassen, hätte Le Vien vielleicht eine internationale kriminelle Verschwörung ungeheuren Ausmaßes aufgedeckt — einen Geheimbund, der inzwischen Millionen Menschen ins Elend gestürzt und die Vereinigten Staaten und die ganze Welt mit der Heroinpest überzogen hat. Aber man ließ ihn auflaufen. Ob Zufall oder Absicht, ob Ignoranz, Gleichgültigkeit und Inkompetenz, oder aber geschickte Strafvereitelung — die wenigen Personen, denen bekannt war, woran Le Vien arbeitete, konnten es kaum erwarten, die Akte Napoli zu schließen. Sie haben noch immer keine Ahnung, welchen folgenschweren Fehler sie damit begangen haben.

»Enzo« war Doug Le Viens Entdeckung und sein Fluch. Vom ersten Tag seines sagenhaften Zufallsfunds im Juni 1976 an wurde er durch eine seltsame Trägheit des Apparats gebremst. Seine Vorgesetzten konnten einfach nicht nachvollziehen, was ihn so nervös machte. Je drängender er argumentierte, desto weniger schienen sie ihm zuzuhören. »Sie guckten mich immer an, als ob ich nicht ganz richtig sei. Warum ich denn so schrie? Ob ich angetrunken sei oder was?«

Schließlich hörten sie überhaupt nicht mehr zu. Seine Gelder, nie reichlich bemessen, wurden gestrichen. Le Viens Berichte erblickten nie das Tageslicht, nicht im Gerichtssaal und nicht außerhalb; ihr Inhalt wird hier zum ersten Mal veröffentlicht. Den Geheimnissen, auf die er zufällig gestoßen war, wurde nie nachgegangen. Seine Erkenntnisse versackten in bürokratischer Inkompetenz, sein rares Mafiaexemplar wurde laufengelassen, der Fall ging an Vernachlässigung ein. »Echt unglaublich, aber wahr«, meint Le Vien.

Offen gestanden konnte damals nicht einmal er ahnen, wie richtig er lag. Er glaubte, er sei im Begriff, die amerikanische Mafia aufzurollen, wie dies viele verdeckte Ermittler versuchten. In Wirklichkeit aber war er dabei, die sizilianische Mafia in Amerika zu unterwandern, was bisher noch keinem gelungen war.

Die Operation war längst vorbei, bevor er sich fragte, wer seine Zielperson eigentlich gewesen war. Wie alle seine Kollegen im Polizeipräsidium hatte er Enzo Napoli für einen Soldaten der Familie Gambino gehalten, des mächtigsten Mafiaclans von Amerika. »Dann wandert der Kerl in den Knast, und wir bekommen einen Hinweis, daß er eine Abschußprämie auf mich ausgesetzt hat. Ich wollte es zuerst gar nicht glauben. Doch der Gewährsmann sagt: ›Sie sollten das ernst nehmen. Der ist kein Amerikaner. Der Kerl ist ein *Geep*. Die Amis haben den nicht im Griff.‹«

»Geep« bedeutet im New Yorker Rotwelsch Sizilianer. Enzo Napoli, geboren im sizilianischen Villabate, war ordentlich als Mitglied der sizilianischen Mafia eingeschworen worden, an die er durch Blutschwur lebenslang gebunden war. Die Gambinos in New York hatten ihm nichts zu sagen. Er arbeitete mit ihnen zusammen, nicht für sie — dies nur bisweilen, wenn es erforderlich oder vorteilhaft war.[2]

Von New York erstreckten sich seine Operationen nach Detroit, Milwaukee, Chicago, Anaheim, Houston, Virginia Beach und Miami, nach Montreal, Puerto Rico, den Bahamas, Grenada und Caracas, nach München, Zürich, Lugano, Paris, Mailand, Rom, Palermo, Bangkok und Hongkong.[3] »Das war ein Vogel von Weltrang«, räumte ein Staatsanwalt in Brooklyn ein, ein volles Jahrzehnt nachdem Doug Le Vien ihn gehabt und wieder verloren hatte.

Doug war nicht auf der Suche nach Heroin, als er über Napoli stolperte. Er war lediglich fasziniert von einem Gauner, der offenbar gute Verbindungen hatte und völlig darin aufging, ungeheure Summen zu verdienen. Daß Napoli Teil eines weitverzweigten Untergrundnetzes war, dessen Fäden zu einer fernen Insel im Mittelmeer liefen, hätte ihn sehr verblüfft.

Die erste Begegnung zwischen Le Vien und Napoli wurde von einem Untergebenen Napolis angebahnt, der Doug für einen betuchten Geschäftsmann aus Connecticut auf Hehlereinkaufstour für seine eigene zwielichtige Truppe von Geschäftsleuten hielt. (Ein solcher Mann hatte über diesen Vermittler jahrelang mit Napoli Geschäfte gemacht, ohne daß dieser ihn je zu Gesicht bekommen hatte.) Die Angaben über Napoli waren dünn. Sie bestanden hauptsächlich aus dem Bruchstück eines Gesprächs über ein Telefon, das wegen einer anderen Ermittlungssache in Manhattan angezapft worden war.

Der Anrufer, offenbar kein Sizilianer, arbeitete in einem luxuriösen Spielclub, der Napoli gehörte: im Murray Hill Townhouse, wo leichte Mädchen, scharfe Getränke, sofortige Barkredite, Bakkarat und ein sizilianisches Kartenspiel namens Zigonet geboten wurden.

Ausschnitte des Gesprächs hatten einen verlockenden Blick auf Enzo Napoli gestattet:

Ich glaube, vor dem haben sie schon ein bißchen Respekt, du weißt schon, was ich meine . . . Aber er ist ein verflucht gerissener Hund. Ich hab immer viel von dem Kerl gehalten, weil er immer Geld hatte, doch jetzt scheißt er mich an, und ich halt' nicht mehr soviel von ihm . . . (Napoli klagte gewohnheitsmäßig, um hartnäckige Geldforderungen seiner Beschäftigten abzuwehren.)

Er will mir weismachen, die hätten letzte Woche bloß 13 000 rausgeholt, die ganze Woche. Er will uns verscheißern . . . Das Spielchen bringt 'ne halbe Million wöchentlich . . . Er erzählt mir, die 8 000 netto müßten auf 16 Leute aufgeteilt werden. Er behauptet, jede beschissene Familie in New York ist an der Sache beteiligt . . . Große Mafialeute hätten ihren Anteil an dem Spiel . . .

Weißt du, die andern Jungs wollten die Bude übernehmen. [Das waren Leute von »Fat Andy« Ruggiano aus der Mafiafamilie Gambino.] Sie haben sich zusammengesetzt, und Napolis Leute haben gesagt: »Finger weg — das machen wir.« . . . Er hat gesagt: »Denkt bloß nie, daß ihr uns hier rauskeilen könnt, wir bleiben nämlich. Niemand sonst wird beteiligt. Wir bleiben . . .«

Also, ich sag' dir, was mich angeht, würde ich da am liebsten mit zwei Maschinenpistolen reingehen, die Bude hoppnehmen, ihr Geld einsacken und dann nichts wie weg . . .

Bei denen sind einfach zu viele Sizilianer [sagt sein Gesprächspartner].

Da kannst du Gift drauf nehmen. Die würden dich in Stücke reißen. Dir glatt die Eier abschneiden [der andere gibt ihm recht].[4]

Ohne wesentlich mehr in der Hand zu haben als dieses Tonband, traf sich Le Vien mit seinem Mann bei einem Herrenfriseur im unteren Manhattan. Le Vien trat als »Tommy Russo« auf, ein etwas zwielichtiger Millionär aus Connecticut. Enzo Napoli, 46 Jahre alt, 1,80 m groß und mehr als zwei Zentner schwer, hatte einen starken Bauchansatz und bereits die Haltungsschäden des mittleren Alters. Sein Gesicht war faltig, seine Augen standen eng beieinander, er schielte leicht und hatte schweißfeuchte Hände. Er kleidete sich elegant und sprach sanft mit einem drohenden Unterton.

Napoli wollte Tommy eine 9-mm-Beretta mit handgefertigtem Schalldämpfer für 1 000 Dollar verkaufen. »Ich hab' sie selber schon benutzt; sie macht nicht viel Krach«, sagte er. Er hatte sogar noch bessere Waffen anzubieten, darunter auch ein automatisches Gewehr mit Schalldämpfer, »eine Sonderanfertigung für die CIA«, und hatte weitaus größere Geschäfte vorzuschlagen. Er war ein »Großverdiener«, wie Le Vien sofort erkannte: vielseitig im Geldmachen, gerissen, vorsichtig und hochgefährlich. »Ich sagte ihm bloß, daß ich mit ihm zusammen gutes Geld verdienen wollte«, berichtete Le Vien später. »Ich frage mich, ›wer ist Enzo Napoli?‹, und fange an nachzuforschen. Er ist nie gefaßt worden. Er ist ein unbeschriebenes Blatt, und wir wissen nicht viel über das, was da draußen vorgeht . . . Ich sage mir, weiter hinauf als bis zu diesem Typ komme ich bestimmt nicht. Ich häng' mich an den Typ dran.«

Doch sofort stieß er auf Widerstand. Im Präsidium, wo nur absolut heiße Fälle bearbeitet wurden, »wollten sie nichts davon wissen . . . Ich gebe ihnen die Pistole, sie sagen: ›Warum kaufst du das von diesem Kerl? So was können wir von jedem kriegen.‹ Ich sage, wollt ihr mich verarschen? Der Junge hat es. Der ist Spitze. Der weiß voll Bescheid.«

Mit vorläufiger Erlaubnis seines Vorgesetzten (aber ohne Geldmittel) stieg Le Vien in sein neues Doppelleben ein. Als er 1976 Enzo Napoli übernahm, war er schon seit sechs Jahren verdeckter Ermittler und hatte rasch Karriere gemacht. Mit 29 Jahren war er ein gründlicher, hartnäckiger, phantasievoller und mutiger Kriminalist — und obendrein witzig und sympathisch. Als Hochstapler war er sehr überzeugend. Eher auf der Schattenseite Brooklyns aufgewachsen, war Le Vien ein aufsässiger Straßenjunge gewesen, der mit Mafiakindern Umgang hatte. Mit 15 stand er auf eigenen Füßen und war Anführer einer Straßenbande, der Hilltroopers. Noch heute bewegt er sich wie einer von ihnen und kann so reden und notfalls auch so denken. Und obwohl er Frankokanadier ist, sieht er sogar wie ein Italiener aus. Dunkelhaarig und gedrungen, mit der Haltung eines Fußballrowdys und den verhangenen Augen eines George Raft (auch wenn die Wirkung durch ein leichtes Stottern verdorben wird), könnte man ihn ohne weiteres für einen *wise guy* der Mafia halten (ein eingeschworenes Mitglied der New Yorker Mafia oder einen ihrer Geschäftspartner). »Vielleicht wäre ich das geworden, wenn ich nicht zum US-Marinekorps gegangen wäre«, bemerkte er. (Er hat beim Marinekorps in Vietnam gedient.)

Teuer gekleidet — »aufgemotzt«, wie er gern selbst sagt —, konnte Le Vien durchaus als selbstgemachter

Millionär durchgehen. Mit Sicherheit sollte innerhalb der nächsten zwei Jahre niemand daran zweifeln, daß er das war. Amtliche Ermittlungen gegen Enzo Napoli unter dem Deckwort *Operation Earn* wurden schließlich im November 1976 aufgenommen. Le Vien mußte den gesamten Polizeiapparat von New York umgehen, um das zu erreichen. Da er seine Vorgesetzten nicht auf Trab bringen konnte, wandte er sich insgeheim an einen Beamten des amerikanischen Zolls, der über Napoli einige Erkenntnisse hatte. Der Zoll setzte die Polizei unter Druck, bis sie einlenkte. Dann wurden von der Sondereinsatzgruppe des Eastern District »probehalber« ein paar gemeinsame Operationen angesetzt.[5] Bei dieser Sondereinsatzgruppe handelte es sich um eine vom Büro der Bundesanwaltschaft in Brooklyn-Queens geleitete behördenübergreifende Einheit, in der die New Yorker Polizei, der Zoll, die Steuerfahndung, die Einwanderungs- und Einbürgerungsbehörde, das Amt für Alkohol, Tabak und Schußwaffen, die Drogenfahndung und das FBI kooperierten.

Die Ermittlungen erstreckten sich nicht nur auf Vincenzo Napoli, sondern auch auf seine Brüder Antonino und Gaetano, bekannt unter den Namen Nino und Tommy, alle drei »hochrangige und vertrauenswürdige Mitglieder der Verbrecherfamilie Gambino«. Antonino war einige Jahre zuvor wegen seiner zahllosen Straftaten einen Monat lang Ermittlungsschwerpunkt des 123. Polizeireviers gewesen. Enzo selbst wurde als »Großverdiener« oder »Geldbeweger« beschrieben, als »Haupteinnahmequelle ... der höchsten Kreise des organisierten Verbrechens«.[6]

Ende 1976 wurde am 23. Hafenpier von Manhattan ein Wohnwagen als geheime Operationsbasis für Le Vien eingerichtet. An der Decke waren mit Reißzwecken eine Übersichtskarte von New Yorks fünf Mafiafamilien und eine Karte der Vereinigten Staaten befestigt. (Eine Weltkarte kam später hinzu.) Für den Kriminalbeamten wurde in Fairfield, Connecticut, eine Wohnung gemietet und ein Telefonanschluß geschaffen, über den Anrufe von Fairfield zum Wohnwagen durchgestellt werden konnten. Auch ein Führerschein, ein Nummernschild, ein Bankkonto und Geld für die Garderobe wurden beschafft.

Ein blendender »Tommy Russo« trat ans Licht. Er hatte Nachhilfe in Weinkunde und Kunstgeschichte erhalten. Er hatte sich einen Haarschnitt für 27 Dollar und manikürte Fingernägel gegönnt. Er trug eine Piagetarmbanduhr für 25 000 Dollar (vom Zoll geborgt), einen Kamelhaarmantel, einen Anzug von Oleg Cassini (mit eingenähtem Etikett »Made Specially for Tom«), Schal und Krawatte von Valentino, Socken von Saks Fifth Avenue und Schuhe von Gucci. »Wenn Enzo mich je in Jeans erblickt, ist Feierabend«, vermerkte er auf seinem privaten Kassettenrecorder. Le Viens Guccibrieftasche war prall von Bargeld, für fürstliche Trinkgelder von 50 Dollar an Oberkellner und »die Jungs mit einem Doktortitel in Weinkunde« bestimmt. »Ein ganz nettes Weinchen, dieser 1955 Château Morton[Mouton]-Rothschild«, versicherte er Enzo gern. »Letztes Mal hatten wir den Château La Fête [Lafite] von 1962. Der war auch nicht schlecht ... Magst du Havannazigarren?«

Im berühmten Restaurant »21« bestellte er Schnecken und Champagner der Marke Dom Pérignon, und im *St. Regis* zum Frühstück Eier im Glas. Agentenkollegen in schicken Straßenanzügen pflegten an ihrem Tisch vorbeizukommen und hinzuwerfen: »Wie geht's dir, Tommy? Wie war's in Acapulco [oder Paris oder Costa Rica]?« Einmal kam er mit einem Geheimpolizisten an, der den Chauffeur spielte: »Sal, mein Heizer.« Als Krönung des Ganzen spendierte der Zoll ihm für diesen Einsatz einen schwarzen Mercedes. »Jetzt, wo Enzo weiß, daß ich ein Auto für 30 000 Dollar fahre, kann ich für ihn unmöglich ein Bulle sein«, tröstete er sich.

Doch hinter seinem sorglosen Äußeren hatte Le Vien lauter böse Ahnungen: »Das ist wie im Märchenbuch, und ich sage euch, ich hab' Schiß . . . Ich hab' mich mit diesem Kerl keine Minute wohlgefühlt . . . Er hat einen Verstand wie ein Hirnchirurg . . . Bei dem Kerl muß man ganz, ganz besonders auf Draht sein. Er macht mir eine Scheißangst.«

Doch mit allen seinen Berichten über die Zielperson — eine atemberaubende Information nach der anderen — stieß Le Vien immer wieder auf dieselbe seltsame Trägheit. »Die Inspektoren wollten einfach nichts davon hören«, pflegte er auf seinen Kassettenrecorder zu sprechen. Oder: »Mein Büro wollte nicht den kleinsten Scheißdreck wissen.« Auf 35 Kassetten seines gesprochenen Tagebuchs fragte er sich immer wieder verblüfft und frustriert: »Warum bloß?«

Wie Le Vien später herausfand, verfügten alle Strafverfolgungsbehörden bereits über belastendes Material zu Vincenzo Napoli. In den Akten des US-Geheimdienstes war er erfaßt, weil er Bundesschatzbriefe im Wert von 100 000 Dollar verhökert hatte; in den Akten des Amts für Alkohol, Tabak und Schußwaffen war er wegen Waffenhandels registriert; bei der Einwanderungsbehörde wegen Einschmuggelns von Ausländern; in den Akten des Zollamts wegen Devisenschmuggels; in den Akten der Drogenfahndung und des Justizministeriums wegen Verdachts auf Handel mit Heroin; in den Akten des FBI wegen eines Bankschwindels in Millionenhöhe; in verschiedenen Polizeiakten aufgrund von Betrug,

Raub, illegalem Glücksspiel, Kreditwucher, Drogenschmuggel und ständigem Umgang mit den innersten Zirkeln der Cosa Nostra.[7]

Le Vien verfügte zu Beginn der *Operation Earn* nur über einen Bruchteil dieser Daten. Etlichen Strafverfolgungsbehörden, angefangen mit der Sondereinsatzgruppe des Eastern District, waren die Dokumente in ihren eigenen Archiven nicht bekannt. Viele gaben grundsätzlich nur ungern Informationen heraus. Nur wenige hatten ein übergeordnetes Interesse an Verbrechen außerhalb ihres Zuständigkeitsbereichs. Selbst innerhalb desselben kam es ihnen weniger auf die Art des Verbrechens an als auf ihre Erfolgsbilanz, auf die Zahl der Verhaftungen, Verurteilungen, namentlichen Erwähnungen, Belobigungen und Beförderungen.

Niemand war auf den Gedanken gekommen, die Akten miteinander zu vergleichen. Enzo Napoli war einfach viel zu emsig. Er erforderte zuviel Schreibarbeit. Bei ihm überschnitten sich zu viele Zuständigkeiten, sein Fall lag zu abseits vom Bequemen und Bekannten, war zu verblüffend und zu exotisch. »Große Fälle, große Probleme«, sagen Strafverfolger gern. Der Fall Napoli war schlichtweg zu groß.

Napoli fügte sich nicht in den Rahmen der üblichen Erkenntnisse über die Cosa Nostra in Amerika. Seine vielseitigen Unternehmungen konnten größtenteils nicht auf die bekannten Mafiahelfer zurückverfolgt werden und waren in ihrer Größenordnung unglaublich — es ging um Abermillionen Dollar an Schmuggelgold, Diamanten, Smaragden, Rauschgift, Wertpapieren und Waffen, einen offenbar unerschöpflichen Vorrat an US-Bundesschatzbriefen, um unzählige Kreditkarten des American Express, gestohlene Gemälde aus Europa von unschätzbarem Wert, um Falschgeld aus Italien, abgezweigte Geldanweisungen aus London, gefälschte Schecks aus Tokio und Sydney und unterschlagenes Geld, das in Napolis eigener Briefkastenbank auf Grenada gewaschen wurde.

Es gab Zeiten, wo Le Vien sich im Gespräch mit Napoli fragte, wer hier eigentlich der Hochstapler sei. Napoli redete nicht nur unablässig in sieben- oder achtstelligen Zahlen, er versuchte auch, Le Vien ein paar plumpe Fälschungen anzudrehen. Eine davon war der angebliche Tiepolo. Unter den weiteren waren ein paar chinesische Vasen, angeblich aus der Mingdynastie, und zwei Skizzenbände von »Paccio« [Picasso]. Beim Frühstück im *St. Regis* tat Le Vien entsprechend empört. »Ich bin nicht dein verdammter Schätzer«, sagte er zu Enzo. »Dieser Tripoli — Tiepolo — taugt nichts. Meine Leute wollen nicht so ein getürktes Zeug, sie wollen Qualität!« (Er hatte ohnehin kein Geld, das Bild zu kaufen.)

Andere Kunstwerke in Napolis Angebot waren allerdings keine Fälschungen. Zwei gestohlene Bronzen des amerikanischen Bildhauers Frederic Remington waren jeweils 100 000 Dollar wert. Ein paar europäische Gemälde aus dem 17. Jahrhundert wurden auf jeweils 150 000 Dollar taxiert: ein Rubens und eine Ölskizze von Gerard Terborch, einem der hervorragendsten kleinen Holländer.[8]

Auch die Schußwaffen im Angebot waren echt. Napoli war auf alle möglichen Mordwaffen spezialisiert: Maschinenpistolen, Handfeuerwaffen, Gewehre vom Kaliber .45, .38 und .42. »Die beste Waffe, um jemand zu erledigen, ist eine Zweiundzwanziger«, hatte er Le Vien schon beim ersten Treffen verraten. »Sie ist handlich, sie ist leise, sie kriegt keine Ladehemmung.« Kurz vor Weihnachten 1976 bot Napoli seinem Freund Tommy Russo ein »Weihnachtsgeschenk« an (für läppische

2 500 Dollar). Es war die perfekte Waffe für einen Mordanschlag: ein automatisches Gewehr vom Typ AR-7 High Standard, Kaliber .22, laut Le Vien »mit dem raffiniertesten Schalldämpfer und Zielfernrohr, das man je gesehen hat ... Man konnte damit aus einem Fenster im zehnten Stock einen Fußgänger einen Häuserblock weiter auf der Straße umpusten, und niemand im Zimmer nebenan hörte dabei einen Laut«.

Offenbar baugleiche Gewehre vom Kaliber .22 wurden in diesem Jahr benutzt, um von einer Küste der USA zur anderen etwa 20 Männer hinzurichten, die auf der Abschußliste der Mafia standen. Zu den Opfern, aussagebereiten Gerichtszeugen oder geheimen Gewährsleuten der Polizei, gehörten Sam Giancana, ehemaliger Boss von Chicago, und Frank Bompensiero, der höchstrangige Mafiainformant des FBI. Das FBI war so verstört, daß es 20 Agenten in San Diego zu einer Katastrophensitzung zusammenrief. »Das ist eine ganz üble Sache. Niemand weiß, wer das macht oder warum, doch die Leute in Washington sind fast in Panik«, ließ jemand gegenüber der *New York Times* verlauten. »Ein paar Mob-Insider glauben, die Killer seien eine Gruppe von ›Grünschnäbeln‹, die illegal aus Sizilien eingeschleust worden sind«, berichtete die *Times* und kam der Wahrheit damit viel näher, als ihre Redakteure sich hätten träumen lassen.[9]

Trotzdem blieb die perfekte Attentatswaffe ein ganzes Jahr in ihrem Weihnachtspapier in einem Regal liegen, ehe sie das FBI erreichte. »Das ist doch ein schlechter Witz! Warum wollen Sie bloß nicht, daß das FBI sich die Zweiundzwanziger nur mal anschaut? Tut das denn weh? Es ist einfach unglaublich!« schrie Le Vien auf seinen Kassettenrecorder.[10]

Man ließ ihn noch gegen andere unglaubliche Wände

laufen. Bald nach dem ersten Treffen im Sommer 1976 hatte Napoli Le Vien erzählt, wie er einen Bundesrichter in Miami bestochen hatte, um sich aus einer Klemme zu ziehen. »Meinst du damit, daß der Richter dort unten gespurt hat?« fragte der Kriminalbeamte nach, seines Tonbandgeräts eingedenk. »Freilich . . . hat mich 40 000 Eier gekostet«, antwortete Napoli.

Bestechung eines Bundesrichters gilt in den USA als ein besonders schweres Verbrechen. Dennoch reagierte die Sondereinsatzgruppe nicht, als Le Vien über Napolis Eingeständnis berichtete. Aufgebracht beharkte er seine Vorgesetzten, sie sollten die Fakten über Napoli beschaffen, und recherchierte sie schließlich selbst.

Er entdeckte, daß Napoli im August 1976 in Miami vom FBI verhaftet worden war. Er hatte an einer Straßenecke Schmiere gestanden, während zwei sizilianische *Picciotti* (junge Mafiaanwärter oder *gofers*) in seinem Auftrag in der Biscaync Bank gefälschte Schecks im Wert von 60 000 Dollar einzulösen versuchten. Ein Bundesrichter setzte ihn auf freien Fuß, ohne daß auch nur ein Haftprüfungstermin stattgefunden hätte; seine Komplizen kamen bald darauf ohne Gerichtsverfahren frei. Der Richter, der ihn freigelassen hatte, ein gewisser Jacob Eshkenazi, wurde im Jahr darauf Bundesstaatsanwalt. Le Vien meldete seinen Namen an den Eastern District, doch wurde ihm nie ein Haar gekrümmt.[11] Auch Enzo Napoli blieb wegen diesem und einiger anderer heikler Verbrechen unbehelligt, die er seinem Freund gestand, dem verdeckten Ermittler. Le Vien konnte ihm ein halbes Dutzend solcher höchst einträglicher Raubzüge nachweisen, doch zu seiner ewigen Verblüffung wurde Napoli nie dazu vernommen.

Einmal erzählte Napoli Le Vien, auf welche Weise er ein innerstädtisches Wettbüro in Manhattan ausrauben wolle; einen Monat später wurde die Bude in der von Napoli beschriebenen Art um eine Viertelmillion Dollar erleichtert. Ein andermal zeigte er Le Vien das Muster einer gestohlenen Zahlungsanweisung der Firma USN in Milford im Staate Connecticut, einer der größten privaten Clearingstellen des Landes. Die Firma ging kurz danach bankrott und gab einem »Schwund« von fünf Millionen Dollar die Schuld.[12]

Ebenfalls 1976 betrog Napoli eine Bank in Staten Island um eine Million und wusch das Geld anschließend in seiner eigenen Briefkastenbank in St. George auf Grenada; Le Vien fand den Beweis in einem abgelegten Zollbericht in den eigenen Akten des Eastern District.[13] Im Jahr darauf kam Napoli mit einem Diamantenraub in Millionenhöhe ungeschoren davon — dies zur gleichen Zeit, als das FBI und eine Sonderkommission der Polizei eingestanden, bei der Aufklärung einer Reihe von Millionenrauben in New Yorks Diamantenviertel »keine Fortschritte« zu machen.[14] Die Diamanten wurden für Napoli am 18. April 1977 von denselben beiden *Picciotti* als Auftragsarbeit gestohlen.[15] Am nächsten Abend warf er die glitzernden Steine vor »Tommy« auf den Tisch.

Um den Ankauf vermeiden zu können, überredete Le Vien den Zollfahnder Steve Rogers, am 79. Street Pier in New York eine Yacht samt Skipper und Mannschaft mit einer attraktiven weiblichen Agentin in der Kajüte bereitzuhalten, und dazu noch eine weitere Partie Diamanten von Millionenwert. Mit einer weißen Yachtkombination und einer Schiffermütze von Abercrombie und Fitch ausstaffiert, komplimentierte er Napoli an Bord und warf seine eigene Beute vor ihm auf den Tisch. »Was zum Henker soll ich mit deinen Diamanten? Ich hab selber welche!« rief er dabei aus. Dann

nahm er Napoli mit auf eine stimmungsvolle Mond-
scheinfahrt auf dem Hudson.

Operation Earn war zu diesem Zeitpunkt — im Frühjahr
1977 — erst ein knappes halbes Jahr im Gange, und es
wurde bereits zunehmend Druck ausgeübt, sie zu beenden. Le Vien konnte niemanden zum Zuhören bewegen.
Er wurde vorwurfsvoll und aufdringlich, und womöglich
auch unbequem. Im Lauf der nächsten Monate wurde er
aufs Abstellgleis geschoben, seiner Assistenten beraubt,
von Barmitteln abgeschnitten und unangenehm bloßgestellt. Zweimal wurde er vom New Yorker Polizeipräsidium angewiesen, öffentlich in Polizeiuniform zu erscheinen (was leicht dazu hätte führen können, daß er
enttarnt und umgelegt worden wäre).

Schließlich ging er dazu über, in seinem geheimen
Wohnwagenstützpunkt, wo nie das Telefon klingelte,
Agatha Christie zu lesen. Der Chef der Sondereinsatzgruppe des Eastern District, Bundesstaatsanwalt Tom
Puccio, rief fast nie zurück und behauptete einmal gar,
die Nummer vergessen zu haben. Le Viens Berichte wurden offenbar nicht einmal gelesen.

Le Vien hatte aus verschiedenen verdeckten Ermitt-
lungseinheiten der Polizei und aus den Bundesbehörden
eine Menge Informationen herausgeholt. Er hatte sich
die Aufzeichnungen von Napolis Ferngesprächen in die
meisten Bundesstaaten der USA, nach Südamerika, Europa und Asien verschafft; die Kreditkartenabrechnungen über dessen Reisen kreuz und quer durch die Vereinigten Staaten und das europäische Festland; alte
Geheimkorrespondenz mit der italienischen Polizei;
Ausdrucke über die engsten Komplizen der Gebrüder
Napoli bis zurück in die frühen sechziger Jahre. Vergraben in diesen längst vergessenen Akten waren Geheim-

nisse, für deren Wahrung die sizilianische Mafia gemordet hätte − und auch vielmals gemordet hat, seit Le Vien vor mehr als zwölf Jahren den Faden in der Hand hatte.

Die Namen der Geschäftspartner gaben das Spiel preis, was nicht heißen soll, daß Le Vien klar wurde, wie groß dieses Spiel war. In den siebziger Jahren wußte niemand, was Experten heute wissen. Damals tauschten Italien und die Vereinigten Staaten so gut wie keine Informationen aus. Die Amerikaner verstanden sehr wenig von ihrer eigenen Mafia und wußten so gut wie nichts über deren Keimzelle im Heimatland. Die Mitglieder beider Organisationen sahen gleich aus, sprachen denselben unverständlichen Jargon, hatten dieselben unappetitlichen Gewohnheiten, trugen dieselben unaussprechlichen Namen. Allein schon die Namen, für die meisten Ermittler ein Gemisch aus zusammengezogenen Vokalen und überbetonten Konsonanten, bedeuteten eine hoffnungslose Überforderung.

Dennoch gehörte nicht viel zu der Wahrnehmung, daß Enzo Napoli eigenartige Kumpane hatte. Obwohl beide Mafias rastlos mit allen nur vorstellbaren Mitteln riesige Geldsummen rafften, konnten die amerikanischen »Großverdiener« diesen sizilianischen Kumpanen nicht das Wasser reichen.

Napoli erzählte Le Vien nie, wer »seine Leute« waren, sprach aber häufig von ihren Aktivitäten und Aufenthaltsorten. Seine Leute in Sizilien seien gerade dabei, Spielkasinos in Marokko aufzubauen, sagte er. Seine Leute in Kanada schleusten gerade neue Sizilianer ein. Seine Leute in Brasilien seien mit Smaragdschmuggel beschäftigt. Seine Leute in Venezuela hätten ein Schiff, das er nach Atlantic City verlegen und in ein Spielkasino verwandeln werde. Seine Leute in Rom hätten acht

Millionen in 20-Dollar-Noten gefälscht, wie er sie Le Vien zur Begutachtung vorlegte.

Außerdem bekämen seine Leute in Sizilien »das allerbeste Heroin aus dem Goldenen Dreieck« in Asien, und seine Leute in Südamerika könnten »sehr sichere Heroingeschäfte tätigen«. »Haben eure Leute Interesse an Heroin?« hatte er »Tommy« beim Abendessen im Restaurant »21« zugeraunt. »In gewissem Sinne ja, und im anderen Sinne nein«, hatte der Ermittler wahrheitsgemäß geantwortet.

Das war Le Viens einziger Bericht, von dem seine Vorgesetzten Notiz nahmen, und dieser Bericht beendete zugleich auch den Fall. Die Drogenfahndung stellte Napoli unter ständige Überwachung, verfolgte einen seiner Kuriere bis Bangkok und verhaftete beide, als der Kurier mit einem Kilo Heroin zurückkam. Die gesamte Ermittlung gipfelte also in der Beschlagnahme eines einzigen Kilos Rauschgift. Kleine Fische, kleine Probleme.

In Wirklichkeit war das eine Kilo nur ein Probelauf. Napoli sollte in New York zur Durchgangsstation für 20 Kilo Heroin monatlich aus Thailand werden, also für eine Vierteltonne jährlich oder fünf Millionen Schüsse.[16] Und den Berichten zufolge, die Le Vien gesammelt hatte, angefangen mit dem Bericht der Drogenfahndung, war das noch nicht einmal das halbe Ding.

Die Gebrüder Napoli waren wie ein Fenster auf eine weitläufige, verborgene Landschaft, wie noch zu zeigen sein wird. Enzo gehörte zum größten Heroinring der Welt. Sein älterer Bruder Antonino war bei der New Yorker Polizei als der »größte Importeur von Drogen in die Vereinigten Staaten« registriert – und im Eastern District als »einer der großen Rauschgifthändler der Welt«. Die engen Geschäftspartner der Napolis, auf Computerausdrucken der US-Regierung verzeichnet, gehören bis zum heutigen Tag zum größten bekannten Ring internationaler Rauschgifthändler. Alle waren sie eingeschworene Mitglieder der sizilianischen Mafia.

Sie hatten soeben endlich den Weltmarkt für Heroin — den profitträchtigsten multinationalen Markt der Welt — restlos erobert, als Le Vien zufällig die Bühne betrat. Auf diese Eroberung hatten sie hingearbeitet, seit sie 20 Jahre zuvor ein Geheimabkommen mit der amerikanischen Mafia geschlossen hatten. Eben in diesem Winter — 1976/77 — eröffnete die sizilianische Mafia eine leistungsfähige Heroinpipeline in die USA. Ihre eigenen Männer waren in den Vereinigten Staaten landauf, landab ausgeschwärmt und auf strategische Stützpunkte über die gesamte westliche Halbkugel verteilt, um die Ware zu vermarkten. Ganze Ströme von Stoff ergossen sich über Amerika, bevor diese Geheimarmee nach einem weiteren halben Jahrzehnt enttarnt wurde.

Le Vien saß da und sah zu: der einzige Ermittler, der außerhalb Siziliens dicht genug herankam, um die sizilianische Mafia bei der Arbeit zu beobachten. Hätten seine Vorgesetzten Notiz genommen, hätten sie vielleicht genug erfahren, um die zunehmende Heroinpest einzudämmen, bevor sie zur Epidemie wurde. Sie taten dies nicht, und der Fall trat ein.

1   Ausblick von Palermo

Im Frühjahr 1988 verlautete, die Hauptlieferanten von Heroin für die Welt seien erledigt. Ihr Untergang sei durch »die größte Verhaftungswelle in der Geschichte der Menschheit« besiegelt, erklärte der Spitzenexperte des FBI für organisiertes Verbrechen. 100 sizilianische Rauschgifthändler waren in Italien und in den Vereinigten Staaten zusammengetrieben worden, und weitere 150 Haftbefehle ausgestellt. »Die Rauschgift-Connection der sizilianischen Mafia ist zerschlagen«, verkündete ein FBI-Sprecher in Washington.«[1]

Das waren aufmunternde Nachrichten von der Front, in dem, was inzwischen als Dritter Weltkrieg bezeichnet wird, im Krieg gegen das Rauschgift, den die Gesellschaft bereits verloren zu haben schien. Im Banne der immer schlimmeren Geißel Kokain übersahen Presse und Öffentlichkeit und sogar Strafverfolgungsbehörden gern den anhaltenden und unerbittlichen Vormarsch des Heroins. Als härteste Droge, als verheerendstes aller tödlichen Rauschgifte hatte das Heroin bis dahin jeder Bekämpfung widerstanden. 1988 wurde es bereits zehnmal mit Gold aufgewogen.

Im amerikanischen Straßenhandel brachte es zwischen zwölf und 20 Milliarden Dollar ein, bei einem Gesamtumsatz des Drogenhandels von 110 Milliarden in den Vereinigten Staaten, weiteren 35 Milliarden in Italien und nochmals etwa 300 Milliarden Dollar auf dem übrigen Erdball.[2] Der Reingewinn für jeden in die Produktion investierten Heroindollar lag bei etwa 1 600 Prozent. Die Profite waren so gewaltig, daß die Großdealer in New York sich häufig nicht mehr die Mühe machten, das Bargeld für die Bank zu zählen; sie wogen es bloß noch ab.[3]

Das Bare kam meist in kleinen Scheinen und stammte von Kunden, die ihre Städte in ein Schlachtfeld verwandelten, um ihren nächsten Schuß bezahlen zu können. Die Zahl der Heroinsüchtigen in Amerika hatte sich seit Beginn des Booms verzehnfacht und hielt sich nach amtlichen Angaben stetig bei einer halben Million; inoffiziell lag sie vermutlich näher an einer Million.[4] Auf der übrigen Welt stieg die Zahl der Süchtigen auf drei Millionen und nahm weiter exponentiell zu.

Westeuropa hatte mit seinen Süchtigen nicht nur mit den Vereinigten Staaten gleichgezogen, sondern diese bereits überflügelt. Nach inoffiziellen Angaben des US-Außenministeriums konsumierten die Europäer 1988 zehn bis 15 Tonnen Heroin jährlich pro Kopf der Bevölkerung, mindestens 50 Prozent mehr als die Vereinigten Staaten.[5] 1988 hatte Italien 300 000 Heroinsüchtige, bezogen auf die Zahl der Einwohner dreimal mehr als die Vereinigten Staaten; die Zahl der Drogentoten infolge Überdosis stieg in diesem Jahr auf 800 und hatte sich somit binnen fünf Jahren mehr als vervierfacht.[6] Die Bundesrepublik Deutschland zählte eine halbe Million Drogenkonsumenten, von denen 150 000 offiziell als süchtig bezeichnet wurden, im Vergleich zu 27 Heroinsüchtigen ein Jahrzehnt zuvor; jedes Jahr kamen etwa ein Drittel neue Heroinsüchtige hinzu.[7] In West-Berlin kamen auf eine Bevölkerung von zwei Millionen 9 000 Süchtige, bezogen auf die Einwohnerzahl mehr als das Doppelte als in den USA. Spanien hatte mit 125 000 einen um 50 Prozent höheren Süchtigenanteil als die Vereinigten Staaten. Frankreich und Großbritannien zählten jeweils 120 000, und die britische Süchtigenzahl kletterte jährlich um 25 Prozent.[8]

Die beschlagnahmten Heroinmengen waren in Westeuropa siebenmal größer als in den Vereinigten Staaten: 1987 etwa dreieinhalb Tonnen. Nach ihrer eigenen Faustregel schätzten Rauschgiftfahnder, daß auf dem europäischen Kontinent in diesem Jahr mindestens das Zehnfache gehandelt wurde: 1,5 Milliarden Schüsse.[9]

Die sizilianische Mafia, hauptsächlich dafür verantwortlich, daß diese Sucht im Westen erzeugt und befriedigt wurde, war seit den fünfziger Jahren eine tragende Säule des Rauschgifthandels und seit den Siebzigern dessen vorherrschende Kraft. Nach Angaben von FBI-Chef William Sessions von 1988 hatte die Organisation »den größten Teil des Heroins geliefert, der in den Vereinigten Staaten von 1975 bis 1984 verkauft wurde«. Kurz zuvor hatte die US-Drogenfahndung diesen Anteil auf 85 Prozent beziffert.[10] Für sizilianische Untersuchungsrichter war die sizilianische Mafia oder der Krake, wie die Italiener sie nennen, »die Zentraldirektion des Weltdrogenhandels«.[11]

Fast alle Mafiafamilien Siziliens waren im Geschäft — bei letzter Zählung etwa 150 Clans mit jeweils 50 bis 100 Mitgliedern. Sie hatten ihre Beauftragten überall in den Vereinigten Staaten und auf Dutzenden von Etappen zwischen Bangkok, London, Caracas und Montreal sitzen. Tausende von Einheimischen arbeiteten rund um den Globus mit ihnen oder für sie: Belgier, Holländer, Engländer, Thais, Libanesen, Palästinenser, Israelis, Türken, Chinesen, Nepalesen, Brasilianer, Kanadier, Amerikaner.

Ein Teil dieses Netzes mag im Frühjahr 1988 zerschlagen worden sein, nicht aber das ganze. Seine Ausdehnung überraschte immer wieder. Ein Vierteljahrhundert unsichtbar, war die sizilianische Geheimarmee im Ausland vor 1984 von den Strafverfolgungsbehörden nirgends auch nur bemerkt worden. Jahre vergingen, bevor sie den Charakter dieses Konzerns im Untergrund erfaßten, wenn überhaupt. Fast jede Entdeckung war ein neuer Schock.

Mit der großen Zerschlagungsaktion von 1988 kamen etliche neue beklemmende Tatsachen ans Licht. Die amerikanischen Behörden hatten geglaubt, die sizilianische Mafia sei nur an der Ostküste verankert. Nun mußten sie zur Kenntnis nehmen, daß sie in mindestens 25 Großstädten von Küste zu Küste operierte.[12] Sie hatten geglaubt, die Enthüllungen und aufsehenerregenden Verhaftungen auf beiden Seiten des Atlantiks hätten dem Geschäft der Mafia schwer geschadet; ihr Anteil am Heroinmarkt der USA sei auf nur mehr 30 Prozent geschrumpft und werde von dem der chinesischen Triaden von 40 Prozent nunmehr übertroffen. In Wirklichkeit aber überließen die Chinesen einen großen Teil ihres Heroins zum Vertrieb den Sizilianern in New York (vgl. Kapitel 20).[13]

Angeblich waren die Heroinlabors der Mafia in Sizilien geschlossen worden und ihre Heroinlieferungen rückläufig, weil die Drogenfahnder auf den bekannten Transatlantikrouten keine mehr feststellten. In Wirklichkeit aber hatte sich die Mafia bloß auf Transportmittel verlegt, die von den Fahndern nicht mehr überwacht wurden: von den ständig gefilzten Jumbojets auf altmodische Frachtschiffe. Ein gewisser Teil ihres Heroins kam aus dem Nahen und Fernen Osten, doch große Mengen waren unverkennbar in Sizilien hergestellt. Amerikanische und italienische Drogenfahnder suchen dort immer noch nach neuen Drogenlabors.[14]

Noch während das FBI das Ende der Rauschgift-Connection der sizilianischen Mafia verkündete, ergab das Beweismaterial, daß diese sich in einer Phase beängstigender Expansion befand. Die 1988 gefaßten sizilianischen Rauschgifthändler ließen eine unheilvolle Entwicklung erahnen: Für das Heroin, das sie nach New York brachten, nahmen sie Kokain in Zahlung und dieses mit zurück nach Europa.

Es war ein sagenhaftes Geschäft. Heroin kostete in Italien 50 000 Dollar das Kilo und wurde in New York für etwa 200 000 verkauft. Kokain kostete in New York 11 000 Dollar das Kilo und in Italien 50 000. Niemand konnte einen derartigen Tauschhandel besser handhaben als die sizilianische Mafia. Also stieg die Organisation selbstverständlich und unweigerlich auch ins Kokaingeschäft ein.

Die explosionsartige Zunahme des Kokainverbrauchs in den achtziger Jahren hatte das Heroin fast in den Schatten gestellt. In der ersten Hälfte des Jahrzehnts hatte sich der Konsum in Amerika von 31 auf 72 Tonnen mehr als verdoppelt, bei etwa sechs Millionen regelmäßigen Konsumenten. 1988 nahm die Zahl der Konsumenten in Europa jährlich bereits um das Dreifache zu; der Zuwachs betrug dort 1987 350 Prozent.[15] Der größte Teil des Kokainhandels wurde von der kolumbianischen Stadt Medellin aus gesteuert. 1988 jedoch waren die Kokainhändler Kolumbiens an dem Punkt angelangt, wo sie auf die Heroinhändler Siziliens angewiesen waren. Der amerikanische Markt war gesättigt und der Kokainpreis im Laufe zweier Jahre um mehr als zwei Drittel gefallen.

In Europa dagegen verkaufte sich Kokain für den

vierfachen Preis. Die Gier danach erfaßte den alten Kontinent gerade erst. Großbritannien, Frankreich, die Bundesrepublik, Dänemark, Schweden, Holland, Italien und Spanien erlagen erschreckend schnell. Allein in Spanien beschlagnahmte die Polizei zwischen Januar und Juni 1988 mehr als drei Tonnen Kokain. Vermutlich ist allein auf diesem Wege mehr als das Zehnfache nach Europa gelangt — womöglich bis zu 60 Tonnen jährlich. Es sollte nicht lange dauern, bis Europa Amerika auch auf dem Kokainmarkt einholte oder gar in den Schatten stellte.

Hier konnte die sizilianische Mafia tun, was dem kolumbianischen Kartell von Medellin nicht möglich war. Europa war mehr als 25 Jahre lang praktisch der exklusive Markt der Mafia gewesen. Außerdem hatten die Sizilianer mit den kolumbianischen Kokainhändlern bereits viel mehr gemein, als vielen Leuten bewußt war. Die venezolanische Filiale der sizilianischen Mafia hatte nach Angaben der amerikanischen Drogenfahndung mindestens seit 1978 »riesige Mengen« Kokain nach Europa geschickt.[16] Bereits 1982 vermarktete sie etwa 60 Prozent des Kokains, das durch Venezuela ging — dies nach Angaben des venezolanischen Nachrichtendienstes DISIP; und vier Fünftel des Kokains nach den Vereinigten Staaten und Europa liefen über Venezuela.[17] Bereits 1984 war die sizilianische Filiale in Venezuela in einen »gigantischen Tausch von Kokain gegen Heroin« verwickelt.[18]

Nun stießen die Experten auf Beweise für eine regelrechte Geschäftspartnerschaft. Es war bekannt, daß im Frühjahr 1988 hierüber Gespräche zwischen der Mafia und dem Kartell von Medellin stattgefunden hatten. »Wir erwarten, daß die sizilianische Mafia den Kokainhandel in Europa übernimmt. Sie haben das Vertriebsnetz, die Kolumbianer nicht«, erklärte Staatsanwalt Louis Freeh, damals Leiter der Sonderermittlungsgruppe gegen das organisierte Verbrechen im New Yorker Southern District.[19] Im Jahr darauf war die sizilianisch-kolumbianisch-europäische Firma voll im Geschäft.

Die Kombination war haarsträubend effektiv. Die kolumbianischen Rauschgifthändler waren vermutlich die skrupellosesten der Welt; die sizilianischen, die ihnen darin nur wenig nachstanden, hatten die beste Organisation und saßen in den strategischen Stellungen. Der weltweite Umsatz für die Ware, mit der sie handelten, sollte sich alsbald auf schätzungsweise 200 Milliarden Dollar jährlich belaufen.[20] Vereint konnten die beiden Organisationen unvorstellbare Verheerungen anrichten.

So standen die Dinge, als das Jahr 1988 zu Ende ging. Von Rechts wegen mußte die sizilianische Mafia eigentlich tot sein oder im Sterben liegen. In den achtziger Jahren hatte sie sensationelle Überläufer, durchschlagende Enthüllungen, umfassende Verhaftungswellen, Massenprozesse und Serienverurteilungen in Italien und Amerika verkraften müssen. Ihre Geheimnisse wurden verraten, ihr Rauschgifthandel unterbrochen, eine ganze Generation ihrer Führer eingelocht oder in den Untergrund gezwungen und ihres Vermögens beraubt. Dennoch schien sie so stark wie ehedem — sogar stärker. Sie schien sich dem menschlichen Zugriff zu entziehen: eine gesichtslose, körperlose, tückische Macht, die vom Gesetz nicht belangt werden konnte und Tod und Verderben säte. Doch die Mafia ist keine Naturgewalt. Sie ist nur eine sehr kleine Bande unersättlich habgieriger Männer, vom schnellen Geld des Rauschgifthandels gebannt und daher verwundbar. Das unerhörte Vermögen in ihrer Griffweite war eine Aufforderung zur hemmungslosen Bereicherung. Siziliens Ehrenmänner wurden erst dann richtig mordlustig, als sie sagenhaft reich werden konnten. Mit Recht und Gesetz waren sie vielleicht fertig geworden, aber sie hatten die Rechnung bisher ohne ihresgleichen gemacht.

Zu Beginn der achtziger Jahre, als der Heroinhandel seinem Höhepunkt zustrebte, waren die sizilianischen Clans dabei, sich in einem hemmungslosen Blutvergießen gegenseitig auszurotten. Die Mafia produzierte im Hauptstadtmoloch Palermo im Durchschnitt täglich eine Leiche. Zunehmend waren das hervorragende Gestalten des öffentlichen Lebens, die am hellichten Tag niedergeschossen oder mit Autobomben in die Luft gejagt wurden: fünf Richter, ein Generalstaatsanwalt, ein Staatsanwalt, zwei Polizeichefs, ein Oberst und ein Hauptmann der Carabinieri (Italiens paramilitärische Elitepolizei), ein Enthüllungsjournalist, der Provinzsekretär der Christdemokratischen Partei, der Regionalsekretär der Kommunistischen Partei, der Präsident von Siziliens Regionalregierung und Italiens berühmter Held aus dem Kampf gegen den Terrorismus, General Carlo Alberto dalla Chiesa. Die Italiener bezeichneten sie als »hochangesehene Leichen«.

Weniger angesehene Leichen wurden in Bars, Müllhalden, Passagen, Strandvillen, geparkten Autos in Vorstadtstraßen gefunden. Viele waren scheußlich verstümmelt, mit den Genitalien im Mund und Dollars zwischen den Beinen. Manche waren ohne Kopf. Wieder andere hatten sich mit Schlingen um den Hals, die hinter dem Rücken verschnürt waren, langsam selbst erdrosselt. Das waren die *Incaprettati* oder »verschnürten Zicklein«.

Niemand in den italienischen Strafverfolgungsbehörden begriff diesen Krieg. Die Clans von Palermo schienen geheimnisvolle Stammesfehden auszutragen. Zu diesem Zeitpunkt wußte die Polizei noch nicht, daß die sizilianische Mafia bereits den Weltmarkt für Heroin in der Hand hatte, wie alsbald vor Gericht aktenkundig werden sollte — und daß den Markt beherrschen würde, wer in Palermo obsiegte. Sie hatten keine Ahnung, daß die Mafia über ein Dutzend Heroinraffinerien in Sizilien und über ebenso viele in Norditalien verfügte, in Übersee über ein ganzes Heer von Dealern und außerdem über die Konzession für den aufnahmefähigsten Heroinmarkt: die Vereinigten Staaten.

Bis kurz vor dem Ende des großen Mafiakriegs von 1981 bis 1983 wurde davon weder in Italien noch im Ausland auch nur ein Sterbenswörtchen ruchbar.

Das Schweigen ist den Sizilianern in Fleisch und Blut übergegangen. 2 000 Jahre fremder Besatzung und despotischer Herrschaft haben den fünf Millionen Einwohnern dieser Mittelmeerinsel beigebracht, den Mund zu halten. Der Staat ist der Feind, ob nun in Gestalt normannischer Eroberer oder Bourbonenkönige oder des modernen Italiens (zu dem Sizilien seit 1860 gehört). Wer der Polizei bei der Aufdeckung eines Verbrechens hilft, mit den Gesetzeshütern kollaboriert oder sein Recht vor Gericht sucht, ist ein *Infame* — ein Verräter und Abtrünniger. Für Gerechtigkeit, Ehre und Rache muß ein Mann schon selber sorgen. Die Sizilianer haben ein Wort für diesen Verhaltenskodex: *Omertà*, ein Mann sein.

Bis in die achtziger Jahre wollte in Sizilien so gut wie keine Menschenseele etwas über die Mafia verraten. Angst — oft auch blanker Terror — hielt die Menschen zurück, aber auch Stolz und glühende Anhänglichkeit an ihr Volk. Derselbe leidenschaftliche Stolz hat die tapfersten Männer und Frauen hervorgebracht, die die Mafia je bekämpft haben: sizilianische Schriftsteller, Abgeordnete, Polizisten, Richter, Gewerkschafter, Hausfrauen. Im großen und ganzen jedoch schlug der althergebrachte sizilianische Kodex der *Omertà* ein ganzes Volk in seinen Bann.

Von Natur aus ein Geheimbund war die Mafia infolge dieser großen Mauer des Schweigens um sie herum doppelt geheim. Sogar während sie raubte, entführte, erpreßte, ermordete, Regierungsbeamte kaufte und verkaufte, die öffentlichen Kassen plünderte, Richter und Geschworene terrorisierte, mit Rauschgift handelte und kolossale Vermögen anhäufte, behaupteten viele Experten noch, die Mafia existiere überhaupt nicht. Es gab keinen eindeutigen, unwiderlegbaren Beweis des Gegenteils — niemand wurde auf frischer Tat überführt. Die Mafia macht nichts schriftlich. Kein Außenseiter darf in ihre Geheimnisse eingeweiht werden; eingeschworene Ehrenmänner sind durch Eid verpflichtet, bei Strafe des Todes stets zu schwören, die Cosa Nostra sei eine Erfindung. Daher ist sie vermutlich die bisher einzige hierarchisch aufgebaute Verbrecherorganisation, die seit mehr als 100 Jahren tätig ist, ohne eine Indizienspur hinterlassen zu haben.

Generationen von Gelehrten wurden mit diesem Trick düpiert. Denn trotz des erstickenden Gefühls, daß die Mafia in Sizilien präsent ist, kamen sie nicht darüber hinweg, daß es keine greifbaren Beweise für die Existenz der Organisation gab. Sie gelangten zu dem Schluß, die Mafia sei tatsächlich eine Erfindung.

»Eine organisierte, geheime, hierarchische Verbrechergesellschaft mit Namen ›Mafia‹ gibt es nicht und hat es nie gegeben«, schrieb der führende italienische Kriminalexperte Pino Arlacchi noch 1983 und folgte darin einer langen Reihe von Vorläufern. »Keine solche Organisation hat es je gegeben«, meinte auch der sorgfältige deutsche Gelehrte Henner Hess. In diesem Licht erscheine die Mafia nur »dank skandalsüchtiger Journalisten, verwirrter Juristen aus Norditalien und ausländischer Schriftsteller«, fügte er hinzu.[21]

Tatsächlich zitierten ausländische Schriftsteller gewöhnlich Quellen wie Hess. Blutrünstige Geschichten über eine finstere, messerwetzende Mafiabruderschaft waren mit wachsenden Umsätzen unmodern geworden. Das erste Auftreten der Mafia in den Vereinigten Staaten hatte heftige Attacken auf alle Sizilianer und Italiener ausgelöst: auf »dunkelhäutige, radebrechende Ausländer«, die »einander mit Vorliebe die Finger abhacken oder die Wangen aufschlitzen«. *(What shall we do with the Dago?* lautete eine Schlagzeile des *Popular Science Monthly* von 1890.)[22] So wandelte sich die Verschwörungstheorie zu unfeinem Rassismus und wurde von den Intellektuellen alsbald abgelehnt. Fortan lautete die Erkenntnis, die Mafia sei keine Geheimgesellschaft, sondern eine besondere Lebensart der Sizilianer: eine »Seelenverwandtschaft«, ein »Standpunkt«, eine »Gemütsverfassung«.

Jedenfalls hatte die Mafia mit Amerika angeblich nichts zu tun. Schon der Gedanke schien Italiener wie Amerikaner zu beleidigen. Die Italiener dachten sich Amerikas Cosa Nostra gern als »Gangsterunwesen«; die Amerikaner waren geneigt, die sizilianische Mafia als Folklore zu betrachten. »Es hält sich der Mythos, die Cosa Nostra in den Vereinigten Staaten werde von einer mystischen und etwas romantischen sizilianischen Mafia mit geheimen Initiationsriten beherrscht, zu denen auch Blutabzapfen, brennendes Papier in der hohlen Hand und Eidesleistungen gehören«, schrieb der frühere Chef der Kriminalabteilung von Chicago, Virgil Peterson, ein Berater des Präsidenten in Sachen organisiertes Verbrechen. Noch 1985 hielt er die Mafia für einen Mythos.[23]

Das taten auch viele andere, die über jeden Verdacht erhaben waren. In der Tat weigerten sie sich, zu glauben, daß die Vereinigten Staaten überhaupt eine Heimstatt für die Mafia waren — und dies sogar dann noch, als sich die Beweise vor den Gerichten türmten. »Manche sagen, die Mafia ist eine Organisation; ich sage, das ist ein Haufen Blödsinn«, erklärte der New Yorker Gouverneur Mario Cuomo im Dezember 1985, genau zu dem Zeitpunkt, als der gesamte leitende Ausschuß der amerikanischen Mafia auf die Anklagebank kam.[24] Hartgesottene amerikanische Skeptiker hatten seit der Amtszeit J. Edgar Hoovers dasselbe gesagt. Als Direktor des FBI von 1924 bis 1972 gestattete Hoover bis zu seinem Todestag seiner Behörde nicht, die Existenz der Mafia anzuerkennen.

Keine »Freunde von Freunden« im Mafiasinne hätten ihr so hervorragende Dienste leisten können wie diese aufrechten und standfesten Skeptiker. Ihre Weigerung, die nackte Wahrheit zu sehen, war schlimmer als irreführend; sie verhinderte mehr als ein Jahrhundert lang wirksam jedes Vorgehen gegen die Mafia als organisierte kriminelle Vereinigung.

Dagegen genossen die Italiener im eigenen Land wiederholte, mühsame parlamentarische Untersuchungen, die bis 1867 zurückreichten; die letzte hatte zehn Jahre gedauert, bis 1974. Und die Amerikaner waren in zwei ausführlichen Kongreßuntersuchungen über die Existenz der Mafia informiert worden. Senator John McClellan hatte sogar den ersten Überläufer der amerikanischen Mafia vorgeführt, Joseph Valachi, der 1963 ihre Eide, ihren Aufbau, ihre Führung, ihre Machenschaften und sogar ihren Namen unter Eingeweihten — La Cosa Nostra — enthüllte. Senator Estes Kefauver hatte bereits 1951 umfangreiche Beweise vorgelegt. »Es gibt ein landesweites Verbrechersyndikat, bekannt als Mafia«, schloß Kefauver. »Es existiert in den Vereinigten Staaten tatsächlich, trotz der Proteste einer merkwürdigen Kumpanei von Verbrechern, selbstgefälligen Politikern, blinden Narren und anderen, die sich vielleicht ehrlich irren.« Verbunden sei sie, sagte er, mit einer »geheimnisvollen internationalen Verbrecherorganisation, die unter dem Namen ›Mafia‹ läuft und so phantastisch ist, daß viele Amerikaner kaum glauben mögen, daß es sie wirklich gibt«.[25]

Das Fußvolk der Cosa Nostra war entsetzt bei dem Gedanken an Bloßstellung, wie ein aufgezeichnetes Telefongespräch in New York aus den sechziger Jahren enthüllte:

»Wir müssen uns eingraben. Wir müssen ganz tief, tief, tief . . . in die beschissenen Löcher abtauchen und neue Tunnel graben.«

»Im Untergrund?«

»Im Untergrund. Im Untergrund reorganisieren und dann wieder rauf. Und ein paar beschissene Leichen an jeder beschissenen Straßenecke hinterlassen . . .«

»Weißt du, wohin der Verräter gehört? An die nächste Laterne. Verstehst du? Man muß ihm den Schwanz abschneiden. Man muß ihn ihm in die Tasche stecken, ihn ordentlich aufschlitzen und ihn da baumeln lassen.«[26]

Sie hätten sich keine Sorgen zu machen brauchen. Bei so vielen selbstgefälligen Politikern, blinden Narren und ehrlich Irrenden machte sich trotz der Bemühungen der Senatoren Kefauver und McClellan niemand daran, die

Mafia zu verfolgen. Nach Meinung des Harvardprofessors und Anführers einer intellektuellen Modeströmung Daniel Bell war der Kefauverausschuß »seinem eigenen Hörensagen« auf den Leim gegangen.[27] Für den Präsidentenberater Virgil Peterson hatte der Kronzeuge des McClellan-Ausschusses — Joe Valachi — »höchstwahrscheinlich den Namen Cosa Nostra selber erfunden«[28]

So ging es bis in die achtziger Jahre. Die sizilianische und die amerikanische Mafia schritten in ihren jeweiligen Ländern unbeirrt voran, sizilianische Ehrenmänner ließen sich im Ausland nieder, und das Heroinzeitalter brach an. Dann bröckelte die Mauer des Schweigens. Die Mafia verfing sich in Amerika in perfekter elektronischer Überwachung und in Italien in einem merkwürdigen Phänomen, das als *Pentitismo* bekannt wurde.

Den großen Mafiakrieg Siziliens konnten einige seiner Verlierer nicht verkraften. Allgemein als »Reuige« bezeichnet, waren die *Pentiti* nicht unbedingt voller Reue, aber willens, die Geheimnisse der Mafia zu verraten. Schon ein einziger *Pentito* wäre verblüffend gewesen — doch wurden es insgesamt mehr als 30. Sie enthüllten eine Unterwelt, die so unbekannt war wie die abgewandte Seite des Mondes. Binnen drei oder vier Jahren, etwa ab 1982, zerstoben die Mythen und Mysterien eines Jahrhunderts. Die wirkliche Mafia, ein unerhört gefährlicher Geheimbund, wurde erstmals sichtbar.

Ihr Charakter ergab sich aus einer Reihe dramatischer Prozesse in Palermo und New York. Die Verfahren waren unterschiedlich, doch die Ergebnisse paßten ineinander. Ein Zeuge nach dem andern trat in den Zeugenstand und enthüllte die tiefe Verderbtheit und angeborene Tücke der Mafia. Mehrere Millionen Seiten Zeugenaussagen vor Gericht lieferten die Beweise.

Es existiert tatsächlich eine organisierte, geheimbündlerische und hierarchische Bruderschaft, die sich Cosa Nostra nennt, »unsere Sache«. Sie ist straff organisiert — ein sizilianisches Gericht bezeichnete sie als »paramilitärische Pyramide« —, hat ihre eigenen Rituale und Regeln, Zusammenkünfte und Abstimmungen, und wird in Sizilien und den Vereinigten Staaten von einem elitären Aufsichtsrat geführt. Die beiden Aufsichtsräte amtieren getrennt, sind aber nicht gleichrangig. Die Amerikaner beugen sich den Sizilianern; die Sizilianer, nicht etwa die Amerikaner, operieren weltweit; das Zentrum der Mafiamacht liegt in Palermo und nicht in New York. Von allen Entdeckungen der letzten Jahre ist dies die wichtigste.

Bewirkt wurde das durch das Heroin: Die amerikanische Mafia handelt lediglich damit, während die sizilianische Mafia den Handel steuert. Hierzu fungiert sie in den Vereinigten Staaten und in anderen Ländern als selbständige Einheit. Ihre Männer, die seit Ende der fünfziger Jahre über Amerika ausschwärmten, wurden bis vor einigen Jahren für Mitglieder der amerikanischen Cosa Nostra gehalten. In Wirklichkeit aber machten sie sich ständig auf Kosten von deren Selbständigkeit und Lebensraum breit. Sizilianer, die direkt Palermo unterstehen, haben mehrere exklusive Geschäftsnischen der amerikanischen Mafia besetzt und wildern in allen ihren kriminellen Jagdrevieren. Für den amerikanischen Mob sind sie die *zips,* die *geeps,* die *fucking siggies*: schweigsam, raubgierig, unbeliebt und verachtet, doch rührt sie niemand an.

Die amerikanische Mafia hat sie ins Land geholt, um das Risiko des Heroinhandels auf sie abzuwälzen und dennoch einen Teil der Profite einzustreichen. Manche Leute sagen, das sei ein erstes Zeichen des Niedergangs gewesen; jedenfalls erwies es sich später als Kapitulation.

Die Heroinkonzession für die USA hat die sizilianische Mafia an die Spitze der internationalen Unterwelt katapultiert und sie in einem Ausmaß brutalisiert, das sogar ihren amerikanischen Ableger schreckt.

»Warum gibt es keine sizilianischen Leichen in New York? Wie kommt es, daß unsere Jungens nicht zurückschlagen?« fragte ein für Brooklyn zuständiger FBI-Agent Mitte der achtziger Jahre. »Die amerikanische Mafia legt sich mit ihnen nicht an«, antwortete Robert Stutman, der New Yorker Direktor der Drogenfahndung. Im Vergleich zu den Sizilianern wirken die amerikanischen Mafiosi verweichlicht. Ihre Paten sind ein bastardisierter Seitenzweig, in dessen Adern seit zwei oder drei Generationen kein reines Mafiablut mehr fließt. Ihr Durchschnittsalter liegt zwischen 70 und 80 Jahren, während die sizilianische Führung ständig blutig verjüngt wird. Die Amerikaner nehmen jeden auf, der einen italienischen Vater hat; in Sizilien müssen beide Eltern eines eingeschworenen Mitglieds Sizilianer sein. Die Amerikaner verpachten ihr Geschäft an andere; die New Yorker Verbrecherfamilien haben 27 ihrer 36 Zahlenlottos an Exilkubaner verpachtet. Sie morden nicht soviel und bringen sehr ungern Polizisten um. Mit einem Wort, es fehlt ihnen das amoralische Stehvermögen der sizilianischen Mafiosi.

Zwar weichen sie vor den Männern aus Palermo zurück, doch haben sie sich bis jetzt noch niemand sonst untergeordnet. Trotz aller ihrer Rückschläge werden sie von den FBI-Experten immer noch als »die größte Verbrecherorganisation in den Vereinigten Staaten« betrachtet.[29] In der Tat hat sich die Mafia im Lande länger gehalten als jedes andere Verbrechersyndikat seit 1890.

Der Reichtum beider Mafias ist unermeßlich. Allein durch das Rauschgift nehmen sie Platz 20 in einer Rangfolge der 20 reichsten »Nationen« der Welt ein — sie haben mehr Geld als 150 souveräne Staaten.[30] Zusätzliches Geld fließt aus jedem legalen und illegalen Unternehmen, mit dem Geld gemacht werden kann (Glücksspiel, Erpressung, Kreditwucher, Betrug usw.). Regierungssprecher schätzen vorsichtig, daß die sizilianische und die amerikanische Mafia zusammen einen Jahresumsatz von etwa einer Viertel Billion (250 Milliarden) Dollar machen. Allein in den USA betrug der Umsatz nach Angaben von Präsident Reagans Ausschuß gegen das organisierte Verbrechen 1984 168 Milliarden Dollar. Nach Abzug der Kosten beliefen sich die Einnahmen aus rein kriminellen Operationen auf 30 Milliarden. Das Einkommen der sizilianischen Mafia allein aus Rauschgift, Erpressung, Entführung und Glücksspiel wurde 1989 auf 30 Milliarden Dollar beziffert — also auf das Dreifache des Jahreshaushalts der sizilianischen Regionalregierung oder 6 000 Dollar auf den Kopf jedes Sizilianers, ob Mann, Frau oder Kind.[31]

Die Zahl der Nutznießer dieses Geldes ist verblüffend gering. Für jeden eingeschworenen Mafioso gehen kleine Prozente an etwa zehn »Geschäftspartner«, »Beschaffer«, und dazu müssen Legionen von »Beschützern« bestochen werden: Geschäftsleute, Rechtsanwälte, Politiker, Richter, Polizisten. Doch die Cosa Nostra selbst hat in den Vereinigten Staaten auf eine Einwohnerzahl von 250 Millionen nur 1 700 eingeschworene Mitglieder. Sogar in Sizilien gibt es nur 15 000 eingeschworene Mitglieder, ein Bruchteil von einem Prozent der Inselbevölkerung.[32]

Die Mitgliederzahl der Mafia wird absichtlich niedrig gehalten. Bekannt ist, daß Männer für den Beitritt bezahlt haben, ganz wie für einen Sitz an der Börse. Albert Anastasia als Anführer der späteren Mafiafamilie Gambino in New York verkaufte schon in den fünfziger Jahren Mitgliedsrechte für jeweils 50 000 Dollar. Ein mächtiger Unterführer der Gambinos bezahlte jüngst angeblich 100 000 Dollar Eintrittsgeld.[33]

Diese Zahlen scheinen die ganze Geschichte zu widerlegen. Wie kann eine so kleine Bande eine so ungeheure Macht haben? Wer würde glauben, daß ein paar 1 000 kaum des Lesens und Schreibens kundige Verbrecher die Welt mit der Heroinpest überziehen, ganze Völker erpressen und jährlich mehr Geld scheffeln als das Bruttosozialprodukt Norwegens oder Dänemarks? Das ist gar nicht so unglaublich. In den letzten Jahren konnten ein paar 1 000 politische Terroristen die halbe Welt auf die Knie zwingen. Ihr primitiver Leitsatz lautet: »Töte einen, und du schüchterst 10 000 ein.« Doch die Mafia hatte sich an diesen Leitsatz schon gehalten, lange bevor diese Terroristen geboren wurden.

Sizilianische Ehrenmänner müssen töten, bevor sie den Mitgliedsschwur leisten dürfen; so haben sie vor Gericht ausgesagt. Die besten Mörder werden tapfere Männer genannt. Wer nicht mehr töten will, riskiert, selbst getötet zu werden. »Das Ansehen eines Ehrenmannes in einer Mafiafamilie hängt vor allem davon ab, wie er Morde ausführt. Je wichtiger der Mord, desto größer das Ansehen«, sagte ein Überläufer in Italien aus.[34] Das gesamte System der Mafiamacht beruht vor allem darauf, daß ein Mafioso als jemand angesehen wird, der bereit ist zu töten — auf der Stelle, jederzeit, allerorten.

Wenn sie richtig angewandt wird, kann die Kraft dieses Systems den Willen einer großen Zahl von Menschen zugunsten sehr weniger brechen. »Gib mir einen festen Punkt, und ich hebe die Welt aus den Angeln«, sagte Archimedes, der berühmte Mathematiker und Erfinder etwa im Jahre 240 v. Chr. Archimedes hat in Syrakus auf Sizilien gelebt.

Entgegen der Legende ist die Mafia nicht annähernd so viele Jahrhunderte alt, doch kam sie schon alt auf die Welt. Der Schlüssel zu ihrer unvergleichlichen Stärke — ihrer Fähigkeit, Tod und Vernichtung auf dem Erdball zu säen und ungeschoren davonzukommen — liegt in ihrer geschickten Nutzung der Geographie, der eigenen Kultur, des Elends und der jahrtausendealten Geschichte Siziliens.

Die Geschichte Siziliens ist schrecklich. Jeden Aggressor seit den sagenumwobenen Zyklopen gelüstete es nach Siziliens 24 000 Quadratkilometern besten Bodens. Die Insel lag im Schnittpunkt der Seewege des Mittelmeers, und dieses Meer war der Mittelpunkt der damaligen Welt. Die Insel wurde zuerst von den Phöniziern erobert, dann von den Griechen, Römern, Wandalen, Ostgoten, Byzantinern, Arabern, Normannen, Germanen, Aragonern, Spaniern und den Bourbonen. Manche waren aufgeklärter als andere, doch alle unerbittliche Kolonialherren. Sizilianischer Weizen nährte ihre Heere, sizilianische Sklaven bauten ihren Weizen an, ganze Landstriche Siziliens sogen sie aus. Sizilien wimmelte unter fremder Besatzung von Geheimbünden: Rächer der Enterbten oder bloße Banditen oder beides, ein Ausdruck von Haß und Wut der Bevölkerung. Häufig werden sie als »Mafia« bezeichnet, doch waren sie nur deren Vorläufer.

Das Wort selbst ist auf Nationalisten im Aufstand der sizilianischen Vesper im 13. Jahrhundert zurückgeführt worden; auf Freimaurer in einem sizilianischen Fischerdorf 1799; auf eine Hexe, die in der Inquisition den Spitznamen »Catarina la Licatisa nomata ancor Maffia«

erhielt, was jemand voller Kühnheit, Größenwahn und Arroganz bedeutet.

Manche Autoren behaupten, »Mafia« komme vom altfranzösischen *maufer*, dem Gott des Bösen. Andere schreiben es dem arabischen *míhfal* zu, einer Versammlung vieler Menschen (dazu noch *mayhas* für Aufschneiderei). Häufig wird behauptet, Mafia sei ein Akronym für »Mazzini Autorizza Furti, Incendi, Avvelenamenti«: Giuseppe Mazzini als Führer des Risorgimento des 19. Jahrhunderts, das Italien befreite und einigte, soll »Raub, Brandstiftung und Giftmischerei« in Sizilien zur Bekämpfung der Bourbonenherrschaft gebilligt haben. Er hatte tatsächlich einen Geheimbund, der dort für ihn arbeitete, was relevant sein könnte.

Die Historiker sind sich allgemein einig, daß die echte Mafia ihre Anfänge mit Mazzinis großsprecherischem Verbündeten Giuseppe Garibaldi nahm.[35] Garibaldi war es, der die letzten Bourbonenkönige vertrieb und Sizilien mit dem neuen italienischen Staat vereinigte. Sizilianer liefen ihm in freudiger Erregung zu, als seine Rothemden 1860 in Palermo landeten. Unter ihnen waren etwa 2 000 *Piciotti* — kühne junge Bauern, Halbbriganten, Pseudorebellen, die sich gewöhnlich in Tuffsteinhöhlen versteckten, die auf arabisch *maha* genannt wurden. Hiervon ist »Mafia« vermutlich abgeleitet; Garibaldis *Picciotti* wurden als *squadri della mafia* bezeichnet.[36]

Sie ließen sich blenden von Garibaldis Verheißungen von Würde und sozialer Gerechtigkeit. Sizilien lag nach zwei Jahrtausenden Besatzung darnieder — gedemütigt, von Korruption zerfressen, bettelarm —, doch die junge italienische Nation Italien erlöste es nicht. Die Versprechen wurden gebrochen, die Sizilianer vergessen. Da der Staat nicht eingriff, rotteten sich die *Picciotti* zusammen und übernahmen die Macht.

Es gibt kein Dokument mit der Aussage, daß dieser Bund die Mafia war. Indessen wird sie in einer offiziellen Depesche von 1865 erstmals als gefährliche, verbrecherische Geheimgesellschaft erwähnt.[37] Ein gefeiertes Theaterstück im sizilianischen Dialekt, *I Mafiusi della Vicaria*, war 1863 gerade uraufgeführt worden. In dieser Komödie über das Gefängnisleben in Palermo wurde eine *consorteria mafiusa* beschrieben: eine »Gesellschaft« mitsamt ihren Initiationsriten und einer hierarchischen Struktur, mit Mafiosi, die innerhalb des Gefängnisses besondere Achtung erzwangen, ihre eigenen Regeln durchsetzten, Gebühren erhoben, Gefängniswärter einschüchterten und Bekleidung, Essen und Waffen einschmuggelten.[38]

Der hierarchische Aufbau entzog sich die nächsten 120 Jahre dem Blick, doch die *consorteria* blühte. Die Verbrechensziffern gingen in Sizilien so steil nach oben, daß 1893 von Amts wegen der Belagerungszustand verhängt wurde.[39] Inzwischen war die Mafia für die Reichen und Mächtigen so nützlich geworden, daß sie nicht mehr zu verdrängen war. Feudalherren bedienten sich ihrer, um ihre aufmüpfigen Bauern in Schach zu halten. Die katholische Kirche setzte auf sie als Schutztruppe für ihren riesigen Landbesitz. Kandidaten für ein öffentliches Amt pflegten auf dem Marktplatz die Hand eines Capo-Mafia zu küssen. Ein künftiger Premierminister gebrauchte den Slogan »Wählt X, einen Freund der Freunde« – das klassische Etikett der Mafia. Zwischen 1860 und 1924 wurde kein einziger sizilianischer Politiker ohne Billigung der Mafia ins italienische Parlament gewählt.[40] Auch heute sind es nicht viele.

Die Armen wandten sich an die Mafia, weil sie sonst niemand hatten. Soweit es um ihre Belange ging, war der Staat außer dem Steuereintreiber nicht vorhanden. Die

Kirche, in einem durchgängig katholischen Land allmächtig, war mit den Feudalherren und der etablierten Macht in Rom im Bunde. Die Mafia, obwohl sie mit allen dreien unter einer Decke steckte, setzte ihren Stolz darein, für eine gewisse ausgleichende Gerechtigkeit zu sorgen. Dies war ein notwendiger Bestandteil ihrer Macht; und an Macht berauschte sich ein Mafiapate früher mehr als an Geld. Als einfacher Bürger mit nichts als Ehrentiteln erfreute er sich einer Achtung, die an Verehrung grenzte, konnte weise Ratschläge und Vergünstigungen austeilen, in Streitfällen vermitteln, Staatsdiener (auch Polizeichefs und Richter) auswählen, Mitglieder der gesetzgebenden Körperschaft zur Wahl aufstellen und bei der Regierungsbildung mitwirken. Manche Bauern erhielten folglich von ihrem *capo-cosca* (Chef des Clans) Genugtuung; andere eine volle Ladung aus der *lupara,* der traditionellen abgesägten Schrotflinte. Diese Gerechtigkeit war pauschal, doch war es immerhin ein Abglanz davon.

Aus diesem wirren und zerquälten Bild schälte sich der Mafioso als Robin-Hood-Gestalt heraus. Mannhaft und voller Verachtung für das Gesetz, verteidigte er sich mit Bravour und konnte je nach Sichtweise des Betrachters sogar großzügig und weise erscheinen. Besucher aus dem Ausland hielten ihn für schneidig, romantische Dichter besangen ihn. Er sei ein Ausbund von »Schönheit, Größe, Vollkommenheit, Großartigkeit«, schrieb der berühmteste dieser Dichter, Giuseppe Pitrè.

Die Ehrenmänner zitierten Pitrè genüßlich. Vielleicht hat kein einzelner Mensch mehr dazu beigetragen, eine Bruderschaft mordlustiger Ganoven zu verherrlichen als diese Autorität der Jahrhundertwende über sizilianische Folklore. »Der Mafioso ist kein Dieb, kein Schelm . . . Der Mafioso ist schlicht ein kühner Mann, der sich nicht auf der Nase herumtanzen läßt«, tönte er. »Die Mafia ist die Stärke des einzelnen, die Unduldsamkeit gegenüber der Arroganz anderer . . . Die Mafia vereint im besten Sinne des Wortes den Gedanken der Schönheit mit Erlesenheit und Kühnheit und mehr noch: Selbstbewußtsein des Mannes, Seelenstärke . . . und Kühnheit, nie jedoch Arroganz oder Hoffart.«[41]

Einen solchen Mafioso hat es nie gegeben. Pitrè schöpfte aus »fernen und verklärten Kindheitserinnerungen«, berichtet uns taktvoll ein früherer Kurator des Pitrèmuseums in Palermo. »Er erfand keine Fakten, lebte jedoch in einer Phantasiewelt«, meint dieser aufgeklärte Fachmann. »Er war kein Geschichtswissenschaftler, kein Professioneller.«[42] In der Tat nicht.

Am besten zu erkennen sind die zwei Gesichter der Mafia an einem Zeitgenossen Pitrès mit Namen Vito Cascio Ferro: vom ehrfürchtigen Publikum Don Vito genannt, Siziliens erster großer *capo di tutti capi.*

Don Vito wurde 1862 in Palermo geboren und wuchs als Analphabet auf. Für ihn kein Hindernis. Nie wieder sollte die Mafia einen so herzlich verehrten Menschen hervorbringen. In seiner Beschreibung in *Die Italiener* schrieb der verstorbene Luigi Barzini jr.:

»Don Vito entwickelte die Organisation ohne unnötige Gewaltanwendung zu höchster Vollkommenheit . . . Ein Mafiaführer, der die Insel mit Leichen übersät, um sein Ziel zu erreichen, wird für genauso unfähig erachtet wie der Staatsmann, der Angriffskriege riskieren muß. Don Vito erregte Furcht hauptsächlich durch Einsatz seiner großen Fähigkeiten und seiner natürlichen Hoheit.«

Nach Aktenlage wurde Don Vito zu Lebzeiten 22 Morde

beschuldigt, fünf Einbrüche, 37 Erpressungen, einer aufsehenerregenden Entführung und 53 anderer Gewalttaten. In einer seiner Mordanklagen hieß es, er habe das Opfer zerstückelt und die Stücke in ein Faß gestopft. Er wurde deswegen 69mal angeklagt und 69mal freigesprochen.[43]

Don Vito war es, der die amerikanische Mafia gründete. 1901 in die Vereinigten Staaten geflohen, um der Verhaftung zu entgehen, war er der erste *Mafioso di rispetto* (Mann von Achtung), der amerikanischen Boden betrat. Die Lower East Side von New York wimmelte damals von sizilianischen Einwanderern, die hart arbeiteten, um zu überleben. Unter ihnen hielten sich Dutzende Mafiosi verborgen, die vor dem ersten Zugriff der Regierung 1893 aus Sizilien geflohen waren und sie gnadenlos aussaugten. Die Presse nannte sie die Schwarze Hand.[44]

Für sie wurden die Vereinigten Staaten nicht nur wegen der üblichen Gründe zum Gelobten Land, sondern weil sie so sicher waren. »Hier gibt es praktisch keine Polizeiüberwachung«, hieß es in einem zeitgenössischen Polizeibericht von New York. »Hier ist es leicht, Schußwaffen, Dynamit zu kaufen. Hier steht keine Strafe auf Benutzung eines falschen Namens. Hier kann man sich leicht verstecken, wegen unseres riesigen Staatsgebietes und der überfüllten Städte.«[45] Verfasser des Berichts war der in Italien geborene Joseph Petrosino, der einzige Polizist in New York (wenn nicht in ganz Amerika), der etwas über die sizilianische Mafia wußte. Als Chef der italienischen Sonderabteilung des Polizeipräsidiums war er New Yorks Antwort auf die gewaltverbrecherische Schwarze Hand.

Um die Jahrhundertwende war die Schwarze Hand in St. Louis, Detroit, Chicago, Kansas City, New Orleans,

New Jersey und New York aktiv. Presse und Öffentlichkeit waren überzeugt, daß sie der verlängerte Arm der sizilianischen Mafia war und Amerika insgeheim unterwanderte (das schon 1901!). Petrosino war anderer Meinung. Für ihn war die Gruppe nur ein natürliches Produkt des sizilianischen Auswanderermilieus: ein lockerer Zusammenschluß hartgesottener Verbrecher, grausam und raubgierig, aber unorganisiert. Dann tauchte Don Vito Cascio Ferro auf, und Petrosino änderte seine Meinung.

Petrosino stieß 1903 auf Don Vito, als ein abgetrennter Kopf mit in den Mund gestopften Genitalien in einem Faß auf der Elften Avenue in New York gefunden wurde. Das Opfer war ein sizilianischer Einwanderer, der für hochrangige Mitglieder der Schwarzen Hand gearbeitet hatte. Aus dem Beweismaterial gewann Petrosino die Überzeugung, daß Don Vito der Schuldige war.

Siziliens künftiger starker Mann, ein hervorragender Organisator, hatte die Schwarze Hand rasch unter sein Kommando gebracht. Er hatte vielen ihrer Mitglieder geholfen, von Sizilien in die Vereinigten Staaten zu gelangen. Nun brachte er ihnen Disziplin bei und stellte regelmäßige Verbindungen mit Sizilien her – die erste Achse Palermo-New York der Mafia. Währenddessen vervollkommnete Don Vito die einfachste und dauerhafteste Mafiamethode der Geldschöpfung: *'u pizzu. Fari vagnari 'u pizzu* bedeutet, daß ein kleiner Vogel den Schnabel ins Wasser tunkt, eine Mafiaumschreibung für das Eintreiben monatlicher Schutzgelder.

Der *pizzu,* zuerst 1903 in New York erfunden, war zunächst äußerst plump. Die Schwarze Hand schröpfte ihre Opfer gern bis zum Weißbluten, Don Vito jedoch nicht (oder nicht ganz). »Ihr müßt die Sahne von der Milch abschöpfen, ohne die Flasche zu zerschlagen«, riet er. »Ruiniert die Leute nicht mit absurden Geldforderungen. Bietet statt dessen Schutz an. Helft ihnen, im Geschäft vorwärtszukommen, und sie werden nicht nur froh sein, den *pizzu* zu zahlen, sondern euch dazu noch dankbar die Hände küssen.«[46]

Manche küßten Don Vito die Hände. Obwohl er keine Schulbildung hatte, konnte er die Grenzen ihres finanziellen Leistungsvermögens exakt berechnen. Bereits 1904 ging die Schwarze Hand streng methodisch vor wie das Finanzamt. Ihre Forderungen nach dem *pizzu* gingen pünktlich ein und ließen keinen sizilianischen Einwanderer aus, dessen Einkommen geschröpft werden konnte — Ladenbesitzer, Straßenhöker, Maurer, Hafenarbeiter —, wobei die Summen nach einer gleitenden Skala festgesetzt wurden.

Im selben Jahr nahm Don Vito das System mit nach Sizilien zurück. Er hätte seine Tage in Amerika beschließen können, wenn nicht der Mordfall mit dem Mann im Faß gewesen wäre, der nationales Aufsehen erregte. Leutnant Joe Petrosino hatte sich auf seine Spur gesetzt und ließ nicht locker. Don Vito war gezwungen, sich aus der Stadt zu schleichen, eine Zeitlang in New Orleans unterzutauchen und schließlich nach Hause zurückzukehren. In der Tasche trug er eine Fotografie von Joe Petrosino — das Requisit eines Attentäters —, als er sich 1904 nach Italien einschiffte. Dann wurde er der regierende Fürst der Insel: ein hochgewachsener, distinguierter Herr mit »Mephistobart« und »der Haltung eines Mafioso« (wie es in einem Polizeibericht hieß), dessen Hand Bürgermeister und Lokalgrößen zu küssen pflegten, wenn er die Runde durch »seine« Städte machte. Er hatte ganz Sizilien in der Tasche, als Petrosino fünf Jahre später in Palermo auftauchte.

Der Besuch war ein Affront, den er nicht durchgehen

lassen konnte. Die Schwarze Hand stand unter Don Vitos persönlichem Schutz, und Petrosino kam mit dem Auftrag, sie zu vernichten. Er wollte die italienischen Strafregister ihrer Mitglieder ausfindig machen, sie aus den Vereinigten Staaten ausweisen lassen und die ganze sizilianisch-amerikanische Mafiapartnerschaft aufbrechen. Doch Petrosino wurde auf der Piazza Marina von Palermo erschossen, bevor er auch nur den Anfang gemacht hatte.

In einer volkstümlichen Überlieferung heißt es, Don Vito Cascio Ferro sei vom Tisch eines Parlamentsabgeordneten aufgestanden, in seiner Kutsche zur Piazza Marina gefahren, habe geschossen und sei dann zurückgekehrt, um zu Ende zu speisen. In Wirklichkeit hatten sich Führer der Schwarzen Hand in New Orleans getroffen, um das Problem zu erörtern, und zwei Abgesandte an Don Vito in Sizilien geschickt. Zu dritt schossen sie Petrosino zweimal in den Hinterkopf und einmal ins Gesicht.[47]

Später beanspruchte Don Vito das persönliche Verdienst für den Mord. »Petrosino war ein mutiger Gegner, der keinen unehrenhaften Tod von der Hand eines gemeinen *sicario* (Mörders) verdient hatte«, erklärte er. Das war am Vorabend des Zweiten Weltkriegs, und Siziliens unvergleichlicher *capo di tutti capi* lag im Gefängnis im Sterben. Mussolini, der Diktator des faschistischen Italiens, hatte ihn dort hineingebracht.

Mussolini hatte bei seiner ersten Rundreise in Sizilien 1924 beschlossen, daß die Mafia fällig war. Der Bürgermeister und Capo-Mafia von Piana dei Greci, Don Ciccio Coccia, führte ihn herum und bemerkte zu seiner großen Polizeieskorte: »Exzellenz, Sie sind in meiner Begleitung und haben nichts zu fürchten. Wofür brauchen Sie so viele Bullen?«[48] Der Duce begriff die Mafia in Sizilien sofort. Das war ihr Reich, und er war ihr Gast, und das paßte ihm ganz und gar nicht. Jedenfalls war es unwahrscheinlich, daß er diese Gegenmacht lange dulden würde. Binnen eines Monats saß Don Ciccio im Gefängnis; Mussolinis Krieg gegen die Mafia hatte begonnen.

Sein eiserner Präfekt Cesare Mori machte sich daran, die Mafia auszumerzen, »wie ein Chirurg mit Feuer und Stahl ins Fleisch schneidet, bis er die Eiterherde der Beulenpest ausgebrannt hat«. Tausende, ob schuldig oder unschuldig, wurden ins Gefängnis geworfen oder gefoltert, ihr Eigentum wurde beschlagnahmt und ihre Familien in den Ruin getrieben. Wo es an Beweisen fehlte, wurden sie konstruiert.

Zwischen 1927 und 1929 wurden in Sizilien fünf Massenprozesse veranstaltet. Ein riesiger Käfig, 50 Meter lang, wurde im ersten Prozeß errichtet, um 154 Angeklagte aufzunehmen. »Die faschistische Justiz muß rasch und entschlossen vorgehen. Wenn der Prozeß nicht schneller vorankommt, wird die Liquidierung der Mafia nicht vor dem Jahr 2 000 bewältigt sein«, telegrafierte Mussolini. Die faschistische Justiz triumphierte: Alle Angeklagten bis auf sechs wurden verurteilt. »Die Mafia ist tot, ein neues Sizilien ist geboren«, behauptete die *New York Times.* »Mussolini hat das Ungeheuer in seiner Höhle erwürgt«, kommentierte die Londoner *Times.*[49] Und das Ungeheuer trat tatsächlich den Rückzug an. Nach amtlichen Angaben ging die Mordziffer der Mafia auf der Insel von *zehn Leichen täglich* auf drei in der Woche zurück. Sogar inoffiziell schrumpfte sie um etwa drei Viertel.[50]

Doch war das Ungeheuer nicht geschlagen. Die Mafia erstand wie durch Zauber wieder, als Mussolini gegen

Ende des Zweiten Weltkriegs stürzte. Männer von Ehre, jetzt allesamt standhafte Antifaschisten, gelangten direkt aus dem Gefängnis in ein öffentliches Amt. Ihr neuer *capo di tutti capi*, Don Calogero Vizzini, wurde als Bürgermeister seiner Heimatstadt Villalba eingesetzt. »Lang lebe die Mafia! Lang lebe Don Calò!« riefen Freunde aus der Menschenmenge, die der Feier beiwohnten.[51]

Hochgewachsen, schwergewichtig und derb, das Jakkett über die Schulter gehängt und die traditionelle *coppola* (Mütze) der Mafia schräg über die Augen gezogen, pflegte Don Calò täglich in einem Café der Piazza Audienz zu halten, als wäre die lange Amtszeit des Duce nie gewesen. In einer Beschreibung der damaligen Zeit heißt es bei Barzini:

»Aus den Schatten der Mauern und engen Seitenstraßen pflegten Menschen hervorzutreten und Schlange zu stehen, um ihn zu sprechen – Bauern, alte Frauen in Schwarz, junge Mafiosi.

Sein großmütiger und beschützender Habitus, die respektvollen Grüße der Passanten, die Unterwürfigkeit derer, die sich ihm näherten, ihr dankbares Lächeln, wenn er sie ansprach, das alles gemahnte an eine uralte Szene: an einen Fürsten, der unter freiem Himmel hofhielt.«[52]

Inzwischen hatten sich Hunderte seiner Untertanen jenseits des Ozeans wieder zusammengefunden. Um sich in den zwanziger Jahren dem eisernen Präfekt Mussolinis zu entziehen, waren sie gerade rechtzeitig zur Prohibition und für ein Vermögen aus geschmuggeltem Alkohol nach Amerika geflohen. Mehrere von ihnen wurden berühmte Väter von Mafiafamilien: Joe Profaci aus Villabate, Carlo Gambino aus Palermo, Gaetano Lucchese (alias Tommy »Drei-Finger« Brown) aus Palermo, Joe Bonanno aus Castellammare del Golfo. Eine besonders große Gruppe war von Castellammare aufgebrochen, dessen eingeborene Söhne eines Tages den sizilianisch-amerikanischen Heroinhandel aufziehen sollten. Es ging ihnen so gut, daß eine verkleinerte Kopie der Freiheitsstatue als Tribut an ihr Aufnahmeland auf dem Hauptplatz der Stadt aufgestellt wurde.

Diese Einwanderer waren das Rückgrat der *Unione Siciliana*, in der die Schwarze Hand nunmehr aufging. Als volkstümliche ethnische Bruderschaft setzte sich die *Unione Siciliana* aus 38 Logen und 40 000 Mitgliedern quer über das ganze Land zusammen. In ihr fand die geheim organisierte Mafia Zuflucht und tarnte ihre verbrecherischen Taten mit barmherzigen Werken, karitativen Bruderschaften, Geselligkeitsvereinen und Jubelreisen ins Heimatland.

Die Mafia verdiente Millionen am geschmuggelten Alkohol, zusätzlich zu ihren gewohnten Einkünften aus Glücksspiel, Wucher, Erpressung und *'u pizzu*. Zudem wurde sie zu einer respektheischenden politischen Kraft. Al Smith, der sich 1928 für die Demokraten als Präsidentschaftskandidat bewarb, war der erste Anwärter auf das Weiße Haus, der um ihre Hilfe bat, wenn auch mit Sicherheit nicht der letzte. »Organisiert mir überwältigende Unterstützung in Manhattan, Brooklyn und in der Bronx, wo ihr Jungs die Delegierten in der Hand habt, (und) ich bin bereit, euch das Leben leichter zu machen«, soll Smith versprochen haben.[53]

Die *Unione* wurde jedoch von Stammesfehden erschüttert, bis Salvatore Lucania, alias »Charlie Lucky« Luciano 1931 die Macht übernahm. Luciano war als Kind aus Lercara Friddi nach Amerika gekommen. Er war ein eingeschworener Mafioso, verkörperte jedoch genau den Geist des amerikanischen Unternehmertums, ein Industrieführer, dessen Begabung ihn in die Spitzenetagen der kapitalistischen Welt hätte führen können.

»Wir Jüngeren verabscheuten alle die alten Schnauzbärte und was sie taten. Wir versuchten, ein zeitgemäßes Busineß aufzubauen, und sie lebten noch wie vor 100 Jahren«, erklärte er.[54]

Also ermordete Luciano die zwei sizilianischen Bosse, die gerade in New York gegenseitig ihr Fußvolk abschlachten ließen – Joe »The Boss« Masseria und Salvatore Maranzano –, und wurde selbst Boß. »Alles, was wir tun müssen, ist, die beiden Sperren auszuschalten, und dann ist Charlie obenauf. Das wollen wir doch, oder?« hatte sein Buchhaltungsgenie Meyer Lansky bemerkt.[55] Das gelungene Ereignis wurde im Herbst 1932 im Chicagoer *Blackstone Hotel* gefeiert. Al Capone spielte den Gastgeber, und aus ganz Amerika kamen Delegierte. Lucky Luciano wurde als unumstrittener Führer einer modernen, straff geführten Verbrecherfirma gefeiert, die landesweit organisiert und ganz und gar amerikanisch war.

Als erstes schloß Luciano die Bücher der Cosa Nostra: eine Umschreibung dafür, daß keine sizilianischen Einwanderer mehr eingeschworen werden sollten.[56] Er interessierte sich nicht für Rituale, *vendettas* oder *Sicilianesimo* (den Zustand, Sizilianer zu sein). Er wollte lediglich »ein zeitgemäßes Busineß aufbauen«.

In dem Maße, wie sich die Grenzen der Cosa Nostra weiteten, trat ihre sichtbare ausländische Herkunft in den Hintergrund. Die Nabelschnur zu Sizilien schien in Amerika das nächste halbe Jahrhundert lang gerissen, in Wirklichkeit jedoch war das Gegenteil richtig. Eine komplexe Folge von Ereignissen machte die sizilianische Mafia für ihr amerikanisches Gegenstück notwendig –

ja geradezu unentbehrlich. Im aktiven Zusammenwirken zwischen Lucky Luciano und dem gesamten amerikanischen Oberkommando gelangte Sizilien zu seiner exklusiven Heroinkonzession, und die Betäubung Amerikas nahm ihren Anfang.

2   Don Luciano Leggio, der Sieger

Corleone, ein paar Hausdächer, die sich um ein steinern aufragendes ehemaliges Gefängnis ducken, könnte irgendeines von 100 langweiligen Bergstädtchen in Sizilien sein. Doch hat es einst traurigen Ruhm wegen der unerhörten Zahl von Mafiamorden erworben, die dort begangen wurden. Heute ist es besser bekannt als der Heimatort Luciano Leggios.[1]

Don Luciano sitzt seit 1974 eine lebenslange Gefängnisstrafe wegen Mordes ab und altert allmählich. Er verbringt seine Tage, indem er Dickens und die griechischen Philosophen liest, Gedichte schreibt und nostalgische Bildchen seiner Heimatstadt malt. Manche glauben vielleicht, er sei am Ende; doch ist er noch immer der gefürchtetste *capo di tutti capi* aller Zeiten.

Leggio hat das weltumspannende Heroinnetz der Mafia nicht geschaffen, doch er hat es im großen Mafiakrieg von 1981 bis 1983 erobert, wofür er sich die Strategie in seiner Gefängniszelle ausheckte. Die Offensive seiner Corleonesi und ihrer Verbündeten dauerte drei Jahre und wurde von Sizilien auf das italienische Festland, nach Westeuropa, Kanada, Südamerika und den Vereinigten Staaten getragen. Als der Krieg vorbei war, waren etwa 1 000 ehemalige oder potentielle Gegner erschossen, erdrosselt, vergiftet, in die Luft gesprengt oder erstochen worden, und vielleicht ebenso viele spurlos verschwunden.[2] Nur wenige von Rang blieben übrig, wenn überhaupt.

Die Geschichte von Leggios Aufstieg zur Macht steht in engem Zusammenhang damit, wie sich die Mafia in den letzten 40 Jahren seit dem Zweiten Weltkrieg zu einem immer größeren Übel entwickelte. Im Lauf dieser Jahre wurde aus dem bäuerlichen Mafioso aus Leggios Jugendzeit ein Makler im Zweireiher. Der alte Ehrenkodex, soweit es ihn überhaupt gegeben hatte, löste sich völlig auf. Das Morden, unveränderlicher Bestandteil der Geschäfte der Bruderschaft, wurde methodischer, unpersönlicher und pauschaler. Die Mafia war nicht mehr bloß Geißel einer Provinz oder eines Landes, sondern wurde zur weltumspannenden kriminellen Verschwörung.

Viele haben Leggio an alledem die Schuld gegeben. Seine Lebensgeschichte mußte herhalten, die Mär zu verewigen, es gebe eine »gute« und eine »schlechte« Mafia. Die gute hat angeblich 100 Jahre über Sizilien geherrscht und wurde danach von der Mafia Leggios überwältigt. So erklärte der wichtigste Überläufer aller Zeiten — Tommaso Buscetta, Kronzeuge in Palermo und New York — Leggio als das Gegenbild eines echten Mafioso. Tatsächlich aber ist Leggio das Musterexemplar einer Gattung, die sich in mehr als 100 Jahren herausgebildet hat. Sein Auftreten macht dem relativ harmlosen Paten der Volkslegenden den Garaus: dem Patriarchen, der scheinbar einen Anstandskodex nach Gutsherrenart und gelegentlich sogar ein Herz hatte.

Luciano Leggio wurde an einem Wintermorgen 1925 in Corleone geboren. Da er das zehnte Kind einer bettelarmen analphabetischen Bauernfamilie war, nahm niemand von seiner Ankunft auf Erden Notiz. Ein erster Hinweis auf seine ungewöhnliche Begabung zeigte sich erst in seinem 19. Lebensjahr, als er einen Feldhüter umlegte, der ihn wegen Getreidediebstahls ins Gefängnis gebracht hatte.

Im selben Jahr begann die Entwicklung eines damals noch dumm-brutalen Bauernjungen mit der Aufnahme Leggios in Corleones *cosca* oder Clan. Man schrieb das Jahr 1944. Der Zweite Weltkrieg ging dem Ende zu, Mussolini war gestürzt, und die Cosa Nostra hatte ein verblüffendes Comeback erlebt.

Ihre Ehrenmänner krochen überall aus ihren Löchern, nachdem die Alliierten im Juli 1943 in Sizilien gelandet waren. Da der gesamte faschistische Machtapparat zusammengebrochen war, traten sie an dessen Stelle. Lokale Mafiabosse übernahmen in Dutzenden von sizilianischen Städten das Bürgermeisteramt. Ihr gerade aufgestiegener *capo di tutti capi* Don Calogero Vizzini steuerte vom Rathaus seiner Heimatstadt Villalba aus einen blühenden Schwarzmarkt. Vizzini, in dessen früherer Kriminalakte 39 Morde, sechs Mordversuche, 36 Raubüberfälle, 37 Diebstähle und 63 Erpressungen verzeichnet waren, wurde nun Besitzer eines Waffenscheins »zum Schutz gegen faschistische Überfälle«. Die US-Armee hatte ihn zum Ehrenoberst ernannt.

Diese Wendung der Dinge wurde lange Zeit auf ein Komplott zurückgeführt, das angeblich von der amerikanischen Regierung ausgeheckt und von Lucky Luciano ausgeführt worden war. Nachdem er wegen Betreibens eines Prostitutionsrings zu 30 Jahren Gefängnis verurteilt worden war, heißt es, habe man sich während des Kriegs an Luciano im Zuchthaus Dannemora gewandt. Die Amerikaner hatten den Wunsch geäußert, er möge den Weg für eine alliierte Landung in seinem heimatlichen Sizilien ebnen helfen. Im Austausch dafür werde er freikommen. Angeblich sei er in einem amerikanischen Kleinflugzeug über Villalba geflogen und habe ein gelbes Seidentaschentuch mit einem schwarzen »L« auf Don Calogero Vizzinis Schwelle fallen lassen. Vizzini habe dann den richtigen Empfang der alliierten Truppen organisiert, wonach ihm die Amerikaner die Insel überlassen hätten. So wird es erzählt.

Die Historiker neigen heute dazu, diese Geschichte abzutun; und die Ermittler, angefangen mit dem Ausschuß des Senators Estes Kefauver, müssen schlüssige Beweise dafür erst noch ausgraben.[3] Luciano selbst hat die Legende dementiert. Der US-Marinegeheimdienst habe tatsächlich im Krieg um seine Unterstützung gebuhlt, behauptete er, doch nur, um besser mit der Nazisabotage im New Yorker Hafen fertig zu werden. Er wurde 1946 wegen seiner »umfassenden und wertvollen Unterstützung der Marine im Krieg« auf Bewährung entlassen und nach Italien abgeschoben.

Dennoch hatte Luciano in der Tat bestechende Möglichkeiten, den Nachkriegsaufschwung der Mafia in Sizilien zu fördern, und das amerikanische Militär half ihm tatsächlich dabei, wissentlich oder unwissentlich. Die Amerikaner waren damals interessiert, kommunistische Erfolge zu unterbinden, wofür sich die Mafia besonders gut eignete. Doch wurden die alliierten Streitkräfte auch getäuscht: Von geübten Hochstaplern übertölpelt, unterwandert und ausgenommen, wurden ihre Offiziere korrumpiert oder haarsträubend irregeführt.[4]

Die Alliierten waren in Sizilien nur sieben Monate stationiert und hatten mit einer halben Million deutscher und italienischer Truppen zu tun. Ihre einzige Sorge war, den Krieg zu gewinnen. Unterdessen mußte Sizilien regiert werden. Die alliierte Militärregierung (Allied Military Government, AMGOT) wollte Antifaschisten im Amt, und die Mafiosi waren das ganz gewiß: Sie hatten jahrelang in Mussolinis Gefängnissen geschmort. Außerdem erweckten sie mit Erfolg den Eindruck, sie seien die einzigen Antifaschisten im Lande.

Die Notabeln der Mafia standen auf jeder Liste der »vertrauenswürdigen Personen« und wurden der Militärregierung von angesehenen Bürgern, der Geistlichkeit und von ihren eigenen lokalen Zivilangestellten wärmstens empfohlen. »Viele meiner Offiziere fielen darauf herein ... und folgten dem Rat ihrer Dolmetscher«, äußerte Lord Rennel, der britische Militärgouverneur für Sizilien. Viele Dolmetscher hätten sich als Mafiosi erwiesen, fügte er hinzu.[5] Das schlagendste Beispiel dafür war Vito Genovese, offizieller Dolmetscher im Hauptquartier der US-Armee bei Neapel. Genovese, Lucky Lucianos langjähriger Unterführer in New York, war der umtriebigste Rauschgifthändler seiner Epoche. Ein Erzgangster, Schieber und Mörder dazu, hielt er sich in Italien verborgen, um einer Mordanklage in den USA zu entgehen.

Luciano, der Genovese verabscheute, hatte dennoch Kassiber aus dem Gefängnis geschickt, »um sicherzustellen, daß Vito in Italien auf die Füße fällt ... Es könnte sein, daß ich ihn dort brauche«. Zufällig ernannte die Armee, fuhr Luciano fort, »Charlie Poletti, einen unserer guten Freunde, zum Militärgouverneur von Italien«. Genovese setzte sich daraufhin als Dolmetscher und Vertrauter des Militärgouverneurs ins gemachte Nest. Obwohl Genovese unter Oberst Poletti kein volles Jahr amtierte (ein Abwehrfeldwebel der US Army verfrachtete ihn im Sommer 1944 zurück nach Amerika), hatte er sich in dieser kurzen Zeit mit Schmiergeld seinen Weg durch die Streitkräfte gebahnt und einen gigantischen schwarzen Markt aufgebaut. Bei seiner Ankunft in

Italien brauchte Luciano den Apparat nur noch zu übernehmen.

Ein großer Teil dessen, was die Italiener nach den Verheerungen des Krieges aßen, an Kleidung trugen, rauchten und zum Herumfahren benutzten, stammte aus den PX-Warendepots der Amerikaner. Lokalprodukte, die dort vielleicht fehlten — Mehl, Öl, Zucker, Bohnen, Salz —, wurden von Siziliens Ehrenmännern in diese Warenkette eingeschleust. Das war ein Dienst an der Allgemeinheit, wie er Luciano gefiel.

Natürlich machte jedermann in der sizilianischen Mafia einen Haufen Geld, von Don Calogero Vizzini bis hinunter zum geringsten *picciotto*. So kam es, daß der junge Luciano Leggio den ersten krummen Dollar seiner äußerst einträglichen Laufbahn verdiente. »Wie ich mein Vermögen ansammelte? Ich machte, äh, nach dem Krieg in Schwarzmarkt«, erklärte er später vor Gericht. »Stellen Sie sich bloß mal vor, man konnte von der amerikanischen Landwirtschaftskammer einen Zentner Getreide für 2 000, 2 500 Lire kaufen und ihn auf dem Schwarzmarkt für 15 000 Lire verkaufen.«[6]

Ansonsten gingen die etwa 50 Mitglieder des Mafiaclans von Corleone ihren hergebrachten Beschäftigungen nach. Wie damals bei den Ehrenmännern Siziliens üblich, hatten ihre Straftaten hauptsächlich ländlichen Charakter. »Sie stahlen Vieh, verkauften Wasserrechte, hielten Landarbeiter in Schach, kassierten Schutzgelder zur Verhinderung von Diebstahl, Vandalismus, Brandstiftung und Raub, entführten gegen Lösegeld und widmeten sich dem erbarmungslosen Ausschalten unerwünschter Konkurrenten durch Mord«, wie es ein Bericht an das italienische Parlament formulierte. Tatsächlich brachten sie in Corleone während der ersten vier Jahre von Leggios Mitgliedschaft 153 Morde zustande;

dies in einer Stadt von nur 11 000 Einwohnern.[7] Auf die Bevölkerung umgerechnet, würde diese Mordquote für Paris, London oder New York weit über 100 000 Morde ergeben.

Der neueste Zugang des Clans war keine Lichtgestalt. Leggio war in der vierten Klasse von der Schule abgegangen und hatte damit einen elterlichen Plan vereitelt, ihn Priester werden zu lassen. Er konnte weder lesen noch schreiben, ein Nachteil, dem er später abzuhelfen suchte, indem er einen Lehrer mit vorgehaltener Pistole zum Schreibunterricht zwang.[8] Außerdem war er mit der Pottschen Krankheit geschlagen, einer tuberkulösen Wirbelentzündung, die ihn zwang, ein lästiges hölzernes (später silbernes) Stützkorsett zu tragen.

Als Junge sah er seltsam aus: verkrümmt in seinem Korsett und teigig blaß mit einem Vollmondgesicht und dicken, sinnlichen Lippen. Nur die schlauen Augen waren vielversprechend — sie und seine Geschicklichkeit mit der *lupara,* die er erworben hatte, indem er auf grasende Ziegen und Schafe schoß.

Leggio brauchte nicht lange, um die Schwachstellen der demokratischen Justiz zu erkunden. Dazu mußte er nur sein erstes Opfer töten, den Feldhüter, der ihn wegen Weizendiebstahl hatte verhaften lassen. Obwohl ihn die Frau des Feldhüters sogar schießen sah und ein Komplize geständig war, wurde der Fall 18 Jahre lang verschleppt. Ohne in dieser Zeit, in der er seine Geschäfte mehr oder minder offen betrieb, jemals verhaftet zu werden, wurde Leggio zweimal in Abwesenheit freigesprochen. Das Berufungsgericht stellte fest, das Geständnis des Komplizen sei erzwungen gewesen, und die Aussage der Witwe »zusammenhanglos«[9]

So etwas war durchaus nicht unüblich. Ehrenmänner trugen solche Freisprüche wie Skalps am Gürtel, als Zei-

71

chen ihrer Fähigkeit, dem Gesetz ein Schnippchen zu schlagen. Der Schlüssel zu ihrem Erfolg lag in der Befugnis eines italienischen Gerichtes, einen Angeklagten weder schuldig noch nichtschuldig zu befinden und ihn »mangels Beweisen« freizusprechen.[10] Ein Mafioso kann unschwer für Beweismangel sorgen, indem er Zeugen aus dem Wege räumt.

Zweifellos beging Leggio seinen ersten Mord in blanker, rachsüchtiger Wut. Doch die Art, wie er schoß, kühn und treffsicher, machte Höherstehende auf ihn aufmerksam. Sie setzten ihn regelmäßig als Attentäter ein. Er wurde ihr Lieblingskiller, und eine kleine Bande von Bewunderern scharte sich um ihn. Sein Weg nach oben war von da an mit den Leichen seiner Opfer gesäumt. Er mordete nicht nur, um zu strafen, sondern auch, um Eindruck zu machen, eine Lehre zu erteilen, ein Vermögen zusammenzuraffen, die Behörden zu verhöhnen und Gerichtsverfahren zur Farce zu machen, und vor allem aber, um über seinesgleichen zu herrschen.

Zu seinen frühen Opfern gehörte ein gefürchteter Mafiaboß, ein gewisser Barbaccia, der den größten Teil des Viehdiebstahls in der Region beherrschte. Leggio begann, selbst Vieh zu stehlen, und es wurde ihm das übliche Ultimatum gestellt. Er reagierte so, wie er es in Zukunft regelmäßig tun sollte. Barbaccias Männer wurden einer nach dem andern abgeknallt, ihre von Kugeln durchsiebten Leichen auf Gebirgspfaden gefunden. Schließlich verschwand auch Barbaccia selbst und wurde nie wieder gesehen.[11]

Auf der Suche nach einem Ort zum Schlachten des Viehs beschloß Leggio, *Gabellotto* zu werden. Diese Pächter der riesigen Landgüter Siziliens — gewöhnlich Tausende von Hektar — waren schon lange die Großverdiener der Mafia. Unter Mussolinis Regime wurden sie zurückgestutzt, doch 1945 machten sie sich bereits wieder auf dem sizilianischen Land breit. Die Carabinieri bemerkten dazu: »Die Mafia hat wieder ihre eigenen Gabellotti den Großgrundbesitzern aufgezwungen, von denen sich viele aus Furcht vor Entführung oder Schlimmerem nicht mehr trauen, ihre Güter zu betreten. In bestimmten Gebieten kommen Dutzende und Aberdutzende von Morden und Massenhinrichtungen vor, verschwinden Menschen spurlos.«[12]

Obwohl die Stellung privilegiert war und gewöhnlich mit sozialem Rang einherging, gelang es Leggio, der jüngste Gabellotto Siziliens zu werden. Er schaffte dies, indem er seinen Vorgänger von hinten erschoß. »Ich werde die Stelle des teuren Verblichenen einnehmen«, teilte er dem Grundbesitzer mit.[13] Sein neuer Arbeitgeber, ein wohlmeinender junger Mann, wurde gezwungen, seine Knechte zu entlassen, seine Weizenfelder in Weiden zu verwandeln, sein eigenes Vieh zu verkaufen und schließlich seinem Gut fernzubleiben. Er sei an gebrochenem Herzen gestorben, erzählen die Leute.

Binnen eines knappen Jahres war Leggio reich genug, sich ein eigenes Gut zu kaufen. Er wählte Piano della Scala aus, ein blühendes Landgut, das praktischerweise verborgen in einer Gebirgswildnis namens Rocca Busambra lag. Es stand nicht zum Verkauf, bis er die Herden abschlachtete, die Hunde vergiftete, die Zitronenbäume abhackte, die Ernte auf dem Halm abfackelte und dann den Gutsbesitzer überraschend aufsuchte. »Ihr Hof trägt sich nicht, und Sie wollen verkaufen«, teilte Leggio dem Eigentümer mit, der sich prompt fügte.[14]

Selbst in der Mafia war die Karriere dieses Bauernjungen spektakulär. Mit 21 Jahren — knapp zwei Jahre nach seinem ersten Auftauchen — hatte er Ruhm, Geld und blendende Zukunftsaussichten erworben. Daß Leggio nach seinem ersten Mord ein Flüchtling vor dem Gesetz war, schien ihm nicht im Wege zu stehen. Kein Einwohner von Corleone wollte ihn verraten; er hielt sie im Zustand panischer Angst. (Es heißt, er sei einmal mit dunkler Sonnenbrille zu einem Ortsfriseur gekommen. Als er ihm die Brille abnahm, um ihn zu rasieren, habe ihn der Friseur erkannt und sei in Ohnmacht gefallen.)[15]

Leggios Geschäfte blühten. Piano della Scala war die ideale Operationsbasis. Massenweise konnte gestohlenes Vieh dort heimlich geschlachtet werden, um auf den nur 50 Kilometer entfernten Großmärkten Palermos verkauft zu werden. Bald verfrachtete er in industriellem Maßstab Schwarzmarkt-Rindfleisch in die Stadt. Ganze Lastwagenkolonnen fuhren jede Nacht für ihn, und seine lieben Corleonesi fuhren zum Schutze mit ihren Schrotflinten mit.

Leggio war gerade 23 geworden, als die Polizei seinen Privatfriedhof fand — eine 50 Meter tiefe und einen Meter breite Felsspalte in der Wildnis der Rocca Busambra voller Skelette, deren Zahl noch immer unbekannt ist. Nach nur einem gefährlichen Abstieg hatte eine Rettungsmannschaft von Feuerwehrleuten restlos genug. Sie brachten die sterblichen Hüllen von drei Männern nach oben, darunter auch den, den die Polizei suchte. Anhand seiner Gürtelschnalle und seinen verrotteten Gummistiefeln wurde er als Placido Rizzotto identifiziert, einziger Gewerkschaftsfunktionär Corleones, der mit Ketten gefesselt, erschossen und den Ratten zum Fraße hinuntergeworfen worden war.[16]

Rizzotto war in Corleone ein Störfaktor gewesen. Er wiegelte nicht nur generell eine elendiglich verarmte Landbevölkerung auf, sondern war auch ein heftiger

Gegner des blühenden Handels der Mafia mit gestohlenem Vieh. Außerdem hatte er sich darauf verlegt, Leggio öffentlich anzuklagen, weil er den Fluß Belice in ein anderes Bett geleitet und so dessen Wasser gestohlen hatte. Schlimmer noch, er trat dafür ein, Leggios Gut Piano della Scala zu enteignen.

Um seinen Tod im Jahre 1948 rankte sich kein Geheimnis. Ein zwölfjähriger Schäferjunge hatte angstgelähmt Leggio beobachtet, wie er mit zwei Komplizen Rizzotto den schicksalhaften Abhang hinaufschleppte. Bis der Junge nach Hause kam und seiner Mutter berichtete, hatte er einen Schock und hohes Fieber und zeigte Angstsymptome, die später als »Halluzinationen« beschrieben wurden. Er wurde ins örtliche Spital gebracht, dessen Direktor persönlich ihm eine Spritze gab, worauf er binnen Minuten verschied.[17]

Der Krankenhausdirektor, ein Arzt von weltmännischem Gehabe namens Michele Navarra, war zufällig auch Corleones amtierendes Mafiaoberhaupt.

Navarra hatte die Stellung im Krankenhaus erlangt, indem er seinen Vorgänger ermordete. Als Vorsitzender der örtlichen Gutsbesitzervereinigung, Mitglied eines Dutzend wohltätiger Ausschüsse und Träger vieler kommunaler Ehrungen sollte er später von der italienischen Republik mit dem Verdienstorden ausgezeichnet werden.[18]

Als Todesursache des Schäferjungen wurde von Dr. Navarra Toxikose angegeben, eine tödlich verlaufende Ernährungsstörung, und er wurde ohne Obduktion beerdigt. Damit hätte die Sache erledigt sein sollen. Doch die Behörden mußten eingreifen, weil eine Zeitung Palermos berichtete, der Junge habe vor seinem Tod Leggio und seine beiden Komplizen identifiziert. Beide Komplizen gestanden; sie führten die Polizei sogar zu der Leiche in der Kluft. Dennoch wurde Leggio im Laufe der nächsten 13 Jahre von drei Richtern nacheinander »mangels Beweisen« freigesprochen.

Zu dem Zeitpunkt, als der Oberste Gerichtshof Italiens ein letztinstanzliches Urteil mit der Bestätigung des Freispruchs verkündete, hatte Leggio die beiden Komplizen schon lange ihrer Bestimmung zugeführt und wurde wegen der Ermordung neun weiterer Personen gesucht. Eine dieser Personen war Dr. Navarra selbst, der ehrenwerteste Ehrenmann Corleones, der sich als einer der zehn obersten Bosse der sizilianischen Mafia entpuppte.[19] Diese Anerkennung erfolgte posthum. Die italienischen Behörden hatten keine Ahnung von Dr. Navarras Rang in der Mafiahierarchie, als Leggio ihn 1958 erschoß. Sie wußten nicht einmal, daß es überhaupt eine solche Hierarchie gab, und noch weniger, daß die Mafia von einem *cupola* (Kuppel) genannten Aufsichtsrat regiert wurde. Aus Zeugenaussagen vor Gericht wissen wir inzwischen, daß ein Dutzend Paten der alten Schule in der Kuppel Leggio vorluden, damit er sich wegen der Erschießung von Dr. Navarra rechtfertige. Mord an einem Boß ohne Zustimmung der Kuppel war damals unerhört; Leggio hätte da nie lebend herauskommen dürfen. Letzten Endes versicherte er seinen Gesprächspartnern lediglich, die ganze Sache sei eine »persönliche Angelegenheit« gewesen, und sie wurden sich einig, es durchgehen zu lassen. Soviel zu ihren ehrwürdigen moralischen Wertvorstellungen.[20]

Es war unausweichlich, daß Leggio Navarra ausschaltete oder umgekehrt. Obwohl sie gleichermaßen mordlustig und raubgierig waren, lagen nach Charakter und Stil Welten zwischen ihnen. Leggio war frech, rauflustig, unverschämt, von einer unstillbaren inneren Wut verzehrt und voll grenzenloser Verachtung für das Gesetz.

Sein Chef, Dr. Navarra, war die Verkörperung provinzieller Ehrenhaftigkeit, voller gravitätischer Würde, nach außen hin unterwürfig gegenüber höheren Behörden und von Natur aus zur Verschwiegenheit geneigt. Anstatt öffentliches Aufsehen zu erregen, indem er einen Polizisten erschoß, schmierte er ihn lieber.

1958, nach 14 Jahren Zusammenarbeit, mußte das Paar sich trennen. Leggio schickte sich unverkennbar an, seinen Boß zu verdrängen, während Dr. Navarra bereits im stillen beschlossen hatte, daß er von diesem unerträglichen Unterführer restlos genug hatte. Unvorsichtigerweise hetzte er in Piano della Scala 15 Revolvermänner gegen Leggio. Sie trafen nicht richtig. Nur leicht verwundet, entkam Leggio durch einen Tunnel, der für solche Notlagen gegraben worden war, und pumpte kurz danach Dr. Navarra mit 76 Kugeln voll Blei.

Im Lauf der nächsten Monate wurden Navarras Gefolgsleute von Leggios Männern von Haus zu Haus gejagt und in wartende Autos geschoben. Andere wurden zu dritt oder viert am hellichten Mittag auf Corleones Hauptstraße mit Maschinenpistolen niedergemäht. Zwei für ihre Schießkünste und Eitelkeit berühmte Revolverhelden — beide trugen geckenhafte schwarze Samtanzüge — spazierten auf dem Hauptplatz beiläufig aufeinander zu, zogen gleichzeitig und erschossen einander gegenseitig.

Niemand hatte irgend etwas gesehen. »Wer ist diesmal umgekommen?« fragte ein Reporter eine weinende, schwarz verschleierte Mutter, die in einem von Corleones häufigen Leichenzügen dem Sarg folgte. »Wieso, ist jemand tot?« gab sie zur Antwort.[21]

Als die Schießereien eingestellt wurden, waren auf Navarras Seite 29 und auf Leggios Seite 13 Leute zur

Strecke gebracht. Seither gehört Corleone Leggio, doch es war ihm schon damals zu klein.

Die Cosa Nostra war schon immer wandlungsfähig gewesen, und Sizilien machte nach dem Krieg zwei grundlegende Veränderungen durch. 1947 wurde es autonome Region der italienischen Republik mit eigener Regierung. 1950 wurden die riesigen Latifundien der Insel durch die Bodenreform aufgeteilt.[22] Die erste Veränderung eröffnete fabelhafte Möglichkeiten, die Politik zu manipulieren und sich aus öffentlichen Kassen zu bedienen. Die zweite verschob den Schwerpunkt der Cosa Nostra vom Land auf die Städte.

Straftaten auf dem Land zahlten sich immer noch aus — das gilt bis heute —, doch die großen Latifundienbesitzer und die *Gabellotti* als Grundlage der Mafiamacht waren dahin. Auch verließen Hunderttausende von Bauern das Land auf der Suche nach Arbeit und einem besseren Leben. Die meisten zog es nach Palermo, der Hauptstadt der neuen sizilianischen Regionalregierung. Außerdem saugte die Stadt Hunderte Millionen Dollar aus Rom an Subventionen, Sonderkrediten und Zuweisungen aus der *cassa per il mezzogiorno* ab, dem Milliardenfonds Italiens für den unterentwickelten Süden. Hier konnte Geld gemacht werden wie Heu.

Palermo, eine großartige Stadt, deren Geschichte bis auf das Jahr 600 oder 700 v. Chr. zurückgeht, liegt wie ein unreiner Edelstein an der Nordwestküste Siziliens. Ein schöner Teppich von Orangen-, Zitronen- und Olivenhainen erstreckt sich hinter der Stadt über die Ebene Conca d'Oro. Einst war die Stadt ein Mekka der Philosophen, Wissenschaftler und Dichter; hier wurde das Sonett erfunden. Sechs Kaiser und Könige sind in der Kathedrale aus dem 12. Jahrhundert begraben. Blühende Gärten mit Wasserspielen schmückten ihre königlichen Paläste. Beeindruckende Überbleibsel sind aus der byzantinischen, arabischen und normannischen Architektur erhalten, durchsetzt von prunkvollen Barockbauten und den eleganten Villen der Belle Époque.

Vieles davon ist heute hinter Beton und Schutt verschwunden. Nach Jahrhunderten der Verwahrlosung und Jahrzehnten der Mafiaherrschaft ist Palermo unbeschreiblich heruntergekommen.

Fast eine Million Sizilianer wurden in den fünfziger Jahren in die Stadt und ihre Umgebung gestopft. Sie mußten untergebracht werden, und ein Drittel des Wohnraums in der verfallenen Altstadt war unbewohnbar.[23] Sie mußten bekleidet, ernährt, beschäftigt oder anderweitig unterhalten werden. Sie mußten mit Straßenbeleuchtung und Trinkwasser versorgt, ihr Abwasser und Müll mußte beseitigt und ihre Steuern eingetrieben werden. Für jedes ihrer Alltagsbedürfnisse hatten sie sich mit einer gigantischen Bürokratie herumzuschlagen, ob wegen eines Führerscheins, einer Genehmigung für den Straßenhandel, einer Rente, einem Platz in der Schule, einer Bestattung oder einem Bett im Krankenhaus.

Die Sizilianer brauchten *sistemazione*, diesen unübersetzbaren Begriff, der in Wirklichkeit bedeutet, daß sich jemand um sie kümmert. Da das mehrere unfähige Regierungen nacheinander nicht konnten oder nicht wollten, jedenfalls aber nicht schafften, tat es die Mafia auf ihre Weise. Sie besorgte die Wahlstimmen für fügsame Politiker, setzte ihre eigene Ordnung durch und plünderte die Stadt aus.

Als Leggio um 1955 in Palermo einfiel, war die Stadt schon lange in der Hand der unerbittlichsten Ehrenmänner, die es je gegeben hatte. Das waren die *mammasan-*

tissimi, wörtlich die »Heiligsten der Mütter«, in der Sprache Siziliens die größten der großen Mafiosi. Ihre Einflußgebiete zerschnitten Palermo und die umliegende Provinz und waren mit Mafiahochburgen in ganz Westsizilien verzahnt. Jetzt, wo sie dahingegangen sind — wenn sie nicht von alleine starben, wurden sie umgebracht —, werden sie als die alte Mafia hochgelobt, die für Ordnung und Mäßigung gewesen sei. In Wirklichkeit waren sie die neue Mafia ihrer eigenen Zeit und auch damals schon die bis dahin entartetste.

In jeder Generation hat es eine alte und neue Mafia gegeben, wobei jede jeweils schlimmer war als die vorhergehende. Schriftsteller beschrieben bereits 1880 eine »legitime« alte Garde, die von jüngeren, »radikalen und offen kriminellen Elementen herausgefordert« werde.[24]

Bis zum Jahre 1900 waren genau diese kriminellen Elemente mittlerweile zu Don Vito Cascio Ferros alter Mafia geworden. Obwohl diese Mafia die Insel ausplünderte und etwa einmal täglich mordete, wird sie im Vergleich zu Folgegenerationen für einen Hort der Tradition gehalten.

Die neue Mafia, die etwa 1920 auf den Plan trat, mordete zweimal täglich. Ihren Männern, Veteranen des Ersten Weltkriegs, wurde nachgesagt, sie »wollen nur schnell reich werden«. Ihre rohe Gewalttätigkeit »traf jeden und alles, wie nie zuvor seit Menschengedenken. Keine Regeln, kein Respekt für irgend jemand . . . Die alte Mafia hatte keine Macht mehr; die *Picciotti* gehorchten ihr nicht mehr«, schrieb Mussolinis eiserner Präfekt Cesare Mori.[25]

Bis 1944 hatten sich die *Picciotti* jener Tage wiederum in die alte Mafia Don Calogero Vizzinis verwandelt. Auf seinem Grabstein als »Mann und Edelmann« beschrieben, wird der Patriarch von Villalba immer noch als altmodischer Ehrenmann angesehen — als Ausbund an Weisheit und Zurückhaltung und als musterhaften Ersatz für einen untätigen Staat. 10 000 Menschen nahmen 1954 an seinem Leichenbegängnis teil; Villalbas Behörden und die Parteizentrale der Christdemokraten blieben aus Trauer um sein Hinscheiden acht Tage geschlossen.

Doch war Don Calòs Mafia seit den ersten Nachkriegstagen für normale Sizilianer zum Alptraum geworden. Die von ihm eingeführten Bosse verlegten sich von ländlichen auf städtische Verbrechen und von der Lupara auf die Beretta und die Maschinenpistole. Ihre Methoden waren plump und ihre Gier offenbar grenzenlos. Von 1944 an betrug die Mordquote dieser Bosse 16 Jahre lang drei Leichen wöchentlich.[26] Am Ende von Vizzinis Herrschaft war von ihrem ritterlichen Ehrenkodex kaum ein Fetzen geblieben, und das war auch ihm selbst klar. *»Morto io, morto la Mafia«* (»Wenn ich sterbe, stirbt die Mafia«), bemerkte er gegenüber einem hochrangigen Besucher.[27]

Diese neuen Bosse hatten das Kommando, als sich Leggio kurz nach Vizzinis Tod in Palermo niederließ. Zwischen seinen Absichten für die Stadt und ihren eigenen bestand kaum ein Unterschied. Alle wollten sie die letzte Lira aus ihr herauspressen. Der Unterschied lag hauptsächlich in Leggios dämonischer Fähigkeit, allen anderen panische Angst einzuflößen.

Leggio war in seinen Dreißigern dank guter ärztlicher Betreuung schlank geworden; manche fanden ihn ziemlich attraktiv. Doch seine Leichenblässe, sein einschmeichelndes Lächeln, seine vor Bosheit glitzernden Augen waren unbeschreiblich beunruhigend. Und im Gegensatz zu den meisten Ehrenmännern machte er sich nicht immer die Mühe, seine Gefühle zu verbergen. Ein Richter, der ihn einmal ärgerte und deswegen umgebracht werden sollte, war verblüfft, ihn vor Wut regelrecht schäumen zu sehen.[28] Später sollten Fernsehkameras Leggio aufnehmen, wie er in plötzlicher rasender Wut die Augen verdrehte, daß nur noch das Weiße zu sehen war.

Besonders seine Augen konnten die Menschen versteinern. Lässig amüsiert oder offen bedrohlich, weckten sie instinktive Angst, Unbehagen, Vorahnungen. Verstärkt wurde die Wirkung durch seinen Ruf als wirklich begabter, als vollkommenster Killer, den die Mafia in einem Jahrhundert hervorgebracht hatte. Eine vertrauliche diesbezügliche Warnung war ihm nach Palermo an die dortigen Carabinieri von ihren Kollegen in Corleone nachgesandt worden:

»Luciano Leggio ist von Natur aus von gewalttätigem Charakter, nach Konstitution und Neigung kriminell, notorisch schuldig des Mordes, Diebstahls, der Erpressung und Gewalttat, den Menschen von Corleone verhaßt wegen der Trauer und der Gemeinheit, die er um sich verbreitet, wegen seiner kalten Entschlossenheit und der Wildheit seines Charakters nur mit Schrecken gesehen, der Urheber zahlloser blutiger Untaten, die keines seiner Opfer anzuklagen wagt aus Furcht, seine Rache auf sich zu ziehen.

Es beliebt ihm nun, in Palermo zu leben, nach außen hin ohne Verbindung zur Mafia vor Ort. In Wirklichkeit ist er unter den Mafiachefs von Palermo äußerst aktiv... und mit ihnen weniger durch Freundschaft verbunden als dadurch, daß er die Oberhand über sie hat.«[29]

Trotz allem, was die Polizei über Leggio wußte, konnte

sie ihm nicht das geringste anhaben. Korruption, Komplizenschaft, die Verworrenheit des sizilianischen Denkens, die Feigheit, die er unweigerlich einflößte, und seine merkwürdig hypnotische Wirkung auf den Betrachter schützten ihn vor dem Zugriff des Gesetzes. Während seiner ganzen zehn Jahre in Palermo angeblich vom Gesetz verfolgt, hielt sich Leggio zwar verborgen, war aber keineswegs auf der Flucht.

»Er bewegte sich die ganze Zeit ziemlich offen; er war sehr selbstsicher«, sagte der stellvertretende Polizeipräsident Siziliens, Angelo Mangano, den die Fahndung nach Leggio die Karriere und fast das Leben gekostet hat.

»Er fuhr in einer Kolonne teurer Autos umher, eins vor sich und ein weiteres hinter sich, jedes mit reichen und angesehenen Bürgern Palermos besetzt. An Straßensperren der Polizei wurden sie achtungsvoll gegrüßt und pflegten für ein Schwätzchen zu halten, während Leggio davonfuhr.

Einmal erhielten wir einen Hinweis, daß er sich in einer Luxusklinik aufhielt. Wir zogen eine riesige, streng geheime Aktion auf, 100 Mann umzingelten das Haus — und er war auf und davon. Er hatte ein riesiges Netz von Spitzeln geknüpft, das mit Geld und Blut zusammengehalten wurde. Durch Korruption und Angst schlug er Tausende von Gewissen in seinen Bann. Er konnte die hervorragendsten Ärzte, die schönsten Frauen, die fähigsten Killer bezahlen.«[30]

Leggio verbrachte seine Tage mit Geschäften, für die er in der Stadt als Mönch, Polizeibeamter, Frau oder kamerabehängter amerikanischer Tourist verkleidet herumspazierte. Seine Abende verbrachte er unmaskiert mit gesellschaftlichen Eroberungen.[31] Er mordete kaum noch eigenhändig, überließ das vielmehr den etwa 50 Corleonesi seines Gefolges. Seine inzwischen bärenähnliche Gestalt war in Maßanzüge gehüllt. Er rauchte Zigarren von 20 Zentimetern Länge und trieb den Damen Lustschauer über den Rücken, wenn er wie ein Staatsbesucher von einer Villa zur nächsten weitergereicht wurde. Je höher der Adelstitel der Dame war, desto lustvoller anscheinend der Schauer. Gräfinnen und Baroninnen hätten um seine Gunst gewetteifert, behauptete er. »Mein Leben als Verfemter verbrachte ich in den Salons von Palermo«, pflegte er im Gefängnis zu sagen.[32]

Leggios Beziehungen zu den Mafiabossen Palermos waren nicht ganz so herrlich. Die Bosse hatten keinerlei Anlaß, ein neues Gesicht willkommen zu heißen, und schon gar nicht das seine. Als Leggio 1955 ankam, waren sie gerade dabei, den Großmarkt der Stadt zu übernehmen: alles von der Erzeugung über den Transport bis zum Verkauf von Obst, Gemüse, Grundnahrungsmitteln, Fisch und Fleisch. Jede *cosca* in der Stadt — 39 insgesamt, in sorgfältig abgezirkelten Gebieten — hatte um einen Anteil an diesem Markt gekämpft. Es wurde viel gemordet, doch die Profite waren zufriedenstellend. Die Lebenshaltungskosten kletterten im Palermo jenes Jahres wegen eines plötzlichen Anziehens der Lebensmittelpreise auf 70 Prozent über dem landesweiten Durchschnitt.[33]

Auch der Schutzgeldmarkt war dicht. Der *pizzu* hatte sich wie eine Schlinge um Palermo gelegt. Praktisch jedes Geschäft — Bars, Hotels, Bauunternehmen, Garagen, Versicherungen, Häfen, Friedhöfe, Bestattungsinstitute, Nachtwächter, Blumenverkäufer — mußten jeden Monat berappen oder ihre Geschäfte wurden zerbombt, zu Kleinholz gemacht, angezündet oder sie selbst wurden erschossen.

Leggio war nicht gerade ein Neuankömmling — den Schwarzmarkt für Fleisch in Palermo beherrschte er schon seit geraumer Zeit. Nun erkämpfte er sich den Getreidemarkt und kassierte zehn bis 20 Prozent Provision vom Umsatz. Dann verschaffte er sich eine Beteiligung an Billardtischen und Flippergeräten. »Er betrieb Tausende davon in der ganzen Provinz, holte tagein, tagaus unablässig Geld heraus, Einkünfte von etwa einer Milliarde Lire jährlich«, sagte Polizeipräsident Mangano.[34] (Umgerechnet etwa zwei Millionen Dollar.) »Er war nicht bloß selbst reich«, fügte Mangano hinzu, »jeder, der für ihn arbeitete, ihn deckte, ihn schützte, ihn pflegte, wurde ebenfalls reich. Quelle seiner Macht war am Anfang die tödliche, blitzartige Bereitschaft zum Mord. Am Ende war es auch das Geld. Der Mann schwamm in Geld.«[35]

Leggio verteilte Gaben: großzügige Trinkgelder an Kellner, Blumen und Parfüm an Krankenschwestern, Kerzen an Nonnen zur Messe, teure Autos an seine Familienangehörigen und die wachsende Zahl seiner Gefolgsleute. Er kaufte sich eine Millionärsvilla und vorausschauend auch in großem Maßstab Grundstücke.

Es war die Zeit von Palermos gigantischer Baukonjunktur. Ein Bauunternehmer mit den richtigen Verbindungen konnte ab Ende der fünfziger Jahre über Nacht vom Schubkarrenbesitzer zu einer Kreditwürdigkeit in Höhe von Dollarmillionen aufsteigen.

Die regierende Christdemokratische Partei hatte sich unmittelbar nach dem Krieg stillschweigend in eine Partnerschaft mit der Mafia begeben. Alle Notabeln der Mafia, angefangen mit Don Calogero Vizzini, waren eingeschriebene Parteimitglieder. Ende der fünfziger Jahre hatte die Mafia eine besonders einträgliche Partnerschaft mit zwei Christdemokraten in Palermo begründet: mit dem amtierenden Bürgermeister Salvo Lima und seinem Dezernenten für öffentliche Arbeiten Vito Ciancimino (der ganz zufällig aus Corleone stammte). Diese Männer waren die unbeschränkten Herrscher der sizilianischen Politik, damals und anscheinend für alle Zeit.

Unter ihrer Amtsführung erteilte die Stadt im Zeitraum von vier Jahren 4 205 Baugenehmigungen. Und vier Fünftel davon — insgesamt 3 364 — gingen an nur vier Strohmänner der Mafia: einen Maurer, einen Holzkohleverkäufer, einen Hilfsarbeiter und einen Baustellenwachmann.[36] Diese vier, allesamt analphabetisch und arbeitslos, erhielten die Genehmigung, für ungenannte Dritte überall fast alles zu bauen.

Inzwischen erwarben diese Hintermänner zahlreiche große Autos, Kabinenkreuzer und Villen die Küste hinauf und hinab, während ihre Frauen darangingen, ihre Kleider bei Modeschöpfern in Paris zu bestellen. Im Austausch dafür wurden die schönen Herrenhäuser Palermos aus der Gründerzeit abgerissen, man ebnete Parks und Gärten ein, zog anstaltsähnliche Betonkästen hoch, um die Ämter der Stadt zu unerhört hohen Mieten unterzubringen, und baute kilometerweit Hochhausgettos für die Unterschicht, die sofort zu Slums verkamen. Die Drahtzieher übernahmen auch Verträge mit der Stadt für Müllbeseitigung, Straßenbeleuchtung und öffentliche Arbeiten und brachten ihr eigenes Personal in Banken, Regierungsstellen und jedem Zipfel des öffentlichen Dienstes unter.

Schon Ende der fünfziger Jahre beherrschte die Mafia nach Aussagen in einem späteren Bericht an das italienische Parlament »alle Aktivitäten in der Provinz Palermo: Baustellen und Bauwesen, Einstellungspolitik, Gewährung von Lizenzen für Subunternehmer, Kreditwesen, Großmärkte, Bewässerung für Obst- und Gemüseanbau, Viehdiebstahl und Schlachthäuser, Tabakschmuggel, Rauschgifthandel, illegalen Menschenschmuggel, Friedhöfe, Konzessionen für Tankstellen«.[37]

Das italienische Parlament konnte nicht wissen, daß die Mafia sich anschickte, weit über Palermo und ganz Italien hinauszugreifen. Dieser Plan, 1957 beschlossen, war nur einem inneren Kreis bekannt, der Geheimverhandlungen mit seinen Cosa-Nostra-Partnern in den Vereinigten Staaten führte. Leggio gehörte damals nicht zu diesem Kreis. Zwar war er in Palermo eine gefürchtete Macht, aber noch kein Mitglied der dortigen ehrenwerten Gesellschaft, noch nicht.

Eingefädelt wurde der Deal um die Beherrschung des Heroinweltmarkts von der alten Garde: von traditionsverbundenen Ehrenmännern, die öffentlich den Rauschgifthandel verdammten, aber selbst bis zum Halse darinsteckten. Später, als sie das gesamte gigantische Unternehmen an Leggio verloren hatten, sollten sie ihm die Schuld an dem ganzen Alptraum geben, der daraus erwuchs. Einer der großen Verlierer sollte sein unversöhnlichster Ankläger werden: Tommaso Buscetta.

Für seine vielen Bewunderer ist Tommaso Buscetta der letzte der großen Mafia-Dons. Er redet ruhig, mit vollendeter Autorität, in einem weichen Bariton. Er ist tadellos gekleidet, marineblauer Blazer, graue Flanellhosen, konservative Krawatte. Er hat gute Manieren, gibt sich gemessen, hat strikte Anschauungen — Ordnung, Tradition, Zurückhaltung. Seine Präsenz scheint magnetische Kraft auszustrahlen: Er nennt das »meine legendäre Aura«.

Buscetta, jahrelang rund um den Erdball gejagt, fasziniert die Jäger. Solange er floh, war er seinen Verfolgern nur als finsterer Verbrecher bekannt. Doch als sie dem Mann schließlich begegneten, wurden sie überrascht: der erste seines Kalibers, der sich je aus der Mafia absetzte, absolut erste Klasse, nach seinen eigenen Worten die »graue Eminenz« von Siziliens Cosa Nostra.

Amerikanische und italienische Behörden haben Buscettas außergewöhnliche Würde und Intelligenz gelobt. Ein FBI-Direktor äußerte laut den Wunsch nach »tausend Buscettas«, um den Planeten vom organisierten Verbrechen zu befreien. Der sizilianische Richter, der ihn am besten kennt, Giovanni Falcone, beschreibt ihn als »einen komplizierten Mann mit seltenen Eigenschaften, einen sehr eleganten Mann mit einer verblüffenden Macht über Mafiosi allerorten«.[1]

Manche gingen noch weiter. Der berühmte italienische Kolumnist Enzo Biagi verglich Buscetta mit einem »shakespeareschen« Charakter, der zutiefst von Liebe und Tod geprägt sei. »Gibt es so etwas wie einen guten, sanftmütigen und gefühlvollen Mafioso?« fragte er den Betroffenen einmal ganz ernsthaft. »So einer bin ich«, äußerte Buscetta ohne Erröten. Biagi scheint dies zu glauben; sein preisgekrönter Bestseller in Italien trug den Untertitel: »Die wahre Geschichte eines wahrhaften Paten«.[2] Sicher glauben das auch viele andere. Buscetta hat sich sehr angestrengt, ein gebanntes Publikum davon zu überzeugen, daß es tatsächlich so etwas wie eine gute Mafia gibt, die sich in heftigem Kampf gegen ihr böses Gegenstück verzehrt.

Mit der bösen Mafia meint er die Mafia Luciano Leggios. Sie ist wirklich so widerwärtig, daß Buscetta wenig Mühe hat, alle Schreckenstaten der Spätzeit Leggio zuzuschreiben: den Heroinhandel, die räuberische Gier, die rücksichtslose Ermordung von Richtern, Polizisten und Politikern, die systematische Ausrottung von Gegnern der Mafia, den völligen Zusammenbruch von Recht und Ordnung beim Fußvolk. Um die »schreckliche Realität« dieser neuen Mafia zu bekämpfen, ist Buscetta nach eigenen Angaben 1984 zum Staat übergelaufen. Die schreckliche Realität der alten Mafia kümmert ihn nicht. Er kann an ihr nichts Böses finden. »Ich bin ein Mafioso, ich habe nie etwas getan, wofür ich um Entschuldigung bitten müßte«, teilte er der Presse mit.

Anstatt in diesem verfänglichen Thema zu stochern, nahmen ihn die Behörden lieber beim Wort. Einem Mann wie ihm sollte man seine Eitelkeiten gestatten, lautete die Argumentation. Er ist immerhin der größte Mafiaboß, der sich je gegen die Cosa Nostra gestellt hat.

Buscetta war zu seiner Zeit gewiß der herausragendste Zeuge gegen die Mafia, wenn auch nicht unbedingt der aufschlußreichste; als er vor den italienischen und amerikanischen Behörden auspackte, war ihnen bereits vieles von dem bekannt, was er zu erzählen hatte. Im Gegensatz dazu hatten sie so gut wie nichts gewußt, als der einzige Abtrünnige, der ihm an Bedeutung nahekam – Joe Valachi –, zwei Jahrzehnte zuvor vor Senator McClellans Untersuchungsausschuß aufgetreten war.

Valachi war der erste Mensch, der je zugab, Mitglied einer organisierten, hierarchisch aufgebauten, als Mafia bekannten Verbrechergesellschaft zu sein. Er war der erste, der einem ungläubigen Publikum ihren wahren Namen enthüllte. »Was ich Ihnen erzähle, was ich vor Ihnen und der Presse und jedermann bloßlege, ist mein Untergang. Ich breche hier ein Gelöbnis. Selbst wenn ich überhaupt rede, dürfte ich hierüber nie reden«, sagte er.[3] Allerdings zweifelte er daran, ob er die Wahrheit überhaupt mitzuteilen vermochte. »Was nützt es, was ich Ihnen sage?« pflegte er zu äußern. »Niemand hört auf mich. Niemand wird das glauben. Wissen Sie, was ich meine? Diese Cosa Nostra ist wie eine Nebenregierung. Sie ist einfach zu groß.«[4]

Als Valachi im Oktober 1963 aussagte, fesselte er die ganze Nation ans Fernsehgerät: »Er war der größte Star der größten Farbfernsehshow, die je in Amerika gezeigt wurde«, berichtete ein altgedienter italienischer Korrespondent aus Washington. Er enthüllte ein vertikal aufgebautes und international verknüpftes Verbrechersyndikat mit Milliardenumsatz, das mindestens seit den dreißiger Jahren in Amerika wuchs und gedieh. Er beschrieb dessen blutige Eidschwüre und Regeln, die lukrativen Geschäfte mit Glücksspiel, Gewerkschaftsgangstertum, Kreditwucher, Erpressung und Rauschgifthandel, die methodische Anwendung von Mord. (Bis dahin waren in den USA nur sieben von fast 800 Morden des Mobs während und nach der Prohibition aufgeklärt worden. Allein Valachi war, soweit er sich erinnern konnte, auf Befehl an 33 Morden beteiligt.)[5]

Warum er das den Gesetzeshütern erzähle? Seine Antwort dazu an den McClellan-Ausschuß war fast die gleiche wie die Tommaso Buscettas zwei Jahrzehnte später:

»In erster Linie, um sie zu vernichten.«
»Wen zu vernichten?«
»Die Führer der Cosa Nostra, die Bosse. Das Ganze — wie würden Sie es erklären — wie es da ist.«
»Sie wollten das ganze Syndikat, die ganze Organisation vernichten?«
»Jawohl, das ist richtig.«
»Sie meinen, daß einer solchen Organisation nicht gestattet sein sollte, tätig zu werden oder überhaupt zu existieren?«
»Genau das.«[6]

Letztendlich allerdings lag Valachi nicht falsch im Hinblick darauf, was seine Zeugenaussage bewirken würde: nichts. Niemand wurde nach seiner Aussage verhaftet; die Leute glaubten es einfach nicht. Im großen und ganzen konnten sich die amerikanischen Strafvollzugsbehörden einfach keine geheime Verbrechergesellschaft vorstellen, die so mächtig, so allgegenwärtig und so hermetisch abgeschlossen war. Skeptiker taten Valachi als Lügner oder Verrückten ab und bestritten weiter die Existenz der Cosa Nostra.

Joe Valachi war allerdings nur ein analphabetischer, drittrangiger Geldeintreiber und Killer. Don Masino Buscetta konnte man nicht so leicht abtun. Seine Glaubwürdigkeit als hochrangiger Mafiaführer war durch umfangreiche Polizeiakten belegt, die in Italien, Brasilien, Mexiko, Kanada und den Vereinigten Staaten 20 oder 30 Jahre zurückreichten. Er war überallhin gereist, las Bücher und sprach fließend drei Sprachen. Wo Valachi die Cosa Nostra aus der Froschperspektive gesehen hatte, kannte sie Don Masino seit dem letzten Weltkrieg von der Spitze abwärts.

Beeinträchtigt wurde seine Glaubwürdigkeit durch ein schmeichelhaftes Selbstbild, das einer näheren Überprüfung schwerlich standhielt. (In Anbetracht der Umstände wurde diese nähere Überprüfung unterlassen.) Er behauptete, sein ganzes Leben in der Mafia verbracht zu haben, ohne je gesündigt zu haben: der einzige sizilianische Ehrenmann, der nie mit Rauschgift gehandelt, seine eigenen Zwecke verfolgt, jemandem Unrecht getan, irgend jemand gehaßt oder nach Rache getrachtet hatte. Er leugnete sogar, überhaupt getötet zu haben (außer ein paar deutsche Soldaten im jugendlichen Alter von 15 Jahren). Fast genauso schmeichelhaft äußerte er sich über seinen früheren inneren Führungsstil, ein Schönheitsfehler, der seine gesamte Schilderung der Mafia zum Zerrbild machte.

Buscetta behielt auch Dinge für sich, und die klaffenden Lücken in seiner Geschichte waren fast so aufschlußreich wie seine Enthüllungen. Obwohl er offenbar die Justiz benutzte, um seine Feinde zu treffen und seine Freunde dabei zu schonen, war ein großer Teil seiner Zurückhaltung eine Sache von Eitelkeit und Stolz. Er konnte einfach nicht zugeben, daß er je mit Rauschgift gehandelt hatte. Kein Rauschgifthändler tut das gern; für einen Don von seinen Ansprüchen wäre das Geständnis unerträglich gewesen. Auf sein hartnäckiges Drängen wurde daher der Schleier der Diskretion über diesen Aspekt seiner Vergangenheit gebreitet.

1984 erklärte sich Buscetta bereit, als Gegenleistung für seine Freilassung in den Vereinigten Staaten sowohl in Italien als auch in Amerika auszusagen. Aufgrund dessen wurden Anklagen gegen ihn im Zusammenhang mit dem größten internationalen Heroinring, der je zerschlagen wurde — seinem eigenen sizilianisch-korsischen Ring, 1972 aufgedeckt —, fallengelassen. Tommaso Buscetta mußte deswegen zwar in Italien eine Zeitlang ins Gefängnis; doch wird er sich nie vor einem amerikanischen Gericht für seine Beteiligung an der Verbreitung der Heroinsucht in ganz Amerika verantworten müssen. Ebensowenig hat er bisher die Rolle seiner Verbündeten und Komplizen aufgedeckt.

Man kann sagen, daß die Amerikaner von Buscetta kaum erhielten, wofür sie bezahlt hatten. Seine Mithilfe beim New Yorker Pizzaprozeß war auffällig selektiv; die Angeklagten, die er als eingeschworene sizilianische Mafiosi identifizierte, waren im großen Mafiakrieg alle zu Leggio übergegangen. Andererseits versicherte er dem New Yorker Gericht, daß der angebliche Kopf des ganzen Pizzarings — sein alter Kumpel Gaetano Badalamenti — nie mit Rauschgift gehandelt habe (Badalamenti wurde trotzdem zu 45 Jahren Gefängnis verurteilt).

Doch auch so leistete Buscetta einen herausragenden Beitrag zum Verständnis des Phänomens Mafia. Er enthüllte sogar genug, um die Wahrnehmung der Cosa Nostra weltweit zu verändern. Mehr noch, er tat dies vor den Schranken des Gerichts. Mit ihm wurde das Verfahren der amerikanischen Regierung gegen 22 sizilianische Angeklagte im New Yorker Prozeß gegen die Pizza-Connection eröffnet, das größte Rauschgiftverfahren, das je vor Richtern und Geschworenen in Amerika verhandelt wurde, und er verbrachte später eine Woche im Zeugenstand in Palermo, um gegen 462 weitere sizilianische Mafiosi auszusagen — in einem bombensicheren Gerichtssaal, der von bewaffnetem Militär umstellt war, wobei Buscetta in einer kugelfesten Glaskanzel dem Richter gegenüberstand und die Angeklagten in Stahlkäfigen hinter ihm aufgereiht waren.

Schon daß er in einem sizilianischen Gerichtssaal auftrat, war »unglaublich, umwerfend«, äußerte ein Staatsanwalt der Antimafia-Arbeitsgruppe von Palermo. Das war es tatsächlich, wenn man bedenkt, welches Leben er geführt hatte.

Die Umstände von Tommaso Buscettas Geburt waren kaum verheißungsvoller als bei Luciano Leggio. In einem Hintergäßchen von Palermo wurde er nur drei Jahre nach Leggio als 14. Kind eines Glasers geboren. (Die Namen des 12. und 13. Kindes hatte er vergessen.) Bei seiner Geburt gab es kein gutes Omen, und lange Zeit war auch kein Anflug seines späteren Glanzes sichtbar. Nachdem er in der fünften Klasse von der Schule abgegangen war, »widmete er sich einem unsteten und müßigen Leben«, wie sein älterer Bruder Vincenzo aussagte.

Die Nachbarn haben ihn als jugendlichen *Picciotto* in Erinnerung, wie er in dem heruntergekommenen Elendsviertel Oreto herumstolzierte: mit allen Tricks der Straße vertraut, einer frechen Stupsnase, pomadisiertem Haar, Menjoubärtchen und sichtlichem Mafiagang. »Ich war von Natur aus Mafioso, lange bevor ich aufgenommen wurde. Alles, was sie mir nachsagten, war bereits ein Teil von mir«, sagte er aus.

Einem ehrgeizigen Jugendlichen aus einem Armenviertel Palermos bot die Mafia einen raschen sozialen Aufstieg. Ihre Mitglieder waren die Herren der *borgota,* der Nachbarschaft, schlichteten Streitigkeiten, verteilten Belohnungen, Strafen, Aufstiegshilfen und schützten die geheiligtsten sizilianischen Institutionen: Frauenehre, Ehegelöbnis, Familientreue. Sie konnten ihre Männlichkeit und ihr Draufgängertum vorführen und Achtung gebieten. Ältere beugten sich ihnen. Sie sonnten sich im rosenfarbenen Glanz, den ihr Lieblingsdichter Pitrè mit seiner Schilderung der »Mafiusa« als Verkörperung von Schönheit, Anmut und Vortrefflichkeit verbreitet hatte, als gleichsam höhere Menschen.

Doch die größte Anziehungskraft der Cosa Nostra ging von ihrer völligen Mißachtung des Gesetzes aus. Ihre Mitglieder mußten nur einander die Treue halten. Sie durften jeden anderen berauben, ausplündern, betrügen, einschüchtern, erpressen und belügen, ohne ihre Ehre zu beflecken. Sie durften gewöhnliche Sterbliche, minderwertige Menschen, ohne das leiseste Schuldgefühl töten. Sie durften Geschworene bestechen, Richter korrumpieren oder einschüchtern, Zeugen ermorden, Politiker kaufen oder jedes beliebige andere Mittel einsetzen, um sich der Bestrafung durch den Staat zu entziehen (dessen Autorität sie nicht anerkannten). »Der Kodex der Cosa Nostra befürwortete solche Aktivitäten uneingeschränkt«, erklärte Buscetta.[7] (Der Kodex der amerikanischen Cosa Nostra war identisch, wie der verdeckte FBI-Ermittler Joe Pistone berichtete. »Als Mafioso darf man lügen, betrügen, stehlen, Menschen töten — völlig legitimerweise. Man darf einfach alles tun, was man möchte, und niemand darf irgend etwas dagegen sagen. Wer wäre nicht gern ein Mafioso?« bemerkte ein Soldat der Familie Bonanno.)[8]

Das Gefühl, über jedem Gesetz außer dem eigenen zu stehen, war für Mafiosi die Quelle einer starken und berauschenden Lust. Es lohnte sich, dafür jung zu sterben, ein Schicksal, das sie als Teil des Handels akzeptierten. Zum Mord an Salvatore Inzerillo im Jahre 1981 befragt – eines von Buscetta sehr bewunderten Capo-Mafia –, reagierte ein sizilianischer Mafioso wie folgt:

Richter: Toto Inzerillo ist umgebracht worden. Er war erst 37 Jahre alt. Ist es nicht ein Jammer, so jung zu sterben? Man kann in diesem Alter noch so viele wichtige Erfahrungen machen ... So viele Dinge tun und erleben ...

Mafioso: Inzerillo starb mit 37, klar. Doch seine 37 Jahre waren wie 80 Jahre für einen gewöhnlichen Menschen. Inzerillo hat gut gelebt. Das Leben hat ihm sehr viel gegeben. Andere könnten nicht mal ein Hundertstel dieser Dinge haben. Es ist kein Jammer, in einem solchen Alter zu sterben, wenn man soviel getan, gehabt und erlebt hat wie Inzerillo. Er ist nicht gestorben, weil er sein Leben satt hatte oder unzufrieden war. Er ist aus einem *erfüllten* Leben heraus gestorben. Das ist der Unterschied.[9]

Buscetta war knapp 18, als er in einen Clan der Porta Nuova eingeschworen wurde. Der Eid, den er 1945 in Palermo leistete, war wortgleich mit dem Valachis in New York im Jahre 1930: Er findet ihn inzwischen »reichlich lächerlich«. Blut aus einem Nadelstich in seinen Finger wurde auf einem Heiligenbildchen verrieben, das in seiner Hand angezündet wurde. Während er das brennende Bildchen von einer Hand in die andere warf, wiederholte er den alten Schwur: »Mein Fleisch möge brennen wie dieses heilige Bild, wenn ich diesem Eide untreu werde.«[10]

Mit diesen Worten übertrat er die Schwelle zu einer geschlossenen Welt. Seine Rechte und Pflichten hatten nun keine Ähnlichkeit mehr mit denen eines normalen Bürgers. Die neue Lebensweise mußte ihm mündlich beigebracht werden. »Niemand wird je eine Niederschrift des Ehrenkodexes der Mafia finden. Auch die Regeln sind streng und hart und werden allgemein anerkannt«, erklärte er Richter Falcone, seinem Hauptvernehmer in Sizilien.

Der Ehrenkodex der Mafia regelt Liebe, Lust, Ehe, Treue, Stolz, Neid, Rache, Ehrgeiz, Habsucht. Mit Edelmut hat er wenig zu tun. Als Buscetta von einem New Yorker Richter gefragt wurde, ob die Mafia je ihrem Anspruch gerecht geworden sei, die Armen und Schwachen zu schützen, antwortete er trocken: »Nein.« Der Zusammenhalt der Familie (der privaten) hatte bei der Mafia hohen Rang. Von einem Ehrenmann wurde erwartet, daß er als Vater und Ehemann den Schein wahrte. Eine Geliebte auszuhalten, war praktisch unvermeidlich, doch ein Mitglied konnte ausgestoßen werden, wenn er seine Frau verließ oder sich von ihr scheiden ließ, und ohne weiteres hingerichtet werden, wenn er mit der Frau eines anderen Mitglieds schlief. Ansonsten war der Kodex ein martialisches Gesetzbuch voller Todesstrafen, mit denen die Geheimhaltung und die innere Ordnung eines streng gegliederten Untergrundstaates aufrechterhalten werden sollte.

Wer einmal drin war, konnte nie wieder heraus; das war das erste, was Buscetta lernte. Ein Mitglied mußte für den Rest seines Lebens seinem *Capo-Cosca* blind gehorchen, wo er sich auch befand. »Er wird immer zur Familie gehören . . . Es ist nicht möglich, diesen Status einfach so zu verlieren«, teilte Buscetta seinen Befragern mit. (»Raus kann man nur im Sarg«, formulierte es Lucky Luciano einmal.)

Jeder *Cosca* oder jeder Clan wurde durch genau gezogene Grenzen festgelegt; in Palermo gab es 39, im übrigen Sizilien mehr als 100. Die *Cosca* konnte ihren Willen innerhalb ihrer Grenzen durchsetzen, darüber hinaus jedoch nicht. Ein eingeschworenes Mitglied konnte jemand von einem anderen Clan nur in Gegenwart eines dritten eingeschworenen Mitglieds ansprechen, damit zwei allein keine Absprache treffen konnten. Auf den Übertritt zu einem anderen Clan oder einem Übergriff auf dessen Territorium, gleich aus welchem Grund, stand der Tod.

Ein eingeschworenes Mitglied durfte bei »Mafiaangelegenheiten« in Gegenwart von zwei oder mehr Mitgliedern nicht lügen. Nur ein Mitglied oder nur Außenstehende zu belügen, zählte nicht; doch ein *tragediature* (der die *Mafia* belog) riskierte, erschossen zu werden. »Wenn Sie das nicht verstehen, verstehen Sie gar nichts«, ermahnte Buscetta Richter Falcone.

Prostitution, Pornographie und Rauschgift waren verboten: Sie schädigten das Außenbild und lockten die Polizei an, die verachteten *Sbirri*. Abgesehen von diesen Verboten — über die man sich weitgehend hinwegsetzte —, konnten Mitglieder jedes beliebige Geschäft anfangen, vorausgesetzt es war im Mafiasinne erlaubt. »Wenn ich mit gestohlenen Schecks handeln will, sag' ich das meinem *Capo*, und der *Capo* sagt zu mir: Mach es. Doch leg etwas beiseite für unsere Leute im Gefängnis und für die Anwälte. Dann ist es erlaubt«, berichtete Buscetta. (Das Beiseitegelegte war der Anteil des *Capos*. Seine Erlaubnis war immer erforderlich, und folglich wurde der Anteil immer bezahlt.)

Die Regeln für das Töten waren nach Buscettas Angaben ausführlich und unumstößlich. Ehrenmänner durften keine Frau töten und auch niemanden, der Mitglied der Cosa Nostra war, und schon gar niemanden um der Karriere, der Macht oder des Profites willen. Töten durften sie nur mit Zustimmung ihres *Capos* im Bereich ihres eigenen Clans, und nur aus ehrenwerten Gründen. So durften sie einen Mafiakollegen töten, wenn er gelogen oder die Ehe gebrochen hatte (mit jemand von der großen Familie) oder *posato* (ausgestoßen) worden war wegen des Verrats von Mafiageheimnissen, oder weil er sich das zuschulden hatte kommen lassen, was die Sizilianer als *uno sgarro* bezeichneten − eine unverzeihliche persönliche Beleidigung, und sei sie noch so geringfügig.

In der Praxis waren die meisten Mordverbote mißachtet worden, soweit die Erinnerung reichte (obwohl die Tötung einer Frau in den fünfziger Jahren immer noch eine Schande war). Eine Regel jedoch wurde strikt eingehalten. »Jeder Ehrenmann muß mindestens einmal für die Cosa Nostra getötet haben, bevor er Mitglied werden kann. Jeder Ehrenmann muß zum Mörder werden«, berichtete Buscetta einem amerikanischen Verhörspezialisten.[11]

Don Masino Buscetta hatte ein solches Bild von Rechtschaffenheit von sich gezeichnet, nachdem er zum Gesetz übergelaufen war, daß seine Befrager von seinem Mordgeständnis schockiert waren. »Wer ist es gewesen, Tommy? Wen hast du umgebracht, um aufgenommen zu werden?« fragte ihn ein US-Staatsanwalt etwas boshaft. Nur ein paar deutsche Soldaten im Zweiten Weltkrieg − genug, um seinen Mut zu beweisen, antwortete er. In Wirklichkeit hatte er ziemlich oft getötet, wie er später seinem kritiklosen italienischen Biographen Enzo Biagi gestand. »Ein paarmal hab' ich es selbst gemacht; viele Male habe ich es befohlen«, sagte er, ohne Namen zu nennen. Alle Opfer hätten den Tod verdient gehabt, fügte er hinzu, und wenn aus keinem anderen Grund als dem, daß sie »unwiderlegbar im Unrecht« waren.[12]

In Wirklichkeit waren Buscettas Morde während seines raschen Aufstiegs an die Spitze auch nicht tugendhafter als die meisten anderen. Nach dem Beweismaterial zu urteilen, tötete er wie alle anderen um der Karriere, der Macht und des Profites willen.

1963 sagte in Italien durch einen seltenen Zufall ein Augenzeuge über einen Doppelmord aus, für den Buscetta in Abwesenheit zu 14 Jahren Gefängnis verurteilt wurde (vgl. Kapitel 8). Die Opfer wurden entführt und nie wieder gesehen, eine gebräuchliche Übung der Mafiaethik, die als »weißer Tod« bekannt war. Der Vorfall ereignete sich 1960, als Buscettas eigener Porta-Nuova-Clan mit der alteingesessenen Mafia um die Macht im Baugewerbe Palermos kämpfte. Der Zeuge hatte gesehen, wie Buscetta und der *Capo-Cosca* zwei Männer packten, mit vorgehaltener Pistole in ein Auto schoben und fortfuhren. *»Acqua in Bocca«*, war der Zeuge gemahnt worden — »halt das Maul« —,was er auch tat, bis alle Killer Sizilien verlassen hatten oder tot waren.[13]

Buscetta bewegte sich damals schon seit langem in den besten Mafiakreisen, obwohl es immer noch ein Rätsel ist, wie er dort hineingelangte. Über seine Frühzeit als eingeschworenes Mitglied ist nichts bekannt. Er wurde nur ein Jahr nach Leggio aufgenommen und bewegte sich in ganz anderen Sphären. Leggio war ein Jugendlicher vom Lande, Buscetta ein städtischer Gassenjunge. Leggio mußte nur ein paar Leute töten, damit alle Augen in Corleone auf ihn gerichtet waren; in Palermo dagegen waren junge *Picciotti* wie Buscetta ständig damit beschäftigt, Leute umzubringen. Um aufzusteigen bedurfte es nicht nur eines Killerinstinkts, es brauchte auch Manieren, Gelassenheit, ein gewisses gravitätisches Auftreten, eine überlegte Haltung und schnelle Auffassungsgabe.

Mit solchen Aktiva konnte Buscetta leichter und unauffälliger nach oben gelangen. Palermo war die Hauptstadt der Mafia. Seine Mafiagönner, ein aggressives Brüderpaar namens Salvatore und Angelo La Barbera, waren umtriebige Geschäftsleute und politische Drahtzieher der Christdemokraten. Geld, Bekleidung, Frauen, Reisen, politische Verbindungen waren damit leichter zugänglich.

Ein geschniegelter junger Mann, unerwartet kurz geraten, aber straff und selbstsicher, eignete sich Buscetta rasch das urbane Gehabe eines wohlhabenden Städters an. Er ging ins Theater und in die Oper, besuchte die richtigen geselligen Vereine, pflegte einflußreiche Christdemokraten und machte Frauen den Hof, wie er uns erzählt. (Als unverbesserlicher Frauenheld war er mit 16 Jahren verheiratet, mit 17 Vater und danach stets ein fleißiger Ehebrecher — sein größtes Problem als Ehrenmann.)

Allerdings hat Buscetta nie berichtet, womit er seinen Lebensunterhalt verdiente. Eine erste Andeutung seiner Verbindung zur Mafia wurde erstmals 1957 sichtbar, als ein Bauunternehmer in Palermo ihn unvorsichtigerweise wegen einer Baugenehmigung um Hilfe anging. Buscetta, angeblich ein guter Freund von Bürgermeister Salvo Lima, beschaffte die Genehmigung und nannte seinen Preis: »nicht mit offener Drohung, doch in einer unbestimmten und gewundenen, scheinbar harmlosen Sprache, deren finstere Bedeutung dem interessierten Dritten nicht entgehen konnte«.[14] Buscetta hatte am Ende zwei Neubauappartements, einen Vertrag für die Fensterfabrik seines Bruders Vincenzo, eine Vorarbeiterstellung für einen seiner Kumpane und Bargeld »für Freunde im Rathaus«. Das Schmiergeld belief sich auf insgesamt 25 Millionen Lire, damals etwa 50 000 Dollar.

Zwei Jahre später wurde Buscetta mit fast vier Tonnen unverzollter Chesterfieldzigaretten erwischt, die gerade vom Schiff aus in ein paar alte Dodgelastwagen verladen worden waren.[15] Er kam mit einer Geldbuße davon. Es war seine erste Verhaftung, und dazu noch für eine Kleinigkeit, wie er sagte. Doch fortan sollte ihn die sizilianische Polizei stets im Auge behalten.

Die Chesterfields waren aus Tanger gekommen, einem günstig gelegenen Freihafen an der nordafrikanischen Küste gegenüber Gibraltar, Tummelplatz für Spione, Schmuggler, Devisenhändler, flüchtige Ganoven und vielerlei andere Straftäter. Es war Sitz eines korsischen Schmugglerkönigs namens Paolo Molinelli, dessen Privatflotte das Mittelmeer mit Schmuggeltabak für ganz Europa durchpflügte.

Schwarzmarktzigaretten waren 1959 noch eine Goldgrube. Der Preis schnellte von 28 000 Lire (55 Dollar) die Kiste in Tanger auf 210 000 in den Straßen von Rom oder Paris. Molinelli arbeitete in Marseille mit einem korsischen Ring zusammen, in Neapel mit der Camorra (einer Geheimgesellschaft, die noch älter ist als die Mafia) und in Sizilien mit der Mafia. Neben Chesterfields, Camels und Pall Malls brachte seine Flotte auch Morphinbase vom Libanon nach Marseille und reines Heroin aus Marseille nach Sizilien, zur Weitersendung an die Cosa Nostra in Amerika. Von hier aus wurde das internationale Heroinnetz geknüpft, und das war die Chance für gewiefte Rauschgifthändler wie Buscetta.[16]

Die Guardia di Finanza, die Elitetruppe der italienischen Steuerbehörde, fing zum Zeitpunkt von Buscettas Verhaftung wegen »einer Kleinigkeit« gerade an, sich für diese Sendungen zu interessieren. Ihre Experten für Schmuggelware wußten, daß massenhaft Heroin aus Marseille an der sizilianischen Küste zwischen Palermo und Castellammare del Golfo gelandet wurde, einem Schmugglerparadies voller sandiger Buchten und schroffer Felsabstürze. Allmählich identifizierten sie einen großen sizilianischen Ring, der mit Molinelli und seinen Korsen zusammenarbeitete.

Etwa 60 sizilianische Mafiosi wurden die nächsten sechs oder sieben Jahre überwacht. Besonders genau beobachtet wurde ein Dutzend Männer, darunter auch Buscetta, »bei ihrem geheimnisvollen Hin und Her von Stadt zu Stadt und von Zusammenkunft zu Zusammenkunft . . . in Luxushotels mit ihren jeweiligen Freundinnen«.[17] Ergebnisse hatte die Untersuchung erst, als Buscetta 1963 schon längst ins Ausland geflohen war. Inzwischen wurde er auf zwei Kontinenten als Rauschgiftgroßhändler und wegen vieler anderer Dinge gesucht. Für den Anti-Mafia-Ausschuß des italienischen Parlaments gehörte er zu den zehn obersten Bossen der sizilianischen Mafia: »eindeutiger Killer . . . bösartig, aggressiv, in umfassende kriminelle Aktivitäten verstrickt . . . ein Mafioso der höchsten Ebene, der mit den Spitzen der amerikanischen Unterwelt Umgang pflegt . . .«[18] Manche glaubten sogar, er sei bedeutender als Leggio: Anfang der sechziger Jahre wußte niemand von seinen langjährigen Beziehungen zum größten Mafiaboß der Welt — zu Salvatore Lucania, genannt »Charlie Lucky« Luciano.

Lucky Luciano war am 9. Februar 1946 auf der *Laura Keene* in Genua angelangt. Entsetzt vernahm er, daß er in sein sizilianisches Geburtsdorf zurückverfrachtet werden sollte. »Ich fing an zu schreien: ›Meinen Sie damit, daß ich mein ganzes weiteres Leben in Lercara Friddi verbringen soll? Was wird hier überhaupt gespielt?‹« erinnerte er sich lange Zeit später.

Ein Ersuchen, ihn streng zu überwachen, war vom

Leiter der amerikanischen Rauschgiftbehörde, Harry Anslinger, ausgegangen (den Luciano gewohnheitsmäßig als den »dreckigen Hundesohn Arschlinger« bezeichnete). »Washington hat die verrückte Idee, Sie hätten Ihre Entlassung auf Bewährung nach Italien eingefädelt, damit Sie von dieser Seite des Atlantiks aus den Drogenhandel beaufsichtigen können«, sagte man ihm zu seiner großen Empörung.[19]

Lercara Friddi bereitete ihm einen feierlichen Empfang. Hunderte von Leuten warteten mit amerikanischen Fähnchen auf dem Marktplatz. Eine Viermannkapelle spielte die amerikanische Nationalhymne, als ihn der Bürgermeister mit seiner roten Schärpe aus dem Polizeiauto komplimentierte. Ob Gangster oder nicht, er war arm hinausgefahren und steinreich zurückgekommen.

Mit schönen Worten oder Bestechungen kam Luciano alsbald wieder aus Lercara Friddi frei. Bereits im Sommer 1946 war er nach Palermo, dann nach Rom und schließlich nach Neapel gezogen, wo er bis zu seinem Tode 1962 hofhielt.

Trotz Lucianos unablässiger Beschwerden über seine ständige Verfolgung durch die Polizei in Italien blieb er bis zum Ende einer der mächtigsten Mafiaführer. Kuriere gewährleisteten einen ständigen Zufluß von Informationen und von Geld aus New York (mehr als 25 000 Dollar monatlich) und nahmen seine Befehle mit zurück. Dutzende amerikanischer Mafiabosse reisten nach Neapel, um ihn zu besuchen.

»Es gibt keinen Zweifel, daß [Lucianos] Macht so groß war, daß er sie sogar von Europa ausüben konnte«, sagte der Chef des Nachrichtendienstes der New Yorker Polizei vor dem McClellan-Senatsausschuß aus.[20] »Keine wichtige Entscheidung, die sich auf die Zukunft des organisierten Verbrechens in den Vereinigten Staaten auswirken könnte, sei gefallen, ohne ihn zu fragen und seinen Rat einzuholen, äußerte Luciano selbst«, schrieben seine Biographen Martin Gosch und Richard Hammer.

Nur wenigen war damals klar — und auch heute ist das nicht viel anders —, wie stark Luciano auch die Zukunft der sizilianischen Mafia beeinflußte. Durch die Legende von »Charlie Lucky« wurde alles vergrößert, was immer er sagte oder anfaßte. Es war jedes Mafioso Traum, und auch der Traum mancher Nichtmafiosi, irgendwie in seine Nähe zu gelangen, als er nach Italien kam. Neben seiner Übernahme von Vito Genoveses Schwarzmarkt wurde er mit geschäftlichen Angeboten einer kriminellen Bruderschaft überschwemmt, deren Macht über das Land ihn verblüffte. »Die Hälfte der Leute, die ich in Sizilien traf, waren in der Mafia, und mit der Hälfte der Leute meine ich auch die Hälfte der Bullen«, erzählte er Gosch und Hammer. »Denn in Sizilien geht das so: Erst kommt die Mafia, dann deine eigene Familie, dann dein Geschäft und dann wieder die Mafia. Man könnte sagen, es ist wie ein privater Club, der eine ganze Menge Mitglieder hat.«[21]

Einer seiner früheren sizilianischen Geschäftspartner war der *capo di tutti capi,* Don Calogero Vizzini. 1949 machten sie zusammen eine Bonbonfabrik in Palermo auf, holten dafür »fachkundige« sizilianische Arbeiter aus Amerika und exportierten ihre Produkte nach Deutschland, Frankreich, Irland, Kanada und in die Vereinigten Staaten. Das Geschäft hatte etwas Geheimnisvolles an sich, da Bewaffnete den Zugang zu dem Raum bewachten, in dem die Bonbons gemacht wurden. Als die sozialistische Tageszeitung *Avanti!* dies 1954 meldete — und unterstellte, daß zwischen den Bonbons auch Heroin sei —, wurde die Fabrik von einem Tag auf den anderen dichtgemacht.[22] Das war das erste und letzte Mal, daß in der Presse ein Zusammenhang zwischen Lucky Luciano und Don Calò hergestellt wurde (ein Fotograf, der sie in Palermos *Albergo del Sole* zusammen überraschte, wurde schwer zusammengeschlagen, seine Kamera zertreten. Er zog seine Anzeige zurück, nachdem er eine teure neue Kamera und ein Schmerzensgeld in bar erhalten hatte).

Luciano hatte nicht nur einen natürlichen Widerwillen, mit der sizilianischen Mafia öffentlich gleichgesetzt zu werden, er hielt auch nicht besonders viel von dieser Organisation. Er war der Meinung, daß die alte Vorkriegsmafia »nicht die geistige Beweglichkeit für die komplexen, kitzligen Probleme des Rauschgifthandels hatte«, schrieb Michele Pantaleone, der beste italienische Mafiakenner. Die Gruppe, die nach dem Zweiten Weltkrieg an die Spitze drängte, sei »zu laut, zu schießfreudig, zu undiszipliniert«.[23]

Luciano respektierte zwar Don Calogero Vizzini, hatte aber keine Verwendung für seinen Stellvertreter und möglichen Nachfolger Giuseppe Genco Russo, bekannt als »Zi Peppi Jencu« (Onkel Joe, der kleine Stier). »Peppi ist noch nicht einmal ein Hahn, und schon gar kein Stier. Er ist bloß ein großes, fettes Huhn«, bemerkte er. Daher nahm Luciano nur eine Handvoll aufgeweckter junger *Picciotti* unter seine Fittiche. Unter den wenigen, die in seinem Haus ein und aus gehen durften — allesamt wurden sie notorische Heroinhändler —, war der Grünschnabel Tommaso Buscetta.[24]

Buscetta war noch keine 20, als die beiden 1946 einander begegneten. »Luciano war für mich ein Mythos. Er konnte mich gleich gut leiden, war nett zu mir, bis er starb. Ich ging ihn jeden Monat besuchen«, erzählte er seinem Biographen, der dann fragte:

»Welche schmutzigen Geschäfte machte Luciano in Amerika?«

»Nichts. Er schmuggelte nur Whisky.«

»Wie war er?«

»Er war sehr ernsthaft. Auf Fotos häßlich, aber innerlich schön, weil alles an ihm außergewöhnlich war ...«

»Was war da innerlich?«

»Sehr viel Großmut. Auch wenn er ein Mörder war. Er tötete, um sich zu verteidigen, nicht aus Grausamkeit. Er hatte etwas gegen Ungerechtigkeit, und er erkannte die staatlichen Gesetze nicht an, nur seine eigenen.«[25]

Luciano wäre von dieser engagierten Ehrenrettung vielleicht überrascht gewesen. »Killen — das habe ich mein Lebtag getan«, bemerkte er gegen Ende seines Lebens im Rückblick auf die lange Reihe derer, die fallen mußten, als sie ihm in die Quere kamen. Er zeigt allerdings eine gewisse Großmut. Einen persönlichen Einblick erhielt ich, als die Zeitschrift *The Reporter* mich 1957 nach Neapel schickte, um Luciano zu interviewen. Ein deportierter Ganove in Rom gab mir einen Zettel mit: »Hallo Charlie. Diese junge Dame möchte mit Dir reden.«

Der Ganove war einer von etwa 500 in Italien gebürtigen Gangstern, Rauschgifthändlern und Mehrzweckmobstern, die nach den Anhörungen von Senator Kefauver 1951 aus New York zurückgeschickt worden waren. Die Hälfte von ihnen hielt sich in Neapel auf, verzweifelt und pleite.

»Manche von ihnen würden Ihnen das Herz erweichen«, sagte mir Luciano. »Sie kommen vorbei, waren zwei Monate im Knast, wieder rein, wieder raus. Ich gebe ihnen 1 000 Lire und sage ihnen, sie sollen sich eine Rasur und einen Bart und eine Mahlzeit gönnen, aber wenn von denen 500 in Italien sind, kommen 400 zu mir. Ich bin keine Bank. Manchmal sage ich ihnen, warum haut ihr nicht von hier ab? Aber wo sollen sie hin? In ihre Heimatstädte? Lieber sterben.«[26]

Wir sprachen etwa eine Stunde miteinander auf einem geblümten Sofa, an einem niedrigen Tischchen mit einer Vase voll künstlicher Blumen auf einem Deckchen. Lucianos hübsche Frau, eine italienische Ballettänzerin namens Igea, brachte uns Kaffee. Mein Blick wanderte von Lucianos Armbanduhr — diamantbesetztes Platin — zu seinen Augen hinter einer randlosen Professorenbrille. Die Augen waren voll kalter Gleichgültigkeit, völlig ausdruckslos, unvergeßlich.

Ansonsten sah er wie ein Geschäftsmann im Ruhestand aus, was er auch zu sein behauptet. Er sprach von der Bonbonfabrik, die er in Palermo eröffnet (und geschlossen) hatte, von einer pharmazeutischen Zuliefererfirma, die er später gegründet habe, und von einer Fabrik, die er jetzt in Neapel besitze und die Krankenhausbetten herstelle. Die Polizei lasse nie locker, beschwerte er sich; sie sei sicher, daß in den Bettfüßen Heroin exportiert werde. Wie üblich könne sie das nicht beweisen. »Sie beobachten schon sehr lange, sollen sie«, sagte er, als er mich zur Tür begleitete.

Der Polizei gelang es nie, Luciano eine Beteiligung am Heroinhandel nachzuweisen, doch hatte sie keinerlei Zweifel an seiner Schuld. Seine Nemesis in Italien wurde Charles Siragusa, der 1951 vom Chef der amerikanischen Drogenfahndung Harry Anslinger herübergeschickt wurde. »Mr. Anslinger sah mit seinem üblichen Scharfblick für die Zukunft einen Zustrom von Heroin in die Vereinigten Staaten nach dem Ende des Zweiten Weltkriegs«, sagte Siragusa. »Ich wurde nach Europa geschickt, um unsere schlimmsten Befürchtungen zu überprüfen, daß Luciano für den Zufluß an Heroin über den

Hafen von New York verantwortlich war.« Für Siragusa war Luciano »nichts als ein Zuhälter und Rauschgifthändler, also genau das, als was ein Gangster unter keinen Umständen angesehen werden möchte. Es war meine Pflicht, im Namen der Gesetze alles zu unternehmen, um diesen Mann auszuschalten.«

Siragusa reiste inkognito nach Neapel, wurde aber von Lucianos Spionen binnen Stunden nach seiner Ankunft ausgemacht. »Er hatte in Neapel kaum den Mund aufgemacht, als ich schon alles darüber wußte. Ich dachte mir, wann läßt mich der verdammte Arschlinger endlich in Ruhe?« sagte Luciano.

Schließlich konnte Siragusa eine Verbindung zwischen Luciano und einer riesigen Heroinsendung — fast einer halben Tonne — herstellen, die aus einer pharmazeutischen Fabrik in Mailand abgezweigt und nach New York geschickt worden war. Die Umstände waren äußerst kompromittierend, reichten aber wie immer für eine Beweiserhebung vor Gericht nicht aus.[27]

Schließlich waren die italienischen Behörden bereit, Luciano 1965 anzuklagen, nachdem die Guardia di Finanza den sizilianischen Heroinhandel sechs Jahre lang erschöpfend untersucht hatte. Aber zu diesem Zeitpunkt war er bereits verstorben.[28]

Von dieser unsauberen Seite findet sich nichts in Buscettas Bericht über seine Freundschaft mit Lucky Luciano, die mehr als 16 Jahre dauerte. Sie hätten über dies und das geredet, sagte er — Pferderennen, die alten Zeiten, Lucianos Sehnsucht nach New York —, aber nie über Rauschgift. Nach 1951 war es ihm in der Tat verboten, überhaupt über Mafiadinge zu reden.

Die unerbittliche Untersuchung des Kefauver-Ausschusses 1951 hatte die Cosa Nostra in Amerika schwer erschüttert. Neben anderen Vorsichtsmaßnahmen hatte sie beschlossen, alle Verbindungen zu dem zu kappen, was Senator Kefauver als »geheimnisvolle internationale Verbrecherorganisation unter dem Namen ›Mafia‹« bezeichnet hatte. Nach Aussagen Buscettas, der dies als erster enthüllte, wurde für die nächsten sechs Jahre jede Verbindung zwischen den beiden Mafias abgebrochen.[29] Dann brachte sie Lucky Luciano 1957 wieder zusammen und setzte sie auf ein neues Gleis.

Der US-Rauschgiftfahnder, der ihn als »nichts als einen Zuhälter und Rauschgifthändler« abgetan hatte, hatte sein Wild weit unterschätzt. Luciano war ein klarsichtiger Konzerndirektor mit einer seltenen Begabung für vernünftige Organisation, gewissermaßen der Lee Iacocca des organisierten Verbrechens. Er begriff das Gesetz von Angebot und Nachfrage, den Kostenvorteil bei großen Mengen, die Vorteile eines transkontinentalen Geschäfts, bei dem die Beschaffung von Rohmaterial mit Herstellung, Transport und Vermarktung verzahnt wurde. Er war die treibende Kraft hinter dem, was zum größten Handelsunternehmen der Welt wurde: dem multinationalen Heroingroßkonzern.

Erste Voraussetzung für dieses Unternehmen war eine funktionierende Verbindung zwischen der sizilianischen Cosa Nostra und der amerikanischen. Es konnte schwerlich aufgezogen werden, solange die beiden kaum miteinander redeten, und es reichte auch nicht, nur mit Reden wieder anzufangen. Die sizilianische Seite war nicht in der Lage, ihren Teil der Arbeit effizient auszuführen. Zwar hatte Don Vito Cascio Ferro um die Jahrhundertwende etliche zeremonielle Neuerungen eingeführt — komplizierte Initiationsriten, theatralische Prozesse, feierliche Zusammenkünfte in alten Gewölben[30] —, doch waren derlei Dinge kein Ersatz für eine kompetente moderne Mafiaregierung. Und die Clans der Insel gingen einander wegen ihrer Territorien und Beute ständig an die Gurgel. Ihr *capo di tutti capi* schien meist durch die bloße Kraft seiner persönlichen Ausstrahlung zu regieren, während ein Schattentribunal schwere Verstöße gegen den Kodex ahndete. Die Sizilianer hatten nichts, was mit dem regierenden Ausschuß vergleichbar war, wie ihn Luciano für ihren amerikanischen Ableger schon 1931 erfunden hatte.[31]

Nachdem er die konkurrierenden Mafiabosse ausgeschaltet hatte, die den gefährlichen Stammeskrieg von New York angezettelt hatten — Joe »den Boß« Masseria und Salvatore Maranzano —, hatte Luciano den Überlebenden die Leviten gelesen. »Ich habe ihnen erklärt, daß diese ganze Scheiße mit dem Krieg jetzt vorbei ist«, sagte er später. »Ich habe ihnen gesagt, daß wir in einem Geschäft sind, das laufen muß, ohne daß es alle zwei Minuten knallt; Jungens abknallen, bloß weil sie aus einem anderen Teil Siziliens kommen, mit dieser Scheiße kämen wir nur in schlechten Ruf, und richtig loslegen könnten wir erst, wenn das unterbunden würde.«[32]

Der von Luciano geschaffene Ausschuß funktionierte fast wie ein Aufsichtsrat. Zwölf Mafiabosse saßen drin, und Luciano hatte den Vorsitz: »Der heimliche Boß aller Bosse«, wie Joe Valachi es ausdrückte. Die Kommission war dazu gedacht, politische Richtlinien aufzustellen, Gebietsgrenzen festzulegen, innere Streitigkeiten zu schlichten und über Hinrichtungen innerhalb der Mafia zu befinden. Jede Mafiafamilie verpflichtete sich, ohne Zustimmung der anderen keine weiteren Mitglieder aufzunehmen und keine ausgebildeten Soldaten aus Sizilien zu importieren. (Der erste Boß, der die Regel brach, wurde hingerichtet; 20 Jahre lang wagte es kein anderer.)[33] Fortan konnte nach Lu-

cianos Worten »jede Mannschaft in jeder Stadt selbstän-
dig vorgehen«, sofern sie sich an die Regeln des Ausschusses hielt.

Einen ähnlichen Ausschuß ließ Luciano durch Buscetta der sizilianischen Mafia zuteil werden. Irgendwann
im Jahr 1957 legte Luciano seinem Schützling nahe, daß
die Sizilianer einen solchen haben müßten, und Buscetta
übernahm es, zu seiner Einrichtung beizutragen. Offiziell fiel die Entscheidung im Oktober dieses Jahres bei
einem historischen Gipfeltreffen zwischen amerikanischen und sizilianischen Mafiaführern, einem Treffen,
das für das nächste Vierteljahrhundert Thema mysteriö-
ser Spekulationen sein sollte.

4   Der große Deal

Das *Hotel des Palmes* (Albergo delle Palme), die Palmen sind längst verschwunden und die Fassade ist schwarz von städtischem Staub und Ruß, gehört jetzt einer Hotelkette und wird inzwischen von Pauschaltouristen frequentiert. Taxis, Motorroller, Busse, Autos und Lastzüge donnern vor seinen dicken Glastüren vorbei. Rechts und links machen sich Imbißbuden breit.

Außer dem leutseligen Barmixer Toti schien nicht einmal das Personal von der glanzvollen Vergangenheit des Hotels in der Belle Époque zu wissen. Einst eines der größten Stadthäuser Palermos, wurde es Ende des 19. Jahrhunderts umgebaut und im blumigen Jugendstil verschönert. Die elegantesten Aristokraten Europas stiegen dort ab. Keiner der Opernstars, die im berühmten Teatro Massimo gastierten, konnte sich leisten, woanders zu wohnen. Berühmte Schriftsteller lustwandelten in seinen üppigen Gartenanlagen. Renoir malte dort ein Porträt Richard Wagners, der in einer prächtigen Zimmerflucht der Beletage seine Oper *Parsifal* orchestrierte.

Diese Zimmerflucht, heute nur noch bei sehr feierlichen Anlässen benutzt, heißt noch immer Sala Wagner. Prachtvolle antike Spiegel reflektieren die vergoldete und himmelblaue Decke. Etliche Originaldiwans und Sessel stehen noch an der Wand: wuchtige Barockmöbel mit vergoldeten Beinen und verschossenen rotgoldenen Damastbezügen.

Eben in dieser Sala Wagner trafen sich vom 10. bis zum 14. Oktober 1957 die amerikanische und die sizilianische Mafia. Das Hotel war nach dem Zweiten Weltkrieg ihre ständige Absteige geworden, und alle großen Bosse fühlten sich dort wie zu Hause. Für Lucky Luciano war ein abgetrennter Teil des Aufenthaltsraumes reserviert, damals »kleines rotes Zimmer« genannt, wie sich Toti erinnert. (Heute heißt es das »kleine blaue Zimmer«.) Die meisten der etwa 30 Delegierten für das Gipfeltreffen waren Stammgäste. Von Luciano abwärts gehörten sie zu den mächtigsten Verbrechern zweier Kontinente.[1]

Die amerikanische Delegation wurde von Joe Bonanno aus Castellammare del Golfo und Brooklyn geleitet. Der rabiateste Sizilianer aller Paten New Yorks — in seiner Mafiafamilie durfte nur sizilianischer Dialekt gesprochen werden — beschrieb sich selbst als »Aufsichtsratsvorsitzenden« der amerikanischen Mafia. Auf dem Flughafen Fiumicino in Rom wurde für ihn ein roter Teppich ausgerollt; Italiens Außenhandelsminister Bernardo Mattarella (gleichfalls aus Castellammare) wartete auf ihn, um ihn in die Arme zu schließen. In Palermo wurde Bonanno wie ein großer Herr behandelt. Respektvolle Stille pflegte sich in den exklusivsten Restaurants der Stadt zu verbreiten, wenn er sie betrat. Die Wirte küßten ihm die Hand und baten ihn um seinen Segen: *»Vossia mi benerica«,* pflegten sie zu sagen, eine Anrede, die gemeinhin dem Adel von Geblüt vorbehalten ist.

Fast alle, die Bonanno aus Amerika zum Gipfeltreffen mitbrachte, waren irgendwo in der Nähe von Castellammare del Golfo geboren, und die meisten waren miteinander verwandt. Unter ihnen befanden sich Carmine Galante und John Bonventre (Bonannos Consigliere und Vizecapo); Frank Garofalo (seine »Nummer zwei«); Antonio Giuseppe und Caspare Maggadino (seine Vettern, deren Mafiafamilie Buffalo beherrschte); John Priziola (für Detroit zuständig); und Santo Sorge (dessen Vetter Oberhaupt der Mafia in Sizilien war).

Sorges Vetter Don Giuseppe Genco Russo führte die sizilianischen Delegierten an. Seit Don Calogero Vizzinis Tod im Jahr 1952 regierendes Oberhaupt der Mafia, war »Zi Peppi Jencu« ein ordinärer, verschlagener, halbanalphabetischer Galgenvogel, den niemand besonders schätzte. Dennoch hatte er glänzende Verbindungen zur Politik und Hochfinanz. Mit ihm am Konferenztisch saßen ein Dutzend der größten *mammasantissimi* der Insel. Darunter Salvatore »Cichiteddu« (kleiner Vogel) Greco, Säule der mächtigen Mafiafamilie Greco und Anführer von Palermos Paten der alten Schule; Calcedonio Di Pisa, Grecos Stellvertreter; und die Gebrüder La Barbera, Buscettas Förderer.

Alle in der Sala Wagner waren Rauschgifthändler. Ein paar Jahre später sollte sie ein italienischer Richter samt und sonders verurteilen, weil sie »den Rauschgifthandel über Sizilien in die Vereinigten Staaten organisiert haben«. Der stets vornehm tuende Joe Bonanno sollte die Liste der Angeklagten anführen. »Bananas war ganz groß in Rauschgift«, hatte Lucky Luciano geäußert, der ihm darin nach Ansicht des Richters den Rang ablief.[2] Dennoch weckte die Gipfelkonferenz keineswegs das Aufsehen, das ihr Jahre später zuteil werden sollte. Die amerikanischen Behörden erfuhren von der Konferenz erst viel später, nachdem die etwa 30 Männer in der Sala Wagner ihren kolossalen Zerstörungsapparat längst in Gang gesetzt hatten.[3]

Die Atmosphäre Siziliens war 1957 kaum günstig für eine scharfe Überwachung. Die Clans von Palermo hatten die Stadt so gut wie übernommen. Don Giuseppe Genco Russo, häufig zusammen mit öffentlichen Würdenträgern und Parteiführern fotografiert, war Schiedsrichter der Inselpolitik. Das Gewicht der Mafia war so groß, daß keine sizilianische Zeitung es wagte, sie namentlich zu erwähnen. Auch die Justiz urteilte entsprechend.[4]

Ein paar Polizisten hatten ein Auge auf die große Versammlung im *Hotel des Palmes*. Sie brauchten nur in der Hotelhalle zu sitzen, um zu erfahren, wer anwesend war, aber mehr erfuhren sie auch nicht. Die äußerste Geheimhaltung, die für dieses Spitzentreffen galt, unterstreicht seine überragende Bedeutung: Keiner der Beteiligten hat jemals ein Wort über sie verloren.

Lucky Luciano, dessen Ergüsse gegenüber den Autoren Martin Gosch und Richard Hammer 450 Druckseiten füllen, überging dieses Treffen mit Schweigen. Bonanno, der in seiner Autobiographie *A Man of Honor* seine Reise nach Palermo beschrieb, erwähnt das Treffen genausowenig. Statt dessen verbreitet er sich langatmig darüber, wie er sich in der sizilianischen Hauptstadt mit »meinem früheren Stellvertreter Frank Garofalo« und »Onkel John Bonventre« getroffen und köstlich amüsiert habe. Alte Freunde — »Männer meiner Tradition« — hätten Bonanno stolz herumgeführt, »um mir alle die Prachtstraßen und Bürogebäude zu zeigen«. In Begleitung dieser Ehrenmänner habe er in einem »feinen Restaurant auf der Piazza Politeama« gespeist, wo er einem Kellner, der sich ihm gegenüber »Frechheiten erlaubt« habe, einen Krug Eiswasser an den Kopf geworfen habe. »Der Kerl duckte sich vor mir, ich hatte ihm sozusagen eine Lehre erteilt«, plaudert Bonanno. Er behauptet, die übrige Zeit seines Besuchs Sehenswürdigkeiten betrachtet zu haben, wobei er das berühmte Opernhaus Teatro Massimo besichtigt und ein Waisenhaus eingeweiht habe, letzteres mit einer Polizeieskorte. »In New York würden sie das nie im Leben glauben«, notierte er durchaus zutreffend.[5]

Buscetta, fast drei Jahrzehnte später dazu verhört, behauptete glatt: »Von einem Treffen italienisch-amerikanischer Mafiosi im *Hotel des Palmes* im Oktober 1957 weiß ich nichts.«[6] Am 12. Oktober jenes Jahres oder etwa zu diesem Zeitpunkt habe lediglich ein Festessen stattgefunden — ein denkwürdiger Abend, den er mit Lucky Luciano und Joe Bonanno verbracht habe.

Zwölfeinhalb Stunden hatte das Festessen im Meeresfrüchterestaurant *Spano* im Hafen von Palermo gedauert, einem Lokal von unaufdringlicher Eleganz, inzwischen mit Brettern vernagelt und vom Sand zugeweht. Dort wurde über gestärkten Leinentischtüchern und verschnörkelten Speisekarten, kühlem Weißwein und Kerzen, *pasta alle sarde* und *pesce arrosto* der Ausschuß für die sizilianische Mafia gegründet — die *Cupola* oder Kuppel.

Nach Buscettas Aussage hatte Lucky Luciano dafür gesorgt, daß Bonanno zu diesem Anlaß über den Atlantik kam, und Buscetta gebeten, ein halbes Dutzend ausgewählte sizilianische Kollegen mitzubringen, darunter Salvatore »Cichiteddu« Greco, die Gebrüder La Barbera und einen *mammasantissima* namens Gaetano Badalamenti, der später einmal das als *Pizza-Connection* bekanntgewordene sizilianische Rauschgiftnetz leiten sollte.[7] Joe Bonanno brachte unter anderem seinen Consigliere und seinen Stellvertreter mit. Er habe Buscetta als den natürlichen Führer der sizilianischen Seite behandelt, berichtete Buscetta: »Ich war ein aufgehender

Stern, durchtrieben, tüchtig, sprach nur in knappen Worten und war gewohnt, klug zu argumentieren.«[8]

Der Aufsichtsratsvorsitzende hatte einst den amerikanischen Mafiaausschuß mit den »Sternen am Firmament verglichen, nach denen ein Seemann seinen Kurs bestimmt«. Nun sang er vor den Sizilianern dessen Lob. »Bonanno zog mich beiseite und erzählte mir, wie der Ausschuß Morde aus Unwissenheit verhindere«, erklärte Buscetta amerikanischen Ermittlern. »Er sagte, alle Morde an Ehrenmännern in den USA müßten seit der Gründung des dortigen Mafiaausschusses von diesem genehmigt werden, und das System funktioniere offenbar. Mir gefiel die Idee; sie gefiel auch Greco und Badalamenti . . . Bonanno sagte mir, wie ich es machen sollte, und wir machten es so.«[9] So einfach war das. Die Kuppel, die ein Heroinkonsortium mit Milliardendollarumsätzen werden sollte, trat binnen weniger Monate in Funktion.

Das war die erste Darstellung der Ursprünge der Kuppel überhaupt, eine der wertvolleren Aussagen Buscettas. Allerdings hätte das, was er wohlweislich ausließ, auch einem nicht so weltgewandten Herrn peinlich sein können: Ganz offensichtlich ging es den Spitzenbossen, die da in Palermo eingefallen waren, um mehr als um ein Abendessen bei *Spano*: Sie igelten sich vier Tage lang im *Hotel des Palmes* ein. Eine Cupola für die Sizilianer war schwerlich eine Sache, die förmlicher Verhandlungen zwischen den beiden Cosa Nostras bedurfte. Das mußten die Sizilianer schon unter sich entscheiden, vielleicht mit ein paar brüderlichen Ratschlägen von ihren amerikanischen *Compari*.

Zwar gibt es keine Beweise aus erster Hand dafür, was auf dem viertägigen Gipfel abgekartet wurde, doch wird es aus den Folgeereignissen der nächsten 30 Jahre sonnenklar. Die Behörden auf beiden Seiten des Atlantiks haben inzwischen die Überzeugung gewonnen, daß die amerikanische Delegation den Sizilianern antrug, ihren Heroinimport und -vertrieb in den Vereinigten Staaten zu übernehmen, und daß die Sizilianer einverstanden waren.

Der einzige Satz, der überliefert ist, weil er von einem Kellner beim Servieren von Drinks erlauscht wurde, läßt darauf schließen, daß das Feilschen erbittert gewesen sein muß. »Wohl dem, der weit weg ist, wenn sich 100 Hunde um einen Knochen streiten«, soll der Oberboß der sizilianischen Mafia, Don Giuseppe Genco Russo, zu Bonannos Consigliere Carmine Galante gesagt haben. Tatsächlich waren die Amerikaner auf die Sizilianer angewiesen, und das sollte sie allerhand kosten.

Das Geniale von Lucky Lucianos Plan lag in erster Linie darin, daß er der amerikanischen Cosa Nostra aus einer Klemme half. Als er ihr 1957 den Besuch in Sizilien vorschlug, steckte die Organisation, die er in Amerika so geschickt aufgebaut hatte, in tiefen Schwierigkeiten.

Jedes dritte Mitglied der Familie Joe Bonannos in New York war wegen Drogendelikten verhaftet worden, ebenso jedes dritte Mitglied der Familie Colombo; jedes zweite Mitglied der Familie Genovese; zwei Fünftel der Familie Gambino und drei Fünftel der Familie Lucchese.[10] Zusammen brachten New Yorks fünf Familien und ihr Anhang 95 Prozent des gesamten Heroins herein, das in die Vereinigten Staaten gelangte.[11]

Männern von Joe Bonannos »Tradition«, die »Rauschgifthandel als unmoralische und unmännliche Betätigung scheuten«, war das zuwider. »Meine Tradition ächtet Rauschgift. ›Ehrenmänner‹ handeln nicht mit Rauschgift«, schrieb er.[12]

Nötig hatten sie diesen Handel auch nicht, wie Lucky

Luciano angeblich gemahnt haben will, bevor sich alles überstürzte:

»Wir konnten soviel Moos machen mit allen anderen Dingen, die wir hatten, warum das ruinieren, indem wir mit Stoff herumspielten?

Ich versuchte, denen das klarzumachen . . . Wir seien Geschäftsleute, betrieben ein Geschäft und verschafften Leuten das Gewünschte, ohne dabei jemand weh zu tun. Die Leute wollten Glücksspiel, wir verhalfen ihnen dazu; sie brauchten im Krieg Schnaps, Zigaretten und Fleisch, wir besorgten das.

Sicher, hie und da setzten wir ein paar Jungs unter Druck, doch sollten sie bloß mal an das ganze Geld denken, das wir in Umlauf brachten, bloß weil andere tüchtige Geschäftsleute für unseren Schutz bezahlten. Ich sagte denen, es gebe keinen Politiker oder Bullen, der das Geld sparte, mit dem wir sie schmierten, sie gäben es aus, sobald sie es in der Hand hatten, und das sei ein Segen für die amerikanische Volkswirtschaft − wenn Geld unter die Leute gebracht werde. Ich hab' dabei Meyer Lansky direkt angesehen, und wir beide konnten uns das Lachen kaum verkneifen.

Aber die gaben keinen Scheiß darauf. Ich konnte sehen, beim Thema Rauschgift schalteten die auf Durchzug. Die ganze Zeit, als ich sprach, machten die meisten steinerne Gesichter.«[13]

1957 jedoch hatte die amerikanische Mafia Grund zum Nachdenken. Zum einen hatte sich die Cosa Nostra satte Pfründe in der US-Gewerkschaftsbewegung aufgetan. Dies war ein Feld, auf dem alle Register des Gangstertums gezogen werden konnten, das Milliarden Dollar einbrachte und praktisch risikolos Legitimität und enormen politischen Einfluß verschaffte. Dagegen wurde der

Drogenhandel allmählich hochgefährlich. Der amerikanische Kongreß hatte 1956 ein sehr strenges Betäubungsmittelgesetz verabschiedet. In Amerika erwischte Rauschgifthändler konnten bis zu 40 Jahren eingesperrt werden. Binnen kurzem sollten gegen 206 große Mafiagangster harte Urteile wegen Rauschgifthandels ergehen.[14] Carmine Galante sollte 20 Jahre Gefängnis bekommen — und das, nachdem er Bonanno als Oberhaupt seiner Mafiafamilie verdrängt hatte. Vito Genovese, Anführer einer weiteren New Yorker Familie, sollte zu 15 Jahren verurteilt werden. Zwei hochrangige Unterführer der Familie Lucchese sollten jeweils 40 Jahre Gefängnis erhalten.[15]

Dieser harte Schlag gegen die Rauschgifthändler war großenteils das Werk von Senator Estes Kefauver, dessen Untersuchung von 1951 den Kongreß veranlaßt hatte, das Betäubungsmittelgesetz zu verabschieden. Der Demokrat aus dem Bundesstaat Tennessee und sein Kreuzzug gegen die Mafia hatten in der Bevölkerung großen Anklang gefunden. Die amerikanischen Durchschnittsbürger, die wegen des Koreakriegs den Gürtel enger schnallen mußten, waren aufgebracht über die rasante Zunahme von politischer Korruption und Gewaltverbrechen. Kefauvers Sonderausschuß gegen das organisierte Verbrechen deckte nicht nur den Zusammenhang auf, sondern auch die Hauptdrahtzieher: »ein unheilvolles landesweites Verbrechersyndikat, bekannt als die Mafia«.

Der Senatsausschuß hatte 100 Anhörungen veranstaltet und 600 Zeugen befragt — vor laufenden Kameras, im ersten Fernsehschauprozeß der Geschichte. Dutzende gedemütigter Mafiabosse hatten vor der Kamera unter Berufung auf den fünften Zusatzartikel der Verfassung die Aussage verweigert, um sich nicht selbst zu belasten: Frank Costello, Nachfolger Lucky Lucianos als Boß aller Bosse; Albert Anastasia, Oberhaupt der späteren Familie Gambino; Gaetano Lucchese, Oberhaupt der Familie gleichen Namens; Meyer Lansky und Joe Adonis, der Lucianos Geschäfte in New York führte (»der Finsterste von allen«, behauptete Senator Kefauver).[16]

Sie hinterließen einen verheerenden Eindruck. Jedes abscheuliche Verbrechen wurde ihnen angelastet, und der Rauschgifthandel war das schlimmste. Die Mafia »hat sich auf den Verkauf und Vertrieb von Betäubungsmitteln spezialisiert«, stellte der Ausschuß fest.[17] Direkt mit der sizilianischen Mafia verbunden sei sie außerdem durch ihren unsäglichen Anführer im Exil, Lukky Luciano, »dem Kopf eines internationalen Rauschgiftrings zwischen Italien und den Vereinigten Staaten«.[18]

Luciano empörte sich: »Diese Untersuchungen haben, als sie endlich vorbei waren, in den Staaten nicht mal 'ne Delle gemacht. Doch jedesmal, wenn mein Name erwähnt wurde, holten mich die italienischen Bullen zum Verhör und machten mir das Leben sauer.«[19] In bezug auf Amerika lag er richtig. Letztendlich brachten die Kefauver-Anhörungen der Mafia kaum eine Delle bei. Die amerikanische Justiz war ihr in den fünfziger, sechziger oder siebziger Jahren genausowenig gewachsen wie die Justiz Mussolinis in den zwanziger Jahren. Auch das demokratische Italien schnitt nicht besser ab.

Ausschlaggebend dafür war vielleicht, daß die beiden Mafias jeweils das andere Land ohne Furcht vor Entdeckung nutzen konnten. Die amerikanischen Strafverfolgungsbehörden stellten sich »den Mob«, »die Bande« oder »die Organisation« gemeinhin als lokale Verbrechensschwerpunkte vor. Ihre Kollegen in Italien hielten die Mafia für einen natürlichen Auswuchs einer 1 000jährigen und rein sizilianischen Geschichte, der nicht exportiert werden könne. Im großen und ganzen gingen die amerikanische und die italienische Polizei ihre eigenen Wege. Mit geringen Ausnahmen teilten sie einander nichts mit, achteten nicht auf Verbindungen und verfolgten die Spur ihrer Mafiosi nach dem Grenzübertritt nicht sehr weit. Mit Sicherheit merkten sie nichts von dem ständigen Hin und Her über den Atlantik, und das war ein großer Fehler.

Ehrenmänner waren seit den Tagen der Schwarzen Hand ungehindert zwischen Italien und Amerika gependelt. Von der Polizei außerhalb ihres eigenen Landes kaum zur Kenntnis genommen, konnten sie jeweils auf der anderen Seite des Ozeans Zuflucht und Lebensunterhalt finden. Trotz mit den Jahren zunehmender Mitgliedschaftsbeschränkungen auf beiden Seiten waren sie Mitglieder »eines privaten Clubs, dem eine Menge Leute angehören«, wie Luciano bemerkte.

Viele waren auch Blutsverwandte. Selten war der Mafioso in Castellammare del Golfo oder Brooklyn, der nicht einen Bruder oder Onkel oder Vetter oder mehrere in der Mafia jenseits des großen Teichs hatte. Diese Kombination war in bezug auf Geheimhaltung und gegenseitiges Vertrauen nicht zu schlagen. Sizilianische Familienbande, eng geknüpft und praktisch unzerstörbar, sind immer einer der wertvollsten Aktivposten der Mafia gewesen.

Tatsächlich boten die beiden Länder wechselseitig Unterstützung. Ein Ehrenmann konnte für ein Wochenende in Geschäften nach Italien oder Amerika kommen, oder jahrelang dort bleiben, um sich einem Haftbefehl und einem langen Gefängnisaufenthalt zu entziehen. Viele führten zwei Haushalte. Manche hatten Mühe, sich die Namen in ihren verschiedenen Reisepässen zu merken. »Wir kauften sie immer wie andere Leute ihre Hemden«, gestand Gaetano Badalamenti viel später beim Prozeß über die Pizza-Connection.[20]

Schließlich verloren die Mitglieder einige ihrer alten Besuchsprivilegien, doch sie gehörten immer noch zum Club. In schweren Zeiten vereinten die beiden Mafias stets ihre Kräfte, um die Justiz auszutricksen.

So folgten Joe Bonanno und seine Kollegen im Herbst 1957 Lucianos Rat und wallfahrteten nach Palermo. Die amerikanischen Familien waren daran interessiert, daß Gras über ihre öffentliche Demütigung wuchs und sie die Justiz vom Halse bekamen. Die sizilianischen Mafiosi, die unbeobachtet ins Land und wieder hinausschlüpfen konnten, kannten derlei Sorgen praktisch nicht. Über die meisten von ihnen gab es in den USA keine polizeilichen Unterlagen: keine Fallgeschichten, keine Fingerabdrücke und keine Verbrecherfotos. Was in Sizilien passierte, wurde in New York selten bekannt, und umgekehrt galt das gleiche. Die Sizilianer konnten das Heroin ins Land schaffen und weit von zu Hause entfernt vertreiben; die Amerikaner konnten die Lizenz für den Markt gewähren und die Gebühr kassieren, ohne bei dem Geschäft überhaupt in Erscheinung zu treten.

Die beiden Mafias hatten sechs Jahre keinen Kontakt mehr gehabt — Ergebnis der niederschmetternden Ausschußvernehmungen Kefauvers —, als sie sich im *Hotel des Palmes* trafen. Außer Rauschgift hatten sie noch allerhand anderes zu bereden.

Zunächst mußten sie ihre offiziellen Beziehungen neu regeln. Es gab kein Zurück zur guten alten Zeit, wo ein eingeschworenes Mitglied der einen Mafia automatisch in die andere aufgenommen war. Die beiden Bruderschaften sollten fortan getrennt und gesondert bleiben.

Ein Ehrenmann aus dem einen Land konnte im andern als Gast aufgenommen werden, durfte aber dort nicht ohne Genehmigung eines Capo-Mafias (im Mafiasinne) arbeiten. Tatsächlich war jeder der beiden Cosa Nostras bei Todesstrafe verboten, auf dem Gebiet der anderen zu wildern.

Diese Regeln, für ein Verständnis des späteren Geschehens entscheidend, wurden vor der Außenwelt fast zwei Jahrzehnte lang vollkommen geheimgehalten. Inzwischen hat Buscetta sie in allen Einzelheiten geschildert. Doch die erste Andeutung ihres Charakters erhielt die Royal Canadian Mounted Police 1974 aus einem auf Tonband aufgezeichneten Gespräch an der Bar.

Sprecher war Paul Violi, Mafiaboß in Montreal, der kanadische Arm der Familie Bonanno. Im Gespräch mit einem Besucher aus der Cosca im sizilianischen Agrigent äußerte Violi:

»Sagen wir mal so, wenn du was brauchst, sind wir für dich da. Doch du gehörst nicht zu uns ... Wenn du drüben Mitglied bist, kannst du nicht einfach herkommen ... Du kannst dich hier nicht auf deine Familie berufen. Du kannst dich auf gar nichts berufen ... Sagen wir mal, es fällt dir ein, irgendwas auf eigene Faust zu machen ... eine heiße Sache ... und du sagst niemand etwas, und es geht was schief ... Sag mir, wie willst du da denn bloß wieder rauskommen? Siehst du, wie die Dinge liegen, Carmelo?«[21]

Später ermordete die »sizilianische Fraktion« in Montreal Paul Violi, weil er die Vorschriften zu wörtlich genommen hatte. Die Amerikaner waren nicht mehr in der Lage, den Sizilianern Einhalt zu gebieten. Offenbar hatten die Teilnehmer der Gipfelkonferenz von 1957

125

nicht mit der Hinterhältigkeit ihrer sizilianischen Partner gerechnet.

Die Delegierten dort hatten nicht nur den Umgang miteinander zu regeln, sondern auch über das Schicksal einer schwierigen Figur namens Albert Anastasia zu entscheiden. In Kalabrien an der italienischen Südküste geboren, war Anastasia in New York schon Luciano zur Seite gestanden. Ein psychopathischer Killer, war er Chef der Mord-GmbH geworden, der Vollstreckungsfirma beider Mafias in den dreißiger Jahren. 1957 jedoch lief er bereits Amok. Selbst Luciano mußte zugeben, daß »Albert wirklich plemplem war und einfach jeden umlegen wollte, auf den er eine Wut bekam«.

Inzwischen gilt als gesichert, daß Anastasia von den beiden Mafias in Palermo zum Tode verurteilt wurde. Das Urteil wurde in New York vollstreckt, sobald die amerikanische Delegation wieder zu Hause war. Die weitreichendere Entscheidung auf dem Gipfel — das Heroingeschäft — wurde in den Vereinigten Staaten nur ein paar Wochen später ratifiziert. Die Ereignisse spielten sich wie folgt ab:

Zehn Tage nach dem Ende der Konferenz im *Hotel des Palmes* wurde Anastasia in einem Friseurstuhl im *Park Sheraton Hotel* in Manhattan erschossen. Die *Mandati* in New York, die den Befehl dazu gaben, waren Vito Genovese und Carlo Gambino; allerdings wurden ein paar *Scari* (Vollstrecker) für die Erschießung aus Sizilien herübergeschickt.[22]

Damals brachte niemand den Mord an Anastasia mit der Geheimkonferenz im *Hotel des Palmes* in Verbindung. Die amerikanische Polizei hatte noch nicht einmal von ihr gehört; die italienische Polizei zeigte geringes Interesse. Später, als sich die italienischen Behörden ernsthaft mit dem Konklave von Palermo beschäftigten, kamen sie zu dem Schluß, daß »die Ausschaltung Anastasias . . . Teil des Programms war«, das dort beschlossen wurde.[23] Der wichtigere Teil folgte rasch darauf.

18 Tage nach Anastasias Tod — am 12. November 1957 — traf sich eine Elite von Mafiastrategen der Cosa Nostra in Amerika insgeheim von zwölf Uhr mittags bis um fünf Uhr morgens in Livingston im US-Staat New Jersey.[24] Genau wie irgendeine Partei am Vorabend eines Bundesparteitags stellten sie die Weichen. 24 Stunden später stolperte ein Polizeisergeant namens Edgar Crosswell im Norden des US-Bundesstaats New York in der beschaulichen Kleinstadt Apalachin über die gesamte amerikanische Mafiaführung. Die Szene war so komisch, daß ihre unheilvolle Bedeutung der Öffentlichkeit fast entging. Für die Reporter war es ein gefundenes Fressen. Die Nation lachte sich krank.

Schauplatz war eine geräumige Ranch zwischen waldbedeckten Hügeln, die dem reichsten Einwohner von Apalachin gehörte, Joe Barbara aus Castellammare del Golfo. Etwa 100 Bosse aus New York, New Jersey, Philadelphia, Boston, New Orleans, Chicago, Cleveland, Tampa, Detroit, Kansas City, Colorado und Kalifornien waren in sein Haus eingefallen. Sie trugen seidene Hemden und spitze Schuhe, dunkle Anzüge und Filzhüte, kamen in Limousinen mit Chauffeur und hatten muskelbepackte Leibwächter dabei.[25] Es waren alle da, die an der Konferenz im *Hotel des Palmes* in Palermo teilgenommen hatten. Mehrere andere, darunter auch Carlo Gambino, hatten zuvor eine Stippvisite in Italien gemacht, um sich mit Lucky Luciano abzustimmen.[26] Die Männer waren gerade dabei, mehrere 100 Pfund gegrillte Rindersteaks zu vertilgen, als die Polizei kam, worauf sie sich in heilloser Flucht über die Landschaft verteilten. Nach Aussagen Joe Valachis 1963 »gab es bei Barbara einen Bullen, der schon jahrelang hinter ihm her war und mißtrauisch wurde, weil er so viele Steaks bestellte und so viele Zimmer anmietete«.

»In deinem Haus wär' das nie passiert«, bemerkte Stefano Maggadino, ein Boß von Buffalo, kurze Zeit später über ein angezapftes Telefon gegenüber Sam Giancana, dem Boß von Chicago.

»Du hast verdammt recht, das wär nicht passiert. Hier bei mir ist die richtige Gegend für ein großes Treffen. In drei Städten um Chicago haben wir die Polizeichefs in der Tasche. Wir haben dieses Gebiet straff unter Kontrolle«, antwortete Giancana.[27]

In Lucky Lucianos Darstellung hatte Vito Genovese den Treffpunkt ausgewählt und damit einen endgültigen Beweis für seine Dummheit geliefert. »Was zum Teufel hat Vito geglaubt, was passieren würde, wenn eine Menge Kerle aus dem ganzen Land in eleganten Anzügen in ihren großen Cadillacs wie bei einer verdammten Parade eine kleine Landstraße entlangfahren?« bemerkte er, als ihm die Sache in Neapel gemeldet wurde. »Ich wette, daß keiner von diesen wohlgenährten feisten Kerls, die durch die Wälder um ihr Leben rannten, vorher jemals aus den Straßen der Großstadt hinausgekommen ist. Ich konnte sie mir lebhaft vorstellen, wie sie tagelang in den Wäldern herumirrten, vielleicht sogar am Verhungern waren und sich vermutlich die Eier abfroren.«[28]

Etwa 40 konnten flüchten, aber 62 wurden eingebuchtet: lebendige (wenn auch leicht verstörte) Exemplare der Mafia, deren Existenz noch lange Jahre geleugnet werden sollte. Natürlich leugneten die Bosse diese auch selber. Sie hätten gerade einen kranken Freund besucht, behaupteten sie gleichlautend.

Die Gesetzeshüter hatten noch nie eine solche Sammlung von »14karätigen Gangstern« gesehen, wie Sergeant Crosswell es formulierte.[29] Sie hatten keine Vorstellung davon, daß diese Gangster jede Mafiafamilie in Amerika vertraten, ganz zu schweigen von deren regierendem Ausschuß. Bis zu Joe Valachis Zeugenaussage sollte es noch Jahre dauern, und die Erkenntnisse der Polizei waren 1957 auf einem mitleiderregenden Stand.

»So etwas wie Übersichtskarten über das organisierte Verbrechen, schematische Darstellungen von Familien gab es noch nicht«, erläuterte Crosswell. »Es gab noch keine Computerüberprüfung, wo man nach drei Minuten die Daten hat. Damals brauchte man dazu Tage — man kriegte die Daten womöglich nie —, sie gingen in den Akten unter oder in der Post verloren. Jeder einzelne Polizist, der sich für organisiertes Verbrechen interessierte, war ein Rufer in der Wüste, und das galt in beiden Richtungen: Niemand hörte ihm zu, und er wußte selbst nicht, wovon er redete.«[30]

Auf diese Weise haben die Gesetzeshüter sozusagen das bedeutungsvollste amerikanische Mafiatreffen des Jahrhunderts verschlafen. Da sie den verhafteten Delegierten nichts nachweisen konnten — ein Krankenbesuch ist keine Straftat —, mußten sie alle laufenlassen.

Obwohl die Presse Apalachin lediglich als »Gangstertreffen« bezeichnete, war es eine ausgewachsene Bundesdelegiertenversammlung der amerikanischen Cosa Nostra, der ersten und letzten in so riskantem Umfang. »Die Männer in meinem Milieu waren über die bevorstehende Versammlung ganz aufgeregt«, schrieb Bonanno. »Alle wichtigen Leute im ganzen Land waren eingeladen. Alle redeten vom großen Grillfest in Apalachin. Die mit einer Einladung beehrten ... freuten sich genauso darauf wie Republikaner und Demokraten, wenn sie alle vier Jahre zum Parteitag zusammenkommen.«

Doch nicht einmal Apalachin konnte die Strafverfolgungsbehörden überzeugen, daß es in Amerika wirklich eine Mafia gab. Erst Senator McClellan sollte sechs Jahre später hinter »diesem heimlichen Konklave der Mächtigen aus der Unterwelt« ein landesweites Syndikat erblicken.[31]

Der McClellan-Ausschuß 1963 hatte auch vom Konklave 1957 in Palermo gehört und den entscheidenden Zusammenhang hergestellt. Beim Durchgehen der Liste der bekannten Rauschgifthändler, die in Apalachin zugegen waren, stellte der Ausschuß fest: »Unmittelbar vor dem Treffen 1957 in Apalachin war Carmine Galante in Palermo, Sizilien, zusammen mit den Unterweltführern Joe Bonanno und John Bonventre aufgetreten. Es herrscht die Überzeugung, daß dieses Treffen zur Vorbereitung der Konferenz in Apalachin diente, die kurz darauf folgte.«[32] Auch in Italien waren sich die Strafverfolgungsbehörden inzwischen einig, daß die beiden Treffen »voneinander abhängig« gewesen seien.[33]

Die lange Zeit geglaubte Erklärung dieser ungewöhnlichen Paralleltreffen bezog sich auf die Innenpolitik der Mafia. Vito Genovese habe seinen Familienboß Frank Costello sechs Monate vor Apalachin erschossen. Er und Carlo Gambino hätten gemeinsam nur drei Wochen zuvor die Erschießung von Gambinos Chef Albert Anastasia in die Wege geleitet. Beide hätten Wert darauf gelegt, als neue Anführer ihrer jeweiligen Familien bestätigt zu werden. Allerdings waren große Mafiahäuptlinge schon früher umgebracht worden. Anastasia selbst hatte seinen Vorgänger Vincent Mangano ermordet und war anschließend vom Ausschuß anerkannt worden.[34] Der Ausschuß, äußerst verschwiegen und eifersüchtig auf seine Rechte bedacht, behandelte solche Angelegenheiten gewöhnlich *in camera* hinter verschlossenen Türen und nicht auf einem Grillfest.

130

Kriminalexperten waren sich zudem einig, daß in Apalachin auch die »Drogenfrage« erörtert werden sollte. Doch die meisten wußten nicht, daß die amerikanische Cosa Nostra eine geheime Partnerschaft mit den Sizilianern eingegangen war, und glaubten, die Mafia habe auf der Konferenz den gesamten Rauschgifthandel geächtet.

Nach Aussagen Buscettas war das Verbot für die Amerikaner so streng, daß das Leben von Angelo La Barbera in Gefahr geriet, einem *capo* mit eigenem Mafiaclan. La Barbera hatte 1960 versucht, fünf Kilo Heroin nach New York zu bringen, und Carlo Gambino sei deswegen an die Decke gegangen, erzählte Buscetta den Rauschgiftfahndern: »Gambino sagte, daß er seine Freundschaft mit La Barbera vergessen und ihn umbringen lassen müßte, wenn dieser die amerikanische Grenze mit Rauschgift überschreite.«[35]

Buscettas Aussagen stehen in krassem Widerspruch zu dem, was inzwischen über Carlo Gambino bekannt ist. 1960 schickte er sich an, das Hauptgebiet seiner Familie in Brooklyn für die sizilianischen Heroinhändler zu öffnen. Es sollte nur etwa ein Jahrzehnt dauern, bis sie dort die Macht hatten.

Joe Valachi schien zu bestätigen, was die Kriminalexperten glaubten, als er erstmals die neue Politik der Mafia enthüllte. Diese Politik sei knallhart, sagte er 1963 vor dem McClellan-Ausschuß aus:

»Allen Familien wurde mitgeteilt: keine Drogen. Das war eine Regel, die von den Bossen selbst ausgemacht war ... Man bekam schweren Ärger, wenn man wegen Rauschgift verhaftet wurde. Man mußte sich vor ihnen rechtfertigen – nach der Regierung machten sie einen zweiten Prozeß ...

In Chicago . . . gaben sie ihren Soldaten 200 Dollar wöchentlich, damit sie den Rauschgiftverkauf einstellten . . . Im Gefängnis hörte ich, daß sie auf 250 Dollar erhöht hätten . . . Mir wurde erzählt, daß Chicago gewisse Geschäftszweige beisteuerte . . ., um daraus auch diese Mitglieder zu bezahlen, damit sie sich aus dem Rauschgifthandel raushielten. Wenn sie erwischt wurden, nachdem sie diese Bezahlung erhalten hatten, hatten sie keine Chance mehr. Das kostete sie das Leben.

Die Familie Genovese setzte dieselbe Strafe aus. Wenn man erwischt wurde und das Beweismaterial bei sich hatte, war man tot.«

Sogar als sie gemeinsam ein Heroingeschäft abschlossen, hatte Valachis Familienboß Genovese ihn streng zurechtgewiesen:

»Er sagte: ›Hast du je mit Stoff gehandelt?‹ Ich sagte: ›Ja.‹ Er sagte: ›Du weißt, daß du nicht mit Stoff rumspielen sollst.‹ Und ich sagte: ›Ja‹, und er sah mich an und sagte: ›Also, tu das nicht wieder‹, und ich sagte: ›Okay.‹«[36]

Offenbar war die neue Politik nicht eindeutig formuliert, wie Valachi unverzüglich einräumte:

»Ob das Rauschgiftverbot eingehalten wird? Nun, eigentlich soll es eingehalten werden, aber einer mogelt immer.«

»Sie meinten, es waren viele Leute in diesem Geschäft?«

»Richtig.«

»Verstießen manche von den Bossen selber gegen

die Regeln? Bekamen sie einen Teil der Profite, obwohl sie vielleicht nicht direkt verwickelt waren?«

»Nun, gewiß doch . . .«

»Mit anderen Worten hatten sie eine Absprache, die einfachen Soldaten erledigten das mit dem Rauschgift, kauften ein und machten das Geschäft, und sie erhielten den Gewinn?«

»Das ist richtig!«[37]

Die Doppelmoral war zwar offenkundig, doch die in Apalachin beschlossene Politik wirkte nach außen hin immer noch rein amerikanisch. Es mußte sichtbar gemacht werden, daß die amerikanische Mafia nichts mehr mit Drogen zu tun hatte, und genau das wurde mit einigen Schwierigkeiten arrangiert.

Unverbesserliche Rauschgifthändler wie Vito Genovese und Carmine Galante, hemmungslos gierig und zu arrogant, um verschwiegen zu sein, waren zur ernsten Belastung geworden. Tatsächlich wurde Genovese alsbald abgeräumt. Verhaftung und Verurteilung dieses eindrucksvollen Paten waren so ungewöhnlich, daß in der Cosa Nostra jedermann glaubte, ihm sei etwas angehängt worden, was offenbar zutraf.

»Ich beschloß, daß wir Genovese am einfachsten loswerden, ohne ihn abzuknallen, indem wir das der US-Regierung überließen«, erzählte Lucky Luciano seinem Biographen. »Dazu brauchten wir bloß die Beweise zu fälschen, und schon konnten wir ihn denen auf einem silbernen Tablett servieren . . . Aber wir mußten ihn in ein Bundesgefängnis bringen, denn in einem Staatsgefängnis hätte der kleine Saukerl binnen einer Woche alle Fäden in der Hand gehabt.«

Der Plan wurde ein knappes Jahr nach dem Gipfeltreffen von Palermo in Apalachin gefaßt. Carlo Gambino, von Luciano zu einem Treffen in einem italienischen Badeort bestellt, sagte seine Hilfe zu. Genovese wurde mit List dazu gebracht, einen konspirativen Kauf von 160 Kilo Heroin zu tätigen, und wanderte für den Rest seines Lebens ins Gefängnis.[38] »Ich weiß nicht, ob die Drogenfahndung je erkannt hat, daß wir ihnen Genovese geschenkt haben, aber es ist mir scheißegal«, bemerkte Luciano. (In die Falle für Genovese tappten auch Carmine Galante und 20 weitere, nach Angaben Lucianos Zufallstreffer. Zufall oder nicht, Galante verbrachte fast den ganzen Rest seines Lebens im Gefängnis und wurde nach seiner Entlassung erschossen.)

Als nächstes mußte deutlich gemacht werden, daß Mafiamitglieder niederen Ranges, die mit Rauschgift handelten, außerhalb der Familie standen. »Sie sagten nicht, daß es niemand tun dürfte«, erläuterte Ralph Salerno, der frühere Chef des polizeilichen Nachrichtendienstes von New York und ein gestandener Experte für organisiertes Verbrechen. »In Apalachin sagten sie nur: ›Wenn du schon handelst, mußt du deinen Freunden, Verwandten und Partnern sagen, daß sie sich bei Lebensgefahr meilenweit von dir fernhalten sollten. Wenn du andere hineinziehst, bist du erledigt.‹ Ich hab' es mit 'ner Wanze aufgenommen«, fuhr Salerno fort. »Der Kerl sagt: ›Heiliger Strohsack, diese Jungs sind in Schwierigkeiten. Sie haben mit Rauschgift gehandelt und nie jemand was davon gesagt.‹ Dann sagt sein Capo: ›Guck dir die Zeitung genauer an, und das Datum. Das haben die noch vor Apalachin gemacht. Das ist okay.‹«[39]

Viele handelten noch lange nach Apalachin mit Rauschgift, doch dachte man lediglich, sie verstießen gegen die Regeln. Im großen und ganzen hielt sich der Mythos, daß die Cosa Nostra im wesentlichen »raus aus dem Rauschgift« sei.

Tommaso Buscetta schließlich entlarvte das Täuschungsmanöver von Apalachin, obschon das kaum seine Absicht war. Zwar wollte er unbedingt seine sizilianischen Feinde belasten, war aber nicht weniger entschlossen, den guten Namen der amerikanischen Mafia zu schützen.

Buscetta wollte nach seinem Überlaufen in Amerika weiterleben, und diese Überlegung beeinflußte alles, was er sagte und für sich behielt. Es lag nicht nur daran, daß er sich keine Feinde in der amerikanischen Cosa Nostra machen wollte, sondern er hatte diese Organisation richtig gern. »Die Amerikaner kennen das Phänomen nicht, wie es unter uns ist«, erklärte er. »Die Mafia besteht aus Leuten, die sich an die Tradition ihrer Väter halten, ohne sie für unmenschliche Verbrechen zu nutzen ... In Amerika sind die Aktivitäten der Cosa Nostra echte kommerzielle Unternehmen, die öffentlichkeitsscheu und ständig um Stille und Diskretion bemüht sind.«[40]

Daher machte Buscetta seinen Befragern eine außerordentliche Eröffnung, von der die Hälfte fehlte: »Was Rauschgift angeht, kann ich sagen, daß es der amerikanischen Cosa Nostra zu meiner Zeit streng verboten war, sich an solchen Aktivitäten zu beteiligen«, erklärte er. »Jeder, der in Amerika in den Rauschgifthandel verwickelt war, war ein Ehrenmann der sizilianischen Cosa Nostra.«

Zu den Beziehungen zwischen den Sizilianern und den amerikanischen Mafiafamilien befragt, behauptete er, solche hätten gar nicht bestanden. Er selbst sei binnen einer Woche nach seiner Ankunft in New York angewiesen worden, »sich aus dem Geschäft der US-Mafia herauszuhalten«, sagte er aus. »Als die alten Bindungen noch bestanden, konnte ein sizilianischer Ehrenmann nach seiner Auswanderung nach Amerika dort sofort in die Cosa Nostra eintreten. Doch als ich in die USA kam, . . . erkannte ich, daß ein Ehrenmann wie ich solche Möglichkeiten nicht hatte. Als einzigen Gefallen gaben sie mir Hinweise, wo ich einen Job als ungelernter Arbeiter bekommen konnte, und das gilt für jeden in meiner Lage . . . Es kommt absolut nicht in Frage, daß ein sizilianischer Ehrenmann in die amerikanische Cosa Nostra eintreten kann.«[41]

Wenn das stimmt, hätten die Sizilianer jedes Jahr eigenmächtig mehrere Tonnen Heroin hereinschmuggeln, dabei die Regeln der amerikanischen Mafia brechen und diese ständig vor den Kopf stoßen müssen, ihre Geschäftsräume ohne ihr Wissen und ihr Einverständnis benutzen, Milliarden Dollar scheffeln und nach Hause schicken müssen. Das war kaum zu glauben und erwies sich in der Tat als völlig unwahr. Buscetta selbst hatte ausgesagt, die sizilianische Cosa Nostra habe ohne Erlaubnis der Amerikaner kein Geschäft auf amerikanischem Boden machen können. Carlo Gambino persönlich — der damalige Boß aller Bosse (1965) — hatte ihn gewarnt, »kein Verbrechen ohne ihre Zustimmung zu begehen«. Mache er das trotzdem, werde das »einige Probleme für die Mafiafamilie hier schaffen, für ihn aber den Tod bedeuten«.[42]

Solche Todesfälle gab es jedoch nicht. Sizilianische Ehrenmänner brachten mit voller Kenntnis und Zustimmung der Cosa-Nostra-Hierarchie in Amerika Heroin in die Vereinigten Staaten. »Sie hatten das Einverständnis der amerikanischen Mafia . . . bis hinauf zu Paul Castellano, dem mächtigsten Mitglied des amerikanischen Mafiaausschusses«, erklärten US-Staatsanwälte beim Prozeß um die Pizza-Connection.[43] Und es war eine Exklusivkonzession. »Wir haben die Lizenz, es einzuführen; niemand sonst hat sie«, sagte Gaetano Badalamenti, der das Netz der sizilianischen Pizza-Connection unter sich hatte, in einem angezapften Telefongespräch von Rio de Janeiro in das kleine Nest Oregon im Bundesstaat Illinois.[44]

Als die Pizza-Connection 1984 zerschlagen wurde, hatten die Behörden schließlich herausgefunden, was 1957 im *Hotel des Palmes* vorgegangen war. »Jeder der Teilnehmer war ein Star des Rauschgifthandels«, sagte Staatsanwalt Louis Freeh, der Chef der Ermittlergruppe beim Pizzaprozeß. »Buscetta behauptet, sie hätten sich in Palermo getroffen, um den sizilianischen Ausschuß einzusetzen; der wirkliche Zweck aber war, der sizilianischen Mafia die Konzession für die Heroinlieferungen in die Vereinigten Staaten zu erteilen.«[45]

Die Ereignisse nach dem Zweiten Weltkrieg entfalteten sich wie nach einem teuflischen Plan. Alles schien die sizilianische Mafia ihrem verbrecherischen Schicksal zuzutreiben: die Ablenkungen und die Duldsamkeit der alliierten Militärregierung; Lucky Lucianos Ausweisung nach Italien; die gefällige Haltung der Nachkriegspolitiker Italiens und ein plötzlich inquisitorischer amerikanischer Kongreß; das Konklave im *Hotel des Palmes.* Es fehlte nur noch der letzte Anstoß — eine grundlegende Erschütterung, die Siziliens Mafiosi in alle vier Windrichtungen zerstreute. Und sie kam als nächstes.

Eine unnatürliche Ruhe kehrte nach der Gipfelkonferenz in Palermo im Jahre 1957 ein. Nachdem Buscetta und Cichiteddu Greco Lucky Lucianos Rat gefolgt waren und einen Ausschuß gebildet hatten, die Kuppel, wurde Greco selbst Vorsitzender, was nur recht und billig war.

In Mafiakreisen standen die Grecos ganz oben. Als Bewohner Ciacullis, eines grünen Küstenstreifens außerhalb Palermos, blickten ihre Ehrenmänner auf mehrere Generationen zurück, wobei jede der vorangehenden ebenbürtig war. 1921 hatte ein Greco, dem ein *Sgarro* (eine persönliche Beleidigung) widerfahren war, zwei Schäfer mit ihrer gesamten Herde umgebracht. 1929 hatte ein Greco 20 Kugeln auf die großen Weinfässer eines Feindes abgefeuert und sich dann pfeiferauchend vor dem herausschäumenden Wein niedergelassen. 1939 hatte ein Greco das Haus von Neuvermählten in ihrer Hochzeitsnacht in Brand gesteckt, 1947 ein Greco seinen ermordeten Sohn gerächt, indem er eine zehnköpfige Familie vollständig auslöschte.

Ganz selbstverständlich fiel also die Wahl auf Cichiteddu Greco als Kopf der ersten offiziellen Mafiaregierung. Als kleiner vogelartiger Pate von eiserner Willenskraft und unstillbarer Raffgier wurde er von allen in seinem Bereich »gefürchtet und verehrt«, wie ein Richter notierte, der ihn vergeblich ins Gefängnis zu schicken versuchte.[1]

Die Kuppel bestand aus zwölf *Capi-mandamenti*, von denen jeder der Sprecher dreier Mafiafamilien Palermos war. Mehrere weitere Provinzausschüsse wurden gebildet, besonders in den Hauptgebieten des Rauschgiftschmuggels um Trapani und Agrigent, doch nur der Ausschuß in Palermo hatte etwas zu sagen. Die meisten seiner zwölf ursprünglichen Mitglieder waren treue Gefolgsleute Grecos, darunter sein Unterführer Calcedonio Di Pisa und Gaetano Badalamenti. Eine aufmüpfigere jüngere Gruppe wurde durch den Familiencapo Buscettas Salvatore La Barbera vertreten.

Buscetta selbst blieb lieber draußen: »Ich liebte das Leben zu sehr, und sie taten ohnehin, was ich ihnen sagte«, erklärte er später der Drogenfahndung in New York. Dennoch widmete er sich die nächsten sechs Jahre »ausschließlich Mafiageschäften«.[2]

Im Lauf dieser Jahre genoß Palermo eine kurze Zeit des Friedens. Die Zahl der Morde wegen Territorialstreitigkeiten, Großmärkten, *Pizzu* und Baugewerbe war stark rückläufig. »Die Kuppel funktionierte so gut, daß ich mich nicht erinnern kann, daß irgendein Ehrenmann zwischen 1957 und Anfang 1963 umgebracht worden wäre«, sagte Buscetta.

Während dieser Jahre stieg der Großhandelspreis von Heroin in New York fast auf das Doppelte — von 12 000 auf 22 000 Dollar pro Kilo. Siziliens Ehrenmänner, die es dort vier- bis fünfmal so teuer verkauften, wie sie es in Marseille einkauften, erhielten einen ersten berauschenden Vorgeschmack auf die künftigen Profite. Bereits 1963 war Sizilien das weltgrößte Produktionsgebiet für Rauschgift.[3] (Nicht die gesamte sizilianische Mafia stieg in das Heroingeschäft ein. Viele erfuhren nichts von dem Geheimabkommen im *Hotel des Palmes.* Die daran Beteiligten hatten kein Interesse, den Wohlstand zu teilen. Eine Anzahl penibler Paten hätten ohnehin den Rauschgifthandel gescheut.)

In Palermo boten sich Ende der fünfziger Jahre märchenhafte Chancen. Berge von Geld konnten mit Dingen gescheffelt werden, die nicht so abstoßend waren wie Heroin und die Polizei nicht so neugierig machten. Warum sollte man, wie Lucky Luciano einmal gesagt hatte — oder gesagt zu haben behauptete —, alles zugrunde richten, indem man mit Stoff rumspielte?

Italiens Guardia di Finanza wurde 1957 soeben auf den Heroinhandel aufmerksam. Ihre Agenten wußten nichts von der neugeschaffenen Kuppel, doch verhängten sie schon im Gründungsjahr eine enge Überwachung über deren Vorsitzenden und Mitglieder. Cichiteddu Greco und seine Gehilfen standen ganz oben auf der Liste von etwa 60 Mafiosi, die verdächtig waren, den ersten Rauschgiftring zu betreiben, der je in Sizilien entdeckt wurde. Agenten beschatteten sie, zapften ihre Telefone an und versuchten meist vergeblich, ihre Auslandsreisen zu verfolgen. Diese Mafiosi reisten mit verblüffender Leichtigkeit ständig und überall hin. Einer der Grecos von Ciaculli besaß drei verschiedene Pässe aus einer Sammlung von 25, die 1957 aus Palermos Polizeipräsidium gestohlen worden waren; jeweils abwechselnd glattrasiert, schnauzbärtig und vollbärtig, benutzte er sie für Reisen nach Großbritannien, Frankreich, Spanien und Tanger.[4]

Cichiteddu Greco hatte wie viele andere Mafiosi einen Paß auf seinen eigenen Namen. Einen Empfehlungsbrief als »Person mit guter moralischer, staatsbürgerlicher Führung« zu erhalten, war für einen Ehrenmann 1957 (oder 1967 oder 1977) kein Problem. Ein enger Kollege Buscettas bekam seinen italienischen Paß sogar dann noch verlängert, als Mexiko ihn wegen Rauschgifthandels 1959 in sein Heimatland ausgewiesen hatte. Sein neu ausgestellter Paß galt nicht nur für Mexiko, sondern auch für die Vereinigten Staaten, Kanada, Argentinien, Kuba, Zypern, Libanon, Libyen und Japan.[5] (Später erhielt er sogar einen Waffenschein mit der Begründung: »Seine Arbeit macht es erforderlich, daß er häufig mit großen Geldsummen reist.«)

Buscetta selbst schaffte es, den Paß wiederzuerlangen, der ihm nach seiner Verhaftung wegen Tabakschmuggels 1957 abgenommen worden war, indem er der *Questura* (Polizeipräsidium) folgendes Schreiben vorlegte:

Lieber Dr. Jacovacci:
Ich bitte Sie herzlich, den Paß von Signor Tommaso Buscetta zu erneuern, da er für mich von großem Interesse ist. Im Vertrauen auf Ihre persönlichen Bemühungen danke ich Ihnen und grüße Sie herzlich.[6]

Unterzeichnet war der Brief von Francesco Barbaccia,

einem sizilianischen »Freund der Freunde« im Parlament.

Das waren noch die Gründerzeiten. Der amerikanische Heroinmarkt war noch sehr klein: vielleicht insgesamt weniger als 50 000 Süchtige. Großhändler wie Vito Genovese und Carmine Galante, die 1958 bereits hinter schwedischen Gardinen und aus dem Geschäft waren, hatten sich begeistert, aber dilettantisch darauf eingelassen. Sie hatten lediglich Heroin eingekauft, wo sie es kriegen konnten, um damit die vorhandene Nachfrage zu befriedigen.

Die sizilianische Mafia aber wollte jetzt Nachfrage *schaffen*. Sobald ihr Vertriebsnetz aufgebaut war, sollte sich die amerikanische Süchtigenzahl auf 500 000 steigern.[7] Nicht der gesamte Zuwachs, aber ein Gutteil davon ist nachweislich der Mafia zu verdanken.

Auch hier setzte Lucky Luciano seine jungen sizilianischen Schützlinge auf die richtige Spur. Entscheidend sei es, das Angebot zu organisieren, bemerkte er, nachdem er Vito Genovese ins Gefängnis verfrachtet und dessen Drogenvertriebsnetz in Europa übernommen hatte.[8] »Typen wie Vito fanden es so einfach, Stoff zu kaufen, daß sie keinen Gedanken darauf verschwendeten, auch noch etwas anderes als den Verkauf zu organisieren; sie meinten immer, die Lieferanten kämen nicht ohne sie aus«, bemerkte er. »Das war die erste Lektion, die ich ihnen beibringen wollte — ohne Angebot konnten sie alle Nachfrage der Welt auf sich vereinen und dennoch nichts davon haben.« Luciano selbst wollte »das Angebot an Stoff in Europa übernehmen ... Wenn sie was kaufen wollten, sollten sie zu mir kommen müssen.« Er schickte Beauftragte aus, die Frankreich, Deutschland, den Libanon und die Türkei abgrasten. Die Botschaft — für Schlafmohnbauern, Bootsbesitzer, Schmuggler und

Raffinierer – lautete: »Charlie Lucky will was organisieren.« Er bot ihnen »denselben Schutz und die Verhandlungsmacht wie die, die die Nachfrage geschaffen haben«.

Die Reaktion: »Mein halbes Leben lang hatte der Name Charlie Lucky angeblich großes Gewicht, aber ich dachte nie viel darüber nach. Jetzt aber meldeten meine Jungs zurück, daß die Jungs in der Türkei und in Italien und in Ägypten und Deutschland sich praktisch bis zum Boden verbeugten, sobald mein Name fiel.«[9]

Dennoch war es sogar für Charlie Lucky nicht leicht, sich eine marktbeherrschende Stellung auf der Angebotsseite zu verschaffen. Im Gegensatz zum Kokain, dessen Rohmaterial nur in einem kleinen Gebirgsgebiet Südamerikas angebaut wird, wächst der Schlafmohn für Heroin überall: in Burma, Laos, Thailand, Afghanistan, Pakistan, der Türkei, in Bulgarien, im Libanon und in Mexiko. Außerdem wurden bis Mitte der siebziger Jahre vier Fünftel der Heroinraffinade von den Korsen in Marseille besorgt. Die Sizilianer sollten viele Jahre brauchen, um ihr Imperium zu errichten.

Doch seit dem Aushandeln ihrer Heroinlizenz im Jahr 1957 hatten sie in den Vereinigten Staaten einen Exklusivmarkt. Dieser Vorteil war ungeheuer; er machte sie zu den besten Kunden der Korsen. Als Lucky Luciano 1962 starb, gingen die sizilianischen Mafiosi völlig im Drogengeschäft auf. Sie hatten alle Mittelsmänner ausgeschaltet und handelten direkt mit dem korsischen Chef Pascal Molinelli. Sie hatten inzwischen ihre eigene Flotte; ein Vetter Cichiteddu Grecos mit Namen Salvatore »der Ingenieur« verfügte über ein besonders schnelles Schiff, das das Mittelmeer unter honduranischer Flagge befuhr. Unter dem Dutzend raffinierter Möglichkeiten, die Polizei zu täuschen, verfielen sie auch auf Funkstille auf hoher See.[10] Das Heroin, das Sizilien aus Marseille erreichte, wurde fahrplanmäßig nach Havanna, Tampa, St. Louis, Kansas City und New York in Koffern mit falschem Boden, in Büchsen, Laiben von *Caciocavallo*-Käse und Olivenölfässern verfrachtet, lange bevor die Sizilianer selbst am anderen Ende eingeschleust waren, um es in Empfang zu nehmen.

Trotz Apalachin handelten mindestens drei der fünf New Yorker Mafiafamilien weiter mit Heroin, bis sie 1963 von der Untersuchung im McClellan-Ausschuß für eine gewisse Zeit abgeschreckt wurden. Sizilianische Sendungen gingen an eine Anzahl amerikanischer Paten im Lebensmittelimport, angefangen mit Joe Bonanno; Joe Profaci, ein alter Adjutant Lucky Lucianos, importierte mit seiner Mamma Mia Import Company in New York hauptsächlich sizilianische Apfelsinen. Die Hälfte der Apfelsinen war aus Wachs und mit jeweils 110 Gramm Heroin gefüllt, als die Guardia di Finanza 1959 auf sie stieß. Eine Kiste dieser »schwangeren« Orangen kostete in New York eine Million Dollar.[11]

In Palermo zeigten sich die ersten krassen Symptome des Heroinfiebers Ende der fünfziger Jahre. Obwohl der Kodex der Mafia für Rauschgifthandel die Todesstrafe vorsah, waren Verstöße nun allgemein verbreitet und Strafen selten. (Tatsächlich wurde niemand bestraft.) Sowohl die alte als auch die neue Mafia waren darin verwickelt, doch die alte beging die bei weitem unerhörtesten Verstöße. Der Vorsitzende der Kuppel trieb es sogar am schlimmsten. Es gab keine Empörung in den Reihen der Mafia darüber, daß Cichiteddu Greco eins der angeblich strengsten Gesetze der Mafia brach. Die Moral kümmerte sie zuletzt, wenn es um Heroin ging. Das wirkliche Problem war ihre unersättliche Gier.

Die Ehrenmänner belogen, betrogen und bestahlen

einander, um die lukrative Ware in die Finger zu bekommen. »Einen Dieb bestehlen, der schlimmer ist als ein Dieb, heißt nicht stehlen«, sagt ein Mafiasprichwort. Alsbald brachten sie sich im Kampf um den Primat im Heroingeschäft gegenseitig um. Auf der einen Seite in diesem Kampf standen die Grecos von Ciaculli, das regierende Establishment. Sie waren die Alten, die die unerläßlichen Verbindungen nach New York hatten. Die meisten *mammasantissimi* hatten sich auf ihre Seite geschlagen. Luciano Leggio, der in Palermo immer mehr übernahm, hatte Wert darauf gelegt, Cichiteddus besonderer Freund zu werden; Buscetta, früher bei den Jungtürken, war nun der unzertrennliche Kumpel des kleinen Vogels.

Die andere Seite wurde von Angelo und Salvatore La Barbera und ihrer neuen Mafia geführt. Ihre Methoden waren äußerst plump. Sie hatten die Grecos mit Dynamit, Brandstiftung, Berettas und Maschinenpistolen aus dem Baugewerbe vertrieben. Nun drängten sie in den Heroinhandel.

Die beiden Fraktionen arbeiteten trotzdem bis zum Herbst 1962 zusammen, bis die Habgier Cichiteddus Unterführer Calcedonia Di Pisa überwältigte. Selbst ein gefürchteter Mafioso und ein Mitglied der Kuppel, war Di Pisa als Rauschgifthändler nicht nur ermittelt worden, sondern bereits überführt: Er hatte sich verleiten lassen, einem amerikanischen Rauschgiftfahnder zwei Kilo Heroin abzukaufen. Folglich wurde er von amerikanischen und italienischen Agenten beschattet, als er sich daran machte, für beide Mafiafraktionen eine große Heroinsendung nach New York abzuschicken. Trotz Überwachung wurde er nicht erwischt. Unklugerweise jedoch behielt er einen großen Teil des Erlöses für sich.[12]

Die Greco-Fraktion votierte dafür, sein Leben zu

schonen, doch die La Barberas ermordeten ihn trotzdem; jedenfalls glaubte man das. (Wie sich später herausstellte, waren sie fälschlich beschuldigt worden.)[13] Eine hitzige Konfrontation endete damit, daß die zentrale *Cosca* Palermos, die La Barberas, exkommuniziert wurde. »Wer glaubst du, daß du bist?« nahm der freche Salvatore La Barbera den Vorsitzenden der Kuppel an, Cichiteddu Greco. »Wer ich bin? Ich bin dein Gott!« brüllte Greco und ohrfeigte ihn.[14]

Die Folge war der schlimmste Schießkrieg seit Menschengedenken. Die Grecos ermordeten Salvatore La Barbera, sein Bruder Angelo mordete aus Rache, die Grecos wiederum schossen Angelo nur an, und so ging es unablässig weiter, bis beide Seiten im Juni 1963 bereits auf einen Mord täglich kamen. Dann passierte ein unerhörter Zwischenfall, der die Mitglieder der sizilianischen Mafia in alle vier Windrichtungen versprengte, wobei sie die Heroinpest mit sich schleppten.

Eine Bombe wurde im Zentrum von Ciaculli gelegt, einem Villenviertel der Mafia, wo die Straßen keine Namen und die Häuser keine Hausnummern haben und hochrangige Bosse mit scharfen Wachhunden hinter Stahltoren und drei Meter hohen Mauern wohnen. Obwohl vor Gericht nie festgestellt wurde, wem die Bombe letztendlich zugedacht war, hätte fast jeder Bewohner von Ciaculli das Ziel sein können; angefangen mit Leggio (der sich in einem Geheimabteil über der Deckentäfelung einer eleganten Villa von Ciaculli verborgen hielt). Das wahrscheinlichste Ziel aber war Cichiteddu Greco.

Die Bombe enthielt 200 Pfund Dynamit und befand sich im Kofferraum eines gestohlenen Alfa Romeo. Wegen eines platten Reifens waren die Autoinsassen Hals über Kopf geflüchtet, und ein anonymer Anrufer forderte die Carabinieri auf, es abzuschleppen. Sieben Beamte eilten hinzu und erblickten eine Gasflasche mit ausgebrannter Zündschnur als Bombenattrappe auf dem Rücksitz. Einer öffnete den Kofferraum. Eine gigantische Explosion mit einer 20 Meter hohen Stichflamme zerstörte eine nahegelegene Villa völlig. In dem Krater am ehemaligen Standplatz des Autos lag, was von den sieben Mann übrig geblieben war: eine Pistole, ein Finger mit Ehering und eine Polizistenmütze.

Die Bosse von Palermo, gewöhnt an eine passive Öffentlichkeit und einen taktvoll schlafenden Staat, waren wie geschlagen von dem, was nun folgte. Italien rebellierte. »Schnappt euch alle mit einem Strafregister und schmeißt sie ins Gefängnis, auf meine Verantwortung«, donnerte der regionale Heereskommandant für Sizilien, General Aldo De Marco. »Foltert sie und findet heraus, was sie zugeben. Oder knallt sie ab, wo ihr sie trefft. Ich gehe gern ins Gefängnis. Aber so, so können wir nicht weiterleben.«[15]

Von Beerdigungen und Trauer Jahr um Jahr, von Angst, Scham, Ehrlosigkeit, Betrogenwerden, Ausbeutung und erstickender Stille hatten die gewöhnlichen Sizilianer jetzt genug. Selbst für Rom schien das Maß nun voll.

Männer, die in Sizilien gut zwei Jahrzehnte lang routinemäßig Morde befohlen hatten, trugen ihre Gesetzlosigkeit wie eine Fahne vor sich her. Viele hatten noch nie einen Fuß in einen Gerichtssaal gesetzt. Alle konnten nach Belieben veranlassen, daß belastendes Material verschwand. Viele hatten Waffenscheine für die Kanonen, die sie auf den Straßen, in Bars und Restaurants und in den Wandelgängen der sizilianischen Regionalversammlung offen trugen. Ihre Arroganz war unermeßlich gewachsen, seit Mussolini fast ein halbes Jahrhundert zuvor behauptet hatte, sie ausgerottet zu haben. In der Tat war der Aufstieg der Mafia seither unaufhaltsam, unwiderruflich verlaufen. Trotz all derer, die ihrer zersetzenden Macht der Einschüchterung und Korrumpierung erlegen waren — Geschäftsleute, Bankiers, Verleger, Richter, Senatoren, sogar Kabinettsminister —, entwickelte sich die junge Republik Italien allerdings selbst zu rasch, als daß sie einen solchen Zustand hätte länger dulden können. Jedenfalls schien es so.

In der Tat schlug das Gesetz hart zu. 10 000 Polizisten und Carabinieri schwärmten in Palermo und dessen Vororten mit Hubschraubern und Fallschirmjägern, Geschützen, Panzerwagen und Polizeihunden aus. Ganze Wohnblocks wurden mitten in der Nacht abgeriegelt und mit Scheinwerfern angestrahlt. Stoßtrupps mit Maschinenpistolen und Handgranaten durchsuchten Haus um Haus vom Keller bis zum Dach.

Waffen jeder Größe und Gattung wurden beschlagnahmt: Revolver, abgesägte doppelläufige Schrotflinten, Handgranaten, Plastiksprengstoff, Messer, Bajonette, Maschinenpistolen, Millionen Patronen. Insgesamt wurden 1903 Verhaftungen vorgenommen. Eine einzige Polizeiaktion in Palermo erbrachte 731 gerichtliche Anordnungen verschärfter Überwachung. Ein Dutzend Mafiachefs der obersten Kategorie — alles *mammasantissimi* — wurden unter strenger Aufsicht auf das italienische Festland oder auf eine kahle und unwirtliche Insel verbannt.[16] Ein unerbittlicher sizilianischer Richter namens Cesare Terranova eröffnete eine Untersuchung, die schließlich 114 hochrangige Mafiaführer vor Gericht bringen sollte.

Zudem rührte sich auch das Parlament. Der erste Antimafiaausschuß in der Geschichte des italienischen Senats hatte im Jahr zuvor ein kurzes Leben gefristet, ohne jemals getagt zu haben. Nun trat *binnen fünf Tagen* nach der Katastrophe von Ciaculli ein neuer Ausschuß zusammen und erstellte einen Entwurf für das erste Antimafiagesetz der Republik, das kaum sechs Wochen später verabschiedet wurde.

In diesem Sommer — 1963 — versammelte sich ein Komitee von sechs Mafiaführern, um über die Krise zu beraten. Cichiteddu Greco und Leggio waren dabei. Klugheit in Kreisen der ehrenwerten Gesellschaft hieß, sich wie das Schilf im Wind zu beugen, bis der Sturm vorüber war. »Gemeinsam kamen diese sechs Personen überein, alle kriminellen Tätigkeiten einstellen zu lassen, die als Bestätigung für die Gefahr des organisierten Verbrechens herhalten konnten«, schrieb Richter Terranova.[17] Sie beschlossen sogar, die Kuppel aufzulösen — also faktisch ihre Selbstauflösung, der einzig bekannte Anlaß, wo die Mafia so weit ging.[18]

Fast jeder polizeibekannte und noch nicht gefaßte Mafioso tauchte unter. Leggio und einige seiner Gefolgsleute zogen sich nach Corleone zurück. Andere Mafiosi versteckten sich weiter entfernt auf dem italienischen Festland, doch für viele war dies nicht weit genug. Sie taten, was sizilianische Ehrenmänner in unruhigen Zeiten immer getan haben. Vom Herbst 1963 an schwärmten sie aus in eine ahnungslose Welt.

Die Konjunktion der Gestirne war nie günstiger gewesen. Siziliens Mafiosi hatten bevorzugten Zugang zu den größten Heroinlieferanten der Welt, das weltgrößte Marktpotential fest im Griff und jetzt auch die Männer, um den Rauschgifthandel aus strategischen Stellungen rings um den Erdball richtig aufzuziehen. Die Fähigsten von ihnen ließen sich in Montreal, Caracas, São Paulo, Mexico City und New York nieder; und die Verseuchung Amerikas mit Rauschgift, bereits seit sechs Jahren im Gang, fing nun erst richtig an.

Tommaso Buscetta, der sich mit Luciano Leggio in Italien den Ruhm des meistgesuchten Verbrechers teilte, reiste 1963 heimlich aus Italien ab und in aller Muße nach New York. Unterwegs mit einer neuen Freundin, die er alsbald bigamistisch ehelichte, machte er Zwischenaufenthalte in der Schweiz, in der Bundesrepublik, in Großbritannien, Paraguay, Mexiko und Kanada. Als er 1965 schließlich in die Vereinigten Staaten einreiste, hieß er Manuel Lopez Cardena und hatte einen makellosen mexikanischen Paß.

Nachdem er sich in Brooklyn niedergelassen hatte, wurde Buscetta mit dem Respekt behandelt, der ihm als mächtigstem sizilianischen Don in New York gebührte – als Don Masino, der Ehrenmann, der sich mit Lucky Luciano zusammengetan und den leitenden Ausschuß der Mafia in Palermo gegründet hatte. Nach seinen eigenen Worten »die graue Eminenz« im Hintergrund. Carlo Gambino, der oberste Boß in Amerika, bestellte Buscetta schon zehn Tage nach seiner Ankunft zu sich. Er sei herzlich willkommen, sagte Gambino, dürfe jedoch nicht ohne Erlaubnis auf amerikanischem Gebiet tätig werden, eine Regel, die Buscetta buchstabengetreu eingehalten zu haben behauptet. Gambino veranstaltete ein Bankett zu Buscettas Ehren wie für einen durchreisenden Potentaten, und die beiden wurden dicke Freunde:

»Ich pflegte ihn zu Hause zu besuchen, er kam zu mir, wir gingen in Restaurants ... Wir bestellten Hummer, Spaghetti *con vongole*, Wein, Champagner«, erinnert sich Buscetta. »Das FBI beobachtete seine Haustür, ich betrat ein anderes Haus in einer anderen Straße und kam durch einen Geheimgang. Wir waren wie Vater und Sohn.«[1]

Man fragt sich, was die beiden sich an ihren vielen gemeinsam verbrachten Abenden zu sagen hatten, der männliche, kraftstrotzende Buscetta im besten Alter, und Gambino, der blasse, verhutzelte 65jährige Zwerg — nach Joe Bonannos Ansicht ein »serviler, kriecherischer und lobhudelnder« Heuchler. Was immer sie auch miteinander redeten, Geschäfte seien es nicht gewesen, will Buscetta uns weismachen. Auf die Frage, womit der Oberboß der amerikanischen Cosa Nostra denn seinen Lebensunterhalt verdient habe, antwortete er viel später: »Ich hab' keine Ahnung, was Carlo gemacht hat; legale Geschäfte, aber ich weiß nicht, was für welche.«[2] (Carlo Gambino befaßte sich mit »Glücksspiel, Kreditwucher, Gewerkschaftskriminalität, Automaten, Erpressung und Schutzgeldeintreiben«, berichtete der McClellan-Ausschuß 1963. Er war 16mal verhaftet und sechsmal verurteilt worden.)[3]

Carlos jüngerer Bruder Paolo Gambino gehörte ebenfalls zu seinem ständigen Umgang. Buscetta, der mit Paolo jedes Wochenende Karten gespielt hatte, als sie noch Nachbarn in Palermo gewesen waren, nahm diese Gewohnheit wieder auf. »Paolo befaßte sich mit allem — Fleischmarkt, Glücksspiel, Zahlenlotto, alles«, räumte er ein, erwähnte dabei jedoch nicht, daß der jüngere Gambino auch einen riesigen sizilianischen Menschenschmuggelring in New York betrieb.[4]

Ungefähr um die Zeit, als Buscetta in New York eintraf, wurde Amerika »mit aus Italien ausgereisten Sizilianern überschwemmt«.[5] Indem sie sich unter echte Einwanderer mischten, passierten mehrere 1 000 eingeschworene Ehrenmänner und Picciotti die Grenzen und verteilten sich wie Maulwürfe des KGB über die Vereinigten Staaten. Unter den vielen, die es nach Brooklyn trieb, waren einige von Buscettas besten Freunden, von denen sich die meisten in zwei Mafiaenklaven sammelten, wo es unwahrscheinlich war, daß ihnen ein New Yorker Polizist nachstellte.

Knickerbocker Avenue im Stadtteil Bushwick von Brooklyn war das Territorium der Mafiafamilie Bonanno. Diese lange Straße von unendlicher Häßlichkeit hat inzwischen vorwiegend spanischsprachige Anwohner. Ein chinesischer Schnellimbiß steht heute dort, wo früher das Restaurant *Joe and Marys* war, in welchem Carmine Galante 1979 niedergeschossen wurde, als er sich nach dem Mittagessen eine Zigarre anzündete. Hier und dort erinnert ein verwaschenes Ladenschild oder ein verstaubtes Schaufenster an die Vergangenheit: *Vito's Pizzeria, La Bella Palermo, Café Sport, Café Viale*. Doch in den sechziger Jahren war die Avenue eine sizilianische Oase in der fremden Wüste. Der Dialekt, der Duft von Cannoli aus Konditoreien, Familienbande und Rituale und der komplizierte Verhaltenskodex waren vom Heimatland über Tausende von Meilen unverändert an diesen Zufluchtsort mitgenommen worden.

Eben in dieser Knickerbocker Avenue eröffnete ein Mitflüchtling Buscettas, ein gewisser Salvatore Catalano, anonym und unauffällig 1966 einen kleinen Laden für Zeitungen und Andenken. Er lag genau gegenüber dem *Café Viale*, dem Stammlokal der aufstrebenden »sizilianischen Fraktion« der Familie Bonanno, deren Haupt Catalano war.

Buscetta selbst hatte sich in der Enklave der Familie Gambino in der Nähe der 18. Avenue in Bensonhurst festgesetzt. Auch hier lag ein unverfälschtes Stück der alten Heimat. Eingesprenkelt zwischen Lieferanten für Hochzeiten und Heiligenfeste, marmorverkleideten Beerdigungsinstituten, *Pizzicherie* (Delikatessenläden) mit ihren Wurstschnüren und Rädern von *Parmigiano*-Käse und *Macellerias* (Metzgerläden), die wundersam billige (mitsamt dem gestohlenen Lkw) Kalbsschnitzel anboten, waren die anderen Filialen der sizilianischen Mafia in Brooklyn. Es handelte sich um unscheinbare Cafés mit dicken Wänden und schäbigen Resopalti-schen: das *Café Valentino*, das *Mille Luci*.

Das *Café Valentino* gehörte John, Rosario und Giuseppe Gambino, einem Trio von interessanter Herkunft. Heute sind sie, nach ihrem Landsitz in der gleichnamigen Stadt im US-Bundesstaat New Jersey, als die Gambinos von Cherry Hill bekannt. Zwar war Carlo Gambino ihr Onkel, doch schuldeten sie ihm keine Gefolgschaft. Sie waren *Sizilianer*, eingeschworene Mafiosi aus Palermo, deren Vater mit seiner Familie 1964 nach New York gezogen war.[6] In die amerikanische Cosa Nostra konnten sie gar nicht aufgenommen worden sein, da es in dieser seit 1931 so gut wie keine Neuaufnahmen mehr gegeben hatte;[7] sie waren lebenslang nur ihrer eigenen Cosca im Heimatland rechenschaftspflichtig.

Die Gambinos von Cherry Hill waren die Anlaufstelle für die Geschäfte der sizilianischen Mafia in den Vereinigten Staaten. Fast alle Exilsizilianer, die das Heroinkonsortium der nächsten 15 Jahre beherrschen sollten, ließen sich in ihrer Umgebung nieder. Der künftige Heroinkönig Palermos — Salvatore Inzerillo, der sie zu Milliardären machen sollte — war ihr unzertrennlicher Weggefährte.

Buscetta strebte selbstverständlich nach Aufnahme in ihren inneren Kreis.[8] Rosario Gambino nahm Buscettas verstoßene frühere Frau und Tochter auf, nachdem dieser sie in das Land geschmuggelt hatte.[9] Buscettas ältere Söhne Benedetto und Antonio wurden in einer Pizzeria in New Jersey angestellt, die den drei Brüdern Gambino gehörte. Der beste Heroinkurier der Gambinos, Emmanuele Adamita, richtete Buscettas Briefkastenadresse in Manhattan ein. (Die Postadresse war 205 Allan Street, wo ein Onkel Emmanueles wohnte.)[10]

Doch die besten Geschäfte in den Vereinigten Staaten mit Buscetta machte ein anderes Mitglied des inneren Kreises. Es handelte sich um einen alten sizilianischen Geschäftspartner Lucky Lucianos namens Antonino Napoli.[11] Es war derselbe Napoli, der zusammen mit seinen Brüdern Vincenzo und Gaetano zehn Jahre später in New York zur Obsession und zum Fluch von Detective Douglas Le Vien werden sollte.

Vergraben in den Berichten Detective Le Viens über den Fall Napoli, die vergessen oder nie gelesen wurden, befanden sich Dokumente, die einen Vorgeschmack auf das gaben, was Millionen von Menschen in den nächsten zwei Jahrzehnten blühen sollte — die Anfänge der heimlichen Unterwanderung Amerikas durch die sizilianische Mafia.

1966 begann das Bureau of Narcotics and Dangerous Drugs (BNDD) einen vertraulichen Briefwechsel mit italienischen Behörden über »eine schwerkriminelle Verschwörung, um Betäubungsmittel nach Italien hinein- und herauszuschmuggeln«. Das Büro war überzeugt, es sei »eine neue Gruppe von Rauschgifthändlern der Mafia im Entstehen begriffen«, die von Tommaso Buscetta geführt werde, und erbat Angaben über ein

Dutzend vermuteter Komplizen, darunter auch über Antonino Napoli. Die Guardia di Finanza antwortete:

»Wir melden, daß ... Antonino Napoli in den Handel mit Rauschgift zwischen Italien und den Vereinigten Staaten verstrickt [ist]. Die illegale Tätigkeit wird mit legalen Exporten von Damenperücken in die Vereinigten Staaten getarnt. Die Perückenfabrik, die Antonino Napoli gehört, liegt in Barcellona (bei Messina auf Sizilien) und heißt Industria Siciliana Parruche GmbH ... Vincenzo Napoli, wohnhaft in Brooklyn, New York, ist Teilhaber der Firma.«[12]

Die Perückenfabrik in Sizilien wurde am 13. September 1963 gegründet, also knapp drei Monate nach dem Bombendesaster von Ciaculli. Einen Monat später nahm die Lisa GmbH für Perücken und Toupets in der 11 West 42nd Street in New York ihre Geschäfte auf. Ihre Importe, bei denen in Menschenhaar verstecktes Heroin vermutet wurde, stammten hauptsächlich aus der sizilianischen Fabrik. Direktor war Antonino Napoli, seine Brüder Vincenzo und Gaetano waren jeweils stellvertretender Direktor und Prokurist.

Die amerikanische Rauschgiftfahndung hatte zu wenige Agenten für zu viele Fälle, um Antonino Napoli oder irgendeinem Napoli auf der Spur zu bleiben, und so ging auch diese Spur unter. Doch die Lisa Perücken und Toupets GmbH blühte, so lange sich Antonino Napoli und Buscetta in den Vereinigten Staaten aufhielten. Die Firma setzte jedes Jahr Millionen Dollar um; bei Menschenhaar aus Sizilien gab es offenbar keine Lieferschwierigkeiten. Unter den acht Beschäftigten waren Buscettas erste Frau und Tochter, die sofort nach ihrer Ankunft in New York eingestellt wurden.[13]

Buscetta selbst war direkt nach seinem Eintreffen in New York von Antonino Napoli beschäftigt worden. Jeder sizilianische Ausländer mußte nach außen hin eine Arbeitsstelle vorweisen, ob er sie brauchte oder nicht. Auf dem Papier wurde Buscetta Pizzabäckerlehrling im *La Dolce Vita* in Brooklyn[14], einer von mehreren Pizzerien, die Napoli gehörten. Binnen eines Jahres war Buscetta in mindestens drei Pizzerien dessen Kompagnon: in *Pizza Den* in Brooklyn, *Pizza Musters* in Jamaica und *Pizza City* auf der 42nd Street und 8th Avenue in Manhattan.[15]

Pizza City war eine Sammelstelle für Geld aus Glücksspiel und Kreditwucher, hauptsächlich aus den Spielhöllen der Gebrüder Napoli. Enzo betrieb einen eleganten Klub in der New Yorker East Side, das Murray Hill Town House, wo er unerhörte fünf Prozent pro Woche auf Darlehen berechnete. Antonino betrieb einen weiteren Klub in Brooklyn, wo der sizilianische Käsekönig Joseph Falcone in einer Nacht eine halbe Million Dollar verloren haben soll. (Nach Angaben eines Gewährsmannes des FBI wurde Falcone angeblich gezwungen, seine Käsefabrik in Alburg im US-Bundesstaat Vermont niederzubrennen, um die Spielschuld mit dem Geld der Versicherung bezahlen zu können.)[16]

In allen drei Pizzerien, die Buscetta und den Napolis gehörten, wimmelte es von sizilianischen Heroinhändlern. Soweit sie überhaupt polizeibekannt waren, standen sie lediglich als Kleinkriminelle in den Akten, wegen Körperverletzung, Glücksspiel, Erpressung oder wegen des Betreibens von Pornokinos oder Massagesalons verhaftet (und regelmäßig wieder freigelassen). Doch erschienen ihre Namen immer wieder, auch in den Akten der Rauschgiftfahndung, darunter auch in den Akten über die Gebrüder Napoli und Buscetta.[17]

Ein weiterer Name, der immer wieder auftauchte, war Filippo Casamento, ein würdiger Palermer, der sich in Genua als blinder Passagier an Bord eines Schiffes geschlichen hatte und in Philadelphia unbehelligt von Bord gegangen war. Von seinen Freunden »Tizio« genannt, sah er aus wie der Prototyp eines verschmitzten blauäugigen Onkels. Nach Aussage seines Rechtsanwalts war er ein »liebenswürdiger, aufgeschlossener, spaßhafter und liebenswerter« Ladenbesitzer. Im Februar 1968 eröffnete Casamento einen bescheidenen Laden in Brooklyn unter dem Firmennamen Eagle Cheese Company mit Schaufenstern, in denen einladende Stapel von Mozzarella und Provolone feilgeboten wurden. Das Heroin wurde durch die Hintertür angeliefert und ausgegeben. Binnen eines Jahres setzte er tonnenweise Rauschgift um.

Die Liste der Geschäftspartner Casamentos liest sich wie das Familienalbum eines sizilianischen Mafiosos. Alle Kleinkriminellen, die mit den Gambinos von Cherry Hill, mit den Napolis und Buscetta identifiziert wurden, fanden sich auch in den Akten der Bundesbehörden über Casamento wieder. Alle drei Brüder Napoli waren als »enge Geschäftspartner« Casamentos aufgeführt. Antonino selbst war als Kompagnon Casamentos in der Firma Eagle Cheese eingetragen. Buscetta wurde häufig im Laden gesehen und arbeitete dort sogar einige Zeit.[18]

In großzügiger Mißachtung juristischer Gepflogenheiten befand sich die ganze Sippschaft in New York jahrelang auf freiem Fuß. Informationen aus Italien, wo sie wegen Schwerverbrechen auf der Fahndungsliste standen, erreichten Amerika entweder nicht oder wurden nicht richtig eingeschätzt. Sogar Buscetta, so auffällig er sich auch gebärdete, schien für die Behörden unsichtbar zu sein. Die italienische Polizei hatte sofort nach seiner

Ankunft mitgeteilt, er halte sich irgendwo in Brooklyn auf, jedoch ohne Erfolg. Das amerikanische Konsulat in Mexiko erhielt 1967 von der französischen Côte d'Azur eine Mitteilung über ihn: »Ein Italiener namens Tommaso Buscetta pendelt zwischen Mexiko und Brooklyn mit Rauschgift. Er tritt als Südamerikaner auf, obwohl er in Wirklichkeit Sizilianer aus Palermo ist.«[19]

Tatsächlich hing Buscetta mit der heißesten Rauschgiftbande in Mexico City zusammen. Sein Verbindungsmann war ein Landsmann aus Palermo, der dort seßhaft geworden war, Giuseppe »Pino« Catania. Die beiden waren *Compari* gewesen, seit Buscetta auf seinem Weg von Sizilien nach New York dort erstmals einen Zwischenaufenthalt einlegte. Catania war Pate einer Tochter Buscettas, die in Mexiko geboren war, sein treuer Freund, Komplize und Vertrauter.

Unter anderem waren sie zusammen von Mexico City nach Kanada gereist und hatten dort 1964 die Verbindung zu der aufstrebenden sizilianischen Fraktion der Mafia geknüpft.[20] Auf seiner zweiten Reise mit Buscetta nach New York hatte Pino Catania dort eine weitere unverzichtbare Verbindung zur neuen sizilianischen Fraktion in Brooklyn hergestellt und war damit zum festen Bestandteil der expandierenden Heroinrouten der sizilianischen Mafia über Mexiko und Kanada nach den Vereinigten Staaten geworden. »Ruf Pino Catania in Mexiko an. Sag ihm, er soll eine neue Firma gründen, die Sardinen, Tomaten und Teigwaren braucht ... Wir werden ihm jeden Monat 100 Kilo Makkaroni schikken«, befahl der unauffällige Salvatore Catalano von der Knickerbocker Avenue 1970 telefonisch aus Mailand.[21]

Es war Pino Catania, der Buscetta dem Oberherrn des mexikanischen Heroin- und Kokainhandels Jorge Asaf y Bala vorstellte, als sie noch in Mexiko waren. Ihr erstes Geschäft ging über 25 Kilo Heroin, die im März 1969 nach Brooklyn versandt wurden. Doch das Heroin war von schlechter Qualität, und Buscetta verweigerte die Zahlung. (Er schickte es zur Verwertung an die Mafia in Montreal.)

Danach folgte eine Riesenlieferung von 89 Kilo im Februar 1970; und dann wurde die Geschichte verworrener. Buscetta flog von Madrid nach Mexico City, mit einem kanadischen Paß auf den Namen Adalberto Barbieri (in dem er sich sechs Jahre jünger gemacht hatte). Er hatte das Heroin von korsischen Lieferanten in Marseille beschafft und per Luftfracht nach Mexico City versandt. Er wünschte Auslieferung durch Asaf y Balas Kuriere in Brooklyn, und sie lieferten es auch aus — allerdings nicht an Buscetta. Die Sendung ging an einen gewissen Carlo Zippo, der sie an die Eagle Cheese Company weiterverkaufte.[22]

Carlo Zippo war »ein kultivierter und sympathischer« Neapolitaner, der Freundschaft mit der Familie Buscetta geschlossen hatte, wie Buscetta später erzählte. In der Tat bilden die beiden ein unschlagbares Gespann. Binnen eines knappen Jahres sollten sie etwa ein Drittel des Heroins einführen, das auf den Straßen von New York gehandelt wurde.

Bald nach dem Geschäft mit den 89 Kilo stellte Buscetta im Juni 1970 seine Operationen in Amerika eine Weile ein. In Palermo standen große Entscheidungen an, und er wurde dort gebraucht. »Es ist nötig, daß die dort erfahren, wer ich bin«, erklärte Enzo Biagi.

»Ich bin ein ganz normaler Mensch, doch Mutter Natur hat mir Charisma verliehen; an mir ist etwas Besonderes. Wenn ich zu einer *festa*, einer Trauung oder einer

Taufe ging, begrüßten alle Frauen die Männer freundlich und voller Achtung, wurden aber stumm, sobald ich
den Raum betrat.

Keine wollte mir als erste guten Tag sagen . . . Ich be-
trete ein Restaurant, vielleicht 100 Leute sind da, 90
schauen zu mir hin . . .

Ich bin in der Cosa Nostra eine Figur mit großer Autorität. Sie kommen mich besuchen, wenn sie schwierige
Fragen regeln müssen; wenn ich eine Meinung äußere,
ist das die richtige, und sie müssen zugeben, ›Tommaso
hat das gleich gesagt‹.«[23]

Buscetta hatte eine der nötigen Entscheidungen bereits
1969 von New York aus getroffen und damit den längsten Frieden gebrochen, den Palermo je gekannt hatte.

Nach dem Bombendesaster in Ciaculli von 1963 hatte
sich die Mordquote in der Stadt gegen Null bewegt.
1969 dann brachte die Mafia der italienischen Justiz die
schmählichste Niederlage aller Zeiten bei. Eine ganze
Reihe von Prozessen, die nach den Massenverhaftungen
von Ciaculli angestrengt worden waren, endete mit einer
unglaublichen Zahl von Freisprüchen. Hunderte der kri-
minellsten Ehrenmänner der Insel wurden nach und
nach aus dem Gefängnis entlassen und begannen alsbald, alte Rechnungen zu begleichen.

Die Morde waren nicht allzu bemerkenswert, bis ein
großangelegtes Massaker Schlagzeilen machte. Eines
Abends Mitte Dezember 1969 stürmten sechs Mafiosi in
Polizeiuniform ein Baubüro an der Via Lazio, einer be-
lebten Geschäftsstraße Palermos. Noch während sie
»Polizei! Aufmachen!« brüllten, feuerten sie bereits aus
ihren Maschinenpistolen. Binnen drei Minuten hinterließen sie zwei Tote und drei Schwerverletzte und schleppten einen ihrer eigenen Männer sterbend mit sich fort.

Einem weiteren Komplizen wurde noch am Fluchtauto der Kopf weggeschossen.

Abgesehen hatten sie es auf einen listenreichen Boß aus der alten Kuppel der Mafia namens Michele Cavatoio. Auch er war gerade erst aus dem Gefängnis gekommen und hatte allerhand zu verantworten — insbesondere den Schießkrieg zwischen den Mafiafraktionen von 1963. Die Grecos von Ciaculli hatten den Gebrüdern La Barbera Schuld an seinem Ausbruch gegeben, weil diese angeblich Cichitteddus Stellvertreter Calcedonio Di Pisa ermordet hatten. Tatsächlich aber hatte Michele Cavatoio selber Di Pisa ermordet, den La Barberas dafür die Schuld in die Schuhe geschoben und ihr Gebiet übernommen.[24]

»Wir beschlossen, daß er sterben mußte, während wir in Amerika auf der Straße spazierengingen«, erzählte Buscetta seinem Biographen, » . . . ich und ein gewisser Antonino, der mich in einer Pizzeria aufsuchte. Ich regelte das über jemand, der nach Palermo ging . . . ›Richte ihnen aus, es wäre fein, wenn Cavatoio unter größter Geheimhaltung beseitigt würde‹, sagte ich. Und unter größter Geheimhaltung wurde es auch gemacht.«[25]

Wenn Buscetta solches für Geheimhaltung hielt, war er wohl der einzige. Das Massaker in der Via Lazio erregte in Italien ungeheures Aufsehen, führte erneut zu massiver Polizeiaktivität und beendete die *pax Mafiosa*. Bereits im Sommer 1970 schwelgten die Ehrenmänner in ihrer neuen Freiheit des Mordens, und Buscetta mußte zurückkommen, um wieder Frieden zu stiften.

Er reiste Anfang Juni aus New York nach Italien ab, begleitet von Cichitteddu Greco, der in Caracas lebte. In Rom trafen sie sich insgeheim mit zwei weiteren Mächtigen der Mafia, um die Kuppel wiederzubeleben, die sieben Jahre lang geruht hatte. Einer dieser Männer war

Gaetano Badalamenti, grob und ungebildet, aber nach Angaben Buscettas in seinen Kreisen »verehrt wie der Herrgott auf Erden«. Der zweite war Stefano Bontate, Sohn eines berühmten alten Mafiahäuptlings. Jung, reich, ansehnlich, intelligent, nach Mafiamaßstäben klug handelnd, war Bontate im Begriff, sich zum anerkannten Führer der sizilianischen Mafia aufzuschwingen. Er war vielleicht der einzige Ehrenmann, den Buscetta ehrlich bewunderte.[26]

Die vier Männer waren sich einig, daß auch Luciano Leggio dem neuen Ausschuß angehören müßte. Der Häuptling von Corleone war in Palermo zu einer unbezwingbaren Kraft geworden, während die anderen die Krise im Ausland zu überstehen versucht hatten. Jedenfalls hatten sie nichts gegen ihn — er war Pate von Badalamentis jüngstem Kind, und Greco war sein alter Freund —, und ohne ihn konnte keine Ordnung geschaffen werden.[27]

So führten Buscetta und seine Verbündeten im Juni 1970 den Mann in ihre innersten Kreise ein, der sie alle vernichten sollte. Luciano Leggio bekam erstmals in der Kuppel der Mafia einen Fuß in die Tür. Ein Zehnerausschuß wurde gebildet, angeführt von einem Dreierrat: Stefano Bontate, Gaetano Badalamenti und Leggios Strohmann Salvatore Riina, bekannt als »die Bestie«. Der Ausschuß sollte gerade so lange Bestand haben, bis Leggio mehr Macht über den nächsten gewann.

Bevor er nach New York zurückkehrte, wurde Buscetta in einem merkwürdigen Zwischenspiel um ein Haar gefaßt. Eine routinemäßige Polizeistreife stoppte seinen Alfa Romeo in der Nähe der italienischen Nordgrenze. Bei ihm im Auto saßen Greco, Badalamenti, ein weiteres Mitglied der neuen Kuppel und ein aktenkundiger Rauschgifthändler — nach Angaben Buscettas »ein unermüdlicher Textilverkäufer« —, der ein paar Jahre später alle Heroinraffinerien Siziliens unter sich haben sollte.[28] Buscetta zeigte seinen kanadischen Paß als Adalberto Barbieri vor, und Greco einen venezolanischen Paß auf den Namen Renato Martino Caruso. Die Polizei notierte ihre Namen und winkte sie weiter.[29] Später stellten die Carabinieri fest, daß sich Buscetta etwa um die gleiche Zeit in Zürich aufhielt, nur einen halben Tag Autofahrt von der italienischen Grenze entfernt. Er wurde in dem Hotel gesehen, wo »die wichtigsten Mafiabosse der Welt zusammenkamen, um für das kommende Jahrzehnt die Gebiete für den Rauschgifthandel unter sich aufzuteilen«, meldeten die Carabinieri.[30]

Buscetta war kaum wieder zurück in New York, als seine Glückssträhne riß. Als er an einem Augusttag in einem weißen Thunderbird über die Brooklynbrücke rollte, wurde er von dem New Yorker Verkehrspolizisten Mike Minto angehalten. »Er reichte mir irgendeinen gefälschten Ausweis, und ich sagte zu ihm, ›Mr. Buscetta, verscheißern Sie mich nicht‹, und er sagte: ›Okay, ich bin Buscetta.‹ Es war kinderleicht«, erinnert sich Minto.[31]

Minto, ein massiger Polizist mit Bauch, der sich in seinem Beruf auskannte, wurde einer Sondereinheit zugeordnet, die die von ihm so bezeichneten »Mobgrößen« überwachte. Seine derzeitige Zielperson war Carlo Zippo, von dem bekannt war, daß er eine Sendung von 200 Kilo Heroin nach New York plante. (Es sollte aus Brasilien in hölzernen Statuen des »Andenchristus« eintreffen.)[32] Minto war Buscetta auf die Spur gekommen, als er Zippos sicheres Haus in Rosedale im New Yorker Stadtteil Queens rund um die Uhr überwachte. Als Buscetta an einem Augusttag mit seinem 22jährigen Sohn Benedetto aus der Tür kam, hatte einer der Polizisten, die das Haus überwachten, ein altes Interpolfahndungsblatt mit Buscettas Bild bei sich. Minto wußte zufällig ein bißchen Bescheid über ihn; die Rauschgiftfahndung hatte gerade Buscettas Spur aufgenommen. So verfolgte er den weißen Thunderbird — er gehörte Zippo, wie sich später herausstellte — zum Hotel *Woodstock* in Manhattan, wo Zippo wartete. Nach einer langen Kaffeepause mit Zippo war Buscetta gerade wieder auf der Rückfahrt nach Brooklyn, als ihn Minto verhaftete.

Dem veralteten Interpolfahndungsblatt konnte Minto nicht entnehmen, was für ein Vogel ihm da wirklich ins Netz gegangen war. Der gesamte Strafverfolgungsapparat des Erdballs hinkte hoffnungslos hinterher, was die Unterweltstätigkeit seines Gefangenen anging.

Die Polizei hatte Zippo bereits ein volles Jahr überwacht. Sie hatte beobachtet, wie fast die gesamte innere Gruppe Buscettas Kontakt aufnahm: obskure sizilianische Ausländer, die nach Montreal und Mexico City pendelten, in Hotelzimmern und Parkhäusern ein und aus gingen und dabei die Autos tauschten. (Buscetta fuhr Zippos Thunderbird; Zippo fuhr Antonino Napolis gemieteten goldfarbenen Cadillac.) Im Oktober 1970 beschrieb der leitende Ermittler der US-Rauschgiftfahndung ein »vielfältiges, hochorganisiertes und diversifiziertes Schmuggelkonglomerat . . ., das Tarnfirmen und falsche Reisedokumente benutzt, neue Identitäten bereitstellt und sich von Italien nach Frankreich, Kanada, Brasilien, Argentinien, Mexiko und den Vereinigten Staaten erstreckt«. Er bezeichnete es als »die Carlo-Zippo-Organisation«.[33]

Ein solches Konglomerat gab es tatsächlich, doch wurde es nicht von Zippo, sondern von den Sizilianern betrieben.

Buscettas Verhaftung im August 1970 führte zu Unruhe in seinen Kreisen. Carlo Zippo tauchte eine Zeitlang unter; desgleichen der Miteigner der Eagle Cheese Company, Filippo Casamentos Bruder Franco. Alles in allem jedoch kam Buscetta bei dieser Sache reichlich ungeschoren davon.

Die New Yorker Gerichte wußten nicht, daß ein italienisches Gericht Buscetta 1968 in Abwesenheit wegen Bildung einer kriminellen Vereinigung und mehrfachen Mordes verurteilt hatte.[34] Die Italiener forderten unerklärlicherweise nicht seine Auslieferung. Die amerikanische Drogenfahndung wußte, daß er mit Rauschgift handelte, hatte aber keine Beweise, die vor Gericht bestehen konnten. Die Vereinigten Staaten konnten ihm nur illegale Einreise mit seinem fast makellosen mexikanischen Paß nachweisen.

Buscetta wurde zum Verlassen des Landes aufgefordert. Also zog er im Frühjahr 1971 nach Brasilien, wobei er seinen ältesten Sohn Benedetto und Carlo Zippo mitnahm, aber die Ehefrauen zurückließ. Auch hier wieder verblüffend, wie ungehindert die Herren reisen konnten. Sie waren die bekanntesten und begabtesten Rauschgifthändler der internationalen Szene. Ihre Fotografien und Fingerabdrücke befanden sich in den Akten von Interpol und waren an etwa 150 Länder versandt worden. Dennoch fuhren sie ungehindert mit dem Auto durch die Vereinigten Staaten fast die ganze westliche Halbkugel hinunter: von New York nach Mexiko, Guatemala, Honduras, Nicaragua und Panama, weiter durch Kolumbien, Peru bis Asuncián in Paraguay, wo Buscetta das Bürgerrecht und einen neuen Paß auf den Namen Thomas Roberto Felice erstand.

Unterwegs machten sie halt und besuchten Pino Catania in Mexico City. Catanias späterer Aussage zufolge muß es eine erfreuliche Begegnung gewesen sein. »Buscetta gab mir 10 000 Dollar als Unterpfand der Freundschaft und sagte mir, sie könnten Ware schicken, wenn wir in Mexico City Käufer finden würden«, erklärte er. »Ich sprach mit Asaf y Bala, und er sagte, er habe einen guten Kunden an der Hand, der jede Menge Heroin abnehmen werde. Ich teilte Buscetta und Zippo unser Einverständnis mit und sagte ihnen, ich hätte einen guten Kontaktmann am Flughafen, um Stoff hereinzuschmuggeln.«[35]

Der gute Kunde in Mexiko war nur ein Zipfel der Geschichte. Buscetta und Zippo probten für ihre Hauptrolle in der großen Heroinepidemie Anfang der siebziger Jahre, der ersten explosionsartigen Zunahme der Heroinsucht in den Vereinigten Staaten.[36]

Buscetta und Zippo waren in Ferienstimmung, als sie nach Rio hineinfuhren. Nur wenige Städte waren attraktiver. Der lange Strand von Copacabana, weißer Sand, Palmen und blaues Meer, ist eine Aufforderung zu Trägheit und Romantik. Buscetta war kaum zwei Wochen in der Stadt, als er eine hinreißende Blondine traf und sich rettungslos verliebte.

Maria Cristina Almeida de Guimaraes, 20 Jahre jünger als er, war schlank und elegant, intelligent, gebildet, reich und hatte gute Verbindungen. Ihr Vater Homero Guimaraes war ein prominenter Anwalt, der sich in einflußreichen Kreisen bewegte; Brasiliens früherer rechtsgerichteter Präsident João Goulart gehört zu seinen intimen Freunden. Buscetta wurde in den Schoß der Familie aufgenommen. Maria Cristina wurde schließlich seine dritte und letzte Ehefrau. Buscetta zog aus der Wohnung aus, die er mit Zippo gemietet hatte, und richtete sich mit Cristina in einer Luxuswohnung mit Meerblick an der Copacabana, in einem Wochenendhaus an der Küste von Ilhabela und auf einer riesigen Fazenda 250 Kilometer südlich von São Paulo häuslich ein. Cristinas Vater investierte mit ihm im Versicherungswesen in São Paulo, wie Buscetta behauptete. Nach Angaben der brasilianischen Polizei investierten sie außerdem gemeinsam im Rauschgiftgeschäft.

Man sei überzeugt, die gesamte Familie Guimaraes handle mit Rauschgift, berichtete das FBI 1972 aus Brasilien: Homero senior; seine Söhne Nadar und Homero junior; und auch Maria Cristina.[37]

Alle wurden in jenem Jahr mit Buscetta verhaftet, wie Cristina und ihr Vater genau ein Jahrzehnt später. (Homero junior verschwand in der Zwischenzeit spurlos, ein Opfer des von der Mafia so genannten »weißen Tods«.)

Brasilien war für Männer wie Buscetta nicht gerade ein Versteck unter vielen. Italienische Einwanderer hatten sich hier zu Millionen niedergelassen — vier Millionen allein in der Stadt São Paulo. Jede Welle der Mafiaauswanderung aus Sizilien trieb einen weiteren Mafiakeil in diese hart arbeitende und wohlhabende Emigrantenbevölkerung. Daher war Brasilien eines der beiden Länder in Südamerika mit einer ordentlichen Filiale der sizilianischen Cosa Nostra; das angrenzende Venezuela war das zweite Land. Beide Filialen waren von der amerikanischen Cosa Nostra anerkannt, aber nur Palermo rechenschaftspflichtig — hierfür haben wir Buscettas Wort.[38] (Sicher gab es noch weitere Filialen dieser Art, doch haben wir bisher keinen Bericht darüber.)

Brasilien war das Land, das von der korsischen Union — und wie manche sagen, auch von Buscetta — als neue südamerikanische Basis für die Versendung von Rauschgift nach den Vereinigten Staaten auserwählt wurde. Während die üblichen Transatlantikrouten nach

New York Anfang der siebziger Jahre streng überwacht wurden, hatte die amerikanische Rauschgiftfahndung für ganz Südamerika nur einen einzigen Agenten abgestellt. Brasiliens weite offene Grenzen — endlose Meeresküste, zahllose kleine Inseln, praktisch unzugänglicher Amazonasdschungel — waren ideal. Infolgedessen wurde das Land Basis des größten Heroinschmuggelrings, der je entdeckt wurde. Als sieben Mitglieder des Rings geständig waren, nachdem die Organisation im Herbst 1972 zerschlagen worden war, enthüllten sie einen Rauschgiftumsatz, der viel größer war als der der Pizza-Connection ein Jahrzehnt später, die 1984 etwa 120 Kilogramm Heroin *jährlich* nach New York einführte. Um 1972 bereitete sich der brasilianische Ring darauf vor, 300 Kilo *monatlich* in die Vereinigten Staaten zu schicken[39], und das zu einer Zeit, als die amerikanischen Rauschgiftsüchtigen insgesamt nur 90 Kilo monatlich konsumierten. Folglich versorgten die Rauschgifthändler in Brasilien nicht nur eine Gemeinde von Süchtigen, sondern waren im Begriff, neue zu schaffen. Zum Sommer 1972, als sie gefaßt wurden, war die Zahl der amerikanischen Rauschgiftsüchtigen auf 720 000 geschnellt — von weniger als 50 000 ein Jahrzehnt zuvor.[40]

Es wird ungern gesehen, wenn solche Zahlen zitiert werden. In dem derzeit tobenden Streit über den epidemischen Drogenmißbrauch werden die Lieferanten gern von jeder Schuld freigesprochen. Angeblich liefern sie nur, was die Leute wollen: Ohne Nachfrage kein Angebot. Indessen gibt es erdrückende Beweise, daß das Angebot seine eigene Nachfrage geschaffen hat und weiter schafft.

Amerikanische Soldaten, die seit Vietnam an der Nadel hängen, waren nicht süchtig, bevor sie dorthin kamen und ihnen der Stoff vorsätzlich und massiv aufgedrängt wurde. Ihre verschiedenen Belieferer verfolgten verschiedene Zwecke. Das kommunistische China wollte die Moral der amerikanischen Truppen untergraben; die CIA wollte die kommunistische Pathet Lao schwächen, indem sie den Mohnanbau der gegnerischen Bergstämme in Laos förderte. Trotz ihrer entgegengesetzten Ziele schufen sie zusammen eine riesige Nachfrage, die zuvor nicht bestanden hatte. Auch Länder an den Handelswegen des Rauschgifts wurden ebenso vorsätzlich und noch pauschaler davon betroffen. Indien, in den achtziger Jahren Hauptdurchgangsland aus Südwestasien, hatte zuvor nur eine Handvoll Heroinsüchtiger und hat heute etwa eine Dreiviertelmillion, Thailand, Hauptdurchgangsland von Südostasien und außerdem selbst Rauschgiftproduzent, etwa eine halbe Million Süchtiger.[41]

Pakistan ist ein besonders lehrreiches Beispiel. Obwohl lange Zeit ein großer Opiumproduzent, hatte das Land zwar viele Opiumraucher, aber praktisch keine registrierten Heroinsüchtigen, bis der Nachbarstaat Afghanistan von sowjetischen Truppen besetzt wurde. Afghanische Bergstämme, die in zwölf der 25 Provinzen Opium anbauen, gehören zu den größten Heroinproduzenten der Welt. Da sie nach der Ankunft der Russen nicht mehr über ihre Westgrenzen exportieren konnten, verlegten sie ihre Handelswege nach Pakistan und raffinierten dort auch immer mehr. Die Zahl der Rauschgiftsüchtigen in Pakistan schnellte daraufhin von 1981 bis 1989 auf fast eine Million.[42] Fast die Hälfte des Heroins, das durch das Land hindurchging, wurde dazu verwendet, die Pakistanis selber süchtig zu machen. Die *Saqui skanas* (Heroinhöhlen) von Islamabad pflegten zwei oder drei kostenlose Trips anzubieten, und schon war die Sache gelaufen. Die Rauschgifthändler betrieben »Risikostreuung«: Sie scheffelten so genug Profit, um Verluste aus Sendungen abzudecken, die am Flughafen abgefaßt wurden.[43]

Jedes Land mit einem Rauschgiftproblem kennt inzwischen das System der kostenlosen Trips. Es ist praktisch narrensicher, sofern ein reichliches Angebot dahintersteht.

Der Rauschgiftring, der in Brasilien zerschlagen wurde, wurde von Korsen betrieben, doch waren sie auf die sizilianische Mafia angewiesen. Zwar hatte die korsische Union beim Rohstoff und bei den Raffinerien eine marktbeherrschende Stellung inne, doch hatten die Sizilianer den amerikanischen Markt in der Hand.

Buscetta und Zippo hatten die Verbindung zu den Korsen 1971 hergestellt. 48 Stunden nachdem sie im *Copacabana-Palast-Hotel* in Rio eingezogen waren. Dort veranstalteten sie eine Konferenz mit dem Vertreter der korsischen Union, Michel Nicoli, dem Stellvertreter von Lucien Sarti, dem Manne, der das ganze französische Rauschgiftnetz in Südamerika betrieb.[44] Die Korsen waren eine todbringende Bande von Gangstern und Lohnkillern, nach denen in Frankreich wegen Mordes, bewaffneten Raubüberfalls und fortgesetzten Rauschgifthandels gefahndet wurde. (Sarti sollte später beschuldigt werden, einen Auftrag der amerikanischen Mafia für ein Attentat auf Präsident Kennedy übernommen zu haben, obzwar dies nicht bewiesen worden ist.)[45] Buscettas Konferenz mit den Korsen dauerte mehrere Tage, und angeblich einigte man sich auf den künftigen Umschlagplatz: die brasilianische Ferieninsel São Sebastião vor der Küste von São Paulo, etwa zwei Stunden mit dem Motorboot entfernt.[46] Die Korsen sollten die

Ware anliefern und Buscettas innerer Kreis in New York sie dort übernehmen.

In den Vereinigten Staaten war die Eagle Cheese Company Angelpunkt der Operation. Tatsächlich war sie Umschlagstelle für den größten Teil des Heroins, das in den nächsten beiden Jahrzehnten nach New York hereinkam. Im Herbst 1971 kaufte die Eagle Cheese Company in nur sechs Wochen 440 Kilo Heroin von Buscettas Ring in Brasilien.[47] Im Laufe dieses einen Jahres erwarb die Firma durch Carlo Zippo 980 Kilo Heroin – 45 Millionen Schüsse.[48]

Zwischen Juni 1971 und Juli 1972 wechselten ungeheure Mengen von Heroin und Bargeld über Meere und Kontinente hinweg den Besitzer. Das Heroin floß von Marseille aus westwärts, gewöhnlich über Sizilien, per Flugzeug, Frachtschiff, Yacht und Paketpost; das Bargeld floß gen Osten im Touristengepäck nach Rom. Pino Catania allein beschrieb sechs Abschlüsse, bei denen es um 330 Kilo ging, die im Straßenhandel eine halbe Milliarde Dollar wert waren.[49]

Catania, Buscettas vertrauter *Compare,* war nur einer von mehreren Komplizen, die diese Geschäfte eingestanden, darunter auch Buscettas Sohn Benedetto (welcher einräumte, sein Vater sei »ein großer Mann im Rauschgifthandel«).[50] Die Geständnisse waren »präzise und belegt, mit genauen Angaben über die kleinsten Einzelheiten in bezug auf Zeitpunkt, Methoden und Beteiligte«, meinte ein italienisches Gericht. Doch am belastendsten waren die Aussagen Pino Catanias.

Gegenüber den italienischen Behörden weigerte sich Catania später, »zu bestätigen oder abzustreiten«, was er vor einem Geschworenengericht in Brooklyn ausgesagt hatte. Zwar hatte er sich bereit erklärt, mit der Justiz in Amerika zusammenzuarbeiten, wofür er auf freien Fuß

171

gesetzt wurde, doch hatte er keinerlei Verpflichtung, den Italienern irgend etwas zu erzählen. Dennoch befand ein italienisches Berufungsgericht seine amerikanische Zeugenaussage »vollkommen wahr und zuverlässig ... reich an Einzelheiten, Angaben und Informationen, die unmöglich ausgedacht sein können«. Alle belastenden Aussagen Catanias seien »durch die verschiedenen Beteiligten bestätigt worden«, erklärte das Gericht.[51] Ihre Aussagen enthielten das Folgende:

Ein paar Tage, nachdem Buscetta und Zippo im Juni 1971 die Korsen im *Copacabana-Palast-Hotel* getroffen hatten, bestellte Zippo 50 Kilo Heroin bei Michel Nicoli, die dann im Auto von Rio nach Norden geschmuggelt und an die Eagle Cheese Company ausgeliefert wurden. Etwa einen Monat später bestellten Buscetta und Zippo weitere 50 Kilo und boten Unterstützung bei der Versendung über Mailand nach Mexico City im Koffer an. Im August schickten sie Pino Catania nach Italien, damit er sich dort mit Nicoli treffe und die Sache beschleunige. Zwei Koffer trafen im September in Mexico City ein. Buscettas Anteil am Geld wurde ihm per Kurier nach Rio übersandt.

In den nächsten paar Monaten wurden die Geschäfte immer zügiger abgewickelt.

Oktober 1971: Lucien Sarti bot der »Buscetta-Zippo-Organisation« weitere 120 Kilo an, sofern Buscetta mit einer Preiserhöhung (von 6 500 auf 7 000 Dollar pro Kilo) einverstanden sei. Buscetta stimmte zu.

November 1971: Ein kleines Privatflugzeug brachte die Fracht zu einem verlassenen Militärflugplatz in Mexico City. Jorge Asaf y Bala teilte sich den Gewinn mit Catania, Buscetta und Zippo.

Dezember 1971: Lucien Sarti schickte weitere 46 Kilo als kommerzielle Fracht von Rio nach Mexico City. Wiederum teilten sich Buscetta, Zippo, Asaf y Bala und Catania den Profit.

Januar 1972: Sarti berichtete Pino Catania, daß er 300 Kilo für Carlo Zippo erwarte; ein Italiener bringe es ihm auf seiner Yacht aus Marseille.

April 1972: Michele Nicoli berichtete Buscetta, er könne weitere 60 Kilo bekommen. Buscetta antwortete, er sei bereit, »jede Menge Ware« zu finanzieren, sofern Nicoli eine Möglichkeit finde, sie von Frankreich nach New York zu schaffen.[52]

Juli 1972: Nicoli bestellte bei einem korsischen Raffinierer in Marseille weitere 180 Kilo für Buscetta, doch nun lief ihre Zeit allmählich ab.

In einem einzigen Jahr hatte der korsische Ring 266 Kilo Heroin über Buscetta und Zippo nach New York verfrachtet und Aufträge über eine weitere halbe Tonne entgegengenommen.[53]

Über einen Piloten der portugiesischen Fluglinie TAP hatte der Ring weitere 440 Kilo an die Eagle Cheese Company gesandt. Wie Lucien Sarti Catania und Zippo anvertraut hatte, bereitete er sich darauf vor, *dreieinhalb Tonnen jährlich* auf den Weg zu bringen, als das sizilianisch-korsische Unternehmen in Brasilien ein plötzliches Ende fand.

Sarti, der Anführer der Korsen, wurde in Bolivien verhaftet, kaufte sich frei und ließ sich in Mexico City nieder. Dort starb er im April 1972 in einer Schießerei mit der Polizei, als diese sich seinem Auto näherte. Seine Freundin, eine brasilianische Prostituierte namens Helene Ferreira, wurde verhaftet und fing an zu reden.[54] Mehrere Freundinnen von Bandenmitgliedern folgten ihrem Beispiel.

Die brasilianische Polizei und der einsame Agent der US-amerikanischen Rauschgiftfahndung hatten ohnehin bereits ein Auge auf den korsischen Ring gehabt. Im Oktober 1972 verhafteten sie Michele Nicoli. Einige Tage später beschlagnahmten sie 61 Kilo Heroin an Bord des Schiffes *Mormac-Altair* in der Guanabarabai vor der Nordküste Rio de Janeiros.[55] Eine Welle von Verhaftungen folgte, insgesamt 25, darunter die gesamte Familie Guimaraes.

Buscetta wurde mit seinem Sohn Benedetto auf einer fernen Fazenda in der Nähe der uruguayischen Grenze erwischt. Pino Catania wurde in Texas gefaßt.[56] Carlo Zippo ging im italienischen Salerno ins Netz. Filippo Casamento wurde in New York verhaftet. Sein Bruder Franco und Antonino Napoli entkamen, da sie der Justiz einen Schritt voraus waren, Nicolo Napoli floh nach Venezuela. (Beide wurden im New Yorker Haftbefehl als »gegen Unbekannt« aufgeführt.)

Die in Brasilien Verhafteten wurden gefoltert. Michele Nicoli hing mit zusammengebundenen Füßen kopfüber an einem Heizungsrohr, während seine Genitalien mit einem elektrischen Ochsentreiber bearbeitet wurden. Als US-Agenten ihn für seinen Prozeß in New York übernahmen, konnte er kaum laufen. Ein weiteres Mitglied des Rings schnitt sich die Pulsadern auf, um ins Gefängniskrankenhaus zu kommen. Später schluckte dieser Rauschgifthändler aus Furcht vor weiteren Folterungen in den USA Rasierklingen. (Er war in Panik geraten, nachdem er unter einem Tisch in New York zwei Batteriekabel entdeckt hatte.)[57]

Buscetta wurden Elektroschocks an den Genitalien, im After, an den Zähnen und Ohren verabreicht; seine Nägel wurden ausgerissen; er wurde stundenlang mit einer Kapuze über dem Kopf in glühender Sonne an einem Balken aufgehängt. Er behauptet, die Polizei habe kein Sterbenswörtchen von ihm erfahren, aber das stimmt nicht.

Der FBI-Agent in Rio de Janeiro berichtete damals, zwei US-Zollermittler hätten dem peinlichen und drängenden Verhör Buscettas beigewohnt. Er fügte hinzu:

»Brasilianische Behörden sind überzeugt, daß Tommaso Buscetta Rädelsführer im Rauschgifthandel zwischen Europa und den Vereinigten Staaten ist.

Buscetta und sein Sohn Benedetto werden in Italien wegen Mordes gesucht und fürchten um ihr Leben, falls sie in dieses Land zurückgeschickt werden ... Dieserhalb hat Buscetta einen vorläufigen Handel mit der brasilianischen Polizei abgeschlossen. Er hat den Wunsch geäußert, *alles zu sagen, was er über Rauschgiftgeschäfte und Rauschgifthändler und die Adressen von Laboratorien weiß* ... Im Gegenzug begehrt er die Zusage, daß die brasilianischen Behörden seinen Sohn nicht ausweisen, der unter falschem Namen brasilianisches Bürgerrecht erworben hat« (Hervorhebung der Verfasserin).[58]

Der Handel endete offenbar mit einem Kompromiß. Benedetto wurde nach Amerika verfrachtet. Buscetta wurde nach Italien deportiert; die Angaben, die er im Tausch für die bevorzugte Behandlung seines Sohnes gemacht hatte, waren »nicht überwältigend« gewesen. Ohnedies hätte ihm der Handel nach einer Auslieferung an Italien ein Todesurteil eingetragen, wenn er je ruchbar geworden wäre. Er wurde es nicht.

Neben Carlo Zippo, der ebenfalls in Italien einsaß, war Buscetta der einzige, der längere Zeit im Gefängnis verbrachte. Die geständigen Rauschgifthändler bekannten sich in New York vor Gericht schuldig und kamen glimpflich davon oder wurden überhaupt nicht verurteilt. Filippo Casamento, der alles abstritt, kam wundersam billig davon. Nachdem ein New Yorker Richter ihn 1973 zu 15 Jahren Gefängnis verurteilt hatte, erhielt dieser Richter rührselige Briefe. Casamento schrieb, wie er im Alter von sieben Jahren in Palermo Milch ausgetragen habe, um »den Lebensunterhalt für meine Großfamilie zu bestreiten . . . Alles, was das Leben mir gewährt hat, habe ich ehrlich im Schweiße meines Angesichts erworben«. Sein Bruder Franco schrieb dem Richter, die Bestrafung dieses Unschuldigen »treibt mich zum Wahnsinn«. Der Pfarrer der Kirche Unserer Lieben Frau in Brooklyn meinte, Casamento habe »einen würdigen Sinn für Ehrlichkeit und Anstand« und genieße »die Wertschätzung, Achtung und das Vertrauen unserer Gemeinde«. Der Gemeindepfarrer der Familie in Palermo bestätigte, Filippo Casamento könne »niemals in solche kriminelle Handlungen verwickelt gewesen sein«. In Ergänzung seines Urteils schrieb der Richter: »Ich bin beeindruckt von der Aufrichtigkeit der Briefe . . . Sie haben mich zu der Meinung gebracht, daß die Aussichten für eine Resozialisierung gut sind und die Gerechtigkeit nicht die Höchststrafe erheischt, die ursprünglich verhängt wurde.«[59] Casamento wurde entlassen, nachdem er sieben Jahre abgesessen hatte.

Er war kaum draußen, als er bereits wieder schwungvoll in der alten Spur lief. Seine Firma Eagle Cheese Company sollte weiterhin Umschlagstelle der Mafia in New York bleiben, bis Casamento mit der gesamten Sippschaft der Pizza-Connection 1984 erneut ins Gefängnis kam. Der gemütliche Tante-Emma-Laden blieb bis zum Ende geöffnet. Casamento, in gestreifter Schürze, verkaufte mir selbst hervorragenden

Mozzarella, während ich über den Pizzaprozeß als Reporterin berichtete und er gegen Kaution auf freiem Fuß war.

Buscetta war das Schicksal weniger günstig gesonnen. Nachdem er nach Italien deportiert worden war, schien ihm eine Ewigkeit hinter Gittern bevorzustehen. Während seiner Abwesenheit im Ausland war er wegen »Bildung einer kriminellen Vereinigung« und »anhaltender gesetzwidriger Freiheitsberaubung« an zwei Männern zu 14 Jahren Gefängnis verurteilt worden. (Dabei handelt es sich um die zwei »weißen Todesfälle«, deren er ein Jahrzehnt früher beschuldigt worden war.) Ein Jahr nach seiner Inhaftnahme in Italien erhoben die Vereinigten Staaten umfassende Beschuldigungen gegen ihn wegen Rauschgifthandels. Statt ihn nach New York auszuliefern, wurde er in Palermo mit dieser Anklage vor Gericht gestellt und verurteilt, wodurch weitere zehn Jahre zu seiner Haftstrafe hinzukamen.[60]

Die Strafe sagte allerhand über seinen schillernden Ruf als Verbrecher aus. In den siebziger Jahren wurde selten ein sizilianischer Ehrenmann zu einer langen Gefängnisstrafe verurteilt, wenn überhaupt. Buscetta war damals noch ein Vorbild der Mafia – für den Staat ein Erzbösewicht – und für seine Gangsterkollegen ein Held. Keine der beiden Seiten hätte sich träumen lassen, daß er sich eines Tages gegen seinesgleichen wenden und der gefährlichste Überläufer der Mafia aller Zeiten werden würde.

Tatsächlich wurde Buscetta im Ucciardonegefängnis von Palermo ein königliches Willkommen zuteil. Eine »legendäre Aura« sei ihm vorausgeeilt, berichtete er Richter Falcone lange Zeit später:

»Ich tat nichts, um die unangezweifelte Vormachtstellung und das Prestige zu schaffen, das mich umgab . . .

Leider erzeugte meine starke und stolze Persönlichkeit um mich herum den Mythos eines internationalen Rauschgifthändlers und gewalttätigen, erbarmungslosen Mafiabosses, an dem überhaupt nichts Wahres war . . . Noch unglaublicher ist, daß dieser Mythos nicht bloß die Presse und die Polizei beeinflußte, sondern sogar die kriminelle Unterwelt . . . Im Gefängnis wurde ich mit Furcht und Achtung betrachtet, noch verstärkt durch meine Zurückhaltung, die man für Mafiamacht aus illegalen Gewinnen und Verbrechen hielt, die ich nie im Leben begangen hatte . . . Es war völlig zwecklos, wenn ich sie überzeugen wollte, daß ich nicht das Ungeheuer war, für das sie mich hielten, weil sie jedesmal lachten, wenn ich meine Unschuld beteuerte . . .«

Anders als Brasilien mit seinem Auf und Ab bot Venezuela Siziliens Ehrenmännern ein unbehelligtes Leben. In seiner sonnendurchglühten Hauptstadt Caracas fanden in den sechziger, siebziger oder achtziger Jahren keine Massenverhaftungen in der Rauschgiftszene statt. Tatsächlich ist der sizilianischen Mafia in Venezuela nie etwas Unangenehmes widerfahren. Venezolanische Politiker tun im allgemeinen überrascht, wenn das Thema Mafia erwähnt wird. »Die Mafia als solche existiert in Venezuela nicht; hier kommen bloß ein paar Mafiosi zur Ruhe und Erholung her«, schloß ein Abteilungsleiter der DISIP, des venezolanischen Geheimdienstes, nachdem er die Angelegenheit gründlich untersucht hatte.[1]

In Wirklichkeit operierte ein besonders finsterer Flügel der sizilianischen Mafia seit der großen Flucht aus Sizilien im Jahre 1963 von Caracas aus. Diese ordentlich lizenzierte Filiale, die von der amerikanischen Cosa Nostra anerkannt wird, aber Palermo rechenschaftspflichtig ist, spielt eine Schlüsselrolle dabei, einen üppigen Zufluß von Betäubungsmitteln in die Vereinigten Staaten und nach Europa zu gewährleisten.[2]

Ihre Mitglieder sind unantastbar und nicht zu fassen. So viele Fangarme des Kraken auch anderswo abgehackt werden mögen, an diesen kommt niemand nahe genug heran.

Die venezolanische Filiale organisiert Heroinlieferungen in die Vereinigten Staaten tonnenweise — nach Angaben des FBI drei Tonnen jährlich seit 1982 oder die Hälfte dessen, was in das Land hereinkam.[3] Sie vermakelt oder wäscht das Geld für fast zwei Drittel des Kokains, das durch Venezuela geht; und inzwischen gehen 80 Prozent des Kokains aus Kolumbien über Venezuela.[4] Sie wäscht sowohl für Kolumbianer als auch für Sizilianer Rauschgiftgelder. Milliarden Narkodollar sind durch ihr gigantisches Finanzimperium geschleust worden — allein 1983 mehr als zwei Milliarden.[5]

Beim Blick zurück auf seine Anfänge kann man beobachten, wie sich allmählich ein dunkler Schatten über eine weite Landschaft legt. Hier wurde das Heroinliefersystem für Amerika vervollkommnet, wurden die ersten narrensicheren Methoden zum Waschen von Rauschgiftgeldern entwickelt, wurde Kokain in die Gleichung mit Heroin eingebracht, um beide Seiten des Atlantiks zu versorgen, schmiedeten die beiden Giganten des weltweiten Rauschgifthandels — die sizilianische Mafia und das spätere Kartell von Medellin — ihr Zweckbündnis.

Vielleicht hatten die Ehrenmänner, die sich als erste in Venezuela niederließen, keine so ehrgeizigen Pläne. Die Kuppel war in Palermo gerade aufgelöst worden, als ihre Vorhut eintraf. Es gab keine Anzeichen für eine große Strategie, bis die Kuppel 1970 wiederbelebt wurde, und sogar diese Strategie brauchte ein weiteres halbes Jahrzehnt zur Reife.

Dennoch war Caracas von Anfang an ein Magnet. Der erste Kuppelvorsitzende Cichiteddu Greco beschloß, sich dort niederzulassen, als er sich nach dem Bombendesaster von Ciaculli mit Buscetta aus Italien absetzte. Von der italienischen Polizei totgesagt, lebte

Greco unter dem Namen Renato Martino Caruso die nächsten 16 Jahre als Schlüsselfigur des internationalen Rauschgifthandels weiter. (Er starb 1979 in seinem Bett an Leberzirrhose.)

Antonino Napoli, der sich in New York der Verhaftung entzog, als das brasilianische Rauschgiftgeschäft 1972 platzte, suchte ebenfalls in Caracas Zuflucht. Er war ein dicker Fisch, und die Vereinigten Staaten wußten das. Detective Le Vien, der ein paar Jahre später über die Gebrüder Napoli stolperte, wurde dies zumindest von seinem Chef in der Sonderermittlungsgruppe des Eastern District, Staatsanwalt Tom Puccio, mitgeteilt. Antonino Napoli sei »der größte Rauschgiftimporteur in die Vereinigten Staaten« und »einer der größten Rauschgifthändler der Welt«, äußerte Puccio; von den Gebrüdern Napoli sei er derjenige, hinter dem man her sein müsse.[6] Doch amerikanische Agenten glaubten damals, Napoli sei lediglich in Geschäften außerhalb New Yorks. Sobald sie erfuhren, daß er nach Caracas gezogen war, strichen sie ihn schlicht aus ihrem Gedächtnis. Tatsächlich aber half Antonino Napoli in Venezuela dabei, die bedeutendste Drehscheibe der Mafia für Rauschgift auf der westlichen Halbkugel einzurichten. In die Organisation teilten sich dort drei Brüder, die später die wichtigste Konstellation der sizilianischen Mafia im Ausland anführen sollten. Das waren die Cuntreras — Pascale, Paolo und Gaspare. Ein vierter Cuntrera hieß Liborio und starb vor einigen Jahren in London (ebenfalls Leberzirrhose). Wenn man danach ginge, was über sie nach außen gedrungen ist, wären die Cuntreras Niemande. In Venezuela sind sie in gewissen Kreisen so gut bekannt, daß sie zum Tagesgespräch werden. Die Heirat von Paolo Cuntreras Tochter in Caracas erregte Aufsehen; ihre Hochzeit — mit einem der bekanntesten

Rauschgifthändler der Welt — war ein nationales Fernsehereignis.[7] Ansonsten leben die Gebrüder Cuntrera beschaulich in einer palastähnlichen Doppelresidenz mit Namen »Mary« und »Dalila« an der Calle Terepaima, die gründlich abgeschirmt und bewacht, mit elektronischer Ausrüstung gespickt und von hohen Kiefern dem Blick entzogen ist, von der Welt abgeschnitten wie in einem feinen Seidenkokon.

Wegen der Fragen, die ich selbst über die Cuntreras stellte, wurde ich in Caracas nur verständnislos angestarrt. Der Chef der Antirauschgiftabteilung im Justizministerium gab mir zu verstehen, daß er von Paolo Cuntrera kaum gehört habe, und auch dies nur im Zusammenhang mit illegalem Glücksspiel in der Stadt. Ihm war nichts über irgendwelche Cuntreras im Rauschgifthandel bekannt, noch weniger über wiederholte italienische Ersuchen um ihre Auslieferung als Schlüsselfiguren in einem kolossalen Rauschgifthandel.[8] (Das jüngste dieser Ersuchen war ein Haftbefehl, der im Oktober 1984 für den Massenprozeß in Palermo ausgestellt worden war.) Er schien erstaunt über die umfangreichen Ausdrucke der Polizeicomputer, die ich aus Italien mitgebracht hatte. Ebenso erstaunt war merkwürdigerweise auch der Agent der Drogenfahndung in der amerikanischen Botschaft.

Der venezolanische Justizminister José Manzo Gonzalez reagierte nicht nur verblüfft, sondern verstört. Er habe sein Leben in die Schanze geschlagen, um in seinen bisher drei Amtsjahren den Rauschgifthandel zu bekämpfen, versicherte er mir. Wie könnten die größten Rauschgifthändler überhaupt in dieser ganzen Zeit — tatsächlich seit 1970 — vor seiner Nase operiert haben, ohne daß er etwas davon erfahren hätte? Eine Andeutung der möglichen Antwort darauf ergab sich einige

182

Monate nach meinem letzten Interview mit dem Minister. Er trat am 29. März 1988 zurück, »unter Beschuldigungen, daß er eine geheime Polizeitruppe befehlige, die tief in Rauschgiftschmuggel verstrickt sei«, hieß es in der *International Herald Tribune.*[9]

Wie Luciano Leggio und Tommaso Buscetta gehörten die Cuntreras zu der Mafiageneration, die in Sizilien kurz nach dem Zweiten Weltkrieg volljährig wurde. Im Unterschied zu diesen haben sie jedoch nie einen Fuß in einen Gerichtssaal gesetzt, wurden ihre Fotos bisher von keiner Zeitung gedruckt und hat auch die Polizei noch nicht einmal Fahndungsfotos von ihnen.

Ihre Macht beruht auf einem persönlichen Vermögen, das auf etwa eine halbe Milliarde Dollar geschätzt wird, und auf einer weitverzweigten Familiendynastie: etwa 20 Verwandte durch Geburt oder Einheirat, darunter zwei Söhne, ein Schwiegersohn und einige in die Caruana genannte Gruppe eingeheiratete Vettern. Einzeln oder paarweise sind sie im Laufe der Jahre strategisch auf London, Genf, Malta, Montreal, Miami sowie Caracas verteilt worden. Während sie mit Rauschgift handelten, haben sie sich zu Schlüsselfiguren der internationalen Finanzwelt entwickelt.

Die Cuntreras wurden in oder bei Siculiana geboren, einem felsigen, weißgekalkten Nest von 5 000 Einwohnern an der italienischen Südküste bei Agrigent. Aus ihrer Sicht war das ein einmaliger Glücksfall. Agrigent, eine Ruhmesstätte des griechischen Altertums, ist heute eine gottverlassene Stadt von 50 000 Einwohnern mit dem geringsten Einkommen Italiens, einer schlappen und gelangweilten Carabinieristation, zwei hoffnungslos überarbeiteten Untersuchungsrichtern und einem einzigen Kopiergerät für das gesamte Gerichtsgebäude.[10]

Die Mafia brauchte nicht zu fürchten, dort beobachtet

zu werden. Die Gerichte hatten in Agrigent schon ein halbes Jahrhundert lang keinem Ehrenmann etwas nachgewiesen. Die Gebrüder Cuntrera wuchsen in beneidenswerter Bewegungsfreiheit auf. Sie fingen wie Leggio als *Gabellotti* an, waren nicht weniger grausam und raffgierig, wenn auch vielleicht eine Kleinigkeit weniger mordlustig. In verschimmelten Polizeiakten sind sie wegen systematischen Diebstahls, Erpressung, Brandstiftung und mehrfachen Mordes festgehalten, wofür sie periodisch verhaftet und wieder freigelassen wurden.

Doch sogar die Cuntreras bekamen den Druck zu spüren, den das Bombendesaster von Ciaculli erzeugte, und machten sich unmittelbar danach 1963 aus Siciliana davon. Damit entzogen sie sich einem langen *soggiorno obbligato:* einem überwachten Zwangsaufenthalt auf dem Festland, Ausdruck der italienischen Hilflosigkeit, die Mafia vor Gericht rechtskräftig zu verurteilen.[11]

Bei ihrem Auszug in die Ferne hatten sie einen glänzenden Beschützer. Der Boß der Provinz Agrigent, Don Giuseppe Settecase, war ein hochgeachteter Mann. Er war zur historischen Konferenz von Apalachin in die Vereinigten Staaten gereist, nach New York zu Gesprächen mit der Familie Gambino und nach Kanada zu einer Konferenz mit den dortigen Mafiachefs.[12] Seine *Picciotti* hatten seit den fünfziger Jahren für Lucky Luciano gearbeitet. Am wichtigsten jedoch war, daß er eine Ecke des notorischen sizilianischen Rauschgiftschmuggeldreiecks Agrigent-Trapani-Palermo beherrschte, wo seit den ersten Nachkriegsjahren mit Heroin gehandelt wurde. Doch das alles wurde der Polizei erst Jahrzehnte später bekannt. Die Geheimnisse der Mafia waren in Agrigent auch dann noch sicher, als sie aufgedeckt wurden, was durch einen verblüffenden Zufall 1974 geschah.

Im Frühling dieses Jahres nahm die Royal Canadian

Mounted Police ein aufschlußreiches Gespräch in einer Montrealer Bar auf, das den straffen hierarchischen Aufbau der sizilianischen Mafia enthüllte (vgl. Kapitel 4). In dem Gespräch zwischen dem Mafiaboß von Montreal, Paul Violi, und einem gewissen »Carmelo« auf Besuch aus Agrigent ging es zum Teil um einen Neffen der Cuntreras, um Giovanni Caruana. Carmelo wollte, daß Giovanni trotz seines Wohnsitzes in Venezuela das volle Recht zu Geschäften in Montreal erhielt, Violi lehnte ab: »Ihr Leute in Italien habt schlechte Manieren... Er ist in Siciliana aufgenommen worden, jetzt ist er in Venezuela, vielleicht will er zurück nach Siciliana, dann will er hierher... Ihr wollt ja eure eigenen Gesetze machen, aber hier läuft das anders.«[13]

Im weiteren Gespräch wurden die Funktionsregeln und die Struktur der sizilianischen Mafia, ihre inselweite Hierarchie und ihre gesamte Befehlskette in der Provinz Agrigent dargelegt. Die Kanadier schickten die Tonbandabschrift an die Justiz in Agrigent, wo sie die nächsten acht Jahre in einer Schublade verstaubte. Sie tauchte wieder auf, als Don Giuseppe Settecase im Alter von 80 Jahren im großen Mafiakrieg von 1981 bis 1983 ermordet wurde.[14]

Erst aus dieser Tonbandabschrift erfuhr die Polizei von Agrigent endlich, wer der Kopf der Mafia in ihrer Provinz gewesen war. Sie hatten nicht gewußt, daß Don Giuseppe täglich seine Mafiagespräche in voller Öffentlichkeit führte, während er in seinem Lieblingscafé Karten spielte; man hatte geglaubt, er sei altersschwachsinnig.[15]

Die Cuntreras, unter Settecases väterlichem Auge herangezogen, waren zu seinen Lebzeiten nur einmal nach Siciliana zurückgekehrt, und zwar zu einer Familienhochzeit im Jahr 1973, ausstaffiert mit Nadelstrei-

185

fenanzügen und schreiend bunten Krawatten. Bis zu diesem Zeitpunkt hatte ein Gericht in Agrigent alle Anklagen gegen Leonardo, den älteren Caruana, niedergeschlagen und erklärt, er sei »nicht mehr fähig, das Eigentum anderer tätlich und gewaltsam anzutasten«.[16] Bevor sie wieder abreisten, machten die Cuntreras eine Stiftung für die örtliche Fußballmannschaft und gaben eine Villa »im amerikanischen Stil« für eine Million Dollar in Auftrag. Abstoßend und leer, in der Salzluft rostend und verwitternd, steht die Villa nun auf einem Berggipfel über der Stadt — ein ständiges Mahnmal, daß es die Cuntreras gibt.

Als sie Siculiana 1963 verließen, gingen die Cuntreras erst für etwa ein Jahr nach Brasilien und machten sich dann nach Montreal auf, dessen Mafiafiliale zuerst von Joe Bonanno (kurz nach dem Zweiten Weltkrieg) und dann von Carmine Galante geführt worden war. Die Männer, die jetzt das Sagen hatten, waren handverlesene Veteranen, die jahrelang Geschäfte mit Lucky Luciano und sizilianischen Rauschgifthändlern in Europa gemacht hatten.[17] Sizilianische Abstauber mit ihrer eigenen Organisation paßten da schlecht hinein. Den Cuntreras und Caruanas wurde gesagt, daß sie auf Erlaubnis warten müßten, bevor sie in Kanada tätig werden konnten, wie es die Sitte verlangte, doch sie scherten sich nicht darum.

Die Montrealer Mafia und ihre neue »sizilianische Fraktion« waren alsbald auf Kollisionskurs. Eine Zeitlang gab es gelegentliche Morde; die Sizilianer konnten erst ganz übernehmen, nachdem sie 1978 den Montrealer Boß Paul Violi erschossen hatten. Obwohl viele Außenseiter mit ihnen zusammenarbeiteten — lokale Mafiosi, selbständige Kriminelle, Korsen, Neapolitaner in der Camorra —, hatten die Cuntreras und Caruanas eindeutig das Sagen. Bereits 1970 waren sie »die größten Exporteure von Heroin aus Kanada in die Vereinigten Staaten«, wie Buscetta zugibt, der in diesem Winter einen Monat bei den Gebrüdern Cuntrera in Montreal verbrachte.[18]

Irgendwann im selben Jahr zogen die Cuntreras weiter nach Venezuela, wobei sie einige Caruanas zurückließen, damit sie den Laden hüteten. Montreal war inzwischen das nördliche Einfallstor der sizilianischen Mafia nach den Vereinigten Staaten geworden. Als sie schließlich Caracas im Griff hatten, sollten sie die gesamte amerikanische Ostküste von Nord nach Süd beherrschen.

Venezuela ist ein schönes Land mit tiefen Gebirgsschluchten und himmelragenden Berggipfeln, majestätischen Wasserfällen, dichten Urwäldern, unberührten Stränden. Es gibt riesige menschenleere Gebiete und mehr als 2 500 Kilometer einladender Küste zur Karibik. Einige der sichersten Fluchtinseln der Halbkugel wie Aruba und Curaçâo sind nur einen Katzensprung entfernt. Medellin liegt kaum 150 Kilometer östlich jenseits der kolumbianischen Grenze. Venezuela ist außerdem ein reiches Land, gesegnet mit Bodenschätzen, besonders mit Erdöl und Eisenerz. Die Venezolaner sind das wohlhabendste Volk in Südamerika und eines der freiesten.

Für die Cuntreras und ihre Freunde waren die Bedingungen in der modernen, bequemen und freizügigen Hauptstadt ideal. Ohne große Schwierigkeiten konnten sie das Bürgerrecht erwerben oder für 500 Dollar von einem willfährigen kleinen Beamten eine komplette neue Identität kaufen: Geburtsurkunde, Reisepaß, Führerschein. Als »naturalisierte« Staatsbürger konnten sie nach venezolanischem Gesetz nicht ausgeliefert werden.

Devisenkontrollen gab es auch keine. Dollars konnten unbeschränkt gekauft und verkauft werden. In venezolanische Bolivars umgewechselt, konnten sie in lokalen Banken eingezahlt, zur Gründung von Tarnfirmen verwendet und dann abgezogen, wieder in ausländische Währung verwandelt und exportiert werden. Oder man konnte mit Dollars legale Investitionen tätigen, für die es glänzende Gelegenheiten gab. Venezuela hat hervorragendes Weideland, besonders entlang der kolumbianischen Grenze, baut Straßen, Dämme, Untergrundbahnen und Wohnsiedlungen. Caracas ist eine ausufernde Großstadt mit Hochhäusern aus Glas und Stahl, Autobahnkreuzen, Touristen, Kauflustigen und Großverdienern.

Die Cuntreras investierten in großem Stil und errichteten Dutzende von Firmen mit einer faszinierenden Sippschaft von Teilhabern. Als Aktionäre amtlich registriert waren Cichiteddu Greco alias Renato Martino Caruso; Antonino Napoli; John Gambino, der älteste der Gambinos von Cherry Hill in Brooklyn und New Jersey; Giuseppe Bono, später Spitzenbevollmächtigter der sizilianischen Mafia in New York für die Pizza-Connection; Nick Rizzuto aus Agrigent, berüchtigter Rauschgifthändler und künftiger Kopf der »sizilianischen Fraktion« in Kanada; und Nino Mongiovi, Paolo Cuntreras Schwiegersohn, der von der amerikanischen Drogenfahndung heute als oberster Disponent für Betäubungsmittel aller Art eingestuft wird, die durch Miami gehen.[19]

Die Kompagnons investierten in Immobilien, Bauwesen, Viehzucht, Schlachthöfe, in die Agroindustrie, Möbel, Inneneinrichtung, Reisebüros, Erdöl, Spielkasinos, Wasserversorgung, Gasversorgung, Autovertragshandel, eine Hemdenfabrik, eine Bettdeckenfabrik, eine regelrechte Hochseeflotte. Alle hatten sie wechselseitig Sitze in ihren jeweiligen Aufsichtsräten, kurz angebundene Männer mit teuren Aktentaschen, die in eleganten Geschäftsräumen mit harmlosen Firmenschildern tagten: Agropecuaria Gas Michelin; Comercial Hotelera; Fábrica de Cubre-Camas Americanos; Corporación del Mueble Ris Mari CA.[20]

Die Gebrüder Cuntrera schoben in der nördlichen Region Valencia ihren eigenen gigantischen Baukonzern MAPLISA zusammen und bauten an der ganzen Küste: Drei ihrer Hotels — das *Royal*, das *Terminus* und das *Odeon* — wurden an der Sabana Grande im Zentrum des Einkaufsbezirks von Caracas hochgezogen.

Mehrere Kompagnons entschieden sich für den Viehhandel, eine strategische und einträgliche Entscheidung. Kokain wird aus der Region häufig in Rinderbäuchen, Häuten oder grenzüberschreitenden Viehtransporten hinausgeschmuggelt; Vieh stinkt stärker als Rauschgift. (15 Tonnen Kokain wurden nach Angaben des Vorsitzenden des venezolanischen Parlamentsausschusses zur Rauschgiftbekämpfung 1987 auf Viehtransportern aus dem Land geschafft.)[21]

John Cambino errichtete zusammen mit seiner Frau und seinem Vetter Erasmus 1971 eine Viehzuchtstation im venezolanischen Bundesstaat Barinas nahe der kolumbianischen Grenze.[22] Cichiteddu Greco und Nick Rizzuto wurden im selben Jahr Kompagnons von Gaspare Cuntrera und gründeten ebenfalls in Barinas die riesige Rinderzuchtfarm Ganaderia Rio Zapa.

Auch Antonino Napoli erwarb eine riesige Rinderfarm und dazu mehrere Milchpulverfabriken. 1976, als Detective Le Vien sich abstrampelte, um das Geheimnis der Gebrüder Napoli in New York zu lüften, hieß es, Antonino verfrachte Heroin in Rinderbäuchen nach

Nordamerika und habe angeblich bereits 100 Millionen Dollar angehäuft.[23]

Binnen eines Jahrzehnts schwollen die Investitionen der Gruppe Cuntrera-Caruana in Venezuela auf vier Milliarden Bolivars an: Zum damaligen Kurs eine Milliarde US-Dollar. Dies war nicht bloß eine sachkundige Schätzung, sondern eine nachgewiesene Zahl, zu der der venezolanische Geheimdienst DISIP gelangt war. Obwohl ein beunruhigtes Parlament eine Untersuchung verlangt hatte, wurde der DISIP-Bericht nie veröffentlicht. Die heißesten Teile davon verschwanden sogar schlicht. Schließlich wurden diese Fakten von den beiden mutigen Abgeordneten veröffentlicht, die sie übermittelt hatten.[24]

Kein legales Unternehmen im Lande konnte sich nach Umfang oder Kapital mit dem Cuntreraskonzern vergleichen und das aus gutem Grund: Die Cuntreras zogen ihr Kapital aus illegalen Geschäften. Sie betrieben, was sizilianische Ehrenmänner allerorten betreiben — Glücksspiel, Kreditwucher, Erpressung, Prostitution —, ihre Spezialität wurde jedoch das schnelle Waschen von Rauschgiftgeld. Sie hatten die Möglichkeiten, und es war eine Menge Geld zu waschen.

Ein weiteres Jahrzehnt lang sollte ein endloser Dollarstrom von den Vereinigten Staaten auf eine kleine Bank in Montreal und von dort durch Telex um die Erde zu den Cuntreras nach Caracas fließen. Sechs oder sieben Kassierer brauchten einen ganzen Tag zum Zählen der Banknoten, die von Kurieren zur Einzahlung nach Kanada gebracht wurden.[25] Manchmal fuhren vor den Türen der Bank Lieferwagen voller Bargeld vor.

Kanadische und italienische Polizei, die in dem nur einzigen Jahr einen Bruchteil dieser Narcodollars verfolgten — 13 Millionen 1981 —, zeichnete ihren Weg von einer Vorstadtfiliale der Montreal City and District Savings Bank in Kanada zum Schweizerischen Bankverein in Horgen nach; zur Banco di Credito Commerciale e Mobiliare ebenfalls in Horgen (wo einer der Caruanas, Alfonso, ein Konto hatte); zum Schweizerischen Bankverein in Zürich; zur Banco de Maracaibo in Nordvenezuela; zur Banco Exterior in Caracas und zur Banco República in Caracas. Die Spur des Geldes verlor sich, sobald es die venezolanische Grenze passierte.[26]

Heute, lange nach den Ereignissen, scheint offensichtlich, daß die Vorgänge in Venezuela Anfang der siebziger Jahre ein Schlüssel zum gesamten weltweiten Heroingeschäft der sizilianischen Mafia sind. Zugleich ging es immer auch um Kokain — Mafiosi pflegten es 1970 in New York zu einem Großhandelspreis von 11 000 Dollar pro Kilo zu veräußern, also fast zum Doppelten dessen, was sie damals für Heroin erzielten. Doch binnen kurzem sollte sich das Heroin für mehr als 200 000 Dollar pro Kilo verkaufen lassen. Der Heroinmarkt in den Vereinigten Staaten expandierte rasch — sie selber trugen kräftig dazu bei —, und hierauf konzentrierten sich eindeutig alle ihre Bemühungen.

Klar wurde dies aus den Aktivitäten der Aktionäre der Cuntreras. John Gambino wurde nach seiner Rückkehr in die Vereinigten Staaten Generalvertreter der Clans, die das Heroinkonsortium von Palermo beherrschten. Giuseppe Bono wurde nach New York geschickt, um die gesamte sizilianische Mafia zu vertreten (nachdem er Gaspare Cuntrera für seine Geschäftsanteile eine notarielle Vollmacht hinterlassen hatte). Nick Rizzuto kehrte nach Montreal zurück, um die Übernahme der dortigen Mafia durch die Sizilianer zu vollenden; und zwar kurz nachdem die sizilianische Kuppel eine regelmäßige Heroinlieferkette über Montreal nach New York eingerichtet hatte.[27]

Eng verzahnt waren die Cuntreras auch mit der anderen konzessionierten Filiale der Mafia in Brasilien. Ihr regierender Patriarch Antonino Salamone hielt sich immer wieder in Caracas auf. Die Cuntreras nannten ihn »Il Vecchio«, den Alten, offenbar eine Person von ehrfurchtgebietender Autorität. (»Wie können wir das dem Alten mitteilen? Ich kann nicht zu ihm hin, er ist nicht dort ... er ist auf Reisen«, meinte ein nervöser Paolo Cuntrera, als sein Bruder Pasquale ihn anrief und ihm mitteilte, daß ihre Telefongespräche nach Italien angezapft würden.)[28]

Salamone, ein Mitglied der Kuppel auf Urlaub, hatte Sizilien verlassen, nachdem er dort 1974 von einer Sammelanklage freigesprochen worden war; die italienische Polizei hatte ihn als tot abgeschrieben. In Wirklichkeit lebte er friedlich mitten unter den vier Millionen italienischstämmigen Einwohnern São Paulos. Schmächtig und weißhaarig, ein harmloser Rentner, der nie auch nur ein Strafmandat wegen Falschparkens bekam, war er der brasilianischen Polizei völlig unbekannt.

Durch ein weiteres kompliziertes Geflecht waren die Cuntreras mit den starken Kräften der Camorra jenseits des Ozeans verbunden. Der Schmuggel lag den Mitgliedern der Camorra im Blut. Wie ihre sizilianischen Gegenspieler zog es sie immer dorthin, wo das Geld war, und sie kamen dadurch nicht nur mit den Cuntreras zusammen, sondern mit fast allen in diesem Buch erwähnten Personen. Obwohl die Camorristi Neapels an denselben Orten dasselbe taten wie Siziliens Ehrenmänner, gerieten die beiden Organisationen über das

Rauschgift nicht in Streit: Sie verbündeten sich miteinander. Es war jedoch keine Frage, wer die Befehle gab: die Sizilianer.

Die Cuntreras hatten noch eine andere Verbindung, die Scotland Yard erschüttern sollte, als sie schließlich ans Licht kam. 1975 zog Liborio Cuntrera nach London. Für knapp eine Million Dollar kaufte er ein Herrenhaus in Surrey, wo die Börsenmakler wohnen, und hielt diskret Einzug in der City, dem Londoner Bankenzentrum.

Die Behörden gaben nicht zu erkennen, daß sie von seiner Anwesenheit in London oder gar von seinen dortigen Geschäften wußten. Ruchbar wurde alles erst ein Jahrzehnt später, nachdem er längst gestorben und zu einer feierlichen Beerdigung nach Siciliana überführt worden war. In diesem Jahrzehnt wurde die britische Öffentlichkeit von einer drastischen Zunahme des Heroinkonsums aufgeschreckt. Die in Großbritannien jährlich beschlagnahmten Heroinmengen steigerten sich von 20 auf 220 Kilo: Nach der überall praktizierten Eins-zu-zehn-Schätzung der Rauschgiftfahnder bedeutete dies, daß mehr als zwei Tonnen ins Land kamen. Die Zahl der Rauschgiftsüchtigen erreichte ungefähr 100 000 — zuverlässige Statistiken fehlen — und wächst inzwischen exponentiell um 25 Prozent jährlich. Die beschlagnahmten Mengen an Kokain wuchsen von sieben auf mehr als 110 Kilo und ebenfalls um 25 Prozent jährlich. (Allein 1987 waren es 483 Kilo.)[29] Rauschgift war für Großbritannien zu einem furchtbaren Problem geworden.

Für viele Verantwortliche lag es nahe, den kleinen Straftätern die Schuld zu geben. Rauschgiftkuriere, die jeweils ein oder zwei Kilo am oder im Körper ins Land brachten, gewährleisteten in den achtziger Jahren den Ameisenverkehr — Pakistanis, Inder, Vietnamesen, Ghanaer, Nigerianer. Doch solche Kuriere sind kleine Fische in dem Geschäft. Sie konnten unmöglich die gigantischen Mengen von Heroin und Kokain ins Land gebracht und vertrieben haben, mit denen die britischen Süchtigen zuerst süchtig gemacht und dann fortgesetzt beliefert wurden.

Die Mafia nistete sich Mitte der siebziger Jahre nicht in London ein, bloß um ein paar Kilo Stoff loszuschlagen. Die Cuntreras und Caruanas koordinierten den Handel: Sie versorgten den Binnenmarkt, finanzierten gigantische internationale Rauschgiftgeschäfte, benutzten das Vereinigte Königreich als sicheren Hort zum Geldwaschen in neunstelligen Summen und als Freihafen und Zwischenstation für umfangreiche Heroinlieferungen aus dem Goldenen Dreieck Asiens nach Nordamerika.

Selbst nachdem die Beweise vorlagen, schien das offizielle Großbritannien weder bereit noch in der Lage, die Tatsache zu erfassen, daß die sizilianische Mafia das Land mit durchschlagendem Erfolg unterwandert hatte. Einige der besten italienischen Polizisten versuchten wiederholt, ihren Kollegen in London klarzumachen, wie die Dinge lagen.[30] Sie kamen sprachlos heim, genau wie ich, nachdem ich mit dem Landeskoordinator für Rauschgiftfahndung Colin Hewett von Scotland Yard einen kurzweiligen Tag verbracht hatte. »Die Mafia hat tatsächlich versucht, sich 1970 mit Spielkasinos breitzumachen, das waren George Raft und diese Bande, doch wir haben dem ein Ende gemacht. Wir haben hier kein Mafiaproblem«, erzählte Hewett, kurz nachdem Liborio Cuntreras erster Stellvertreter zusammen mit der bisher größten Heroinbeschlagnahme in Großbritannien erwischt worden war.[31] Wenn Hewett von Cuntreras hochentwickelter krimineller Vereinigung in London überhaupt etwas gehört hatte, zeigte er im Laufe eines Interviews mit mir wenig Interesse daran.

Indessen war Scotland Yard bereits 1974 vom Leiter seiner eigenen Abteilung für das internationale organisierte Verbrechen vor einer drohenden Mafiainvasion gewarnt worden. Detective Superintendent Harry Clement, heute im Ruhestand, hatte hierzu während eines Fortbildungskurses ein Thesenpapier vorgelegt und nichts erreicht. »Mein Tutor sagte, er verstehe es nicht, und meine Vorgesetzten äußerten sich nicht und unternahmen nichts«, berichtete er später dem *Daily Express.*[32]

Clement hatte nur sechs Mann in seiner Abteilung, als Cuntrera in London ankam. Sie versuchten, die Manöver der Organisation in Europa zu beobachten. Um die Sache abzukürzen, umgingen seine Leute Interpol und die üblichen diplomatischen Kanäle und hielten direkten Kontakt zu Kollegen in der Pariser Sûreté, im BKA der Bundesrepublik und im FBI. Doch Clements Mannschaft wurde aufgelöst, bevor sie viel erreichen konnte, und Liborio Cuntrera konnte seine Geschäfte unbehelligt fortsetzen.

Cuntrera gründete eine komplette neue Filiale des Geldwaschsystems für Europa in Form von Briefkastenfirmen in London, die möglichst von gefälligen britischen Strohmännern geführt wurden. Das System war einfallsreich und spuckte nach einer gewissen Zeit jährlich Hunderte von Millionen gewaschener Dollar aus. Eines der Arrangements funktionierte wie folgt:

1976 gründete ein sizilianischer Rauschgifthändler namens Michelangelo Aiello — der frühere Bürgermeister des palermischen Vororts Bagheria — eine Exportgesellschaft namens IDA (Industria Derivati Agrumi). Ihre britischen Kunden wurden von einem Geschäftsmann in der Londoner City vertreten, einem gewissen Raymond Kingsland, der im Vereinigten Königreich mehrere Firmen betrieb: Banderola Compania Naviera, Kaymaritime, Laymaritime, Versola und Amar. Über die eine oder andere dieser Firmen pflegte er bei der IDA Orangen und Zitronen zu bestellen. Die Rechnungen trafen pünktlich ein, obwohl es die fiktiven Lieferungen nicht gab. Kingsland zahlte dann in einer Abfolge merkwürdiger Manöver. Er pflegte das Geld von seinem eigenen Konto in der Banca Nazionale del Lavoro in Palermo auf eines seiner anderen Konten bei Lloyds in London zu überweisen. Dann wies er Lloyds an, das Geld auf ein Konto Aiellos in der Schweiz zu überweisen — bei der Kreditprivatbank in Lugano oder beim Schweizerischen Bankverein in Bellinzona. Aiello pflegte dann wiederum seine Schweizer Bank anzuweisen, das Geld auf sein Konto in Palermo zu telexen.

Merkwürdig dabei war, daß Aiello selbst die ursprüngliche Einzahlung auf Kingslands Bankkonto in Palermo getätigt hatte. Demnach schien Aiello selbst für seine nicht vorhandenen Apfelsinen und Zitronen zu blechen. In Wirklichkeit zahlte er schmutzige Dollars ein, die in Koffern aus New York herübergeschafft wurden, und bekam sie sauber zurück.[33]

Aiello, der auf diese Weise etwa zwölf Millionen Dollar jährlich wusch, war nur einer unter vielen. Es erwies sich, daß etwa 120 ähnliche Scheinfirmen der Mafia *Italtrade*, der Finanzbehörde von Italiens Fonds für den Süden, 350 Millionen Dollar an Subventionen für Zitrusfrüchte entlockt hatten.[34] Mindestens ebensoviel, wenn nicht mehr, wurde angeblich aus der Kasse des Gemeinsamen Markts für die »Vernichtung« nicht vorhandener »Ernteüberschüsse« der Mafia abgezogen. Als ein italienischer Richter Aiello schließlich unter Anklage stellte, waren unter seinen 53 Mitangeklagten große Stars im Rauschgifthandel der Pizza-Connection — darunter Salvatore Catalano von der Knickerbocker Avenue und Filippo Casamente von der New Yorker Firma Eagle Cheese.

Die Londoner Geschäfte wurden rasch ausgeweitet, nachdem Liborio Cuntrera sich dort niedergelassen hatte. Zwei Söhne der Familie Caruana, Pasquale und Alfonso, pendelten nunmehr zwischen Montreal, London und der Schweiz, während ihr Vater längere Besuche in Palermo machte. Binnen kurzem ließen sich die Caruanas auch in Großbritannien nieder. Alfonso bezahlte etwa eine Million Dollar in bar für Broomfield Manor, einen prachtvollen Landsitz in Godamling in der Grafschaft Surrey, der von zweieinhalb Meter hohen Mauern umgeben war. Pasquale zahlte 800 000 Dollar für ein weiteres Gut mit eigenem Schwimmbad im nahegelegenen Hook Heath in Woking. Die Brüder ließen sich BMWs und einen Mercedes 500 SEL aus der Schweiz kommen, wo Alfonso schließlich eine Villa am Seeufer erstand, praktischerweise in Melide bei Lugano, dem Schweizer Bankenzentrum an der Nordgrenze Italiens.[35]

Im Jahre 1976 stieß ein Landsmann aus Altofonte zu ihnen, einer kleinen Stadt auf halber Strecke zwischen Palermo und Corleone. Sein Name war Francesco Di Carlo, und er war ein ausgefuchster Rauschgiftschmuggler.

Mit Di Carlo kamen mehrere andere Ehrenmänner nach London. Sie schwammen in Bargeld aus ihren lokalen Rauschgiftgeschäften und investierten in Hotels, Restaurants, ein Weinlokal in Streatham, drei Reisebüros, ein Antiquitätengeschäft, einen Sexshop und in zwei Firmen außerhalb der Steuergrenzen, die auf den Kanalinseln eingetragen wurden. (Di Carlo selbst kaufte sich einen Ferrari für 50 000 Dollar.) Für das übrige errichteten sie eine Reihe von Scheinfirmen für Import und Export.

Hierbei nahmen sie alle Vorteile für Mitglieder des britischen Commonwealth in Anspruch. Frachten, die auf Durchgangsstation von einem Land des Commonwealth zum anderen sind, gehen nicht durch den britischen Zoll; und Frachten von Kanada nach Großbritannien wecken kaum Verdacht. So wurde das Heroin aus Thailand in Teakholzmöbeln nach Indien und dann nach Großbritannien verschifft und für den Umschlag nach Kanada ausgezeichnet. Eine Scheinfirma in London machte den Absender. Die Frachtbriefe brauchten bloß ausgetauscht zu werden, während die Fracht im Hafen auf die Verladung für die letzte Etappe ihres Weges wartete. Wenn sie in Montreal ankam, stammte sie nicht mehr aus Thailand, sondern von den Britischen Inseln.

Niemand weiß, wieviel Heroin auf diese Art in die Heroinpipeline von Montreal nach New York eingespeist wurde, und noch weniger, wieviel der Rauschgiftring Cuntrera-Caruana für den Verbrauch in Großbritannien einschmuggelte. Seine Mitglieder arbeiteten ein volles Jahrzehnt in einträglicher Unauffälligkeit, bevor sie überhaupt bemerkt wurden.

Sie machten schließlich auf sich aufmerksam, als Francesco Di Carlo und drei Komplizen im Dezember 1984 wegen der Verfrachtung von 60 Kilo Heroin nach Montreal verhaftet wurden. Nach Angaben der britischen Polizei war Di Carlo »ein Boß, der 1976 von Palermo herübergeschickt wurde, um die finanziellen Interessen der Mafia in Großbritannien zu wahren«.[36]

Als er und seine drei Komplizen 1987 vor Gericht kamen und verurteilt wurden, verblieben bereits vier Fünftel des Heroins, das über Großbritannien geleitet wurde, zum Verbrauch im Lande selbst.[37] Sizilianische Rauschgifthändler beherrschten immer noch den Markt, wobei etwa 50 Spitzenmänner über das Vereinigte Königreich verteilt waren. Richter Falcone in Palermo bemerkte dazu: »Di Carlos Geschäft war nur ein Teil eines Fangarms des Kraken.«[38] Der Cuntrera-Caruana-Rauschgiftring in London »finanzierte und betrieb« angeblich auch einen Handel im Umfang von vielen Millionen Pfund, wobei er von seinen alten kolumbianischen Kumpanen beliefert wurde, und seine Geldwaschaktivitäten erstreckten sich von London nach den Jungferninseln, New York, Lissabon, Wien, Hongkong und Tokio.[39]

Die Cuntreras hatten sich gegenüber der Gesellschaft viel zuschulden kommen lassen, doch bestand wenig Wahrscheinlichkeit, daß sie in Venezuela deswegen zur Rechenschaft gezogen wurden. Rechnen mußten sie nur mit der Mafia in Palermo. Überraschenderweise hatten sie trotz des Umgangs, den sie zum Teil pflegten, dort ebenfalls keinen Grund zur Sorge.

Nur wenige Ehrenmänner waren so fein, daß sie über den Dingen standen. Während andere mit der einen oder anderen Mafiafraktion gleichgesetzt wurden — der alten Garde oder den Jungtürken, den Besitzenden oder Habenichtsen, den Palermitati oder den Provinzmafiosi —, machten die Cuntreras mit allen Geschäfte. Insbesondere waren sie so vorausschauend, Luciano Leggio abzufinden.

Der Boß von Corleone hatte hinter den Kulissen gelauert, während die Vorbereitungen für das große Heroingeschäft getroffen wurden. Die Routenplanung, die Geschäfte mit den Korsen, die Geldwäscheorganisation, die Einsetzung von Filialleitern zwischen Montreal und Brooklyn, São Paulo und Caracas war nicht seine Sache, noch nicht. Erst Mitte der siebziger Jahre fing er an, sich einzuschalten.

Einer seiner ersten strategischen Schachzüge war, Francesco Di Carlo zu Liborio Cuntrera nach London zu schicken. Di Carlo war sein Mann. In Di Carlos Heimatstadt Altofonte hatte es keinen Mafiaclan gegeben, bis ihn die Corleonesi schufen. Indem er diesen vollendeten Rauschgifthändler als Nummer zwei der Cuntreras nach London entsandte, meldete Leggio seinen Anspruch an. Und typischerweise tat er dies zu einem Zeitpunkt, als fast alle in seinen Kreisen oder außerhalb glaubten, er sei erledigt: Er war längst verhaftet, vor Gericht gestellt, für schuldig befunden und für den Rest seines Lebens zu Gefängnis verurteilt worden.

Don Luciano Leggio, sozusagen ein Vierteljahrhundert
lang Flüchtling vor dem Gesetz, wurde schließlich im
Mai 1974 endgültig ins Gefängnis abgeführt. Er lächelte,
winkte, verbeugte sich und posierte freundlich für einen
Schwarm von Kameramännern, als er aus einem Luxus-
penthouse in Mailand zu einem wartenden Polizeiauto
geleitet wurde. Er war Italiens Antiheld geworden — die
Presse nannte ihn den Räuberhauptmann von Corleone
— und sollte sich seinen letzten grausamen Scherz auf
Kosten des italienischen Staates erlauben.

Bis 1974 war Don Luciano zum Symbol all dessen geworden, was an der Justiz im Hinblick auf die Mafia faul
war. Er hatte sich häufiger und empörender der Gerechtigkeit entzogen als jeder andere Ehrenmann im Lande.
Die Gerichte hatten ihm mit deprimierender Regelmä-
ßigkeit wegen mehrfachen Mordes den Prozeß gemacht
und ihn freigesprochen: insgesamt elfmal, meist in Abwesenheit und nur für einen Bruchteil der Morde, die
ihm zugeschrieben wurden. Er war nicht zu fassen, obwohl er in Luxusquartieren lebte und in einem Rolls-
Royce herumfuhr, und blieb nicht in Haft, wenn er doch
einmal gefaßt worden war.

Nun, wo er endlich einsaß, sollte er beweisen, wie
durchlässig Gefängnisgitter sein können. Er hatte genug
Geld, um Truppen, Bündnispartner und die sizilianische

Mafia von seiner Zelle aus unter seine Kontrolle zu bringen.

Jeder findige Sträfling kann auch hinter Schloß und Riegel wirken. Gewöhnliche Verbrecher tun dies allenthalben. Mehrere amerikanische Mafiabosse haben ihre Familien jahrelang aus einem Bundesgefängnis heraus botmäßig gehalten. Italiens Camorra wurde ursprünglich im 18. Jahrhundert von Sträflingen geschaffen, von analphabetischem Auswurf, dessen Geheimbruderschaft mit Fernwirkung belohnen, bestrafen, rauben, erpressen, ganz Neapel terrorisieren und seinen Herrschern ihr Diktat aufzwingen konnte. Und nicht einmal Leggio konnte in dieser Hinsicht einem neapolitanischen Zeitgenossen das Wasser reichen, der fast sein gesamtes Erwachsenenleben im Gefängnis verbracht hatte. Ende der fünfziger Jahre wegen Mordes verurteilt, erweckte Don Raffaele Cutolo mit seinen Mitinsassen die scheinbar abgestorbene Camorra wieder zum Leben und verwandelte sie in die noch tödlichere *Nuova Camorra Organizzata* — die organisierte neue Camorra —, die er dann die nächsten 30 Jahre lang vom Gefängnis aus führte.

Während Cutolos Machtbasis sich auf eine einzige Stadt beschränkte, kämpfte Leggio um ein Reich, das sich inzwischen über zwei Erdteile erstreckte. Obwohl die alte Garde der Mafia noch immer fest im Sattel saß, hatte Leggio einen strategischen Vorteil gegenüber vielen ihrer Führer: Er war im Lande geblieben, als sie nach dem Bombendesaster von Ciaculli 1963 geflohen waren. Obwohl er nach diesem Zwischenfall eine Zeitlang im Gefängnis saß, war es ihm gelungen, mit seinem Corleoneclan Palermo stärker zu durchsetzen, Verbündete in den Außenprovinzen zu gewinnen und schließlich sogar die Kuppel zu unterwandern. Außerdem war er durch seine Zusammenstöße mit dem Gesetz zur Legende geworden. Zum Verbrechergenie, das jeden überlisten und dem im Gefängnis und außerhalb nichts nachgewiesen werden konnte.

Don Luciano wurde 1964 zum ersten Mal verhaftet. Als die Polizei ihn holen kam, lag er lesend im Bett. Tolstois »Krieg und Frieden« lag auf seinem Nachttisch, neben einem Gebetbuch und Kants »Kritik der reinen Vernunft«. Er bemühte sich nicht einmal, die Pistole aus der Nachttischschublade zu holen.

Das Haus, in dem sich Leggio verborgen hielt, kaum 200 Meter von Corleones Polizeihauptquartier entfernt, war von einem Heer von Polizisten und Carabinieri umstellt. Zwei Polizisten, die hier um den Erfolg wetteiferten, traten seine Schlafzimmertür ein. Einen davon, einen Oberst der Carabinieri, begrüßte Leggio freundlich: »Sie haben mich in Ehren bekämpft und sollten in Ehren gewinnen.« Dem anderen — Polizeiinspektor Angelo Mangano von Palermo, seinem verabscheuten Gegner — warf er einen Blick flammenden Hasses zu. »Ihr Einsatz ist beendet«, murmelte er. Mangano wurde später angeschossen und fast getötet.[1]

Don Luciano ging es nicht gut. Arzneiflaschen, Tabletten und Spritzen waren im Zimmer verstreut. Durch seinen Schlafanzug zeichnete sich ein schweres Lederkorsett ab, das die vom Pottschen Syndrom verkrümmte Wirbelsäule stützte; ein weiteres Stützkorsett in Silber lag griffbereit. »Was wollen Sie überhaupt von mir? Ich werde alt«, bemerkte er fast heiter, wobei er sich mühsam aufrichtete (er war noch keine 40). »Wenn Sie mich am Leben halten wollen, müssen Sie mir einen Platz an der Sonne gönnen. Ich brauche viel Sonne.«[2]

Monatelang hatte er in diesem Haus gelebt, gepflegt und angehimmelt von einer Frau, deren Bräutigam er etwa 16 Jahre zuvor ermordet hatte — den einsamen Gewerkschaftsführer von Corleone, Placido Rizzoto. Dereinst hatte die Frau gelobt, dem Mörder das Herz herauszureißen. Nun kämmte sie ihm das Haar und schluchzte dabei.

Zwei stämmige Carabinieri trugen den kranken Gefangenen halb die Treppe hinunter. Eine Reportermeute harrte, um seine Abfahrt nach Palermo mitzubekommen, und einer davon, ein Fotograf, kletterte zu ihm in den Krankenwagen. Leggio, auf einer Bahre liegend, gab dem Mann einen Tritt, daß seine Kamera davonflog, und befahl dem Fahrer loszufahren.[3]

Hier ging der letzte der *mammasantissimi* dahin, dachten viele, als sich die schweren Tore von Palermos Ucciardonegefängnis hinter ihm schlossen. Die Ärzte gaben ihm noch ein paar Jahre zu leben. Da 15 Mordverfahren gegen ihn anhängig waren, würde er zwangsläufig so lange im Gefängnis bleiben müssen.

Soweit den Ermittlern bekannt war, war Leggio vor seiner Verhaftung nicht sehr aktiv gewesen, und seine Mafiakollegen ebensowenig. Soweit sie nicht tot oder im Gefängnis waren, waren sie im Ausland oder untergetaucht. Neben ein paar Messerstechereien oder Schießereien aus persönlichen Motiven — Eifersucht, Ehebruch, Verführung — wurde in Palermo seinerzeit fast niemand umgebracht. Die Stadt erlebte ihr friedlichstes Jahr seit dem Ende des Zweiten Weltkriegs. Nichts hatte sich sichtbar geregt, seit mit der Autobombe von Ciaculli im Juni 1963 sieben Carabinieri in die Luft geflogen waren. Polizeisprecher äußerten, die Organisation sei aufgelöst. Später sollte Tommaso Buscetta behaupten, die Mafia hätte damals tatsächlich ausgehoben werden können, wenn die Gerichte ihrer Aufgabe gewachsen gewesen wären. Es sei Italiens letzte Chance gewesen, fügte er hinzu.

Zur Zeit von Leggios Verhaftung waren die Gefängnisse bereits mit seinen Kumpanen gefüllt. Fast 2 000 verdächtige Mafiosi waren zwischen Juli und Dezember 1963 verhaftet worden. Sogar der *capo di tutti capi* Don Giuseppe Genco Russo war gefaßt worden.

Dies war vielleicht der einzig günstige Zeitpunkt überhaupt, wo die Gegner der Mafia eine echte Chance zu haben schienen. Siziliens Ehrenmänner waren öffentlich stark diskreditiert. Die Hälfte von ihnen war außer Landes und wartete ab, was die italienische Justiz mit der anderen Hälfte anstellen würde. Zum ersten Mal schienen normale Sizilianer bereit, ihr jahrtausendealtes Mißtrauen abzulegen, wenn Rom bewies, daß es der Mafia gewachsen war. Rom schien zum ersten Mal bereit, die Politik hintanzustellen und genau das zu tun. Der Generalstaatsanwalt von Palermo bezeichnete die Mafia als »pathologische Erscheinung« und versprach, ihr »mit dem säubernden Skalpell des Chirurgen« zu Leibe zu rücken.[4]

Mussolinis eiserner Präfekt Cesare Mori hatte fast die gleichen Worte gebraucht, doch seine faschistischen Gerichte waren im Vorteil gewesen. Diesmal war es eine echte Auseinandersetzung. Zum ersten Mal ging eine freie Gesellschaft der Welt ernsthaft daran, die Mafia in einem ordentlichen Verfahren vor Gericht zu stellen. Das bedeutete, daß ein Mafioso vor Gericht dieselben Rechte hatte wie jedermann. Es wurde unterstellt, daß er die Wahrheit sagte, solange kein überzeugender Beweis des Gegenteils vorlag. Hörensagen, anonyme Hinweise, verdächtige Umstände und sachkundige Vermutungen reichten zu einer Verurteilung nicht aus. Sollte gegenüber einem Mafiaangeklagten gegen diese Regeln verstoßen werden, galten sie auch für niemand sonst.

Die strenge Auslegung der Regeln erwies sich jedoch

als riskant. Kaum kamen die großen Prozesse der sechziger Jahre in Gang, als Zeugen auch schon widerriefen oder spurlos verschwanden. Versiegelt aufbewahrtes Beweismaterial verschwand ebenfalls. Anklagen, die auf jahrelangen mühsamen Ermittlungen beruhten, lösten sich in Luft auf. Richter und Geschworene wurden körperlich bedroht und politisch ausmanövriert. Niemand hatte etwas dagegen gehabt, die einfachen Soldaten der Mafia zu verfolgen, immer schon eine ersetzbare Truppe. Doch eine Phalanx von Politikern bildete einen Abwehrschirm um die Dons von Leggios Kaliber: um Ehrenmänner, die die Macht hatten, Bankdirektoren, hohe Staatsbeamte, Parlamentsabgeordnete und Regierungsmitglieder zu erheben oder zu stürzen.

Mit seinem Auftreten in den Massenprozessen der sechziger Jahre verbreitete Don Giuseppe Genco Russo zum Beispiel Nervosität im Establishment der Insel. Der oberste Herr Siziliens mochte zwar fett, schmierig, gewalttätig und vulgär sein — er pflegte auf den Boden zu spucken, ohne Rücksicht, mit wem er es gerade zu tun hatte —, doch war er allgemein ein gesuchter Mann und stets von Speichelleckern umgeben. Bei seinem Auftritt vor Gericht legte er eine Petition von 7 000 prominenten Politikern, Priestern, Bankiers, Ärzten, Rechtsanwälten und Kaufleuten vor, die darum baten, zu seinen Gunsten aussagen zu dürfen. »Il Signore Cavaliere Genco Russo erfreut sich der höchsten Wertschätzung unserer Bevölkerung ... Er widmet sein ganzes Leben unserem Wohle. Er ist ein Muster an Ehrlichkeit und Rechtschaffenheit«, hieß es in der Petition. Um die Sache abzurunden, drohte sein Anwalt damit, Telegramme von 37 christdemokratischen Abgeordneten zu veröffentlichen — darunter eines Kabinettsministers —,in denen sie dem *capo di tutti capi* der

Mafia dafür dankten, daß er ihnen zu ihrer Wahl verholfen hatte.[5]

Wie immer in derlei delikaten Angelegenheiten warteten die Italiener auf Signale aus dem Palazzo, dem stummen und gesichtslosen Kommandoposten von Italiens regierender Schicht. Solche Signale sind verschlüsselt, werden aber selten fehlinterpretiert: eine beiläufige Bemerkung vor der Presse, ein paar erwartete Worte, die ungesagt bleiben, die Anwesenheit oder Abwesenheit eines Ministers bei einem bestimmten Anlaß. Die Juristen wissen ganz genau, wann der Palazzo vorwärtsdrängt oder bremst. (Italien ist in dieser Hinsicht keine Ausnahme. In diesem Fall ließ der Palazzo die Mafiaprozesse schlicht laufen, und das war alles. Es gab keine dringenden Signale eines Engagements. Damit lag auf der Hand, daß die Gerichte allein gelassen wurden.)

Italien hatte in den sechziger Jahren keine *Pentiti*, die dem Staatsanwalt zu Hilfe kommen konnten, und bot auch niemand einen Anreiz, ein Pentiti zu werden. Kein Handel um Anklagepunkte im Gegenzug für ein Geständnis, keine Strafmilderung für Aussagebereitschaft, keine Maßnahmen zum Schutz von Zeugen. Es gab nicht einmal große Chancen für eine wohlwollende Zeugenanhörung vor Gericht. Man glaubte noch immer nicht an den wahren Charakter der Mafia. Ein Mann, der den Kronzeugen machte, wurde mit hoher Wahrscheinlichkeit als Lügner oder Geistesgestörter und zugleich als Verräter abgetan, bevor er eine Kugel in den Kopf bekam.

(1973 versuchte ein bescheidener Mafioso namens Leonardo Vitale einem ungläubigen italienischen Gerichtshof etwas über Siziliens Cosa Nostra zu erzählen — der erste eingeschworene Mafioso in Sizilien, der das je tat. Er sagte über ihren Kodex und ihren Aufbau, über

ihre Versammlungen, Methoden und unsäglichen Verbrechen aus. Und er nannte die Personen, die im Begriff
waren, ihre finstersten Führer zu werden: seine Mitangeklagten, Luciano Leggios Männer. Herausragend unter
diesen war Giuseppe »Pippo« Calò, später bekannt als
Schatzmeister der Mafia und einer der engsten Kumpane Leggios. Das Gericht sprach seine Mitangeklagten
frei und wies Leonardo Vitale in eine Anstalt für kriminelle Geisteskranke ein. 1984 wurde er von dort entlassen und wenige Wochen danach in Palermo erschossen.)[6]

Die Mafia unter solchen Umständen vor Gericht zu
zerren, erwies sich als schlimmer denn nutzlos. In einer
Reihe spektakulärer Prozesse, bei der Leggio und seine
Mitbosse gegen den Staat standen, wurde die Justiz sogar zur unfreiwilligen Komplizin der Mafia.

Der erste dieser Prozesse im Jahre 1967 war zugleich
der erste große Rauschgiftprozeß der Welt. Leggio war
zwar noch immer mit seinen Mafiakumpanen in Haft,
aber in diesem Fall nicht angeklagt; er hatte bis dahin im
Rauschgifthandel keine größere Rolle gespielt. Doch das
Prozeßergebnis wurde ausschlaggebend für das Heroinkonsortium, das er in späteren Jahren anführen sollte.

Der Untersuchungsrichter hatte genug in der Hand
(glaubte er), um das Rauschgiftnetz zu zerschlagen. Seine Informationen reichten bis in die späten fünfziger
Jahre zurück, als die Hauptverdächtigen — darunter Cichiteddu Greco und Buscetta — unter strenge Überwachung gestellt worden waren. Er war in die Vereinigten
Staaten gereist, um eine Aussage Joe Valachis zu erhalten, und sein Archiv quoll über von umfangreichen Polizeiberichten, darunter einem sehr ausführlichen über die
Gipfelkonferenz der Mafia im *Hotel des Palmes*.

Der Richter klagte alle noch lebenden Beteiligten an

den Verhandlungen über die sizilianische Heroinkonzession im *Hotel des Palmes* an. (Lucky Luciano war zum großen Bedauern des Richters bereits tot.) Alle amerikanischen Delegierten wurden vorgeladen, auch wenn keiner ausgeliefert wurde: Joe Bonanno, Carmine Galante, John Bonventre, die Maggadinos, Santo Sorge. Auch die gesamte sizilianische Delegation wurde benannt, angefangen bei Don Giuseppe Genco Russo.[7] Beschuldigt wurden sie »der Bildung einer kriminellen Vereinigung zur eigenen Bereicherung, wobei sie ohne Zögern mordeten und entführten, und der Organisation des Vertriebs von Rauschgift, das über Sizilien die Vereinigten Staaten erreichte«. Alle wurden im Herbst 1968 »mangels ausreichender Beweise« freigesprochen.[8] Erst 1983 veranstaltete Italien den nächsten großen Rauschgiftprozeß.

Die wirklich folgenschwere Konfrontation ereignete sich im Dezember 1967 in einem anderen Prozeß, als Leggio seinen ersten lärmenden Auftritt vor Gericht hatte. Er war drei Jahre lang im Gefängnis gesessen — in einer Form der Untersuchungshaft, die inzwischen abgeschafft worden ist — und bekam endlich nach einem Vierteljahrhundert strafloser Verbrechen und Morde den Prozeß gemacht. Bekannt wurde dies als »Prozeß der 114«, eine Konfrontation zwischen Mafia und Justiz, die von der Presse als »unmöglich gewinnbarer Krieg« bezeichnet wurde.

Untersuchungsrichter Cesare Terranova war einer der hervorragendsten Männer, die je die Mafia in Sizilien herausgefordert haben. Er griff sie alle zugleich an — die größten *mammasantissimi*, die entartetsten Killer, die Bosse mit den besten Verbindungen nach Rom. Insbesondere hatte er Luciano Leggio unmittelbar im Visier.

Diese beiden Männer waren stellvertretend für die

dramatische Auseinandersetzung zwischen einer zivilisierten Gesellschaft und den terroristischen Verbrechern, die sie aussaugten. Leggio hatte als Schreckgespenst und Raubtier unter den sizilianischen Mafiosi nicht seinesgleichen. Terranova, der sein Leben im Richteramt und im Parlament mit dem Kampf gegen die Mafia verbrachte, war der Mann, den er vor allen anderen haßte und fürchtete.

Terranova war genauso Sizilianer wie Leggio, mit demselben Sinn für die sizilianische Abstammung, ein Produkt derselben wirren Geschichte, ein Sizilianer, der die Ehre seines Volkes hochhielt. Massig und würdevoll, mit festen Gesichtszügen, einem durchdringenden, klaren Blick, sah der Richter aus wie eine Daguerreotypie eines Uronkels aus dem italienischen Risorgimento. Er war in der Tat ein engagierter Jurist mit ungewöhnlich klarem Verstand und unerschütterlichen Grundsätzen, seiner Zeit weit voraus. Er ließ sich von der Folklore nicht täuschen und fühlte sich nicht wie so viele andere von einer uralten und mysteriösen Geheimgesellschaft halb fasziniert und halb abgestoßen. Er glaubte an keinen Mythos der Mafia und am wenigsten an ihre Unantastbarkeit vor dem Gesetz.

Bis 1964 hatte Terranova als Richter in der mafiadurchsetzten Stadt Marsala etwa 50 Mafiosi ins Gefängnis geschickt, jeweils einen oder mehrere auf einmal, hauptsächlich aus den unteren Rängen. Das war überall gebräuchlich und ungefähr so effektiv wie Fliegenklatschen. Das uralte Problem war, wie man an die herankommen konnte, die alles leiten, an die Unangreifbaren. Und jetzt saßen diese hier in Palermo in Polizeihaft von Leggio abwärts.

Am 31. Mai 1965 hatte Richter Terranova eine Anordnung unterzeichnet, mit der 114 Mafiosi auf einmal vor Gericht gestellt wurden. In Wirklichkeit war es ein Prozeß gegen die Mafia selbst, weltweit der erste echte Antimafiaprozeß in den Annalen der Justiz. Italien hatte die Cosa Nostra zwar nicht geächtet, doch gab es ein Gesetz gegen »organisierte Kriminalität«. Terranova war der Meinung, es sei an der Zeit, Namen zu nennen. Die Nation müsse »das Phänomen sehen, wie es ist ... Die Mafia ist organisiertes Verbrechen und der Mafioso ein Verbrecher«, hieß es in seiner Anklageschrift.

»Die Mafia ist Unterdrückung, Arroganz, Zwang, Gier, Selbstbereicherung, Macht und Vorherrschaft über und gegen alle anderen. Sie ist kein abstrakter Begriff, kein Geisteszustand, keine literarische Äußerung ... Sie ist eine Verbrecherorganisation, von ungeschriebenen, aber eisernen und unbeugsamen Regeln beherrscht, ... die ganz Italien verseucht ... mit der Duldung und sogar passiver Förderung durch die staatlichen Organe.

Der Mythos des mutigen und großzügigen Ehrenmannes muß zerschlagen werden, weil ein Mafioso dessen genaues Gegenteil ist. Ein Mafioso stößt den Dolch in den Rücken, wenn er sicher ist, daß sich das Opfer nicht wehren kann. Er würde sich auf jeden Handel einlassen, um seine eigene Haut zu retten.

Das Wissen, daß niemand wagen wird, ihn anzuklagen, daß verborgene und mächtige Einflußnehmer zu seinen Gunsten intervenieren werden, macht einen Mafioso hochfahrend und selbstsicher, trotzig und arrogant — solange er vom Gesetz nicht streng und gerecht angepackt wird.«[9]

Mehr als 100 der hochfahrendsten und arrogantesten Mafiosi wurden nun vor einen Richter und ein Geschworenengericht gestellt. Wäre gerecht und streng mit ihnen verfahren worden, wäre ihre gesamte Organisation womöglich um 20 Jahre zurückgeworfen worden. Statt dessen gewannen sie diese Zeit und vieles mehr.

Das waren die Männer, die das gigantische Heroinnetz der Mafia aufgebaut hatten, meist seit Ende der sechziger Jahre. Luciano Leggio, Tommaso Buscetta und Cichiteddu Greco wurden in der Anklage als »Förderer und Organisatoren« der gesamten kriminellen Vereinigung benannt. Zu den weiteren Angeklagten gehörten Buscettas früherer Förderer Angelo La Barbera, der spätere Schatzmeister und Untergrundbotschafter der Mafia in Rom, Pippo Calò, der künftige Anführer des Rauschgiftrings Pizza-Connection, Carlo Badalamenti, Salvatore Catalano von der Knickerbocker Avenue, der künftige Mafiapatriarch in São Paulo, Antonio Salamone, Buscettas »unermüdlicher Textilienverkäufer« Gerlando Alberti, der später ein Dutzend Heroinraffinerien in Sizilien leiten sollte, und viele andere, die auf dem Wege zu Starruhm in der Unterwelt waren.

Da niemand über ihre Aktivitäten im Ausland Bescheid wußte, wurden sie nur wegen ihrer Verbrechen im Inland angeklagt. Die Tatvorwürfe, die 221 Seiten füllten, reichten bis 1957 zurück: Erpressung, Entführung, Diebstahl, Rauschgiftschmuggel, Tabakschmuggel, Massenmord (die Autobombe von Ciaculli), mehrfacher Mord aus »grausamen und niederen Beweggründen« und »organisiertes Verbrechen«.

Der Prozeß wurde in der kalabrischen Hauptstadt Catanzaro auf dem Festland durchgeführt. (Sizilien galt nicht als sicher.) Vier Klassenzimmer und eine Turnhalle waren zum Gerichtssaal umgebaut worden und wurden von 500 Carabinieri bewacht. Die Angeklagten saßen in einem riesigen Käfig. Gegen 25 von ihnen, die mittlerweile geflohen waren — darunter Buscetta, Greco, Badalamenti und Catalano —, wurde in Abwesenheit verhandelt.[10] Die Verhandlung dauerte mehr als ein Jahr. Einem einzigen Staatsanwalt standen 50 Verteidiger gegenüber. Nur eine Familie eines Mafiaopfers nahm als Nebenkläger teil: die Eltern des Polizeihauptmanns Mario Malausa, eines der sieben Carabinieri, der durch die Autobombe von Ciaculli getötet worden war. Kein Ministerium entsandte einen Prozeßbeobachter; das war das Signal des Palazzos. Keiner der in den Akten erwähnten Politiker wurde zur Aussage vorgeladen.

Alle 114 Angeklagten, bis auf zehn, wurden freigesprochen. Die wenigen Verurteilungen unterstrichen nur noch den gigantischen Triumph der Mafia. Buscetta und La Barbera wurden nur zweier »weißer Todesfälle« für schuldig befunden. (La Barbera bekam 22 Jahre, Buscetta 14.)[11] Für die Autobombe von Ciaculli wurde niemand verurteilt, und auch wegen organisierten Verbrechens saß niemand lange im Gefängnis.[12] Die Mafia blieb ungeschoren und war auf Jahrzehnte gefeit.

Der krönende Sieg ging an Luciano Leggio, der von allen Anklagepunkten entlastet wurde. Obwohl noch bis zum Berufungsverfahren in Haft, blieb er in den Augen der Justiz ein unbescholtener Bürger.

Doch ein Leggio als unbescholtener Bürger ging Richter Terranova gegen den Strich, der nun tiefer in der Vergangenheit grub und sich auf Don Lucianos halbvergessenen Krieg um die Vorherrschaft in Corleone konzentrierte. Ein Gericht hatte Leggio bereits von der Anklage freigesprochen, seinen früheren Mafiaboß Michele Navarra mit 76 Kugeln durchlöchert zu haben. (Glassplitter von Leggios Autoscheinwerfern, das einzige Beweismaterial, waren unerklärlicherweise aus einer amtlich versiegelten Lade verschwunden.) Doch mußte er sich noch für die vielen Gefolgsleute Navarras verantworten, die in dieser Schlacht ebenfalls gefallen waren.

Zwei Monate nach dem Prozeß der 114 stellte Richter Terranova Leggio erneut wegen neun weiterer Morde vor Gericht und unterschrieb damit sein eigenes Todesurteil.

Leggio hatte seit ihrer ersten Begegnung im Ucciardonegefängnis in Palermo einen fast manischen Haß gegen den Richter gepflegt. Damals hatte er sich geweigert, zum Verhör zu erscheinen, und mitteilen lassen, er sei zu krank. Als Terranova beharrte, erschien Leggio bebend vor Wut in einem Rollstuhl. Er wollte keine Fragen beantworten. Als er auf eine dieser Fragen äußerte, er könne sich nicht an seinen eigenen Namen oder an den seines Vaters und seiner Mutter erinnern, wies der Richter den Protokollanten an: »Schreiben Sie, daß Leggio nicht weiß, wessen Sohn er ist.«

»Leggio hatte tatsächlich Schaum vor dem Mund; er hätte mich auf der Stelle umgebracht, wenn er gekonnt hätte«, berichtete Richter Terranova an diesem Abend seiner Frau. Später gab Leggio das sogar zu. »Wenn ich ihn hätte beißen können, hätte ich ihn sicher mit dem Biß vergiftet«, sagte er in seinem Prozeß wegen dem Mord an Terranova aus — in dem er mangels Beweisen freigesprochen wurde. Der Richter hatte sozusagen Zeugnis über seine eigene bevorstehende Ermordung abgelegt: »Ja, ich weiß, daß Leggio mich haßt; schlimmstenfalls könnte er mich töten«, sagte er einem Reporter in Palermo. »Er hält mich für schuldig an seinem Ruin, und so ist es tatsächlich auch. Zuerst habe ich ihn wegen einer Reihe von Morden vor Gericht gestellt. Und dann habe ich alte Verbrechen ausgegraben, für die ihm nie der Prozeß gemacht worden war. Auch wegen dieser habe ich ihn angeklagt.«[13]

Der Prozeß wegen Leggios alter Verbrechen wurde im Februar 1969 vor einem anderen Gericht in Bari auf dem italienischen Festland eröffnet. Diesmal saß der ganze Clan von Corleone, insgesamt 64, zusammen mit Leggio auf der Anklagebank, darunter seine getreuen Prokonsuln Salvatore Riina und Bernardo Provenzano, bekannt als »die Bestien«. Leggio erschien abwechselnd auf einer Bahre oder an Krücken vor Gericht. Inzwischen hatte er fünf Jahre in Untersuchungshaft gesessen. Das Leben in einem Gefängniskrankenhaus hatte ihn nicht geheilt, war aber auch nicht sein Tod gewesen.

Mit frischen Eiern und Milch und teuren Delikatessen von draußen war er schlanker und bärenartiger als je geworden. Er war makellos gekleidet, und sein Haar, das langsam eine Kopfglatze bildete, war bestens frisiert. Auf Entfernung sah er aus wie ein Oberlehrer. Doch der gleiche alte Leggio zeigte sich in seinem weißen Mondgesicht mit seinem frechen Lächeln und seinen bösartig glitzernden Augen.

Zwei Zeugen sollten gegen ihn aussagen. Einer, der zuviel Angst hatte, um in den Zeugenstand zu treten, war zuvor in eine Irrenanstalt überwiesen worden. (Das Gericht stellte fest, er leide an »einer Art psychogener Reaktion«, womit pures Entsetzen gemeint war.) Der andere, ein Friseur, zitterte vor Leggios starrem Blick wie Espenlaub. (»*Nenti sacciu!*« — »Ich weiß gar nichts« — kreischte er einen Reporter an, der ihn Jahre später aufsuchte.)[14]

Leggio hatte immer behauptet, ein Opfer kommunistischer Verfolgung zu sein. Nun beschuldigte er auch noch die Polizei. »Das Leben wird mir schwergemacht, seit ein Polizeioffizier mich wiederholt bat, seiner Frau gefällig zu sein, und ich mich aus moralischen Gründen weigerte«, sagte er aus. »Ich hatte keine Beziehung mit dieser Dame. Sie versuchte auch nicht, mich zu verführen. Bitte fragen Sie mich nicht nach Namen. Ich bin ein Gentleman.«[15]

Er sprach noch über andere schmierige Erfahrungen mit Gesetzeshütern. »Im Krieg und direkt danach widmete ich mich dem sogenannten Schwarzmarkt . . . Tatsächlich machte ich einen Haufen Geld. Das weckte zunächst die Aufmerksamkeit und dann die Gier eines Carabinierioffiziers, der Geld von mir wollte. Ich habe solche Forderungen immer abgelehnt, und so ist es gekommen, daß ich von der Polizei verfolgt wurde.«[16]

Als der Prozeß zu Ende ging, erhielten der Vorsitzende Richter und die Geschworenen identische Kopien eines mit einem Kreuz unterzeichneten anonymen Briefs:

An den Präsidenten des Gerichtshofs von Bari und an die Geschworenen:

Ihr Leute in Bari habt nicht verstanden oder wollt vielmehr nicht verstehen, was Corleone bedeutet. Ihr urteilt über anständige Menschen von Corleone, die böswillig von den Carabinieri und der Polizei beschuldigt werden.

Wir möchten Sie bloß warnen, daß Sie für den Fall, daß nur ein einziger der Herren aus Corleone verurteilt wird, in die Luft gejagt werden, daß Sie ausgelöscht werden, daß Sie abgeschlachtet werden, und genauso jedes Mitglied Ihrer Familie.

Wir haben uns wohl klar ausgedrückt. Niemand darf verurteilt werden. Andernfalls sind Sie alle zum Tode verurteilt − Sie und Ihre Familie.

Ein sizilianisches Sprichwort sagt: »Ein gewarnter Mann ist ein geretteter Mann.« Es liegt jetzt ganz an Ihnen. Seien Sie klug.[17]

Die Geschworenen befanden Leggio schließlich für schuldig, 1948 Getreide gestohlen zu haben, wofür er zu Gefängnis auf Bewährung verurteilt wurde. Alle 64 Angeklagten einschließlich Leggio wurden in allen anderen Anklagepunkten als nicht schuldig befunden.

Der Vorsitzende Richter räumte ein, daß eine »undurchdringliche Mauer des Schweigens« aus »Angst und Komplizenschaft« den Staatsanwalt in jedem Punkt blockiert habe. Allerdings habe sich der Staatsanwalt »ausschließlich auf Angaben von Polizeispitzeln verlassen, die nicht genannt werden wollten, während direkte Beweise spärlich oder nicht vorhanden waren«. Es habe keinen Beweis dafür gegeben, daß Leggios »glänzende Vermögensverhältnisse . . . aus illegalen Quellen stammen«, bemerkte der Richter. Er scheine durch rein »kommerzielle Aktivitäten« reich geworden zu sein. Das übrige im Beweisverfahren vorgelegte »umfangreiche Material« sei wertlos. »Das Gericht kann nicht die Lücken füllen, die von der Omertà verursacht werden . . . und sich dabei über die Grenzen eines ordentlichen Verfahrens hinwegsetzen«, schloß der Richter.[18]

Das war Recht, nicht zu verwechseln mit Gerechtigkeit. Die Öffentlichkeit war wie vor den Kopf geschlagen; Leggio, der das Gerichtsgebäude wie ein König verließ, war belustigt. Er habe immer gesagt, so etwas wie eine Mafia gebe es gar nicht, erinnerte er die Reporter, und das Urteil beweise das. »Wenn die Mafia all das ist, was sie von mir behaupten – na ja, dann gibt es die Mafia nicht«, bemerkte er, stieg in einen luxuriösen Lancia und fuhr von dannen.[19]

Leggios fünf Jahre in Untersuchungshaft waren kein Hindernis gewesen – weit gefehlt. Die Ereignisse bewiesen rasch, daß er zum angesehensten und privilegiertesten Verbrecher des Landes aufgestiegen war.

Amtlich war er nach Verlassen des Gerichtsgebäudes von Bari auf der Flucht. Denn Palermos Polizeichef befahl wieder einmal seine sofortige Verhaftung in Erwartung eines Beschlusses auf Sicherheitsverwahrung. Merkwürdigerweise entschied der Generalstaatsanwalt von Palermo daraufhin, er könne nur in Corleone verhaftet werden.

Leggio erzählte der Presse, er werde nicht nach Corleone gehen, und ließ sich statt dessen in eine Klinik an der süditalienischen Küste einweisen. Der Chefchirurg teilte der Polizei sofort seine Anwesenheit mit, worauf das Innenministerium eine landesweite »Fahndung« nach ihm ausschrieb. Das war der Beginn einer ausgedehnten Farce. Alle möglichen Leute bis in die höchsten Ämter deckten ihn.

Die Zielperson dieser Fahndung blieb drei Monate in der Klinik, genoß beste medizinische Pflege und ein Liebesabenteuer mit einer verwitweten Krankenschwester. Dann zog Leggio um in eine noch luxuriösere Klinik in Rom. Sein eigener Rechtsanwalt teilte der Polizei diesmal seinen Aufenthaltsort mit. Das Polizeipräsidium Roms schickte »spezialausgebildete, intelligente und sachkundige Leute«, die ihn die nächsten drei Monate bewachen sollten.

Als Leggio wieder auf dem Damm war, spazierte er hinaus zu einem wartenden schwarzen Mercedes und verschwand. (Der Mercedes wurde von Frank »Drei Finger« Coppola spendiert, einem alten Kumpan Lucky Lucianos, der aus den Vereinigten Staaten ausgewiesen worden war und Leggio für eine »äußerst hervorragende Persönlichkeit« hielt.)[20]

Mehrere Polizisten, die die Klinik zwei Tage später aufsuchten, zeigten sich überrascht, daß Leggio verschwunden war.[21] (Sie fanden lediglich Röntgenaufnahmen seiner Wirbelsäule, die die furchtbaren Verheerungen des Pottschen Syndroms zeigten.) Von einem zweiten Haftbefehl gegen ihn, der soeben in Palermo erlassen worden war, weil er sich dem ersten entzogen hatte, wußten sie nichts.[22] Obwohl Interpol inzwischen die Fahndung nach ihm in den Vereinigten Staaten und Venezuela unterstützte, kehrte Leggio damals zu einer Nachuntersuchung in die römische Klinik zurück. Erneut zurückerwartet wurde er im Januar 1970 — also sieben Monate nach dem ersten Haftbefehl — als schließlich Reporter der Sache auf die Spur kamen, wonach er wirklich verschwand.

Der Skandal erschütterte Italien. Aus hohen Ministerialkreisen wurden verwirrende Erklärungen abgegeben. Der Präfekt von Palermo verurteilte Leggio letztlich in Abwesenheit zu einem Jahr Gefängnis, weil er sich nicht gestellt habe. (Dieses Urteil wurde später durch eine Generalamnestie aufgehoben.) Markige Erklärungen wurden im Parlament abgegeben. Dessen Antimafiaausschuß untersuchte »eine Reihe unzulässiger und objektiv illegaler Handlungen« von Staatsbeamten. Der Ausschußbericht verurteilte die »bedingungslose Kapitulation« von Amtsträgern gegenüber dem objektiv gefährlichsten Mafiaboß. »Indolenz, Raffinesse, trügerische Hoffnungen auf Ruhe und Vorteile haben schließlich den Aufstieg dieses furchtbaren Verbrechers begünstigt«, erklärte der Bericht. »Wie ist es möglich, daß niemand in der Lage war, dieses Unkraut auszutilgen?«

Köpfe rollten keine. Niemand trat zurück. Schließlich wurden die Staatsbeamten, die in größten Verdacht geraten waren, sogar befördert. Der Generalstaatsanwalt von Palermo, von allen der verdächtigste, wurde auf einen Posten auf dem Festland befördert. (Die Mafia legte ihn um, bevor er sich mit seinen Geheimnissen absetzen konnte. Nach Angaben eines Mafiosos, der es wissen muß, erschoß ihn Leggio selbst.)[23]

Ende 1970 hob das Berufungsgericht von Bari Leggios ununterbrochene Reihe von Freisprüchen auf. Er wurde schließlich »in Abwesenheit« dafür verurteilt, daß er vor mehr als einem Jahrzehnt seinen alten Capo-Mafia Michele Navarra ermordet hatte. Dies jedoch nicht aufgrund neuer Beweise. Für schuldig befunden wurde er, weil »seit Leggios Verhaftung (1964) keine weiteren Verbrechen von Mafiaart in Corleone begangen worden sind«. Die Höchststrafe, lebenslänglich, wurde verhängt, weil »Luciano Leggios unheilvolle Persönlichkeit in diesen Vorgängen klar hervortritt und er absolut unbestreitbar ein Capo-Mafia ist«.[24] Der Oberste Gerichtshof bestätigte das Urteil, doch jeder wußte, daß die Begründung äußerst fadenscheinig war, genau wie jeder wußte, daß Leggio schuldig war. Anders war er nicht zu fassen. So weit waren die Dinge gediehen.

Noch immer auf freiem Fuß, als das Urteil verhängt wurde, begann Leggio nun seine besten Jahre. Er hatte sich angewöhnt, von sich selbst in der dritten Person zu sprechen, und spielte in Mafiakreisen (und nicht nur dort) den Salonlöwen. Eine Spur zunehmender Kriminalität gestattete Schlüsse, wo er war oder gewesen sein könnte, nicht mehr bloß in Sizilien, sondern das Festland hinauf und hinab. Ein kompletter neuer Schwerpunkt der Mafiatätigkeit breitete sich um ihn herum in Mailand aus, dem Industriezentrum Norditaliens: Diebstahl, Erpressung, Kriminalität im Baugewerbe, Spielkasinos, ein »Muskelmarkt« für Zuwanderer aus dem italienischen Süden und Entführung in großem, landesweitem Maßstab.

Leggio verwandelte sich in Baron Osvaldo Fattori, einen reichen Juwelier in Mailand, und durchstreifte Europa mit elf weiteren Pässen: als Pablo Villa, Antonio Tazio, Calogero Pola und Sebastiano Tavola. 1972 wurde er sogar in einem Restaurant in einer Kleinstadt in den Schweizer Alpen fotografiert. »Gewisse angesehene Leute in Rom waren wütend über den Spürsinn, den wir Journalisten für glühende Kohlen in der Asche haben«, schrieb der italienische Reporter, der das Foto geschossen hatte.[25]

Die Polizei erwischte Leggio schließlich 1974, nachdem sie die Telefone von nach Mailand verzogenen kleinen Mafiosi angezapft hatte, die einen gewissen »Signor Antonio« ehrfurchtsvoll mit *Baciamu li manu a vossia* (»Wir küssen Euer Gnaden die Hand«) anzureden pflegten, dem althergebrachten Gruß sizilianischer Bauern gegenüber dem Adel. »Antonio« war ein wohlhabender Herr aus dem Mittelstand von dumpfer Wohlanständigkeit, der mit einer recht einfachen, aus Jugoslawien geflohenen Lebensgefährtin zusammenlebte. Als die Carabinieri ihn abholen kamen, grüßte er sie leutselig und lächelte strahlend, was nicht ganz zu der Maschinenpistole und der automatischen Pistole paßte, die im Kofferraum seines Autos gefunden wurden.

Nachdem er schließlich auf Sardinien hinter Gittern saß, begann sein endgültiger Aufstieg an die Spitze erst richtig. Die noch mit Skrupeln behaftete alte Garde der Mafia war anscheinend nie zuvor so wohlhabend gewesen oder hatte nie so fest im Sattel gesessen: Das neue Geld begann nun, seine tückische Wirkung zu entfalten. Der Vorstoß ins Heroingeschäft begann, Erträge abzuwerfen, die die kühnsten Erwartungen übertrafen. Die korsische Union in Marseille brach gerade unter französischem und amerikanischem Fahndungsdruck zusammen. Die Produktionsseite des Heroingeschäfts, die sie zuvor beherrschte, sollte fortan mit der Vertriebsseite vereinigt werden, inzwischen zum größten Teil in sizilianischen Händen. Die sizilianische Mafia stand kurz davor, den gesamten Weltheroinmarkt an sich zu reißen.

Entsprechend gierten bisher vom Rauschgifthandel ausgeschlossene Ehrenmänner nach einem Anteil, während die bereits beteiligten noch schnelleres und besseres Geld machen wollten. Leggio, ein alternder und kranker Lebenslänglicher im Gefängnis, sollte es übernehmen, alle diese Probleme auf seine ganz spezielle Art zu regeln.

Leggio war kaum im Gefängnis, als sich durch Glück
und Erwerbsinstinkt für die Mafiabosse von Palermo alles bestens fügte. Sie taten sich mit den Babas von Istanbul und der Camorra von Neapel zusammen und bekamen damit den gesamten Heroinzyklus vom Rohstoff
über die Raffinade bis zum Verkauf in ihren Griff.

Die Babas, die Bosse der heute besser bekannten türkischen Waffen- und Rauschgiftmafia, waren die Zwischenhändler für Morphinbase aus ganz Südwestasien —
aus der Goldenen Sichel, die Iran, Pakistan und Afghanistan umfaßt, dem größten Opiumanbaugebiet der
Welt. Die neapolitanische Camorra, die sich mit jeder
Art internationaler Konterbande befaßte, hatte die weit-
reichendsten Schmuggelrouten der Welt eingerichtet.
Zugriff auf beide Organisationen bekam die sizilianische
Mafia bereits 1975, infolge einer außergewöhnlichen
Konstellation von Ereignissen, die ohne Zutun der Sizi-
lianer in den Vereinigten Staaten, Brasilien, Frankreich,
Mexiko, Bulgarien, Iran und der Türkei eintraten.

Die Vorsehung in Gestalt eines hartnäckigen amerikanischen Präsidenten und einer gestreßten französischen Regierung verdrängte die Korsen völlig aus dem
Heroingeschäft (Zusammenbruch der French Connection). Richard Nixon, auf Recht und Ordnung versessen,
erklärte bald nach seiner Amtseinführung im Jahre 1969

den Rauschgifthändlern den Krieg. Seine von Henry Kissinger geleitete *Task Force One* (Einsatzgruppe 1) machte Rauschgift zu einem Thema der Außenpolitik. Die Korsen in Marseille, die größten Heroinraffineure der Welt, standen zuoberst auf der amerikanischen Abschußliste.

Unter Druck aus dem Weißen Haus zerschlug Brasilien 1972 den riesigen Rauschgiftring der Korsen in Südamerika. Frankreich, ähnlich unter Druck gesetzt, ermittelte im selben Jahr acht ihrer Raffinerien und machte sie dicht. Da sie in Frankreich fürs erste erledigt waren, wollten die Korsen mit der Camorra in Neapel zusammengehen und von vorn anfangen. Die sizilianischen Mafiabosse taten, was sie ohnehin vorhatten. Sie kamen mit starken Kräften nach Neapel, warfen die Korsen hinaus und schlossen sich selbst mit der Camorra zusammen.[1]

Inzwischen hatte Präsident Nixons Kreuzzug die Türkei erreicht. Auf sein Drängen wurde 1971 der blühende Schlafmohnanbau verboten. Obwohl das Verbot drei Jahre später aufgehoben wurde, mußten die Babas, die den größten Teil der Morphinbase für die korsischen Raffinerien lieferten, unterdessen ihr Opium im Ausland aufkaufen. Aus Händlern wurden Makler.[2]

Der Goldene Halbmond, der an der Ostgrenze der Türkei zum Iran beginnt, floß nun vor Opium über. Iran, natürliche Etappe auf dem Weg von Afghanistan und Pakistan in den Westen, hatte 1956 auf Drängen eines früheren amerikanischen Präsidenten den eigenen Schlafmohnanbau unterbunden. Doch hatte der Schah das Verbot 1968 aufgehoben, und die Ernte geriet bald größer denn je. Zwar ging ein großer Teil des Opiums an die Millionen Opiumraucher im eigenen

Land, doch verkauften viele iranische Opiumbauern lieber gegen harte Währung.

Für diese Bauern und andere vom östlichen Mittelmeer bis an die Grenzen Indiens wurden die Babas zu unentbehrlichen Maklern. Sie kauften kleinere Opiumvorräte in Syrien und Libanon auf und verschafften sich ein Monopol über den gesamten Goldenen Halbmond. Primitive Laboratorien in den Ebenen des türkischen Anatoliens verwandelten ihr Opium in Morphinbase für die französischen Raffinerien der Korsen; sie wurde tonnenweise gehortet, als der Markt in Frankreich aufflog. 1975 mühte sich die türkische Mafia verzweifelt, ihre angehäufte Morphinbase zu verkaufen. Die Süchtigen im Westen verschmähten das minderwertige Heroin Nummer 3, das in primitiven türkischen Labors hergestellt und überwiegend geraucht wurde. Sie wollten Nummer 4, um es direkt in die Blutbahn zu spritzen, was hervorragend geschulte Chemiker und hochentwickelte Laboratorien erforderte, die es seit dem Sturz der Korsen nicht mehr gab.

Die sizilianische Mafia spürte den Druck von der andern Seite. Für ihre Kunden war nicht genügend Heroin verfügbar. Amerikanische Süchtige zahlten 300 Dollar für einen Schuß, eine Steigerung von 200 Prozent binnen eines Jahres, und selbst dieser Preis kurbelte die Produktion nicht an. Europa raffinierte so gut wie kein Heroin mehr. Mexiko, das früher die amerikanische Westküste versorgt hatte, hatte sich bereits 1969 Präsident Nixons Wünschen gebeugt und den gesamten Schlafmohn gerodet. Das Goldene Dreieck in Südostasien — Burma, Laos, Thailand — besaß massenhaft Heroin, doch keinen Zugang zum westlichen Markt.

Im Gegensatz zu verbreiteten Ansichten war das Goldene Dreieck nie Hauptbezugsquelle des Westens. Sogar noch 1986 lieferte es weniger als ein Fünftel des Heroins, das nach Europa und Nordamerika gelangte. Burma, das 1988 weltweit 65 Tonnen exportierte, lieferte davon lediglich eine Tonne in die Vereinigten Staaten.[3] Fast alles übrige ging an die rasch wachsende Süchtigenpopulation in Asien.

Als die Knappheit 1975 ihren Höhepunkt erreichte, lieferte das Goldene Dreieck den Süchtigen im Westen so gut wie nichts. Kleine Mengen hochbezahltes »China White« waren in Leichenbehältern aus Vietnam an amerikanische Süchtige gelangt, doch konnte das ein ordentliches Vertriebssystem nicht ersetzen. »Haupthindernis scheint der Mangel an einer zuverlässigen Verbindung gewesen zu sein«, berichtete John Bartels jr. von der amerikanischen Drogenfahndung etwa ein Jahr später.[4] Um die Dinge (für die Süchtigen) noch zu verschlimmern, machte das Goldene Dreieck in Südostasien 1975 eine schwere Dürre durch. Der Goldene Halbmond im asiatischen Westen hingegen erzielte eine Spitzenernte an Schlafmohn, und die türkische Mafia beherrschte den Aufkäufermarkt.

Im Herbst 1975 nahmen die Babas von Istanbul Fühlung zur sizilianischen Mafia auf. Ein Bote namens Sami Duruoz wurde ausgeschickt, um den Sizilianern auf den Zahn zu fühlen, während die obersten Verbrecherbosse der Türkei in einer jugoslawischen Stadt nahe der italienischen Grenze warteten. Verärgert über den Bescheid, den Duruoz zurückbrachte, schlugen sie ihn in einem jugoslawischen Hotelzimmer tot — ihre Art, den Unglücksboten umzubringen — und schickten an seiner Stelle einen Bevollmächtigten höheren Ranges. Damit fingen die beiden Banden an, ernsthaft zu verhandeln.[5]

Lange später, als italienische Ermittler den Auftrag des Ermordeten nachvollzogen, wurde ihnen klar, daß sie über einen Vorfall von großer Tragweite gestolpert waren. Die türkische Mafia bot ihren sizilianischen Gesprächspartnern ein unermeßliches Vermögen an. Zusammen schickten sie sich an, einen breiten und sicheren Lieferweg für Heroin von Südwestasien bis ins Herz Europas einzurichten.

Anfang der achtziger Jahre deckte Richter Carlo Palermo einen tödlichen, wie von selbst wachsenden Handel mit Waffen und Rauschgift von atemberaubendem internationalen Umfang auf. Die Untersuchung des Richters begann mit der Entdeckung von 7,5 Kilo Heroin in einem Hühnerstall in Norditalien, die zu weiteren 200 Kilo führte, die in einem schneebedeckten Weinberg vergraben waren, und mündete in ein Dickicht internationaler Verschwörung, das ihn beinahe das Leben kostete (vgl. Kapitel 16).

Als Richter Palermo auf zu viele Geheimdienste, mächtige Politiker und Parteispendengeber, korrupte Beamte, betrügerische Bankiers und auf Diplomaten stieß, die in staatlichem Auftrag durch trübe ostwestliche Gewässer schifften, wurde er in eine obskure Regierungsbehörde versetzt, und seine Untersuchungen blieben liegen. Die heikelsten seiner gesammelten Zeugenaussagen wurden von einem Parlamentsausschuß in Beschlag genommen und für die nächsten 40 Jahre versiegelt.

Der Waffen- und Rauschgiftring, auf den Richter Palermo gestoßen war, reichte bis zum Jahre 1968 zurück, als Bulgarien eine Staatshandelsfirma namens Kintex gegründet hatte. Die PLO im Libanon begann damals gerade, Waffen aufzukaufen, und die Türkei, Hauptzielgebiet des sowjetischen Blocks, war vor terroristischen Überfällen ungeschützt. Kintex sollte in Europa sowohl für die Palästinenser als auch für die Türken Waffen beschaffen. Es wurde die einzige Firma der Welt, die zur Bezahlung Rauschgift anbot.[6]

»Die Bulgaren, hauptsächlich über eine Staatshandelsfirma Kintex, haben ein offiziell abgesegnetes Programm, illegale Drogen nach Westeuropa zu verkaufen und die Einnahmen zur Finanzierung illegaler Waffengeschäfte und terroristischer Gruppen zu verwenden«, sagte ein Sprecher und äußerte damit die späte Sorge des US-Außenministeriums 16 Jahre nach Beginn des Programms.[7]

Das Muster, das sich entwickelte, wurde vom amtierenden Direktor der amerikanischen Drogenfahndung John Lawn vor einem Kongreßausschuß wie folgt beschrieben:

»Aus unseren Informationen geht hervor, daß Kintex 1968 durch Fusion dreier Export-Import-Firmen gebildet wurde . . . Aus zuverlässigen Quellen wird uns übereinstimmend mitgeteilt, daß sich ihr Direktorium aus Spitzenfiguren des bulgarischen Geheimdienstes zusammensetzt . . .

Die Bulgaren sind über Kintex aktive Förderer des illegalen Waffenhandels über Europa im Nahen Osten geworden.

1970 fingen sie an, von bulgarischen Behörden beschlagnahmtes Heroin und Morphinbase an europäische Händler zu verkaufen.

Nachrichtendienstliche Quellen lassen weiter auf einen damaligen Plan einiger Direktoren der Kintex schließen, große Opiummengen über ausgewählte türkische Händler in Sofia zwecks Umwandlung in Morphinbase und Heroin nach Bulgarien zu importieren.«

228

200 Kilo in Bulgarien hergestellte Morphinbase seien im Dezember 1969 in Frankfurt beschlagnahmt worden, sagte Lawn aus. Deutsche Chemiker hätten Chemikalien in der Substanz gefunden, die nur in der Umgebung der bulgarischen Hauptstadt Sofia verwendet würden. Als Lieferant sei »ein türkischer Staatsbürger mit Wohnsitz in Sofia« identifiziert worden, fuhr Lawn fort:

»In praktisch jedem Bericht, der bei der Drogenfahndung seit 1970 über Rauschgifthandel in und durch Bulgarien zugänglich wird, wird Kintex als Förderer der Geschäfte erwähnt ... Bestimmten Schmugglern wird gestattet, ihre Tätigkeit in und durch Bulgarien auszuüben. Tatsächlich bestimmen bulgarische Beamte durch Kintex ›Vertreter‹, die gegen Entgelt als Makler tätig werden und Exklusivverträge mit Schmugglern aushandeln. Diese Vertreter sind hauptsächlich türkische Staatsbürger, ... bekannt als die ›Türkische Mafia‹.«[8]

Der türkische Boß, der den Laden unter sich hatte, war Abuzer Ugurlu, der berühmteste und gefährlichste Verbrecher der Türkei. »Ugurlu! Das ist der größte! Da!« rief ein früherer türkischer Innenminister aus, als der Name fiel. Ugurlu, ein massiger Mann mit glattrasiertem Kopf und harten Augen, hielt sich eine Mannschaft berufsmäßiger Killer und konnte Polizisten, Zollbeamte, Geheimdienstagenten und Parlamentsmitglieder kaufen oder zum Schweigen bringen. Seiner Machtfülle nach, wenn auch nicht seinem anerkannten Rang nach — die türkische Mafia ist nicht hierarchisch aufgebaut —, war er der Oberboß. Seine Verbindungen waren für den phänomenalen Erfolg des Joint Venture mit Sizilien entscheidend.

Später wurde Ugurlu im Ausland noch in einem anderen Zusammenhang bekannt. Es ging um einen seiner Nachwuchsverbrecher, Mehmet Ali Agca, der 1981 Papst Johannes Paul II. anschoß und beinahe tötete. Ugurlu hatte im Jahr zuvor nicht nur Agcas Flucht aus einem Gefängnis in Istanbul arrangiert, sondern ihn auch in Sicherheit nach Bulgarien geschickt. Sowohl Ugurlu als auch Celenk unterhielten in Bulgarien Wohnung und Büro.

Mehmet Ali Agca mag beim Prozeß um das Attentat auf den Papst überzeugend den Geisteskranken gemimt haben — er hatte seine Gründe —, doch machte er durchaus zutreffende Angaben über die Beziehungen der türkischen Mafia zu Bulgarien. Seine Geschichte über die bulgarische Connection, deren größter Teil nie veröffentlicht wurde, erzählte er Richter Palermo. Dutzende von Zeugen bestätigten seine Aussagen.

Ugurlu besaß einen bulgarischen Paß, eine Wohnung in Sofia und eine Villa in Varna am Schwarzen Meer. Er hatte seit 1969 für Kintex und seit 1974 unmittelbar für den bulgarischen Geheimdienst gearbeitet. (Die erste Angabe machte er vor dem türkischen Militärgericht; die zweite ist in Akten der CIA enthalten.)[9] Seine Aufgabe war, Nachrichten zu sammeln und Waffen an den richtigen Ort zu schaffen. Im Gegenzug erhielt er ein Monopol für den Waffenhandel in der Türkei — eine Konzession im Wert von Dollarmilliarden.

Sogar in der Türkei gab es jedoch eine Grenze dafür, wie viele Waffen verkauft werden konnten. Als das Land 1975 mit Schußwaffen gesättigt war, verlegte sich Ugurlu auch auf Rauschgift.[10] Von da an beherrschte Ugurlu, wie die amerikanische Rauschgiftfahndung später feststellte, »ein Schmuggelgeschäft im Wert von mehreren Milliarden Dollar, das zum Teil durch den Verkauf von Betäubungsmitteln finanziert wurde«.[11]

Ugurlu überschritt dabei jedoch selten die Grenzen Bulgariens und der Türkei. Überall sonst lauerte Gefahr, doch war er in seinem Heimatland fast so sicher wie in Bulgarien; keine Zivilregierung der Türkei schaffte es, ihn einzusperren, außer einmal für eine Woche. Nachdem eine türkische Militärjunta 1980 die Macht übernommen hatte, konnte auch sie ihn nur auf bulgarischem Boden entführen und über die Grenze schaffen lassen.[12]

Sein Landsmann Bekir Celenk hatte eine Zimmerflucht in einem Hotel in Sofia, machte jedoch hauptsächlich Geschäfte mit Kunden im Ausland. Glatt und weltgewandt, ein Liebhaber guter Zigarren, rassiger Frauen, von Discos und Bakkarat, pendelte Celenk ständig zwischen Sofia und London, Zürich, Wien, Mailand, Damaskus und Beirut. Er behauptete, bulgarisches Mineralwasser zu exportieren. In Wirklichkeit machte er Geschäfte mit Rauschgift gegen Waffen in Westeuropa und mit Waffen gegen Rauschgift im Nahen Osten. Nach seinen Angaben vor Richter Palermo hatte er in dieser Hinsicht mit vier verschiedenen bulgarischen Behörden zusammengearbeitet.

Agca, der spätere Papstattentäter, hatte von dem Doppelgeschäft gehört, als er für Ugurlu in der Türkei arbeitete, und es bei seinem Aufenthalt im Sommer in Sofia mit eigenen Augen gesehen.[13] »Die Waffen kamen aus Belgien, Italien, der Tschechoslowakei, Ungarn und Polen nach Bulgarien, zur Weiterversendung an syrische und libanesische Terroristen«, erzählte er Richter Palermo. »Die Lastwagen kamen in Sofia mit Pistolen und Maschinenpistolen für arabische Rebellen, Iraner und Iraker an . . ., und die Kunden kamen aus dem Nahen Osten mit Bargeld, Schmuggelgold oder Rauschgift.«

Bekir Celenk habe viele Türken gehabt, die Waffen nach Bulgarien schmuggelten, und sei ständig zwischen

Bulgarien und dem Nahen Osten hin- und hergereist, um sie gegen Rauschgift zu tauschen, fuhr Agca fort. »Celenk reiste oft nach Syrien, dem Libanon und Zypern, um Heroin und Morphin von Terroristen und palästinensischen Extremisten zu kaufen; er pflegte es nach Sofia zu schicken und ihnen Waffen dafür zu bringen.« Celenk sei für solche Tauschgeschäfte »in Bulgarien berühmt«, bekräftigte ein Kenner der türkischen Mafia, eine Bemerkung, die von anderen zur Genüge bestätigt wurde.[14]

Trotz seines Ansehens in Sofia war Celenk dennoch nur ein Subalterner. Abuzer Ugurlu hatte das Kommando über die türkische Mafia in Bulgarien, vielleicht die privilegierteste und verhätschelteste Bande von Rauschgifthändlern, die je auf die Welt losgelassen wurde.

Sofia war ihre Zuflucht, der Ort, wohin sie sich immer zurückziehen konnten, wenn ihnen Polizei auf den Fersen war, der einzige Ort, wo sie nie behelligt wurden. Viele, auf deren Kopf in der Türkei eine Belohnung ausgesetzt war, nahmen dort ihren ständigen Wohnsitz. Großgangstern wurden bequeme Villen zugewiesen; andere wurden in Gästehäusern der Regierung untergebracht. »Diese Rauschgifthändler nahmen offen ihren Wohnsitz in Sofia und pflegten einen aufwendigen und verschwenderischen Lebensstil«, sagte der Sprecher des amerikanischen Außenministeriums vor demselben Kongreßausschuß. »Ihre Anwesenheit war so offensichtlich und ihre Geschäfte waren so auffällig, daß es unmöglich ist, nicht den Schluß zu ziehen, sie hätten offiziellen Schutz genossen.«[15]

Obwohl Sofia vielleicht nicht jedermanns liebste Stadt ist, war es ein Mekka für die Kunden der Rauschgifthändler: Nach Angaben Richter Palermos »einer der

Haupttreffpunkte für die Lieferanten von Rauschgift und Waffen«.[16]

Mit oder ohne gültige Pässe wurden die Kunden durch den Flughafen geschleust und in den besten Hotels untergebracht. Später wurde das von Japanern gebaute Hotel *Vitoscha* ihr Stammquartier. Dieser moderne, weiße, 30stöckige Hochhausturm hatte eine Kegelbahn, eine Sauna, ein riesiges Schwimmbad, einen Lilienteich im parkähnlichen Garten, mehrere Bars und ein Panoramarestaurant, schicke Boutiquen, eine offenherzige Show im Nachtclub, Prostituierte mit »Ausländerlizenz« und ein Spielkasino mit Blackjack und Roulette aufzuweisen. Die Firma Kintex, an derselben Straße gelegen, pflegte häufig die Zeche der Kunden zu begleichen.[17]

(1982 erschien eine sizilianische Delegation in Sofia, um die Routen für umfangreiche Morphinlieferungen auszumachen. Kintex riegelte für die Konferenz ein ganzes Stockwerk des luxuriösen Parkhotels *Moskwa* ab und wies die Grenzschutzbeamten an, die Pässe der Sizilianer nicht zu stempeln, damit ihr Besuch keine Spuren hinterlasse.)[18]

Während die Rauschgifthändler es sich in der bulgarischen Hauptstadt gut sein ließen, pflegte Kintex ihre Frachten zu betreuen, sofern sie getarnt und genehmigt waren. »Kintex ist in diesem Land allmächtig«, sagte ein türkischer Rauschgiftschmuggler 1974. »Es ist nicht bloß eine Regierungsbehörde. Wenn Kintex beschließt, daß du nicht durch Bulgarien schmuggeln darfst, kannst du dort schwierige Zeiten haben.« Andererseits, fügte sein Kumpan hinzu, »wenn du die richtigen Verbindungen zu dieser Behörde hast, kannst du ohne das leiseste Aufsehen Morphinbase durch Bulgarien schleusen«.[19] Die Schmuggler mußten nur angeben, wann und wo die Ware eines »kontrollierten Grenzübertritts« harrte. Kintex kassierte seine Provision — 15 bis 20 Prozent —, und die Fracht rollte weiter.

Bulgarien hat für derlei Dinge eine einzigartige Lage. Mit seiner langen und notorisch durchlässigen Grenze zur Türkei wurde das Land Schmuggelbrücke von Asien nach Europa und umgekehrt. 50 000 Lastzüge waren jedes Jahr in beiden Richtungen im Durchgangsverkehr unterwegs. Die Hälfte davon waren transkontinentale TIR (Transport International Routier), die aufgrund internationaler Verträge vom Zoll versiegelt wurden und im Transit ungehindert die Grenzen überschreiten konnten.[20] So pflegten bulgarische und türkische TIRs schlicht mit falschen Frachtdokumenten auf Obst, Hühner und Limonade aus Sofia loszufahren. *»Beaucoup de bonbons«*, sagte ein Fahrer augenzwinkernd, als er an einem europäischen Grenzdurchgang einen Frachtbrief über Kakaobohnen vorwies.

Fast drei Viertel der Morphinbase, die in den Westen gelangte, wurden alsbald auf dieser Route bewegt, und dieses Rauschgift finanzierte den größten illegalen Waffenhandel, der je aufgedeckt wurde.

Ganze Armeen könnten mit den Waffen ausgerüstet werden, die auf demselben Wege nach Osten zurückkehrten: Kalaschnikows und Tokarews tonnenweise (65 Tonnen in einer einzigen Lieferung von Polen nach dem Südjemen), Millionen Schuß Munition, Landminen, Granaten, Infrarot-Nachtsicht-Geräte, Kanonen vom Kaliber 105 Millimeter, Boden-Luft-Raketen, schwerbewaffnete Cobrahubschrauber, Leopardpanzer. Die Waffen kamen aus Fabriken und Militärdepots aus ganz Ost- und Westeuropa: aus Italien, Spanien, Belgien, Bundesrepublik Deutschland, Ungarn, Rumänien, der Tschechoslowakei und Polen.[21]

234

Umfangreiche Lieferungen gingen an rechte und linke Terroristen in der Türkei, bei denen fast eine Million Schußwaffen eingesammelt wurden, als die Armee 1980 die Macht ergriff. Auch etwa vier Fünftel der Bewaffnung der PLO wurden auf der Bulgarienroute geliefert, und die Hälfte davon mit Drogen bezahlt. Die PLO versetzte Usama Abdul Madir Adim, den früheren Verbindungsmann der Organisation zur libyschen Armee, in das Büro der türkischen Mafia in Rom, um den Handel zu beschleunigen.[22] Die übrigen Waffen gingen in Spannungsgebiete im Nahen und Fernen Osten. Umfangreiche Lieferungen erreichten kurdische Aufständische im Dreieck zwischen der Türkei, dem Iran und Irak, Dissidenten im jugoslawischen Kossovo, Präsident Assads Bruder Rifat in Syrien und verschiedene Kunden in Saudi-Arabien, Kuwait, Südjemen, Pakistan, Indien, Thailand, auf den Philippinen und in China.[23]

Ein verblüffendes Merkmal dieses Doppelgeschäfts war die extreme Zurückhaltung jedes betroffenen Landes, überhaupt dagegen vorzugehen. Osteuropa hatte sicher nichts gegen das für den Westen bestimmte Rauschgift; je mehr, desto besser. Nicht so leicht zu verstehen ist, daß westliche Nachrichtendienste 1970 von Kintex und dem Geschäft Waffen gegen Rauschgift erfuhren, aber keinen Finger rührten, um es zu unterbinden.[24] Beide Seiten hatten ein dringendes Interesse an den Waffen, entweder um sie zu verkaufen oder sie insgeheim an einen ausgewählten Bestimmungsort zu bringen, oder aber, um auf den Spuren des Geschäfts Nachrichten zu sammeln. Die Rauschgifthändler im selben Geschäft zu verfolgen, hieß, die gesamte verdeckte Operation auffliegen zu lassen. Im großen und ganzen tat ihnen niemand etwas zuleide.

Das alles war im Angebot der türkischen Mafia an die

sizilianischen Mafiosi Ende 1975 enthalten: gesicherte Morphinlieferungen, geschützte Lieferrouten und Immunität oder — Beinahe-Immunität. Die Sizilianer hatten im Jahr zuvor bereits die Camorra übernommen. Nun beherrschten sie alles.

Die Camorra hatte für jede Art Schmuggelware ihre eigenen Lieferwege in alle Richtungen entwickelt. Kokain und Heroin waren Standardware, besonders Kokain. Doch Tabak, ein alter Artikel der Camorra, konnte der sizilianischen Mafia verschaffen, was sie 1974 am dringendsten brauchte — Geld. Die Errichtung eines vertikalen, multinationalen Heroinkonglomerats war extrem kostspielig. Tausende von Handlangern mußten angeheuert werden; allein auf der Lohnliste des unersättlichen sizilianischen Rauschgifthändlers Tommaso Sparado standen 5 000. Jede Lieferung von Rohmaterial oder Fertigware mußte außerdem auf der Stelle bar bezahlt werden.

Anfang der siebziger Jahre brachte Schmuggeltabak aus noch ungeklärten Gründen plötzlich Geld in diesem Umfang herein. Wo ein paar Jahre früher 500 Kisten ausländischer Zigaretten ein Großgeschäft gewesen waren, gingen die Camorristi bereits 1974 mit Lieferungen von 35 000 bis 40 000 Kisten um. Ihr extravaganter Führer Don Michele Zaza, bekannt als 'U pazzu — Michael der Verrückte —, brüstete sich, noch mehr zu schaffen.

Gerissen und voll vorgetäuschter Bescheidenheit, analphabetisch, verschlagen und so redselig, daß er sich so verrückt anhörte wie er auszusehen hoffte, war Zaza mit dem Tabakschmuggel stinkreich geworden. (Er schmuggelte auch Rauschgift, redete aber nicht so gern darüber.) Er hielt sich einen Rolls-Royce in Italien, ein Herrenhaus für 1,5 Millionen Dollar in Beverly Hills, ein

Bankkonto von 13 Millionen Dollar bei der Mitsui Manufactures Bank in Los Angeles fürs Taschengeld und einen Doppelzentner Gold in einem Schweizer Banktresor für schlechte Zeiten. Er erzählte gern, er habe sich im Geschäft hinaufgedient. »Ich habe gearbeitet und gespart«, erzählte er einem verblüfften italienischen Untersuchungsrichter:

»Zuerst verkaufte ich fünf Kisten Philip Morris, dann zehn, dann 1 000, dann 3 000, dann kaufte ich mir sechs oder sieben Schiffe, die Sie mir weggenommen haben . . .

Ich verlud gewöhnlich 50 000 Kisten monatlich . . . Ich konnte 100 000 Kisten, zehn Millionen Dollar, auf Vertrauen haben, dazu brauchte ich nur zu telefonieren . . .

In drei Monaten habe ich Philip Morris für 24 Millionen Dollar verkauft, mein Anwalt wird Ihnen die Quittungen zeigen. Ich bin stolz darauf – 24 Millionen Dollar!«

Zaza sagte nicht, obwohl das schön zu wissen wäre, wo er im Laufe eines Jahres Philip-Morris-Zigaretten im Wert von 100 Millionen Dollar eingekauft hat.

Zaza, ein führender Boß der neapolitanischen Camorra, wurde 1974 eingeschworenes Mitglied der sizilianischen Mafia.[26] Mehrere andere hochrangige Dons der Camorra wurden gleichzeitig eingeschworen und damit bei Strafe des Todes lebenslang an Palermo gebunden. Die beiden Bruderschaften schickten sich an, die Profite des gesamten Heroinunternehmens einzuheimsen; die Sizilianer wollten keinen Zweifel lassen, wer das Sagen hatte.

Der Pakt wurde bei einem Gipfeltreffen in der Nähe

Neapels auf dem weiträumigen Landgut der notorischen Camorrabrüder Nuvoletta besiegelt. Das Ergebnis war ein »äußerst gefährliches Mafiosokonsortium, das keine Befehlsverweigerung duldet«, meldeten die Carabinieri von Neapel. »Es ist hauptsächlich dem Tabakschmuggel gewidmet, aber auch dem Rauschgifthandel . . ., und seine Mitglieder sind nur den größten sizilianischen Bossen rechenschaftspflichtig.«[27]

Die Grecos von Ciaculli, Gaetano Badalamenti und der aufsteigende junge Stefano Bontate waren alle an dem Geschäft beteiligt. Leggio wurde von seinen beiden Prokonsuln aus Corleone vertreten, den »Bestien«. Der Partner der Cuntreras in Venezuela, Giuseppe Bono, kam häufig per Flugzeug zu Besuch nach Italien, er war ein besonderer Freund Don Michele Zazas — und ebenso der Statthalter in London, Francesco Di Carlo. Der Mafiapatriarch in Brasilien, Antonino Salamone, hielt über einen Bruder Fühlung.

Sizilianische Mafiosi begannen nach Neapel zu pendeln. Ihnen gefiel die Stadt, sie war ihnen nach Palermo die liebste. Geschäfte konnten hier fast genauso in gemütlichen Trattorias wie *'U Cafone* über Bergen von Muscheln und Tellern von *Spaghetti marinara* abgewikkelt werden, serviert von ehrfürchtigen Kellnern, die schon lange gelernt hatten, taubstumm zu sein.

Mehrere Mafiosi zogen mit Sack und Pack nach Neapel, und die Kuppel entsandte einen akkreditierten Botschafter, Gaetano »Tanino« Fidanzati, einen geldgierigen Rauschgifthändler.[28] Als einer der etwa 100 Mafiosi, die aus dem Prozeß der 114 unbehelligt hervorgegangen waren, war Fidanzati in einem überwachten Zwangsaufenthalt in der Toskana ausgewiesen worden, aber das war kein Problem. Er erbat und erhielt die Erlaubnis, sich einer »vorübergehenden Thermalkur« von langer

Dauer zu unterziehen — in Neapel, wo er mit Don Michele Zaza zusammenzog.[29]

Die Besiegelung des Pakts zwischen Mafia und Camorra 1974 führte zu ein paar rauschenden Jahren. Im Hafen von Neapel stauten sich die Schmuggelschiffe mit Zigaretten derart, daß die Kuppel für abwechselnde Entladung sorgen mußte. Zuerst war Zazas Schiff an der Reihe, dann kam das der Kuppel dran, ein weiteres Sizilianerschiff an dritter Stelle, das Schiff der Gebrüder Nuvoletta zuletzt. Doch 'U pazzu hatte keine ehrliche Faser im Leib. Seine raffinierten Kniffe auf Kosten anderer nahmen solchen Umfang an, daß die Kuppel schließlich gezwungen war, das ganze Geschäft abzublasen.

Doch machte das nichts mehr aus. Der Boom in Schmuggeltabak ging zurück, Mafia und Camorra waren beide auf das große Geld aus, und das Heroin wurde allmählich zur Springflut.

Anfang 1976 schickten Abuzer Ugurlu und sein größter Rauschgiftpartner in Istanbul, Huseyn Cil, einen Verwandten Cils nach Italien, um das Geschäft mit den Sizilianern abzuschließen. Nachdem dies geschehen war, stationierte die türkische Mafia einen Makler in Mailand, der mit den neuen Geschäftspartnern verhandeln sollte. Er hieß Salah Al Din Wakkas und war nach Angaben der amerikanischen Rauschgiftfahndung »Ugurlu rechenschaftspflichtig«.[30]

Heroinraffinerien schossen in Italien plötzlich wie Pilze aus dem Boden. Sie waren bestens ausgestattet, reichlich versorgt, mit hervorragenden Chemikern bemannt, die früher in Marseille gearbeitet hatten, und in der Lage, viel mehr zu produzieren, als Marseille je geschafft hatte. Nur eines davon in San Remo, einem Küstenkurort mit Spielkasino nahe der französischen Grenze, konnte wöchentlich 50 Kilo hochreines Heroin erzeugen — 2,5 Tonnen jährlich, 112 Millionen Schüsse — für Kunden in Norditalien, Frankreich, der Schweiz, in Holland und in der Bundesrepublik.

Durch Vertrag mit den Sizilianern hatte Abuzer Ugurlu bei der Aufteilung Europas unter die türkischen und sizilianischen Rauschgifthändler ebenfalls ein eigenes Heroingebiet zugewiesen bekommen. Die türkische Mafia heuerte daraufhin ihre eigenen Chemiker aus Marseille an und eröffnete Heroinraffinerien in der Bundesrepublik und in Holland, die beim Vertrieb eng mit den Sizilianern zusammenarbeiteten.

Zusammen entfalteten die sizilianischen und türkischen Dealer eine furchtbare Wirkung. Holland wurde nicht nur Europas zweitgrößter Heroinlieferant, sondern auch sein erstes Heroinopfer mit dem schwersten Suchtproblem auf dem Kontinent. Die Bundesrepublik Deutschland, mit nur 25 bekannten Heroinsüchtigen 1975, meldete bloße drei Jahre später 623 Todesfälle infolge Überdosis.[31] Spanien erlebte seit 1977 eine explosive Zunahme der Heroinsucht. In Großbritannien folgte etwa um dieselbe Zeit eine »plötzliche steile Zunahme«. Die Todesfälle in West-Berlin infolge Überdosis stiegen von fast Null im Jahr 1973 bis 1977 auf 84. Frankreich, wo bis 1973 keine harten Drogen nachgewiesen waren, verzeichnete eine »dramatische Zunahme in epidemischem Ausmaß«, die 1977 einsetzte. Dasselbe passierte in Griechenland und Portugal.[32] Italien, mit nur einem Todesfall infolge Überdosis im Jahr 1973, wurde zum hoffnungslosesten Fall Europas.

In Italien waren die Labors im Norden, die Europa belieferten, kleine Fische verglichen mit denen im Süden, deren Lieferungen nach Amerika gingen. Die ersten zwei Raffinerien, die in Palermo entdeckt wurden, konnten jeweils 50 Kilo wöchentlich produzieren — fünf Tonnen jährlich —, weitaus mehr, als die amerikanischen Süchtigen damals verbrauchen konnten —, und binnen kurzem waren auf der Insel mindestens ein Dutzend Raffinerien in Betrieb. Den Raffinerien mangelte es nie an Rohstoff. Ugurlus Mann in Mailand, Salah Al Din Wakkas, sorgte dafür. Ein großer Teil der Morphinbase kam anfänglich übers Meer, wie er später Richter Palermo berichtete:

»Türkische Fischerboote legten in Varna (an der bulgarischen Schwarzmeerküste) an, um Fracht aufzunehmen. Sie luden Waffen ein, zum Beispiel Kalaschnikows, und massenhaft bulgarische Zigaretten. Wenn sie die Dardanellen passiert hatten, verluden sie die Zigaretten und einen Teil der Waffen auf einen anderen Fischkutter und übernahmen das Morphin.

Dann nahmen sie Kurs auf Zypern . . . Ein Sizilianer aus Catania wartete dort . . . Eine Gruppe von Sizilianern übernahm das Rauschgift und die Waffen auf ihre eigenen Kutter.«[33]

Auf dem Landweg donnerten TIR-Lastzüge über Bulgarien und Jugoslawien mit jeweils 50, 100 oder 200 Kilo Morphinbase aus Istanbul nach Norditalien. Manche bogen gen Norden ab, nach München oder Berlin. Die übrigen fuhren von Triest in der Nähe der jugoslawischen Grenze zu Umschlagstellen in ganz Norditalien: Trient, Bozen, Verona, Mailand. Etwa ein Drittel des Morphins ging an die Raffinerien im Norden. Das übrige war für Sizilien bestimmt.

Wakkas, der den Import koordinierte, verhandelte mit den höchsten Spitzen der Mafia in Palermo. Die meisten Mitglieder der Kuppel standen auf seiner Liste, angefangen mit dem *mammasantissima*, der gerade an ihre Spitze gewählt worden war, Gaetano Badalamenti. Ein Hauptkunde war Gerlando Alberti, der »unermüdliche Textilienverkäufer«, der Siziliens wuchernde Raffinerien unter sich hatte. Der Disponent der Kuppel für Heroinlieferungen nach New York, Francesco Mafara, war ein weiterer Kunde. »Botschafter« Fidanzatis zahlreiche Brüder gehörten zu denen, die das Morphin aus Mailand nach Palermo lieferten.[34]

Ende 1976 waren die sizilianischen Ehrenmänner euphorisch: 20 Jahre nachdem sie sich die Heroinkonzession in Amerika verschafft hatten, waren sie im Begriff, das größte Geschäft der Welt aufzuziehen. Alle Stücke des Puzzles waren an ihren richtigen Platz gefallen, per Zufall und dank der intuitiven Begabung der Ehrenmänner, die Nase in die Luft zu stecken und Geld zu wittern.

Sie wurden nicht behelligt. Keine Polizei irgendwo schien auch nur eine Ahnung davon zu haben, was sie während der letzten 20 Jahre getrieben hatten. Die wenigen, die aufgefallen waren, wurden durch die Brille irgendeiner lokalen oder nationalen Verbrecherszene wahrgenommen. Daß sie zu einer weltumspannenden kriminellen Bruderschaft gehörten, daß die sizilianische Mafia international geworden war, das blieb völlig unbekannt.

Die eigenartige internationale Organisation der Sizilianer entging 1979 um Haaresbreite der Entdeckung, als ein unscheinbarer sizilianischer Verbrecher sich in Brooklyn dem FBI stellte. Den Strafverfolgern, die sich auf das lokale Verbrechen in Brooklyn konzentrierten, war dieser Einzelgänger nie aufgefallen, der allein im Jahr 1979 eigenhändig mehr als eine Tonne Heroin — mehr als 50 Millionen Spritzen — transportiert hatte. Und er wurde nicht einmal dann richtig sichtbar, als er sich gestellt hatte, der erste und einzige sizilianische Mafioso in Amerika, der das bis dahin getan hatte.

Im FBI stand folgende Personenbeschreibung:

Name:	Luigi Ronsisvalle
Geboren:	1. Oktober 1940
Geburtsort:	Catania, Sizilien
Registriert als Ausländer unter Nummer:	A 14 784 513
Einreise in die USA	in New York City am 16. März 1966
Körperbau:	korpulent
Beruf:	vor fünf Jahren war Luigi Kellner. Er sagte aus, daß er zum Lebensunterhalt Menschen tötet.[1]

Nebenbei machte Ronsisvalle für seinen Lebensunterhalt auch noch andere Sachen, die er nicht erwähnte, weil das FBI nicht danach fragte. Er hatte nicht nur 13 Menschen getötet (elf geschäftlich und zwei nur so), sondern auch geklautes Fleisch verkauft, Schulden aus illegalem Glücksspiel eingetrieben, Wucherkredite vergeben, Pizzerien abgefackelt, heiße Schecks in Umlauf gesetzt, Falschgeld verbreitet, Diamanten im Wert von einer Million Dollar geraubt und Heroin in Mengen transportiert, die jede Vorstellungskraft sprengten.

Der Herointransport trieb ihn zum Alkohol, doch nicht in die Arme des FBI. Er stellte sich schließlich, weil das jüngste Verbrechen, das er begangen hatte, seiner Meinung nach »das Schlimmste war, was ein Mann tun kann«. Er hatte einen Raubüberfall begangen — auf eine Dame.[2] Erst danach (2 000 Dollar waren in ihrer Aktentasche gewesen) hatte er das Gefühl, den letzten Fetzen seiner Ehre eingebüßt zu haben. »In Sizilien, wenn ein Mann in Mafia, auch wenn eine Million Dollar in Brieftasche von Dame, er rührt Dame nicht an«, versuchte er in seinem gebrochenen Englisch zu erklären.

Ein niedergedrückter, heruntergekommener, übergewichtiger Ganove im mittleren Alter, konnte Ronsisvalle nicht seine Kindheitsvorstellung von der Mannesgestalt abschütteln, die zu werden er nicht geschafft hatte. Als Jugendlicher in Sizilien hatte er im Banne des Bildes der Mafia gestanden, seiner Vorstellung von ritterlichem Edelmut, von frechen Schurkenstreichen, von dem Geheimnis, das die geheime Bruderschaft umwitterte, dem Schrecken, den sie verbreitete, und der Achtung, die ihr gezollt wurde. Er hatte es kaum erwarten können, als Mafioso eingeschworen zu werden. »Im Alter von zehn, elf, zwölf Jahren, wie amerikanische Jungs wild auf Baseball, war ich wild auf Mafia«, gestand er. Nach 13 Jahren in Brooklyn hatte er sich vom amerikanischen Ableger der Mafia abgewandt. »In Amerika ist keine Mafia. Nicht einmal Vorstellung, was Mafia ist«, erklärte er. »Echte Mafia handelt nie mit Heroin. Ehrenmann geht nicht hin und killt Jugendliche auf ganzer Welt. Mafia tut so was nie. Ich hab das nie gehört in Sizilien, nie.

Ist nur eine Mafia, die sizilianische, eine einzige. Diese Leute aus Sizilien . . . kommen hierher und berauben eigene Leute, gehen rum und kassieren jede Woche Geld, killen Italiener . . . Sie nennen sich Mafia. Doch in Sizilien heute haben sie niemand nicht.«

Leider hatten sie in Sizilien massenhaft Leute (in der Mafia nämlich). Ronsisvalle hatte immer geglaubt, er arbeite für Sizilianer in Brooklyn. In Wirklichkeit arbeiteten seine Bosse in Brooklyn für die Sizilianer in Palermo.

Als er 1966 nach New York kam, reisten mehrere 1 000 Mann unter dem Oberbefehl der sizilianischen Mafia illegal in die Vereinigten Staaten ein und schwärmten unbemerkt über das ganze Land aus. »Sie bauten während der ganzen sechziger und siebziger Jahre vor unserer Nase ein Vertriebsnetz für Heroin auf«, äußerte James Kallstrom, der Mafiaexperte des FBI in New York.[3]

»Das erste, was wir hier jemals von der sizilianischen Mafia hörten, war 1984 die Pizza-Connection«, fügte Louis Schiliro vom FBI-Büro Brooklyn-Queens hinzu. »Die New Yorker Polizei erkennt nicht mal heute (1986) die Existenz der sizilianischen Mafia an . . . Durch den Pizzafall wurden für uns alle möglichen Perspektiven eröffnet, aber wir haben nie richtig begriffen, wie die fünf amerikanischen Mafiafamilien da hineingehören. Wir haben das als ›sizilianische Fraktion der Familie Bonanno‹ bezeichnet, doch heute erkennen wir, das war das falsche Etikett. Die Gewährsleute, die wir aufgetan haben, lachten uns wegen unserer Theorien aus. ›Wer in Sizilien eingeschworen ist, muß Palermo die Treue halten‹, erzählten sie uns.«[4]

Luigi Ronsisvalle hätte ihnen das alles und noch viel mehr erzählen können. Zumindest hätte er sie damit auf die ungeheuren Ausmaße des Rauschgifthandels gestoßen. Als er sich stellte, im Jahr 1979, war die bis dahin größte beschlagnahmte Menge von Heroin 68 Kilo gewesen, 1971 in New Jersey.[5] Ronsisvalle hatte 1977 eigenhändig mehr als 15mal soviel transportiert. Er hätte die Sizilianer identifizieren können, die ihn in Brooklyn beschäftigten, und den Kopf der sogenannten sizilianischen Fraktion der Familie Bonanno. Er hatte sogar miterlebt, wie Salvatore Catalano Ende 1976 die Enklave der Familie Bonanno auf der Knickerbocker Avenue übernommen hatte.

Ronsisvalle hatte außerdem einer sizilianischen Fraktion der Familie Gambino gedient — einer noch tiefer im Untergrund tätigen Formation von viel größerem Gewicht. Er pflegte an ihre Enklave an der 18. Avenue zu liefern, wo gewöhnlich der eine oder andere der Gambinos von Cherry Hill die Stellung hielt. Er hatte zugesehen, wie sie alle Bruderküsse mit geheimnisvollen Ehrenmännern tauschten, die gerade aus Palermo eingetroffen waren, und sogar einer Beratung mit ihren Kollegen aus Caracas beigewohnt.

Für ihn waren das ganz alltägliche Vorgänge. Als ahnungsloser Rekrut der stillen Invasion der sizilianischen Mafia hatte er keine Vorstellung von ihrer Größenordnung. Wie ein Mann, der taub wird, konnte er diese Leute reden hören, aber nicht feststellen, wovon sie sprachen. Er führte lediglich ihre Befehle aus.

So hatte Luigi Ronsisvalle eigentlich keine Ahnung,

wieviel er in Wahrheit wußte. Seine Befrager konnten sich nicht vorstellen, daß bei ihm überhaupt etwas zu holen war.

Er war bloß eine Sträflingsnummer unter vielen in einem Bundesgefängnis, bis Detective Douglas Le Vien ihn dort 1985 aufsuchte, sechs Jahre nach seiner Einlieferung. Inzwischen zu Präsident Reagans Kommission gegen das organisierte Verbrechen versetzt, hatte Le Vien seine glücklose Verfolgung Enzo Napolis längst aufgegeben. Da er Enzo Napoli gekannt hatte, konnte er jedoch Luigi Ronsisvalle verstehen.

Ronsisvalle war einer von Napolis *Picciotti* gewesen. Er hatte die Diamanten für Napoli geraubt, seine Schecks in Miami eingelöst, sich an ein paar seiner Heroindeals beteiligt. Fast mit Gewißheit hatte er für Napoli auch gemordet. Sein regelmäßiger Partner bei »Mordaufträgen«, ein bescheidener sizilianischer Schneider, der auf Anforderung über den Atlantik flog, gehörte zu den Personen, die Napoli in Palermo am häufigsten anrief.[6] Ronsisvalle hatte auch für andere in Brooklyn Gelegenheitsaufträge ausgeführt. Von Hand zu Hand weitergereicht, hatte er die lokale Verbrechensszene lebensecht aus der Froschperspektive genossen.

Sein Stammlokal war das *Café Viale* auf der Knickerbocker Avenue. Hinten im Café war ein Rundtisch, Lieblingsplatz einer vergessenen Generation schnauzbärtiger Italiener, die unter großen schwarzen Filzhüten in ihren Mänteln herumsaßen. Hinten lief ein illegales Bakkaratglücksspiel, gegen das die Polizei regelmäßige Razzien unternahm. Hier oder im *Café Sport*, ein kleines Stück die Straße hinunter, pflegten neuangekommene Flüchtlinge vor der italienischen Justiz stundenlang in der Hoffnung herumzulungern, mit der Mafia in New York Fühlung aufnehmen zu können.

Das waren die unbedeutenden Mafiosi, die sich an die ehernen Regeln halten mußten; sie konnten in Brooklyn ohne Erlaubnis einer Familie nicht arbeiten. Höherrangige sizilianische Mafiosi schienen keine solchen Rücksichten nehmen zu müssen, etwa Buscetta oder die Gebrüder Napoli. Regeln oder nicht, solche Männer hatten sich überall auf Amerikas fetten Weiden niedergelassen: in den fünf Großstädten des Staates New York, in den Staaten New Jersey, Delaware und Pennsylvania, in Texas, Florida, Virginia, Massachusetts und Vermont, in Michigan, Illinois, Kalifornien, Arizona, Maryland und in Washington D. C.[7] Sie auseinanderzuhalten, war nicht gerade einfach, weil viele in der sizilianischen wie in der amerikanischen Mafia dieselben Namen trugen, dieselben Verwandten hatten und denselben unverständlichen Jargon sprachen. Ronsisvalle konnte sie auch nicht besser auseinanderhalten als die Polizei; für ihn sahen die amerikanischen Sizilianer und die sizilianischen Sizilianer alle gleich aus.

Er war 1966 mit einer unbestimmten Empfehlung seines Capo-Mafia in Catania angelangt. »Wenn du nach Brooklyn in die Knickerbocker Avenue gehst, nenn meinen Namen«, riet der Boß. Der Name, über einer Tasse Kaffee im *Café Viale* fallengelassen, machte ihn für einen aus einem Dutzend Lohnkiller glaubwürdig, die ein paar Jahre zuvor aus Sizilien herübergekommen waren. Als Soldaten in der Familie Buccellato von Castellammare del Golfo waren diese Männer herübergeschickt worden, um Joe Bonanno auszuhelfen. Bonanno hatte in der Vergangenheit Dutzende von Castellammaresi herübergebracht. Doch 1964 war er in neuen Schwierigkeiten, da er Mordaufträge für drei seiner Kollegen im leitenden Ausschuß der Cosa Nostra erteilt hatte, zu allererst für Carlo Gambino.[8] Da er damit rechnete, daß der

Teufel los sein würde, wenn man ihm auf die Schliche kam, hatte er um Verstärkung geschickt.

Ronsisvalle brauchte nicht lange für die Feststellung, daß die Knickerbocker Avenue der Familie Bonanno gehörte. Der für die Straße zuständige Capo, unbedingt ein Bonanno, herrschte wie ein König. »Bei allem, was dort bewegt wird, sogar bei einem Baum, muß er gefragt werden. Ich möchte einen Baum versetzen«, sagte Ronsisvalle später.

Seine neue Karriere begann mit dem bescheidenen Angebot eines sizilianischen Landsmanns namens Paolo La Porta, der später unwissentlich den ersten Durchbruch im Fall der Pizza-Connection bewirken sollte. Später sollte sich La Porta gegenüber einem Geheimagenten der Drogenfahndung brüsten, »seine Leute könnten täglich fünf Millionen Dollar Rauschgiftgelder waschen«.[9] Doch trotzdem war er ein kleiner Ganove, als Ronsisvalle erstmals mit ihm zusammentraf. »Sag mal, du bist doch aus Sizilien? Hast du Mumm?« fragte ihn La Porta. Ronsisvalle hatte Mumm. »Ich bin gerade in die Vereinigten Staaten gekommen. Das ist amerikanische Mafia, los, machen wir's.«

Er erhielt eine 45er und wurde losgeschickt, einen Drugstore auszurauben. In der Kasse waren weniger als 50 Dollar, und der Drogist schoß Ronsisvalle obendrein an (worauf La Porta ihn im Stich ließ und mit Vollgas davonbrauste). Am Bein verwundet, aber nicht entmutigt, schleppte er sich nach Hause.

Als die Wunde verheilt war, nahm ihn La Porta mit nach Niagara Falls. Die beiden überquerten die Brücke nach Kanada, teilten an sechs wartende sizilianische Ausländer falsche Pässe aus, kassierten von jedem 500 Dollar und brachten innerhalb einer Stunde alle mit zurück.

Ronsisvalle erfuhr nur, La Porta »habe irgendeinen Draht zu Pässen«. In Wirklichkeit förderte er gerade nach Kräften die illegale Einwanderung der Mafia. Mehrere 1 000 Mann wurden auf diese Art eingeschleust, und amerikanische Beamte kamen darüber ins Grübeln.

Die amerikanischen Behörden bemühten sich damals »offenbar ergebnislos«, die Ursache eines Zustroms an Italienern »in bisher nicht dagewesener Zahl« zu begreifen, hieß es in einem Bericht der New York State Police. »Die meisten [Personen], die zwischen Mitte der sechziger Jahre und Anfang der siebziger Jahre illegal in die USA einreisten, waren aus Italien wegen Anklagen flüchtig, die vom Mord bis zum Rauschgifthandel reichten«, hieß es später in einem FBI-Bericht.[10]

Der Ausflug nach Niagara Falls entschied über Ronsisvalles Zukunft. Was immer er auch von Amerika erwartet haben mochte, jetzt war er hoffnungslos gefangen. Er war fast Analphabet und verfügte weder über Geld noch über übliche Fertigkeiten. Er konnte sich an das Land nicht gewöhnen, seine Sprache nicht meistern, konnte sich nicht anders als in einer unverständlichen sizilianischen Geheimsprache verständigen. Er konnte nur nehmen, was die Mafia in Brooklyn zu bieten hatte, ob es ihm gefiel oder nicht. (Was er selbst davon hielt, ist nicht bekannt.) Von nun an war er nie völlig pleite, obwohl er anscheinend so methodisch betrogen wurde, daß er auch nicht reich wurde. Je nach Gelegenheit arbeitete er als *Gofer*, als bewaffneter Einbrecher, als Geldeintreiber, als bezahlter Killer und in wirklich ungeahntem Umfang als Heroinkurier.

Mord war in den Vereinigten Staaten leichter als in Italien, stellte er fest, denn »in New York haben wir fünf Familien, und wenn ich jemand kille — ist leichter zu regeln«. Bisweilen wählte er seine Opfer selbst. Einmal einen Kreditwucherer der Mafia, der ihm 5 000 Dollar geliehen hatte, damit er sie auf der Straße weiter verleihe. Als ein Mann in der Bronx nicht zahlte, verlangte der Kredithai, Ronsisvalle solle dem Mann die Beine brechen. In einer wohltuend humanen Aufwallung erschoß er statt dessen den Kredithai.[11]

Ansonsten wurden die Mordaufträge über so viele Zwischenstufen erteilt, daß er kaum sagen konnte, wer ihn beauftragt hatte. Manche hätte er auch bereitwillig ohne Bezahlung ermordet: zum Beispiel einen Spieler, der in einer Pokerpartie seine eigene Frau verspielt hatte. (Der Mann bot eine Nacht im Bett mit ihr an, um seinen Einsatz zu erhöhen, als ihm das Geld ausging. Er verlor das Spiel; die Frau fügte sich an diesem Abend, erzählte aber am nächsten Morgen ihrem Bruder davon. Ihr Bruder war zufällig Streifenpolizist in Brooklyn.)

Gegen Ende seiner Laufbahn erfreute sich Ronsisvalle starker Nachfrage als Auftragsmörder. Ein Mittelsmann bot ihm zwei Kontrakte im Namen des angesehenen italienischen Finanziers und Bankbetrügers Michele Sindona an, des Bankiers des Heiligen Stuhls und der sizilianischen Mafia, von dem noch die Rede sein wird.[12] Der Vermittler, ein Landsmann Enzo Napolis namens Mario Maimone, verlangte von Ronsisvalle, einen US-Staatsanwalt in New York und einen Anwalt auszuschalten, der die Konkursverwaltung für Sindonas bankrotte Bank in Mailand übernommen hatte. Nach Angaben Ronsisvalles verliefen die Gespräche wie folgt:

»Er sagt: ›Luigi, willst du 100 000 Dollar verdienen?‹ Ich sage: ›Hoppla, was fragst du noch?‹ Er sagt: ›Der Distriktstaatsanwalt hängt Mr. Sindona zu sehr im Nakken. Sie wollen ihn killen. Sie zahlen das Geld in der Schweiz.‹ Ich sage: ›Hoppla, das ist aber ganz schön heavy . . .‹

Vorher hatte er zu mir gesagt: ›Mr. Sindona will, daß du nach Italien gehst, der Mann heißt Ambrosoli, sie zahlen dir 100 000 Dollar in der Schweiz.‹ Ich sage: ›Ich kille keine Leute in Italien nicht. Die Bullen sind mir dort zu scharf.‹«

Ronsisvalle entzog sich diesem Auftrag — Sindona fand einen anderen, um Ambrosoli in Mailand zu erledigen — und kam an den Bundesanwalt nicht heran.[13] Doch fand sich Ronsisvalle bereit, einen andern unbequemen Zeugen auszuschalten:

»Mr. Maimone sagt zu mir: ›Wir haben einen Herrn aus Milano, der sich mit dem FBI geeinigt hat und gegen Mr. Sindona aussagen will.‹ Ich gehe ins Büro des Herrn in Nr. 101 Wall Street, und ich sage: ›Sie sagen besser nichts mehr aus, oder ich bring' Sie um, Ihre Frau und Ihr Kind.‹ Damit war es mit diesen Leuten zu Ende.«

Einst, in Catania, wäre er vor dem Gedanken zurückgeschreckt, eine Frau und ein Kind umzubringen. Sobald er aber ins Heroingeschäft hineingeraten war, war sein kleiner Vorrat an Mafiaehre bald aufgebraucht.

Ronsisvalle hatte sich auf Stoff eingelassen, als Salvatore Catalano im Spätherbst 1976 die Knickerbocker Avenue übernahm. Catalano, ein Jahrzehnt zuvor aus dem sizilianischen Ciminna eingewandert, hatte gegenüber dem *Café Viale* einen bescheidenen Laden für Zeitungen und Andenken aufgemacht. Verschwiegen und wachsam, war er immer sehr verschlossen gewesen.

»Niemand kennt ihn. Manche Leute, die kennen ihn, er war ein sehr, sehr ruhiger Mann«, sagte Ronsisvalle aus.

Capo der Bonannos in der Straße war damals noch ein eigensinniger Veteran namens Pete Licata, der kein Rauschgift auf seinem Territorium dulden wollte. »Er sagt: ›Ich will keine Drogen auf der Knickerbocker Avenue, kein Heroin . . . Du fängst mit dem Großhandel an, und dann verkaufst du auch im Einzelhandel, und dann richten wir die Italiener hier zugrunde.‹ Sie sagen: ›Okay Don Pietro‹, und danach killen sie ihn«, erläuterte Ronsisvalle.

Licata wurde am 4. November 1976 ermordet. Drei Tage später wurde Catalano — ohne die leiseste Widerrede der Familie Bonanno — neuer Capo der Knickerbocker Avenue. Prompt tauchten einige neue Gesichter aus Sizilien auf. Zwei Fremde aus Castellammare del Golfo übernahmen das illegale Bakkarat im *Café Viale*, das vermutlich eine halbe Million Dollar die Woche einbrachte. Es waren Cesare Bonventre und Baldassare »Baldo« Amato, die Catalanos unzertrennliche Gefährten wurden, mit ihm ein Trio bildeten und die Knickerbocker Avenue mehr als ein Jahrzehnt lang beherrschten. Zusammen übernahmen sie sogar zeitweilig die gesamte amerikanische Mafiafamilie Bonanno.[14] Gemeinsam übten sie auch eine eiserne Kontrolle über das Heroin aus, das in die Enklave Bonannos in Brooklyn hereinkam und sie wieder verließ.

Baldo Amato sollte schließlich im Pizzaprozeß mit Salvatore Catalano auf der Anklagebank sitzen. Cesare Bonventre wäre dasselbe Schicksal beschieden gewesen, wenn er nicht in drei 200-Liter-Fässern in einer Leimfabrik in Garfield im Bundesstaat New Jersey geendet wäre. (Sein Kopf steckte in einem Faß, Rumpf und Gliedmaßen in den beiden anderen.)

Obwohl Ronsisvalle sich dieses neue Regime nie als »sizilianische Fraktion« vorstellte, hatte er gute Gründe, sich an seinen Aufstieg zu erinnern. Er selber begann nämlich wenige Tage, nachdem Salvatore Catalano das Kommando über die Knickerbocker Avenue übernommen hatte, Heroin zu transportieren. »Ich fühlte mich so schlecht, ich mußte mich mit Scotch volllaufen lassen«, sagte er. (Bei seiner Aussage im Pizzaprozeß 1985 wurde er gefragt, ob er so stark zu trinken begonnen habe, weil er seine Heroinlieferungen für die Mafia »moralisch verabscheut« habe. »Well, kommen Sie mir mal mit 40 Pfund Heroin in einem Sack entgegen, und probieren Sie, wie Sie sich dann fühlen«, antwortete er.)

Ronsisvalles erste Heroinladung war unverschnitten, offenbar gerade erst aus dem Ausland hereingekommen, und er mußte sie nur ein paar Meilen quer durch Brooklyn transportieren: von der Knickerbocker Avenue in Bushwick zur 18. Avenue in Bensonhurst. Warum zwei amerikanische Mafiafamilien, die Bonannos und die Gambinos, einander Kisten reinen Heroins schickten — wie er glaubte —, ging ihn nichts an; er führte nur die Lieferungen aus. Im Lauf der nächsten zwölf Monate machte er 15 Fahrten von der einen Avenue zur anderen, jedesmal mit einer Sendung von 40 Kilo. Insgesamt waren das 600 Kilo Heroin, vielleicht die Hälfte des Jahresbedarfs der wachsenden Süchtigenbevölkerung der Großstadt New York.

Der sizilianische Auftraggeber Ronsisvalles war ein gewisser Felice Puma, dem das *Café Scopello* auf dem Territorium der Bonannos gehörte. Ronsisvalle pflegte die in Kisten verpackte Lieferung in Pumas Café an der Knickerbocker Avenue einzuladen, im Lieferwagen mit einer doppelläufigen Lupara auf den Knien loszufahren und dann die Kisten in Enzo Napolis Café auf der 18. Avenue abzuliefern, im *Mille Luci.*

Die Arbeit war nicht gerade schwer, sie war nicht einmal gefährlich. Die Rauschgiftfahndung von Brooklyn jagte Straßenhändler, die Bruchteile einer Unze in einem Zellophantütchen verhökerten. Einem Polizisten wäre es 1976 nicht eingefallen, nach einer halben Tonne Heroin Ausschau zu halten, das vom Territorium der Bonannos zu dem der Gambinos verfrachtet wurde. Niemand von den Strafverfolgungsbehörden hatte auch nur eine Ahnung, daß soviel Heroin ins Land kam.

Ronsisvalle erhielt 5 000 Dollar pro Lieferung, etwa ein Hundertstel Prozent ihres Straßenverkaufswerts. Er hatte keinen Grund zur Klage, solange die Arbeit weiterging, doch im Frühjahr 1977 blieb sie plötzlich aus. Eine »Dürre« stehe bevor, erzählte ihm Felice Puma. »Du mußt eine Weile ausspannen. Ich warte . . . Ich weiß nicht wann.«

Dann, im August dieses Jahres (als ein Dutzend Raffinerien in Sizilien die Produktion aufnahmen), teilte ihm Puma die freudige Botschaft mit. »Er sagt: ›Wir sind wieder im Geschäft . . . Kennst du die Rohrleitung aus Kanada in die Staaten, in der das Öl kommt. Wir haben jetzt dasselbe mit Heroin aus Sizilien in die USA.‹«

Das war es, worauf sizilianische Rauschgifthändler 20 Jahre lang hingearbeitet hatten. Ihre Heroinpipeline nach Amerika war das Wahrzeichen ihres Aufstiegs zu den Gipfeln der internationalen Unterwelt. Jetzt waren sie die größten Hersteller im Westen, verbündet mit dem größten Rohstofflieferanten (der türkischen Mafia), ihrer Meistbegünstigung auf dem größten Markt sicher, der von ihrem eigenen interkontinentalen Vertriebssystem bedient wurde, dem größten, das je für Rauschgift aufgezogen worden ist.

Strenggenommen hatte die sizilianische Mafia nicht ganz das Monopol; es gab immer noch selbständige Hersteller und Verkäufer von Heroin. Fortan aber sollten die meisten Selbständigen gezwungen sein, entweder die Vertriebswege der Sizilianer zu nutzen oder ihre Geschäfte über Palermo abzuschließen, oder aber ihren Laden dichtzumachen.

Die Eröffnung der Pipeline im Jahre 1977 brachte einen Zustrom von Heroin mit sich, wie ihn Amerika noch nicht erlebt hatte. Sizilianische Rauschgifthändler drängten den Straßenhändlern die Droge geradezu auf und boten Riesenmengen auf Kredit an, eine bis dahin unerhörte Praxis. »Aber ich hab' nicht soviel in bar!« protestierte ein Geheimagent der Drogenfahndung, als ihm mehrere Kilo im ungefähren Großhandelswert von einer halben Million Dollar von Paolo La Porta aufgedrängt wurden. »Wer redet denn von Bargeld?« antwortete der ahnungslose Lieferant des Agenten freundlich lächelnd.[15]

Bis Ende 1977 hatten sich die Süchtigen schlagartig auf 750 000 vermehrt, auf fast das Zwanzigfache ihrer Zahl zu Beginn der Invasion der sizilianischen Ehrenmänner im Jahre 1963.[16]

48 Stunden nachdem Ronsisvalle die gute Nachricht über die »Rohrleitung aus Kanada« erhalten hatte, bemerkte er einen Fremden in vertrautem Gespräch mit Salvatore Catalano im *Café Scopello*. Das war Giuseppe Ganci, der neue Aufseher der sizilianischen Kuppel in New York. Zehn Tage später hatte Ronsisvalle wieder Arbeit.

Nun kam er aus Brooklyn hinaus. Puma schickte ihn zwölfmal mit dem Flugzeug nach Los Angeles und 15 mal im Zug nach Chicago. In die eine Stadt brachte er ungefähr zwölf Kilo Heroin und in die zweite 300 Kilo. Zweimal brachte er ohne Wimpernzucken 100-Kilo-Ladungen von Florida hinauf nach New York; genausogut hätten es Kartons mit Frühstücksflocken oder Waschpulver sein können.

Bei einer dieser Gelegenheiten rief Puma an und gab Ronsisvalle den Auftrag, das nächste Flugzeug nach Miami zu nehmen. Puma selbst wartete am nächsten Morgen in einer Innenstadtstraße in Miami in einem roten Porsche. Auf dem Sitz neben ihm lagen eine Lupara und ein .38er Revolver, und 100 Kilo Heroin waren im Kofferraum. Die beiden fuhren dann ohne Halt von Miami zur Knickerbocker Avenue in New York. Als sie vor dem *Café Scopello* vorfuhren, erkannte Ronsisvalle den Mann, der draußen wartete: Salvatore Catalano persönlich. Der Staat sollte Ronsisvalle für diese Zeugenaussage eines Tages noch sehr dankbar sein: Er war der einzige Zeuge im 17monatigen Prozeß über die Pizza-Connection, der mit eigenen Augen gesehen hatte, wie Catalano eine Heroinsendung von 100 Kilo in Empfang nahm.

Zu dieser Zeit, 1977, hatte die Polizei von Brooklyn von Catalano noch nie etwas gehört und die italienische Polizei ihn aus den Augen verloren, nachdem er im Prozeß der 114 freigesprochen worden war. Sobald er sein eigenes Gebiet hatte, hatte sich der selbsternannte Capo der Knickerbocker Avenue jedoch zu einer eindrucksvollen Persönlichkeit entwickelt.

Obwohl er bloß ein Straßenboß war, verkehrte Catalano mit den geachtetsten Männern sowohl der Familie Bonanno als auch der Familie Gambino. Ronsisvalle begegnete Catalano ständig auf dem Territorium der Gambinos, wo dieser mit dem Mafiaadel Umgang hatte. Manche waren amerikanische Bosse; der mächtige Un-

257

terführer der Gambinos Anielle Della Croce war Catalanos ständiger Begleiter. Doch die meisten waren sizilianische Sizilianer: John, Rosario und Giuseppe Gambino von Cherry Hill, Enzo Napoli und andere.

Ronsisvalle kam nicht in den Sinn, daß er in ein lebensgefährliches Geheimnis eingeweiht war. Da er mitbekam, wie die sizilianischen Sizilianer täglich zwischen den beiden Enklaven der amerikanischen Mafia hin und her pendelten — sogar ihre unglaublichen Heroinlieferungen von der einen zur andern verschoben —, konnte ihm kaum entgehen, welche Ehrerbietung allein den Sizilianern erwiesen wurde. Ein hellerer Kopf hätte vielleicht gemerkt, daß das eine Gruppe für sich war, mit einem ganz besonderen Auftrag betraut. Es war Ronsisvalles Glück, daß er keinen Gedanken an so etwas verschwendete.

Im April 1977 erhielt Ronsisvalle einen ungewöhnlichen Einblick in die komplizierten Beziehungen zwischen den sizilianischen Mafiosi in Brooklyn und ihren amerikanischen Gastgebern. Das war während der Heroin-»Dürre«, als er einen Raubüberfall mit Millionenbeute für seinen persönlichen Gönner Enzo Napoli beging.

Napoli hatte die Sache vollständig ausbaldowert. Ronsisvalle und ein Komplize waren bei dem Überfall auf einen Laden mitten im Diamantenviertel New Yorks nach zehn Minuten wieder draußen. Nachdem er ihm 25 000 Dollar Anzahlung gegeben hatte, übernahm Napoli die Diamanten zum Verkauf — am nächsten Abend warf er sie vor Doug Le Vien auf den Tisch, während Ronsisvalle in Chicago untertauchte, bis die Sache nicht mehr so heiß war.

Er war kaum in einem Hotel in Chicago eingezogen, als ihn zwei Lohnkiller heimsuchten. »Sie machen die

Tür auf und schießen auf mein Bett und gehen dann ins Klo und schießen auch dort herum. Mr. Enzo Napoli wollte mich umbringen, um mir meinen Anteil nicht zu geben«, sagte Ronsisvalle später. Er entkam unversehrt, weil er sich bei einer Dame ein Stockwerk höher einquartiert hatte, die über eine Zimmerflucht mit Aussicht und Farbfernsehen verfügte. Doch bei seiner Rückkehr nach New York hatte er sich etwas in den Kopf gesetzt. »Ich will Mr. Enzo Napoli killen.«

Leider sickerten seine Absichten bis zur Knickerbokker Avenue durch, worauf Salvatore Catalano sich ins Mittel legte. »Er sagte zu mir: ›Luigi, ich höre, Mr. Vincent Napoli kümmert sich nicht um dich. Ich werde sicherstellen, daß du kriegst, was dir zusteht.‹ Ich sagte: ›Das will ich nicht. Ich werde mich persönlich um ihn kümmern.‹ Er sagt: ›Nein, das ist nicht der richtige Weg . . . Ich kümmere mich um alles.‹«

Eine klassische Mafiabesprechung folgte bei *Da Cesare*, einem exklusiven Restaurant der East Side in Manhattan. Um den Tisch Luigi Ronsisvalles und seines Raubkomplizen saß eine Reihe von großen Tieren, die sich normalerweise nicht um einen Niemand wie Ronsisvalle bemüht hätten. Enzo Napoli war anwesend, flankiert von einem Abgesandten seines Bruders Antonio aus Caracas, mit der Weisung, »für Abkühlung zu sorgen, das ist mein Auftrag«. Ein Vetter Salvatore Catalanos mit wichtigen Heroinbestellungen in Venezuela war mitgekommen. Catalano selbst führte den Vorsitz und vertrat dabei vermutlich die Familie Bonanno. Neben ihm saß der Consigliere der Familie Gambino, Joe N. Gallo, als Vertreter des mächtigsten Mafiaführers von Amerika, Paul Castellano.

Es wurde schnell offenbar, daß es ihnen nicht nur um Abkühlung ging. Sie saßen zusammen, um über Diamanten im Wert von einer Million Dollar zu reden. Enzo Napoli hatte zwar unbedingt Anspruch darauf, von ihnen vor einem elenden kleinen Lohnkiller in Schutz genommen zu werden, doch mußte er auch seinen Verpflichtungen nachkommen. Er hatte den Raubzug auf dem Territorium der amerikanischen Mafia durchgeführt. Also mußte er nicht nur seine eigenen sizilianischen Vorgesetzten auszahlen, sondern auch den Amerikanern ihr Pflichtteil anbieten.

Im Ergebnis erhielten Ronsisvalle und sein Partner weitere 30 000 Dollar. Alle anderen bekamen einen Diamanten. Dann brachte Napoli einen funkelnden Stein von vier Karat zum Vorschein und wies Ronsisvalle an, ihn »als Zeichen der Wertschätzung« Paul Castellano zu bringen, dem regierenden Chef der Familie Gambino und Boß aller Bosse in Amerika. Also mußte Ronsisvalle auf Befehl Salvatore Catalanos Enzo Napoli die Hand schütteln, anstatt ihm eine Kugel durch den Kopf zu jagen. »Ich ging hinaus mit dem Schwanz zwischen den Beinen«, sagte er.

(Ob es zutreffe, daß Catalano »Ihren Wunsch durchkreuzt hat, einen Mann namens Napoli zu töten?« fragte ihn der Verteidiger beim Prozeß um die Pizza-Connection. »Ja«, antwortete er und erklärte, Napoli habe ihn nach einem Raub um seinen Anteil betrogen und dann versucht, ihn umbringen zu lassen. »Ich glaube, wenn Sie in meiner Lage wären, hätten Sie dasselbe getan«, fügte er hinzu und rief dabei lautes Lachen bei Geschworenen und Zuschauern hervor.)[17]

Ronsisvalles Laufbahn in Amerika nahm im Frühjahr 1979 ein Ende, als er die Frau ausraubte. Es war ihm gesagt worden, der Kassenbote habe 30 000 Dollar Lohngelder bei sich — es waren bloß 2 000 —, aber nicht, daß dieser eine Frau war. Ronsisvalle wurde verhaftet und konnte die 500 Dollar Kaution zahlen, hatte jedoch keine Ahnung, wie er einen Anwalt finanzieren sollte. »Weil ich eine Frau beraubt habe, kann ich nicht in die Knickerbocker Avenue gehen und sagen, daß ich etwas Geld brauche«, erläuterte er.

Auch fürchtete er den Zorn der Familie Bonanno. Sizilianische Mafiosi mit Gastrecht in der Knickerbocker Avenue durften nicht einfach losziehen und rauben, ohne die Familie zu konsultieren. »Die werden mir ins Gesicht spucken. Diese Leute werden mich in den Kopf schießen«, erklärte er, ohne sich darüber klarzusein, daß »diese Leute« seine eigenen waren.

Es gab noch andere Gründe für Ronsisvalle, seine Freiheit aufzugeben, die Bruderschaft zu verraten, die er seit seiner Kindheit angebetet hatte, und sich in die Hände der verachteten *Sbirri* (Bullen) zu geben. Er war müde, hatte seine Kumpane satt und war voller Selbstverachtung. »Wie kann ich damit fertig werden, was ich aus meinem Leben gemacht habe — alles in der Gosse?« rief er aus.

Bei allen seinen Fehlern war er von schlichtem Gemüt. Bevor er sich stellte, versuchte er, den größten Mafioso zu erpressen, den er kannte. Er schickte einen Brief an Don Michele Sindona und bat in Anerkennung früherer Verdienste um 20 000 Dollar. »Ich sage, wenn er es mir nicht morgen abend um sechs Uhr gibt, stelle ich mich dem FBI und gehe ins Gefängnis. Ich weiß nicht, was sie mir aufbrummen, aber er geht dann mit mir.« Sindona ging nicht mit ihm ins Gefängnis (sondern getrennt). Aber Ronsisvalle stellte sich dennoch. Er spazierte einfach ins Polizeipräsidium in der 5th Street in Brooklyn und sagte: »Bitte rufen Sie das FBI an, mein Name ist Luigi Ronsisvalle. Ich möchte mich stellen.«

Er hätte die FBI-Agenten verblüffen können, die ihn

verhörten, wie er dies eines Tages mit Richter und Geschworenen tun sollte, die dann an seinen Lippen hingen. Für die Bundesstaatsanwälte im Prozeß um die Pizza-Connection war er ein unerwartetes Wunder, nachdem ihn Doug Le Vien ausgegraben und »entziffert« hatte. Doch der versoffene Ganove, der den FBI-Agenten 1979 gegenübertrat, konnte ihre Phantasie schwerlich beflügeln. Da er von den klaffenden Lücken in ihrem Wissen nichts wußte, gab er eine konfuse und zusammenhanglose Geschichte von sich. Sie überführten ihn des Mordes an einem Koch und des Mordversuchs an einem Bundesanwalt, und er verschwand hinter Gefängnismauern.[18]

11   Von der Pipeline in die Pizzeria

Im selben Jahr, als Luigi Ronsisvalle insgesamt eine
Tonne reines Heroin in Brooklyn als Handgepäck trans-
portierte — also 1977 —, entdeckte Detective Douglas
Le Vien, daß Enzo Napoli eine Pizzeria in Virginia
Beach im Bundesstaat Virginia eröffnet hatte. Sie hieß
Little Sicily, und Tommaso Buscettas Söhne Antonio
und Benedetto waren seine Partner. Nicht einmal Le
Vien konnte ahnen, wohin die Entdeckung in dem unwahrscheinlichen Fall führen mochte, daß er die Chance erhielt, ihr weiter nachzugehen. Das war der entscheidende Hinweis auf das geheime Heroinliefersystem
der sizilianischen Mafia — auf die Pizza-Connection in
ihrer ganzen Ausdehnung, die bis heute noch niemand
bis zum Ende verfolgt hat.

Die vor einem New Yorker Gericht 1986 aufgedeckte
Pizza-Connection war nur ein Teil des Liefernetzes, das
noch immer besteht. Nach sechs Jahren niederschmet-
ternd mühsamer und häufig brillanter Ermittlungen
konnten FBI und Drogenfahndung nicht eine verdächtige Pizzeria schließen. Es gelang ihnen nur, eine Fraktion
einer einzigen amerikanischen Mafiafamilie bloßzustel-
len, die mit etwa 30 Mann einen einzigen sizilianischen
Heroinring betrieb und bloß eine Ecke der Vereinigten
Staaten in einem Umfang von höchstens 150 Kilo jährlich belieferte.

Doch die sizilianische Mafia brachte Mitte der sechziger Jahre jedes Jahr drei oder vier oder sogar fünf Tonnen ins Land.[1] Es gab mehrere einander überlappende Rauschgiftringe — niemand weiß, wie viele —, die von Hunderten von Ehrenmännern geleitet wurden, Tausende von Handlangern und Partnern beschäftigten und in Abstimmung mit mehreren amerikanischen Mafiafamilien, besonders der offenbar unangreifbaren Familie Gambino, Heroin in jeden Winkel des Landes lieferten.

Große Fälle, große Probleme. Keine Behörde der USA war ausgerüstet, vorbereitet oder auch nur annähernd phantasievoll genug, um gegen eine Sache von dieser Größenordnung zu ermitteln. Auch heute ist das noch nicht der Fall. Daher blieb die kleine Pizzeria *Little Sicily* in Virginia Beach unbehelligt.

Auf die Staatspolizei von Virginia, die als einzige Notiz nahm, machte das Lokal einen zwielichtigen Eindruck. Es »hatte mehr oder minder beliebige Öffnungszeiten«, schrieb ein Sergeant des polizeilichen Nachrichtendienstes, und die Geschäftsleitung wurde verdächtigt, binnen zweier Monate 22 Gebäude in der Nachbarschaft niedergebrannt zu haben.

Detective Le Vien hatte die Pizzeria entdeckt, indem er sich die Computeraufzeichnungen über die Ferngespräche Enzo Napolis verschaffte. Die Nummer des *Little Sicily* gehörte zu den sechs, die Enzo am häufigsten anrief. Gewöhnlich telefonierte er ein- oder zweimal die Woche mit jemand in der Pizzeria, und dort wiederum gab jemand etwa 5 000 Dollar monatlich für Telefongespräche mit Hunderten von Pizzerien überall in den Vereinigten Staaten und darüber hinaus in Mailand, Palermo und Caracas aus.

Im Juli 1977 — sechs Monate Drängelei waren nötig gewesen — überzeugte Le Vien den Zoll der Vereinigten

Staaten, eine internationale Computerüberprüfung aller Ferngespräche zu veranlassen, die von Enzo Napolis sechs häufigsten Telefonnummern ausgeführt wurden, darunter auch der des *Little Sicily*. Der Computer warf 200 Telefonnummern bekannter Rauschgift- und Waffenschieber von Miami bis New Orleans, San Diego, Dallas, Detroit, Chicago, Seattle, Washington D. C. und in strategisch gelegenen Orten in Europa und Südamerika aus.[2] Was Le Vien in Händen hielt, war fast mit Sicherheit ein Organisationsplan des stufenweisen Rings der sizilianischen Mafia zur landesweiten Vermarktung von Heroin. Das *Little Sicily* mußte eine größere Geldwaschanlage oder gar ein Verteilerknoten sein, der per Telefon mit mehreren 100 Pizzerien im ganzen Land und mit deren Geschäftsführungen verbunden war. Le Vien war fündig geworden, aber niemand schien die Sache haben zu wollen. »Washington wußte nicht, was das bedeutet«, sagte er.

Die sizilianische Mafia hat die Pizza nicht erfunden, aber äußerst einfallsreich genutzt. Von 1963 an gingen fast alle Truppen der Cosa Nostra in Amerika früher oder später ins Pizzageschäft, tarnten sich damit, wuschen ihr Rauschgiftgeld, schöpften die Bargeldeinnahmen ab, erzwangen von der Branche Schutzgeldzahlungen mit Brandstiftung, Säureanschlägen, Bomben und Mord, sahnten tausendfach bei ihren Gästen ab und reichten Rauschgift zu einer Küchentür hinaus und zur nächsten hinein. Zwei Jahrzehnte gingen ins Land, bevor das FBI entdeckte, daß die sizilianischen Mafiosi »einen beträchtlichen Teil des Heroinimports in die Vereinigten Staaten« über diese Pizzerien vertrieben.[3] Gewalttaten und Schutzgelderpressungen hatten ein wenig Aufsehen erregt, die Namen und Gesichter aber nicht.

Gewöhnlich erzwangen sich die Mafiosi ihre Aufnahme ins Geschäft. Die Gambinos von Cherry Hill übernahmen die Pizzakonzession in der Cherry Hill Mall im südlichen New Jersey, indem sie das Lokal niederbrannten, einen Brandanschlag auf das Auto des Geschäftsführers verübten und ihn dann anriefen. »Was ich mit deinem Auto gemacht habe, mach' ich auch bald mit dir, wenn du nicht spurst«, sagte die Stimme am Telefon. »Ich werde eine Kanone in die Hand nehmen und dir das Gesicht wegpusten. Werde klug. Sei schlau. Mach die Bude dicht. Gib deine Schlüssel ab.«[4]

Stille Kapitulationen nahmen sie aber auch gern entgegen. Der Filialleiter der sizilianischen Mafia in der Hauptstadt Washington, ein leutseliger Gastgeber namens Luciano Fiumefreddo, behauptete, seine schönste Pizzeria in der Prince George County in Maryland schon dadurch erworben zu haben, daß er danach fragte. »Ich konnte in einer Nacht nicht schlafen, also bin ich dort hingefahren und hab' die Landover Mall gesehen. Ich war von ihrer Schönheit so überwältigt, daß ich die ganze Nacht auf dem Parkplatz gewartet habe und dann hineingegangen bin, um zu fragen, ob ich das Lokal pachten könne«, erläuterte er.[5]

Fiumefreddo, dem in der Umgebung der Bundeshauptstadt weitere sechs Pizzerien gehörten, hatte ein Dutzend andere die Ostküste hinauf und hinab aufgekauft, seit er im Oktober 1963 — drei Monate nach dem Bombenattentat von Ciaculli — aus Sizilien — ins Land gekommen war. Mit ihm geflohene Mafiosi taten von einer Küste zur anderen desgleichen. Sie schufteten, siebten Mehl und kneteten Teig, wuchteten Kartons und wischten Fußböden, öffneten früh und schlossen spät. Außenstehende sahen keinen Unterschied zu Tausenden rechtschaffener Sizilianer in diesem Gewerbezweig.

Es gab nichts Besseres als Tarnung vor aller Augen. Ganz Amerika konnte ihnen ohne den Schatten eines Verdachts bei der Arbeit zusehen. Das Publikum schloß diese neu eröffneten sizilianischen Eßlokale in sein Herz, die überall wie Pilze nach dem Regen aus dem Boden schossen. Sie servierten schnell — das war vermutlich das Geheimnis dafür, daß die Rauschgifthändler mit der Erfindung dieses Systems genau für dieses Land der Liebhaber von Fast Food so großen Erfolg hatten — und außerdem billiger und nicht ganz so unbekömmlich wie viele andere Lokale. Ein Angeklagter aus der Pizzeria, die Anlaufstelle der Pizza-Connection in der Stadt Oregon im Bundesstaat Illinois war, wurde nach seiner Verhaftung sehr vermißt. »Er hat seine Pizzas mit richtigem Schinkenspeck belegt — nicht bloß mit winzigen Stückchen«, schwärmte ein Gast.[6]

Die Polizei behelligte diese Lokale selten, und auch das nur, weil sie so viele illegale Sizilianer beschäftigten. Neun von zehn Personen, die von der Bundesbehörde für Einwanderung und Einbürgerung abgeschoben wurden, waren bei der Arbeit in Pizzerien angetroffen worden.[7] Das Phänomen stellte die Strafverfolgungsbehörden vor Rätsel. Mit der Zeit kamen sie dahinter, daß Rauschgift im Spiel sein könnte, aber weiter gelangten sie nicht.

Alle großen Akteure der sizilianischen Mafia auf der New Yorker Szene halfen beim Einschmuggeln der Ausländer: die Gambinos von Cherry Hill, Emmanuele Adamita (ihr Hauptheroinkurier), Salvatore Inzerillo (der künftige Heroinkönig), Enzo und Antonino Napoli, Buscetta und die ganze Bande ihrer engen Geschäftspartner.[8] Für Agenten, die sich normalerweise um ihren eigenen Hinterhof kümmerten, waren sie jedoch bloß »geeps« oder »zips«, »fucking siggies« und nicht so wichtig. Es wurde als selbstverständlich unterstellt, daß eine der amerikanischen Mafiafamilien die Ausländer ins Land brachte; vermutlich die Familie Gambino, da Carlo Gambinos Bruder Paolo eindeutig das Sagen hatte.

»Ich kam 1970 nach New York und wurde einer Sondereinheit zugeteilt, die die Familie Carlo Gambino beschattete«, sagte James Kallstrom, der beste Mafiabeobachter des FBI in New York.

»Wir konnten seinem Bruder Paolo damals etwas nachweisen. Paolo war sehr reich, aber nicht aus ihrer normalen Geschäftstätigkeit. Er schmuggelte Ausländer ein.

Wir sahen das ganze Netz; sie bauten das Heroinvertriebsnetz während der ganzen sechziger und siebziger Jahre direkt vor unserer Nase auf. Alle waren sie im Käsegeschäft — sie machten Mozzarella und verkauften ihn an Pizzerien, die überall aus dem Boden schossen . . . Ich folgte ihrem Käselieferwagen zu Pizzerien in New York, New Jersey, Connecticut. Sie hatten Hunderte von Pizzerien, alle von illegalen Ausländern betrieben, die direkt aus Palermo kamen . . . Wir glaubten, die Familie Gambino müsse Hunderte von Sizilianern illegal einschleusen, ihnen wenig zahlen und ein Heer aufstellen — aber wofür?

Wir dachten, daß es Rauschgift sein könnte; bei Gelegenheitsverhaftungen wurde genug Rauschgift beschlagnahmt, um auf einen Rauschgiftring schließen zu lassen. Doch die Verbindung war nicht eindeutig.«[9]

Die Staatspolizei von New Jersey hatte bereits 1977 weitaus mehr Fakten zusammengetragen, war der Wahrheit jedoch auch kaum näher gekommen . . . Der außergewöhnliche Zustrom illegaler sizilianischer Einwanderer war »von einem Tag zum andern schwer zu verstehen«, bemerkte der Analytiker des polizeilichen Nachrichtendienstes.[10] Es war bekannt, daß inzwischen mehrere 1 000 Ausländer eingeschleust worden waren. Obwohl in ihrer Heimat wegen Mordes und anderer Straftaten angeklagt, waren viele »in den USA nicht identifizierbar«: Sie waren Unpersonen ohne gespeicherte Fingerabdrücke oder Sozialversicherungsnummern. Offenbar waren sie in krimineller Absicht da. Aber in welcher?

Sizilianer schienen keine Schwierigkeiten zu haben, ins Land zu gelangen. Etliche benutzten gefälschte Wegwerfpässe und schummelten sich auf eigene Faust durch. Weitere Tausende wurden durch den organisierten internationalen Ring reibungslos eingeschleust. Einer Beschreibung der Polizei von New Jersey zufolge pflegte ein gewisser Reisevermittler in Sizilien 500 Dollar pro Kopf zu kassieren, den Kunden ein Flugticket nach Montreal zu verkaufen und ihnen eine Visitenkarte für das dortige *Lauretian Hotel* oder das *Royal Motel* in Lachine in Quebec in die Hand zu drücken. Bei der Anmeldung dort wurde ihnen gesagt, sie sollten auf »Salvatore« (oder »Paolo« oder »Giuseppe«) warten, der dann weitere 500 Dollar kassierte und sie über die Grenze brachte.

Die Grenze zwischen Kanada und den USA südlich von Montreal zieht sich über 2 000 Kilometer vom Atlantik bis zu den Großen Seen hin und verläuft über Dutzende kleiner Wasserstraßen und Landstraßen dritter Ordnung. Damals waren auf der amerikanischen Seite von Maine bis Erie in Pennsylvanien nur 100 Grenzpolizisten stationiert und weniger als 20 davon jeweils gleichzeitig im Dienst.[11] Sie zu umgehen, war ein Kinderspiel.

Einmal im Land, pflegten die Illegalen entsprechend ihrer Mittel auszuschwärmen. Wer die richtigen Verbindungen hatte, übernahm Pizzerien, üblicherweise mit Startkapital von bereits niedergelassenen Mafiosi. Die andern arbeiteten als Lohnsklaven in den Lokalen. Sie bekamen ein paar Dollar wöchentlich und ein paar Matratzen in einem Schlafsaal oder auf dem Boden des Lokals. Ohne Papiere und ohne ein Wort Englisch waren sie wie Gefangene.

Verdienten Illegalen wurde schließlich eine *sistemazione* zuteil, wie es die Italiener nennen; die Mafia unternahm Schritte, ihren Aufenthalt zu legalisieren. Die Methoden variierten von schlichter Fälschung oder Betrug zu methodischer Bestechung auf dem Kapitol. Eine Möglichkeit war eine Kurzehe mit einer Amerikanerin; der Bräutigam wurde binnen sechs Monaten eingebürgert und anschließend geschieden; die Braut erhielt 1 500 Dollar. Eine andere Möglichkeit war die Fälschung von Anträgen auf Aufenthaltsgenehmigung. Käsereifacharbeiter hatten auf der Warteliste zum Beispiel Vorrang vor Hilfsarbeitern. So wurde der notorische sizilianische Rauschgifthändler und Pizzakonzessionär Michael Piancone unter anderem durch Fälschung seiner Arbeitsnachweise legaler Bewohner der Vereinigten Staaten. Im Bericht der Polizei von New Jersey heißt es:

»In Vorbereitung seiner Eingabe um ständigen Aufenthalt wurde sein Beruf in einer vierten Eingabe als Käsereifacharbeiter angegeben, obwohl er in seinen ersten drei Eingaben als Beruf Verkäufer genannt hatte.

Dem Antrag lagen mehrere Dokumente in italienischer Sprache und englischer Übersetzung bei, aus denen seine langjährige Berufserfahrung als Käser hervorging. Eine nähere Untersuchung der Dokumente ergab, daß in den Dokumenten nicht enthaltene Angaben der Übersetzung hinzugefügt worden waren. Piancone hatte zwar in einer Käserei gearbeitet, aber als Hilfsarbeiter . . .

Bei der Bearbeitung von Piancones Eingabe wurde der Inspektor der Behörde für Einwanderung und Einbürgerung nach Polizeiberichten gegen seinen Willen angewiesen, die Eingabe zu befürworten, obwohl ihr betrügerischer Inhalt bekannt war. Trotz illegaler Einreise und gefälschter Anträge erhielt Michael Piancone am 8. November 1966 eine ständige Aufenthaltsgenehmigung.«[12]

Ein Büro, das sich als International Institute of Jersey City bezeichnete, kümmere sich um derlei Dinge, hieß es in dem Bericht weiter.

»Das International Institute von Jersey City . . . begann ursprünglich 1936 beim Christlichen Verein Junger Männer als Zentrum für Kulturaustausch. Es veranstaltete alsbald Kurse in Englisch und Bürgerrecht und gewährte dann Ausländern Unterstützung in juristischen und sachlichen Fragen. Leitende Direktorin ist Mary Cassaro, und es gibt angeblich eine Treuhändergesellschaft mit 36 Mitgliedern, die alle unbekannt sind, da im Außenministerium keinerlei Eintragungen erfolgt sind.

Mary Cassaro ist in ihrer Position am Institut Zentralfigur für die Weiterleitung von Eingaben um vorgezogene Einwanderungsbewilligung für illegale Ausländer. Das Institut ist nach nachrichtendienstlichen Angaben ein Mittel, das von Straftätern, die mit dem Einschmuggeln von Ausländern befaßt sind, als gesetzeskonforme Schaltstelle zwischen der illegalen Seite des Geschäfts (Einschmuggeln, Untertauchen usw.) und dem Versuch der Legalisierung (Eingaben um vorgezogene Einwanderungsbewilligung, Anträge an den Kongreß usw.) genutzt wird. Es wird behauptet, daß das Institut Schutzgeldzahlungen von Ausländern an den Mob, an Kongreßabgeordnete und Anwälte weiterleitet.«

Eine größere Zahl der fraglichen Ausländer seien sizilianische Schwerkriminelle, die inzwischen Pizzerien betrieben, hieß es im Bericht weiter.

»Eine große Zahl parlamentarischer Anträge auf Einbürgerung von Ausländern werden im Kongreß eingebracht; am auffälligsten unter den Abgeordneten von New Jersey ist hier der Kongreßabgeordnete Henry Helstoski, Republikaner aus dem 9. Wahlkreis. Er hat an einem Tag 39 parlamentarische Anträge auf Gewährung der Staatsbürgerschaft eingebracht und im Laufe der 91. Sitzungsperiode (1969 bis 1971) insgesamt 111.

Der Kongreßabgeordnete Patten, der in derselben Wahlperiode den 15. Wahlkreis vertrat, hat 26 Anträge auf Staatsbürgerschaft eingebracht . . .

Der New Yorker Kongreßabgeordnete Mario Biaggi und sein Vorgänger Paul Fino haben ebenfalls zahlreiche parlamentarische Anträge auf Einbürgerung italienischer Ausländer eingebracht. Von Biaggi ist bekannt, daß er die Einbürgerung bekannter Verbrecher mit einem Antrag gefördert hat.«[13]

Der Kongreß brauchte solch einen Antrag nicht einmal zu verabschieden, wenn er nur regelmäßig wieder eingebracht wurde. Nach den Gesetzen der USA konnte ein Ausländer nicht abgeschoben werden, solange sein Antrag noch nicht entschieden war — und überhaupt nicht mehr, wenn das Verfahren länger als sieben Jahre dauerte. Solches konnte ein gefälliger

Kongreßabgeordneter für seine Klienten unschwer arrangieren, wie der Bericht aus New Jersey erläuterte:

»Eine Überprüfung von Anträgen New Yorker Kongreßabgeordneter ergab ein Schema, wie Anträge zugunsten von Ausländern weitergereicht wurden. Ein Abgeordneter unterstützt einen bestimmten Ausländer in einer Legislaturperiode, und der Antrag wird in der nächsten Periode von einem anderen Kongreßabgeordneten eingebracht. Auf diese Art werden die Anträge weitergereicht und getauscht.«[14]

Nichts davon gelangte in die Presse, noch weniger vor Gericht. Das waren die Zeiten der italoamerikanischen Bürgerrechtsliga, als kein Mensch des öffentlichen Lebens, der seine fünf Sinne noch beieinander hatte, dieses Thema anzuschneiden wagte.

Der leicht erregbare Joe Colombo, der die New Yorker Mafiafamilie dieses Namens anführte, hatte die Liga Ende der sechziger Jahre gegründet, um dem FBI die Arbeit zu erschweren. »Ständig haben sie einen beobachtet, fotografiert, überallhin verfolgt«, erläuterte ein Gehilfe. »Das machte es Colombo schwer, seine illegalen Geschäfte zu betreiben, weil seine Gangsterfreunde nicht gern fotografiert wurden. Dann kam der Punkt, wo Joe Colombo junior wegen Einschmelzens von Silbermünzen verhaftet wurde, und Joe senior sprach: ›Mit diesem Nervenkrieg ist jetzt Schluß, ich gründe die italienisch-amerikanische Liga für Bürgerrechte.‹«[15]

Die Liga wurde zu einer gefürchteten Wahlkampfwaffe. Millionen anständiger Italoamerikaner wurden verleitet, sich mit der Mafia in dem Glauben zu identifizieren, daß ein Angriff auf diese auch ein Angriff auf sie selber sei. Joe Colombo hielt täglich in der besten Fernsehzeit als Gastredner Brandreden an sie: »Der Präsident schubst uns herum, der Generalstaatsanwalt haßt uns wie die Pest«, tönte er gern im Fernsehen.

Schließlich merkte die italoamerikanische Bevölkerungsgruppe, welchem fatalen Irrtum sie da aufgesessen war, besonders nachdem Italoamerikaner wie Staatsanwalt Rudolph Giuliani zu den hervorragendsten Mafiabekämpfern der Nation wurden. Während der ganzen siebziger Jahre jedoch hatten die Politiker einen Heidenrespekt. Das Wort »Mafia« wurde nicht mehr gedruckt. Dem FBI, das von empörten Bürgern belagert wurde, wurde 1972 für mehr als ein Jahrzehnt verboten, das Wort zu gebrauchen.

Im Laufe dieses Jahrzehnts expandierte das Pizzaimperium der Mafia zu einem riesigen Konglomerat, das bis in die kleinsten Orte reichte, von Niles im Bundesstaat Ohio und Aurora in Colorado bis Temperance in Michigan, Pinellas Park in Florida und Wyomissing in Pennsylvanien; der Ausschuß gegen Verbrechen im Bundesstaat Pennsylvanien stellte fest, das Pizzaimperium habe sich allein in diesem Staat bis 1984 in 24 Klein- und Großstädten eingenistet.[16] 1985 waren sich Staats- und Bundesbehörden in der Umgebung der Hauptstadt angeblich darüber einig, daß »das organisierte Verbrechen allein in Virginia, Maryland und der Umgebung Washingtons mehr als 100 Restaurants beherrscht ... Die Ermittlungen in den letzten zwei Jahren konzentrierten sich auf Restaurants, deren Betreiber und Angestellte vorwiegend Neueinwanderer sind, mehrheitlich junge Sizilianer oder Italiener ... Manche kamen direkt auf Arbeitsstellen in vorhandenen Pizzerien, oder sie zogen als Köche und Filialleiter ein ... Ihre Zahl ist in den letzten fünf Jahren bemerkenswert gewachsen ... Amtliche Stellen machen sich Sorgen wegen des Rauschgifts, das durch diese Lokale geschleust wird, aber noch mehr über Bargeldabschöpfung und Geldwäsche ... Die Geldmenge ist astronomisch.«[17]

Der Pizzakonzern hatte seine eigenen Lieferanten und ein Monopol für den gesamten Bedarf des Pizzagewerbes – Backöfen, Öl, Tomatensoße, Fleisch, Pilze, Mozzarella. (»Wie kommt es, daß Sie keinen Mozzarella herstellen?« fragte James Kallstrom vom FBI einmal einen leitenden Angestellten des Käseherstellers Kraft, der ihm als Antwort nur zuzwinkerte.) Die Lieferungen stünden »unter lückenloser Kontrolle, vom Zeitpunkt ihrer Bestellung im Ausland bis zu dem Zeitpunkt ihrer Auslieferung an den Endverbraucher in den Vereinigten Staaten«, hieß es in einem Bericht des amerikanischen Zolls über die Westküste.

Viele amerikanische Mafiosi waren Teilhaber geworden und hatten sich mit ihren sizilianischen Kollegen ungefähr so zusammengeschlossen wie zwei Großkonzerne. Joe Bonanno, ein Pionier auf dem Gebiet, hatte in dem Konzern mit seiner Grande Cheese Company in Wisconsin (einer Fabrik von bundesweiter Bedeutung) die Finger drin, mit der Firma Saputo and Sons in Montreal (die er 1964 mitgegründet hatte) und mit einem komplizierten Geflecht von Tochterfirmen. Seine früheren Geschäftspartner, die Gebrüder Falcone aus Sizilien und Brooklyn, betrieben ein weitgespanntes Netz von Molkereien und dazu die Lokalkette *King of Pizza* über mehrere Bundesstaaten hinweg.

Carlo Gambinos Bruder Paolo und sein angeheirateter Neffe Frank Ferro gehörte ein weiterer Konzern der Käsefabrikation, Ferro Cheese, dessen Liefergebiet sich von Virginia bis Maine hinzog. Carlo Gambinos

Schwager und künftiger Nachfolger Paul Castellano war Großlieferant für Fleisch.

Von allen führten verschlungene Pfade zu einer merkwürdigen Firma namens Roma Foods, die Bargeldgeschäfte mit 650 Pizzerien tätigte, die sich von South Plainfield im Staat New Jersey über Jacksonville in Florida bis nach Dallas in Texas erstreckten.[18] Der in Sizilien geborene Eigentümer war Louis Piancone, einer von zwei Brüdern, die für diese Geschichte von größerem Interesse sind.

Die Piancones stammten aus Carato Bari in Sizilien. Louis hatte dort eine amerikanische Touristin geheiratet (und sich später scheiden lassen); sein Bruder Michael, der illegale Einwanderer mit den gefälschten Zeugnissen als Käsereifacharbeiter, war 1963 in die Vereinigten Staaten gelangt. Als frühe Partner im Pizzageschäft hatten sie bis zum Ende des Jahrzehnts Filialen in allen Himmelsrichtungen geschaffen.

Michael Piancone besaß eine Kette von *Pizza Palaces* über vier Bundesstaaten, verkaufte Konzessionen an Dritte und beschäftigte mehr illegale sizilianische Ausländer als irgend jemand sonst im Bundesstaat New Jersey. Mehrere seiner Pizzerien waren notorische Umschlagstellen für Heroin. Die bis dahin größte beschlagnahmte Heroinmenge wurde 1971 in einem seiner *Pizza Palaces* in New Jersey gefunden: 86 Kilo, die von Gaetano Badalamenti aus Palermo verschickt worden waren. Der größte Heroinhändler in New York wurde zwei Jahre später in einem weiteren *Pizza Palace* Piancones verhaftet: Filippo Casamento von der Firma Eagle Cheese, mitgefangen in dem internationalen Schlag gegen das Rauschgift, der auch Buscetta in Brasilien erwischte.

Dutzende anderer bekannter sizilianischer Rauschgifthändler hatten Konzessionen für den einen oder anderen Pizzapalast Piancones: zwei Neffen Badalamentis namens Solena; der geflüchtete Mafiaboß von Trapani, Antonio Minore; Emmanuele Adamita, der von Beginn der sechziger Jahre bis zu seiner letzten Verhaftung 1988 Großlieferungen Heroin für die Gambinos von Cherry Hill ins Land brachte.[19] Schließlich kam auch Michael Piancone ins Gefängnis, weil er selbst mit Heroin gehandelt hatte.

Louis Piancone gründete Roma Foods, die ausschließliche Vertriebsfirma für Joe Bonannos Grande Cheese Company an der Ostküste, und das war nur eine seiner Kapitalanlagen. Er beherrschte Bäckereien, Delikatessenläden, Spezialitätengeschäfte, eine Gefrierkostfirma, eine Teigwarenfabrik und eine Allzweckfirma namens Piancone Distributing Company, die sämtlichen Pizzeriabedarf lieferte. Die Pizzavertriebsgesellschaft verschaffte ihm für die ganze Branche eine marktbeherrschende Stellung als Zulieferer. Er war berühmt als guter Onkel der Pizzawelt, der neu angelangten sizilianischen Auswanderern Millionen Dollar Anfangskapital für Pizzerien lieh. Er machte Geschäfte mit allen Käsereien, Molkereien und Fleischfabriken der Familien Bonanno und Gambino und hatte außerdem ein ganz besonderes Verhältnis zur Familie Colombo.

Salvatore Profaci, Sohn des Gründervaters der Familie Colombo, war von Bonannos Grande Cheese Company 1971 zu Roma Foods übergewechselt. Fortan arbeitete er in einem Büro in einem Lagerhaus von Roma Foods als Louis Piancones vollbezahlter »Konsultant«, Berater in Gewerkschaftsfragen und Geldeintreiber.[20]

Um das Bild abzurunden, errichtete Piancones Firma *Pizza Palaces* 1972 die Caribbean Management Corporation. Der Firmensitz war Georgetown auf den Grand-

Cayman-Inseln in Britisch-Westindien. Das ist vielleicht nur ein reiner Zufall: Die Grand Caymans sind weithin als das schrankenloseste Geldwaschzentrum der Welt bekannt.

So standen die Dinge, als das goldene Jahrzehnt der sizilianischen Mafia zu Ende ging. Erst 1980 begann das FBI seine Ermittlung gegen das, was später als Pizza-Connection bekannt wurde. Die diensteifrigen und fähigen Agenten, die den Fall schließlich knackten, glaubten, die Pizzageschichte habe gerade erst angefangen, als sie sie entdeckten.[21]

Kann es sein, daß amerikanische Behörden über das letzte Vierteljahrhundert so wenig erfahren oder soviel vergessen haben? Offenbar ja. Am 12. April 1988 flog der US-Handelsminister William Verity tatsächlich mit Louis Piancone von Roma Foods nach Moskau zur Unterzeichnung eines Vertrags, der die Sowjetunion mit einer Kette von Piancones Pizzerien überziehen soll.[22]

Der Rechtsausschuß des US-Senats hatte Louis Piancone wegen seiner Verbindung mit Salvatore Profaci damals schon längst als »Soldat in einer Verbrecherfamilie« identifiziert. Das FBI, die Staatspolizei von New Jersey und der Ausschuß zur Verbrechensbekämpfung von Pennsylvanien hatten zudem festgestellt, daß er »eine der Hauptfiguren im Pizzanetz des organisierten Verbrechens ist«. Das alles war in der *Washington Post* berichtet worden.[23]

Dennoch nahm niemand Anstoß an der unglaublichen Vergeßlichkeit des Handelsministers oder unterstellte, die US-Regierung trage womöglich unwissentlich dazu bei, die sizilianische Mafia auf sowjetischem Boden zu verankern. Niemand schien auch nur etwas gemeldet zu haben, weder im FBI noch in der Drogenfahndung noch in der CIA und auch nicht im Handelsministerium, im Justizministerium oder im Außenministerium.

Ende der siebziger Jahre schickten sizilianische Rauschgifthändler etwa eine Milliarde Dollar jährlich von Amerika über die Schweiz, Liechtenstein, London, Caracas
und die Caymaninseln nach Palermo. Soviel Geld mußte
verwaltet werden, und der berüchtigte internationale
Bankbetrüger Don Michele Sindona wurde damit betraut. Unglücklicherweise büßte er einen beträchtlichen
Teil davon ein, bevor er 1979 ins Gefängnis wanderte.

Hieraus entstand ein breitangelegtes internationales
Erpressungsmanöver in der kurzen Zeitspanne zwischen
Anklageerhebung und Haftbeginn. Auch wenn die sizilianische Mafia damals bereits über Sindona hinausge-
wachsen sein mochte — inzwischen ist sie das mit Sicherheit —, bestand immer noch eine Möglichkeit, Geld aus
ihm herauszuquetschen.

Die »Entführung« Michele Sindonas im August 1979
hatte durchaus komische Züge. Gegen Kaution auf freiem Fuß, wurde er in einer grotesken Verkleidung aus
den Vereinigten Staaten hinausgeschmuggelt: dunkle
Brille, Perücke, falscher Bart, angeklebte gelbe Hähnchenhaut an den Backen. (Er schwitzte am Flughafen so
stark, daß die Hähnchenhaut sich zu lösen begann.) Ab-
surde Kommuniqués seiner »Entführer« waren von einem »proletarischen Umsturzkomitee für ein besseres
Leben« unterzeichnet. Das ganze Komplott fiel in sich

zusammen, weil die italienische Post als eines der ersten Opfer des postindustriellen Niedergangs nicht imstande war, den Eilbrief rechtzeitig zuzustellen.

Dennoch war die Verschwörung hinter diesem drittklassigen Krimi beklemmend real, und die Polizei erzielte mit ihrer Aufdeckung ihren ersten entscheidenden Durchbruch nach 25 Jahren. Indem sie den Hinweisen in Don Michele Sindonas vorgetäuschter Entführung folgte, stieß sie schließlich auf das Heroin im Netz der sizilianischen Mafia und auf dessen Betreiber.

Sindona, ein blendend eleganter Herr von eiserner Zielbewußtheit und unterdrückter Leidenschaft, war ein Finanzgenie. In Messina an der Ostküste Siziliens geboren – wo die Mafia trotz gegenteiliger Annahmen doch ansässig war –, wurde sein Bischof schon früh auf ihn aufmerksam. Der Bischof empfahl ihn Kardinal Giovanni Battista Montini, damals päpstlicher Staatssekretär und später Papst Paul VI. Außerdem kam Sindona durch bescheidene Nachkriegsgeschäfte mit Zitronen und Weizen mit dem unvergeßlichen Schwarzmarktkönig der Mafia in Berührung, mit Vito Genovese.[1] Mit diesen beiden Empfehlungen legte Sindona die Grundlage für seine lebenslange Verbindung zur regierenden christdemokratischen Partei, zur katholischen Kirche und zur Mafia.

Sindona, der sich 1948 in Mailand als Unternehmer niedergelassen hatte, stieg in den nächsten drei Jahrzehnten zu schwindelnden Höhen auf. Die »Gruppo Sindona« umfaßte schließlich sechs Banken in vier Ländern, die internationale Hotelkette CIGA, Libby Foods und etwa 500 weitere Firmen. Unter Papst Paul VI. wurde er zum Hausbankier des Heiligen Stuhls mit unbeschränkter Vollmacht über dessen Auslandsinvestitionen im Namen der vatikaneigenen Bank IOR (Istituto per l'Opere di Religione, Institut für religiöse Werke).[2]

Sindona beherrschte den Aktienmarkt in Mailand, wo 40 Prozent aller an einem beliebigen Tag gehandelten Aktien unter seinem direkten oder verschleierten Einfluß standen. Seine Möglichkeiten zur Beeinflussung der italienischen Staatsfinanzen waren so groß, daß der frühere Premierminister Giulio Andreotti ihn einmal als »Retter der italienischen Lira« bezeichnete. Seine Möglichkeiten zur Erpressung von Italiens Hochfinanz und regierender Schicht waren entsprechend.

Das größte Erpressungspotential lag in Moneyrex, seiner internationalen Devisenhandelsfirma. 1964 gegründet, hatte Moneyrex angeblich 850 Kundenbanken auf der ganzen Welt und machte jährlich etwa 200 Millionen Dollar Umsatz.[3] Über Moneyrex konnten Italiens Reiche und Mächtige illegal und risikolos riesige Vermögen auf ausländische Bankkonten verschieben. Sindona war ihnen gern gefällig, führte jedoch ein geheimes Notizbuch mit belastendem Material über die 500 reichsten und mächtigsten Leute. Die »Liste der 500« war als sein Rettungsring gedacht, falls das Schiff unterging.

Außerdem investierte Sindona Gelder für zwei finstere Organisationen tief im Untergrund, die nachweislich Hand in Hand arbeiteten. Die eine war eine wilde Freimaurerloge, die sich selbst Propaganda Due nannte, als P-2 bekannt und später aus der Freimaurerbewegung ausgeschlossen. Sindona, seit 1964 Mitglied, war ein Intimus des Großmeisters der P-2, des unergründlich mysteriösen Licio Gelli. Gemeinsam jonglierten sie mit astronomischen Summen.

Der andere Unterweltkunde Sindonas war die sizilianische Mafia. Es heißt, er sei bei der historischen Gipfelkonferenz im *Hotel des Palmes* 1957 zugegen gewesen.[4]

282

Jedenfalls wurde er ein Jahrzehnt später von Interpol als Nummer eins unter den Bankiers ausgemacht, die dem Hörensagen nach mit der Mafia im internationalen Rauschgifthandel zusammenarbeiteten . . .[5] Später wurde festgestellt, daß er den obersten Bossen der sizilianischen Mafia großzügige Prämien oder »schwarze Zinsen« zahlte. Sein in flagranti ertappter Mittelsmann war ein christdemokratischer Senator, der an der Spitze der staatlichen Bergwerksgesellschaft der Insel stand.[6] Gegen Ende, im Jahr 1979, meldeten verschiedene offizielle Quellen immer hartnäckiger, Sindona benutze Treuhänderkonten in der Schweiz, um das Heroingeld der sizilianischen Mafia zu waschen.[7]

Sindonas Schwierigkeiten fingen an, als er die Franklin Bank in New York mit Geldern kaufte, die ihm nicht gehörten und aus seinen Banken in Italien abgezweigt waren. Die Franklin Bank stand unter den Großbanken Amerikas an 18. Stelle und war finanziell sehr gesund. Bis Oktober 1974 hatte er ihre Tresore für seine eigenen Zwecke geleert und verschaffte sich zu ihrer Rettung einen Stützkredit von 1,7 Milliarden Dollar von der amerikanischen Bundesbank. Dennoch ging die Franklin Bank sechs Tage später bankrott und löste damit den größten Bankkrach aus, der je in Amerika verzeichnet wurde. Vier weitere Banken Sindonas brachen in Europa binnen einer weiteren Woche zusammen: die Banka Privata Italiana, die Finabank, die Amincor und das Bankhaus Wolff in Hamburg.[8] Zahllose Dollarmilliarden gingen verloren, darunter auch welche von der Mafia und Licio Gelli.

Sindona, der sich auf der Flucht vor der italienischen Justiz in New York aufhielt, war schließlich am Ende seines Weges angelangt. Im März 1979 wurde er in den USA wegen 99 Fällen von Betrug, Meineid und Unterschlagung von Bankvermögen angeklagt.[9] Er hatte 25 Jahre Gefängnis in Amerika zu erwarten, und in Italien womöglich noch einmal soviel, wenn die dortigen Gerichte seiner habhaft wurden.

Die beiden Länder verglichen ihre Unterlagen durch ihre jeweiligen Vertreter: den Distriktstaatsanwalt John Kenney in New York und den furchtlosen Rechtsanwalt Giorgio Ambrosoli in Mailand, der die Konkursverwaltung für Sindonas italienische Banken übernommen hatte. Zu diesem Zeitpunkt wurden Luigi Ronsisvalle für die Ermordung dieser beiden Personen jeweils 100 000 Dollar angeboten.

Einen Monat nach Zustellung der amerikanischen Anklageschrift — im April 1979 — begannen die Gambinos von Cherry Hill, Sindonas vorgebliche Entführung einzufädeln. John Gambino, der älteste der Brüder, beschaffte für Sindona einen falschen Paß auf den Namen Joseph Bonamico, und Konsultationen mit Palermo wurden aufgenommen.[10]

Viele Leute waren lange Zeit des Glaubens, John Gambino habe dies für die amerikanische Mafia getan; er wurde für einen bloßen Fortsatz von Carlo Gambinos New Yorker Mafiafamilie gehalten. Tatsächlich aber kam seine wahre Rolle gerade in diesem Fall ans Licht. Italienische Untersuchungsrichter stellen fest, daß er die Anlaufstelle der italienischen Mafia bei allen ihren Operationen in den Vereinigten Staaten war.[11]

»Johnny« Gambinos Freundschaft zu Sindona reichte viele Jahre zurück. Sie speisten häufig und in aller Öffentlichkeit miteinander: im verhalten luxuriösen Hotel *Pierre* an der Fifth Avenue, Sindonas Wohnsitz in New York, oder im *Café Valentino* der Gebrüder Gambino an der 18th Avenue in Brooklyn. Er war häufiger Gast auf Dinnerpartys zu Ehren Sindonas; »das ist der Neffe von Carlo Gambino«, pflegte Sindona den anderen stolz mitzuteilen.

Sindona war auch »Finanzberater« für Johnnys G & G (Gambino und Genovese) Betonfirma und hatte daneben Geld an mehrere andere (meist nichtexistente) Firmen »verliehen«. Als fürsorgliche Italoamerikaner Spenden für Sindonas Gerichts- und Anwaltskosten eintrieben, sollte er diese Einkünfte halbe-halbe mit Johnny Gambinos innerem Mafiazirkel teilen.[12]

Gambinos Leute pflegten um Sindona herumzuschwänzeln, erzählte sein Sohn Nino dem Biographen Luigi Di Fonzo. »Don Michele, Sie sind der größte Sizilianer«, schmeichelten sie. »Lassen Sie uns Ihnen bei Ihren Problemen helfen. Sagen Sie uns, wen Sie umgebracht haben wollen: Sagen Sie uns, wer diese Hunde sind.«[13] Doch war mit der Schmeichelei Schluß, als klar wurde, daß er Milliarden Dollar unwiderruflich verspielt hatte: seine eigenen und ihre. »Sindona darf als toter Mann betrachtet werden«, teilten sie dem Anwalt seiner Familie mit, als die US-Anklage verlesen war.[14] In der Tat hatte er seine Nützlichkeit überlebt.

Da hatte man einen Bankier, der unheilbar leichtfertig mit anderer Leute Geld hantierte, den Aktienmarkt in eine Baisse jagte und Währungen destabilisierte, der irrsinnige Risiken einging und von Skandalen umwittert war – in einem Wort, als Bankier einen viel zu gerissenen Gauner. So einer war nicht mehr geeignet, eines der am schnellsten wachsenden Vermögen der Welt zu verwalten. Das Leitbild eines Mafiabankiers der Zukunft mußte vorsichtig, konservativ, streng professionell, einem geordneten kapitalistischen Wachstum verpflichtet sein und gegenüber der Außenwelt Gediegenheit und Unangreifbarkeit ausstrahlen. Inzwischen arbeiten sicher Dutzende solcher Leute für die Mafia.

Dennoch verfügte Sindona über einen letzten kostbaren Aktivposten, und seine Freunde in Johnny Gambinos innerem Kreis hatten vor, diesen auszubeuten.

Am 2. August 1979 spazierte Sindona in seiner Hähnchenhautmaskerade aus dem Hotel *Pierre* hinaus und verschwand. Ein anonymer Anrufer teilte seiner Sekretärin mit, er sei entführt worden. In Wirklichkeit befand er sich (nachdem er sich eine Zeitlang im Hotel *Tudor* in der East 42nd Street versteckt hatte) unter strenger Bewachung der Mafia und der von Licio Gelli beauftragten Freimaurer auf dem Weg nach Sizilien. Ein alter *Capo-cosca* aus Catania, Joseph Macaluso, reiste von New York aus mit ihm. Bei einer Zwischenlandung in Athen stieß der rätselhafte sizilianische Arzt Dr. Giuseppe Miceli Crimi zu ihnen, ein Freimaurer der 33. Stufe in der geheimen Loge CAMEA von Palermo. (Eine Geheimloge macht einer anderen Loge keine Angaben über ihre Aktivitäten oder Logenbrüder.) Begleitet wurde er von einem Logenbruder, der dafür verantwortlich war, Sindona sicher nach Palermo hineinzubringen, und nebenbei auch Schwager Stefano Bontates war, des damals regierenden Fürsten der sizilianischen Mafia.[15]

Mehrere andere Logenbrüder der CAMEA kümmerten sich um die Logistik, und ein halbes Dutzend örtlicher Ehrenmänner schulterte mit ihnen die Bürde. Später flog John Gambino persönlich nach Sizilien, um die Party abzurunden. Gleichviel, ob Sindona ihr teurer Schützling oder Gefangener war, sie ließen ihn keine Minute aus den Augen.

Der Zeitpunkt, ihn nach Sizilien zu bringen, war merkwürdig gewählt. Die Atmosphäre war dort im August 1979 äußerst gespannt. Der Chef der zivilen Justizpolizei (Squadra Mobile), Boris Giuliano, war ein paar Wochen zuvor erschossen worden. Auf einen Tip des

FBI hin hatte er die Spur von Heroingeldern der Mafia durch Sindonas Banken verfolgt.[16] Er war das erste Opfer in einem erbarmungslosen Krieg der Mafia gegen die Kräfte von Recht und Ordnung, und die Insel wimmelte von nervösen Polizisten.

Sindona selbst war damals vielleicht der meistgesuchte flüchtige Straftäter der Welt. Anfang 1979 hatte er Tausende von Sparkunden und Anlegern zugrunde gerichtet, internationale Geldmärkte durcheinandergebracht und selbst in den nüchternen Wandelgängen des Heiligen Stuhls Erschütterungen verursacht. (Kurz danach stellte sich heraus, daß die Vatikanbank für eine Anleihe in Höhe von 1,4 Milliarden Dollar gebürgt hatte, die spurlos verschwand, nachdem sie durch panamesische Banken gegangen war, die gemeinsames Eigentum Sindonas, Licio Gellis und des Vatikans waren.) Nun hatte Sindona nicht nur seine Kautionsvereinbarung (drei Millionen Dollar) in den Vereinigten Staaten gebrochen, sondern auch seinen unversöhnlichen Gegner in Mailand beseitigen lassen. Der unbestechliche Giorgio Ambrosoli war am 11. Juli erschossen worden, einen Tag nachdem er eine Aussage über Sindonas Milliardenbetrug unterzeichnet hatte. Ganz Italien war überzeugt, daß Sindona den Mörder beauftragt hatte – was auch tatsächlich zutraf, wie sich später herausstellte.[17]

Trotzdem verbrachte Sindona 70 Tage auf Sizilien, ohne auch nur einmal erkannt zu werden. Ohne Bart, Perücke und Hähnchenhaut bewegte er sich frei in Palermo, redete mit Dutzenden von Leuten und unterhielt »intensive Beziehungen« mit gewichtigen Mafiabossen.[18] John Gambino, der sich immer an seiner Seite hielt, pflegte mit ihm in einem schwarzen Mercedes zu vertraulichen Gesprächen mit den Bossen zu fahren, von denen manche sieben oder acht Stunden dauerten, und ihn dann zum Abendessen in eines der Stammlokale der reichen und berühmten Leute auszuführen, zum Beispiel das *Charleston* in der Innenstadt Palermos.

Zu sagen, daß die Polizei nie erfuhr, daß er da war, hieße eine unglaublich komplexe Sache vereinfachen. Die meisten Polizisten wußten nichts davon. Einer aber wußte es mit Sicherheit: Palermos neuer Chef der staatlichen Polizei — Nachfolger des ermordeten Boris Giuliano —, der sich später als Mitglied von Licio Gellis P-2-Freimaurerlauge entpuppte. Der über ihm stehende Polizeipräsident *(questore)* war ebenfalls Mitglied.[19] Ihr *Maestro Venerabile* (Großmeister), Licio Gelli, wußte alles über Sindonas Entführung, weil Dr. Miceli Crimi zweimal nach Norden in Gellis Haus in Arezzo fuhr, um zu berichten und Befehle entgegenzunehmen. Miceli Crimi war der oberste Polizeiarzt von Palermo. Außerdem hielt Gelli direkte Verbindung mit Siziliens bereits erwähnten regierenden Mafiafürsten, Stefano Bontate, der sich als *Grande Sacerdòte* (Hohepriester) einer weiteren Geheimloge erwies.[20] (Die sizilianische Mafia und ein Flügel der italienischen Freimaurer waren sehr viel enger miteinander verbunden, als irgend jemand damals klar war. Wie ein Mafiaüberläufer, der alles wissen mußte, später enthüllte, befand sich Stefano Bontate 1977 bereits in »fortgeschrittenen Verhandlungen« um die Schaffung einer weiteren Geheimloge speziell für Mafiabosse der obersten Kategorie.)[21]

Enthüllungen wie diese, die Schlag auf Schlag folgten, sollten später betäubend auf die Öffentlichkeit wirken. Das Drehbuch war absichtlich so verwirrend gehalten, die Spieler waren so verwegen, der Einsatz so ungeheuer, die Untersuchung verlief so mühsam und schleppend, daß nur sehr wenige imstande waren, die ganze Geschichte zu verfolgen. Allein schon die Lektüre der Gerichtsakten, die in den Archiven ein Regal nach dem andern füllten, erforderte übermenschliche Anstrengungen. Sogar heute sind die gesicherten Erkenntnisse der Öffentlichkeit zum großen Teil noch unbekannt.

Die Gründe für Sindonas Entführung waren unter Bergen von sprachlichem Müll vergraben. In der ersten Version, die durch herzzerreißende Briefe Sindonas und seiner »Häscher« gestützt wurde, wurde behauptet, er werde von erbarmungslosen kommunistischen Terroristen gefangen gehalten. Zur Untermauerung dieser Behauptung nahm er die Hilfe seines freimaurerischen Beschützers Dr. Miceli Crimi in Anspruch. Sindona beugte sich über einen Tisch, während Crimis Freundin ihm die Hosen herunterzog und ihm eine leichte Betäubungsspritze verpaßte. Dann hielt ihn John Gambino bei den Schultern fest, und Miceli Crimi schoß ihn mit einem .32er Colt aus wenigen Zentimetern Entfernung in den Oberschenkel. Als die Wunde genügend entzündet und Sindona leidend genug aussah, machten sie ein paar Polaroidfotos für die Öffentlichkeit, auf die quer hingekritzelt wurde »WIR machen ihm den richtigen Prozeß«.

Fast niemand glaubte diese erste Version, doch die nächste, die Sindona dem FBI erzählte, nachdem er sich gestellt hatte, war schon etwas besser. Sindona versicherte dem FBI, er sei nach Italien gegangen, um einen Volksaufstand für ein unabhängiges Sizilien anzuführen. Er wolle die Insel vor dem Kommunismus retten, behauptete er. Die Freimaurer hätten sich ihm angeschlossen, weil sie den Kommunismus genauso haßten wie er. John Gambino habe geholfen, weil auch er »als italienischer Patriot den Kommunismus haßt«. Die amerikanische Regierung sei »vollständig in die Pläne eingeweiht« und habe ihn »ermuntert«.[22]

Dieses recht alberne Märchen wurde vom FBI als »unplausibel und unwahrscheinlich« und von italienischen Untersuchungsrichtern als »entschieden unglaubwürdig« abgetan. Dennoch wird es gelegentlich als Beispiel für die finstere Verschwörung zwischen Sindona, der P-2-Loge, der Mafia und der CIA aus der Versenkung geholt. In der Tat hauchte Tommaso Buscetta der Geschichte sieben Jahre nach den Vorgängen neues Leben ein. Vor Gericht über die langen Gespräche Sindonas mit Stefano Bontate in Palermo befragt, antwortete Buscetta: »Ich habe gehört, daß Michele mit Stefano Bontate und Salvatore Inzerillo zusammengetroffen ist, als er in Palermo war. Bontate hat mir das sofort erzählt. Er sagte, Sindona sei verrückt und wolle Hilfe für einen bewaffneten Aufstand in Sizilien oder gar eine Revolution. Da Bontate kein Interesse an einem solchen Vorschlag hatte, hat er lieber alle Beziehungen zu Sindona abgebrochen.«[23]

Das war genauso erfunden wie nachweislich das gesamte revolutionäre Komplott. Es war bereits längst gerichtlich festgestellt worden, daß Sindona keinerlei Pläne für einen bewaffneten Aufstand gehabt hatte. Er hatte sich diese Legende in New York ausgedacht, sie aber schon wieder fallengelassen, bevor er auch nur nach Sizilien gelangt war. Sein Logenbruder und Begleiter Dr. Miceli Crimi gab dies vor Richter Guido Viola zu, welcher schrieb:

»Miceli Crimi hat erklärt, daß ihm Michele Sindona bereits im Juli 1979 in den USA von seiner Absicht erzählt hatte, eine vorgetäuschte Entführung aufzuziehen, damit er nach Italien gelange, um dort einige Dokumente zu holen, die er als unerläßlich für seine Verteidigung vor dem New Yorker Gericht betrachtete. Er hatte auch gesagt, daß er die Abtrennung der Region Sizilien von Italien als ersten Schritt im Kampf gegen den Kommunismus organisieren wolle. In Griechenland, sagte Miceli Crimi aus, habe Sindona ihm mitgeteilt . . ., daß der separatistische ›Putsch‹ nicht mehr durchführbar sei. Da habe er erkannt, daß die Geschichte mit dem Putsch nur ein Vorwand war und Sindona in Wirklichkeit nur ein paar für ihn sehr wichtige Dokumente herausholen wolle.«[24]

Zu dem Zeitpunkt, als diese wenigen Zeilen aufklärender Zeugenaussagen verfügbar wurden, hatte die italienische Polizei bereits viel umwerfendere Entdeckungen gemacht. Über die Absichten Sindonas oder seiner Mitverschwörer bestanden inzwischen keinerlei Zweifel mehr. Die Mafia und die Freimaurer hatten nicht versucht, die demokratische Ordnung Italiens zu untergraben (zumindest diesmal nicht). Sie wollten nur ihr Geld zurück.

Vom August bis Anfang Oktober 1979 ging die Mafia daran, in atemberaubendem Maßstab bei den Größen der italienischen Politik und Hochfinanz abzukassieren: Richter Viola nannte das »Il Grande Ricatto«, die große Erpressung. Per Brief, Telefon oder Kurier gingen Botschaften an ausgewählte Personen hinaus, die diese unbedingt in die Presse lancieren würden, denn sie hatten Anweisungen dazu. Keinem anvisierten Opfer konnten sie entgehen; der Inhalt war »verklausuliert, aber nicht allzu verklausuliert«, wie der Richter bemerkte.

Sindona verfügte über Dokumente, die zahllose einflußreiche Leute in Italien vernichten konnten. So lautete die Botschaft zwischen den Zeilen. Er konnte das Material unter massivem Druck an »kommunistische Terroristen« ausliefern oder es selbst benutzen. So oder so würden die einflußreichen Leute für sein Schweigen bezahlen müssen. Sie konnten halbwegs ungeschoren davonkommen, wenn es ihnen gelang, die Anklagen gegen Sindona in New York und Mailand niederschlagen zu lassen; in diesem unwahrscheinlichen Fall hätte er eine Chance, sein Vermögen wiederzugewinnen. Wenn dies nicht klappte, konnten sie für seinen »Verteidigungsfonds« spenden, an die »proletarischen Umstürzler« zahlen, die ihn gefangen hielten, oder das Geld irgendwo in einem Schuhkarton deponieren. Sie würden schon rechtzeitig erfahren, wo sie zu zahlen hatten.

Die verblüffenden Weiterungen der Erpressungsaktion wurden in einem Brief des »Proletarischen Umsturzkomitees für ein besseres Leben« deutlich, welcher ankündigte, daß Sindona gefangen gehalten werde, bis er die folgenden Angaben gemacht habe:

1. Die »Liste der 500« und ihre geheimen Bankkonten im Ausland. »Auch zehn würden ausreichen, wenn sie in Politik oder Hochfinanz wichtig sind.«
2. Die Namen der Auslandsfirmen der »Gruppo Sindona«, deren Mittel der Christdemokratischen Partei zur Verfügung standen.
3. Dasselbe für die Sozialistische Partei (PSI) und die Sozialdemokratische Partei (PSDI).
4. Aufzeichnungen über Zahlungen, die von Sindonas Banken an politische Parteien und Politiker geleistet wurden.
5. Aufzeichnungen über »regelwidrige Operationen« Sindonas für »wichtige Kunden« wie den Vatikan, die Agnellis (Fiat), Montedison (Chemie), Snia Viscosa (Textilien) und ein halbes Dutzend weiterer riesiger Industriekonzerne.[25]

Sindona schrieb selbst sorgfältig auf Wirkung kalkulierte Briefe — jeweils in mitleiderregendem, verdrossenem, gebieterischem oder eiskalt drohendem Tonfall —,in denen er zu wissen gab, er werde umgebracht, wenn die Forderungen seiner Gefangenenwärter nicht erfüllt würden. Damit diese Lösung seinen anvisierten Opfern nicht zu attraktiv erscheine, fügte er hinzu, er habe den »Umstürzlern« bereits allerhand erzählt. »Sie glauben, daß ich alles über alle weiß«, bemerkte er schlau. Er deutete auch an, es gebe manche Dinge, die er verschweigen könnte. Darunter ein »Spezialnotizbuch«, in welchem die passenden Namen für 530 Nummernkonten ganz spezieller Kunden im Ausland verzeichnet seien.[26] »Das Erpressungspotential war enorm«, schrieb Richter Viola.

Nur wenige Italiener zweifelten daran, daß Sindona den Palazzo in der Hand hatte. Die schemenhafte Gruppe von Männern, die Italien wirklich regierten, hatte ihn gemacht und deckte ihn bis zum bitteren Ende. Seine »Rettungsoperation«, ein empörender Plan, der Öffentlichkeit seine faulen Schulden aufzuhalsen, war vom Gouverneur der Zentralbank und praktisch vom gesamten Kabinett einschließlich Premierminister Andreotti abgesegnet worden.[27] Der Direktor der Revisionsabteilung der italienischen Staatsbank war festgenommen und entlassen worden, weil er gegen diesen Plan opponierte. Ambrosoli, der hartnäckigste Gegner, hatte allein gearbeitet und war allein gestorben; kein einziges Mitglied der Regierung wohnte seinem Begräbnis bei.

Eine regierende Klasse, die soweit ging, mußte einiges zu vertuschen haben. Allem Anschein nach konnte Sindona sie veranlassen, bis zum Weißbluten zu zahlen, zu zahlen und noch mal zu zahlen. Niemand außer den

Mitspielern wußte, daß die Mafia und Gellis Freimaurer die Zahlungen einsammeln wollten.

Bis Oktober waren die Erpresser soweit, Kasse zu machen. Sindona und seine »Umstürzler« sollten sich in Wien mit einem Anwalt treffen, der »die Dokumente« mitbringen sollte. Doch der einzige Zweck des Treffens, bei dem angeblich Sindonas »Freilassung ausgehandelt« werden sollte, bestand darin, über die Abendnachrichten des Fernsehens die letzten Signale zu senden. »Es war überhaupt nicht wichtig, ob der Anwalt die Dokumente nach Wien brachte«, schrieben die Richter, die das italienische Urteil unterzeichneten. »Sindona wollte nur, daß die potentiellen Opfer der großen Erpressung Bescheid wußten.«

Das Datum des Treffens war auf den 10. Oktober festgelegt. Ein Brief mit der Mitteilung an Sindonas Anwalt in Rom wurde in Mailand am 2. Oktober abgeschickt. Das war eine unglaubliche Fehlleistung: Kein Italiener konnte erwarten, daß der Brief rechtzeitig ankommen würde. Am 9. Oktober erhielt der Anwalt einen Telefonanruf mit der Mitteilung, ein Kurier werde ihm eine Kopie des Briefes bringen. Das Telefon war jedoch angezapft, und der Kurier wurde abgefangen. Sindona, der bereits in Wien wartete, schnappte sich das nächste Flugzeug nach New York; Rosario Gambino wartete am Kennedy Airport, um ihn eiligst wegzubringen. Bald danach stellte sich Sindona dem FBI. John Gambino, unterwegs zu Sindona in Wien, war binnen 48 Stunden zurück in New York.

Sobald der Kurier identifiziert war, nahm die Geschichte der Mafia und die des Kampfes gegen sie eine Wende. »Die Mafia erschien mir im Licht des nun folgenden (Gerichtsverfahrens) als eine riesige, schrankenlose, unerforschte Welt«, bemerkte Siziliens berühmter Mafiarichter Giovanni Falcone.

Der Kurier war Vincenzo Spatola, ein scheinbar unbescholtener sizilianischer Bürger. Sein Bruder Rosario war eine scheinbar über jeden Verdacht erhabene Persönlichkeit, die sich in den höchsten Kreisen bewegte. Vom Verhökern verwässerter Milch in seiner Jugend war Rosario Spatola zum größten Steuerzahler Siziliens und zum fünftgrößten Italiens aufgestiegen: zum Bauunternehmer und Multimillionär, zum öffentlichen Wohltäter und zum Machtfaktor in der Politik. Er hatte soeben einen erdrutschartigen Wahlsieg für einen mächtigen christdemokratischen Kabinettsminister in Rom organisiert, einen Neffen von Siziliens Kardinalprimas. »Geht jetzt heim und sagt euren Freunden *und den Freunden der Freunde,* sie sollen diesen Mann von Integrität und Ehre unterstützten«, lautete sein Trinkspruch bei einem Wahlkampfessen, das er für den Minister veranstaltet hatte.[28]

Kein Hauch von »Mafiosita«, dem Ruch eines Mafioso, hatte die Familie Spatola berührt. Nun kam die Polizei zu dem Schluß, der verräterische Brief nach Rom müsse eine Lösegeldforderung der Mafia sein, und Rosario Spatola wurde unter der Beschuldigung verhaftet, Sindona entführt zu haben.

Bald jedoch kam heraus, daß er statt dessen Sindonas liebenswürdiger Gastgeber gewesen war. Sindona hatte Wochen in der Villa von Spatolas Schwiegervater in Torretta unweit Palermos verbracht, wo die Freunde seines freundlichen Gastgebers ihn zuvorkommenderweise in den Oberschenkel geschossen hatten.

Doch Spatola war noch viel tiefer in die Sache verwikkelt. Er war John Gambinos Vetter, Geschäftspartner und wichtigster Komplize. Er hatte kurz vor der »Entführung« ständig mit Gambino in New York telefoniert und Sindona sogar im *Tudor Hotel* an der East 42nd Street abgeholt, als das Täuschungsmanöver begann. Außerdem befaßte er sich damit, eine verblüffende Summe von Heroingeld zu waschen und zu reinvestieren, und dieses Geld wurde von John Gambino übersandt.

In den nächsten zwei oder drei Jahren wuchs der Fall Spatola unaufhörlich, übersprang Westeuropa und den Atlantik und uferte in ein Dutzend Richtungen aus. Die Ermittler gruben über 100 sizilianische Rauschgifthändler aus, die zwischen Palermo und New York operierten und allesamt zu einer einzigen Verbrecherorganisation gehörten — eine Sache, die zu glauben Strafverfolger allerorten sich geweigert hatten. Am Ende lieferte der Fall gerichtsverwertbare Beweise dafür, daß sich die sizilianische Mafia zu einem gigantischen internationalen Heroinkartell ausgewachsen hatte.

Es erwies sich, daß dieselbe Truppe von Mafiafiguren, die hinter der Farce von Sindonas Entführung stand, auch das Kartell auf beiden Seiten des Ozeans anführte. Die Entdeckung ihrer engen Beziehungen war aufsehenerregend, geradezu umwerfend.

Es stellte sich ferner heraus, daß die Spatolas eine von vier Mafiafamilien waren, die eine transatlantische Riesenfirma bildeten. Eine weitere Familie darin waren die Gambinos von Cherry Hill. Die dritte waren die Inzerillos, die von allen Clans Palermos Stefano Bontate am nächsten standen. Die vierte Familie, mit den andern dreien durch Blutsverwandtschaft und Heiraten verbunden, waren die Di Maggios von Palermo und South New Jersey. Ihre kontinenteübergreifenden Familienbande ähnelten denen der Habsburger, bei denen Ehen arrangiert wurden, um Dynastien zu stärken und das königliche Geblüt rein zu halten. Einbezogen waren sechs Spatolas, fünf Gambinos (drei Brüder und zwei Vettern), vier Di Maggios und 15 Inzerillos. Die Mutter der Gebrüder Gambino war eine Spatola. Der Vater der Inzerillos hatte eine Di Maggio geheiratet, deren Bruder seinerseits eine Spatola geehelicht hatte.

Salvatore Inzerillo, der größte Heroinhändler von allen, war von seinem Onkel Rosario Di Maggio als Oberhaupt des Familienclans erwählt worden, als dieser sich aufs Altenteil zurückzog. (Als waschechter *mammasantissimo* starb Di Maggio an einem Herzanfall, als Polizisten ihn 1980 verhaften kamen; er hatte sie für Mafiakiller in Verkleidung gehalten.) Inzerillo war mit einer Spatola verheiratet. Seine Schwester hatte einen Spatola geehelicht. Sein Onkel Antonio in New Jersey war mit einer Gambino verheiratet. Sein Vetter und Namensvetter in New Jersey hatte ebenfalls eine Gambino zur Frau. Sein Vetter Tommaso war ein Schwager John Gambinos, der mit einer anderen Gambino verheiratet war. Seine Base Maria Concetta war die Frau von John Gambinos jüngerem Bruder Giuseppe.[29] Alle amerikanischen Mitglieder dieser Familien waren in Sizilien eingeschworene Ehrenmänner, und alle hatten ihren Wohnsitz in oder um Cherry Hill.

In einer Beschreibung ihrer Dimensionen schrieb der Staatsanwalt im Fall Spatolo, Giusto Sciacchitano:

»Diese vier Familien, die zum Teil in Sizilien und zum Teil in New York leben, bilden einen einzigen Clan, der in Italien oder den Vereinigten Staaten nicht seinesgleichen hat — die mächtigste Familie in der Cosa Nostra.

John Gambino ist in den Vereinigten Staaten Anlaufstelle für alle Aktivitäten der Gruppe in Italien und Endadresse für ihre Rauschgiftsendungen. Salvatore Inzerillo hat sich als Hauptgesprächspartner der Gebrüder Gambino herausgestellt, die Zentralfigur in Sizilien mit tausendfältigen Interessen und umfassenden Kapitalanlagen . . . Rosario Spatola steht im Machtgebäude direkt unter ihnen.«[30]

Wie die meisten ihrer Mafiakollegen in Amerika schickten die Gebrüder Gambino ihr Heroingeld zurück nach Sizilien. Es ging an Inzerillo und Spatola, um in legale Geschäfte investiert zu werden: Installationsmaterial, Baumaterial, Bauwesen, Immobilien. 1982 wurde das Anlagevermögen der Gambinos-Inzerillos-Spatolas allein in Palermo schon auf etwa eine Milliarde Dollar beziffert.[31]

Schließlich wurden ebenfalls 1982 79 sizilianische Mafiosi vor Gericht gestellt und Haftbefehle für etwa weitere 50 erlassen. Die Liste der Angeklagten umfaßte sechs Spatolas, fünf Gambinos (darunter John, Rosario und Giuseppe), vier Di Maggios, 15 Inzerillos und Sindona (obwohl dieser damals bereits mit amerikanischen Gerichten zu tun hatte). Mehrere künftige Angeklagte im Prozeß um die Pizza-Connection standen ebenfalls auf der Liste. Als Krönung des Ganzen wurde das Milliardenvermögen der Gambinos-Inzerillos-Spatolas vom Staat eingezogen. (Einige Jahre später gab die Stadt Palermo einen Teil dieses beschlagnahmten Eigentums zu Spottpreisen zur öffentlichen Versteigerung frei. Es gab keine Gebote. Die Inzerillos mochten tot sein, die Spatolas ins Ausland abgetaucht, die Gambinos weit weg in Cherry Hill, aber die Angst war immer noch da.)

So endete das große Erpressungsmanöver. Nach dem Scherbenhaufen zu urteilen, war es ein elender Reinfall. Sindona wurde in New York zu 25 Jahren Gefängnis verurteilt und erhielt dazu noch lebenslänglich in Italien, wo er am Tag nach seinem Prozeß an Strychninvergiftung starb. Gleichviel, ob er das Strychnin selbst nahm oder verabreicht bekam, man hatte ihn ausgequetscht wie eine Zitrone und weggeworfen.

Licio Gelli schien von seiner Beteiligung an dem Manöver nichts als Ärger zu haben. Seine P-2-Loge war zutiefst geheim gewesen, bis die Aussage Dr. Miceli Crimis die Polizei darauf brachte, seine Villa in Arezzo zu durchsuchen. Dort fanden sie eine verblüffende Liste von Mitgliedern der P-2: unter anderem 17 Armeegenerale, vier Luftwaffengenerale, neun Carabinierigenerale, 38 Abgeordnete und Senatoren, 14 Richter, drei Kabinettsminister und fünf Präfekten.[32]

Der Mafia muß die Bloßstellung ihres anomalen Freimaurerverbündeten sehr unangenehm gewesen sein, dessen Begabung zur Korruption und politischen Intrige ihr unbezahlbaren Schutz gewährt hatte. Die Aufdeckung ihrer eigenen bestgehüteten Geheimnisse war noch viel schlimmer — und das alles für was? Wegen nichts; zumindest schien es so.

Sindona war durchgedreht und hatte am Ende einen hysterischen, wenn nicht geistesgestörten Eindruck gemacht. Das Komplott war so schrecklich verpfuscht worden, daß er keinerlei Chance hatte, auch nur einen Dollar wiederzuerlangen. Siziliens Ehrenmänner hatten nicht nur das Gesicht verloren, sondern anscheinend auch ihre letzte Möglichkeit, überhaupt noch Geld aus ihm herauszuquetschen.

Dennoch überstand die Mafia das alles unwahrscheinlich gut. Ströme von Heroin flossen weiterhin von Palermo nach New York. Dieselbe Truppe von Mafiafiguren leitete weiterhin das Geschäft. Die Gerichte auf beiden Seiten des Atlantiks waren nicht imstande, die ungewöhnlichen Zeugenaussagen zu nutzen, die sie erlangt hatten.

Rosario und Giuseppe Gambino wurden in New York freigesprochen und John Gambino dort nicht einmal verhaftet, ganz zu schweigen von seiner Auslieferung nach Italien auf Ersuchen Richter Falcones. Spatola war in Palermo eine Zeitlang eingesperrt, wurde aber wegen eines Formfehlers entlassen und tauchte unter. Inzerillo und Bontate betrieben ihr Geschäft unbehelligt weiter. Mehr als genug Geld kam herein, um alle Verluste auszugleichen, die sie durch Sindona erlitten haben mochten.

Italiens Untersuchungsrichter wissen immer noch nicht, ob während oder nach Sindonas vorgetäuschter Entführung Geld gezahlt worden ist oder nicht. Allerdings bemerken sie dazu: »Die Anwesenheit John Gambinos an Sindonas Seite (in Palermo) führt zu der Überzeugung, daß Sindonas vorgetäuschte Entführung Teil eines größeren Vorhabens war. Es wurde zwar in Sindonas Interesse ausgeheckt, aber auch im allgemeineren und deckungsgleichen Interesse der Mafiamacht.«

Die Folgerungen scheinen eindeutig. Mafiosi von John Gambinos Kaliber hätten sich für einen bloßen Schuldschein eines verkrachten Bankbetrügers nicht derart ins Zeug gelegt. Sie hätten fast mit Bestimmtheit eine Anzahlung in Gestalt verwertbarer Angaben verlangt, und weitere Raten in dem Maße, wie sich das Komplott entwickelte. Wenn das der Fall war, ist die Mafia seither imstande, eine unbekannte Zahl führender Figuren der italienischen Politik und Hochfinanz zu erpressen.

Solche Dinge kommen vor, doch die Öffentlichkeit erfährt selten davon. Sindona starb, ohne geredet zu haben, und sizilianische Ehrenmänner reden über so etwas schon gar nicht. Buscetta, der über andere Dinge redete, formulierte das treffend, als er vor Gericht zur Affäre Sindona befragt wurde: »Sindonas Geheimnisse! Sie waren gar nichts im Vergleich zu den Geheimnissen Bontates!«

Bontate, der gutaussehende, reiche und vergleichsweise urteilsfähige Anführer der alten Garde der Mafia, nahm dann seine eigenen Geheimnisse mit sich, als er 1981 starb. Und sie waren nichts im Vergleich zu den Geheimnissen Luciano Leggios, der ihn ermorden ließ und an seine Stelle trat.

Der große sizilianische Mafiakrieg brach im März 1981 aus. Die Mafia schwamm in Geld und war trunken vor Gier. Die Bestialität, mit der der Kampf um ein sagenhaftes Imperium geführt wurde, entsprach dem, was auf dem Spiel stand. Es war ein grausamer Krieg, der zwei Jahre dauerte und 1 000 Leichen hinterließ.

Luciano Leggios Männer hatten den ganzen Schein der Rechtmäßigkeit (im Mafiasinn) für sich. Die Oberkommandierenden der anderen Seite − der weithin bewunderte Stefano Bontate und sein engster Verbündeter Salvatore Inzerillo − hatten unvorsichtigerweise die Mafiakasse um mehrere Millionen erleichtert. Wie die Dinge inzwischen lagen, war das nicht mehr als Portogeld, doch die Geschichte ist voller Kriege, die in der Luft liegen und wegen solcher Kleinigkeiten ausbrechen.

Die Mafiakasse, ein Umschlagskapital für dringende Barauslagen im Heroingeschäft, zu dem alle Clans beisteuerten, enthielt etwa 20 Milliarden Lire, 1981 etwa 15 Millionen Dollar. Die ganze Sache war wie ein Einlagenfonds organisiert und trug Dividenden von 1 600 Prozent.[1] Die Mafia gab tatsächlich Heroinaktien aus wie ein Unternehmen an der Börse.

Die Arbeit wurde unter die Clans aufgeteilt. Die einen beschafften Morphinbase und gelegentlich Heroin über die türkische Mafia. Andere hatten direkt Verbindung zu Lieferanten von raffiniertem Heroin in Südostasien: reines China White aus dem Goldenen Dreieck, das in Großlieferungen von 200, 300 und sogar 500 Kilo nach Sizilien gelangte. Andere Clans betrieben die Raffinerien in Italien, während wieder andere mit dem Transport, der Verteilung, Vermarktung und Geldwäsche betraut waren. Das Produkt war jedem Mitglied des Konsortiums zugänglich. Aufträge konnten nach Übersee wie nach dem Versandhauskatalog erteilt werden; die Ware wurde en gros mit Sonderkennzeichen für die Einzelkunden versandt.

Eingeschworene Ehrenmänner hatten große Bewegungsfreiheit. Sie konnten im Heroingeschäft über Familiengrenzen hinausgehen und für viele Aufgaben Außenseiter einsetzen − Chemiker, Kuriere, Geldwäscher. Sie konnten sich am Produktionsprozeß beteiligen oder nur ein paar Anteile daran erwerben. Sie konnten einzeln oder gruppenweise investieren. Sie konnten ihre Quote der Produkte übernehmen und selbst vermarkten oder warten, bis es im Ausland verkauft und bezahlt war. Wer die letztere Variante bevorzugte, erhielt einen höheren Anteil, da er das Risiko der polizeilichen Beschlagnahme mit übernahm.[2]

Ein blühendes Kleingewerbe von Kurieren, die das Heroin im oder am Körper transportierten, versetzte ganze Dörfer in Wohlstand. In Torretta, einem Nest von 300 Einwohnern an der Hauptstraße zwischen Palermo und Trapani, wurden bescheidene steinerne Bauernhäuser mit Perlmuttböden und goldenen Badezimmerinstallationen ausstaffiert. Bäuerliche Hausfrauen und Großmütter, die im Leben nie eine Großstadt gesehen hatten, pflegten ein paar Flüge jährlich nach New York zu buchen. Sie schleppten dabei jeweils vier Kilo Heroin in Spezialkorsetts ein, die in Parfüm getränkt waren, um auf Rauschgift abgerichtete Spürhunde zu verwirren. Dafür erhielten sie pro Reise zehn Millionen Lire und einen kostenlosen Wochenaufenthalt im *Sheraton Hotel*.[3]

Inzwischen hatte das sizilianische Konsortium einen Umsatz von vielen Milliarden Dollar. Seit 1975 hatte es den größten Teil des Heroins geliefert, das in den Vereinigten Staaten verkauft wurde, wie FBI-Direktor William Sessions später aussagte.[4] (Der Rest war mexikanisches Heroin.) Nach amtlicher Zählung kamen jährlich etwa sechs Tonnen ins Land, um eine halbe Million amerikanische Süchtige zu versorgen. Doch hierbei handelt es sich hauptsächlich um eine Zählung bekannter Rauschgiftbenutzer, die sich an die staatliche Drogenhilfe gewandt hatten oder an einer Überdosis gestorben waren. Es gab keine Zahlen über süchtige Aussteiger in den Vereinigten Staaten, und so gut wie keine über den rasch wachsenden Markt in Westeuropa.

Nach den Mengen zu urteilen, die die sizilianischen Rauschgifthändler inzwischen produzieren konnten, schufen und belieferten sie die Heroinsucht im Westen in schreckenerregendem Umfang. Etwa 15 Raffinerien wurden Anfang der achtziger Jahre in Sizilien und auf dem italienischen Festland ermittelt[5]. Eine der ersten, die im Hafen von Palermo entdeckt wurden, konnte alle zehn Tage 50 Kilo reines raffiniertes Heroin erzeugen oder 1,8 Tonnen jährlich.[6] Ein Labor in Varese bei Mailand stieß bereits 1981 drei Tonnen Heroin aus.[7] Das Labor von Alcamo bei Castellammare del Golfo in der Provinz Trapani erzeugte 1,6 Tonnen jährlich und schickte sich an, die Produktion zu verdreifachen, als es entdeckt wurde.

Eine komplizierte elektronische Druckpumpe, die in diesem Labor vor kurzem installiert worden war, hatte die Produktionskapazität auf 80 Kilo wöchentlich gesteigert — also auf ungeheuerliche 4,5 Tonnen jährlich allein aus dieser Quelle. Die in Bulgarien hergestellte Pumpe ließ darauf schließen, daß seit dem sizilianisch-türkischen Mafiadeal von 1975 ein ständiges bulgarisches Engagement bestand.

(Nach Angaben des italienischen Untersuchungsrichters würde das Labor von Alcamo nicht nur ausgerüstet, sondern auch »mit Morphinbase aus osteuropäischen Ländern, genauer aus Bulgarien beliefert«. Als Beleg führte er unter anderem die Entdeckung von 22 Jutesäkken in einem Heuschober in der Nähe an, die Spuren von Morphin enthielten und »in kyrillischer Schrift gestempelt waren, wie sie in bestimmten slawischen Sprachen einschließlich des Bulgarischen verwendet wird«. Eine Zeitung aus Norditalien, die zwischen schmutzigen Kaffeetassen lag, war vielsagend bei einem Artikel mit der Schlagzeile »Aus Bulgarien mit Waffen und Drogen« aufgeschlagen.)[8]

Allem Anschein nach wurden die Raffinerien auf Vollast gefahren. Sie waren gewöhnlich noch Stunden oder Minuten vor dem Eintreffen der Polizei in Betrieb gewesen, sie rochen nach frisch gekochtem Heroin — doch Lagerbestände wurden nicht vorgefunden.

Reines, unverschnittenes Heroin wurde damals zu einem Großhandelspreis von 250 000 Dollar pro Kilo verkauft: die Tonne für eine Viertelmilliarde Dollar. Amerikanische Behörden glaubten, daß etwa 300 Millionen Dollar jährlich nach Palermo zurückflössen, doch mußte es viel mehr sein. Allein in den Vereinigten Staaten hatten sizilianische Rauschgifthändler »die Möglichkeiten, fünf Millionen Dollar täglich zu waschen«, wie ein Rauschgifthändler dem verdeckten Agenten der amerikanischen Rauschgiftfahndung Frank Panessa anvertraute.[9]

Das Geld floß so reichlich, daß in Palermo eine Periode friedlicher Koexistenz zwischen Luciano Leggio auf der einen und Stefano Bontate und Salvatore Inzerillo auf der anderen Seite möglich wurde. Anfang der achtziger Jahre führte die Kuppel das gesamte Heroinkonsortium.[10] Einflußsphären wurden durch stillschweigende Vereinbarungen bestimmt. Leggios Leute saßen zusammen mit Bontate und Inzerillo in Aufsichtsratssitzungen, verteilten die Profite und erörterten Investitionen.

Dann aber fingen beide Seiten an zu planen, wie sie das ganze Geld für sich bekommen konnten. *»L'appetito viene mangiando«*, sagen die Italiener; mit dem Essen kommt der Appetit. Je reicher sie wurden, desto größer wurde ihr Geldhunger.

Bei allem, was seither über ihren Krieg geschrieben wurde, sind doch die zwingenden und unvereinbaren Interessen, die ihn unvermeidlich machten und sozusagen vorherbestimmten, meines Wissens nie zusammengetragen worden. Vielleicht war das auf historischen Gedächtnisschwund zurückzuführen, eine Konstante im Umgang mit Mafiaaffären. Zumindest teilweise war dies das Ergebnis selbstgefälliger Versionen, die von den Verlierern des Kriegs angeboten und von den Behörden als Wahrheit akzeptiert wurden. Mit Sicherheit waren die Sieger mit derart spektakulärer Grausamkeit vorgegangen, daß niemand die Besiegten noch so strafen wollte, wie sie es verdient hatten.

Nach Angaben der Verlierer, besonders Buscettas, hatte der Krieg überhaupt nichts mit Rauschgift zu tun; es sei ein reiner Machtkampf gewesen. In Wirklichkeit war beides untrennbar voneinander. Selbst wenn Leggio kein Interesse an Geld hatte — eine lächerliche Vorstellung —, hätte er 1981 keine Macht über die Mafia ausüben können, ohne über die Quelle ihres plötzlichen und unvorstellbaren Wohlstands zu verfügen. Schon deswegen mußte er Inzerillo und Bontate beseitigen.

Leggio hatte sie sich als letztes aufgehoben. Nachdem er 1974 zu lebenslänglich verurteilt worden war, hatte er in aller Ruhe das Mafiaestablishment in Palermo eingekreist. Die Corleonesi hatten sich von den äußersten Provinzen aus vorgearbeitet und dabei Neider, Geldgierige und Aufsteiger angeworben. Nun verfügten sie über geheime Verbündete von Trapani über Agrigent und Catania bis ins Herz Palermos. Buscettas eigene Porta-Nuova-Familie war in Leggios Händen.

Die Clans in seinem Lager machten sehr gute Geschäfte mit Heroin, doch lag ihre Stärke hauptsächlich in der Lieferung von Rohmaterial. Catania war Schlüsselhafen für die Anlandung von Morphinbase in Sizilien, und Leggios Verbündete beherrschten ihn. Andere seiner Verbündeten, altgediente Schmuggler aus der Camorra, hatten etwa 1978 Lieferwege aus dem Goldenen Dreieck Südostasiens aufgetan. Leggio selbst, der jahrelang Geschäfte mit den berüchtigten Brüdern Nuvoletta der Camorra machte, hatte ungehinderten Zugang zum Mittleren und Fernen Osten. Doch fehlte ihm noch der Zugang zum Markt im Westen. Das Geld aus der Beschaffung von Zutaten war nichts im Vergleich zum Geld aus dem Verkauf, das Inzerillo und Bontate fest im Griff hatten.

Diese beiden Männer vertraten das Netz der alten Garde, die seit Generationen in Palermo ansässig war und sich in New York fest verankert hatte. Bontate war in der sizilianischen Mafiahierarchie »der Fürst«; Inzerillo war »die Zentralfigur in Sizilien« für ihren internationalen Superclan – die Inzerillos, Gambinos, Spatolas und Di Maggios. Gemeinsam beherrschten sie die gesamte Heroinvermarktung auf der westlichen Halbkugel.

Sie waren die Heroinkonzessionäre der amerikanischen Mafia. Sie beherrschten die Heroinpipeline über Kanada, die sizilianische Fraktion der kanadischen Mafia, Salvatore Catalanos sizilianische Fraktion in Brooklyn, die Cuntreras und Caruanas in Venezuela und die Mafia in Brasilien. Der Vertriebsdirektor der Kuppel in Italien, Francesco Mafara, war ihr Mann.[11] Ebenso Gaetano Badalamenti, der Direktor des entscheidenden Flughafens Punta Ráisi von Palermo. Auf ihrer Seite stand auch der Direktor, der Palermos Raffinerien koordinierte, und der Clan, dem die große Raffinerie von Alcamo gehörte.

Gerade dieser Clan mit seiner Basisprovinz Trapani war ein beklemmendes Beispiel für die vielen verborgenen Fangarme, die von dem besser sichtbaren Körper in Palermo ausgehen. Der Clan von Trapani, der unabhängig von Palermo arbeitete, war »wegen seiner Verbindung nach Amerika bei weitem der wichtigste«, wie der Richter schrieb, der das Großlabor von Alcamo untersuchte. Die ersten Heroinraffinerien in Italien lagen auf seinem Territorium. 40 Jahre lang hatten die Trapanesi »Heroin umgewandelt und in die Vereinigten Staaten verkauft, stumm, intensiv und ausdauernd, wobei sie riesige Summen investierten und enorme Reichtümer scheffelten«. Ihr Heroin ging direkt an die Gambinos von Cherry Hill; Rosario Gambino sollte schließlich in flagranti mit einem Teil einer Lieferung von 75 Kilo aus Trapani erwischt werden. Ihr flüchtiger Boß und »Anlaufpunkt« in den Vereinigten Staaten, Antonio Minore, war bei den Gebrüdern Gambino im südlichen New Jersey untergekrochen.[12]

Aus all diesen Gründen hatten Bontate und Inzerillo in Palermo die Oberhand. Solange der Waffenstillstand dauerte, war es ihre Aufgabe, im Namen aller andern die

Aufsicht über die Geschäfte zu führen. Ihnen wurde das Umschlagskapital für Heroin anvertraut; sie vertraten die sizilianische Mafia in Kontakten mit der Camorra, der kalabrischen 'Ndrangheta und mit anderen Verbrechersyndikaten im Ausland, und sie gingen im Namen des Konsortiums großartige Joint Ventures in Venezuela, Brasilien, Nordafrika und den Vereinigten Staaten ein.[13]

Als das Unheil hereinbrach, planten Bontate und Inzerillo gerade, Atlantic City in New Jersey in das Las Vegas der amerikanischen Ostküste mit Spielkasinos, Hotels und Discos zu verwandeln. Die Gambinos von Cherry Hill hatten das mit dem amerikanischen Mafiaboß Angelo Bruno von Philadelphia ausgekungelt, zu dem sie ein besonders gutes Verhältnis hatten. (Die beiden Gruppen hatten Philadelphia unter sich aufgeteilt; die Gambinos saßen in der Nordhälfte und Brunos Leute im Süden.)[14] Das Projekt Atlantic City sollte den sizilianischen Familien 130 Milliarden Lire — 100 Millionen Dollar — einbringen, und Salvatore Inzerillo persönlich sollte 20 Prozent des Kapitals übernehmen.[15]

Solche Loyalitäten konnten sich verschieben — praktisch alle Überlebenden wechselten über Nacht die Seite —, doch erst wenn sichtbar wurde, daß Bontate und Inzerillo am Ende waren. Hierbei erhielt Leggio unerwartet Hilfe von den beiden Männern selbst.

Im Februar 1981 wurden Bontate und Inzerillo vor ein Treffen oberster Mafiabosse zitiert, um über »größere« Fehlbeträge Rechenschaft abzulegen. Sie hatten seit Jahren in die Kasse gegriffen: das Heroin des Konsortiums in New York verkauft, einen Teil des Erlöses eingesackt und behauptet, die amerikanischen Kunden zahlten weniger, weil das Heroin nichts tauge. Manche ihrer Kuriere brachten zum Beweis ein paar Kilo minderwertigen Stoffs mit zurück.[16] Bei dieser speziellen Gelegenheit hatte Inzerillo für Leggios Corleonesi 50 Kilo Heroin verkauft und das Geld einbehalten, vermutlich mehr als zehn Millionen Dollar. Er behauptete, die Amerikaner hätten noch nicht bezahlt, und sagte zu, das Geld bis zu einem weiteren Gipfeltreffen der Mafia im März zu beschaffen. In Wirklichkeit aber hatten er und Bontate vor, Leggios Vertreter in der Kuppel in der Märzsitzung umzulegen.[17]

Leggio hatte bereits angefangen, die beiden an die Wand zu drücken, indem er einen größeren Anteil des Heroingeldes verlangte, ihre Verbündeten köderte und bestach und jeden gemeinen Trick anwandte, um ihnen Schwierigkeiten zu machen. 1978 hatten die Corleonesi Inzerillo den Mord an Giuseppe Di Cristina in die Schuhe geschoben, dem Boß von Riesi auf Inzerillos Territorium. (Zuvor hatten sie dem Boß von Riesi den Mord an dem Boß von Catania auf seinem Territorium angehängt.)[18] Außerdem hatten sie dem stolzen Stefano Bontate eine schwere Beleidigung zugefügt: Obwohl Entführungen innerhalb Siziliens von der Kuppel streng verboten waren, hatten sie den Schwiegervater eines mächtigen Finanzmanns aus Bontates Schutzbereich entführt und umgebracht. (Bontate, um Intervention gebeten, hatte ihre Lösegeldforderung von sechs Millionen Dollar auf drei Millionen heruntergehandelt, den Schwiegervater aber nicht retten können. Danach befahl er die Erschießung von 18 Corleonesi und ihren Helfern.)[19] Außerdem hatten Corleonesi nicht nur Gaetano Badalamenti als Oberhaupt der Kuppel verdrängt, sondern ihn aus noch unbekannten Gründen gänzlich aus der Cosa Nostra ausgestoßen. Als *Posato*, als ausgestoßenes Mitglied, war er vogelfrei und durfte von jedem erschossen werden; allerdings verschob er weiterhin für alle Welt Heroin.[20]

Krieg lag in der Luft. Beide Seiten bewaffneten sich bis an die Zähne mit Handgranaten, kugelsicheren Westen, M-12-Maschinenpistolen, Nachtsichtgeräten, Kalaschnikows, die aus dem Libanon in Kisten mit Morphinbase geliefert wurden. (Drei Mafiaschmuggler gestanden später, daß Palästinenser im Libanon der Mafia Morphinbase und Kalaschnikows verkauften, »um ihren Krieg im Nahen Osten zu finanzieren«.)[21]

Überraschenderweise war es der maßvolle und überlegende Don Stefano Bontate, der beschloß, den Waffenstillstand zu brechen und als erster zuzuschlagen – alle Gewährsleute der Polizei stimmten hierin überein –, und nicht bloß aus Notwehr. Er und Inzerillo (und Badalamenti, der insgeheim konsultiert wurde) wollten Leggios Prokonsul in der Kuppel, Salvatore Riina, erschießen, die Kuppel an sich reißen und »die direkte Kontrolle über den Heroinhandel übernehmen«.[22] Leggio wurde im Gefängnis alles über das Komplott hinterbracht; Bontates und Inzerillos spätere Nachfolger verrieten die beiden.[23] Niemand von Bedeutung aus Leggios Lager zeigte sich auf dem Gipfel vom März, auf dem Inzerillo die zehn Millionen Dollar beibringen sollte. Statt dessen wurden niedere Chargen geschickt, um zu bezeugen, was einem Geständnis gleichkam: Er hatte kein Geld dabei.

Das Taktieren mündete nun in einen Schießkrieg. »Die Corleonesi, als sie erfuhren, daß Bontate, Inzerillo und Badalamenti vorhatten, sie zu beseitigen, mordeten als erste«, schrieb der Gesprächspartner der Gewährsleute in der Squadra Mobili, Commissario Antonino Cassarà, in einem aufsehenerregenden Bericht an die Justiz.

Bontate wurde einen Monat nach dem Gipfeltreffen von 1981 am 2. April aus dem Hinterhalt ermordet. Er hatte gerade seinen 43. Geburtstag in der Stadtvilla der Familie gefeiert, einem Haus für eine Million Dollar mit Fernsehüberwachung, narrensicherem elektronischen Alarmsystem und einem festlichen Tagungszimmer, dessen Kühlschrank mit Dom-Perignon-Champagner vollgepackt war. Auf der Fahrt zur Übernachtung in seinem Landhaus mußte Bontate an einer Ampel halten, während sein bewaffneter Begleitschutz weiterfuhr. Die Killer hielten mit einer Kalaschnikow neben ihm und schossen ihm den halben Kopf weg. Sein eigener Unterführer hatte sie über Sprechfunk eingewiesen (niemand außer seine Familie ging zum Begräbnis, doch wurden fünf Lastwagen Kränze geschickt).

Inzerillo hielt sich für sicher, weil er Leggio noch zehn Millionen Dollar schuldete, doch er irrte sich. Er wurde einen Monat später, am 11. Mai, von derselben Kalaschnikow wie Bontate niedergemäht. Die Killer schossen durch das Panzerglas seines neuen schußsicheren Alfa Romeo; sie hatten die Waffe zuvor an einem Juwelierfenster ausprobiert und festgestellt, daß konzentriertes Feuer auf ein kleines Stück Scheibe ziemlich durchschlagend war.

Nun folgte ein erbarmungsloses Abschlachten, das sich von Palermo aus über Sizilien verbreitete, und von dort über Europa, in die Vereinigten Staaten und nach Südamerika. Die Polizei fand eine Leiche täglich, manchmal aber auch vier oder fünf: erschossen, erwürgt, verbrannt, erschlagen, zerstückelt, gefoltert, verschnürt. Sie konnten nicht mehr mitzählen, wieviel Tote es gab, besonders nicht die Opfer der Lupara Bianca (der »weißen« Schrotflinte), deren Leichen nie gefunden wurden. Manche Opfer wurden erst identifiziert, wenn eine Mutter oder Ehefrau in der Öffentlichkeit schwarz gekleidet auftrat. Manche wurden bekannt, wenn ihre abgetrennten Köpfe auf den Sitzen geparkter Autos prangten.

21 Inzerillos wurden ausgelöscht. Salvatore Inzerillos 15jährigem Sohn wurde der rechte Arm abgehackt, um ihm klarzumachen, daß er nicht versuchen sollte, seinen Vater zu rächen; danach wurde er trotzdem erschossen. Inzerillos Bruder Santo wurde zu einem Treffen gelockt, wobei er (zu spät) einen Koffer voll Geld für Leggio mitbrachte, und kam nie wieder nach Hause; auch nicht Di Maggio, der ihn begleitete. Inzerillos Onkel Antonino verließ sein Haus in Delran im US-Bundesstaat New Jersey und kehrte nicht mehr heim. Sein Bruder Pietro wurde im Kofferraum eines Cadillac in New Jersey gefunden, der Erasmo Gambino gehörte, einem Vetter von John, Rosario und Giuseppe. Die Leiche war mit Handschellen im Rücken gefesselt und in einen Plastiksack gewickelt; in den Mund und die Leistengegend waren Dollarnoten gestopft. (Geld im Mund bedeutete Geldgier, an den Genitalien Unmännlichkeit.)

Stefano Bontates Clan von 120 eingeschworenen Mitgliedern wurde dezimiert. Wer nicht die Seite wechselte, wurde hingerichtet. Jeder, der im Verdacht der Treue zu Stefano Bontate stand, wurde umgebracht, wenn und sobald er gefunden wurde. Der Mann, den er verfrüht als künftiges Oberhaupt der Kuppel ausgewählt hatte, wurde im Gefängnishof von Ucciardone mit 30 Messerstichen erstochen.[24]

Gaetano Badalamenti verlor elf Verwandte. Ein Neffe wurde in der Bundesrepublik gefoltert, erschossen und zerstückelt. Ein Schwager wurde auf einer Seitenstraße Palermos tot aus dem Auto geworfen. Zwei weitere Neffen, Salvatore und Matteo Sollena, wurden in New Jersey getötet. Salvatores Leiche wurde in einem

Kofferraum gefunden, in einem grünen Müllsack mit hinter dem Rücken gefesselten Händen; er hatte mehrere Kopfschüsse.

Ältere Bosse, die zur alten Mannschaft gehörten, wurden methodisch abgeschlachtet. Der Heroinvertriebsleiter der Kuppel wurde erschossen, ebenso die Buccellatos aus Castellammare del Golfo, die den Bonannos in New York nahestanden, die Riimis aus Alcamo (bei der Polizei als »Alptraum von Alcamo« bekannt); zwei Bosse aus Catania, die Bontate nahegestanden hatten[25]; der 80jährige Boß von Agrigent, Don Giuseppe Settease, und ein Caruana, der so leichtsinnig war, sich in Palermo blicken zu lassen. Ein ganzer Friedhof vergrabener Autos wurde später in der Provinz Agrigent mit den verkohlten Skeletten anderer Bosse ausgegraben, die vor ihrer Beerdigung erschossen und verbrannt worden waren.

Obwohl das Massaker drei Jahre lang weiterging, hatten die Corleonesi keinerlei Verluste. Nachdem Bontate und Inzerillo einmal erschossen waren, ließ sich die alte Garde wehrlos hinmorden — ein seltsames und immer noch unerklärliches Phänomen —, oder sie wechselte die Seiten.

1983 beschrieb in Palermos festungsähnlichem Gerichtsgebäude ein halb schwachsinniger und glückloser junger Mann namens Vincenzo Sinagra die Schrecken dieser mörderischen Zeit. Er war selbst beteiligt gewesen, an einem Ort, der als die Todeszelle der Piazza Sant' Erasmo bekannt wurde.

Hierbei handelte es sich um einen heruntergekommenen kleinen Betonbau auf einem Schrottplatz, der sich nahe dem alten Hafen von Palermo hinter staubigem Schilf und einem zerrissenen Maschendrahtzaun duckte.

Dahinter lagen zerfallene Paläste aus dem 18. Jahrhundert, fensterlose Lagerhäuser, rostende Lastwagen und ein trübsinniges Café. Der Betonschuppen enthielt einen Raum mit einem verschmierten Fensterchen, einem Tisch und ein paar Stühlen, Ketten, Stricken und einer Metalltonne für Säurebäder. Der Tisch wurde für Verhöre benutzt; die Ketten dienten zum Fesseln und die Stricke zum Erdrosseln, wobei gewöhnlich zwei Männer an beiden Enden zerrten. Die Säure brauchte 20 Minuten, um Haare, Zähne, Nägel, Fleisch und Knochen aufzulösen — alles außer der Armbanduhr des Opfers, wie Sinagra berichtete. Bisweilen wurden die Leichen schlicht kleingehackt und den Schweinen vorgeworfen, oder sie wurden mit Gewichten im Meer versenkt.

Sinagra, der gegen geringes Entgelt in dem Schuppen gearbeitet hatte, konnte nicht erklären, warum es ihn gab, jedoch beschreiben, was dort vorgegangen war. Er brauchte 21 Verhörgespräche, um einem sizilianischen Richter die Geschichte zu erzählen.

Er war lediglich ein *Manovale*, ein im Wortsinne ungelernter Arbeiter, in der Mafiasprache ein Dienstverpflichteter. Durch einen dummen Fehltritt war er in die Hände der Mafia geraten. Er hatte einen Haushalt in seiner Nachbarschaft bestohlen, ein Vorrecht, das dem örtlichen Mafiaclan gebührte. Vielleicht hätte man ihn mit dem Kopf voran in das Säurebad gesteckt — er mußte später zusehen, wie dies anderen wegen desselben Vergehens widerfuhr —, doch der örtliche Mafiaboß bot ihm an, statt dessen für sie zu arbeiten. »Sie wollten mich töten; ich hatte Angst. Also ging ich mit ihnen«, erklärte er.

So sich Sinagra danach noch auf Diebstahl einließ oder überhaupt etwas tat, tat er es nur noch für sie und nicht mehr für sich selbst. Sie zahlten ihm unregelmäßig

400 000 Lire (300 Dollar) monatlich, und er war ihr Eigentum. Er konnte angewiesen werden, einen Juwelierladen auszurauben, sich mit einem Rauschgiftkurier zu treffen, das monatliche Schutzgeld seines Capos von einer Baustelle zu kassieren, einen säumigen Zahler zu malträtieren oder jemanden zu entführen. Meist jedoch war es seine Aufgabe, Kandidaten für die blutbesudelte Hütte ausfindig zu machen und anzuliefern.

Dort pflegte er das Opfer an den Beinen festzuhalten, während jemand anders die Schlinge knüpfte. Oder er hielt den einen ruhig, während der andere unter der Folter schrie, schoß einen in den Kopf oder zog an einem Ende des Stricks, verlud eine Leiche in einen Kofferraum oder warf sie aus einem Fischerboot über Bord. Einmal mußte er eine halb aufgelöste Leiche aus der Säure holen und eilends vom Grundstück schaffen, weil ein Polizeihubschrauber darüber schwebte.

Sinagra war zu schwerfällig und beschränkt, um seine Arbeit gut zu machen, und wurde alsbald bei einem Mord an anderer Stelle auf frischer Tat festgenommen. Die Mafia befahl ihm, verrückt zu spielen, um dem Lebenslänglich zu entgehen, doch auch das konnte er nicht. »Ich habe noch nie versucht, ein Verrückter zu sein. Wie macht man das?« fragte er den Anwalt, der ihm im Gefängnis seine Anweisungen brachte. Es wurde ihm geraten, nackt herumzulaufen; seine Zelle zu überschwemmen und zu verlangen, angeln zu dürfen; sich einen Bart wachsen zu lassen und schmutziges Brot aus dem Abfall zu essen; sich auf ein Stück faules Fleisch zu setzen, um die Ärzte glauben zu machen, er wasche sich nicht. Er könne sich die Adern aufschlitzen oder sich aufhängen, wenn sonst nichts klappe, sagte der Anwalt.

»Ich will kein Verrückter mehr sein; ich will meine Zeit im Gefängnis absitzen«, ließ er schließlich seinem

Mafiavorgesetzten mitteilen. Doch konnte man nicht darauf vertrauen, daß er im Gefängnis den Mund hielt. »Du versuchst, in ein Irrenhaus zu kommen, oder du stirbst beim Versuch«, wurde ihm gesagt. Bevor Anstalten getroffen werden konnten, ihn beim Versuch sterben zu lassen, fing er an zu reden.[26]

Sinagras Arbeitgeber war der gefürchtete Boß Filippo Marchese von Palermos Clan Corso dei Mille, der bei Folterungen in dem Todesbau Kokain zu schnupfen und zu masturbieren pflegte.[27] Marchese war mit einer Bande anderer zusammen, denen ihre Arbeit eindeutig Spaß machte — Pino »Scarpuzeddu« (alter Schuh) Greco von Ciaculli war einer davon. Doch die Befehlshaber dieser angreifenden Armee waren nicht unbedingt Sadisten oder Perverse. Das pauschale, brutale Schlachten war bewußter unpersönlicher Terrorismus, Mafiakrieg in Vollendung.

Im Herbst 1981 gingen die Sieger bereits daran, die Beute zu verteilen. Im Oktober hatten sich 20 von ihnen in einer eleganten Villa in Palermo versammelt und stritten gerade um das Territorium des toten Stefano Bontate, als die Polizisten hereinstürmten. Die meisten schossen sich den Weg frei, die Zurückbleibenden waren der erste Hinweis auf die neue Kommandokette der sizilianischen Mafia.

Es war ein Zimmer voller Verräter, deren unzählige in ganz Sizilien bereits zu den Siegern übergelaufen waren; und die Sieger, die aus ihrem schwarzen Loch krochen — Inbegriff der Sizilianer für alle Geheimnisse der Mafia —, waren eine ungeheure Überraschung.

»Der erste der ersten« in Palermo war Don Michele Greco, Haupt der Kuppel seit Badalamentis Ausschluß im Jahre 1978. Bekannt als »der Papst«, war Greco eine Gestalt von so ehrfurchtgebietendem Sozialprestige und

317

so hoher Täuschungsbegabung, daß die Polizei 20 Jahre lang keine Ahnung von seinen Mafiaverbindungen gehabt hatte. Obwohl ein Greco von Ciaculli, war er nicht mit Salvatore Cichiteddu Greco gleichgesetzt worden, einem entfernten Verwandten und schwarzen Schaf. Dieser Michele Greco war ein Landedelmann von solidem Vermögen und Ruf, der im Aufsichtsrat von 15 oder 20 Gesellschaften saß und in den elegantesten Salons der Stadt verkehrte.

Silberhaarig, würdevoll, konservativ gekleidet und fromm, führte Michele Greco ein offenes Haus in La Favarella, seinem ausgedehnten Landsitz ungefähr zehn Kilometer von Palermo. Politiker, Bankiers und Aristokraten gingen dort jagen und lunchten dort gebratene Artischocken und Wildbret. Freunde des Taubenschießens hatten Schlüssel zum Tor, darunter auch Polizisten und Carabinieri. Niemand schien von den Sitzungen der Kuppel bei ihm zu Hause zu wissen, und noch weniger von dem Heroinlabor auf seinem Grund und Boden.

Das Dorf Ciaculli und der angrenzende Croce Verde Giardini (Garten vom grünen Kreuze) waren Grecos persönliches Herrschaftsgebiet. Diese üppige Landschaft von Zitrushainen, die sich zum Meer hinunterschwingt, war sogar mittags still und verlassen. Kilometerweit war ein Keller nach dem anderen mit unterirdischen Gängen verbunden, die Don Micheles Soldaten eine schnelle Flucht ermöglichten. »Wir klopfen, geben ihnen eine Minute Zeit und treten dann die Tür ein, sonst sind sie raus durch die Tunnels und weg«, sagte ein Kriminalbeamter, der mich herumführte.[28]

Niemand, dessen Treue nicht erwiesen war, durfte in Ciaculli leben. Kriminalbeamte, die durch leere Straßen fuhren und an Türen ohne Namen klopften, fanden 100 verlassene Häuser, deren Bewohner zum Auszug gezwungen worden waren; niemand hatte sich bei der Polizei beschwert.

Später, als Don Michele Greco in einem entlegenen Bauernhaus aufgespürt wurde, das ihm als Versteck diente, trat er mit der Bibel in der Hand heraus. »Gewalt ist meiner Würde fremd. Ich bin der meistverleumdete Mann im Lande«, äußerte er. In der Tat hatte er es nicht nötig, selbst zu morden. Nach Don Luciano Leggio hatte er in Sizilien die erlesenste Mannschaft psychopathischer Killer unter seiner Fuchtel, angeführt von Scarpuzeddu Greco, Don Micheles Neffen und Schützling.

Trotzdem hatte Michele Greco nicht wirklich das Sagen. Er war von Leggios Leuten als Vorsitzender der Kuppel eingesetzt worden und wurde allmählich deren Untergebener. Den Krieg führte Leggio.

Leggios Strategie, brillant ausgedacht und zum richtigen Zeitpunkt ausgeführt, brachte alle Clans der sizilianischen Mafia unter die Herrschaft der Corleonesi — eine Leistung, wie sie in der Geschichte der Mafia bisher noch nicht dagewesen war. »Die Corleonesi sind der einheitliche Bezugspunkt für alle entstehenden Gruppen, die in den verschiedenen sizilianischen Provinzen tätig sind. Die Gruppen in jeder Einflußzone sind lokale Beauftragte der Vertreter der Corleonesi, besonders in bezug auf den Drogenhandel«, schrieb der Hochkommissar zur Bekämpfung der Mafia einige Jahre später.[29]

Von dem Zeitpunkt an, da er ins Gefängnis kam, hatte Leggio die Polizei zu dem Glauben verführt, alle Exzesse der Mafia seien seinen Gegnern zuzuschreiben. In den Strafverfolgungsbehörden nahm jeder an, die Bontates, Inzerillos und Badalamentis seien im Begriff, einander gegenseitig abzuschlachten. Durch strategisch deponierte Leichen und anonyme Hinweise wurde ihr

Blick weiterhin in diese Richtung gelenkt, während die Corleonesi tun und lassen konnten, was sie wollten.

Das war Don Luciano Leggios grausamster Scherz mit dem Staat. Da er nicht mehr gejagt oder überwacht wurde und halb vergessen war, nachdem ihn die Gerichte schließlich eingesperrt hatten, war er hinter Gittern freier als je zuvor. Nur ein krankes Gehirn — wie er selbst sagen würde — würde darauf kommen, daß dieser alternde und sieche Lebenslängliche die Mafia aus seiner Zelle heraus erobern könnte.

Doch ein Lebenslänglicher wie Leggio hatte bemerkenswerte Vorteile: Wo Mafiosi auf freiem Fuße die Polizei meiden und stets hinter sich blicken mußten, konnte er ungestört über ein Gefängnisreich herrschen. Kein Monarch herrscht so absolut wie ein regierender Capo-Mafia im Gefängnis. Leggio, der mächtigste und gefürchtetste Capo-Mafia in einem italienischen Gefängnis, konnte das Leben seiner Untertanen nach Belieben bestimmen. Er hatte »den Respekt« zusammen mit einer unglaublichen Fähigkeit, sofortigen und anhaltenden Schrecken zu verbreiten. »Ich bin seit Jahren eine große Macht im Gefängnis; ich bin ein Mythos«, sollte er sich eines Tages vor einem Gericht in Palermo brüsten. Mithäftlinge schmiedeten verzweifelte Pläne, ihn zu treffen, bloß um sagen zu können, »ich habe Leggio getroffen«, erklärte er.[30]

Er brauchte lediglich die Strategie zu entwickeln, alles andere wurde für ihn erledigt. Ärzte kümmerten sich sorgfältig um seine Gesundheit, Gefängniswärter wetteiferten um seine Gunst, Handlanger jeder Beschreibung bedienten ihn. Offensichtlich konnte er auch Anweisungen an die Außenwelt erteilen und davon ausgehen, daß man ihm gehorchte. Es war unwahrscheinlich, daß seine Corleonesi, die ihm seit mehr als einem Vierteljahrhundert treu waren, sich anders verhielten.

Die Leute draußen begriffen genausogut wie die Leute drinnen, daß Leggio aus seiner Zelle heraus jeden an einem beliebigen Ort umbringen lassen konnte. Morde im Gefängnis waren völlig unproblematisch. Italien kennt keine Todesstrafe; zu lebenslänglich verurteilte mehrfache Mörder sind für solche Aufträge leicht zu rekrutieren. Er wählte den besten als Anführer seiner Todesschwadron im Gefängnis, einen hartgesottenen Messerstecher und Revolverhelden aus Catania.[31] »Onkel Luciano schickt seine besten Grüße«, pflegte der Messerstecher und Revolvermann zu schreiben, um gewisse Kompagnons draußen daran zu erinnern, daß Leggio immer noch das Sagen hatte.

Draußen gab es seine Prokonsuln in der Kuppel, Salvatore Riina und Bernardo Provenzano, die Bestien. Neben den Opfern einer wilden Schwadron handverlesener Lohnkiller, die sie nach Belieben einsetzten, hatten die beiden eigenhändig jeder etwa 40 Mordopfer zusammengebracht.[32]

Die Mordquote innerhalb der Mafia war hoch, lag aber nicht unbedingt über der Toleranzschwelle der Öffentlichkeit. Solange Siziliens Ehrenmänner sich lediglich gegenseitig abmurksten, neigten die Leute dazu, sie gewähren zu lassen. Doch Leggio führte auch parallel einen Krieg gegen den Staat — einen schrecklichen, schmerzlichen Krieg, der das Land erschütterte. Im Widerspruch zur geheiligten Sitte tötete die Mafia Richter, Staatsanwälte, Polizeioffiziere, Politiker und Journalisten und folgte dabei einem unverkennbaren Muster. »Die Mafia wollte nicht mehr zulassen, daß sich jemand ihrer Vorherrschaft über ganz Sizilien widersetzte«, schrieben die Richter von Palermo, die einige Jahre später 342 ihrer Mitglieder verurteilten.[33]

Die unmittelbaren Konsequenzen fielen auch für Leggio katastrophal aus. Die Justiz schlug härter zu als je zuvor; die tiefsten Geheimnisse der Mafia kamen ans Licht; Leggio wurde bloßgestellt; das Heroinkonsortium, das er soeben übernommen hatte, wurde aufgedeckt und vermutlich zerschlagen. Manche glaubten sogar, die sizilianische Mafia sei am Ende. Das war sie jedoch mitnichten.

Der erste Polizist, der im Krieg der Mafia gegen den Staat fiel, war Boris Giuliano, der Leiter der Squadra Mobile in Palermo. Er trank gerade an einem heißen Sommermorgen im Jahr 1979 einen Cappuccino in einer Bar, als jemand hereinkam, ihm viermal in den Rücken schoß und wieder hinausging. Nach Angaben des Barmanns zitterten dem Revolvermann dabei die Hände. Giuliano war so schnell mit der Waffe, daß die Leute ihn »Sheriff« nannten. Hätte er sich umgedreht, wäre vermutlich der Killer tot gewesen.

Giuliano, ein Mann mit rundem Gesicht, traurigen Augen und einem großen, schwarzen Schnäuzer, war ein überragender Polizist. Von hoher Intelligenz und Intuition, verfügte er zudem über eine ausgezeichnete Ausbildung. Er hatte die FBI-Akademie in Quantico im US-Staat Virginia absolviert und arbeitete eng mit der amerikanischen Drogenfahndung zusammen. In der Tat hatte mit ihm eine neue Ära der italienisch-amerikanischen Zusammenarbeit begonnen.

Mit einem Gespür für Dinge, die er noch nicht beweisen konnte, konzentrierte sich Giuliano immer mehr auf den Rauschgifthandel. Wo die anderen lediglich Kuriere beschatteten, beobachtete er die Leute mit dem Geld, versuchte hinter ihre Bankkonten zu kommen, ermittelte gegen ihren Hausbankier Michele Sindona. Er tauschte auch Informationen mit den Amerikanern aus, für beide Seiten ein befreiendes Erlebnis.

Einjährige gemeinsame Ermittlungen mit der amerikanischen Drogenfahndung hatten sowohl die Amerikaner als auch Giuliano überzeugt, daß er mit seinem Verdacht richtig lag: »Es zeichnet sich ab, was lange vermutet wurde, daß die sizilianische Mafia mit reichlich Menschen und Mitteln wieder in den internationalen Rauschgifthandel eingestiegen ist, wobei sie unter der eisernen Führung großer Mafiosi das alte Tabakschmuggelnetz im Süden Italiens und auf den Inseln nutzt«, berichtete er kurz vor seinem Tod.[1] Giuliano hatte sogar bereits Beweise gefunden. Auf dem Flughafen Punta Ráisi stieß er auf einem laufenden Gepäckförderband auf einen nicht abgeholten Koffer, der mit einem Flug aus New York gekommen war und eine halbe Million Dollar in kleinen Scheinen enthielt. Endlich gab es einen Indizienbeweis für den umfassenden Drogenhandel zwischen Sizilien und Amerika. Zwei Wochen später fand Giuliano vier Kilo frisches Heroin und ein Waffenlager in einem sicheren Haus in Palermo — Beweise dafür, daß das Rauschgift in Sizilien produziert wurde.[2] Eine Woche später war er tot.

Zwei Monate später, am 25. September 1979, wurde Richter Cesare Terranova mit einer Kalaschnikow niedergemäht, als er aus seiner Haustür trat. Er war gerade zwei Tage in Palermo, nachdem er sieben Jahre lang Dienst in der Antimafiakommission in Rom gemacht hatte. Überzeugt, daß die sizilianischen Mafiosi tief im Drogengeschäft steckten, kehrte er ins sizilianische Richteramt zurück, um sie erneut anzugreifen. »Mach dir keine Sorgen, sie wagen es nicht, Richter anzurühren, sie werden mich nicht anrühren«, hatte er seiner Frau versichert.

Angst und böse Vorahnungen verbreiteten sich über Sizilien, als die Liste der »hochangesehenen Leichen« immer länger wurde. Der christdemokratische Präsident der sizilianischen Region, der eindeutigste Mafiagegner dieser Partei, wurde am hellen Tag auf einer Innenstadtstraße erschossen. Der Kommandeur der Carabinieristation in Monreale acht Kilometer vor Palermo wurde erschossen, als er mit seiner Frau zu einem Stadtfest ging und dabei sein vierjähriges Kind auf dem Arm trug; er hatte gegen die Corleonesi ermittelt. (In hohen Mafiakreisen »hat der Hundesohn für Aufregung gesorgt«, äußerte ein korrupter Kollege gegenüber einem ebenso korrupten Offizier des italienischen Geheimdienstes.)[3] Ein Staatsanwalt, der gerade Haftbefehle gegen Salvatore Inzerillo, John Giuliano, Rosario Spatola und 50 ihrer Gefolgsleute unterzeichnet hatte, wurde beim Schmökern vor einem Buchladen erschossen. Der Regionalsekretär der Kommunistischen Partei wurde erschossen, als er durch die Innenstadt fuhr; er hatte im Parlament einen Gesetzentwurf eingebracht, der die Beschlagnahme illegaler Mafiaprofite ermöglichen und die Bruderschaft als solche außerhalb des Gesetzes stellen sollte. Schließlich wurde auch der neue Präfekt von Palermo, General Carlo Alberto Dalla Chiesa erschossen, und die Terrorstrategie der Mafia lag klar zutage.[4]

Ehrenmänner hatten häufig Polizisten und Politiker ermordet, dies jedoch nicht zur Gewohnheit gemacht. Die Mafia, die selbst Ansprüche als eine Kraft zur Aufrechterhaltung von Gesetz und Ordnung erhob, hatte stets lieber hofiert und geschmiert als direkt konfrontiert. Nun, wo sie über ein weltumspannendes Heroinkonglomerat verfügte, proklamierte die Cosa Nostra offen ihre Herrschaft über Sizilien. Geld ist Macht, und das Geld in diesem Unternehmen bedeutete fast absolute Macht.

Polizei, Gerichte, Regierung sollten sich nicht länger in ihren Weg stellen dürfen. Wer das dennoch tat, wurde hingerichtet.

Die Mafia muß geglaubt haben, sie werde leichtes Spiel haben. Töte einen, schrecke 10 000; so hätte es funktionieren müssen.

Was statt dessen geschah, war ein anhaltender kollektiver Akt von seltenem Mut. Eine kleine Gruppe von Polizisten und Richtern drang immer tiefer auf verbotenes Mafiagebiet vor: gleichgesinnte Männer in der Squadra Mobile, den Carabinieri, der Guardia di Finanza, der Staatsanwaltschaft, dem Büro der Untersuchungsrichter. Alle waren sie Sizilianer, konnten sich in den Feind hineindenken und hatten keine Illusionen darüber, was ihnen wahrscheinlich blühte. Der Feind schoß einen nach dem andern ab. »Die Botschaft war eindeutig. Wir wußten, daß unser Leben um so stärker gefährdet war, je ernsthafter wir gegen die Mafia ermittelten«, sagt Giovanni Falcone, der schließlich die Richtergruppe gegen die Mafia leiten sollte. Trotzdem rückte für jeden Ermordeten ein Kollege nach.

Der Druck war zermürbend, und die Einsamkeit erdrückend. Die Mafia aufstören, das ließ den empfindlichen Mechanismus erschüttern, der Sizilien in einem gewissen politischen und ökonomischen Gleichgewicht hielt, soweit man von einem solchen sprechen konnte. Viele neigten dazu, in diesen wenigen hartnäckigen Männern eher Störenfriede als Helden zu sehen. Besonders Sizilianer schienen sie mit Skepsis und Mißtrauen zu betrachten. Palermo-bene, die oberen Zehntausend der Stadt, reagierten eindeutig kühl. (Das »andere«, anständigere Palermo hatte sich noch nicht geäußert.) Keine beruhigenden Signale kamen aus dem ungreifbaren Machtzentrum in Rom, von den Italienern Palazzo genannt. Im Gegenteil, das Ausbleiben von Signalen ließ auf Unzufriedenheit, wenn nicht auf aktive Mißbilligung schließen. Und von den Kollegen im Gerichtsgebäude von Palermo schlug ihnen fast Feindschaft entgegen. »Zuerst ignorierten sie mich; dann behandelten sie mich wie eine seltene Tierart; dann kamen die vergifteten Pfeile. Schließlich zogen sie sich auf Förmlichkeit zurück, ohne einen Funken Mitgefühl«, erinnert sich Richter Falcone.[5]

Dennoch hatten diese entschlossenen Ermittler bis zum Sommer 1982 fast alles herausgefunden, was Dutzende von Mafiaüberläufern zwei oder drei Jahre später aussagen sollten. Die Zusammenfassung ihrer Erkenntnisse wurde in diesem Juli der Justiz durch Commissario Antonino Cassarà von der Squadra Mobile in einem vertraulichen Bericht vorgelegt, in welchem die Verhaftung von 162 Mafiosi empfohlen wurde, hauptsächlich wegen Heroinhandels und mehrfachen Mordes. Der Bericht mit dem Titel »Greco + 161« wurde zur Arbeitsgrundlage für den verheerendsten Angriff auf die Mafia in ihrer Geschichte.

Antonino »Ninní« Cassarà, Stellvertretender Chef der Zivilpolizei von Palermo, war jung und im Auftreten täuschend gelassen, hochgewachsen und von lässiger Eleganz und bei seinen Leuten beliebt. In seinem Büro, ein beengtes und unbesonntes Loch in dem heruntergekommenen Palast, wo die Polizei untergebracht war, herrschte in den Stunden, die ich dort verbrachte, ständige Aufregung: Kettenraucher, Whisky in Pappbechern, klingelnde Telefone, erschöpfte Kriminalisten, die sich über ganze Bücher voller Verbrecherfotos beugten.

Cassarà hatte ein hervorragendes Team von Zivilermittlern zusammengebracht. Sie waren unterbezahlt (weniger als 1 000 Dollar monatlich) und unglaublich schlecht ausgerüstet. Die Squadra Mobile hatte keine computerisierte Datenbank, ja überhaupt keine Computer. Ihre Mafiaakten waren um zehn oder 20 Jahre veraltet und ohnehin nutzlos; das interessante Material war längst daraus entwendet worden. Knapp ein halbes Dutzend ungekennzeichnete Autos standen zur Verfügung, um in die Mafiaviertel Palermos zu fahren, uralte Schrottkisten, deren Funkgeräte ständig ausfielen. Die Sicherheitsvorkehrungen waren beklemmend schlecht. Das Hauptquartier der Squadra Mobile hatte keine Hintertür; jeder Herumlungerer in dem kleinen Park gegenüber dem Eingang konnte sofort melden, wer hineinging oder herauskam. Eine große Bronzeplakette in der staubigen Durchfahrt trug die Namen von den bisher aus dem Hinterhalt ermordeten Kollegen.

Trotz dieser Bedingungen knackte die Mannschaft einige der bestgehüteten Geheimnisse der Mafia. Zum ersten Mal wurden sie dabei von den eigenen Leuten der Mafia unterstützt. Cassarà rekrutierte einige bemerkenswerte Gewährsleute. Einer davon, mit dem Decknamen »Prima Luce« (erstes Licht), war Salvatore »Totuccio« Contorno, ein »Mann von Mut« (Killer), der seit 1975 für Stefano Bontate gearbeitet hatte (vgl. Kapitel 16). Ein Dutzend seiner Verwandten war in dem gerade laufenden Krieg der Mafia umgebracht worden, und er selber war dem Tode nur entgangen, weil er schneller zog und besser schoß als seine potentiellen Mörder. (Der Arzt, der seine Schußwunden behandelte, wurde gleichfalls ermordet.) Im März 1982 wegen Rauschgifthandel verhaftet, wandte er sich voller Rachsucht gegen die obsiegenden Clans.[6]

Eine weitere Quelle mit dem Decknamen »Ambrosiano« war Ignazio Lo Presti, durch Heirat verwandt mit dem Multimillionär Nino Salvo, einem der mächtigsten Finanziers der Insel. Die Salvos, die das Inkasso für alle Steuern Siziliens hatten — von denen sie zehn Prozent abschöpften —, waren äußerst geschickt getarnte Ehrenmänner. Sie waren Bontates und Inzerillos geachtete Vorzeigefiguren, die Hauptverbindung zu dem, was Cassarà als »eine weite und undefinierbare Grauzone« zwischen der Mafia und dem italienischen Establishment nannte. Lo Presti, nach Inzerillos Ermordung kurz verhaftet, gehörte zum inneren Zirkel der Salvos. (Er verschwand bald nach seiner Freilassung im August 1981 spurlos.)[7]

Wenn ihre Gegner nicht so blutdürstig gewesen wären, hätten Quellen wie diese nie geredet. Aber so lieferten sie hochbrisante Angaben. Bereits im Sommer 1982 hatte Commissario Cassarà Erkenntnisse über das Heroinkonsortium, die unversöhnlichen Gegner in der Kuppel, die wechselnden Bündnisse und über die Gründe für Stefano Bontates Fall und Leggios unaufhaltsamen Aufstieg.

Es ist fraglich, ob irgend etwas in einem Vierteljahrhundert die sizilianische Mafia so in Wut versetzte wie der Bericht Cassaràs. Die mächtigen Salvos waren bloßgestellt und hatten Gefängnis und Ruin zu erwarten. (15 Tage vor ihrer Verhaftung beschuldigten sie Cassarà, er sei selbst ein »neuer Mafioso«.) Don Michele Grecos Tarnung war aufgeflogen, und er mußte deswegen untertauchen. Leggios dämonische Rolle war aufgedeckt. Die Corleonesi traten als die neuen Herrscher der Mafia in Erscheinung, und neue mordlustige Verbündete von ihnen wurden plötzlich in Catania sichtbar.

Das war vielleicht das allergefährlichste Geheimnis. Bisher hatte man Catanias etwa eine Million Einwohner für vom Glück begünstigt gehalten, weil sie sich eines herrlichen Klimas, eines fruchtbaren Bodens, weißer Strände und eines hervorragenden Hafens erfreuten und allem Anschein nach mafiafrei waren. In Wirklichkeit hatte sich die Mafia dort seit 60 Jahren eingenistet — Catania stand unter anderem hinter Palermo im Rauschgifthandel an zweiter Stelle —, doch niemand von höherem Rang durfte davon etwas wissen.[8]

Die Stadt war das Mailand Siziliens, ein Zentrum der großen Unternehmen, das großen Geldes und der hohen Politik. Sie war Sitz berühmter internationaler Unternehmer, der Cavalieri di Lavoro (Ritter der Arbeit, ein Ehrentitel, der vom Präsidenten der italienischen Republik verliehen wird). Diese Männer lebten in ihren eigenen abgeschlossenen Stadtvierteln; Cavaliere Carmelo Costanzo und seine Söhne besaßen eine Anlage von zwölf Villen mit einem Schwimmbad von Olympiamaßen und einem privaten Fußballplatz. Ihre Autos führten einen Familienstander, und der gesamte Verkehr wurde angehalten, wenn sie vorbeifuhren. In der ganzen Stadt kam alles zum Erliegen, wenn sie ihre Jahresfeste feierten, wobei kleine goldene Elefanten unter den Tellern der Damen lagen und die Ortspolizisten mit 100 000-Lire-Scheinen beschenkt wurden.[9]

Die Cavalieri di Lavoro spendeten großzügig an alle regierenden Parteien Roms, besonders an die Christdemokraten und Sozialisten. Ihr politischer Einfluß war unermeßlich. Niemand hatte zu unterstellen gewagt, daß sie Geschäfte mit der Mafia haben könnten, deren Existenz in Catania unweigerlich dementiert wurde. »Die Mafia ist reine Erfindung, ein Phantasieprodukt«, sagte der führende christdemokratische Abgeordnete der Stadt, treu bis zum bitteren Ende, lange nachdem ganz Italien von ihrer Anwesenheit wußte.[10]

Der Cassarà-Bericht war eine Zeitlang eines der

strengstgehüteten Geheimnisse. Er war an den obersten Untersuchungsrichter Palermos gerichtet, an Richter Rocco Chinicci, einen aufrechten Juristen, der von seinem Inhalt so betroffen war, daß er niemand in seiner Umgebung mehr traute. Eine Kopie ging an General Dalla Chiesa, der auch nur wenigen Menschen seiner Umgebung traute.

Dalla Chiesa war als Antwort des Staates auf die unerträglichen Herausforderungen der Mafia ernannt worden, und eine bessere Wahl hätte nicht getroffen werden können. Die Dalla Chiesas stammten aus der politischen Mutterzelle der Nation: aus dem Piemont im hohen Norden, dem Kernland des Hauses Savoyen und der Väter des Risorgimento, der Geburtsstätte des modernen Italien (1865). Generationen von Dalla Chiesas hatten mit Auszeichnungen bei den Carabinieri gedient, seit diese tapfere Streitmacht zum Schutz der Staatsoberhäupter der jungen Nation geschaffen worden war. Der General selbst, eine kräftige und aufrechte Gestalt von soldatischer Haltung, verkörperte die Werte, die Ehre und Würde der angesehensten Diener der Nation. Seine Loyalität und sein Mut konnten unmöglich angezweifelt werden. Anfang der achtziger Jahre war Italien dem schlimmsten terroristischen Angriff ausgesetzt gewesen; Dalla Chiesa hatte die gefährliche Lage gewendet. 1982 war er in den Reihen der Carabinieri Legende und Nationalheld.

Der General, der auf den Ruhestand zuging, wurde dann salbungsvoll auf den Posten des stellvertretenden Oberkommandierenden der Carabinieri abgeschoben, wo er nutzlos war und deprimiert wurde. Als die Regierung ihn bat, seine teuren Carabinieris zu verlassen und sich dem Notstand in Sizilien zu widmen, stimmte er zu, wenn auch nicht ohne Unbehagen. »Es überraschte mich, machte mir fast Angst . . . wieder einmal wurde ich zum Werkzeug einer Politik, die an allen Seiten Löcher hatte«, schrieb er in sein Tagebuch.

Dalla Chiesa traf in Palermo am 30. April 1982, auf dem Gipfel der öffentlichen Erregung ein. Vielen Italienern schien er drei Meter groß. Auch die rücksichtslosesten Mafiabosse mochten denselben Eindruck haben; sie hatten echte Angst vor ihm, und das schon seit der Zeit, als er ein Jahrzehnt zuvor die Carabinierilegion von Westsizilien befehligt hatte. Ich begegnete ihm damals, einem schneidigen Offizier in makelloser Uniform und weißen Handschuhen, äußerst höflich und beängstigend scharfsinnig, damals schon ein unerbittlicher Jäger der Mafia.

Die Archive des Antimafiaausschusses enthielten lauter Warnungen des Generals über den zunehmenden Rauschgifthandel jener Tage; das war zu Anfang der siebziger Jahre, als dieser Handel fast unbemerkt vonstatten ging. Schlimmer noch war, daß er gnadenlose Berichte über die politischen Verbündeten der Mafia eingereicht hatte. Hier schnitt er tief, bis auf den Knochen.[11]

Die sizilianische Mafia hätte sich nie zu einem solchen Koloß auswachsen können, wenn sie nicht die stille Unterstützung gewisser christdemokratischer Parteiführer genossen hätte; bei weitem nicht aller, aber hauptsächlich derjenigen, die in der sizilianischen Politik mitmischten. Dalla Chiesa hatte die kompromittiertesten unter ihnen als echte Mafiosi ermittelt und unwiderlegbare Fakten und Daten beigebracht. Die Männer – bis zum Rang eines Ministers – hatten der Mafia in den ganzen Nachkriegsjahren Sicherheit, Profite und Vorrechte gesichert. Dieselben Politiker aber, die er Anfang der siebziger Jahre beschuldigt hatte, hatten die Insel

Anfang der achtziger Jahre in der Hand: der neue Präsident der sizilianischen Regierung, Mario D'Acquisto; der neugewählte Bürgermeister von Palermo, Mario Martelucci; der berüchtigtste Altbürgermeister Salvo Lima und Vito Ciancimino.[12] (Lima ist in einem Bericht der Antimafiakommission von 1976 163mal erwähnt; die Aussagen über Ciancimino füllten 70 Seiten.)

Das waren die Männer, die die Wählerstimmen für mehrere mächtige christdemokratische Politiker beschafften, und besonders für den mächtigsten von allen, für Giulio Andreotti. Ein großer Teil von Andreottis Wahlstimmen stammte aus Sizilien, das fast ein Viertel des Wählerpotentials seiner Partei stellte. Die Christdemokraten konnten ohne Andreotti nicht auskommen, der seinerseits kaum auf Politiker wie Salvo Lima verzichten konnte.

Das war die Schwierigkeit an Dalla Chiesas Auftrag. Er war den Christdemokraten immer nahegestanden, seinen bis dahin treuesten Unterstützern; Andreotti selbst hatte ihn bewundert und gefördert. Wenn es jedoch um Sizilien ging, mußte es zum Zusammenstoß zwischen den beiden kommen.

Es wird immer noch darüber gemunkelt, was zwischen den beiden Männern vorgefallen ist. Andreotti behauptet, es sei nichts gewesen. Allerdings hatte Dalla Chiesa vor seinem Weggang nach Sizilien ein unangenehmes Gespräch mit ihm geführt. »Ich sagte ihm sehr deutlich, daß ich keine speziellen Rücksichten auf den Teil der Wählerschaft nehmen würde, der mit seinen Kurfürsten zusammenhing«, schrieb der General in sein Tagebuch. »Mein Vater erwähnte die Begegnung gegenüber der Familie«, schrieb sein Sohn Nando in Erinnerung an die Worte des Generals: »Ich war bei Andreotti, und als ich ihm sagte, was ich alles über seine Leute in Sizilien weiß, wurde er weiß im Gesicht.«[13]

Wie das Gespräch auch immer verlaufen sein mag, Dalla Chiesa hatte von dieser Seite eindeutig keine Hilfe zu erwarten. Mit Sicherheit kam keine Hilfe von den Anhängern Andreottis, die Palermo in der Hand hatten. Der General war gefaßt gewesen auf »stillschweigenden und brutalen Widerstand vor Ort, wenn nicht gar direkte Ablehnung« durch das sizilianische Establishment, und genau das wurde ihm auch zuteil.

Das war ein ganz anderer Krieg als der, den er gegen die Terroristen geführt hatte. Die Mafia war nicht mehr bloß der Fluch Siziliens. Sie war ein internationales Verbrechersyndikat, das das ganze Land und einen großen Teil des Westens bedrohte — eine unvergleichlich stärkere Bedrohung einer freien Gesellschaft als die Roten Brigaden. Doch die regierende Klasse Italiens mobilisierte nicht zum Kampf gegen die Mafia, wie sie das zum Kampf gegen die Terroristen getan hatte. Dalla Chiesa wieder an die Front zu schicken, war wenig mehr als eine Geste. Das Traurigste an dieser tragischen Geschichte ist vielleicht, daß die kleinen Leute Siziliens auf seiner Seite waren, der Staat aber nicht.

Als Präfekt von Palermo war der General der oberste Abgesandte des Staates. Das Kabinett hatte dafür gestimmt, ihm umfassende Vollmachten zu geben, um »den Kampf gegen die Mafia auf nationaler und lokaler Ebene zu koordinieren«, weil er ohne diese den Auftrag abgelehnt hätte. Er wollte, daß diese Vollmachten »verkündet und schriftlich gefaßt« würden, schrieb er vor seiner Abfahrt an den Premierminister, »weil die Erfahrung gezeigt hat, daß jedes Versprechen vergessen wird, jede Garantie sich auflöst und alles erstickt wird, sobald gewisse Interessen berührt werden.«[14] In Wirklichkeit aber wurde das Versprechen vergessen und wurden die Vollmachten, über die das Kabinett abgestimmt hatte, nie schriftlich gefaßt. Daß sie vorenthalten wurden, war genau die Botschaft aus dem Palazzo, auf die die Sizilianer achten.

Von Anfang an wurde Dalla Chiesa von den Herrschern der Insel mißachtet und von der Öffentlichkeit (zum Erstaunen vieler) bejubelt. »Ich war in eine Lage versetzt, wo auf der einen Seite Wunder von mir erwartet wurden, während die andere Seite meine Ankunft verfluchte«, schrieb er in sein Tagebuch.

»Die Öffentlichkeit gewährte mir Zeichen der Wertschätzung, und der Staat setzte nicht auf meinen Willen, die Mafia zu bekämpfen, sondern nur auf meinen Namen, um die Unruhe politischer Parteien zu beschwichtigen . . .

Ich als gewiß der Bestinformierte über alles, was in der jüngeren Vergangenheit geschehen ist, stehe vor einer Aufgabe, die völlig unerträglich und — warum nicht? — auch gefährlich ist. Versprechen, Garantien, Unterstützungserklärungen, alles ist nichtig. Die Wahrheit ist, daß ich in eine Umgebung katapultiert worden bin, der nicht zu trauen ist . . . mit niemandem um mich, ohne die Hilfe eines Freundes.«[15]

Dalla Chiesa machte sich große Sorgen um seine künftige zweite Frau. Sie stammte aus guter Familie, war ihr ganzes Leben lang behütet gewesen, hatte sich freiwillig als Rotkreuzschwester gemeldet, war halb so alt wie er und sehr schön. Er wollte nicht, daß sie mit ihm nach Sizilien ging, doch beharrte sie darauf, bis er einlenkte. Sie heirateten in einem Milieu alptraumhafter Gewalttätigkeit.

Das Blutvergießen in Palermo hatte damals seinen Höhepunkt erreicht. Killer fuhren auf schweren Motorrädern am hellen Mittag durch die Straßen und erschossen fast beiläufig Leute. Geköpfte Leichen saßen in Autos am Bahnhof, Tote wurden in Innenstadtstraßen verbrannt, Leichen vor der Tür des Polizeipräsidiums abgekippt. »Die Atmosphäre war erbarmungslos, furchtbar in ihrer Menschenverachtung«, schrieb der Vorsitzende Richter in Palermos Massenprozeß.[16]

Wie der Richter außerdem feststellte, mußte ein Präfekt, der wie Dalla Chiesa ein »Mann des Handelns« war, zwangsläufig »Elemente der Reibung, Unzufriedenheit und Intoleranz erzeugen ... Je weiter er vordrang, desto mehr bürokratische Hindernisse türmten sich vor ihm auf«. Es gab auch Hindernisse, die nicht so harmlos waren. Je mehr Dalla Chiesa über die Mafia der achtziger Jahre erfuhr, desto mehr fühlte er sich umzingelt und in der Falle. Wie Richter Chinicci und Commissario Cassarà konnte er sich nur in einem kleinen Kreis sicher fühlen. Außerhalb dieses Kreises spürte er in jeder Ecke die unsichtbare Präsenz der Mafia.

Der General entdeckte Mafiaspitzel in hohen öffentlichen Ämtern und weitere, deren Gegenwart ihn sogar in seiner eigenen Präfektur behinderte.[17] Cassaràs Bericht hatte ihn über gewisse Leute von höchstem Ansehen aufgeklärt — über die Salvos, die Costanzos, die unantastbaren Familien der Insel —,und er erfuhr im Lauf der Wochen immer mehr. (Kaum zwölf Tage nach seiner Ankunft in Sizilien machten 50 Beamte der Guardia di Finanza eine Razzia in Salvos Büro und erbeuteten zehn Kisten Dokumente.) Jede gesellschaftliche Einladung schien eine tückische Schlinge zu bergen; er lehnte sie fast alle ab. Kurz vor seinem Tod vertraute er Italiens führendem Zeitungskolumnisten Giorgio Bocca an:

»Die Mafia ist vorsichtig, bedächtig, sie nimmt bei Ihnen Maß, sie lauscht, sie vergewissert sich über Sie aus der Entfernung . . .

So zum Beispiel sagt ein Freund, der mit Ihnen zu tun hatte oder in Ihrem Büro gearbeitet hat, wie zufällig: ›Warum gehen wir nicht hin und trinken mit soundso Kaffee?‹ Der Name ist prominent. Wenn ich nicht weiß, daß das Heroin in Bächen durch dieses Haus fließt, gehe ich hin und diene ihnen als Deckung. Wenn ich es weiß und trotzdem hingehe, ist das ein Signal, daß ich bereit bin, das zu billigen.«

Dalla Chiesa wurden merkwürdige Gerüchte angehängt. Es hieß, er »kriminalisiere alle Sizilianer«, »untergrabe die Autonomie Siziliens« und wolle ein weiterer »eiserner Präfekt« vom Schlage von Mussolinis Cesare Mori werden. Ein bekannter Rechtsanwalt aus Palermo deklamierte:

»General Dalla Chiesa kann für Sizilien zur Katastrophe werden. Wenn er ein Superpolizist gegen den Drogenhandel wird, ruiniert er am Ende diese Stadt. Man stelle sich vor, daß alle arbeitslos werden, die vom Drogenhandel leben. Sie werden unsere Häuser plündern. Sie werden Raubüberfälle auf uns machen, in unsere Läden und Büros einbrechen. Restaurants wären nicht mehr sicher. Unsere Frauen könnten ihre Pelze nicht mehr tragen, wir könnten abends nicht mehr ausgehen. Glauben Sie mir, es gäbe keinen Frieden mehr. Nein, hütet Euch vor dem, was er vorhat, dieser piemontesische General.«[18]

Den besten Rückhalt hatte der General in der allgemeinen Öffentlichkeit. Er pflegte unangekündigt eine Oberschule zu besuchen, um mit den Schülern zu reden, wobei er herzlichen Beifall erhielt. Er besuchte Gewerkschaftsbüros, sprach auf Gewerkschaftsversammlungen und lud sogar eine Gruppe von Kleinstadtbürgermeistern zu einem erfrischenden Meinungsaustausch nach Corleone ein. Seine Botschaft war einfach: »Wir wollen unsern Gesprächspartner ansehen können, ohne die Augen niederzuschlagen, lachen, reden, zuhören, unseren Söhnen und deren Söhnen ohne Selbstvorwürfe vor die Augen treten können, den Jungen ein Leben des Opfers und des Verzichts — aber ein sauberes Leben — nahelegen können. Wir können es schaffen, wenn wir zusammenhalten.«[19] Die Reaktion darauf strafte die ältesten Klischees über die Sizilianer Lügen. Anständige Sizilianer bestanden darauf, die Mafia zu bekämpfen, wenn sie nur Gelegenheit dazu erhielten. Sie trauten dem Palazzo nicht, aber dem legendären Carabinierigeneral aus dem Piemont vertrauten sie.

Dennoch blieb die Tatsache, daß Dalla Chiesa schrecklich exponiert war. Das Schweigen aus Rom, die Spitzen in der regierungsfreundlichen Presse, die eisige Feindseligkeit der Lokalpolitiker machten deutlich, daß der Staat ihn abgeschrieben hatte. Aus Gleichgültigkeit, Unverständnis, politischer Opportunität oder bürokratischer Trägheit — die Richter haben weitergehende Motive ausgeschlossen — blieb er in der klassischen Position für einen Mafiamord: allein mitten in einem leeren Raum.

Dalla Chiesa wußte das, wie er in einem Interview mit Giorgio Bocca am Ende eines Sommers voller Nervenanspannung bekannte: »Ich habe diese neue Erscheinung genau untersucht: die Mafia, die die Mächtigen mordet, die auf die Herren des Palazzos zielt. Ich glaube, ich habe die neuen Spielregeln begriffen: Der Mächtige wird getötet, wenn sich eine fatale Kombination ergibt, wenn er zu gefährlich geworden ist, aber ermordet werden kann, weil er allein steht.«

Wann wurde ein Mächtiger zu gefährlich? Wenn er darauf bestand, dem Gesetz Geltung zu verschaffen, wenn er es stärken wollte, »die Kapitalakkumulation [und] das komplizierte Machtgeflecht« der Mafia untersuchte oder damit drohte, aufsehenerregende Geheimnisse zu enthüllen. Der General erwähnte im selben Interview mehrere dieser Geheimnisse: zum Beispiel die Mafia in Catania und die Cavalieri di Lavoro.[20]

Der Präfekt von Catania sprang prompt in die Bresche. Es gebe heute keine Mafia in Catania, und es habe nie eine gegeben, versicherte er der Presse. Der Bürgermeister von Palermo beklagte solche Anspielungen: »Mafia, Mafia . . . was die Leute alles daherreden!« rief er aus. Der Präsident der sizilianischen Region verlangte eine Klarstellung der Bemerkungen des Generals. »Wenn diese Dinge wahr sind, müssen wir die Konsequenzen ziehen. Wenn sie nicht wahr sind . . .« Er ließ den Satz unvollendet.

An Dalla Chiesas 127. Tag im Amt traf er sich insgeheim mit Ralph Jones, dem amerikanischen Konsul in Palermo. Der General war in schwerer Sorge über den Wortbruch des italienischen Kabinetts, die drohende Haltung der Lokalpolitiker und vor allem über die offensichtliche Komplizenschaft der Christdemokraten mit der Mafia. Ohne Rücksicht auf das Protokoll bat er die Vereinigten Staaten um Intervention. »Er glaubte, daß nur die US-Regierung etwas auf höchster Ebene unternehmen könnte, um Bewegung in die Sache zu bringen«, enthüllte Jones später.[21]

Jones sprach auch über eine Geschichte, die ihm General Dalla Chiesa an diesem Tag erzählt hatte:

»Als er Mitte der siebziger Jahre Carabinierikomman-
deur in Sizilien war, sei er von dem Carabinierihauptmann im westsizilianischen Dorf Palma di Montechiaro
angerufen worden, der Drohungen vom lokalen Mafiaboß erhalten hatte.

General Dalla Chiesa fuhr in das Dorf hinaus. Es war
zur Zeit des Nachmittagsspaziergangs. Der General hak-
te sich beim Hauptmann ein, spazierte langsam mit ihm
die Hauptstraße hinauf, herunter und dann wieder hinauf. Alle Augen waren auf sie gerichtet.

Dann verhielt dieses merkwürdige Paar vor dem Haus
des Mafiahäuptlings des Dorfes. Sie blieben dort stehen,
bis klargestellt war, daß der junge Hauptmann nicht allein stand.

›Ich bitte nur darum, daß jemand meinen Arm nimmt
und mit mir spazierengeht‹, sagte der General.«

Dalla Chiesa erzählte Jones das am 3. September 1982.
Am selben Abend wurde er ermordet. Seine frisch ange-
traute junge Frau hatte ihn in der Präfektur abgeholt,
und sie waren in ihrem Kleinwagen nach Hause gefahren. Zwei schwere Motorräder folgten ihnen vom
Hauptquartier. Insgesamt acht Mann — vier auf den Motorrädern, die anderen in Begleitfahrzeugen — überfie-
len sie und ihren Leibwächter im Auto dahinter im Alt-
stadtviertel Carini. Die Killer schossen eine Kalaschnikow erst auf die Frau leer, dann auf den General, der
sich über sie geworfen hatte. Dann stieg jemand aus einem BMW und gab ihnen den Fangschuß.

»Hier ruht die Hoffnung ehrlicher Palermitani«,
schrieb ein anonymer Trauernder, der Blumen am Ster-
beort niedergelegt hatte.

Die Einsamkeit des Generals hatte ihn verletzbar gemacht, schrieb Richter Falcone später. »Carlo Alberto

Dalla Chiesa wurde unter nicht gerade idealen Bedingungen nach Sizilien versetzt, um den Anschein eines tatsächlichen Willens [zur Bekämpfung] der Mafia zu erwecken. Er verkörperte nicht, wie dies hätte sein müssen, die Autorität des Staates. Daher glaubte die Cosa Nostra, sie könne ungestraft zuschlagen, da er nur sich selbst vertrete.«[22]

Er wurde mit derselben Kalaschnikow erschossen wie Salvatore Inzerillo, so daß kein Geheimnis darum war, wer die Killer geschickt hatte. Die Entscheidung konnte nur vom neuen Oberkommando der sizilianischen Mafia gefällt worden sein.

Diesmal schienen Leggio und seine Männer zu weit gegangen zu sein. Die Reaktion der Bevölkerung war überwältigend, und die Regierung unternahm Schritte. Ein neuer Präfekt wurde nach Palermo entsandt, mit vielen der Vollmachten, die Dalla Chiesa verweigert worden waren. Ein neuer Antimafiaausschuß wurde in Rom eingesetzt. Das italienische Parlament verabschiedete binnen weniger Wochen das bisher weltweit strengste Gesetz. Zu den Unterzeichnern der Gesetzesinitiative gehörte der christdemokratische Innenminister Virginio Rognoni (der erste Initiator, der Kommunistenführer Pio La Torre, war am Tag der Ankunft General Dalla Chiesas in Palermo ermordet worden).

Das Rognoni-La-Torre-Gesetz machte die Mitgliedschaft in der Mafia nun zu einem Straftatbestand, auf dem eine längere Gefängnisstrafe stand. Sie hob für verdächtige Mafiagelder das Bankgeheimnis auf. Kapitalien, die durch Gewalt oder Einschüchterung erlangt worden waren, konnten vom Staat beschlagnahmt werden — Bargeld, Juwelen, Yachten, Autos, Immobilien, Aktienbesitz, Handelsfirmen, gleichviel, ob sie dem Mafioso, seiner Frau, seiner Braut oder Geliebten gehörten.

Beamte der Guardia di Finanza arbeiteten sich durch ein Labyrinth getarnter Bankkonten. Von den Salvos wurden binnen eines Monats 30 Millionen Dollar beschlagnahmt. Jeder Mafiaboß konnte über Nacht ein armer Mann werden, ein Schicksal, das für manchen schlimmer war als der Tod.

Nichts davon schreckte sie jedoch ab. 1982 duckten sich die Ehrenmänner nicht und flohen, wie nach dem Bombendesaster von Ciaculli zwei Jahrzehnte früher. Das Verhältnis zwischen der sizilianischen Mafia und dem Staat hatte sich gewandelt, wie die jubilierenden Mafiosi Palermos glaubten; »jeder, der versucht, sie zu schwächen, wird von nun an durch einen bewaffneten Angriff abgewehrt«, berichteten Gewährsleute der Polizei.[23]

Der nächste Angriff folgte kaum vier Monate später, im Januar 1983. Das Opfer war Richter Gian Giacomo Ciaccio Montalto, der um ein Uhr morgens mit einer Maschinenpistole erschossen wurde, als er vor seiner Haustür vorfuhr. Seit 13 Jahren Untersuchungsrichter in Trapani, hatte Ciaccio Montalto »viele Leute verärgert«, wie ein hoher Regierungsbeamter äußerte.[24]

Trapani hatte mit 80 000 Einwohnern die höchste Bankenkonzentration in Sizilien[25], die höchsten Bankeinlagen in ganz Italien und Siziliens höchste Konzentration von Mafiosi pro Einwohner.[26] Richter Ciaccio Montalto war sicher, daß im Lauf der Jahre aus dieser Provinz Heroin tonnenweise in die USA geliefert worden war. Er selbst hatte binnen weniger Monate Sendungen im Wert von 330 Millionen Dollar von Trapani über Paris nach Montreal verfolgt.[27]

Auf der Spur des Rauschgifts hatte er Informationen mit Richter Carlo Palermo ausgetauscht, der gegen die türkische Waffen- und Rauschgiftmafia in Norditalien ermittelte. Ciaccio Montalto hatte vor kurzem beträchtliche Dollareinlagen in Banken von Trapani ausgegraben und 41 Haftbefehle unterzeichnet. Vor allem forschte er intensiv nach Raffinerien im Umland der Stadt. Die größte Raffinerie ganz Europas — die Raffinerie von Alcamo, die sich anschickte, vier Tonnen Heroin jährlich zu produzieren — wurde kurz nach seiner Ermordung entdeckt.

Ciaccio Montalto war wieder einer dieser gefährdeten, isolierten Männer. Der Staat wollte keinen Finger gegen die Mafia in Trapani rühren. Der Unterpräfekt von Trapani hatte General Dalla Chiesa gewarnt, »diese seriöse und schwer arbeitende Stadt nicht zu kriminalisieren«. Der dort stationierte Staatsanwalt war nie imstande gewesen, eine Anklage gegen die Mafia zusammenzustellen, weil er keine Kriminalpolizei hatte. Das örtliche Gerichtsgebäude war einst geschlossen worden, nachdem in der Bibliothek ein Stück Decke heruntergekommen war. Ciaccio Montalto, der eine von nur zwei Untersuchungsrichtern von ganz Trapani, konnte vom Staat nicht einmal einen Kleincomputer ergattern, um seinen Personalmangel auszugleichen. Prominente Bürger beschuldigten ihn »persönlicher Rachsucht«, weil er die größten Mafiabosse der Stadt verfolgte. »Wer das getan hat, sollte ins Exil geschickt werden!« schrie jemand bei der einzigen Gelegenheit, wo es dem Richter gelungen war, jemand vor Gericht zu zerren. »Mein Sohn hat mir viele Male gesagt, daß er sich allein fühlte, daß ihn nur sehr wenige in seinem Amt verstanden und unterstützten«, sagte seine Mutter der Presse. »Er hatte das Gefühl, daß seine Umgebung versuchte, einen leeren Raum um ihn zu schaffen«, fügte seine Witwe hinzu.[28]

Und so ging es weiter. Das Morden ließ nicht nach,

und das Heroin floß reichlicher denn je; die Sendungen in die Vereinigten Staaten erreichten sogar einen bisher nicht dagewesenen Höhepunkt. Die italienische Regierung raffte sich zu keinem weiteren Angriff auf. Das sizilianische Establishment verschleppte weiterhin alles. Dieselbe kleine Truppe von Richtern und Polizisten, die auf verbotenes Mafiaterritorium vorgestoßen waren, durfte mehr oder minder wie bisher weitermachen.

Dann verkündete die Mafia im Sommer 1983 wieder einmal ihre Souveränität über Sizilien. Richter Rocco Chinicci, der in absoluter Geheimhaltung in der vom Cassarà-Bericht vorgezeichneten Richtung ermittelte, schloß seine umfangreichen Ermittlungen von Mafiaverbrechen bis zurück ins Jahr 1975 ab. Im selben Juli unterzeichnete er Haftbefehle gegen die Salvos; gegen das Oberhaupt der Kuppel, Michele Greco; gegen Leggios Prokonsuln Salvatore Riina und Bernardo Provenzano und gegen 200 weitere Ehrenmänner. Am 29. Juli wurden Richter Chinicci, sein Fahrer, zwei Leibwächter und die Portiersfrau eines Wohnblocks in die Luft gesprengt, während seine Frau vom Fenster aus zusehen mußte.

Chinicci war der letzte Richter, der allein arbeiten sollte. Die furchtbaren Geheimnisse, die er mit sich herumgetragen hatte, wurden an eine Antimafiagruppe von zehn Richtern und Staatsanwälten weitergegeben, die von Giovanni Falcone geleitet wurde. Fortan sollten sie alle Geheimnisse und Risiken teilen. Alle kriminalpolizeilichen Ermittlungen über die Mafia auf der Insel sollten an sie oder über sie gehen. Wenn einer ermordet wurde, konnten immer noch neun andere weitermachen, bis sie die ganze Mordbande der Mafia auf die Anklagebank gebracht hatten.

Der große Mafiakrieg erregte im Ausland wenig Aufsehen. Strafverfolger in anderen Ländern meinten eher, das gehe sie nichts an; viele Italiener dachten ähnlich. Die sizilianische Mafia schien immer noch ihre besondere nationale oder gar regionale Plage zu sein.

Indessen war die Mafia inzwischen nicht nur in Italien, sondern auf der ganzen Welt aktiv. Ein multinationaler Konzern von ihrer Größe konnte nicht ewig verborgen bleiben. Irgendeine der vielen Querspuren mußte schließlich zu ihr zurückführen, und so geschah es auch.

Der Zeitpunkt kam in den achtziger Jahren, als Spuren der Mafia in Großbritannien, Frankreich, der Bundesrepublik, Belgien, Holland, Spanien, in der Schweiz, in Griechenland, Kenia, Thailand, Südafrika, Kanada, Venezuela, Brasilien, Haiti, der Dominikanischen Republik, auf Puerto Rico, ja sogar auf Aruba und den Seychellen sichtbar wurden. Besonders die Vereinigten Staaten fanden bis 1984 genug Beweismaterial, um eine ihrer größeren Operationen aufzubrechen – einen Rauschgifthandel über drei Erdteile.

Infolge einer ungewöhnlichen Gleichzeitigkeit der Ereignisse durchdrangen die Vereinigten Staaten und Italien unabhängig voneinander in denselben Jahren die Tarnung der sizilianischen Mafia. Amerikanische Ermittler entdeckten Anfang der achtziger Jahre allmählich, daß sie auf ihrem eigenen Staatsgebiet tätig war, genau zu derselben Zeit, als die Italiener anfingen, die Geheimnisse der Mafia im Heimatland zu knacken.

Die Amerikaner arbeiteten anders und dachten gewiß auch anders. Die Cosa Nostra in Amerika ermordete keine Richter und Polizisten, und auch nicht täglich ein eigenes Mitglied; nicht einmal Al Capone hatte es geschafft, mehr als 75 Menschen jährlich zu töten, als er in den zwanziger Jahren Verbrecherkönig Chicagos war. Verbreitete Bestechungen und lähmende amtliche Trägheit waren das Schlimmste, wogegen die amerikanische Polizei anzukämpfen hatte. Sie stand nicht unter einem so erstickenden Druck wie ihre italienischen Kollegen, hatte allerdings auch nicht annähernd soviel Erfahrung wie die Italiener mit Tücke und Tarnung der Mafia.

Tatsächlich war den Amerikanern bis 1980 recht wenig über die Mafia bekannt. Frühere Untersuchungen — von Senator Kefauver und Senator McClellan — hatten praktisch nichts in Bewegung gebracht. Polizisten vor Ort dachten sich das organisierte Verbrechen immer noch als den lokalen Mord. Rauschgiftfahnder verhafteten Kleindealer, die auch nur kleine Probleme machten. Das FBI war fast restlos damit beschäftigt, politisch Subversive zu jagen. J. Edgar Hoover wollte von einer »landesweiten Verschwörung« in der kriminellen Unterwelt nichts hören; dem FBI war bis zu seinem Tode im Jahre 1972 untersagt, nach einer solchen zu suchen. Jedenfalls gab es unter Hoovers Amtsführung wenig Chancen, in dieser Frage irgendwie weiterzukommen. FBI-Agenten hatten drei Jahre lang ein Mikrophon im Büro des Bostoner Mafiabosses Raymond Patriarca angeschlossen, konnten das Material aber vor Gericht nicht verwenden. Die Vereinigten Staaten hatten für solche Situationen keine Gesetze. »Wir erwischten damals nur die Kranken, die Lahmen und die Pechvögel«, sagte Steve Rayn, ein früherer Beamter der vom Präsidenten eingesetzten Kommission gegen das organisierte Verbrechen.

1970 hatte der Kongreß die Situation bereinigt. Lauschaktionen wurden unter Titel 3 eines Sammelgesetzes zur Ermöglichung kontrollierter elektronischer Überwachung legalisiert. Mit RICO, dem *Racketeer-Influenced and Corrupt Organization Act*, wurde es möglich, fortgesetzte kriminelle Unternehmungen zu verfolgen; zwei oder mehr Personen, die zwei oder mehrere Verbrechen nach dem Muster einer kriminellen Vereinigung begingen, konnten nach dem Drogenbekämpfungsgesetz zu lebenslänglich Gefängnis verurteilt werden. Dies waren revolutionäre Gesetzesvorschriften, die ehrwürdige Traditionen der Strafverfolgung umstießen, und sie sollten die Cosa Nostra hart treffen, aber erst ein weiteres Jahrzehnt später.

Die entscheidende Veränderung erfolgte Anfang der achtziger Jahre mit Präsident Reagans Krieg gegen das organisierte Verbrechen. Das war Amerikas erster abgestimmter landesweiter Angriff auf die Cosa Nostra, die vor allem wegen eines entschlossenen, kämpferischen und überzeugenden jungen Italoamerikaners namens Rudolph Giuliani für die Mafia katastrophal endete. Als stellvertretender Justizminister unter dem neuen republikanischen Präsidenten fegte Giuliani bürokratische Trägheit beiseite und stieß einige Behörden mit den Köpfen zusammen — besonders das FBI und die Drogenfahndung — und machte sich dann von der Spitze abwärts über die Cosa Nostra her. Als erstes stellte er eine Einsatzgruppe gegen das organisierte Rauschgiftverbrechen auf, wobei er das Personal und die Mittel des FBI, der Drogenfahndung, der Staatsanwälte des Justizministeriums, der Zollfahndung, der Einwanderungs- und Einbürgerungsbehörde, der Steuerfahndung und der Stadt- und Staatspolizei bündelte. Ein Dutzend regionale Einsatzgruppen deckten Großstädte mit hoher Verbrechensquote ab. Diese Einsatzgruppen verfügten über Geld, Agenten, Unterstützung durch die Regierung, also über alles Nötige für einen Großangriff. Ziel waren nicht mehr Einzelverhaftungen auf unterster Ebene, sondern ganze Mafiafamilien zu überführen, angefangen mit ihren obersten Bossen.

Auf diese Weise stießen die Amerikaner bei dem Versuch, die Familie Bonanno zu überführen, auf die Geheimarmee der sizilianischen Mafia. Sie versuchten dies auf eine Art und Weise, in der die Amerikaner groß sind, mit einem Aufgebot von Experten, dem Einsatz von Datenbanken und elektronischer Spitzenausrüstung – mit dem eindrucksvollsten nachrichtendienstlichen Apparat der Welt. Eine Million Mannstunden wurden für den Fall aufgewandt, der später als Pizza-Connection bekannt wurde. Die New Yorker Einsatzgruppe hatte 47 Telefone in New York und 60 im ganzen Land angezapft. 100 Agenten arbeiteten nachts monatelang in zwei Schichten in der direkten Beschattung. Die Agenten sammelten eine erdrückende Menge an Informationen, von denen nicht alle nutzbar und manche unverständlich waren. Der Pizzaprozeß war bereits im Gange, als ihnen dämmerte, was sie da aufgedeckt hatten.

Sogar dann – noch 1985 – hatte das FBI »positive Daten« nur über 20 eingeschworene sizilianische Ehrenmänner in den ganzen Vereinigten Staaten gesammelt. Zwei Jahre später umfaßte die Liste 1 000.[1] Die Wahrheit war soweit von den bisherigen Erkenntnissen über Mafiaangelegenheiten entfernt, daß es lange dauerte, bis sie verdaut war.

Der Fall der Pizza-Connection begann in Wirklichkeit mit dem Mann, der Detective Douglas Le Viens Entdeckung und Fluch geworden war — mit Enzo Napoli. Nur wenige waren sich je über seine Rolle hierbei klar; Napoli selbst gehörte bestimmt nicht dazu. Ich selbst merkte das erst, als ich dieses Kapitel schrieb. Eine Quelle war die brillante Nachrichtenanalytikerin der amerikanischen Drogenfahndung Mona Ewell, die erste, die die sizilianische Mafia in Amerika entdeckte und dieser Entdeckung nachging.[2] »Wir erhielten die Mitschnitte von Enzo Napolis Telefongesprächen im Danburygefängnis (im US-Bundesstaat Connecticut). Ganz ehrlich, so hat es angefangen«, erzählte sie mir. Napoli hatte aufgrund einer Verurteilung wegen eines Kilos Heroin bereits zwei Jahre Gefängnis abgesessen, als die Drogenfahndung beschloß, ihn sich näher anzusehen. Zwischen 1980 und 1982 belauschten Agenten Hunderte seiner Telefongespräche und versuchte Mona Ewell, ein Muster aus ihnen herauszulesen.

Nach einer gewissen Zeit zeichnete sich ein solches Muster ab. Enzos Bruder Antonino pflegte aus Caracas den jüngeren Bruder Gaetano in Brooklyn anzurufen. Gaetano rief dann sofort Enzo in Danbury an, worauf Enzo weitere Telefongespräche nach draußen führte. Regelmäßig rief er einen Sizilianer namens Domenick Mannino an, der im Norden Philadelphias eine Kette von 26 Pizzerien mit dem Firmennamen *Mimmo's Pizzas* besaß. »Die Gebrüder Napoli waren der Schlüssel. Als die Anrufe aus Venezuela an Gaetano gingen, und von dort sofort weiter nach Enzo in Danbury, wußte ich, daß da was lief. Die Napolis führten uns nach Philadelphia zu Domenick Mannino — so fing alles an«, berichtete mir Ewell.

Bereits 1982 hatte Enzo Napoli auf Mona Ewells

Karteikarte für Caracas als erster einen Kreis um seinen Namen, und die Drogenfahndung war so neugierig geworden, daß sie einen ihrer Spitzenagenten namens Tom Tripodi nach Venezuela entsandte. Tripodi, der vier Jahre zuvor mit Polizeichef Boris Giuliano in Palermo zusammengearbeitet hatte, kannte sich etwas mit der sizilianischen Mafia aus. Dennoch verblüffte ihn, was er in Südamerika entdeckte. »Er kam zurück und wußte Bescheid«, sagte Ewell:

»Wir hatten es alles; wir wußten voll Bescheid. Antonino Napoli war Geschäftspartner der Cuntreras. Wir hatten die Cuntreras und die Caruanas im Visier. Der Sicherheitsaufwand um ihre Häuser war unglaublich ... Sie hatten soviel Einfluß in Venezuela, daß man's kaum glauben konnte.

Wir sahen ihre Firmen, alles Scheinfirmen auf dem Papier. Diese Leute hantierten nur mit Geld. Ihre Namen waren seit Jahren im Zusammenhang mit dem Geld aufgetaucht. Historisch gesehen waren sie es, die sich um das Geld kümmerten.

Sie machten das sowohl für Kokain als auch für Heroin: Das Geld kam rein, und das Kokain ging raus nach Europa. Es gab eine riesige sizilianische Kokainpipeline nach Europa, die mindestens bis 1978 zurückreichte — in das Jahr des Kokaineinbruchs in Europa ...

Es war ein gigantisches Geschäft, und es ging schon sehr, sehr lange ... Meiner Meinung nach ist das immer noch der Schlüssel. Das sind die Leute mit dem Geld; sie sind am längsten im Geschäft mit Betäubungsmitteln.«

Die amerikanische Drogenfahndung konnte in Venezuela nichts ausrichten. Genausowenig die italienische Polizei, die etwa zur selben Zeit begonnen hatte, umfangreiche Ermittlungen über die Cuntreras anzustellen.[3] Venezuela hatte mit keinem der beiden Länder ein Auslieferungsabkommen und zeigte jedenfalls keinerlei Neigung, gefällig zu sein. Doch sogar im Hauptquartier der Drogenfahndung in Washington liefen Tripodi und Ewell gegen Wände. »Es war ein langer und harter Kampf, bevor die Leute in den Strafverfolgungsbehörden das glaubten«, sagten sie. »Für uns war das sehr frustrierend; niemand hier nahm uns das ab. Die Italiener wußten Bescheid, aber unsere eigenen Leute wollten nicht darauf einsteigen.«

Indessen entschlossen sich ihre Vorgesetzten zum Vorgehen gegen den Mafiabruder, den Enzo Napoli ständig in Philadelphia anrief. Ende 1982 wurde ein verdeckter Ermittler der Drogenfahndung namens Frank Panessa nach Philadelphia geschickt, um diesen Domenick Mannino aus der Reserve zu locken. An Mannino kam er nicht heran — das ist bisher niemand gelungen —, doch bekam er, was Tausende von Lauschaktionen im Fall der Pizza-Connection in New York nie ergaben, »das Pulver«, das Heroin der sizilianischen Mafia.

Panessa, ein liebenswürdiger, zurückhaltender Agent, der seit 20 Jahren in Betäubungsmitteln tätig war, flößte augenblicklich Vertrauen ein, das durch seinen verblüffend raschen Zugang zu Bargeld noch bekräftigt wurde. Die Drogenfahndung, die noch nie zuvor das Geld für ein ganzes Kilo Heroin bereitgestellt hatte, war inzwischen dazu imstande; Rudolph Giulianos neue OC-DETF *(Organized Crime Drug Enforcement Task Force)* stellte das Geld bereit. Folglich war Panessa in der Lage, sechs Heroinkäufe über jeweils ein Kilo zu tätigen, für die er fast eine Million Dollar herausrückte.[4] (Er habe sich mit Händen und Füßen dagegen wehren müssen, noch mehr abzunehmen, erzählte er mir. »Sie drängten mir das Heroin auf, drei bis fünf Kilo auf einmal. ›Ich will gar kein Geld von dir‹, pflegte der Lieferant zu sagen. ›Hat es denn Sinn, wenn ich das alles mit zurück nach Brooklyn schleppe?‹«)

Die Rauschgifthändler in Philadelphia, mit denen Panessa dealte, alles in Italien eingeschworene Sizilianer, schlossen ihn in ihr Herz; einer, der eine Million Dollar für ihre Ware herausrückte, konnte kein Agent der Regierung sein, schlossen sie. Ohne weiteres vertrauten sie Panessa in aller Unschuld mehr an, als einer von ihnen je dem FBI erzählt hatte. (Außer Luigi Ronsisvalle, der keinen tiefen Eindruck machte, hatte kein einziger sizilianischer Mafioso aus Amerika je mit dem FBI geredet.)

Panessas bester Informant war Paolo La Porta, ein eingeschworener Ehrenmann aus Palermo, Hauptlieferant des Rauschgiftrings von Philadelphia. (La Porta war es gewesen, der den neu angekommenen Luigi Ronsisvalle 1965 auf der Knickerbocker Avenue an die Hand genommen hatte.) Sie speisten exklusiv mit einander und tauschten bei Tisch verpackte »Geschenke« aus: Heroin gegen Geld. La Porta fühlte sich so sicher, daß er Panessa Ratschläge für die Verehelichung von dessen Tochter gab und sogar 100 000 Dollar von ihm lieh. (Die Inhaberaktien, die er dafür verpfändete, wurden später von einer Bank in Puerto Rico eingelöst und erbrachten steuerfreie 13 Prozent Zinsen.)

Nach Philadelphia pflegte La Porta aus der Knickerbocker Avenue in Brooklyn zu kommen, dem Sitz der Leute von Salvatore Catalano. Der Sondereinsatzgruppe in New York waren sie als die sizilianische Fraktion der Mafiafamilie Bonanno bekannt; La Porta aber wußte es besser. Die »sizilianische Fraktion« sei in Wirklichkeit die sizilianische Mafia, teilte er Panessa mit; und ihr

Territorium sei nicht bloß die Enklave der Familie Bonanno, sondern ganz Brooklyn.

Nach dem zu urteilen, was La Porta erzählte, schien die amerikanische Mafia Brooklyn an ihre stillen sizilianischen Teilhaber abgetreten zu haben. Panessa sagte dazu später vor der Kommission des Präsidenten gegen das organisierte Verbrechen das Folgende aus:

»Wir führten viele Gespräche über Brooklyn. Brooklyn bedeutete die sizilianische Mafia, im Unterschied zur italienisch-amerikanischen Cosa Nostra in den Vereinigten Staaten. Es gab einen eindeutigen Unterschied.

Brooklyn kontrollierte das gesamte Heroin in den Vereinigten Staaten, erzählte mir La Porta ... Die Sizilianer setzten die Italoamerikaner zum Vertrieb des Heroins ein, so lagen die Dinge.«[5]

La Porta selbst bewegte sich unter den Spitzenleuten der sizilianischen Mafia im Drogenhandel. Salvatore Inzerillo war sein großer Freund gewesen; er stand Gaetano Badalamenti sehr nahe; er machte Geschäfte mit den Gambinos von Cherry Hill (denen er Panessa vorstellte); und der größte Teil seines Heroins kam von den engsten Helfern Salvatore Catalanos, von Cesare Bonventre und Baldo Amato. Von diesen sizilianischen Landsleuten erhielt er auch Kokain in Großhandelsmengen. Einmal legte er vor Panessa 30 Kilo auf den Tisch, der überrascht reagierte. »Warum bist du überrascht? Unsere Leute in Brooklyn kontrollieren auch das Kokain«, erklärte La Porta.

Bonventre betrog seine sizilianischen Landsleute, indem er das Heroin selbst verschnitt und minderwertigen Stoff weitergab. Als sich Panessa über die mangelnde Qualität beschwerte, sagte La Porta ihm schroff: »Weißt du, das ist die Mafia. Da beschwert man sich nicht. Wir können nichts daran ändern. Die kommen aus Sizilien. Wenn wir die Lieferungen kriegen, müssen wir sie akzeptieren, wie sie sind . . . Aber ein paar Leute werden dafür bezahlen . . . Alle werden letztendlich ihren Lohn bekommen.«[6] Es sei ein »Machtkampf in der sizilianischen Mafia über den Heroinvertrieb in den USA im Gange«, fuhr La Porta fort. So tauchten auch nach angemessener Zeit die Körperteile Cesare Bonventres in Garfield im Staate New Jersey in drei 200-Liter-Fässern auf.

La Porta wollte Bonventre ohnehin künftig umgehen. Er und ein langjähriger Partner — Filippo Ragusa, eine wichtige Figur im künftigen Pizzafall — hatten gerade eine Lieferung von mehr als 40 Kilo Heroin aus Palermo herübergebracht, in Kisten mit Fliesen verpackt. (FBI-Agenten erwischten das Heroin in Buffalo, konnten aber Ragusa nicht fassen. Unerklärlicherweise kümmerten sie sich nicht um seinen Partner in Philadelphia.)

La Porta war auch in Bulgarien und Jugoslawien gewesen. Er und einige Mafiakollegen wollten die dort hergestellte flüssige Morphinbase kaufen, sie in der Abfüllanlage seiner Familie im sizilianischen Marsala füllen und in die Dominikanische Republik verfrachten, wo »seine Leute« dabei seien, eine Raffinerie einzurichten. »Die Dominikanische Republik gehört uns«, erzählte er Panessa.[7]

Die flüssige Morphinbase eröffnete Panessa eine unglaubliche Chance, mit La Portas Sippschaft in Palermo zusammenzutreffen. Das Rauschgift in Flaschen sollte versuchsweise über Panessas (von der Drogenfahndung) eingerichtete Export-Import-Scheinfirma in Frankfurt versandt werden. Er war zusammen mit La Portas Bruder bereits auf dem Weg nach Sizilien, um das Geschäft abzuschließen, als ihn La Porta überraschend zurückrief. »Er erzählte mir, seine Leute hätten drüben einen Richter umbringen müssen«, sagte Panessa später aus. »Er sagte, jetzt sei nicht der richtige Zeitpunkt, um Heroin über Italien zu liefern, da die italienische Polizei jeden verhafte, um herauszufinden, wer es dem Richter besorgt hatte.« Bei dem Richter handelte es sich um Rocco Chinicci.

Die Größenordnung der interkontinentalen Operation war kaum glaublich. Einmal, als sich Panessa erbot, einen Teil des Drogengelds des Rauschgiftrings von Philadelphia zu waschen, lehnte La Porta dankend ab. »Wir selbst haben die Kapazitäten, fünf Millionen Dollar täglich zu waschen«, meinte er höflich. Wenn man Wochenende und Feiertage abzieht, ergibt sich daraus allerdings noch mehr als eine Milliarde Dollar jährlich allein für die Sizilianer — also das Drei- oder Vierfache des Bargeldflusses, der im Pizzafall ermittelt wurde. Es wurde festgestellt, daß nur einer der Geldwäscher für Philadelphia, Rosario Dispenza, im New Yorker Stadtteil Queens eine Million Dollar täglich für vier offenbar getrennte sizilianische Rauschgiftringe an der amerikanischen Ostküste bewegte.[8]

Im Zeitraum von neun Monaten wurde Panessa von seinen Zielpersonen mitgeteilt, daß die sizilianische Mafia in den Vereinigten Staaten eine gesonderte Einheit war; daß sie das Monopol auf dem amerikanischen Heroinmarkt und einen beträchtlichen Anteil des Kokainmarkts hatte; daß sie von ihrem Hauptquartier in Brooklyn durch ein Geflecht überlappender Rauschgiftringe operierte; daß sie amerikanische Mafiosi nur als Verkäufer — als weisungsgebundene Untergebene — einsetzte; daß sie unbegrenzte Verfügungsgewalt über die Dominikanische Republik und den Plan hatte, flüssiges Morphin aus Bulgarien und Jugoslawien einzuführen, daß sie weltweit allerhand Geschäfte laufen hatte und gigantische Summen verdiente.

Panessa konnte kaum alle Verzweigungen dessen erfassen, was ihm damals mitgeteilt wurde. Sicher wäre er überrascht gewesen, wenn er gewußt hätte, daß kein anderer Ermittler, weder in Amerika noch in Italien, im letzten Vierteljahrhundert soviel herausgefunden hatte.

Theoretisch hätten derart umwerfende Informationen von Philadelphia aus sternförmig an Strafverfolgungsbehörden im ganzen Land verbreitet werden müssen, doch nichts dergleichen geschah. Zum Teil war das die alte Geschichte der Rivalität zwischen Behörden; die Drogenfahndung brannte nicht darauf, Informationen weiterzugeben, die das FBI an sich reißen und für sich verwenden konnte (und umgekehrt). Außerdem war die Behörde ständig im Begriff, irgendwo Rauschgifthändler zu jagen, darunter auch Sizilianer. Praktisch niemand in höherer Stellung glaubte, daß auch nur zwei Banden sizilianischer Rauschgifthändler miteinander Verbindung hatten, ganz zu schweigen von allen. »Das ist bloß noch so ein Itaker«, sagte man Panessa, als sich das Heroin, das bei einem Rauschgifthändler in New York gefunden wurde, als chemisch identisch mit seinem erwies.[9]

Daher wußte die Sondereinsatzgruppe in New York so gut wie nichts von dem, was Panessa ermittelt hatte, bis sein Einsatz fast vorbei war. Dieses Wenige erfuhr sie nur durch Zufall.

Im Frühjahr 1983 entsandte die Drogenfahndung, ermuntert durch Panessas Fortschritte, einen zweiten Ermittler namens Steve Hopson nach Philadelphia. Über Panessas Kontakte trat Hopson als Käufer für ein halbes Kilo von einem gewissen Benny Zito auf, der in einer von Manninos Mimmo-Pizzerien arbeitete. Um den

Auftrag durchzugeben, machte Zito einen verhängnisvollen Telefonanruf nach New York. Der Mann am andern Ende war Giuseppe Ganci, ein herausragender Mann in der vermeintlichen sizilianischen Fraktion der Familie Bonanno — weshalb das FBI auch sein Telefon angezapft hatte. Sobald diese Verbindung hergestellt war, erwies sie sich als das noch fehlende Zwischenglied im Pizzafall.

Das FBI hatte überwältigendes Beweismaterial zum verdächtigen Verhalten der »sizilianischen Fraktion« zusammengetragen, aber kein Gran Pulver, das die Verbindung zwischen den Sizilianern und Drogen herstellte. Das Heroin, das von Ganci über Zito an einen Drogenfahndungsagenten in Philadelphia vermittelt wurde, war alles, was das Büro bis zu den Verhaftungen an Indizien in die Hand bekommen sollte.[10]

Jetzt, wo das fehlende Zwischenglied gefunden war, wurde sich New York über die Tragweite der Ermittlungen der Drogenfahndung in Philadelphia klar, und in der Justiz erhob sich ein Sturm. Der US-Staatsanwalt in Philadelphia wollte den gesamten Fall an sich ziehen, desgleichen der Eastern District von Brooklyn, auch Rudolph Giuliani als neuer Chef des Southern District von Manhattan[11], und sogar der Justizbezirk südliches New Jersey, wo Panessa ebenfalls Geschäfte mit La Porta gemacht hatte.

Nach einer stürmischen Sitzung mit allen vier Distrikten vergab das Justizministerium Zito an den Southern District in New York und das übrige nach Philadelphia. Die Entscheidung war nicht ungewöhnlich; Streitigkeiten über Gerichtsbezirke sind normal und politische Lösungen unumgänglich. Dennoch wurde eine einzigartige Chance verpaßt, gegen eine Gefahr für das ganze Land anzugehen.

Nachdem die beiden Gerichtsverfahren einmal getrennt waren, war die Ermittlung in Richtung auf eine einzige organisierte kriminelle Verschwörung zersplittert.

Die verborgene Welt, auf die Panessa einen kurzen Blick erhascht hatte — die überlappenden Rauschgiftringe, die herrschende Stellung auf dem Heroinmarkt der USA, die Macht über Brooklyn —, blieb unerforscht.

Acht sizilianischen Rauschgifthändlern wurde in Philadelphia der Prozeß gemacht, ohne ihre Verbindung mit einem ungeheuren internationalen Konsortium herzustellen. 22 sizilianische Rauschgifthändler wurden in New York vor Gericht gestellt, ohne ihre Verbindung zu denen in Philadelphia oder Tausenden anderer in Amerika aufzudecken.[12]

Paolo La Porta, der mit fünf der wichtigsten Figuren im Pizzafall zusammengearbeitet hatte — Gaetano Badalamenti, Cesare Bonventre, Baldo Amato, Filippo Ragusa, Giuseppe Ganci —, konnte nicht als Zeuge gegen sie verwendet werden. Der verdeckte Ermittler der Drogenfahndung Frank Panessa durfte im Pizzaprozeß nicht aussagen. Die Staatsanwälte hatten fast keine Kenntnis über das, was er von Paolo La Porta erfahren hatte. Seine Berichte landeten in den Archiven.

Das FBI, das nichts von La Portas Indiskretionen wußte, konnte über die wahren Zustände in Brooklyn so gut wie nichts in Erfahrung bringen. Seine Agenten, die die Sache von außen betrachteten, konnten sich nie über den merkwürdigen Status der sizilianischen Mafiosi klarwerden. Alle glaubten, sie seien Anhängsel der Cosa Nostra in Amerika, obwohl von keinem bekannt war, daß er von der amerikanischen Mafiafamilie eingeschworen worden war. (Die neuesten Angaben lassen auf eine mögliche Ausnahme schließen. Mehrere Informanten des FBI behaupten inzwischen, daß John Gambino, ein eingeschworener sizilianischer Mafioso, auch von der Familie Gambino eingeschworen worden ist.)

»Salvatore Catalano wird von unseren Informanten nie als eingeschworen identifiziert. Ebensowenig Cesare Bonventre und Baldo Amato. In vier Jahren umfassender Überwachung haben wir keine Beweise dafür gefunden, daß einer von ihnen je eingeschworen worden ist. Daher nannten wir sie einfach die sizilianische Fraktion in der Mafiafamilie Bonanno«, sagte US-Staatsanwalt Louis Freeh, der die Arbeitsgruppe der Regierung im Pizzafall leitete.

Tatsächlich waren sie alle in Sizilien eingeschworen, wie den Behörden ein paar Jahre später klar wurde. »Sal Catalano wurde wegen des Heroins nach New York gebracht«, äußerte Tom Sheer, der Leiter der Kriminalabteilung des FBI in New York. »Sie wurden ausdrücklich dazu herübergeschickt, den Heroinhandel zu besorgen, jeder für seine eigene Familie«, schrieb ein sizilianischer Richter, der gegen ihre Geldwaschanlagen ermittelte.[13]

Die ersten Angaben über diese verpflanzten Sizilianer erhielt das FBI von seinem besten verdeckten Ermittler, Joe Pistone, der seit 1975 die Familie Bonanno unterwandert hatte. Ein Soldat der Bonannos zeigte sie Pistone im Toyland Social Club, dem Versammlungsort der Familie Gambino in der italienischen Kolonie New Yorks. Er habe sie als »die Zips« bezeichnet, schrieb Pistone:

»Er sagte, die Zips seien Sizilianer, die ins Land gebracht worden seien, um für Carmine ›Lilo‹ Galante, den Boß der Familie Bonanno, Heroin zu vertreiben und Morde auszuführen. Diese Operation, sagte er, liege ausschließlich in den Händen Galantes. Die Zips seien sehr effektiv, weil sie zwar in der Familie seien, aber im Lande unbekannt — keinerlei Polizeiakten.

Sie wurden in Pizzerien eingewiesen, wo sie Heroin in Empfang nahmen und vertrieben, Geld wuschen und auf weitere Aufträge Galantes warteten . . .

Die Zips seien auf ihren Clan fixiert und schwiegen. Sie blieben im Gebiet der Knickerbocker Avenue in Brooklyn meistens für sich. Sie seien, sagte er, die gemeinsten Killer in der Branche.

Zwei von denen, die er mir zeigte, waren Salvatore Catalano und Cesare Bonventre.«[14]

Das war 1977, im Jahr der Errichtung der sizilianischen Heroinpipeline. Sal Catalano, ein gedrungener, böse blickender und schweigsamer sizilianischer Enddreißiger, hatte gerade Knickerbocker Avenue übernommen, nachdem er dafür gesorgt hatte, daß der vorige Straßenboß erschossen wurde. Sein unzertrennlicher Gefährte, der schlanke und elegant gekleidete Cesare Bonventre, von rundlicheren Kollegen wegen seines italienischen Aussehens beneidet, nahm die Sache wie üblich für Catalano in die Hand.

Die Ermordung eines Straßenbosses war nur der erste Schritt im unerbittlichen Vormarsch der sizilianischen Mafia. Ihre Leute waren im Begriff, die gesamte Mafiafamilie Bonanno in den Griff zu bekommen, und nicht bloß diese. Während sie von einer Legion von Ermittlern noch auf dem Territorium der Bonannos beobachtet wurden, übernahmen sie bereits das Brooklyner Gebiet der mächtigen New Yorker Familie Gambino.

Die Gambinos von Cherry Hill, nicht zu verwechseln mit den New Yorker Gambinos, saßen in der 18th Avenue in Bensonhurst. Sie verkauften Großmengen Heroin über die New Yorker Gambinos, besonders der Unterboß der Familie, Aniella Della Croce, der deren Finanzen kräftig aufbesserte. (»Sag mir nicht, was es ist; gib mir bloß für eine Million eineinhalb zurück«, pflegte er zu sagen.) Doch John, Rosario und Giuseppe Gambino waren nur Palermo rechenschaftspflichtig. Besonders John, der älteste, war »von ganz anderer Art«, wie Mona Ewell sagte — ein eingeschworener Ehrenmann aus Sizilien, der turmhoch über seinen Geschäftspartnern in den Vereinigten Staaten aufragte. Und er war im sizilianischen Netz eine sehr viel wichtigere Figur als jeder der Angeklagten im Pizzaprozeß. Neben den Lieferungen, die über ihn in das Territorium der Bonannos gingen, hatte er weitere reichlich sprudelnde Heroinquellen, darunter die Alcamoraffinerie bei Trapani mit einer Produktionskapazität von vier Tonnen jährlich.[15] Er saß »am Trichter«, an der »Anlaufstelle (und) Endadresse in Amerika« für das gesamte Heroin, das von den herrschenden Familien Palermos herübergeschickt wurde, schrieben italienische Untersuchungsrichter Anfang der achtziger Jahre.

Doch die italienischen und amerikanischen Behörden erzählten einander in diesen Jahren immer noch nicht sehr viel. Diese Seite der Geschichte war ein derart undurchdringliches Geflecht von Stammesbeziehungen über den Atlantik hinweg, daß die New Yorker Einsatzgruppe nie daran rührte. In der Tat ist John Gambino noch immer auf freiem Fuß.

In beiden Enklaven von Brooklyn saßen die Sizilianer auf ihrem Territorium ungefähr so wie eine Firma auf gepachtetem Grund und Boden. Die Pächter hatten den Nießbrauch, und der Eigentümer kassierte die Pacht. Natürlich hatten die Eigentümer ein Auge auf das, was vorging, und beide Parteien achteten sorgfältig darauf, einander Achtung zu erweisen. Doch kein sizilianischer

Ehrenmann in Brooklyn wurde je von einem amerikanischen Mafiaboß zur Rechenschaft gezogen: Sie waren nur Palermo auskunftspflichtig. Joe Pistones Gewährsmann, der ihre Beziehungen zu Carmine Galante zu beschreiben versuchte, konnte das schwerlich wissen. Damals wußte das niemand.

Der gefürchtete Galante, ein kurzer, dicker, blutdürstiger Cosa-Nostra-Boß, der bei seinen Soldaten verhaßt war, erweckte ganz den Anschein des großen Mannes, der hinter dem amerikanischen Heroinhandel stand. Es wurde unweigerlich davon ausgegangen, daß die amerikanischen Mafiosi die Dinge in ihrem eigenen Land in der Hand hatten, und nach Vito Genovese war Galante schon seit langem der eifrigste und geldgierigste Rauschgifthändler der USA.

Wie sein amerikanischer Landsmann Joe Bonanno stammte Galante aus Castellammare del Golfo, seit dem Zweiten Weltkrieg Ausgangspunkt eines blühenden Heroinhandels. Bonanno hatte ihn bereits 1953 entsandt, um eine Rauschgiftroute über Montreal zu organisieren, und er war danach mit Lucky Luciano in Italien zusammengetroffen. Außerdem — und das war wirklich von Bedeutung — hatte Galante bei der Gipfelkonferenz im *Hotel des Palmes* in Palermo im Oktober 1957 teilgenommen. Als damaliger Unterboß von Joe Bonanno war er Vertragspartner im Deal über die sizilianische Heroinkonzession. Nachdem er Bonanno zwischen zwei Gefängnisaufenthalten 1974 als Boß der Familie verdrängt hatte, hatte er das ganze Geschäft geerbt.

Auch lange nachdem Klarheit über die sizilianische Connection bestand, wußten die Ermittler immer noch nicht genau, was die Sizilianer für ihre amerikanische Heroinkonzession bezahlten. »In Millionen nach Titel 3 abgehörter Worte erwähnte nicht ein einziger Ganove je eine sizilianische Pachtzahlung für Heroin an die Cosa-Nostra-Familien von New York«, sagt Louis Schilero vom FBI-Büro in Brooklyn und Queens.

Allmählich jedoch kamen US-Bundesanwälte im Pizzaprozeß zu dem Schluß, daß Carmine Galante der Pachteintreiber der amerikanischen Mafia gewesen sein muß. »Er muß die Zahlungen für den gesamten Ausschuß erhalten haben«, meint Richard Martin, einer der Staatsanwälte im Pizzaprozeß. »Was immer die Sizilianer auch zahlten, Galante strich es ein und verteilte es weiter.«[16]

Der Ärger mit Galante war stets seine unersättliche Geldgier gewesen. Als er 1979 wieder aus dem Gefängnis freikam, beschloß er offenbar, das Heroingeld nicht mehr weiterzugeben. In diesem Sommer wurde er erschossen, und Salvatore Catalano, ein akkreditierter Gesandter des Heroinkonsortiums von Palermo, nahm seine Stellung ein, eine bis dahin in der Mafiageschichte unerhörte Übernahme.

Ein sizilianischer Ehrenmann herrschte nun über die gesamte amerikanische Mafiafamilie Bonanno, eine der fünf Familien, die alle andern in den Vereinigten Staaten beherrschten. Mehr als zwei Jahrzehnte waren vergangen, seit jemand einen amerikanischen Familienboß ermordet hatte; die Ganoven waren bestürzt, und die Polizisten standen vor einem Rätsel. Vermutlich hatte der Ausschuß der Cosa Nostra nach ehrwürdiger Sitte die Hinrichtung genehmigt, doch die Sizilianer hatten Galante in die Falle gelockt.

Cesare Bonventre und Baldo Amato waren Galantes sizilianische Leibwächter und saßen mit ihm am Tisch, als drei maskierte Revolvermänner im Hof von *Joe and Mary's* Restaurant an der Knickerbocker Avenue auf ihn schossen. Als er umfiel, stand Bonventre auf und jagte ihm zwei weitere Kugeln in den Kopf. Detective Le Vien, der für die Mordkommission an den Tatort kam, sah die Beweise für Bonventres Schüsse, aber dieser Teil der Geschichte wurde nie veröffentlicht. Joe Pistone wiederum wußte nur, daß Bonventre und Amato dort gewesen und davonspaziert waren. »Angeblich waren die Zips Galantes auserwählte Leute. Doch zwei seiner besten Zips waren bei ihm, als er abgeknallt wurde«, schrieb Pistone.[17]

Später, als die Sizilianer drei weitere hochrangige Bonannos umgelegt hatten, wurden sie von den Ganoven New Yorks allmählich besser begriffen. »Diese verdammten Zips unterstützen niemand«, sagte ein Hauptmann der Bonannos zu Joe Pistone. »Diese Kerle sind darauf aus, alles zu übernehmen. Deshalb wurden die drei anderen Typen umgelegt — sie stellten sich gegen die Zips.[18] . . . Wenn du ihnen die verdammte Macht dazu gibst . . ., beerdigen sie dich . . ., das ist denen scheißegal. Es ist denen egal, wer Boß ist. Sie haben keinen Respekt.«[19]

Catalano hielt sich nur zwei Jahre als Haupt der Familie Bonanno. Wie er bei seiner Abdankung 1981 einräumte, sprach er nicht genug englisch, um sich mit seinen Untertanen zu verständigen. Allerdings behielt er das Kommando über seine »sizilianische Fraktion« bei. Tatsächlich war sein einziger wichtiger Beitrag zum Wohlstand der Familie, daß er den Pachtvertrag der Sizilianer für Brooklyn verlängerte.[20]

Niemand in der Welt draußen wußte damals, daß Catalano in die Stellung des toten Galante gehievt worden war. Er wurde gerade erst als einer von den »Zips« der Bonannos beschattet, als eine entscheidende Begegnung stattfand. Um ein Uhr nachmittags, am 6. Oktober

1980, wurden Catalano und der dicke, faßförmige Giuseppe Ganci aus Catalanos Bäckerei in Middle Village in Queens abgeholt. Sie fuhren zum Withers Social Club in Brooklyn, holten einen unbekannten Dritten ab und fuhren dann weiter zu *Martinis* Fischspezialitätenrestaurant in Bay Ridge.[21] Eine halbe Stunde später kam Paul Castellano mit ihnen Mittag essen. Als Amerikas Boß aller Bosse, Vorsitzender des Ausschusses und regierendes Oberhaupt der New Yorker Familie Gambino — der größten und stärksten in der amerikanischen Cosa Nostra —, aß Castellano ansonsten nicht mit der Unterschicht der Mafia zu Mittag. Doch an diesem Tag widmete er den Sizilianern zwei Stunden, das erste und einzige Mal, daß er dergleichen tat.[22]

Es dauerte mehrere Jahre, bis klar wurde, daß Big Paul Castellano sich zur Beratung mit dem großen Weißen Vater getroffen hatte, der mit gespaltener Zunge sprach: mit Salvatore Catalano und seinen sizilianischen Ehrenmännern, die dabei waren, Brooklyn zu ihrer Kolonie zu machen. »Sie verhandelten über die neuen Zahlungsbedingungen für die Heroinkonzession«, sagte Richard Martin von der Einsatzgruppe der Regierung im Pizzafall. »Carmine Galante war aus dem Weg, nun sollte das Geld direkt an Castellano gehen.«[23] Das war die sachkundige Meinung aller, die näher mit dem Pizzafall zu tun hatten. »Wir wissen, daß die Sizilianer und die amerikanischen Bosse die ganze Zeit für die Heroinkonzessionen bezahlt haben«, meint Louis Freeh. »Paul Castellano bekam das Geld, obwohl er anderen mit dem Tod gedroht hatte, wenn sie dealten.«[24]

Zum Zeitpunkt des Geschehens im Jahr 1980 konnte sich das FBI nicht vorstellen, warum der Boß aller Bosse mit einer obskuren Fraktion einer zweitrangigen New Yorker Familie konferieren sollte. Zwei junge Agenten,

die den »Zips« nach den Vorgängen in der Knickerbokker Avenue neu zugewiesen worden waren, kamen nur
zu dem Schluß, daß jeder, der sich mit Big Paul zusammensetzte, beobachtet werden sollte. Also hielten sie die
Augen offen.

Die Pizza-Connection war zwar kein schlechter Kriminalroman, aber mehr als das. Für die zwei von der Mafia am schwersten betroffenen Länder — Italien und die Vereinigten Staaten — kennzeichnete sie endlich den Übergang von 25 Jahren beidseitiger Frustration und Verständnislosigkeit zur Enthüllung.

Es gibt viele falsche Vorstellungen über die Ermittlungen des FBI. Das FBI hat den Pizzerien-Rauschgiftring der sizilianischen Mafia nicht quer durchs Land verfolgt. (Das Etikett »Pizza-Connection« drängte sich der Presse hier lediglich deswegen auf, weil mehrere Angeklagte zufällig Pizzerien in Brooklyn und Queens besaßen.) Es kam auch nicht annähernd an eine Zerschlagung des Heroinnetzes der sizilianischen Mafia in Amerika heran, das nach wie vor besteht. Das FBI fand auch nicht heraus, wer nun wirklich das Heroin ins Land brachte, oder auf welchem Wege, oder wer es zusammen mit Kokain von Küste zu Küste vertrieb; auch konnte es den Zufluß durch die Pipeline nur für eine kurze Zeitspanne unterbrechen.[1]

Die Ermittlung zerschlug auch keinen überlappenden sizilianischen Rauschgiftring außerhalb New Yorks. (Die Drogenfahndung zerschlug den Ring in Philadelphia getrennt davon.) Unbehelligt blieben insbesondere die sizilianischen Mafiosi, die in Brooklyn den Besitz der amerikanischen Mafiafamilie gepachtet hatten. Das waren John Gambinos Sizilianer, der Rauschgiftring der Gambinos von Cherry Hill, nach allen Erkenntnissen in den Vereinigten Staaten der größte.

Allerdings wurde durch die Ermittlungen der sizilianische Rauschgiftring in der Enklave von Brooklyn der Familie Bonanno aufgelöst. Dort waren die Rauschgifthändler hochrangige Ehrenmänner aus Sizilien, die fünf Jahre lang nachweislich 150 Kilo jährlich importiert hatten, ungefähr fünf Prozent des Angebots ihres Vertriebsnetzes in Amerika. (Die Liefermenge muß höher gewesen sein, doch gab es dafür keine Beweise.) Nach Angaben des Justizministeriums lieferten sie die Drogen nach New York City, Newark, Philadelphia, Chicago und Detroit weiter. Die Anklage im Pizzafall bezeichnete diese Rauschgifthändler weiterhin als »die Fraktion Catalano, die sich aus Mitgliedern und Partnern der Familie Bonanno zusammensetzt«. Es sollte noch einige Zeit dauern, bis man sich darüber klar wurde, daß sie in Sizilien eingeschworen und nur Palermo rechenschaftspflichtig waren.[2]

Die Rauschgifthändler ins Gefängnis zu schicken, bedeutete nicht, daß das Problem gelöst war, vielmehr wurde es dadurch zum ersten Mal auf der Welt gerichtsnotorisch. Zum ersten Mal waren die Angeklagten keine Straßendealer oder Kuriere. Richter und Geschworene hatten die Existenz einer organisierten internationalen Verschwörung bestätigt, die vom Rohstoff über Produktion, Transport, Vertrieb bis zur Geldwäsche reichte.

Gerichtsverwertbare Beweise zu finden, erforderte fünf Jahre, und jeder Schritt war zäh wie bei einem Gang unter Wasser. Aus zwei Agenten, die ein paar »Zips« überwachten, wurden schließlich 100 Agenten, die den Fall beobachteten. Männer, deren Gesichter für New

Yorker Polizisten nichts bedeuteten, gingen in einer Bäckerei in Queens, einer Pizzeria in der Nähe des Columbus Circle in Manhattan, in einem Käseladen in Brooklyn, einem Restaurant in New Jersey, in einem Autofriedhof, einer Garage, auf dem Parkplatz eines Einkaufscenters ein und aus. Sie benutzten umständliche Wege, schlüpften verstohlen hinein und hinaus, trugen Dinge in Kartons oder Papiertüten mit sich herum. Manche legten Pakete in Kofferräume, andere nahmen sie wieder heraus. Einen oder zwei zu verhaften, bedeutete das Risiko, die anderen tiefer in die Deckung zu treiben und den ganzen Fall kaputtzumachen. Sie zu beschatten, hätte zur Lebensaufgabe werden können. Allein schon die Aufgabe, Namen zu den Gesichtern zu finden, erforderte mühevolle Monate — bisweilen Jahre.

Die Hindernisse in diesem Fall waren kaum glaublich. Ein paar Dutzend scharf überwachte Galgenvögel handelten mit großen Mengen Rauschgift, das war bekannt, und trotzdem konnten sie nie in flagranti erwischt werden. Das größte Aufgebot an Personal und finanziellen Mitteln in der Geschichte der amerikanischen Strafverfolgung vermochte fast bis zum Schluß ihre Abwehr kaum zu durchdringen.

Die Rauschgifthändler waren kaum so gerissen — manche waren sogar ziemlich beschränkt —, doch hatten sie einen großen Vorteil. Rauschgifthändler der oberen Ebene sind von vornherein nie leicht zu schnappen. Sie operieren oberhalb der Baumgrenze in einer dünnen Luft, wo die Droge selbst häufig nicht einmal angefaßt wird; je höher sie stehen, desto unwahrscheinlicher ist es, daß sie ihr auch nur in die Nähe kommen. Darüber hinaus waren diese Rauschgifthändler in einem Land tätig, das von ihrer kriminellen Vergangenheit keine Ahnung hatte. Sie redeten in einem unentzifferbaren Code, wechselten die Pässe wie andere Leute ihre Hemden, gingen in einer riesigen, gestaltlosen Einwandererbevölkerung auf. Sie kannten alle Schliche und hielten militärische Disziplin. Vor allem gehörten sie zur abgefeimtesten und hochentwickeltsten kriminellen Bruderschaft der Welt, die sich inzwischen zu einem riesigen multinationalen Kartell ausgewachsen hatte. Der Pizzafall ging bereits in sein drittes Jahr, bevor sich die Ermittler hierüber klar wurden und die zwangsläufige Schlußfolgerung zogen: daß die Organisation nicht mehr von einem Land allein bekämpft werden konnte.

Die Bundesbehörden begriffen dies nur langsam. Das FBI, ansonsten eine großartige Polizeibehörde, mußte für die blinde und verbohrte Herrschaft seines früheren Chefs bezahlen. Nach einem halben Jahrhundert unter J. Edgar Hoover wußten die Agenten wenig über die Mafia im eigenen Lande und hatten beklemmend geringe Kenntnisse über die Mafia in Sizilien oder im sonstigen Ausland. Erst 1980 erstellten sie eine computerisierte Datenbank über das organisierte Verbrechen, und sie wurden erst 1981 ermächtigt, überhaupt Rauschgiftfälle zu bearbeiten.[3]

Die Drogenfahndung hatte sachkundige Agenten und eine hervorragende Datenbank, achtete aber offenbar nicht auf Querverbindungen. Zwischen 1969 und 1972 hatten Agenten der US-Drogenfahndung zum Beispiel Dutzende sizilianischer Mafiosi aus dem Umfeld von Buscettas Rauschgiftring in Brooklyn beschattet. Sie waren der Spur bis nach Brasilien und wieder zurück zu Filippo Casamento gefolgt, dessen Eagle Cheese Company allein 1972 fast eine Tonne Heroin übernommen hatte.[4] Die Verhaftung dieses »leutseligen, offenherzigen, witzigen und liebenswerten Ladenbesitzers« (Aussage seines Anwalts) war Teil des bis dahin und seither größten Erfolgs gegen die Rauschgiftszene. Dennoch schienen niemand Casamentos frühere Verbindungen aufzufallen, als er im Pizzafall als Zentralfigur wieder auftauchte.[5]

Folglich waren die ersten beiden Jahre der Ermittlungen fast für die Katz. Ende 1982 ertranken die FBI-Agenten in Papier: Computerausdrucke, Fotografien, Überwachungsberichte, Bankauszüge, Telefonnummern. Das gerichtsverwertbare Material war immer noch so dünn, daß der Eastern District des Justizministeriums in Brooklyn die Fälle zurückwies und das Southern District sie nur mit Unbehagen übernahm. »Sie hatten da sicher etwas, aber sie mußten die Beweise ganz schön strecken«, sagt Richard Martin, dessen Amt schließlich die sizilianische Mafia vor Gericht bringen sollte.

Die Entdeckung nahm ihren Ausgangspunkt im Büro des US-Staatsanwalts an der St. Andrews Plaza Nummer 1 in Manhattan, unmittelbar hinter dem Gebäude des Bundesgerichtshofs in Foley Square. Rudolph Giuliani hatte eine magnetische Anziehungskraft auf die verschiedenen Behörden in der Einsatzgruppe, und er war groß darin, Hindernisse aus dem Weg zu räumen.

Giuliani, ein Aufsteiger von noch nicht 40 Jahren, machte in New York 1983 Furore. Aus einem großen hellen Büro mit einem überwältigenden Blick auf die Brooklynbrücke ging er daran, alle vier New Yorker Mafiafamilien und den Landesausschuß der amerikanischen Mafia gerichtlich zu verfolgen. Als ihm dargeboten wurde, was er (und auch sonst jedermann) für die sizilianische Fraktion der Familie Bonanno hielt, konnte er kaum nein sagen.

Die Staatsanwälte, die die Anklage vorbereiteten, waren jung und kampflustig: Louis Freeh, schlank, ruhig und nachdenklich; und Richard Martin, lebhaft, spekulativ, wachsam.[6] Als Ausgangspunkt hatten sie einen Berg Papier, der kaum gerichtsverwertbare Beweise enthielt, es gab reichlich Belege für einen enormen Bargeldstrom. Sizilianer, die auf der Knickerbocker Avenue mit Sal Catalano und seiner Sippschaft fotografiert worden waren, brachten in Koffern und Matchsäcken 5-, 10- und 20-Dollarnoten auf die Bank: 4,9 Millionen Dollar wurden zwischen März und Mitte April 1982 bei der Merrill Lynch-Bank eingezahlt; 5,2 Millionen zwischen dem 27. April und dem 2. Juli bei E. F. Hutton; 8,25 Millionen vom 6. Juli bis zum 27. September auf ein anderes Konto bei E. F. Hutton; 1,78 Millionen vom 20. Oktober bis zum 21. November in die Schweiz geschickt.[7]

Außer diesen Belegen gab es nichts. Dutzende von 1983 nach Titel 3 genehmigten Abhöranlagen ergaben nur geheimnisvolle Gespräche in einem unverständlichen Dialekt, bei denen es hauptsächlich um Hemden und Sardinen ging. Die Abschriften auf englisch ergaben größtenteils keinen Sinn und waren häufig komisch. (*Porca madonna*, ein umgangssprachlicher Ausdruck, den Sizilianer so beiläufig gebrauchen wie »ach du Scheiße«, wurde mit »Mutterschwein« übersetzt.)

Das FBI wollte den Fall in diesem April aufgeben, doch der Southern District ließ nicht locker.[8] Er machte die Sache sogar noch besser: Auf bisher unbeackertem Feld begannen Freeh und Martin nach historischen Zusammenhängen zu suchen. Die Agenten des FBI hielten Ausschau nach einer möglichen Verbindung zwischen einem Verdächtigen und einem anderen; doch keiner hatte versucht, weiter in die Vergangenheit zurückzugehen als bis auf das Jahr, als ihnen die Sizilianer in Brooklyn zum ersten Mal aufgefallen waren. Martin, der noch nicht genau wußte, wonach er suchte, blätterte zehn Jahre zurück.

Andere Personen in entscheidender Stellung begannen damals sowohl in Italien als auch in Amerika desgleichen zu tun. Das war der Wendepunkt, der Augenblick, als sich aus den verworrenen Ergebnissen des letzten Vierteljahrhunderts ein klares Bild herausschälte. Martin verbrachte die nächsten 18 Monate damit, alte Akten der Drogenfahndung und vergessene Gerichtsakten zu durchforsten. »Ich sah mir den Rauschgiftfall Rappa in New Jersey 1971 an: 86 Kilo von Badalamenti in Palermo. Ich sah mir den Eagle-Cheese-Fall von 1972 an. Ich sah mir Rauschgiftfälle in *Italien* an, die mit *Amerika* zusammenhingen; da gingen mir wirklich die Augen auf«, berichtete er mir.

1983 war das tatsächlich eine Leistung. Auch wenn es unglaublich scheint, hatte praktisch niemand auf beiden Seiten des Atlantiks bis dahin dergleichen getan. Das FBI lief vor Wände, weil die Strafverfolger damals einfach nicht international dachten. Jede verfolgte Spur im Pizzafall endete an den Grenzen der USA, obwohl jeder Verdächtige in Sizilien geboren war. In der Tat hätte ein guter FBI-Agent, in der Anfangszeit zu Faktenermittlungen nach Palermo entsandt, später viele Millionen Arbeitsstunden pro Mann ersparen können.

1981 zum Beispiel hatte die italienische Polizei Haftbefehle für drei Hauptfiguren übermittelt, die in Brooklyn vom FBI überwacht wurden — zwei von ihnen spätere Angeklagte im Pizzaprozeß. Sie wurden in Sizilien wegen einer Rauschgiftanklage von 1980 gesucht, die später zur Perle für die amerikanische Regierung wurde: ein schöner, abgerundeter Beweis, der gerichtsverwertbar war.[9] Die Italiener hatten die drei Sizilianer nicht nur namentlich genannt, sondern sie auch als auf der Knikkerbocker Avenue tätig bezeichnet. Nachdem das FBI von den Haftbefehlen erfahren hatte, hatte es lediglich bei der Einwanderungsbehörde nachgefragt und festgestellt, daß die drei »aus Regionen Italiens mit einem Hang zum organisierten Verbrechen eingewandert sind«.[10] Andererseits hatten auch die Italiener den dreien in Brooklyn einen Polizisten auf die Fersen gesetzt. Merkwürdigerweise hatte keines der beiden Länder trotz ihrer gemeinsamen Erfordernisse kaum mehr als eine verschwommene Vorstellung davon, was das andere gerade trieb.

Während die Rauschgifthändler der Mafia so bequem wie nur irgend möglich über den Atlantik pendelten — in der ersten Klasse, mit VIP-Behandlung im Flughafen —, konnte ein bloßer Austausch von Polizei- oder Gerichtsakten zwischen Italien und Amerika Monate oder Jahre dauern. (Ein sizilianischer Staatsanwalt, der im selben entscheidenden Rauschgiftfall von 1980 arbeitete, wartete 22 Monate auf Kopien von Berichten der amerikanischen Drogenfahndung.)[11] Verschiedene Strafgesetze, unterschiedliche Auslieferungsverfahren, die Geheimhaltungspflicht von Verfahren vor dem Großen Geschworenengericht in Amerika und das *Segreto d'istruttoria* in Italien bewirkten lähmende Einschränkungen.[12] Dokumente wurden infolge ministerieller Gleichgültigkeit, Ignoranz oder Schlimmerem hoffnungslose Irrläufer. Keines der beiden Länder schien irgendeinen Drang zu verspüren, Nachrichten auszutauschen. »Wie können die Typen überhaupt etwas wissen?« war ihre vorherrschende Ansicht übereinander.

Dennoch hatten sie die entgegengesetzten Enden desselben Unternehmens und häufig dieselben Leute zur selben Zeit vor Augen. Die Polizei in Sizilien hatte seit 1980 acht große Heroinraffinerien auf der Insel gefun-

den; sizilianische Untersuchungsrichter hatten 37 Mafiaringe identifiziert, die für den amerikanischen Markt
produzierten; der Cassarà-Bericht hatte bewiesen, daß
sie in Palermo von einem einzigen maßgebenden Direktorium beherrscht wurden; ein hervorragender Polizist
und Leiter von Italiens Stababteilung gegen das organisierte Verbrechen, Gianni De Gennaro, war gerade dabei, ihren komplizierten Kreislauf der Heroinversendung
und der Geldwäsche zwischen Rom, Florenz, Mailand,
London, Montreal und Caracas zu entwirren.[13]

Tatsächlich hatten, wie beiden Ländern am Ende klar
wurde, die Amerikaner die eine Hälfte einer durchgeris-
senen Dollarnote in der Hand und die Italiener die andere.

Ein früher versuchsweiser Austausch — die bloße Erwähnung eines Namens im Jahr 1981 — hatte gezeigt,
was bei solchen Abgleichen herauskommen konnte.
Giuseppe Bono, der den Cuntreras ein Jahrzehnt lang
geholfen hatte, ihr Geschäft in Venezuela aufzuziehen,
war 1980 umgezogen und neuer Mann der Kuppel in
New York geworden. Auf einem Routinefoto aufgenommen, war er den Agenten des FBI nur als ein Fremder im mittleren Alter mit Professorenbrille bekannt, der
auf einem Gehweg in Queens mit Sal Catalano und Giuseppe Ganci im Gespräch gewesen war. Doch die italienische Polizei kannte ihn als internationalen Rauschgifthändler der obersten Kategorie, als Vertrauten der Cuntreras und als unermüdlichen Geldwäscher der Mafia, in
dessen Scheinfirma CITAM in Mailand Millionen von
Narkodollar gewaschen wurden. Tatsächlich stand Bono
an oberster Stelle einer Polizeiliste von 162 Mafiosi, die
die italienische Unterwelt beherrschten.[14] Keine italienische Behörde hatte eine Ahnung von seinem Aufent-

halt, als er 1980 in New York auftauchte; sie waren ganz aus dem Häuschen, als das FBI sie etwa ein Jahr später fragte, ob sie ihn kennen.

Die Identifizierung von Bono war wie ein Lotteriegewinn. Die Drogenfahndung hatte bei der Verfolgung eines neapolitanischen Geschäftsfreundes von Bono herausgefunden, daß er im November 1980 in der St. Patrick's Cathedral geheiratet und danach im Hotel *Pierre* einen großen Hochzeitsempfang gegeben hatte. 500 Gäste waren allesamt auf Bonos Kosten fotografiert worden. (Er hatte dem Fotografen 4 746 Dollar gezahlt.)[15] Die Namen zu diesen Fotos zu finden, wurde ein fesselndes Spiel. Schließlich — es dauerte drei oder vier Jahre — erfuhren die Agenten, daß jeder Teilnehmer von Bonos Party ein sizilianischer Mafioso war. Alle Verdächtigen des FBI waren dabei gewesen. Dutzende weiterer waren aus Sizilien, Großbritannien und Kanada eingeflogen. Mehrere waren zu dem Zeitpunkt, als sie erkannt wurden, bereits tot, ermordet im großen Mafiakrieg.

Amerikanische und italienische Agenten gingen dazu über, diese Fotos jedem Informanten vorzulegen. Richard Martin schleppte mehrmals eine Schachtel mit 200 Fotos nach Italien und ging sie immer wieder mit der Polizei in Palermo, Rom und Mailand durch. Am Vorabend des Pizzaprozesses 1985 war er noch immer damit beschäftigt.[16]

Der zweiseitige Austausch von Informationen nahm allmählich zu. Aus späterer Sicht kann man Unterlassungen leicht kritisieren; gewiß scheint es heute erstaunlich, daß beide Länder nicht schneller vorgingen. Erst ganz zuletzt fanden Italiener und Amerikaner heraus, daß sie gemeinsam die ganze Zeit auf dem Schlüssel zum Pizzafall gesessen hatten.

Die Perle, die schließlich Louis Freeh und Richard

Martin in den Schoß fiel, war eine 40-Kilo-Sendung Heroin aus Palermo, die im März 1980 in Mailand auf ihrem Weg nach New York beschlagnahmt wurde. Die beschlagnahmte Menge war groß, aber nicht außergewöhnlich. Zu etwas Besonderem in der Geschichte der Drogenfahndung wurde sie dadurch, daß die Spur des Heroins vom Anfang bis zum Ende verfolgt werden konnte: vom Produzenten über den Versender zum Vermarkter, von Sizilien bis Amerika.

Für Richter Falcone, den sizilianischen Untersuchungsrichter in diesem Fall, wirkte der Vorfall fast zauberkräftig: als ob sich 1 000 vielfarbige Bruchstücke in einem Kaleidoskop plötzlich zu einem lichten Bild zusammengefügt hätten. Zunächst erschien die Beschlagnahme in Mailand ohne Zusammenhang, erinnerte er sich: »Dann wurde mir klar, daß alles in Palermo anfing. Doch genügte es, in Palermo, in Sizilien, in Italien zu ermitteln? Wenn die Polizei Heroin beschlagnahmt, das in die USA gehen soll, warum gehen wir nicht selbst in die USA und untersuchen die Weiterungen dieses Geschäfts? Warum hatten andere diese Initiative nicht schon ergriffen?«[17] Andere taten dies schließlich, doch es erforderte Zeit.

Sal Catalano war für das FBI in Brooklyn immer noch ein Niemand, als die Ereigniskette im Februar 1980 begann. Auch für die Polizei in Palermo war er ein Niemand, doch kannten sie die Rauschgifthändler, mit denen er dort zu tun hatte. Italiens Guardia di Finanza, die das Telefon eines der Rauschgifthändler angezapft hatte, erfuhr von einem bevorstehenden Treffen in einer Bar an der Piazza Politeama, dem belebtesten Platz der Stadt, und schickte einen Fotografen. So kam Catalano als nichtidentifizierter männlicher Weißer in die örtlichen Polizeiakten.[18] Die italienische Polizei entdeckte erst, wer er war, als die Amerikaner ihn vier Jahre später auf dem Foto erkannten. Doch war den Italienern seit 1980 bekannt gewesen, daß Catalanos Genossen an der Bar — zwei von ihnen spätere Angeklagte im Pizzaprozeß — anschließend eine 40-Kilo-Sendung Heroin nach Amerika überprüft hatten.[19]

Beide Länder hätten die Heroinpipeline der sizilianischen Mafia an beiden Enden verstopfen können, als die 40 Kilo beschlagnahmt wurden. Die amerikanische Drogenfahndung stellte fest, für wen das Heroin bestimmt war, und die Italiener entdeckten, wer es hergestellt und verschickt hatte. Doch dann schieden sich ihre Wege.

Die amerikanische Drogenfahndung hatte die Spur mitten in einer vorgetäuschten Entführung Michele Sindonas im Sommer 1979 aufgenommen. Schon Gambino war in diesem August aus New York nach Sizilien geflogen, um Sindona in Palermo herumzuführen. Während seines einmonatigen Aufenthalts in Sizilien hatten seine Geschäftspartner den jüngeren Gebrüdern Gambino, Rosario und Giuseppe, fünf Kilo Heroin nach New York geschickt, und Agenten der Drogenfahndung hatten sie auf dem Kennedy Airport abgefangen.

Bei der Beschlagnahme von zwei Folgesendungen warb die amerikanische Drogenfahndung als furchtlosen Spitzel Frank Rolli an, einen Gepäckverlader der Alitalia. Wie jeder andere in der Geschichte, die sich nun entfaltete, war Rolli in Sizilien geboren und arbeitete unregelmäßig für die Gambinos von Cherry Hill.[20]

Das Heroin kam in unbegleiteten Koffern mit »persönlichen Sachen«, verpackt in »Felce Azzurro«(Blaufarn)-Talkumpuder. Indem sie die Spur durch das Frachtbüro der Alitalia verfolgten, stießen die Agenten auf Rolli und drehten ihn um. Er führte sie zu einem Ort in Brooklyn, wo er nach dem Verschwinden des ersten

Koffers von fünf Sizilianern unter Folter verhört worden war. John Gambinos Bruder Rosario war einer der fünf Vernehmer gewesen, und Siziliens Heroinkönig Salvatore Inzerillo ein weiterer. Inzerillo war zu diesem Anlaß speziell aus Palermo herübergeflogen.[21] »Wir haben eine Million Dollar verloren; das darf nicht nochmal passieren«, drohte er Rolli.

Rolli muß den Foltertest bestanden haben, da er nicht nur lebend davonkam, sondern auch wieder eingesetzt wurde. Dann wurde er Anfang März 1980 zu Emmanuele Adamita bestellt, dessen Name in den vorangegangenen 15 Jahren immer wieder in amerikanischen Polizeiakten aufgetaucht war. Als einer der ersten Ortsansässigen der sizilianischen Mafia in Brooklyn — er hatte 1965 dort Buscettas Briefkasten eingerichtet —, war Adamita schon seit langer Zeit Herointransportspezialist der Gebrüder Gambino.

Rolli traf sich mit Adamita, diesmal mit dem Segen und Schutzversprechen der Drogenfahndung, und wurde zu einem Treffen mit Rosario und Giuseppe Gambino ins Café *Mille Luci* mitgenommen (an der 18. Avenue in Brooklyn, Besitzer Enzo Napoli). Die Brüder wollten einen neuen und besseren Lieferweg aus Italien einrichten. Für 30 000 Dollar fand sich Rolli bereit, diesen mit Adamita in Mailand auszutüfteln.

Zwei Agenten der Drogenfahndung beschatteten ihren Spitzel und Adamita über den Atlantik, sahen, wie das Heroin aus Sizilien in einer Lastwagenladung Zitronen ankam, und beobachteten Adamita und Rolli, wie sie es in einer Blechkiste mit 100 Langspielplatten italienischer Popmusik nach New York absandten. Dann schaffte die Drogenfahndung Rolli in Sicherheit, um ihn in das Zeugenschutzprogramm der USA einzubeziehen, während die italienische Polizei Adamita und seine

Komplizen in Mailand verhaftete. Unglaublicherweise gingen die italienischen und amerikanischen Behörden von diesem Zeitpunkt an getrennte Wege. Die in Italien gefaßten Rauschgifthändler wurden dort vor Gericht gestellt; denen in Amerika wurde ein gesonderter Prozeß gemacht (in Wirklichkeit waren es sechs Prozesse). Niemand wurde irgendwohin ausgeliefert — nicht einmal John Gambino aus den Vereinigten Staaten, trotz wiederholter Ersuchen Richter Falcones.[22]

In New York wurden John, Rosario und Giuseppe Gambino am selben Tag mit mehreren ihrer Gehilfen verhaftet und dem Eastern District in Brooklyn überstellt. In sechs gesonderten Prozessen wurde jeder von ihnen freigesprochen. Für die Amerikaner war der Fall Adamita abgeschlossen; FBI-Agenten, die gerade mit den Ermittlungen im Pizzafall begannen, erfuhren nie davon. (Die Drogenfahndung, die eine Spezialtruppe auf diese Spur gesetzt hatte, stellte die Verbindung offenbar nicht her.)

In Italien standen Adamita und seine Komplizen mit 78 weiteren sizilianischen Rauschgifthändlern vor Gericht, die immer wieder aufgetaucht waren, als die Ermittler den Windungen und Wendungen der angeblichen Entführung Sindonas folgten. An der Spitze der 78 Angeklagten standen John Gambino (gegen den in Abwesenheit verhandelt wurde) und sein Mitverschwörer in Palermo, Rosario Spatola.

Keines der beiden Länder verfolgte den Prozeß im andern Land oder las die Gerichtsakten. Es dauerte gut vier Jahre, bevor die Amerikaner erfuhren, daß Sal Catalano zusammen mit Ganci und ihrer ganzen Sippschaft in New York Besitzer eines großen Teils von Adamitas 40-Kilo-Sendung gewesen war. Die Italiener hatten im Rauschgiftfall Adamita schon lange fast alles erfahren, nur hatten sie Sal Catalanos Foto noch nicht identifiziert. Zwar hatten sie das Foto 1982 erkannt, die Verbindung aber nicht hergestellt. Dann kam ein Abtrünniger der Mafia namens Salvatore »Totuccio« Contorno in Sizilien daher und lieferte die letzten und außerordentlich belastenden Einzelheiten. Contorno, ein früherer Metzger mit der Haltung eines Preisboxers, war seit 1975 der getreue Vollstrecker des ermordeten Stefano Bontate gewesen. Die Greueltaten, die von den Corleonesi im großen Mafiakrieg begangen wurden, hatten aus ihm einen *Pentito* von unschätzbarem Wert gemacht. Unter seinen vielen wichtigen Enthüllungen gegenüber Richter Falcone in Palermo war eine besonders aufschlußreiche Geschichte über die Heroinsendung Adamitas. Glücklicherweise hatte er die Szene unmittelbar miterlebt, wenn auch nur per Zufall.

Die Sendung sollte ein Probelauf für Massenverfrachtung werden, eine Art Transportsupermarkt, mit dem alle sizilianischen Rauschgifthändler Brooklyns bedient werden sollten. Die Blechkiste, die aus Mailand abging, enthielt einzelne Pakete für die Cherry-Hill-Gambinos an der 18. Avenue und für Catalanos Leute in der Knickerbocker Avenue. Catalano war sogar nach Palermo gekommen, um die Ware vorher zu inspizieren, zusammen mit Giuseppe Ganci und drei weiteren künftigen Angeklagten im Pizzaprozeß.

Contorno, der sich in allen üblichen Geschäften der Mafia einschließlich des Rauschgifts versucht hatte, war rein zufällig zugegen. Im Februar 1980 hatte er sich gerade mit 30 000 Dollar an einer Heroinsendung beteiligt, als Catalano und die andern zu einem Monatsaufenthalt nach Sizilien kamen. Anfang März nahm Contorno den Kumpel, der ihn zu der Investition überredet hatte, einen gewissen D'Agostino, zu einem Bauernhaus in der Nähe einer Eisengießerei in Bagheria in den Außenbezirken von Palermo mit, wo die andern versammelt waren. Ihr Gastgeber war der örtliche Mafiaboß Leonardo Greco (mit den Grecos von Ciaculli nicht verwandt). Contorno beschrieb das Geschehen wie folgt:

»Ich verstand das Verfahren nicht, doch ich sah Zellophanpäckchen mit einer weißen Substanz, und etwas kochte auf dem Ofen, und kleine Glasgefäße, und es stank fürchterlich nach Säure. Ich ging hinaus zum Auto, weil die Luft zum Ersticken war . . .

Auf der Rückfahrt sagte mir D'Agostino, daß das amerikanische Kunden für die Droge waren. Er erklärte, daß das Ware sei, die verschiedenen Leuten gehöre, aber in einer Lieferung verschickt werden solle. Um die verschiedenen Bestellungen auseinanderzuhalten, machen sie auf jedes Päckchen Zeichen . . . mit einem Stift oder einem kleinen Einschnitt . . .

Ein paar Tage später las ich von 40 Kilo Heroin, die in Mailand beschlagnahmt worden waren, und D'Agostino sagte mir, daß das die Sendung sei, an der ich beteiligt war.«

Contorno identifizierte »die Ausländer« — Catalano, Ganci und die drei anderen Angeklagten im Pizzaprozeß —, als er 1984 in New York in sicherer Obhut und bereit war, im Pizzaprozeß auszusagen.[23] An Adamitas leeren Herointüten, die wie durch ein Wunder im Gerichtsgebäude von Mailand erhalten geblieben waren, wurden verschiedene Markierungen mit Farbstiften und kleine Einschnitte festgestellt, genau wie Contorno gesagt hatte.

Als Contorno 1984 zu reden anfing, kommunizierten die italienischen und amerikanischen Behörden endlich miteinander. Im Januar dieses Jahres hatten Italien, die Vereinigten Staaten und Kanada in Ottawa eine gemeinsame Konferenz abgehalten, um über den Pizzafall zu sprechen und sich darüber klar zu werden, ob die amerikanische oder die sizilianische Mafia das Oberkommando über das Drogengeschäft in New York hatte. Die Entscheidung war einstimmig: Alle in diesen Fall Verwickelten waren Sizilianer.[24]

In diesem Oktober traf sich eine hochrangige italoamerikanische Arbeitsgruppe für den Drogenhandel in Rom, um bürokratischen Leerlauf auszuschließen und Informationen auszutauschen, die für gleichlaufende Ermittlungen in beiden Ländern entscheidend waren. Unter den Anwesenden waren der Generalstaatsanwalt der USA, der Chef des FBI, der Leiter der Drogenfahndung, der italienische Innenminister, der oberste Polizeichef Italiens und der Chef der Guardia di Finanza.[25] Der Southern District bereitete sich auf den Pizzaprozeß in New York vor; die Untersuchungsrichter von Siziliens Antimafiaarbeitsgruppe auf einen Mammutprozeß in Palermo. Beide nahmen in diesem Jahr sensationelle Verhaftungen vor, beide Prozesse sollten 1986 parallel geführt werden.

Nach diesem Treffen nahmen die Mitteilungen in beide Richtungen einen Aufschwung. Richter Falcone gab die Geschichte über Bagheria an den Southern District weiter. Richard Martin telefonierte fast täglich mit ihm in Palermo, und Falcone flog zwischen Palermo und New York hin und her. FBI-Agent Carmine Russo ging nach Rom zu Konsultationen der italienischen Kriminalpolizei. Falcones rechte Hand in der Squadra Mobile, Commissario Ninni Cassarà, verbrachte unbeschwerte Tage beim FBI in Queens.

Commissario Cassarà erzählte mir in seinem überfüllten Büro in Palermo einmal von diesen Tagen. Er ging völlig in den Vorbereitungen für den Massenprozeß auf und verfolgte ständig Spuren nach New York. Das FBI hatte ihn zeitweilig zum US-Marshal gemacht, damit er eigene Ermittlungen anstellen konnte. Er pflegte mit den Agenten im Abhörwagen des FBI zu sitzen und außerdem Beschreibungen der sizilianischen Mafia zu übersetzen. Der Lieferwagen war ein Stück die Straße hinunter vor *Al Dente* geparkt, der Pizzeria von Catalano und Ganci auf dem Queens Boulevard; wenn sie den ganzen Morgen lang die Telefone abgehört hatten, gingen Cassarà und die andern häufig hinein, um sich zum Mittagessen eine Pizza zu holen.

Jetzt, wo die beiden Länder ihr Wissen teilten, waren beide in der Lage, die sizilianische Mafia in ihren vollen internationalen Dimensionen zu erkennen. Die Tonnen von Heroin, die sie produzierte und vertrieb, wurden nie aufgespürt, doch der riesige Umfang der Mafiaoperationen ließ sich an den Geldern ermessen, die sie einnahm.

Das FBI vollbrachte eine heroische Leistung beim Aufspüren des Geldes. Mehr als zwei Jahre lang hatten seine Agenten praktisch keinen weiteren Ansatzpunkt als einen Blick auf den Rücken zweier Männer, die einen Karton in ein Bürogebäude in Manhattan schleppten. In Verfolgung dieser dünnen Spur deckten sie schließlich einen Finanzzyklus auf, der ständig rings um den Globus pulsierte.

Als der Pizzaprozeß 1985 eröffnet wurde, hatte das FBI 13 Kanäle aufgedeckt, in denen etwa 60 Millionen Dollar gewaschen wurden. Obwohl das beträchtlich weniger war als die Waschkapazität von fünf Millionen Dollar täglich, die Paolo La Porta gegenüber dem Drogenfahndungsagenten Panessa in Philadelphia erwähnt hatte, war das schon ein erkleckliches Sümmchen. Das

Geld war in Beträgen von jeweils mehreren Millionen per Privatflugzeug aus den Vereinigten Staaten nach den Bahamas gebracht, durch Telex von amerikanischen auf Schweizer Banken überwiesen und im Koffer auf Pendelflügen in die Schweiz geschafft worden. Es wurde dann sofort nach Palermo weitergeleitet oder unmittelbar benutzt, um die türkischen Morphinlieferanten in Genf, Sofia und Istanbul auszuzahlen.

Die Ermittlung der Geldverbindung zu den Türken war ein ungeheurer Durchbruch. Es handelte sich um die türkische Mafia für Waffen und Rauschgift, auf deren Geheimpakt mit den sizilianischen Ehrenmännern von 1975 deren gesamte Kette von Heroinraffinerien errichtet war. Das Bündnis war für das Wachsen und Blühen des Heroinkonsortiums der Kuppel absolut unerläßlich und ist es immer noch. Noch 1988 wurde festgestellt, daß die türkische Mafia über einen anderen internationalen Ring eine Milliarde Dollar gewaschen hatte, fast das Zwanzigfache dessen, was im Pizzafall aufgespürt worden war. Dieser Rauschgiftring, der von Bagdad und Damaskus über Istanbul, Sofia und Lugano nach Miami und New York verfolgt wurde, war sichtbar geworden, als eine Morphinlieferung von 100 Kilo für die sizilianische Mafia in der Schweiz abgefangen wurde.[26]

Welche ungeheure Bedeutung der zehn Jahre alte Pakt zwischen der türkischen und der sizilianischen Mafia hatte, wurde gerade unterstrichen, als das FBI türkische Lieferanten im Sommer 1984 in der Schweiz erwischte. Der italienische Richter Carlo Palermo war 1980 auf die türkische Waffen- und Rauschgiftmafia gestoßen und hatte sie bis 1984 verfolgt, also genau während der Jahre der Ermittlungen gegen die Pizza-Connection in Amerika. Da er in Trient nicht weiterkam, hatte der Richter um Versetzung nach Trapani gebeten, der Bankenschweiz Italiens. 50 Tage nach seiner Ankunft in Trapani unternahm die Mafia am 2. April 1985 einen Mordversuch von einer Grausamkeit, die eindeutig mögliche Nachfolger abschrecken sollte.

Die ferngezündete Bombe, die seinem Auto zugedacht war, »zeigte hohe technische Kompetenz zum Erreichen maximaler Wirkung«, schrieb der Untersuchungsrichter. Sie verfehlte Richter Palermo, traf jedoch das Auto vor ihm, in dem eine Frau gerade ihre kleinen Zwillinge in die Schule fuhr. Das Auto und seine Insassen wurden völlig zerfetzt.[27]

Am 30. April fand die Polizei die weltgrößte Heroinraffinerie in Alcamo in der Provinz Trapani. Mit türkischer Morphinbase in bulgarischen Jutesäcken beliefert und mit hochtechnisierter bulgarischer Ausrüstung ausgestattet, war die Raffinerie darauf eingerichtet, vier Tonnen Heroin in einem Großhandelswert von einer Milliarde Dollar jährlich zu produzieren.

Ein italienisches Gericht kam zu dem naheliegenden Schluß, daß Richter Palermo der Raffinerie von Alcamo und ihren Geheimnissen zu nahe gekommen war. Man war der Meinung, daß Siziliens Mafiabosse nicht dulden konnten, daß ihre Nabelschnur zur türkischen Mafia angetastet wurde.[28]

Der Schrecken über das Attentat hatte sich kaum gelegt, als Louis Freeh mit einem FBI-Team im Sommer 1985 in die Schweiz kam, um türkische Lieferanten zu verhören. Mehrere Großlieferanten waren von der Schweizer Polizei verhaftet worden, der größte aber, Yasar Musullulu, war entwischt. Er war 1983 nach Bulgarien geflohen, nachdem er seine sizilianischen Kunden im Zusammenhang mit einem Schiff, das er für sie kaufen sollte, um fast eine Million Dollar betrogen hatte. Es war bekannt, daß er ihnen in den vorangegangenen zwei Jahren mindestens zwei Tonnen Morphinbase für 55 Millionen Dollar verkauft hatte.[29]

Trotz seiner Abwesenheit erhielt das amerikanische Team einen ziemlich vollständigen Bericht über Musullulu von einem Landsmann und Oberganoven namens Paul Waridel. Dieser, ebenfalls in Istanbul geboren, war ein extravaganter Millionär, der in Italien seit der Unterzeichnung des türkisch-sizilianischen Mafiapakts unregelmäßig Rauschgiftgeschäfte getätigt hatte. Später, in den siebziger Jahren, war er in einem italienischen Gefängnis mit einigen der größten sizilianischen Bosse zusammengekommen und später der Vermittler zwischen ihnen und Musullulu geworden.[30]

Bei dem Geld, das dabei von einer Hand in die andere überging, handelte es sich um achtstellige Beträge. Der bis 1982 größte sizilianische Kunde, Nunzio La Mattina, hatte allein von diesem Lieferanten (er hatte mehrere) für das Konsortium von Palermo Morphinbase im Wert von 40 Millionen Dollar gekauft. Pech für La Mattina war, daß er 13 Millionen Dollar von diesen Forderungen nicht bezahlte, wofür ihn seine ordnungsliebenden Vorgesetzten in Palermo umlegen ließen.

La Mattinas Nachfolger arbeitete unmittelbar für den Schatzmeister und Untergrundbotschafter der sizilianischen Mafia in Rom — für Buscettas Familienboß Giuseppe »Pippo« Calò.[31] Die Führung der Mafia war gerade an Luciano Leggio und die Corleonesi übergegangen, die dafür sorgten, daß die Schulden des heimgegangenen La Mattina bis auf 1,5 Millionen Dollar abgezahlt wurden. »5,5 Millionen Dollar wurden direkt in den Vereinigten Staaten eingezahlt und über Bulgarien mit neun Prozent Kosten an Musullulu weitergesandt«, berichtete Staatsanwalt Louis Freeh später den Geschworenen im

Pizzaprozeß. Der Rest wurde in sechs Samsonitekoffern von New York nach Zürich gebracht, »die so schwer waren, daß man ein Athlet sein mußte, um sie anzuheben«, sagte Waridel.[32]

Auf Bulgariens fortgesetzte Rolle in der türkisch-sizilianischen Geschäftsverbindung wird üblicherweise nur selten angespielt, sicher um diplomatische Verwicklungen zu vermeiden. Wie Louis Freeh jedoch vor Gericht nachwies, ist diese Rolle bedeutsam. »Die bulgarische Connection war für Musullulu deswegen wichtig, weil dieser nach Waridels Aussage bestätigt hat, daß er Zugang zu Heroin habe, Heroin, das von der bulgarischen Polizei beschlagnahmt und Musullulu zum Vertrieb überlassen werde. Tatsächlich saß Waridel in Italien wegen Heroin ein, das seinen Angaben nach von Musullulu stammte und von dem dieser sagte, es komme über Bulgarien.«

Bulgarien und Musullulu spielen nach Angaben der amerikanischen Drogenfahndung bis heute ungefähr dieselbe Rolle. In einem Bericht aus Bern vom Januar 1969 beschrieb der dortige Agent der amerikanischen Drogenfahndung die wenige Monate zuvor aufgedeckten weltumspannenden Geldwaschaktivitäten der Shakarchi Trading Company in Milliardenhöhe. Dieser Gesellschaft war die Schweizer Polizei auf die Spur gekommen, nachdem sie im Februar 1987 100 Kilo türkischen Heroins beschlagnahmt hatte, die für die sizilianische Mafia bestimmt waren. Das Geld, das für diese türkischen Rauschgifthändler gewaschen wurde, »kam unter aktiver Beteiligung bulgarischer Regierungsbeamter aus Bulgarien in die Schweiz«, hieß es in einem vertraulichen Telegramm der amerikanischen Drogenfahndung.

»Das Schmuggeln von Geld nach Bulgarien zum Weitertransport in die Schweiz wird von einer bulgarischen Import-Export-Firma namens Globus erledigt, die in Wirklichkeit eine Agentur der bulgarischen Regierung ist, die von der bulgarischen Geheimpolizei betrieben wird. Die bulgarische Regierung kassiert einen prozentualen Anteil des Warenwerts, gleichviel, ob es sich um illegales Bargeld, Rauschgift oder Waffen handelt, und garantiert die sichere Schleusung des Materials durch Bulgarien. Globus, früher als Kintex bekannt, wurde auch im Zusammenhang mit dem Attentatsversuch auf den Papst 1981 bekannt.«

Einem weiteren Telegramm der amerikanischen Drogenfahndung zufolge raffinierte Bulgarien das nach Westen versandte Heroin aus türkischer Morphinbase. Yassar Musullulu, »einer der weltgrößten Lieferanten von Morphinbase«, hatte auch in Bulgarien hergestelltes Heroin vertrieben und hatte die Zahlungen der Sizilianer durch die Shakarchi Company in der Schweiz gewaschen. »Musullulu, nach dem derzeit in Italien und der Türkei gefahndet wird, hat angeblich seinen Wohnsitz in Bulgarien und betreibt von dort aus Heroinlabors.«[33]

Das Geld, das im Fall der Pizza-Connection entdeckt wurde, war ein unwiderlegbarer Beweis dafür, daß die sizilianische Mafia weltweit operierte und nur länderübergreifend bekämpft werden konnte.

Das FBI hätte die Spur nicht ohne umfassende Unterstützung aus Italien, der Schweiz, Spanien, Frankreich, Kanada, der Bundesrepublik und Luxemburg verfolgen können. Besonders Italien und die Schweiz waren so stark betroffen, daß in beiden Ländern für die dort verhafteten Geldwäscher ein größerer Prozeß im Zusammenhang mit der Pizza-Connection durchgeführt wurde.

Das Geld war auch das entscheidende Beweismaterial gegen die 22 Angeklagten in New York. Die Dollarmillionen, die von Hand zu Hand und aus dem Lande gingen — bar, in kleinen Scheinen —, waren vor einem Geschworenengericht erdrückende Beweise. Die übrige Beweislast wurde hauptsächlich durch umfassende Beschattung abgedeckt, mit der das FBI glänzte. 1 000 Rollen Film, 25 000 Lauschaktionen, eine Million Mannstunden Beschattung gaben den Ausschlag.

Doch trotz des gesamten Einsatzes des FBI an Menschen und Mitteln hätten seine Agenten ohne ihr Wissen um die Vorgänge in Sizilien nicht entschlüsseln können, was sie in Amerika sahen und hörten.

In Sizilien war ein Mafiakrieg im Gang, was amerikanische Agenten, die ohnehin schon genug Schwierigkeiten hatten, maßlos verwirrte. Die Corleonesi und ihre Verbündeten hatten die Kuppel und ihre Heroinpipeline in Palermo übernommen und die sizilianischen Mafiosi in New York dadurch gezwungen, geradezu hysterische Vorsicht walten zu lassen.

Gegen Ende 1981 waren die großen Verlierer in Palermo fast alle tot und Überlebende wie Gaetano Badalamenti in einer äußerst schwierigen Lage. Aus der Kuppel 1978 ausgeschlossen und vermutlich für vogelfrei erklärt, hatte er trotzdem weiterhin bis 1982 Rauschgift aus Sizilien herausgeschafft.[34] Dann war er offenbar gezwungen gewesen, sich abzusetzen und seine Geschäfte von einem andern Ort aus zu tätigen, was alle in Verwirrung stürzte, die am Pizzafall arbeiteten.

Buscetta beschwor in seiner Aussage im Pizzaprozeß, Badalamenti habe um sein Leben gebangt. Wenn dem so war, machte er zwischendurch halt, um eine Menge Telefongespräche zu führen. Niemand wußte, von wo aus er anrief; wie sich später herausstellte, meist aus einer öffentlichen Telefonzelle in Rio de Janeiro. Die Tüftler des FBI konnten schließlich die ankommenden und hinausgehenden Telefongespräche bis zu Städtchen wie Temperance, Michigan (südlich von Detroit), weitab im amerikanischen Mittelwesten verfolgen. Offenbar konnte er bei seinen umfangreichen Geschäften mit den Sizilianern in Brooklyn nur seinen dortigen Leuten trauen. Allem Anschein nach gingen die Sizilianer Badalamenti aus dem Weg, obwohl sie große Mengen Heroin und Kokain von ihm kauften. Vermutlich hätten sie ihn töten müssen, wenn sie ihn erwischten, und erwischen wollten sie ihn eindeutig nicht.

Wenn es aber stimmte, daß Badalamenti um sein Leben lief, konnte er keine Geschäfte mit den neuen Herrschern der sizilianischen Mafia in Palermo gemacht haben. In Wirklichkeit aber muß er mit ihnen oder für sie gedealt haben. Tatsächlich gab er praktisch in dem einzigen Telefongespräch von grundlegender Bedeutung unter den Tausenden, die vom FBI abgehört wurden, das Geheimnis preis.

Badalamenti telefonierte im Februar 1984 aus seiner gewohnten Telefonzelle in Brasilien mit einem Neffen in Oregon im US-Bundesstaat Illinois. Es ging um die Frage, ob man sich an einen ausländischen Lieferanten wenden solle, der eindeutig nicht mit oder für die sizilianische Mafia arbeitete, jemand, der »nicht die Lizenz hat«, Rauschgift in die Vereinigten Staaten zu bringen. »Er ist es, der uns braucht«, erklärte Badalamenti seinem Neffen. »Er hat keine Importlizenz. Wir haben die Lizenz.«[35] Das war in vier Worten die Definition der Heroinkonzession der sizilianischen Mafia. Das »Wir« konnte nur bedeuten, daß der vogelfreie Badalamenti immer noch seine Handelsprivilegien hatte, wenn auch nur aus diskreter Entfernung.[36]

Der Pizzaprozeß war abgeschlossen, und es war bereits viel mehr bekannt geworden, bevor die volle Bedeutung von Badalamentis Satz klar wurde. Louis Freeh, der diese Dinge mit mir 1987 nochmals durchging, zog den logischen Schluß: Badalamenti bezog sich auf die historische Entscheidung, die von der amerikanischen und der sizilianischen Mafia 1957 im *Hotel des Palmes* in Palermo gefällt worden war.

Das war weit jenseits von jedermanns Vorstellungskraft, als FBI-Agenten 1984 Badalamentis Telefongespräche abhörten. Bis zu diesem Zeitpunkt waren sie von den Italienern vollständig über ihn informiert worden, doch war er immer noch ein unergründliches Geheimnis, aus Hunderten unverständlichen Lauschergebnissen nur als »der Onkel« bekannt. Niemand wußte, wo er sich befand, oder wessen Onkel er war, oder auch nur, wer er war, bis Mona Ewell von der Drogenfahndung schließlich seine namenlose Telefonstimme mit der eines angerufenen Neffen in Temperance im US-Staat Michigan in Verbindung brachte.[37]

Badalamenti war nicht der einzige Lieferant für Catalanos Sippschaft; mindestens zwei Mafiafamilien lieferten direkt aus Sizilien. Doch er war ein Ehrenmann, wie er im Buche steht, das ehemalige gekrönte Haupt der sizilianischen Mafia, sein ganzes Erwachsenenleben unverbesserlicher Rauschgifthändler und 1984 eine Zentralfigur.

Der Telefonverkehr war in den ersten Monaten dieses Jahres zwischen Rio und Oregon in Illinois und von dort nach New York und wieder zurück ziemlich hektisch. Badalamenti schickte sich an, für seinen Neffen im Mittleren Westen 20 Kilo Kokain an den Rauschgiftring von Brooklyn zu schicken: die erste sichere Chance in vier Jahren, sie alle in flagranti zu ertappen. Sodann ergab sich die Gelegenheit, Badalamenti selbst zu schnappen, und die Amerikaner griffen zu. Sie hatten das Geld, das an einen Agenten der Drogenfahndung in Philadelphia verkaufte Heroin, das beweiskräftige Treffen in einem Bauernhaus in Bagheria, die 1 000 Filme und 55 000 Gesprächsmitschnitte − und 22 ausgewählte Angeklagte, so gut wie überführt. Badalamenti sollte der höchste Lohn für ihre jahrelange Mühe werden.

Als ihn die Amerikaner im April 1984 in Madrid zu fassen bekamen, war die italienische Polizei ebenfalls anwesend. Beide Länder waren am Ende umfassender Ermittlungen angelangt, die seit 1980 im Gange waren. Beide schickten sich an, der sizilianischen Mafia für eine seit 1975 andauernde kriminelle Verschwörung den Prozeß zu machen. Beide wollten Badalamenti, doch standen sie sich damals schon für ein Tauschgeschäft nahe genug.

Tommaso Buscetta, im Herbst zuvor in Brasilien verhaftet, erwartete seine Auslieferung entweder in die Vereinigten Staaten oder nach Italien. Da er auf der weltweiten Fahndungsliste nach Rauschgifthändlern gleich hinter Badalamenti kam, war auch er ein kapitaler Fang. Auch ihn wollten beide Länder haben. Sie einigten sich: Die Amerikaner nahmen Badalamenti, die Italiener bekamen Buscetta.

Tommaso Buscettas letzte Tage in der sizilianischen Mafia boten einen guten Blick auf den voll ausgewachsenen Kraken. Zu dieser Zeit war er als Boß zweier Welten bekannt: einst typischer Vertreter und am Ende Opfer der Macht, die von einer kleinen Insel im Mittelmeer ihre Arme nach strategischen Punkten rings um die Erde ausstreckte.

Buscetta wurde im Oktober 1983 in Brasilien gefaßt, nachdem er gerade von seiner Luxuswohnung in Rio de Janeiro nach São Paulo gezogen war. Seine hübsche junge Frau Cristina Almeida de Guimaraes war bei ihm, ein eleganter, dunkelbrauner Ford Landau stand abfahrbereit. Er war unbewaffnet (obwohl sich ein sizilianischer Leibwächter mit einem .38er Colt Special in der Nähe aufhielt).

Elf andere wurden in einer umfassenden Polizeiaktion von São Paulo über Belem nach Rio mit ihm zusammen erwischt. Seine Frau wurde verhaftet. Ebenso ihr Vater, Homero Guimaraes sen., der dabei einen Polizeiinspektor anschoß, welcher zurückfeuerte. Ebenso verhaftet wurde Gaetano Badalamentis Sohn Leonardo zusammen mit einem schillernden Italiener namens Zodiaco, der mit einem Rolls-Royce herumfuhr und die längste Yacht in Rios Gloria Marina besaß. Nach Angaben der Polizei war es »der bisher größte Schlag gegen das organisierte Verbrechen in Brasilien«. »Die haben geglaubt, wir seien bloß eine Horde Polizisten aus der Dritten Welt. Die sind hierhergekommen, um Rio de Janeiro zur Hauptstadt der Mafia zu machen und Amerika und Europa mit Kokain zu überschwemmen«, äußerte der Chef der brasilianischen Rauschgiftpolizei, Pedro Berwanger.[1]

»Die« hatten sich schon Anfang der siebziger Jahre in Brasilien festgesetzt, unbemerkt von jedweder Behörde im In- oder Ausland. »Sie müssen mindestens zehn Jahre dort gewesen sein — zehn Jahre —, und wir haben nicht das geringste darüber gewußt«, berichtete mir der Agent der amerikanischen Drogenfahndung in Rio, als ich 1986 dort weilte. Sie waren dort eine der lizenzierten Filialen der sizilianischen Mafia in Südamerika, wie Buscetta später enthüllte; die nächste befand sich im Nachbarland Venezuela.[2]

Im Oktober 1983 expandierte die brasilianische Filiale rasch, um einen stark wachsenden Kokainmarkt in den Vereinigten Staaten und in Europa zu bedienen. Die brasilianische Polizei glaubte, Buscetta habe 100 »Kader« hinter sich gehabt, als er verhaftet wurde (das gehörte zu den Dingen, über die er lieber schwieg, nachdem er auf die Seite des Gesetzes übergelaufen war).

Buscetta hatte das goldene Jahrzehnt der sizilianischen Mafia verpaßt, weil er den größten Teil davon im Gefängnis verbrachte. Von Brasilien 1972 nach Italien ausgeliefert, war er bis 1980 hinter Gittern geblieben. Dann, als er etwa noch drei Jahre abzusitzen hatte, machte er sich davon.[3] Zu behaupten, er sei geflohen, heißt eine Strafvollzugsvorschrift überschätzen, über die sich Mafiakreise kräftig amüsierten. Er war vom Ucciardonegefängnis in Palermo in eine Haftanstalt bei Turin verlegt worden, wo er tagsüber als Freigänger draußen arbeiten durfte. In Italien wird dieses Vorrecht häufig Gefangenen mit guter Führung zuteil; Buscetta, bis dahin ein Musterhäftling, ging eines Morgens schlicht auf und davon statt zur Arbeit.

Die Richterin, die die Verfügung zugunsten Buscettas unterschrieb, hatte »negative Wertungen« aufgrund seines früheren Strafregisters verworfen. Der »Geist der Gefängnisreform« sehe die »allmähliche Wiedereingliederung in die Gesellschaft« vor, und Buscetta als Gefangener gebe in dieser Hinsicht Anlaß zu berechtigter Hoffnung, schrieb sie:

»Das Verhalten des Gefangenen war untadelig. Er war stets respektvoll gegenüber dem Personal und gesellig zu den Mithäftlingen und beteiligte sich interessiert am Prozeß seiner eigenen Resozialisierung . . .

Es gibt absolut kein Anzeichen dafür, daß der Gefangene Beziehungen mit Elementen der Mafia im Gefängnis pflegte oder zu pflegen versuchte. Im Gegenteil zeigt seine Persönlichkeit ein aufrichtiges Bemühen um Resozialisierung . . . Es steht außer Zweifel, daß er bereit ist, wieder in ein ordentliches, bürgerliches Leben eingegliedert zu werden.«[4]

Derart dafür belohnt, daß er sich exakt so verhalten hatte, wie dies Mafiabosse im Gefängnis tun sollten, zog Don Masino Buscetta heim nach Palermo. Man schrieb Juni 1980; die Heroinpipeline war drei Jahre zuvor in Betrieb genommen worden; die sizilianische Mafia verfügte nun über das, was ein italienischer Justizminister als »gigantischstes kommerzielles Unternehmen der Welt« bezeichnete.[5] Ohne Ausnahme hatte jeder Clan in der sizilianischen Hauptstadt mit Heroin zu tun, und das

Geld trachtete ihnen nach dem Leben. Disziplin, Verhaltenskodex, Territorialgrenzen und alte Familienloyalitäten lösten sich allmählich auf. Obwohl zwischen den entstehenden gegnerischen Armeen noch ein brüchiger Waffenstillstand herrschte, konnte Don Masino bereits das ferne Gedröhn der Kriegstrommeln vernehmen.

Er war nun ein reifer Mann in seinen Fünfzigern, weitgereist, zivilisiert, sprachgewandt und elegant gekleidet. Das Gefängnis hatte ihn in keiner Weise gebrochen; im Gegenteil war er nach acht Jahren mit der gleichen legendären Aura herausgekommen. »Ich kannte Tommaso Buscetta im Gefängnis in Palermo, und ich konnte sehen, daß er gegenüber den anderen Gefangenen eine Vorrangstellung genoß ... Es war allgemein bekannt, daß Buscetta und Luciano Leggio in der Mafia dasselbe Gewicht hatten«, sagte ein Mithäftling aus, der wegen Rauschgifthandels einsaß.[6] Ein anderer Mithäftling beschrieb seinen Lebensstil im Ucciardonegefängnis wie folgt:

»Buscetta hielt auf peinliche Körperpflege und verwendete nur die besten Produkte. Er brauchte eine Flasche Toilettenwasser oder ein Seifenstück nie auf; er verschenkte immer den Rest. Seine Freizeitkleidung, seine Jeans stammten immer vom Modeschöpfer und saßen wie angegossen ...

Nur sein Kaffee wurde im Gefängnis gebrüht; die Männer brachten ihn ihm abwechselnd. Ansonsten kam sein Frühstück, Mittagessen und Abendessen aus den besten Restaurants von Palermo.

Buscetta war ein Boß — in Wirklichkeit *der* Boß. Er wurde nie laut, bat nie um etwas, aber er wußte immer alles ... Ich hörte nie, wie er jemand drohte, doch ich konnte ihn sagen hören: ›Der Kerl in Zelle acht macht zuviel Radau, und es wäre gut, wenn er das sein ließe‹ . . .

Ein neu eingelieferter Gefangener machte ihm unbedingt seine Aufwartung. Ein Gefangener vor der Entlassung wußte, daß es seine Pflicht war, sich von Don Masino zu verabschieden.«[7]

Offenbar jedermanns Freund und niemandes Feind, wurde Buscetta bei seiner Rückkehr nach Palermo herzlich empfangen. Während des ganzen Sommers und Herbstes 1980 führte er das Leben eines durchreisenden Würdenträgers an einem Kaiserhof der Unterwelt. Draußen, in der andern Welt, war er Italiens bekanntester entwichener Strafgefangener, angeblich ein gejagter Flüchtling. Unter den Fittichen der Mafia ging er überallhin und traf alle möglichen Leute (darunter auch einen Parlamentsabgeordneten in Rom, an dessen Namen er sich partout nicht erinnern kann).

Von allen Seiten wurden ihm verführerische Angebote unterbreitet. Pippo Calò, der Boß von Buscettas Mafiafamilie Porta Nuova, wollte, daß er die Geschäfte der Familie in Palermo übernehme, während Calò selbst sich um die Angelegenheiten der Kuppel in Rom kümmern wollte — meist um die Reinvestierung von Narcodollars und um Morphingeschäfte mit türkischen Lieferanten. Milliarden Lire seien an der Renovierung von Palermos Altstadt zu verdienen, meinte Calò; Don Masino sollte seinen Preis nennen.

Mehrere Spitzenmanager im Heroingeschäft boten ihm eine Geschäftsbeteiligung an. Giuseppe Ganci, der in diesem Sommer von der Knickerbocker Avenue herüberkam, machte ihm ein Angebot, und ebenso der Patriarch der sizilianischen Mafia in Brasilien, Antonino

Salamone, der auf einen Sprung von São Paulo herübergekommen war. Sogar Salvatore Inzerillo, immer noch der große Mann im Heroinkonsortium der Kuppel, wollte ihn zum Partner.[8]

Buscetta behauptet, er habe allen einen Korb gegeben. (»Ich war vielleicht der einzige Ehrenmann in Palermo, der sich nie am Rauschgifthandel beteiligte«, erzählte er Richter Falcone später.) Je länger er in der sizilianischen Hauptstadt verweilte, desto weniger gefiel sie ihm. Er konnte nicht nur sehen, daß ein Krieg heraufzog, sondern war auch sicher, daß seine natürlichen Verbündeten — Stefano Bontate, Salvatore Inzerillo, Gaetano Badalamenti — diesen verlieren würden. Stefano Bontate, der Ehrenmann, den er am meisten bewunderte, hatte ihm alles über Leggios Gemeinheiten und den unerbittlichen Vormarsch der Corleonesi erzählt und ihm anvertraut, daß er als erster zuschlagen wolle: Er und Inzerillo wollten Salvatore »Corto« Riina erschießen, Leggios Prokonsul in der Kuppel. »Du bist ein toter Mann«, warnte ihn Buscetta bekümmert.

Es hielt ihn nichts in Palermo, wo er nur auf das unvermeidliche Ende warten konnte. Er blieb bis Weihnachten. Bontate, Freund und Beschützer der Familie Salvo, der millionenschwere Steuereinnehmer Siziliens, überredete seine Freunde, Buscetta eine prachtvolle Villa zur Verfügung zu stellen. Sie flogen auch seine Frau und mehrere Kinder aus Paris in einem Privatflugzeug ein. Eines der Hotels aus dem Besitz der Salvos lieferte ein festliches Weihnachtsessen. Dann fuhr Buscetta im neuen Jahr Anfang Januar nach Paris und bestieg dort mit einem weiteren falschen Paß eine Concorde nach Brasilien.

Die Rauschgiftfahnder hatten Brasilien seit der spektakulären Zerschlagung von Buscettas korsischem

Rauschgiftring 1972 aus den Augen verloren, doch alle möglichen Rauschgifthändler waren bald dorthin zurückgekehrt. Brasiliens Geographie war eine unwiderstehliche Verlockung. Mit Tausenden von Kilometern unkontrollierbarer Küste, menschenleeren Landstrichen und Dschungeln gesegnet, hatte es gemeinsame Grenzen zu den Ländern, die neun Zehntel des Kokains der Welt produzierten: zu Kolumbien, Bolivien und Peru. So wurde Brasilien zusammen mit Venezuela an seiner Nordgrenze zur idealen Basis für den Handel in zwei Richtungen, der alsbald zu alptraumhaften Proportionen anschwellen sollte: den Handel mit Kokain und Heroin, die gegeneinander getauscht wurden und jeweils von der Neuen Welt zur Alten und umgekehrt vertrieben wurden.

Buscetta, der 1981 als Thomas Roberto Felice oder José Roberto Escobar eintraf, konnte für amtliche Augen leicht unsichtbar bleiben. Brasilien hatte eine riesige Volksgruppe anständiger und hart arbeitender italienischer Einwanderer. Besonders São Paulo war eine bevorzugte Zuflucht für Siziliens »Desaparecidos« von eigenen Gnaden, für die Flüchtlinge, die sich in Italien »selber hatten verschwinden lassen«, indem sie ihre Autos mit offenen Türen stehen- und ihre persönliche Habe zurückließen, um zwangsweise Entführung, den sogenannten »weißen Tod«, durch die Mafia vorzutäuschen. Diese Riesenstadt mit zehn Millionen Einwanderern, mehr als die Hälfte davon Italiener der ersten oder zweiten Generation, konnte einer beliebigen Zahl von sizilianischen Mafiosi Obdach bieten, die von der italienischen Polizei als tot abgeschrieben waren. Antonio Salamone, der aus seiner überwachten Verbannung in Norditalien entwich, war 'u parrinu, ihr Pate. Ein schmaler, friedfertig aussehender alter Mann — »ein Mafioso mit menschlichem Gesicht«, wie ihn ein sizilianischer Staatsanwalt später nennen sollte —, war Salamone ein Mitglied der Kuppel auf Urlaub, als er 1974 nach São Paulo kam[9]; er weilte dort acht Jahre, bevor irgendein Gesetzeshüter darauf kam, daß er noch am Leben war.

Buscetta wohnte lieber in Rio de Janeiro, das ebenfalls voll namenloser italienischer Einwanderer war, aber lebhafter und schicker. Kurz nach seiner Ankunft kaufte er ein erstklassiges Hochhausapartment im Viertel Barra Da Tijuca an der Copacabana, bekannt als Millionärsviertel, mit großartigen Panoramafenstern auf das Meer hinaus. Zwei Stockwerke über ihm wohnte ein weiterer berühmter italienischer Flüchtling; »ein wirklich einzigartiger Zufall«, meinte Buscetta und behauptet, sie hätten sich nie getroffen. Das war Don Antonio Bardellino von der neapolitanischen Camorra, der in Italien wegen fortgesetzten Kokainhandels mit Südamerika gesucht wurde. Die Anwesenheit dieses notorischen Camorrabosses im selben Hochhaus in derselben Stadt sagte viel über die engen Beziehungen zwischen neapolitanischen und sizilianischen Rauschgifthändlern im Ausland aus. Bardellino war einer von drei Camorrahäuptlingen, die außerdem Mitglieder der sizilianischen Mafia waren. Die Sizilianer hatten ihn also 1975 eingeschworen, um ihren Pakt mit den Neapolitanern zu besiegeln.[10]

In Rio waren die beiden Bruderschaften wie in Caracas, Los Angeles, Montreal, Paris und London unentwirrbar miteinander verschlungen. Immer wieder in den nächsten zwei Jahren sollte die Polizei überall auf der Welt bei der Verfolgung eines Mitglieds der einen Bruderschaft auf die andere stoßen; Don Antonio Bardellino sollte unwissentlich zur Ursache von Buscettas tiefem Sturz werden.

Die Zeiten schienen verheißungsvoll, als sich Buscetta

Anfang 1981 in Brasilien niederließ. Er war aus dem Gefängnis heraus, noch sehr verliebt, zurück in seinem Lieblingsland und hervorragend plaziert, um eine Goldgrube auszubeuten. Doch genau in diesem März brach der Mafiakrieg in Sizilien aus, und Buscettas Welt fiel in Scherben.

Das Morden in diesem Krieg war völlig einseitig. Das galt besonders für diejenigen, die auf den Vorposten der sizilianischen Mafia in Übersee saßen. Die wenigen Mafiosi, die hier und da im Ausland ermordet wurden, hauptsächlich in New York und New Jersey, genügten, um die übrigen einzuschüchtern. Fast ohne Ausnahme ergaben sie sich Leggio im Handumdrehen — aber nicht ohne Angst und Bangen. Buscetta, der nach der Ermordung Bontates und Inzerillos in Panik geraten war, stellte fest, daß die mächtigen Salvos nicht weniger panisch reagierten, als er einen ihrer angeheirateten Verwandten in Palermo anrief:

Verwandter: Wir werden hier noch verrückt . . . Ich lasse niemand herein, ich habe seit einem Monat keinen Besuch gehabt . . . Es gibt hier zu viele krumme Sachen . . . Zuviel Neid, zuviel Verrat. Man weiß nicht, an wen man sich noch wenden kann . . .

Buscetta: Also, wenn ich mit Nino (Salvo) reden könnte . . .

Verwandter: Aber Nino weiß nichts . . . Er ist nicht da, er ist verschwunden . . .

Buscetta: Dann such ihn nicht, such ihn nicht . . .

Verwandter: Also ich weiß, wo ich ihn finden kann . . .

Buscetta: Nein, nein . . . Such ihn nicht, weil ich ihm keine Scherereien machen will . . . Such ihn nicht![11]

Die Salvos gingen kurz darauf auf die andere Seite über. Ebenso Antonio Salamone in São Paulo, die Cuntreras und Caruanas in Caracas, Montreal und London, die sizilianische Fraktion in Brooklyn und fast alle überlebenden früheren Geschäftspartner Buscettas. Buscetta selbst wähnte sich bis zur Halbzeit des Krieges außer Gefahr. Dann tauchte im Sommer 1982 Gaetano Badalamenti in Brasilien auf und brachte ihn furchtbar in die Klemme.

Badalamenti wollte von Buscetta, daß er zurückgehe und in Sizilien einen Gegenangriff gegen die Corleonesi anführe. Buscetta weigerte sich, aber Leggios Leute bekamen Wind von der Sache, die sich für sie wie ein Komplott ausnahm. In diesem August verschwand Buscettas brasilianischer Schwager Homero Guimaraes jun. spurlos. Zwei Wochen danach verschwanden Buscettas beide Söhne Antonio und Benedetto in Palermo – zu einer Zeit, als ganz Italien nur wenige Tage nach General Dalla Chiesas Ermordung im Schockzustand verharrte. Ende Dezember wurde Buscettas Schwiegersohn in seiner Pizzeria in Palermo erschossen. Drei Tage später wurde Buscettas älterer Bruder Vincenzo mit seinem Sohn in ihrer Glasfabrik in Palermo getötet.

Die Dezembermorde folgten unmittelbar auf den einzigen direkten Widerstandsakt im großen Mafiakrieg. Als Reaktion auf ein Dutzend Morde an seinen eigenen Verwandten hatte Badalamenti zwei Vollstrecker aus Miami geschickt, um Pino Greco zu erschießen, den sadistischsten Killer der Corleonesi in Palermo und Schrecken von Ciaculli. Doch die Revolvermänner schossen daneben und wurden sechs Wochen später bei Miami tot aufgefunden. Wichtig für Buscetta war, daß einer von ihnen in seinen alten Zeiten in New

York sein vertrauter *Gofer* gewesen war.[12] Danach war er selbst so gut wie tot.

Völlig geschlagen von den Tragödien in seiner Familie im Herbst 1982, merkte Buscetta nicht, daß das Verhängnis sich aus einer anderen Richtung näherte. Im selben Herbst kam die Polizei dreier Länder auf zusammenlaufende Spuren der Camorra und der Mafia in Paris, die direkt nach Venezuela und Brasilien führten.

Don Michele Zaza — Michael der Verrückte, der durchaus nicht so verrückte Chef der neuen Camorrafamilie in Neapel — hatte sich schon längst von Schmuggeltabak auf Heroin und Kokain umgestellt. Im Herbst 1982, als die Polizei Razzien auf Raffinerien in Sizilien machte und dort der Mafiakrieg tobte, beschloß er, seine eigene Heroinraffinerie in Frankreich einzurichten. Er hatte gute korsische Freunde in Marseille aus den alten Zeiten der French Connection und auch die richtigen sizilianischen Verbindungsmänner.[13] Die Camorristi, die ihn unterstützten, arbeiteten mit Giuseppe Bonos Leuten in New York, mit denen von Antonio Salamone in São Paulo und mit den Cuntreras in Caracas zusammen.

Zaza kaufte sich eine Käsefabrik für zwei Millionen Dollar im französischen Rouen; der Camorrista, der sie leiten sollte, ein gewisser Nunzi Guido, hatte im Rauschgiftgeschäft viele alte Freunde. Redselig wie immer, plauderte Don Michele am Telefon über den vielen »Mozzarella«, den sie dort produzieren können. *La roba*, wie er es nannte — der Stoff —, sollte nach Mailand, in die Vereinigten Staaten und in verschiedene Gegenden Frankreichs gehen. Er erwartete, daß dies 20 000 oder 30 000 Dollar täglich einbringen werde.[14] Doch die Käsefabrik hatte kaum begonnen, Heroin-»Proben« für ihre Kunden herzustellen, als sie plötzlich Ende 1982 für einen Bruchteil ihres Werts versteigert wurde. Don Michele Zaza war soeben von der römischen Rauschgift-fahndung verhaftet worden.

Im Lauf seiner Beschattung hatte die italienische Polizei Zaza bis in ein Pariser Restaurant verfolgt, wo sie mit der französischen Polizei und der amerikanischen Drogenfahndung zusammenstieß, die sich an die Fersen seiner Gäste geheftet hatten. Zaza speiste mit einem Dutzend Personen, die aus verschiedenen Weltteilen eingeflogen waren. Einer war Giuseppe Bonos Bruder Alfredo, ein anderer ihr Onkel Antonio Salamone, den sie ehrerbietig mit *Parrinu* (Pate) anredeten. Die Polizei kam zu dem Schluß, daß eine große Heroinsendung vorbereitet werden solle. Und in der Tat trafen im Monat danach 93 Kilo Heroin im Großhandelswert von etwa 25 Millionen Dollar in Zazas herrschaftlichem Haus in Beverly Hills ein. Agenten der Drogenfahndung verpaßten das Heroin um Haaresbreite — sie fanden nur noch Spuren davon in weggeworfenen Kartons mit der Aufschrift »Teller«, doch hatten sie nun endlich die Spur von '*u parrinu* aufgenommen.

Antonio Salamone war unmittelbar nach dem Treffen von Paris aus zu Zazas Herrschaftshaus in Kalifornien geflogen. Von dort aus hatte er mit den Cuntreras in Venezuela telefoniert und seinem Neffen in Palermo getelext, er solle Paolo Cuntreras Schwager in Miami abholen und nach Caracas kommen. Dann war Salamone nach São Paulo zurückgekehrt, beschattet von Agenten der amerikanischen Drogenfahndung. Nicht lange danach wurde ein weiterer seiner Neffen im Flughafen von Palermo mit einer entwendeten Kopie des Berichts der amerikanischen Drogenfahndung über Salamone aufgegriffen. '*U parrinu* verließ Brasilien binnen 24 Stunden.[15]

Bis Weihnachten 1982 hatten die italienische, amerikanische und brasilianische Polizei recht umfassende Erkenntnisse über den Camorra-Mafia-Rauschgiftring in Brasilien gesammelt. Nach einem Hinweis flogen italienische Ermittler in Verfolgung Don Antonio Bardellinos dorthin, der ihnen wie üblich um Haaresbreite entfloh. Als sie abflogen, erfuhr die brasilianische Bundespolizei (DPF), die die Fahndung übernahm, von einem alten Rauschgifthändler, der mit Buscetta seit den sechziger Jahren zusammengearbeitet hatte, wo sie suchen konnte. In diesem Winter erneut verhaftet, war er zum Informanten geworden und hatte die Polizei auf die Wohnung im Hochhaus mit Meerblick in Tijuca aufmerksam gemacht.[16]

Bardellino hatte seine Wohnung im 18. Stock bereits geräumt, als die Polizei anklopfte, und auch Buscetta war weg. Unmittelbar nachdem sein *Gofer* in Florida in einem Kofferraum tot aufgefunden worden war, hatte sich Buscetta auf seine 26 000-Hektar-Fazenda nördlich von Belem in der Nähe der Amazonasmündung zurückgezogen. Dort widmete er sich — obwohl er mittellos zu sein behauptete — seinen 500 Pferden und einer Herde Kühe, die 1 000 Liter Milch täglich produzierte, und wartete, bis die Corleonesi kämen, um ihn zu ermorden.[17]

Doch Buscettas Frau Cristina wohnte immer noch im 16. Stock im Tijucaviertel von Rio. Sie wurde von den brasilianischen Polizisten (und von der amerikanischen Drogenfahndung) von Mai bis Oktober überwacht, als sie schließlich sechs Koffer in einen Chevrolet Chevette lud und gegen Süden nach São Paulo fuhr, um ihren Mann zu treffen, der aus Belem hingeflogen war.

Die Verhaftung Buscettas und elf weiterer Personen im Oktober 1983 machte in Brasilien Schlagzeilen. Die

Polizei dort war überzeugt, daß sie einen kolossalen interkontinentalen Rauschgiftring zerschlagen habe. Die landesweite Fahndung hatte acht Monate gedauert. 200 Verdächtige waren identifiziert worden, die in fünf sich überlappenden Rauschgiftringen von São Paulo über Rio bis Belem im Norden tätig waren. Dutzende von »Tragtieren«, von jungen Frauen, die Rauschgift am Körper transportierten, waren ausgemacht worden, von bolivianischer, peruanischer, chilenischer, kolumbianischer und nigerianischer Nationalität. Aufzeichnungen über 46 Reisen dieser Frauen ins Ausland wurden gefunden.[18]

Nach Ansicht des Superintendenten der Bundespolizei in São Paulo, Romeu Tuma, stand Buscetta an der Spitze der Pyramide. »Es ist gesichert, daß wir den Chef der lateinamerikanischen Rauschgift-Connection gefaßt haben«, sagte er. Pedro Berwanger von der brasilianischen Rauschgiftfahndung fügte hinzu: »Tommaso Buscetta war der Hauptkoordinator des Kokainmarktes zwischen Brasilien, Bolivien, Peru, Kolumbien, Europa und den Vereinigten Staaten.«[19]

Buscetta leugnete alles. Es gebe keinen Mafiakrieg in Sizilien, seine verschwundenen Söhne wären nur mit irgend jemand in einen jugendlichen Streit geraten. Er kenne ein paar der anderen Verhafteten, aber nur oberflächlich. Sein Schwiegervater habe auf die Polizei geschossen, weil er sie fälschlicherweise für Banditen gehalten habe. Er selbst habe nichts Illegales getan. Ein Reporter fragte, wie Buscetta nach acht Jahren Gefängnis in Italien eine Millionärswohnung in Rio, Luxusautos und eine Ranch von 260 Quadratkilometern kaufen konnte. »Ich habe das Geld aus Italien mitgebracht und es in brasilianische Obligationen investiert«, antwortete er.[20]

Die Brasilianer behielten Buscetta neun Monate lang im Gefängnis, lange nachdem seine Frau und die andern gegen Kaution freigekommen waren. Buscetta war zu groß, um ihn laufenzulassen. Die Amerikaner wollten ihn immer noch wegen der Vorwürfe gegen den brasilianischen Rauschgiftring von 1972, ganz zu schweigen von neueren Verdachtsmomenten. Die Italiener wollten ihn als entflohenen Sträfling und Hauptfigur in ihrer gesamten Mafiaermittlung. Die Brasilianer hielten ihn wegen »Urkundenfälschung« in Haft — wegen seinem falschen Paß als Roberto Escobar —, während sie ganze Kisten belastender Papiere sichteten, die bei der Razzia beschlagnahmt worden waren. Sie fanden Scheinfirmen, gefälschte Bücher, Scheinfrachten ins Ausland, falsche Pässe und Unterlagen über Ferngespräche und Reisen von Rio und São Paulo nach Caracas, New York, Montreal, Zürich, Barcelona, Paris, Mailand, Rom und Palermo.

Bekannte sizilianische Rauschgifthändler bezogen Geld und Flugtickets von einer Scheinfirma namens Major Key, die zwar nichts produzierte, aber binnen eines Jahres ihre Aktiva von 6 000 auf eine Million Dollar erhöht hatte. Buscetta und Gaetano Badalamenti ließen beide ihre Rechnungen von Major Key bezahlen. Desgleichen Badalamentis Sohn Leonardo, der sich anschickte, ein Büro von Major Key im brasilianischen Curitiba zu eröffnen. Badalamentis Neffe Vincenzo Randazzo, künftiger Angeklagter im Pizzaprozeß, war gerade dabei, eine Filiale von Major Key in New York zu gründen.[21]

Nachdem sie nach Brasilien geflogen waren, um zu sehen, was die brasilianische Polizei über Buscetta hatte, berichteten Mona Ewell von der amerikanischen Drogenfahndung und Charles Rose vom U.S. Eastern District über »Dokumenten- und Indizienbeweise« zu folgenden Tatbeständen:

- Seit Frühjahr 1981 hatten sich Buscetta und mehrere andere Personen zu illegaler Tätigkeit vereinigt, möglicherweise zum Rauschgifthandel.
- Die Aktivität »reicht über Brasilien hinaus, doch die Operationsbasen scheinen São Paulo, Rio de Janeiro, Betim und Belem zu sein«.
- Mehrere vollständige Pässe, Führerscheine usw. wurden beschlagnahmt, aus denen falsche Identitäten der Beschuldigten hervorgehen.
- Homero Guimaraes jun. war mit einem Satz von Ausweisen als Otto Levy ausgestattet worden. Cristina Guimaraes' Steuererklärungen »zeigten, daß sie von Otto Levy sehr viel Geld erhalten hatte«.
- Mehrere Mitglieder der Gruppe reisten regelmäßig nach Caracas im Kontakt mit »Verdachtigen aus diesem Fall, die früher schon mit Buscetta zusammenhingen und im Verdacht stehen, Geld zu waschen und/ oder den Rauschgifthandel von Südamerika in die Vereinigten Staaten zu fördern«.
- Der Camorraboß Antonio Bardellino wurde zusammen mit derselben Gruppe als Miteigner einer zum Schein gegründeten Fischhandelsgesellschaft namens CEICO identifiziert. Diese Gesellschaft exportierte Fisch von Rio de Janeiro nach Neapel, also in eine Stadt, die keine Fischimporte brauchte.

Besonders Bardellinos Anwesenheit verriet alles. Wie es in dem amerikanischen Bericht hieß, war er »die rechte Hand von Carlo Zippo« — Buscettas »simpatico neapolitanischer Freund« und Partner im Drogenschmuggel Anfang der siebziger Jahre. Die Italiener hatten Zippo im Februar 1983 zusammen mit 20 anderen erneut als Haupt eines riesigen Rings verhaftet, der Kokain aus Südamerika nach Italien schmuggele.

Zusammenfassend schrieben Ewell und Rose: »Die brasilianische Bundespolizei ist überzeugt, daß Buscetta und andere in eine Verschwörung zum Kokainschmuggel über CEICO-Lieferungen nach Italien verwickelt sind und daß die Firma Major Key benutzt wurde, um das Geld zu waschen.«[22]

Das war zwar die Überzeugung der Polizei, doch fehlten ihr genügend unerschütterliche Beweise, um Buscetta vor Gericht zu überführen. Später meinte Superintendent Tuma, die brasilianische Polizei habe vielleicht zu früh zugeschlagen. »Ich glaube, wir haben Buscettas Operation im Keim erstickt, da er die Infrastruktur noch nicht aufgebaut hatte«, erklärte er.[23]

Im Wartestand in einem brasilianischen Gefängnis war Don Masino zum letzten Mal König. »Es war eine große Ehre für die andern Mitglieder der Gruppe, mit ihm in Handschellen zusammengeschlossen zu sein«, sagte ein Assistent Tumas. »Sie küßten gewöhnlich morgens seine Hände, aber wenn sie verlegt wurden, stieg er immer zuerst in ein Polizeiauto. Er hielt die Routine der Disziplin aufrecht, indem er immer den andern Befehle gab.«[24]

Aber trotzdem war Buscetta in einer verzweifelten Lage. Cristina stattete der Drogenfahndung in diesem Winter vier geheime Besuche ab und bat die Amerikaner flehentlich, ihn zu übernehmen, da er zwangsläufig im Gefängnis ermordet würde, wenn ihn Italien bekäme.[25] Doch die Amerikaner wollten, daß er dorthin ausgewiesen werde, »wo die stärksten Beweise gegen ihn vorlagen«. Die US-Regierung war sich mit Italien und Brasilien einig, »das Land zu unterstützen, das gegen Buscetta das höchste Urteil erwirken konnte«.[26] Italien gewann.

Als er die Nachricht hörte, schluckte Buscetta Strychnin und kam knapp mit dem Leben davon. Er hatte nicht die geringste Chance, wenn er erst einmal in einem italienischen Gefängnis gelandet war; vor nicht allzu langer Zeit war ein alter Freund im Hof des Ucciardonegefängnisses mit 58 Messerstichen umgebracht worden. Je früher er sterbe, so erklärte er später, desto größere Überlebenschancen habe der Rest der Familie. Als er aus dem Koma aufwachte, kam Buscetta jedoch zu dem Schluß, daß »Sterben nicht genug war«. Die »schreckliche Mafiosologik« dieser letzten Jahre habe alle Grundsätze der Cosa Nostra zerstört, wie er sie gekannt hatte, erzählte er der Presse. »Alles hat sich verändert; es blieb nur Raserei, Krieg, Blut — alles wegen Geld.« Nun wollte er die sizilianische Mafia vernichten.[27]

Der Buscetta, der Kronzeuge wurde, ist schon längst von den Ereignissen überholt worden. Andere nach ihm waren weniger eigensüchtig und eitel, aufrichtiger, der unmittelbaren Szene näher. Doch war er der erste, der Angesehenste, der Faszinierendste, weil er sich überhaupt äußerte.

Richter Giovanni Falcone, der das sizilianische Verhörteam leitete, hatte immer behauptet, daß ein Mafioso per Definition nicht abtrünnig wird. Er war nie einem solchen Abtrünnigen begegnet, und er hatte in zwei Jahrzehnten Richteramt allerhand Leute gesehen. »Es gibt einen Mafioso, der sich in seiner Zelle verbarrikadiert«, sagte er. »Den, der Irresein vortäuscht, und den, der von der Mafia gezwungen wird, Irresein vorzutäuschen; den frechen, der behauptet, entführt worden zu sein . . . Dann gibt es den geschliffenen, unauffälligen Mafioso mit bescheidenem Blick, bis seine Augen blitzen, wenn er wegzusehen vorgibt.«[28]

Don Masino tat nichts dergleichen. Er wollte reden,

und er redete. Insofern, als er nie gestand, jemals ein Verbrechen begangen zu haben, war das kein Geständnis. Es war eine Reihe von Gesprächen mit seinen sizilianischen Vernehmern — häufig informativ, meist zurückhaltend, gelegentlich verblüffend —, die sich über den ganzen Sommer 1984 und weit in den Herbst hinein erstreckten.

Viele seiner Aussagen waren nicht mehr neu. Im Sommer 1984 bereitete sich die Antimafiaarbeitsgruppe in Palermo bereits für den größten Mafiaprozeß der Geschichte vor. Allerdings konnte er 1 000 Beweisbruchstücke zu einem Ganzen zusammenfügen: er, Don Masino Buscetta, im Zeugenstand vor einem sizilianischen Gericht.

Die Wirkung konnte überwältigend werden, aber das war nicht das Wichtigste. Buscetta war ein Vierteljahrhundert lang »im ruhigen Auge des Wirbelsturms gewesen«, wie er selbst hervorhob. Er war bei der Geburt der Kuppel, beim Deal um die Heroinkonzession, bei dem ersten Ausschwärmen der sizilianischen Ehrenmänner in die Vereinigten Staaten, Kanada und Südamerika dabeigewesen. Er hatte vertrauten Umgang mit den Männern gehabt, die das multinationale Heroinkonsortium der Kuppel aufbauten, und mit den Männern, die diese und Hunderte ihrer Gefolgsleute ermordeten, um es zu übernehmen.

Buscetta wäre seiner Absicht nähergekommen, die sizilianische Mafia zu vernichten, wenn er sein ganzes Wissen enthüllt hätte. Immerhin deckte er auf, daß die sizilianische Mafia eine separate Einheit war, die den Weltmarkt für Heroin beherrschte, die kardinale Tatsache, die in all den Jahren kein Mensch außerhalb der Mafia begriffen hatte.

Als Richter und Geschworene sich in Palermos aufsehenerregendem Massenprozeß zur Urteilsfindung zurückzogen, gab ihnen der Vorsitzende der Kuppel ein Geleitwort mit. »Lassen Sie sich von Ihrem Gewissen leiten«, rief Michele Greco, dem 78 Morde angelastet worden waren, hinter den Stahlstäben seines Käfigs im Gerichtssaal hervor. »Ich wünsche Ihnen Frieden, Seelenruhe . . . *Ich hoffe, daß für Ihr weiteres Leben Frieden mit Ihnen sein wird.*«[1]

Kuscht und lebt in Frieden, oder ihr werdet nie wieder Frieden haben — die klassische Warnung der Mafia an alle, die über sie zu Gericht zu sitzen wagten. Die sibyllinische Drohung hing über dem abgeschlossenen und bombensicheren Sitzungszimmer, in dem das Schicksal von Siziliens großen Mafiabossen entschieden wurde. Manche Leute mochten glauben, die Mafia sei endlich vor Gericht geschlagen worden; die Richter und Geschworenen wußten es besser.

Das Morden, das während der 22 Monate des Massenprozesses ausgesetzt worden war, fing zwei Stunden nach der Urteilsverkündung im Dezember 1987 wieder an. Das erste Opfer hatte gerade einen Kuchen und eine Flasche Wein gekauft, um seine Freiheit zu feiern; vom Gericht in Palermo freigesprochen, war der Mafioso von seinem eigenen Mafiatribunal zum Tode verurteilt worden. Mehr als

200 weitere Opfer fielen im folgenden Jahr 1988 von der Hand der Mafia, hochgerechnet von der Einwohnerzahl Siziliens wären das für die Vereinigten Staaten 10 000.[2] Unter den Opfern waren zwei Richter, der vorletzte Bürgermeister von Palermo, ein Carabinierifeldwebel, ein Kriminalbeamter der Squadra Mobile, ein engagierter Sozialarbeiter, Piciotti, hochrangige Ehrenmänner und Frauen und Kinder. 16 wurden Ende 1988 binnen drei Tagen umgebracht. Palermo schien um ein volles Jahrzehnt zurückgeworfen.

»Alles, worüber zu richten ich berufen wurde, Dinge, die 1981 geschehen sind, habe ich jetzt wieder vor mir . . . Die gleichen Leichen, das gleiche Klima«, klagte ein Beisitzer im Massenprozeß. »Ich bin voller Bitterkeit . . . 1981 ist inzwischen fast Geschichte, aber bis heute, 1988, hat sich nichts verändert.«[3] Das Gericht von Palermo hatte doch 19 *mammasantissimi* zu lebenslänglich und 323 andere Mafiosi zu 26 Jahrhunderten Gefängnis verurteilt. War die Mafia imstande, auch daraus noch so stark wie ehedem hervorzugehen — oder gar noch stärker?

In Wirklichkeit hatte sich doch etwas verändert. Die sizilianische Mafia, 100 Jahre lang als bloße »Geistesverfassung« interpretiert, entpuppte sich endlich als organisiertes internationales Verbrechersyndikat. Aus den Beweisen ging sie als »ein Staat im Staate, als Gegenstaat mit Regierung, Armee, Territorium, Ritualen, Moralkodex und Rechtsordnung« hervor, wie der Staatsanwalt in seinem Resümee formulierte.[4] Folglich durfte die Mafia bei Ermittlungen und Strafverfolgungen als kriminelle Vereinigung behandelt werden. Mafiabosse konnten ihrer Verbrechen kollektiv für schuldig befunden werden, was wörtlich bedeutete, daß sie bei Mord jetzt nicht mehr ungeschoren blieben. Vielleicht wurden sie nie in flagranti erwischt, doch konnten sie jetzt zur Rechenschaft gezogen werden, wenn sie einem Untergebenen (wie üblich) den Schießbefehl gegeben hatten. Sie konnten sogar für jeden illegalen Akt der Mafia bestraft werden, wenn sie an deren Entscheidungen beteiligt waren. Acht Mitglieder der Kuppel wurden im Massenprozeß mit dieser Begründung zu lebenslänglich verurteilt.

Die scheinbare Gefaßtheit der Mafia gegenüber diesem harten Urteil bedeutete nicht, daß der Prozeß ein Schlag ins Wasser war. Im Gegenteil, er war in bestem juristischen Sinne ein epochaler Sieg der Gerechtigkeit. Wie üblich in Sizilien kam das Gericht bis hierhin und nicht weiter. Das übrige war weitgehend eine Sache dunkler Drohungen, abstruser Schachzüge, juristischer Finessen und politischer Einflußnahme.

Den Prozeß in Gang zu bringen, erwies sich als besonders schwierig. Er war mit 464 Angeklagten viel zu groß, nach Meinung mancher Kommentatoren ein juristisches Monstrum. Dagegen könne man nichts machen, meinten die Richter. Die Mafia habe sich als einheitliche Organisation mit einer »einheitlichen verbrecherischen Strategie« erwiesen und erfordere deswegen auch eine einheitliche juristische Reaktion. Ihre »Einheit« — *unicita* im schwer übersetzbaren Italienisch — bedeutete, daß alles mit allem zusammenhing. Zum Beispiel wurde dieselbe Kalaschnikow benutzt, um 1977 einen Carabinierioberst bei Corleone zu ermorden, 1981 Stefano Bontate und Salvatore Inzerillo in Palermo, 1982 ihren engen Verbündeten in Catania und 1984 bei den Anschlägen auf General Dalla Chiesa und Salvatore Contorno (wobei der letztere schneller schoß). Wie konnte man gegen so etwas getrennt verhandeln?

Die schiere Größe des Prozesses war nicht das einzige Problem. Der Prozeß war auch dem italienischen Establishment durchaus nicht willkommen: eine direkte, dramatische Konfrontation mit der Mafia, die zu verlieren der Staat sich nicht leisten konnte — und die zu gewinnen er sich aus ungesagten, aber zwingenden Gründen ebenfalls kaum leisten konnte. Nirgendwo auf der Welt hatte es jemals einen solchen Prozeß gegeben. Der festungsähnliche Gerichtssaal, an eine Wand des Ucciardonegefängnisses angebaut, enthielt 30 Stahlkäfige für die 464 Angeklagten. Sie wurden von 200 Rechtsanwälten verteidigt. 50 weitere Anwälte vertraten Nebenkläger: Verwandte der Toten, die Stadt Palermo, die Region Sizilien. Aufgrund eines besonderen Regierungserlasses waren Richter und Geschworene während des ganzen Prozesses doppelt vorhanden, so daß das Verfahren durch natürliche und andere Todesfälle nicht unterbrochen werden konnte. Sieben Richter lehnten das Amt des Vorsitzenden ab, bevor ein achter, Alfonso Giordano, »das sizilianische Risiko« auf sich nahm.

Die Anklageschrift, von fünf Untersuchungsrichtern in Siziliens Antimafiaarbeitsgruppe formuliert, umfaßte 8 607 Seiten und mehr als eine Viertelmillion Seiten Dokumentation. Etwa 400 Seiten waren nötig, nur um die Namen der Angeklagten und die Beschuldigungen aufzuführen. Sie wurden nicht nur des mehrfachen Mordes angeklagt, sondern auch deswegen, weil sie unter der Schirmherrschaft der Mafia ein weltweites Heroinvertriebsnetz aufgezogen hatten. Die Beschuldigungen umfaßten den Zeitraum von 1975 bis 1985. Das war das schicksalhafte Jahrzehnt, schrieben die Richter — der Zeitraum, in dem die sizilianische Mafia zum internationalen Verbrecherkartell, zum Hauptlieferant von Drogen wurde. Wie leicht sie das hatte tun können, wie unglaublich lässig die herrschende Schicht in diesen Jahren damit umgegangen war, wurde zur vernichtenden zweiten Anklage innerhalb der Anklageschrift.

Während der ganzen siebziger Jahre, schrieben die Richter weiter, habe ein Parlamentsausschuß 35 Bände hochbrisanter Informationen über die Mafia zusammengetragen. Allmählich jedoch sei »ein Schleier souveräner amtlicher Gleichgültigkeit« über diese Ergebnisse gezogen worden:

»Zehn Jahre fast völligen Wegsehens gegenüber dem Phänomen der Mafia ermöglichte den Familien der Cosa Nostra, die durch innere Kriege und den Druck eines parlamentarischen Untersuchungsausschusses gespalten waren, sich zu reorganisieren und die Produktion und den Vertrieb von Drogen völlig in die Hand zu bekommen.

In den sechs Monaten nach der Ermordung von Boris Giuliano (des Chefs von Palermos Squadra Mobile, 1979) fanden keine polizeilichen Ermittlungen statt. Auf prozessualer Ebene führten seine Ermittlungsergebnisse zu erschütternden Verzögerungen und zweifelhaften Freisprüchen . . .

Es fehlten Ordnungskräfte; es fehlte an einer Bekämpfungsstrategie; der Justiz mangelte es an Erkenntnissen über die neue Realität der Mafia . . .

Ein Vakuum von Gleichgültigkeit und Skepsis umgab die einzelnen Richter und Polizeibeamten, die gegen ihren Willen zu Einzelkämpfern für Recht und Ordnung und zu unfreiwilligen Helden wurden.«[5]

Die Vereinsamung, die diese kleine Truppe von Ermittlern umgab, wurde noch größer, als der Prozeß näherrückte. Sie lebten wie im Belagerungszustand, abgeschnitten von ihren Familien, kampierten in schwerbewachten Flügeln von Palermos Gerichtsgebäude oder im Hauptquartier der Squadra Mobile und wagten sich nur hinaus, wenn es unbedingt nötig war, in Konvois schußsicherer Alfa Romeos mit heulenden Sirenen. Sie »militarisierten die Stadt«, beschwerte sich die Lokalpresse. Auch seien sie »voreingenommen«, »lenkten die Sensationsgier auf Sizilien«, errichteten »eine Inquisition«, lamentierte ein Chor von Kritikern.[6]

Die Mafia war selten so lebensgefährlich wie in diesen letzten Monaten vor dem Massenprozeß. Sogar mit Hunderten ihrer Mitglieder im Gefängnis und dem Gesetz im Nacken mordete die Organisation weiter, bis der letzte ihrer großen Gegner in Siziliens Polizeikorps ausgelöscht war.

Commissario Ninni Cassarà wurde im August 1985 ermordet, nachdem er sein enges Quartier bei der Squadra Mobile verlassen hatte, um unangemeldet seine Familie zu besuchen. Irgendein Spitzel im Amt oder in dem kleinen Park gegenüber muß seine Abfahrt signalisiert haben. Als er 15 Minuten später vor seiner Wohnung vorfuhr, wurde er bereits von zehn Lohnkillern mit Kalaschnikows erwartet.

Eine meiner traurigsten Erinnerungen an diese angespannten Zeiten ist mein Flug nach Palermo zu Cassaràs Beerdigung. Nur wenige hatten mehr als er getan, um den Würgegriff der Mafia um Sizilien zu lockern. Neben seiner Familie und den Kollegen waren jedoch bei der Totenmesse kaum 100 Trauergäste. *Palermo-bène*, die Prominenz, war nicht vertreten.

Vielen ist der Prozeß vielleicht noch als Drama in Erinnerung, das bisweilen in die komische Oper umschlug. Die große, hellgrün getünchte achteckige Halle, der Halbkreis von Menschenkäfigen, der Block schwarzgewandeter Juristen, der Zeugenstand in einer schußsicheren Glaskanzel wirkten an sich schon wie eine extravagante Inszenierung. Das Ensemble — vielleicht die größte Versammlung von

Galgenvögeln, die je gemeinsam vor Gericht stand — war dieser Inszenierung würdig.

Die Witzbolde taten ihre Pflicht. Ein Angeklagter kam mit zusammengehefteten Lippen, ein anderer hatte zehn Zentimeter lange Nägel verschluckt, wieder ein anderer machte in seinem Käfig Striptease und warf einen Schuh nach seinem Anwalt. Onkelhafte Senioren mit gemütlichem Wanst, engelsgesichtige Knaben und Gangster mit bösartigen Visagen riefen über einen halben Hektar grünen Teppichboden hinweg ihren Verwandten auf der Zuschauergalerie Grüße zu.

Unter diesen Laienspielern saßen aber auch die *mammasantissimi*, die Sizilien jahrzehntelang terrorisiert hatten; die die Morde an General Dalla Chiesa, Richter Terranova, Richter Costa, Richter Ciaccio Montalto, Richter Chinicci, Boris Giuliano und Ninni Cassarà befohlen hatten; die das Heroin um die ganze Welt vertrieben und die Mafia nach Richter Falcones »zur schlimmsten Pest unseres Jahrhunderts gemacht haben«. Sie hatten sich immer dem Zugriff des Gesetzes entziehen können und spielten jetzt ihre ganze Gerissenheit und Macht dagegen aus.

Mehr als 100 Angeklagte fehlten, als der Prozeß im Februar 1986 eröffnet wurde, doch viele Berühmtheiten waren anwesend: Michele Greco, »der Papst«; Leonardo Greco, Boß von Bagheria; Antonio Salamone von São Paulo; Giuseppe Bono von Caracas, New York, Paris und Mailand mit seinem Bruder Alfredo; Pippo Calò, der Mafiabotschafter in Rom; Giuseppe Fidanzati, der Mafiabotschafter zur neapolitanischen Camorra; und Gerlando Alberti, der »unermüdliche Textilverkäufer«, der Palermos wuchernde Heroinraffinerien unter sich hatte.

Luciano Leggio hatte einen Käfig für sich. Für diesen Anlaß aus seinem Hochsicherheitstrakt auf Sardinien hergebracht, saß er schwerfällig und verkrümmt da, stumm herausfordernd in Trainingsanzug und Tennisschuhen, las die Zeitung und zündete sich beim gelassenen Rundblick durch den Gerichtssaal eine schwarze toskanische Zigarre an. Nach zwölf Jahren im Gefängnis war er zwar rundlicher geworden, flößte aber immer noch kalten Schrecken ein.

Respekt, Gehorsam und fast Anbetung wuchsen ihm von den angrenzenden Käfigen zu, »dem unbestrittenen Häuptling, der Spitze der Mafiaorganisation, der strategischen Intelligenz der Cosa Nostra«, wie es der Staatsanwalt formulierte.

Die meisten Angeklagten hatten reichlich Gerichtserfahrung, waren dabei aber noch nie so gedemütigt, herausgefordert und gereizt worden. Die *Pentiti*, die nacheinander in den Zeugenstand marschierten, um gegen ihre Mafiabrüder auszusagen, waren ein unvorstellbarer Affront.

Italien kannte »Reuige« aus früheren Erfahrungen mit Überläufern aus den Roten Brigaden, die viel dazu beitrugen, das Land Anfang der achtziger Jahre von den kriegerischen Umtrieben der Terroristen zu befreien. Obwohl ihr Beitrag äußerst wertvoll — sogar entscheidend — war, wurden sie von vielen Italienern trotzdem für Verräter und Spitzel gehalten. Die Mafiaüberläufer konnten noch weniger auf öffentliche Gunst hoffen, und gewiß auch auf weniger Lohn. Wer von den Terroristen kollaboriert hatte, konnte nach einem Sondergesetz die Gefängnisstrafe halbiert bekommen oder sogar auf freien Fuß gesetzt werden; *Pentiti* der Mafia hatten derlei Chancen nicht, hatten so gut wie keine Milde vom Gericht und vom Staat keine Schutzzusagen für sich und ihre Familien zu erwarten. Nur Tommaso Buscetta und Salvatore Contorno waren frei, ausgehalten und sicher in Amerika, weil sie beim Prozeß gegen die Pizza-Connection ausgesagt hatten. (Contorno fiel wie Buscetta unter das Zeugenschutzprogramm der amerikanischen Bundesregierung.) Mehr als ein Dutzend *Pentiti* in Palermo lebten in ständiger Angst und hatten nichts zu gewinnen außer Rache und einem leichteren Gewissen.

Dabei war ihre Bereitschaft nicht nur wertvoll, sondern unverzichtbar. Im Verlauf ihrer Vernehmungen war Richter Falcone auf eine hierarchisch aufgebaute Untergrundgesellschaft von ungeahnter Komplexität gestoßen, undurchschaubar für alle außer ihren eigenen Mitgliedern. »Die Mafia ist mehr als bloß eine einfache kriminelle Vereinigung . . . Das ist eine Welt für sich«, sagte er. »Im Mittelpunkt steht die Cosa Nostra. Um sie herum liegt dann alles, was außerhalb steht. Nur diejenigen, die innendrin leben, können wirklich wissen, was vorgeht. Nur wer den Eid geschworen hat, ist ein Mafioso.«[7]

So lag die Mafia zum ersten Mal seit ihrer Entstehung um 1865 offen für den Blick der Öffentlichkeit. Nacheinander entkleideten die *Pentiti* sie aller Romantik und zerschlugen ihre nützlichsten Mythen, angefangen mit der ewigen Zwecklüge, es gäbe sie überhaupt nicht.

Die Mafia, die sie in allen Einzelheiten beschrieben, war »weltumspannend, einheitlich, streng reglementiert und vertikal von oben nach unten gegliedert, von einer Kuppel mit unumschränkten Vollmachten über Strategie, Geld, Leben und Tod regiert . . . Ihren allumfassenden Charakter erkennen wir erst heute, aber er war schon immer gegeben«, sagte Richter Giusto Sciacchitano von Siziliens Antimafiaarbeitsgruppe.[8] Die Kommandostränge liefen geometrisch zur Spitze einer Pyramide, deren Fuß fast jedes Dorf in Sizilien bedeckte. (Ihre Verlängerung in alle Ecken des italienischen Festlandes wurde erst 1988 entdeckt.)[9] An der Basis standen die *Capi-Famiglia* (Familienbosse). Jeweils drei zusammenhängende Familien waren einem *Capo-Mandamento* Gefolgschaft schuldig, der sie in Provinzausschüssen vertrat, die wiederum von dem Ausschuß oder der Kuppel in Palermo als höchster Regierungsgewalt beherrscht wurden. Eine streng geheime *Interprovinziale* koordinierte die Entscheidungen für die ganze Insel.

Der gesamte Kommandostrang wurde als Buscettas Theorem bekannt. Andere lieferten reichlich Bestätigung, doch seine Version war endgültig, besonders im Hinblick auf Mordverfahren. »Kein Vertreter *(Capo-Famiglia)* darf auf eigene Faust jemanden töten, ohne seinen *Capo-Mandamento* zu fragen, der dies an den Ausschuß weitergibt. Der Ausschuß weiß über jeden Mord Bescheid, besonders bei wichtigen Leuten«, erklärte er.[10] Diese wenigen Sätze seiner Zeugenaussage brachte etliche seiner Feinde auf viele Jahre ins Gefängnis.

Buscetta, der nur für das Verfahren in Palermo weilte, glänzte beim Prozeß. Er betrat einen gespannten Gerichtssaal unter bewaffneter Begleitung, nahm in der schußsicheren Zeugenkanzel Platz, die Leute im Rücken, die sein Leben zerstört hatten, und blieb dabei ruhig, vollkommen unpersönlich. Leggio nannte ihn aus seinem Käfig heraus einen Wurm; Pippo Calò schmähte seine brasilianische Frau als Hure. Buscetta stopfte beiden mit ein paar eisigen Worten in seiner gepflegten Baritonstimme den Mund. Er sei kein *Pentito*, meinte er, »weil ich nichts getan habe, was ich bereuen müßte. Ich bleibe, was ich war«. Verändert habe sich die Cosa Nostra. Seit den siebziger Jahren habe sie die Ideale verraten, die zwar von denen mißbilligt werden, die nach dem Gesetz leben, »für uns aber, die wir in dieser Vereinigung aufgehen, erhaben sind«.

Hier gelang es Buscetta, der Öffentlichkeit ein zweites, weniger harmloses Theorem unterzujubeln — das von der guten und bösen Mafia, der Mafia vor und nach Luciano Leggios Machtergreifung, der tugendhaften Mafia und der lasterhaften Mafia —, eine Ansicht, die verblüffend viel Glauben fand. In Wirklichkeit waren die beiden Mafias keine Gegensätze; nur war eine schlicht und unbestreitbar schlimmer als die andere.

Die erwähnten Ideale — Respekt, Mut, Ehre, Tradition — waren rein interne Regeln für Mitglieder und schränkten ihre eiskalte Gewalttätigkeit und räuberische Gier gegenüber der Außenwelt ganz und gar nicht ein. Die Regeln schlossen nicht aus, daß *'u pizzu* durch Bombenwerfen, Brandstiftung oder eine Kugel in den Kopf eingetrieben wurde. Der Aufbau des Heroinkonsortiums hatte Buscetta nicht gestört, solange er mit Freunden wie Badalamenti und Inzerillo zusammenarbeitete und sich mehr oder minder an ihren Kodex hielt. Mord wurde nicht nur gebilligt, sondern verlangt.

Dennoch hatte die Mafia früherer Zeiten Respekt eingeflößt, intern Ruhe und Ordnung gehalten und keine Frauen und Kinder, entfernte Verwandte oder gar Polizisten und Richter umgebracht (bei gelegentlichen Versehen). Dergleichen war möglich, solange sich die Gewinne nach den Begriffen eines Ehrenmannes in Grenzen hielten. Als die Heroinprofite alle Vorstellungen sprengten, zog die Mafia nach.

Obwohl Buscetta es nicht wörtlich so formulierte, verursachte ihm offenbar Übelkeit, was aus der sizilianischen Mafia geworden war. Nur wenige zweifelten daran, daß er sie tatsächlich vernichten wollte.

Er sagte eine Woche lang aus, ließ dabei die Mafiaszene seit den fünfziger Jahren Revue passieren, zeichnete ihren Einstieg ins Heroingeschäft nach, nannte große Rauschgifthändler seit Mitte der siebziger Jahre und Leggios beste Killer im großen Mafiakrieg mit Namen. Als erster aufgerufener Zeuge untermauerte Buscetta die drei großen Beschuldigungen, aufgrund derer die Mafia verurteilt werden sollte: ihre organisierte »Einheit«; ihre Übernahme des Weltheroinmarkts; und ihr geheimes Heroinvertriebsnetz in den Vereinigten Staaten. »Das gesamte Drogengeschäft, das mir in Amerika bekannt ist, wird von Ehrenmännern abgewickelt, die von der sizilianischen Cosa Nostra dorthin entsandt wurden«, sagte er aus und bewirkte damit weltweit einen Fortschritt von über 20 oder 30 Jahren in der Problemerkenntnis.[11]

Nachdem dies gesagt war, wollte sich Buscetta nicht weiter äußern. Er erklärte nicht einmal in Ansätzen, wie diese sizilianischen Ehrenmänner eine Besatzungsarmee auf amerikanischem Mafiaterritorium entfaltet hatten, oder wer diese kommandierte, abgesehen von denen, die bereits im Pizzaprozeß identifiziert waren. Er behauptete, von den Gambinos von Cherry Hill nichts zu wissen — ja, sie sogar nur einmal zufällig in einer New Yorker Bar getroffen zu haben. Er versicherte einem ungläubigen Publikum sogar, Gaetano Badalamenti »konnte nicht am Drogenhandel beteiligt sein, weil er mir immer gesagt hat, daß er außerhalb stehe«.[12]

Die meisten seiner Freunde in Sizilien wurden ebenfalls verschont; die er mit dem Drogengeschäft identifizierte, waren fast alle bereits tot. Vor allem weigerte er sich strikt, die Politiker zu benennen, die die Mafia all die Jahre gedeckt hatten. Die einzige Person, die er als Opfergabe auswählte, war Palermos früherer Bürgermeister Vito Ciancimino; das war Leggios Mann. »Wenn wir im Jenseits sind, und ich werde zuerst dort sein, weil sie mich umbringen, werde ich Ihnen sagen, wer die Politiker sind, dann werden sogar Sie überrascht sein«, erzählte er später seinem italienischen Biographen.[13]

Letztendlich zählte Buscettas ehrfurchtgebietende Autorität für die Geschworenen weniger als die Aufrichtigkeit der *Pentiti* aus den niederen Rängen. Er wollte Mord,

Rauschgifthandel oder andere Straftaten nicht gestehen; sie gestanden. Es war nicht der elegante Don Masino, sondern der glücklose Vincenzo Sinagra, der von seiner Zeit bei den Folterern und Würgern im Todesbunker an der Piazza Sant'Erasmo erzählte, dessen Zeugenaussagen einige der gemeinsten Killer der Mafia ins Verderben stürzten. (Er wurde trotzdem zu 21 Jahren Gefängnis verurteilt.)

Held des Prozesses war der Vollstrecker des ermordeten Stefano Bontate, Salvatore »Totuccio« Contorno, der ebenfalls von den Amerikanern ausgeliehen war. Ein unverfrorener Ganove, Gauner, Schutzgelderpresser, Entführer und Rauschgifthändler, machte er seine Aussage in einem schnellen und häufig unverständlichen Mafiajargon, der für das amtliche Protokoll übersetzt werden mußte. (»Würden Euer Exzellenz den Zeugen ersuchen, italienisch zu sprechen?« verlangte ein gestreßter Verteidiger vom Richter. »Ich würde mir das nicht zutrauen«, antwortete Contorno.) Auch so schlug er den Gerichtssaal mit seiner Leidenschaft in den Bann, und mit seiner offenen Verachtung für die Bruderschaft, an die er einst geglaubt hatte. Die Cosa Nostra sei »bloß eine Bande von Schindern und Mördern«, äußerte er.

Contorno war unterwegs gewesen, um Pippo Calò in Rom umzulegen, als er 1982 verhaftet wurde. »Schade, daß es nicht geklappt hat«, bemerkte er dazu. (Calò hatte Bontate seiner Ansicht nach an die Corleonesi verraten.) Nach zwei Attentaten gegen ihn selbst nach Bontates Tod hatte er sich zwei schußsichere Autos und ein elektronisches Gerät zugelegt, mit dem er den Motor aus der Entfernung anlassen konnte.

Contorno führte einen persönlichen Krieg gegen die Clans, die zwölf seiner Verwandten umgebracht hatten, und er machte keinen Hehl daraus. »Sie wollten mich umbringen und konnten es nicht, und jetzt bin ich *Pentito*.

Hier stehe ich, ich kann nicht anders, Herr Vorsitzender«, sagte er zum Vorsitzenden Richter. »Sie«, das waren die Corleonesi. »Bei den Clans gibt es keine Gewinner und Verlierer, weil die Verlierer nicht mehr da sind; sie haben sie alle umgebracht«, sagte er.

Er nannte mehr als 150 eingeschworene Mafiosi, wobei er in seinem gläsernen Zeugenstand aufstand und sich umdrehte, um sich den übelsten Visagen zuzuwenden, die er nacheinander benannte. Der Richter las die Namensliste alphabetisch vor, und Contorno antwortete knapp in die Totenstille hinein:

»Ist Giuseppe Abate ein Ehrenmann?«

»Ja.«

»Filippo Argano?«

»Ja.«

»Pietro Alfano?«

»Ja.«

»Francesco Adelfio, Mario Adelfio, Salvatore Adelfio, Giovanni Adelfio, bekannt als ›Giannuzzo‹?«

»Ja.«

»Handelte Franco Adelfio mit Drogen?«

»Sein ganzes Leben lang.«[14]

Contornos beweiskräftige Aussage zum Rauschgifthandel war vernichtend, und nicht bloß wegen seines sensationellen Beitrags zum Pizzaprozeß. Sein zufälliger Blick auf Sal Catalano und Giuseppe Ganci in einem Bauernhaus in Bagheria 1980 — als er sie dabei beobachtete, wie sie »diese Droge testeten, um festzustellen, ob sie etwas taugte oder nichts ging« — war nur eine von vielen Episoden.

Contorno hatte von dem Jahr, in dem er eingeschworen wurde — 1975, etwa zur Zeit der entscheidenden Deals mit der Camorra und der türkischen Mafia — nicht in Buscettas Höhenluft, sondern in Bodennähe gearbeitet. Er wußte alles über die Morphinbase, die aus der Türkei und Bulgarien kam, und war in Konferenzen mit den Camorristi dabeigewesen. »Das waren Mafiosi wie wir, die Bardellinos, Zazas, Nuvolettas, alles Ehrenmänner, keine Camorra, sie sagen Camorra, aber die gibt es nicht, das waren Ehrenmänner von Palermo«, stellte er kurz und bündig fest.

Contorno hatte mehrere Raffinerien der Insel mit eigenen Augen gesehen, darunter die auf Don Michele Grecos 200-Hektar-Gut La Favarella in Ciaculli. Doch La Favarella, wo die Kuppel gewöhnlich zusammentrat und sich Mafiaflüchtlinge verbargen, war zu exponiert. »Es gab zuviel Durcheinander, zu viele Bullen liefen da herum, also verlegten sie das Labor«, sagte er.

Jedermann in Siziliens Cosa Nostra habe mit Heroin zu tun, außer Bontate, erklärte Contorno und blieb dabei dem Andenken an seinen verehrten Boß treu:[15]

»Es war nicht so, daß Stefano Bonta' sagte, sie dürften es nicht und sie es deswegen nicht taten, er konnte es in unserer Familie nicht unterbinden ... weil sie zu ihm sagten: ›Ich muß das mit Rauschgift machen, meine Familie muß zu essen haben‹ ...

Sie waren alle dabei, weil da ein großer Haufen Geld zu machen war, das war besser als Häuserbauen, besser als alles andere. Wenn man 100 Millionen Lire investierte, bekam man sofort 300 Millionen zurück, und so sprangen alle darauf ... Sie ließen alles andere fallen, sie machten nur noch in Rauschgift ...

Wenn ich für mich in Rauschgift machen wollte, konnte ich es allein tun. Wenn wir zu dritt oder viert in der Familie waren, konnten wir es tun, kein Problem ...

Es herrschte allgemeine Einigkeit, weil das Morphin in großen Lieferungen auf einmal kam ... Wenn ich derjenige war, der an dem hereinkommenden Schiff interessiert war, kümmerte ich mich darum, daß das Morphin in Heroin umgewandelt wurde, und umgekehrt galt es für alle anderen.

Jeder mußte sein Teil tun . . . Wenn ich 100 Kilo wollte, bekam ich 100 Kilo . . . Sie raffinierten es in Palermo, und jeder nahm, was er brauchte, und verschickte es, wie er immer wollte.«[16]

Dann kamen die Dollar aus Amerika in Koffern oder schlichten Postpaketen zurück. Geld in Lire umzuwechseln, war einfach. »Wir hatten die Bankiers, es gab Bankiers in den Banken, die ›Freunde‹ waren . . . Überhaupt kein Problem.«

Die sizilianische Mafia habe das gesamte Rauschgiftgewerbe beherrscht, fuhr Contorno fort. »Ich sage die Sizilianer, nicht die Mailänder oder Turiner, oder die Franzosen — die Sizilianer. Also wir Palermer von der Cosa Nostra, ich meine nicht die allgemeine Öffentlichkeit . . . Die Cosa Nostra hatte das ganze Rauschgiftgewerbe in der Hand, alles mußte in Palermo sein, alles ging nach Palermo zurück.«[17] Und die Sizilianer waren niemand sonst rechenschaftspflichtig, auch nicht der Cosa Nostra in Amerika. Auf die Frage, ob die Amerikaner eine Erklärung für die Ermordung Franco Mafaras verlangt hätten, des Heroinvertriebsdirektors der Kuppel in Italien, tat Contorno überrascht: »Nein, nein . . . wenn sie Franco Mafara umbringen mußten, ging das die Amerikaner nichts an . . . In Palermo konnte so vieles geschehen! Und warum sollten sie zu den Amerikanern gehen? Sie waren nicht berechtigt, Erklärungen zu geben. Sie mußten Mafara umbringen? Also brachten sie ihn um. Fertig.«

Luciano Leggio, der Buscetta und Contorno im Zeugenstand folgte, war respektvoll, kriecherisch und gekränkt. Für seinen Auftritt tadellos gekleidet in dunklem Anzug, mit seidenem Taschentuch und gestreifter Krawatte, tat Leggio verblüfft angesichts der haarsträubenden Latte von Beschuldigungen. Er habe keine Ahnung, was die Mafia sei und er wisse nicht einmal, was Rauschgift sei, erklärte er. »Ich habe nie in meinem Leben etwas gemacht, wofür ich mich selber tadeln müßte. Ich war nie jemandes Feind. Ich war immer ein ruhiger Mann . . . Sie können mich verleumden, aber niemand kann ein Wort gegen mich sagen.«

Er erinnerte das Gericht an die vielen Male, die er vor Gericht gezerrt und freigesprochen worden sei — im Gefängnis sei er nur wegen eines einzigen Mordes, den er vor einem Vierteljahrhundert begangen habe — wobei er anzüglich feststellte, kein Lebender habe bisher gegen ihn ausgesagt. Zwar habe ein Boß namens Di Cristina den Carabinieri empörende Dinge über ihn erzählt, bevor er ermordet wurde (offenbar auf Leggios Befehl). »Aber wenn dieser Kerl tot ist, kann er nur noch in Träumen umgehen und gewisse Dinge sagen«, schloß Leggio sinnig.

»Auf alle diese Beschuldigungen habe ich nur eine Antwort: Ich war im Gefängnis, ich bin noch immer im Gefängnis. Entschuldigen Sie bitte, aber wie könnte ich im Land herumlaufen, auf den Straßen spazierengehen, in meine Zelle zurückkehren, wenn das nicht alles genehmigt wurde?

Wenn dem so ist, muß ich Hilfe von verschiedenen Gefängniswärtern, Gefängnisdirektoren und Vollzugsbeamten gehabt haben, die die Post und die Telefone überwachen. Doch hier sitze ich in einem Käfig, und ich sehe keine Vollzugsbeamten oder Gefängniswärter oder Gefängnisdirektoren in einem Käfig. Wenn mir solche Leute geholfen haben, warum werden sie nicht angeklagt?«[18]

Sie waren nicht angeklagt worden, weil keine Menschenseele im italienischen Gefängnissystem so dumm war, sich gegen Leggio zu stellen. Er hatte seit seiner Verurteilung zu lebenslänglich im Jahr 1974 die Gerichte mit diesem Argument geschlagen und würde das immer wieder tun. Niemand außer Leggio wußte das Gesetz so glänzend zu nutzen, um die Justiz zu lähmen.

1 337 Zeugen wurden nach dem Auftritt der Stars in den Zeugenstand gebeten. Viele logen, widerriefen frühere Aussagen oder brachen zusammen, sichtlich halbtot vor Angst. Doch die Anklagen standen und fielen nicht mehr mit ihrer Aussage. Unabhängig von den *Pentiti* oder irgendwelchen umfallenden Zeugen reichte das Beweismaterial mehr als aus, um die Anklage wasserdicht zu machen.

Die Beweise zeigten eine Mafia in beklemmender Expansion. Von dem »Epizentrum« in Palermo hatten sich die Bebenwellen quer über Sizilien bis zur Straße von Messina ausgebreitet und dann die Meerenge nach Kalabrien, Neapel, Rom und dem fernen italienischen Norden übersprungen.

Ein gigantischer Mafia-Camorra-Apparat für Schutzgelderpressung, Entführung, Rauschgiftschmuggel und Geldwäsche war in Mailand aufgedeckt worden, in den 159 alte Bekannte aus dem internationalen Drogenhandel verwickelt waren: unter anderen die Gebrüder Bono, die Gebrüder Fidanzati, die Gebrüder Salamone, die Gebrüder Cuntrera, die Gebrüder Nuvoletta, die Gebrüder Zaza und Buscetta. Sie waren kurz davor gewesen, die Mailänder Rennbahn San Siro und das *Hilton*-Hotel für etwa 100 Millionen Dollar zu kaufen, als sie gefaßt wurden.[19] Das Anzapfen ihrer Telefone in Mailand hatte die italienischen Ermittler auf die Familie Cuntrera-Caruana in Venezuela, Kanada und Großbritannien verwiesen, und der Prozeß um die Pizza-Connection hatte das Bild in New York teilweise ergänzt. Internationale Bewegungen von Narkodollar waren über karibische, Schweizer, Mailänder und sizilianische Banken verfolgt worden. Gesichert waren auch die Tatsachen über die Versorgungslinien der türkischen Mafia aus Istanbul und Sofia und über eine bis dahin unbekannte direkte Verbindung zwischen Palermo und dem Goldenen Dreieck im Fernen Osten.

Dieser neueröffnete Zugang gehörte fast ausschließlich Leggios engsten Verbündeten in Palermo und Catania, angeführt von dem »erlesenen Mafiosiclan« eines gewissen Nitto Santapaola. Sie hatten um 1979 begonnen, diese unerschöpfliche Quelle von Morphinbase und Heroin anzuzapfen, die sich rasch entwickelte, als die Polizei die Raffinerien in Sizilien zu schließen begann. Es war billiger, einfacher und sicherer, raffiniertes Heroin in Thailand zu kaufen und es direkt auf den westlichen Markt zu bringen.

Bereits 1983 trieben sich in Thailand scharenweise sizilianische Rauschgifthändler herum, deren chinesische Lieferanten es tonnenweise an die Mafia verkauften. Ein einziger Lieferant, der in Singapur geborene Koh Bak Kin, hatte in seiner ersten Lieferung aus Bangkok über Kopenhagen nach Palermo 3 750 Kilo Morphinbase versandt — genug, um fast vier Tonnen Heroin herzustellen, zwei Drittel des Jahresbedarfs der halben Million Süchtigen in Amerika.[20] Koh Bak Kin hatte 1982 mindestens 280 Kilo raffiniertes Heroin geliefert; 1983 hatte er einen Auftrag für eine weitere halbe Tonne angenommen und weitere 233 Kilo versandt, die im Suezkanal beschlagnahmt wurden.[21] Das transportierende Schiff, die *Alexander G.*, war von Bewaffneten auf der winzigen Insel Ko-Fra-Kong, 15 Meilen vor der Küste von Thailand beladen worden. Koh Bak Kin, der in Bangkok verhaftet und zur Aussage nach

Palermo gebracht wurde, sagte kein Wort über das hinaus, was seines Wissens dem Gericht bereits bekannt war. Mehr war auch nicht nötig.

Das Urteil, im Dezember 1987 nach fast zweijähriger Verhandlung gesprochen, bestätigte die Hauptpunkte der Anklageschrift: Die »Einheit« der Mafia, das unter ihrer Schirmherrschaft entwickelte Vertriebsnetz für Heroin, die Morde auf Befehl, die Kollektivschuld ihrer regierenden Körperschaft. Alle Mitglieder der Kuppel wurden verurteilt, zusammen mit 323 anderen. Mehr als 100 kleinere Figuren kamen mangels Beweisen ungeschoren davon, doch außer Leggio wurde kein Mafiaboß größeren Kalibers freigesprochen. Sein boshaftes Lächeln im Zeugenstand war berechtigt gewesen; jedermann wußte, doch niemand konnte beweisen, daß er die Mafia aus seiner Gefängniszelle heraus leitete.

Der Massenprozeß wurde nie zu mehr als zu einer gelegentlichen Hintergrundgeschichte in der Auslandspresse. Nur wenige waren sich darüber klar, was für ein Titanenkampf im fernen Gerichtssaal in Palermo ausgetragen worden war. Auch wurde niemandem richtig deutlich, daß es kaum ein Land in Ost- und Westeuropa, Nord- und Südamerika, Afrika, im Mittleren Osten und Asien gab, in dem die sizilianische Mafia nicht tätig war, oder das sie nicht im Vorbeigehen korrumpierte. Die Schweiz, die Bundesrepublik, Spanien, Griechenland, Großbritannien und Kanada gehörten zu ihren Durchgangszonen und Bankenzentren. Frankreich war wieder einmal Zentrum der Heroinproduktion, diesmal unter Leitung der sizilianischen Mafia. Bulgarien und Jugoslawien waren Glieder der Lieferkette. Der Libanon, Syrien, Iran, Pakistan und die Türkei waren unter den Lieferanten. Die Tamilen von Sri Lanka finanzierten ihren Aufstand, indem sie Heroin über die Mafia verkauften. Kenia gehörte zu den Ländern, wo sie sich regelmäßig trafen. Guinea-Bissau kaufte Waffen und Miragekampfflugzeuge über eine Scheinfirma, die es an der norditalienischen Küste (zusammen mit rechtsgerichteten Terroristen) betrieb. Bevorzugte Zufluchtsorte der Mafia waren Vianatu, Aruba, die Seychellen, Malta, die Dominikanische Republik und Venezuela. Sogar Katmandu, hinter einer unzugänglichen Gebirgskette fast auf dem Dach des Himalaya gelegen, hatte einen Ring korrupter Armeeoffiziere und Politiker auf Palermos Soldliste.[22]

Ein Vierteljahrhundert lang tastete kein Land die sizilianische Mafia auch nur an. Die Vereinigten Staaten, ihr erstes und bestes Opfer, hatten es in dieser ganzen Zeit nur geschafft, ihr einen einzigen Fangarm abzuschlagen: eine gerichtsnotorische Bande von Drogenschmugglern, die bedeutend, aber entbehrlich waren. Der Prozeß in Palermo war der erste wirklich ernsthafte Angriff, der je auf das unendlich komplexe Gesamtphänomen Mafia erfolgte.

Der Mut der Richter, der Geschworenen und der Polizisten hinter ihnen war wahrscheinlich nirgendwo außer in Palermo zu finden, war kaum anderswo vorstellbar. Jeder von ihnen schlug sein Leben in die Schanze; und die Chancen, den Prozeß ungeachtet des Urteils zu überleben, standen nicht gut. Zweifellos hatten sie viele Gründe für ihren Mut, doch der bestimmende Grund war, daß sie alle Sizilianer waren. Sie hatten intime, lebenslange Kenntnis der Mafia, und sie hatten die Nase voll. »Ich fühle mich wie ein Garibaldino, der Sizilien befreien kommt«, äußerte ein Geschworener.

Da sie Sizilianer waren, spürten die Richter und Geschworenen, daß sie in diesem Kampf allein gelassen werden würden, und so geschah es auch. Der Prozeß wurde von Außenstehenden mit einer merkwürdigen Distanziertheit betrachtet. Viele Menschen im Ausland hielten Italien nur noch für ein Land mandolinenspielender Neapolitaner und Polizisten aus Filmklamotten. Nur wenige hatten eine leise Vorstellung von der heldenhaften kriminalistischen Arbeit, mit der die Mafia überführt worden war.

Alle betroffenen Länder begnügten sich mit einer Zuschauerrolle, und im großen und ganzen auch das italienische Establishment. Einer Handvoll Sizilianer auf der Bühne und einer wachsenden Zahl Normalbürger, die ihnen applaudierten, blieb das Ganze überlassen. »Erst haben sie gesagt, macht Krieg, wir sind alle auf eurer Seite. Jetzt sagen sie, macht Krieg, aber stört uns nicht«, sagte Richter Falcone am Vorabend des Prozesses.[23]

Die Tapferkeit der Kämpfenden war um so bewundernswerter, als sie wußten, daß sie allein nicht gewinnen konnten. In Wirklichkeit kam es noch schlimmer, als sie geahnt hatten. Ihre Leistung im Massenprozeß wurde allmählich zunichte gemacht, kaum daß er vorbei war. Binnen eines knappen Jahres war alles zerronnen, was sie erreicht hatten.

Wie schwach eine freie Gesellschaft gegen die Mafia ist, wurde 1989 schmerzlich deutlich. In dem Maß, wie das Verfahren in Italien seinen Gang ging, wurde gegen Richter und Geschworene entschieden, trat juristische Haarspalterei an die Stelle der Wahrheit und wurden zahllose Mafiosi, die ordentlich vor Gericht gestellt und verurteilt worden waren, wieder auf freien Fuß gesetzt. In einer grotesken Justizposse wurden die Besiegten wieder zu Siegern gemacht.

Zu Beginn des neuen Jahres waren nur noch 60 der 342 verurteilten Angeklagten aus Palermos Massenprozeß in Haft. Die andern waren entweder vorläufig haftentlassen und untergetaucht, oder sie waren gänzlich freigekommen. Michele Greco, zu lebenslänglich verurteilt, hatte seine Haftentlassung in zwei oder drei Jahren zu erwarten. Gaetano Fidanzati, zu 22 Jahren verurteilt, war bereits wieder draußen. Giuseppe Bono und sein Bruder Alfredo, jeweils zu 23 und 18 Jahren verurteilt, lebten draußen in Saus und Braus. Giuseppe wurde sogar von der Zahlung der ursprünglich auf eine Viertelmillion Dollar festgesetzten Kaution mit der Begründung entbunden, ihm stehe das Armenrecht zu.[1] (Die Bonos hatten ihr Geld in der Schweiz.) Antonio Salamone, zu 22 Jahren verurteilt, war vom Obersten Gerichtshof aufgrund seines »fortgeschrittenen Alters« und »ernsten Gesundheitszustands« nach

Hause entlassen worden, worauf er prompt aus dem Land verschwand. (Er soll wieder in Brasilien sein.)[2] Sogar Luciano Leggio, den man für alle Zeiten im Gefängnis glaubte, konnte in Bälde seine Entlassung erwarten.

100 weiterer unverbesserlicher Mafiosi waren wieder im Verkehr. Don Michele Zaza, unter schwerer Rauschgifttanklage 1984 zu neuneinhalb Jahren Gefängnis verurteilt, fuhr in einem neuen Mercedes in ganz Europa herum.[3] Alle Angeklagten, die von einem italienischen Gericht wegen ihrer Geldwaschaktivitäten im amerikanischen Pizzafall verurteilt worden waren, waren wieder draußen, ebenso die drei Mafiabosse, die wegen der Ermordung des Carabinierihauptmanns Basile verurteilt worden waren, und der Mafiaboß, der wegen Ermordung von Richter Ciaccio Montalto angeklagt worden war.[4] Gleichfalls auf freiem Fuß waren die beiden Männer, die wegen der Ermordung Richter Chiniccis verurteilt worden waren — und das nach sechs Prozessen und Berufungsverhandlungen. Michele Greco, der vor anderen Gerichten dreimal wegen des Befehls zu Chiniccis Ermordung im Jahre 1983 verurteilt worden war, wurde schließlich zusammen mit diesen beiden freigesprochen.

(Salvatore Contorno war ebenfalls draußen — er hatte sich aus dem amerikanischen Zeugenschutzprogramm davongemacht. Angeblich sicher beschirmt in Amerika, wurde er im Mai 1989 in Palermo verhaftet, mit einem Wohnwagen voller Schußwaffen, Sprengstoff und Carabinieriuniformen. Wenn die Regierung nichts gegen seine Feinde unternehme, sagte er bei seiner Verhaftung, werde er es selbst tun.)

Es war wie in alten Zeiten, doch inzwischen war ein entscheidendes Jahrzehnt vergangen. Die Mafia war in Italien und in Amerika enttarnt worden. Von ihren eigenen Mitgliedern verraten und verlassen, unter Beschuß durch die Presse, durch eine Verhaftungswelle nach der anderen kopflos gemacht und auf Millionen Seiten Gerichtsprotokollen schwer beschuldigt, war die Cosa Nostra in einem Dutzend epochemachender Prozesse verurteilt worden; ihre Mitglieder konnten nun strafrechtlich auf eine Art und Weise verfolgt werden, die ein paar Jahre zuvor noch undenkbar gewesen wäre.

In einer hochzivilisierten Demokratie konnte ein Ehrenmann jedoch verhaftet, vor Gericht gestellt und verurteilt werden und trotzdem auf freiem Fuß bleiben. Die Achtung vor den Rechten jedes Bürgers ist zwangsläufig das höhere Rechtsgut. Wo das Gesetz nicht ausdrücklich großen Spielraum bot, hatte es genügend Schlupflöcher, die von geschickten Rechtsanwälten, abgefeimten Politikern und kümmelspaltenden Juristen genutzt werden konnten. So konnte die Mafia dem Recht ein Schnippchen schlagen, ohne es auch nur zu beugen.

Italien hatte nämlich eine aufgeklärte Gesetzgebung für seinen Strafvollzug genau zu der Zeit erlassen, als die Justiz gegen die Mafia vorzugehen begann. Kaum waren ihre Mitglieder in Haft, als die neuen Gesetze (unweigerlich, wenn auch unabsichtlich) auf ihre Freilassung hinwirkten.

1984 hatte das Parlament der Untersuchungshaft strenge Grenzen gezogen: zwei Jahre vom Tag der Verhaftung bis zum Urteil eines Gerichts unterer Instanz — weitere eineinhalb Jahre für das Berufungsgericht und noch ein Jahr für den Obersten Gerichtshof. Der Termin der Freilassung war automatisch gesetzt, wie komplex das Verfahren auch sein mochte. Ein Angeklagter konnte mitten in seinem Prozeß frei zur Tür hinaus, wenn die Frist abgelaufen war; er konnte ebenso davongehen, wenn das Urteil gesprochen, aber noch nicht beim Kanzleigericht eingereicht war, was ebenfalls Monate erfordern konnte.

Diese Vorschrift funktionierte bei gewöhnlichen Verbrechen, ein Mafiafall jedoch konnte ein Gericht völlig überfordern. Die Ehrenmänner erzeugten Berge von Papier. Da sie weltweit tätig waren — zwischen Italien und Amerika pendelten, Morphinbase in Sofia oder Bangkok aufkauften, einen türkischen Lieferanten in Zürich auszahlten, Geld in London wuschen —, waren bei ihnen ausländische Polizeiberichte und Bankauszüge erforderlich, Verhöre im Ausland, beglaubigte Übersetzungen. Selbst die US-Regierung, die umfangreiche Mittel aufwandte, brauchte fast drei Jahre, um etwa 20 Angeklagte im Pizzafall zu verurteilen.

Ein weiteres Gesetz aus dem Jahr 1986 bot Straferlaß für Italiens Musterhäftlinge. (Ehrenmänner sind immer Musterhäftlinge.) Wer sich gut führte, bekam jedes Jahr sechs Wochen Urlaub und für jedes Jahr Gefängnis drei Monate von der Haftstrafe erlassen. Nach zehn Jahren guter Führung waren die Häftlinge zum Freigang berechtigt, wobei sie den Tag draußen und nur die Nacht im Gefängnis verbrachten.[5]

In der zweiten Jahreshälfte 1988 tauchten 2.992 Häftlinge auf Urlaub oder Freigang unter. Tausende weiterer meldeten sich zurück, doch »kam es auf die Qualität an, nicht auf die Quantität«, wie Italiens Innenminister Antonio Gava es formulierte. Die Hälfte der Geflohenen waren hochrangige Mafiosi, wegen Mordes, Raubes, Entführung und Rauschgifthandels verurteilt. Die meisten stammten aus Palermo, Catania und Neapel; sogar ein Mitglied der Kuppel war dabei.

Fast alle noch inhaftierten Mitglieder der Kuppel hatten die zweitbeste Lösung gewählt. Sie waren haftunfähig geschrieben und auf unbestimmte Zeit gemütlich in einem Flügel von Palermos Civico-Krankenhaus untergebracht. (Unter den Krankheiten, die die Ärzte allen Ernstes diagnostizierten, waren ein steifer Hals, ein Bruch, »übermä-

438

ßiges Schwitzen«, Ohnmachtsanfälle und ein physiologisches Bedürfnis nach Seeluft.)[6]

Der Skandal wurde mit der Meldung ruchbar, daß Luciano Leggio als nächster freikommen könnte. Es hatte ein Vierteljahrhundert gedauert, ihn hinter Gitter zu schicken, und nun konnte ihn das Gefängnis offenbar nicht halten. Er forderte bereits sein Recht auf Freigang. Nach Addierung seiner verschiedenen Straferlaßpunkte konnte er sich darauf freuen, das Gefängnis 1991 als freier Mann zu verlassen. Diese Aussicht förderte im Ministerium Überlegungen über eine strengere Fassung des Gesetzes, zumindest für Mafiahäftlinge. Niemand wollte sie zu unbescholtenen Bürgern erheben, und sie auf Bewährung zu entlassen, lief darauf hinaus, ihre Flucht zu legalisieren. So ein Gesetz konnte korrigiert werden, ein Rückschlag in der Justiz hingegen nicht. Noch während 464 angebliche Mafiosi in Palermo vor Gericht standen, formulierte ein Obergericht die Regeln, nach denen sie straffrei ausgehen sollten. Von 1986 an verwarf der Oberste Gerichtshof Italiens (Kassationsgericht) fast jedes bedeutende Urteil erster und zweiter Instanz gegen die Mafia.

Die meisten dieser Revisionsurteile stammten von dem angesehenen Juristen Corrado Carnevale, bekannt auch als »der Urteilstöter«. Viele seiner Urteile waren mit haarspalterischen »Begründungsmängeln«, »Zustellungsmängeln«, »Formfehlern« und »Verfahrensfehlern« begründet. In andern wurde schlicht die Beweiswürdigung durch die Geschworenen verworfen. Bei der Aufhebung der Strafurteile befand Richter Carnevale zum Beispiel:

– Die »verschlüsselten Gespräche«, die in Amerika vom FBI belauscht worden waren, seien zu verschlüsselt, als daß man darin einen Hinweis auf Drogen erkennen könne.

- Der Angeklagte Antonio Salamone »halte sich zwar an Mafiosomethoden«, könne aber mindestens zum Teil nicht als Mitglied der Organisation betrachtet werden, weil »er auf einem anderen Kontinent wohnte«.
- Ein wichtiger Geldwäscher im Pizzafall könne rechtens behaupten, nicht gewußt zu haben, daß er mit Rauschgiftgeld umging; dies obwohl er zugegeben hatte, daß ihm die Dollars, die er wusch, »in kleinen Scheinen, zerfleddert und schmutzig in riesigen Mengen« übergeben wurden, und zwar von »Sizilianern, die stark im Geruch der Mafia standen«.[7]

Weder konnte Richter Carnevales Rechtschaffenheit angezweifelt werden, noch gab es eine Berufung gegen sein Urteil; er war die letzte Instanz. Die unteren Instanzen mußten hilflos zusehen, wie das höchste Gericht der Nation praktisch alles zunichte machte, was die Antimafiaarbeitsgruppe Siziliens geleistet hatte, und schließlich die Gruppe selbst auflöste.

Im Herbst verwarf das Oberste Gericht die einzige Voraussetzung, aufgrund derer die Justiz je mit der sizilianischen Mafia fertig werden konnte — ihre *Unicita* oder »Einheit«. In diesem Urteil hieß es: Die Mafia »entspricht keinem einheitlichen und vertikalen Aufbau«. Vielmehr sei sie »zusammengesetzt aus einzelnen Familien, die auf verschiedenen Territorien arbeiten, ohne hierarchische Bindungen an die Kuppel der Cosa Nostra«.[8]

Die Ermittler, die sich zehn Jahre abgemüht hatten, das Gegenteil zu beweisen, waren wie erschlagen. Seit Beginn des Massenprozesses hatten sie stetig an Boden verloren. Nun, knapp ein Jahr nach dem Urteil, wurde seine tragende Säule weggeschlagen und der Antimafiaarbeitsgruppe der Boden weggezogen. Und nicht nur das Oberste Gericht entzog Richter Falcones Mannschaft die Grundlagen. Sie wurde auch von der *eigenen Kontrollinstanz der Justiz* fallengelassen. Obwohl sie von einer leidenschaftlichen Minderheit im *Obersten Richterrat* verteidigt wurde, wurde die Mannschaft von einer Mehrheit rhetorischer Tugendbolde im Stich gelassen. Kein Mitglied des italienischen Kabinetts rührte auch nur einen Finger, um ihre Existenz zu retten.

Die Atmosphäre war mit jedem Monat gespannter geworden, ganz als sei nicht etwa die Mafia der Feind, sondern die Richter, die gegen sie arbeiteten. Sanfte Stimmen der Vernunft zogen ihre Klugheit und ihre Motive in Zweifel. Man unterstellte ihnen Karrierismus, »Handschellen für Schlagzeilen«, die Belästigung der Palermer mit dem Sirengeheul ihrer Polizeiwagen, um ihr Machoimage zu pflegen, und allgemein ein Streben nach Beförderung und Ruhm. Sticheleien und tückische Unterstellungen führten zu Auseinandersetzungen im Gerichtsgebäude von Palermo, das allmählich als »Giftpalast« bekannt wurde.

Ein Korps von Saubermännern beklagte den Einsatz der *Pentiti*, deren Zeugenaussagen die dunkle Seite der Mafia enthüllt hatten. Die dringende Bitte der *Pentiti* um Sicherheitsmaßnahmen wurde ignoriert. »Wenn Sie mich jetzt nicht schützen, wo ich dem Staat einen Dienst geleistet habe, können Sie sich vorstellen, was nachher passiert. Was wird passieren? Sie werden mich umbringen, das wird passieren«, äußerte einer von ihnen.[9] Dennoch brachte keine Partei im Parlament ein Zeugenschutzgesetz ein. Der Staat könne die Abtrünnigen und ihre Familien ohnehin nicht schützen, meinte der sozialistische Justizminister.[10]

Das Schicksal eines gewissen Antonino Calderone, Siziliens neuestem und bedeutendstem *Pentito*, der 1988 redete, sprach Bände. Calderone, zeit seines Lebens ein Ehrenmann aus Catania, hatte sich bis 1982 in den höchsten Mafiakreisen bewegt, als sein Bruder von den Corleonesi ermordet wurde. Der Bruder Giuseppe hatte Ostsizilien beherrscht und war Vorsitzender der *Interprovinciale* der Kuppel gewesen. Der *Pentito* gestand sieben eigene Morde und legte die Verbindung der Mafia zu unbescholtenen Bürgern offen, ihren Einfluß auf die Finanzwelt in Sizilien und Mailand, ihren vertrauten Umgang mit hochrangigen Politikern — also alles, worüber Buscetta nie geredet hatte. »Er gab alles preis, ohne seine Freunde oder sich selbst zu schonen, ohne jede Zurückhaltung, und ohne um mehr zu bitten als um Schutz für seine Familie«, sagte der Leiter von der italienischen Einsatzgruppe zur Verbrechensbekämpfung, der Calderone in einem gesonderten Flügel des Gefängnisses bewachen ließ.[11]

Während Buscetta 1984 als Wundertier bestaunt worden war, wurde Calderone 1988 eher wie ein Aussätziger behandelt. Da er sich des mehrfachen Mordes schuldig bekannt hatte, war Calderone selbst dazu verdammt, einen großen Teil seines weiteren Lebens im Gefängnis zu verbringen. Dennoch wirkten sich seine ungeheuerlichen Enthüllungen kaum auf andere aus. Die Ermittlungen nach seinem Geständnis wurden zerstückelt und auf zehn verschiedene Gerichtsbezirke aufgeteilt. Politiker und Finanzleute mit »Berührung« zur Mafia wurden aus dem Fall ausgesondert. Von 160 Verdächtigen, die nach Calderones Aussagen verhaftet worden waren, wurden bis auf elf alle wieder auf freien Fuß gesetzt.[12]

Ende 1988 war »der langsame Todeskampf der Ermittlungen gegen die Mafia« vorüber, wie es ein sizilianischer Untersuchungsrichter ausdrückte. Der Elan des ganzen kühnen Unternehmens war verpufft.

Richter, Polizisten und *Pentiti*, die den Kopf riskiert

hatten, blieben im Regen stehen. Palermos Antimafiaarbeitsgruppe, die wegen ihrer gesammelten Erkenntnisse und ihres umfassenden Überblicks von unschätzbarem Wert war, wurde aufgelöst (faktisch, wenn auch nicht formal)[13], und die Polizeitruppe, die mit ihr zusammenarbeitete, in alle Winde zerstreut (soweit die Polizisten noch am Leben waren, wurden sie abkommandiert, der eine zum Schutz des Postamts von Reggio Calabria). Größere Fälle wurden in zusammenhanglose Einzelverfahren zerstückelt und beliebigen Untersuchungsrichtern quer über die Insel zugewiesen. Im Mai 1989 wurde in einem Urteil eines Berufungsgerichts in Rom sogar behauptet, die Mafia habe nie existiert; ganz als schriebe man noch 1963, als der Kardinalprimas von Sizilien erklärt hatte, die Mafia sei eine Erfindung der Kommunisten.[14]

»Der Staat hat kapituliert«, sagte ein Richter aus der vordersten Front etwa Mitte 1988. »Die Antimafiagruppe liegt in Scherben. Die Vergangenheit ist abgeschnitten. Die Polizei weiß nicht mehr, was in der Cosa Nostra vorgeht; keine einzige Polizeieinheit hier kann einen Bericht über die Mafia abliefern, der diesen Namen verdient . . . Wir laufen Gefahr, daß ein gefährliches Vakuum entsteht . . . Wir entwickeln uns zurück zu der Situation vor zehn oder 20 Jahren.«[15]

Die Hoffnungen, die sich die sizilianischen Mafiosi machten, gingen aus einem kurzen Wortwechsel zwischen zwei Mafiosi in Brooklyn hervor, den das FBI etwa um diese Zeit aufzeichnete:

»Hat Falcone schon das Handtuch geworfen?«
»Nein, er hat sich's anders überlegt.«
»Scheiße.«

Auch amerikanische Gesetzeshüter wurden von Unruhe

erfaßt. »Ohne die italienische Arbeitsgruppe obsiegt die Mafia«, warnte Louis Freeh, der Chef der Einheit zur Bekämpfung des Organisierten Verbrechen im Eastern District. »Die Auflösung der italienischen Gruppe würde für uns hier unlösbare Probleme schaffen . . . Die Mafia ist in beiden Ländern destabilisiert worden, aber noch nicht am Ende. Das ist für beide Länder jetzt der entscheidende Moment. Ohne die italienische Arbeitsgruppe wären auch wir gelähmt.«[16]

Als die italienische Antimafiaarbeitsgruppe schließlich doch zerfiel, wurde die Auswirkung in den Vereinigten Staaten nicht sofort spürbar. Italienische und amerikanische Richter und Polizisten arbeiteten weiterhin eng zusammen und hatten dramatische Verhaftungen in der Rauschgiftszene zu verzeichnen.[17] Wie Freeh bemerkte, hatten sich »die [verantwortlichen] Leute geändert, das System aber nicht«.[18] Die Rauschgiftachse New York-Palermo funktioniere immer noch, trotz der juristischen Schläge, die sie an beiden Enden einstecken mußte.

In Amerika erwischte Rauschgifthändler waren immer entbehrlich, solange die Organisation wuchs und gedieh. In Italien, ihrem internationalen Hauptquartier, nahm die Mafia wieder einen erschreckenden Aufschwung. Viele Leute räumten ein, daß sie am Gewinnen sei; viele glaubten, sie habe bereits gewonnen.

Was hinderte eine hochentwickelte demokratische Gesellschaft, gegen die Mafia so zu mobilisieren, wie sie gegen den Terrorismus mobilisiert hatte? Nicht bloß zu schlappe Gesetze oder ein spitzfindiger Jurist, sondern eine Vielzahl von Elementen, die sich zu einem mangelnden politischen Willen addierten.

Nur wenige Italiener außer den Opfern sahen in der Mafia eine viel tödlichere Bedrohung ihrer Freiheit, als es die Roten Brigaden je gewesen waren. Auch die Roten Brigaden hatten in Italien eine gewisse Zeit ungehemmten Wachstums genossen. Intellektuelle schirmten sie als irregeleitete Genossen ab. Politiker konnten sie nutzen, um sich als Hüter von Recht und Ordnung aufzuspielen. Das italienische Establishment betrachtete sie nicht als Gefährdung seiner eigenen Existenz. Die Polizei und die Gerichte, die ihre wahren Absichten — den demokratischen Staat zu vernichten — nicht recht verstanden, verhafteten sie nur, um sie immer wieder auf freien Fuß zu setzen. 1980 tobte der Terrorismus nur noch in der Türkei schlimmer als in Italien.

Auch in diesem Falle riskierte eine Handvoll tapferer italienischer Untersuchungsrichter ihr Leben, um den Charakter der Verschwörung aufzudecken. Mehrere Richter wurden getötet, doch der Palazzo erkannte schließlich, daß die Bedrohung unerträglich war. Nachdem dies klargeworden war, ubte die Nation den Schulterschluß, und mit dem »langen Marsch durch die Institutionen« der Roten Brigaden war es vorbei.

Doch nichts dergleichen widerfuhr je der Mafia. Vielleicht war sie zu stark einbezogen in das Gewebe von Wirtschaft und Gesellschaft, zu gut geschützt und getarnt. Gleichviel, was die Gründe sein mögen, sie schien die regierende Schicht Italiens betäubt zu haben. Während das ganze Land über die Cosa Nostra jammerte, gaben sich die Leute nicht die Mühe, gegen sie zu stimmen. Keine Gewerkschaft trat energisch gegen sie auf. Kein Politiker auf dem Festland kandidierte mit einem Antimafiaprogramm. Keine politische Partei machte die Mafia zu einem Hauptthema in ihrer Wahlplattform. Wer nicht korrumpiert oder eingeschüchtert war, schien von Erschöpfung und Resignation überwältigt.

Indessen konnte die Mafia das Land in einem Ausmaß

erpressen und unter ihr Diktat stellen, wie dies politischen Terroristen niemals möglich war. Sie konnte einen neugierigen Polizisten mit einer bloßen anonymen Morddrohung am Telefon entfernen — Palermos Leiter des Morddezernats wurde auf diese Weise 1989 versetzt — und straflos den höchsten Repräsentanten des Staates ermorden. Sie konnte den Staat jedes Jahr regelmäßig und ganz offen um mehrere Milliarden Dollar erleichtern und die Justiz herausfordern, es ihr wieder abzunehmen.

Die Mafia hatte eine »feinmaschige Kontrolle über das Viertel von Palermo«, wie ein Untersuchungsrichter der Antimafiaarbeitsgruppe 1988 formulierte. Sie habe »völlige Verfügungsgewalt über ganze Gebiete des nationalen Territoriums«, wie Italiens Hochkommissar zur Bekämpfung der Mafia, Domenico Sica, in bezug auf Sizilien, Kalabrien und die Region Campania um Neapel erklärte. Die Cosa Nostra hatte nach Angaben der Antimafiakommission des *Obersten Richterrats* die Gerechtigkeit in Sizilien »unmöglich« und die reiche Stadt Catania »unregierbar« gemacht. Wie der Gouverneur der italienischen Zentralbank äußerte, war sie dabei, »den gesamten nationalen Wirtschaftsapparat zu verseuchen«, indem sie »schmutziges Kapital in eine gesunde Volkswirtschaft investierte«. Sie war dabei, »den italienischen Staat stückweise aufzukaufen«, erklärte Leoluca Orlando, der Bürgermeister von Palermo.[19]

Bürgermeister Orlando, ein christdemokratischer Reformer, sprach für eine wachsende Zahl von Sizilianern und Italienern des Festlands, die um 1985 begonnen hatten, politisch zurückzuschlagen. Die Anstrengung hatte ihn binnen vier Jahren von einem optimistischen Überzeugungstäter in einen müden und geschlagenen Kämpen verwandelt. Als erster Reformer in 100 Jahren hatte er so lange im Amte ausgehalten; die wenigen, die es vor ihm versucht hatten, waren binnen Wochen oder Monaten draußen. Einer seiner letzten Vorgänger war obendrein noch ermordet worden.[20]

Der ermordete Exbürgermeister hatte ein politisches Testament hinterlassen, das gewisse Rückschlüsse auf die Atmosphäre im Rathaus gestattet. »Wie lange wollen Sie Bürgermeister sein? Einen Monat? Fünf Jahre? Wenn Sie fünf Jahre bleiben wollen, müssen Sie mit mir einig werden«, hatte ihm der frühere christdemokratische Bürgermeister Vito Ciancimino gesagt, der Palermo dreieinhalb Jahrzehnte für die Mafia und auf eigene Rechnung regiert hatte. (Ciancimino leitete monatlich 250 000 Dollar in seine Taschen, als er 1984 verhaftet wurde.)[21]

Die Mafia auszuheben − oder nur den Versuch zu machen −, hieß, an den empfindlichsten Nerv im politischen Körper Italiens rühren. Mit der Mafia hatte jede Partei Dreck am Stecken, wenn auch manche mehr als andere. Sogar die Kommunisten hatten ihre Sünder, obwohl sie noch am saubersten dastanden.[22] Sizilien war die ärmste Region Italiens und blieb seiner Armut überlassen; »arbeitslos geboren und gestorben« könnte die Grabschrift für den größten Teil seiner Nachkriegsgeneration lauten. Doch war die Insel ein ungeheures Reservoir von verborgenem Wohlstand, geheimer Macht und Wahlstimmen, über die hauptsächlich die Mafia verfügte.

Sizilianische Finanzbarone, in geheimer Verbindung mit der Mafia, gaben großzügige Spenden an fast alle italienischen Parteien. Die meisten Parteien hatten auch im Parlament starke sizilianische Fraktionen und brauchten sie. Die sizilianische Wählerschaft beträgt fast ein Zehntel von der des Landes − ein entscheidendes Zünglein an der Waage in einem Land, in dem seit 40 Jahren keine Partei eine absolute Mehrheit gewonnen hat. Mehrere Parteien, die sich in wackligen Regierungskoalitionen zusammengetan hatten, waren auf die sizilianischen Stimmen angewiesen.

Allen, bis auf die Kommunisten und die Neofaschisten, die von der Verteilung ausgeschlossen waren, wurden in Sizilien Stimmen für Kandidaten zugeschanzt, die die Billigung der Mafia hatten. Andere Kandidaten konnten auf ähnliche Weise aus dem Feld geschlagen werden (wenn sie nicht physisch abgeräumt wurden). Es war also mit Sicherheit kein Zufall, wer gewählt wurde, und die Parteien wurden auch nicht unbedingt gefragt. Die Mafia traf die Entscheidung, die auf ihren größtmöglichen Vorteil kalkuliert war. Den Parteiführern des Landes mochte das zuwider sein, aber sie mußten damit leben.

Nach gerichtlichen Schätzungen verfügte die Mafia über mehr als eine halbe Million gebundener Wählerstimmen, die sie nach Belieben verteilen konnte: 150 Familien mit jeweils 50 bis 150 Mitgliedern, wobei jedes Mitglied etwa 50 Verwandte und Freunde in der Tasche hatte.[23] Eine halbe Million Stimmen bedeutete ungefähr ein Fünftel der Stimmen in Sizilien, die Hälfte der Stimmen, die die Christdemokraten erzielten, und mehr als die Gesamtstimmenzahl jeder anderen Partei. In Wahlkampfzeiten entschied die Mafiaspitze regelmäßig, wie diese Stimmen verteilt werden sollten, wie ein *Pentito* aus Catania erklärte, der es wissen mußte:

»Die Familien stimmen für alle Parteien außer den Kommunisten und den (neofaschistischen) MSI . . . Vor den Wahlen bekamen wir einen Hinweis auf bestimmte Namen und Parteien, und die Provinzausschüsse (der Mafia) nahmen die Sache in die Hand. Die Mitglieder, Verwandte und Freunde jeder Familie machten zusammen Abertausende von Stimmen aus — in der Provinz Catania allein 200 000.«[24]

Dieses Wechselwählerpotential konnte auf kleinere Parteien lähmend wirken, besonders auf die kleine, aber eher saubere republikanische Partei. Der italienische Landesvorsitzende der Republikaner, Giorgio Lamalfa, war ein bewundernswerter und ehrlicher Mann, einer der angesehensten in Italien, doch hatte er das Problem, daß der Führer der Republikaner in Sizilien schon seit langer Zeit auf fragwürdig gutem Fuße mit Mafiabossen stand. Lamalfa mochte sich danach sehnen, ihn loszuwerden, doch er brachte mehr Stimmen für die Republikaner in Sizilien, als sie irgendwo sonst im Lande mit Ausnahme der nördlichen Lombardei erzielten; und außerdem hatte er mehr als ein Viertel der eingeschriebenen Parteimitglieder hinter sich.[25]

Viel einschneidender stellte sich das Problem für die Christdemokraten, deren Abkommen über die Machtaufteilung mit der Mafia bis auf den Zweiten Weltkrieg zurückgingen. Sizilien war ihre Hochburg. In Städten und Regionen stellten sie stets die regierende Partei. In jedem Kabinett, das die Christdemokraten in Rom führten, saßen ein paar sizilianische Kurfürsten. Die Christdemokraten erzielten dort eine Million Stimmen, das Dreifache der nächsten italienischen Region mit der zweithöchsten Stimmenzahl. Italiens derzeit mächtigster Politiker, Giulio Andreotti, hatte mehr als 20 Jahre lang über ein Viertel der sizilianischen Stimmen verfügt. Ohne seine sizilianische Basis würde er einen entscheidenden Teil seiner Stärke einbüßen.

Das Dilemma der Christdemokraten war so groß, daß keiner ihrer Parteiführer jemals Beschuldigungen gegen Andreottis offiziellen Parteisprecher in Palermo erhob, den Exbürgermeister Salvo Lima. Obwohl er von einem späteren christdemokratischen Bürgermeister als »das störendste und korrumpierendste Element« in der sizilianischen Hauptstadt beschrieben worden ist[26], wird Lima von Italiens prominentem Premierminister immer noch lebhaft verteidigt. »Wenn jemand Lima etwas vorzuwerfen hat, soll er es offen sagen«, fuhr Andreotti seine Kritiker an. In der Tat ist Lima niemals wegen eines Verbrechens verurteilt worden. Allerdings wurde er in einer Zehnjahresuntersuchung vom Antimafiaausschuß des italienischen Parlaments 163mal zitiert.[27]

Die Politiker auf der ganzen Welt kennen dieses Prinzip zur Genüge, das platt als Realpolitik bezeichnet wird. Die Mafia, die diese Kunst meisterhaft beherrscht, hat seit den Tagen der *Unione Siciliana* auch für amerikanische Politiker ihre Köder ausgelegt. Manche konnten sie verschmähen, andere nicht. Doch nur wenige Kandidaten für hohe Ämter der Vereinigten Staaten konnten den beachtlichen Wahlapparat der Cosa Nostra in einem Dutzend strategischer Staaten ignorieren. John F. Kennedy als ein Beispiel unter vielen hätte die Präsidentschaftswahl 1960 verloren, wenn ihm der Chicagoer Mafiaboß Sam Giancana nicht etwa 200 000 Stimmen beschafft hätte. Kennedys Pech war, daß er seine Schuld nicht beglich. Statt dessen gingen er und sein Bruder Robert hin und verfolgten die Mafia. Viele Leute, die es wissen müssen, sind überzeugt, daß sie deswegen umgebracht wurden.[28]

Vielleicht begriffen die stolzen Kennedys nicht, daß die Mafia immer ihre Rechnungen präsentiert. In Sizilien allerdings weiß das schon ein zehnjähriges Kind. Die Mafia wird dort auf tausenderlei Weise entlohnt, mit Scheinausschreibungen für öffentliche Arbeiten, geschenkten Staatskrediten, subventionierten Arbeitsplätzen, gemütlichen Druckposten im Staatsdienst und mit goldenem Schweigen. Belastungsmaterial gegen die *Mammasantissima* verschwindet. Akten über gefällige Politiker wurden beiseite gebracht. Ungeliebte Präfekten und Polizeichefs wurden versetzt und Richter rannten vor unsichtbare Wände.

Einen Versuch, der Mafia Einhalt zu gebieten, machte das italienische Establishment erst Anfang der achtziger Jahre, als sie mit Rauschgift soviel Geld verdiente, daß sie scheinbar nicht mehr zu stoppen war.

Als die Narkodollars zu Milliarden anschwollen, zog die Mafia gen Norden und setzte sich im Finanzzentrum Italiens fest. Der Norden, der Italien zur fünftgrößten Industrienation der Welt machte, hatte aus dem Süden in der Vergangenheit hauptsächlich billige Arbeitskräfte bezogen. Da richtete die Mafia etwa 1981 unter anderem mit den Gebrüdern Bono, den Gebrüdern Cuntrera, den Gebrüdern Salamone, den Gebrüdern Zaza und Buscetta in Mailand eine ausgetüftelte Investmentfiliale ein. Nach kurzer Zeit war die Filiale ein Quell für große Summen steuerfreien Kapitals.[29] Mafiageld überschwemmte die Börse, kaufte sich in legale Industriezweige ein, bereicherte die Banken. Die Organisation wurde zum anonymen Lieferanten von Auslandsdevisen in gigantischem Umfang für Importeure, Investoren und Währungsspekulanten: Sie wechselte heimische Lire in ausländische Dollar.

Die Mafia fand auch Möglichkeiten, das lokale System des Zuschanzens öffentlicher Aufträge in Sizilien zu verfeinern. Angesehene Firmen aus dem Norden, die insgeheim von Strohmännern der Mafia übernommen worden waren, verdrängten bereits anrüchige Mafiafirmen auf der Insel. »Firmen, die irgendwie mit der Cosa Nostra in Palermo in Verbindung stehen, brauchen nicht mehr mitzubieten; die Angebote werden von Gesellschaften eingereicht, die offenbar über jeden Verdacht erhaben sind«, meldeten die Carabinieri 1988. Damals wurde in Sizilien zur Einreichung von Geboten für öffentliche Aufträge im Wert von 16 Milliarden Dollar aufgefordert.[30]

In einem weiteren Vorstoß auf den Geldmarkt brachten Catanias Clans ihre eigenen Untergrundaktien in Umlauf. Wilde Investoren im Norden (oder andernorts) konnten der Mafia eine halbe Million Dollar oder mehr zu 20 Prozent monatlich leihen, um ihre Heroingroßeinkäufe zu finanzieren. Entsprechend umgesetzt, konnten 500 000 Dollar in einem Jahr 1,2 Millionen Dollar einbringen.[31] Die Macht eines derart riesigen, korrumpierenden Reichtums dürfte erklären, warum die Antimafiakräfte in Sizilien immer wieder gegen unsichtbare Hindernisse rannten. Doch das unerbittliche Vordringen der Mafia vermochte auch den gegenteiligen Effekt zu erzeugen: Es konnte das italienische Establishment veranlassen, zurückzuschlagen.

Ein Land mit der Vitalität, dem Stehvermögen und dem intuitiven gesunden Menschenverstand Italiens gibt seine Freiheit nicht so einfach auf. Die italienischen Politiker sind vielleicht keine Heiligen, aber sie sind auch nicht alle unverbesserlich bestechlich. Ein großer Teil des Problems lag die ganze Zeit darin, daß sie einfach nicht begriffen, welche Größenordnung die Mafia erreicht hatte.

Viele Leute setzten der Mafia nichts entgegen, weil sie sie als besonderes sizilianisches Phänomen sahen; sie war gefährlich, gewalttätig, geldgierig und arrogant, doch glaubten gewiefte politische Führer, daß sie mit ihr fertig werden könnten. Als sie aber zu einem nationalen Alpdruck geworden war — zur Ursache einer landesweiten Betäubungsmittelepidemie, zum Herr und Gebieter über die Finanzen des Landes und zur direkten Bedrohung der regierenden Schicht —, waren sie dessen nicht mehr so sicher.

Kurz vor Beginn der neunziger Jahre entstanden deutliche Breschen in den Reihen des Establishments. Die Signale aus dem Palazzo forderten immer noch ein Ende des »Notstands« und »normale« Verhältnisse zur Mafia: in einem Wort ein Zurück zur friedlichen Koexistenz. Dennoch versuchten einflußreiche Leute in der Regierung bereits, diesen Zustand zu beenden.

Der Widerstand der Bevölkerung wurde zu einem Faktum des politischen Lebens, zuallererst in Sizilien. Studenten, Intellektuelle, Hausfrauen und junge politische Aktivisten faßten in den lokalen Parteien allmählich Fuß. Die katholische Geistlichkeit predigte von der Kanzel gegen die Mafia, mit Rückenstärkung durch den immer offener redenden Kardinalprimas. (Die Krippenfiguren von Kardinal Pappalardo an Weihnachten 1988 waren Frauen, die über Gräbern weinten, Carabinieri, die um die Aufrechterhaltung der Ordnung kämpften, und ein riesiger Polyphem als Verkörperung der Gewalt.)[32] Mehrere mächtige Christdemokraten waren entschlossen, die Haltung ihrer Partei in Sizilien zu ändern. Premierminister Chiriaco De Mita schickte einen Parteikommissar nach Palermo, um korrupte Lokalpolitiker aus der Partei zu entfernen, Bürgermeister Orlando war sein Einfall und sein Schützling, und die Politik des Bürgermeisters zahlte sich allmählich aus. De Mitas Kräfte erhielten genug Wahlstimmen in Sizilien, um das traditionelle christdemokratische Establishment zu ängstigen. Im Januar 1989 forderte sogar Exbürgermeister Salvo Lima »maximale Solidarität für den Krieg gegen die Mafia«.[33]

Die fünf Parteien der Regierungskoalition ernannten den abgehärteten und erfahrenen Untersuchungsrichter Domenico Sica zum Hochkommissar zur Bekämpfung der Mafia und räumten ihm die Sondervollmachten ein, die General Dalla Chiesa sechs Jahre zuvor vorenthalten worden waren. Tatsächlich gewährten sie ihm mehr als das, worum Dalla Chiesa je gebeten hatte: freien Zugang zu allen Gefängnissen des Landes, um Mafiaverdächtige zu befragen, eine Spezialtruppe zur Auswertung von Nachrichten aus allen Quellen und Zugang zu den von Untersuchungsrichtern gesammelten Geheimnissen.[34]

Was aber mit der einen Hand gegeben wurde, wurde mit der anderen wieder genommen. Hochkommissar Sica war kaum in Palermo eingesetzt, als die für seinen Erfolg unentbehrliche Antimafiaarbeitsgruppe aufgelöst wurde. Eines Tages wird Italien vielleicht seine ganze Kraft anspannen und dem Alptraum ein Ende machen. Aber heute noch nicht.

Italien und die Vereinigten Staaten hatten gemeinsam noch etwas bezüglich der sizilianischen Mafia in Amerika zu erledigen: Kurz vor Weihnachten 1988 schlossen sie die Sache ab. Sie zerschlugen den Heroinring der Gambinos von Cherry Hill.

Die Zusammenarbeit war hervorragend. Amerikanische und italienische Agenten synchronisierten monatelang ihr Vorgehen, und ein Dutzend speziell ausgebildeter italienischer Polizisten flog nach New York, um das FBI zu unterstützen. In der Nacht zum 1. Dezember 1988 wurden 133 Rauschgifthändler in verschiedenen Regionen Italiens und weitere 75 in New Jersey, Pennsylvania, Kalifornien, Illinois, Florida und Brooklyn verhaftet. Die spektakulärsten Verhaftungen erfolgten in Brooklyn in der 18. Avenue, im klotzig renovierten Stammlokal der Gebrüder Gambino, dem *Café Giardino* (ihrem früheren *Café Valentino*). Ein sizilianischer Tenor genoß um zwei Uhr morgens gerade tosenden Beifall, als ein FBI-Agent ans Mikrofon ging und die versammelten Gäste ersuchte, die Hände hochzunehmen. »Das ist euer letzter Tanz, Leute«, sagte er dazu.

Diese sogenannte Operation *Iron Tower* war ein viel größerer Schlag gegen den Rauschgifthandel als der Schlag vom April, bei dem etwa 100 sizilianische Rauschgifthändler in Amerika und in Italien verhaftet worden waren. Das

FBI hatte damals geglaubt, »die sizilianische Rauschgift-Connection zerschlagen« zu haben, doch hatte sich die Connection bis zum Dezember in fast unüberschaubare Dimensionen ausgewachsen.

Der Star der Verhafteten vom Frühjahr, Emmanuele Adamita, hatte seit den sechziger Jahren Heroin für die Gambinos von Cherry Hill transportiert. Im April 1988, als die Agenten ihn endlich erwischten, betätigte er sich von Palermo aus in einem umfangreichen Handel in zwei Richtungen, bei dem Heroin nach Amerika und Kokain nach Europa bewegt wurde. Seine Verhaftung beeinträchtigte den Rauschgifthandel nicht im geringsten.[1] Die Operation *Iron Tower* am Jahresende zerschlug die sizilianische Connection genausowenig, deckte aber einen viel größeren Teil des Untergrundunternehmens auf. Wie immer überraschte die Größenordnung des sizilianischen Geschäfts.

Das *Café Giardino*, trotz der umfangreichen Abwehrmaßnahmen seiner Betreiber mit Wanzen bestückt, lieferte genügend Beweise, um einen der Gebrüder Gambino zu schnappen, Giuseppe, von den dreien keineswegs der hellste. Der jüngste Bruder Rosario war wegen Heroinhandels bereits zu 45 Jahren Gefängnis verurteilt worden. John, der Hauptgewinn, schlüpfte erneut durch das Netz; das FBI konnte immer noch nicht genügend Beweise sammeln, um ihn ins Gefängnis zu bringen. (Obwohl John Gambino in Italien zu sechseinhalb Jahren Gefängnis verurteilt war — ein Urteil in Abwesenheit, das der Oberste Gerichtshof Italiens 1985 bestätigt hatte —, sind die Vereinigten Staaten italienischen Auslieferungsersuchen nie nachgekommen.)

Auch Gambinos alter Verbrechenspartner aus Palermo entkam. Rosario Spatola — ein milliardenschwerer Rauschgifthändler, Stellvertreter unter dem ermordeten Salvatore Inzerillo und Miterfinder von Michele Sindonas vorgetäuschter Entführung — war 1986 aus Sizilien verschwunden. (Drei Jahre zuvor in Palermo verurteilt, war er freigelassen worden, weil das Verfahren vor dem Berufungsgericht nicht rechtzeitig abgewickelt wurde.) Obwohl Spatola mit der gleichen Sippschaft in Brooklyn fotografiert worden war, ging er dem FBI irgendwie durch die Lappen. (Spatola wurde schließlich fünf Monate später verhaftet.)

Aber auch so war der Fang verblüffend. Das war nicht nur der Rauschgiftring von Cherry Hill. Dabei waren alle Familien, die einst die alte Mafia in Palermo betrieben hatten und als ausgerottet galten. Ein halbes Dutzend Inzerillos, verschiedene andere Gambinos, ein Di Maggio, ein Badalamenti und mehrere Manninos — Onkel, Neffen und Vetter der Gambinos von Palermo und einige Betreiber der Lokalkette *Mimmo's Pizza* in Philadelphia — wurden bei dieser Razzia aufgegriffen.[2] Diese Familien, aus denen sich der Superclan der Gambinos-Inzerillos-Spatolas-Di Maggios zusammensetzte, von den Corleonesi angeblich schon vor Jahren abgemurkst, hatte auch während des großen Mafiakriegs weiterhin Heroin aus Sizilien versandt. Die Familien hatten nicht nur überlebt, sondern waren geschäftiger und reicher denn je zuvor, auch wenn sich ihr Status geändert hatte. Früher Alleinherrscher, waren sie jetzt eindeutig Luciano Leggios Vasallen. »Du kannst kein Blättchen bewegen, wenn sie in Corleone nicht Bescheid wissen«, sagte Giuseppe Gambino im *Café Giardino* zu einem Besucher, der soeben aus Palermo eingetroffen war. »Sie haben die Sache in der Hand; alles kommt aus Corleone«, stimmte der Besucher zu.[3] (Der entscheidende Mann in Corleone während Leggios haftbedingter Abwesenheit sei »Corto«, sagten sie, und meinten damit Salvatore »Corto« Riina, Leggios Prokonsul und eingesetzten Erben.)

Zwar hatten die Corleonesi stets von ihren Aktivitäten

gewußt, doch war der alte Superclan während eines ganzen Jahrzehnts der Entdeckung von außen entgangen. Seinen Leuten war es gelungen, über alle Verhaftungen und Prozesse auf beiden Seiten des Atlantiks hinweg ihre Frachtrouten offen und ihre Raffinerien in Betrieb zu halten. Sie hatten immer eine direkte Verbindung zum amerikanischen Markt gehabt, sogar schon vor dem Deal von 1957 über die Heroinkonzession. Ihre Lieferungen waren bereits 1947 beschlagnahmt worden. Die nahegelegene Alcamo-Raffinerie an der sizilianischen Küste, das größte jemals entdeckte Heroinlabor, gehörte ihnen. Sizilianische Untersuchungsrichter sind überzeugt, daß sie im Laufe der Jahre Abertonnen von Heroin nach Amerika geschickt haben müssen.[4]

Trotz des Pechs, das manche Familienmitglieder hatten, versandten ihre vielen Verwandten und Geschäftspartner immer noch Heroin und raffinierten es offenbar auch; während dies geschrieben wird, fahndet die Polizei nach ihren Labors in Westsizilien.[5]

Das Beharrungsvermögen dieser Clans sagte etwas aus, was wenige amerikanische Ermittler zu hören bereit waren, auch 1988 noch nicht. Kein Schatten von historischem Bewußtsein lag über ihrer Pressekonferenz anläßlich der Razzia gegen den Rauschgiftring der Gambinos von Cherry Hill. Einige der größten Rauschgifthändler, die seit Jahrzehnten die Sucht in Amerika geschaffen und beliefert hatten, erschienen in den US-Medien lediglich als malerische Typen. Merkwürdigerweise schienen die US-Behörden sie immer noch für »Zips« zu halten, die für den Mob von Brooklyn arbeiteten, für Handlanger im Dienst der New Yorker Familien der Cosa Nostra. Angeklagt wurden sie als die »in Brooklyn ansässige sizilianische Fraktion« der amerikanischen Mafiafamilie Gambino. Hatten die Ermittler geschlafen, seit Big Paul Castellano, Amerikas Boß aller Bosse, sich 1980 mit Sal Catalano zum Mittagessen getroffen hatte, dem großen weißen Vater von jenseits des großen Wassers?

Trotz des üppigen Beweismaterials hatten Ermittler, die mit der amerikanischen Mafia umzugehen gewöhnt waren, offenbar noch nicht begriffen, daß der Kopf des Kraken in Palermo saß, nicht in New York. »Der Kopf ist hier, hier, hier«, schäumte ein frustrierter Chef der Kriminalbeamten im Hauptquartier der Squadra Mobile in Palermo, als die Presse hartnäckig falsch berichtete.[6]

Die Heimatbasis für den Rauschgiftring des Superclans war das nach außen unscheinbare Dorf Torretta auf einem Hügel abseits der Straße Palermo-Trapani. Das war die Domäne des verstorbenen Mafiapatriarchen Rosario Di Maggio, des Ehrenmanns, der vor Angst am Herzschlag gestorben war, weil er die Polizisten, die ihn abholen kamen, für verkleidete Mafiakiller gehalten hatte.

Torretta war das Dorf, wo die italienische Polizei Anfang 1986 goldene Wasserhähne in den Badezimmern einfacher Bauernhütten gefunden hatte, die Früchte eines blühenden Kleingewerbes. Sie waren auf den Ort gestoßen, nachdem sie eine Mutter von acht Kindern erwischt hatten, wie sie zwei Kilo Heroin in ihrem Korsett durch Palermos Flughafen Punta Ráisi schleusen wollte — verraten hatte sie sich durch eine Wolke von Trussardiparfüm, mit dem sie ihren Busen getränkt hatte, um den Geruch des Rauschgifts zu überdecken.

Sie war eines der vielen »Tragtiere« aus Torretta, Hausfrauen aller Altersgruppen, die jeweils drei oder vier Kilo vier- oder fünfmal jährlich nach New York brachten und dafür zehn Millionen Lire und einen kostenlosen Wochenaufenthalt im *Sheraton*-Hotel erhielten. Bei der Razzia im Dorf hatte die Polizei die Spezialkorsetts mit handgenähten Baumwollsäckchen gefunden, gesteppt, so daß sie sich unauffällig um die Hüfte schmiegten und wenig auftrugen.

Auch wurden spezielle Baumwollbeinkleider gefunden, die unter Männerhosen getragen werden konnten. »Das ganze Dorf war beteiligt«, sagte Gianni De Gennaro, der die Ermittlungen leitete.[7]

Es dauerte fast drei Jahre, um den Hinweisen aus Torretta bis in die Vereinigten Staaten zu folgen, und nicht nur dorthin. Als mehrere italienische und amerikanische Ermittlungen zusammengeschaltet wurden, um sich auf Torretta zu konzentrieren, wurde das Beweismaterial zum Spiegel der weitreichenden Interessen der sizilianischen Mafia. Zu dem Rauschgiftring, den die Ermittler aufdeckten, gehörten nicht bloß sizilianische Mafiosi, sondern auch Rauschgifthändler der neapolitanischen Camorra und der kalabrischen 'Ndranghetha. Inzwischen waren die drei Bruderschaften so eng ineinander verwachsen, daß sie kaum noch voneinander unterschieden werden konnten. Ihre Mitglieder waren allesamt unermüdliche Weltreisende.

Mehrere Mitglieder des Rauschgiftrings trafen sich in Amsterdam und London mit verdeckten Ermittlern des FBI. Ein Mitglied in Los Angeles brachte chinesisches Heroin aus dem Fernen Osten über den Pazifik herein. Ein anderes holte Heroin ab, das von Männern, die für den Sohn des Hochkommissars von Mauritius im Vereinigten Königreich arbeiteten, von Asien nach San Francisco verschickt worden war.[8] Wieder ein anderer verhandelte in Miami darüber, Heroin direkt aus Pakistan »für John« (Gambino) einzubringen, und hatte eine Tonne reines, unverschnitten in Kolumbien gekauftes Kokain in einem Lagerhaus zum Export nach Europa liegen. (Das war Salvatore Riina, ein Kumpan von Enzo Napoli und Buscetta und Vertrauter aus ihrem Brooklyner Kreis in den sechziger Jahren.) Ein Inzerillo in der Dominikanischen Republik kümmerte sich um »die Weingeschichte«, ein größeres internationales Projekt, in das auch Bulgarien und Jugoslawien verwickelt waren. Bei der »Weingeschichte« handelte es sich um den Plan, der dem verdeckten Ermittler der amerikanischen Drogenfahndung Frank Panessa 1983 in Philadelphia von seiner freundlichen Zielperson Paolo La Porta beschrieben worden war. In Sofia beschafftes flüssiges Heroin sollte in Sizilien als Wein in Flaschen abgefüllt und nach Santo Domingo zur Weiterversendung über Mexiko in die Vereinigten Staaten geliefert werden. »Die Dominikanische Republik haben wir in der Tasche«, hatte La Porta damals gesagt, auch wenn das kaum jemand richtig zur Kenntnis genommen hatte.

Das alles spielte sich 1988 ab, fast ein halbes Jahrzehnt nach der weltbewegenden Entdeckung, daß die sizilanische Mafia eine selbständige Einheit war, die den amerikanischen Heroinmarkt beherrschte. Einige der Rauschgifthändler, die seit 1980 immer wieder in das Blickfeld des FBI – und seit 1970 in das der Drogenfahndung – geraten waren, operierten immer noch auf demselben Gebiet in Brooklyn. Dieselben Männer, die vor einem Vierteljahrhundert von Palermo herübergekommen waren, um das Geschäft aufzubauen, waren immer noch dabei. Nach den Beweisen zu urteilen, hatten sie außerdem denselben Deal mit der amerikanischen Mafia, der das Arrangement von Anfang an ermöglicht hatte.

Die Behörden wußten 1980 nicht, wer es übernommen hatte, die Heroinlizenzzahlung für die amerikanische Mafia zu kassieren, nachdem Paul Castellano in New York im Dezember 1985 ermordet worden war. Wenig mehr als ein Jahr später erhielt das FBI hierzu jedoch einige äußerst aufschlußreiche Informationen.

Seit Anfang 1987 war beobachtet worden, wie John Gambino John Gotti, den wichtigsten Mann der amerikanischen Mafiaszene, der allgemein als regierender Häuptling der New Yorker Mafiafamilie Gambino betrachtet wird, einmal wöchentlich besuchte. Diese Kontakte reichten bis zum 7. März 1987 zurück, als ein Augenzeuge das FBI davon in Kenntnis setzte, daß »fünf verschiedene Capos aus fünf verschiedenen Familien der Cosa Nostra sich mit John Gambino im Hinterzimmer des *Café Giardino* getroffen haben«. Die Capos »gingen einzeln nach hinten und erörterten Geschäfte mit Gambino«.⁹ Ein paar Wochen später, am 27. April, stattet John Gotti dem *Café Giardino* einen persönlichen Besuch ab. Er fuhr in einer Limousine mit drei Leibwächtern vor und unterhielt sich eine Stunde lang mit Giuseppe Gambino privat hinter verschlossenen Türen.¹⁰

Der Boß von Amerikas mächtigster Cosa-Nostra-Familie macht keine Staatsbesuche bei Untergebenen. Besonders Gotti hätte die Führer der »Zips« gewiß nicht ohne zwingenden Grund beehrt. Er verabscheute sie genauso wie sie ihn. (Er war nicht in Sizilien geboren, für beide Seiten eine Quelle des Mißtrauens.) Seine Meinung über die sizilianischen Mafiosi im allgemeinen trat in einem pikanten Meinungsaustausch mit ein paar seiner Soldaten zutage, der vom FBI aufgezeichnet wurde:

Erster Soldat: Sie richten sich überall in der verdammten Gegend im Geschäft ein, diese Zips, etwa nicht? Es gibt drei von ihnen gerade hier in dieser Avenue, und alle verdienen ein Schweinegeld . . .

Zweiter Soldat: Johnny ist schon seit 15 Jahren da, weißt du . . . Wenn sie was anzetteln, weißt du, dann wird Johnny auch was anzetteln . . .

Gotti: Sie werden nichts anzetteln . . . Ich hab 4 000 Leute, die ich aus jeder Nachbarschaft herschicke, die ich hier einsetze . . . Laß sie rauskommen, dann werden wir sehen, was tun.

Soldat: Was erwartest du von ihnen? Wer hat die Scheißkerle hergebracht?

Gotti: Ich sehne mich danach, daß sich einer herauswagt ... Er geht besser nach Rußland und holt sich dort einen Killer, von den fünf Mannschaften, die wir kennen, kriegt er keinen ...

Soldat: Sie tun, als würden sie nichts verstehen, die Scheißkerle ...

Gotti: Sie verstehen nicht, was sie nicht verstehen wollen ... Sie laufen mit 100 000 in den Taschen rum, und unsereins mit dem Hut in der Hand.[11]

Die Operation *Iron Tower* wurde von einigen FBI-Enthusiasten nicht nur als Abgesang der »Zips« in Amerika gefeiert, sondern auch als Zeichen des Niedergangs der gesamten amerikanischen Mafia. »Die New Yorker Mafiafamilien sind auf den Knien. Die Mafia fällt auseinander. Sie bricht unter unsern Schlägen zusammen«, behauptete einer der Sonderagenten des FBI, der das organisierte Verbrechen bearbeitete.[12]

Die amerikanischen Behörden hatten in der Tat der Mafia im Laufe der achtziger Jahre ungeheure Schläge versetzt. Etwa 2 500 amerikanische Mafiosi und ihre Geschäftspartner waren ins Gefängnis gewandert. Führer jeder Cosa-Nostra-Familie in den Vereinigten Staaten waren angeklagt worden, und die meisten waren vor Gericht gestellt und verurteilt worden. Ihr gesamter landesweiter Ausschuß war verurteilt worden, wobei gegen dessen Mitglieder bis zu 100 Jahren Gefängnis verhängt wurden. Eine Menge Geld war ihnen weggenommen worden, und sie hatten den Zugang zu weit größeren Einkünften verloren, besonders in der Gewerkschaftsbewegung. Die Führung ging an jüngere Männer über, die unerfahren, voreilig, von der alten Mafiakultur mehrere Generationen entfernt und ohne historisches Wissen waren. Diese neuen Führer brachten nicht nur empfindliche und langgepflegte Geschäftsbeziehungen durcheinander, sondern fingen auch an, einander umzulegen, um höherzusteigen, was Mafiosi nicht getan hatten, seit Lucky Luciano in den dreißiger Jahren seine neue Ordnung durchgesetzt hatte. Viele Kriminalexperten glaubten, die Organisation liege tatsächlich in den letzten Zügen.

Dennoch hatten auch die Vereinigten Staaten erleben müssen, wie schwach das Gesetz dort war, wo es um die Mafia ging. John Gotti, dessen Aufstieg in der Cosa Nostra nach Castellanos Tod seit dem Zweiten Weltkrieg nicht seinesgleichen hat, wurde von einem Gericht in Brooklyn 1987 freigesprochen. (Der Gehilfe, der ihn an das FBI verriet, wurde im Jahr darauf ermordet.)[13] Gottis Bruder Gene wurde damals ebenfalls freigesprochen; und 1988 wurde er, nachdem er beschuldigt worden war, Heroingeschäfte in Millionendollarhöhe gemacht zu haben, in zwei Verfahren wegen Formfehlern auf freien Fuß gesetzt.[14] Verurteilt wurde er schließlich beim dritten Anlauf im Mai 1989.

In New Jersey wurden ebenfalls 1988 20 hochrangige Bosse der Mafiafamilie Lucchese — deren gesamte Führung — von dem Vorwurf freigesprochen, zusammen mit der Mafiafamilie Genovese ein kriminelles Unternehmen zu betreiben. Der Prozeß dauerte 22 Monate, länger als der Pizzaprozeß, und produzierte einen Berg von Lauschprotokollen und 90 Zeugen. Doch das Beweismaterial überzeugte die Geschworenen nicht, von denen einige die Freigesprochenen sogar umarmten und ihnen Glück wünschten.[15]

Diese Niederlagen vor Gericht waren schwerwiegend und außerdem ein Anhaltspunkt für eine Stärke der Mafia, die zu leichthin abgetan worden war. Amerikas Cosa Nostra überstand nicht nur die Angriffe der Justiz, sondern auch eine schärfere Konkurrenz, als sie je zuvor gehabt hatte. Auf das Gebiet des organisierten Verbrechens hatten sich zahllose ethnische und einheimische Gruppen begeben: Kolumbianer, Bolivianer, Mexikaner, Kubaner, Puertoricaner, Westinder, Vietnamesen, Koreaner, Chinesen, Japaner, Israelis, Russen, Schwarze aus den Ghettos und Dutzende von Motorradbanden, angeführt von den Hells Angels, den Outlaws, den Pagans und den Bandidos.

Mehrere Verbrechergruppen hatten internationale Verbindungen. Die chinesischen Triaden, zwei Jahrhunderte älter als die Mafia, operierten in vielen Teilen der Welt. Ebenso die japanischen Yakuza, die fünfmal größer als die Mafia waren. Sogar die Hells Angels mit 35 Gruppen in den Vereinigten Staaten bildeten mindestens genauso viele im Ausland, so in Kanada, Großbritannien, Dänemark, der Bundesrepublik, Frankreich, Japan, Neuseeland und Brasilien.[16]

Aber nicht viele hatten das Stehvermögen, um es mit der Cosa Nostra aufzunehmen, die in Wirklichkeit einige dieser Banden für Teilarbeiten in den Vereinigten Staaten anheuerte und mit anderen Abkommen schloß. »Die Hells Angels waren bei mehreren illegalen Aktivitäten Arbeitspartner von Cosa-Nostra-Familien«, sagte ein hoher FBI-Beamter. Die Kubaner zahlten den New Yorker Mafiafamilien eine Steuer für die Spielhöllen in Harlem. Die Chicagoer Mafiafamilie beschäftigte Mexikaner, Puertoricaner und Kolumbianer. Leute aus der Karibik führten Auftragsmorde für die New Yorker Familien aus und stellten sogar deren Leibwächter. Die Bostoner Mafiafamilie Patriarca stellte Kredithaie für Spielhöllen zur Verfügung, die von den chinesischen Triaden betrieben wurden, welche wiederum von New Yorker Mafiafamilien Schußwaffen kauften. Die Yakuza hatten »eine spezielle Verbindung mit Elementen der Cosa Nostra in New York City geschaffen«, mit denen auch die Kolumbianer »eine Art Koexistenzvertrag hatten«.[17]

Die amerikanische Mafia war anders als die anderen Volksgruppen, sie war anpassungsfähiger, ihre Volksgemeinschaft war stärker in die Gesellschaft des Landes integriert, ihr Geflecht von Schutzmechanismen und politischer Tarnung unvergleichlich sicherer, und sie verfügte über die sizilianische Connection für Rauschgift, also das Produkt, das für die anderen von höchstem Interesse war. Je mehr verschiedene Gruppen das amerikanische Rauschgiftfeld abgrasen wollten, desto nötiger wurde eine Art Regierung für die Unterwelt. Die Cosa Nostra kam einer solchen Regierung am nächsten. »Anstatt von derart vielen Verbrecherorganisationen bedroht und eingeschränkt zu werden, hegemonisiert und benutzt die Cosa Nostra sie«, erklärte der Stellvertretende Direktor für Kriminalermittlungen des FBI, Floyd Clark, im Frühjahr 1989. »Sie ist immer noch die größte Verbrecherorganisation in den Vereinigten Staaten.«[18]

Die Vorstellung, daß diese Organisation ihren unerläßlichen Geheimpartner verloren habe — die sizilianische Mafia also nach der spektakulären Razzia des FBI im Dezember 1988 erledigt sei —, war Stoff für eine Abendnachrichtensendung, aber mehr nicht. Keine Verbrecherbande konnte sich mit Ähnlichem brüsten wie dem alternativen Rettungssystem der sizilianischen Rauschgifthändler in den Vereinigten Staaten, das durch so viele privilegierte Zufluchtsorte von Venezuela, Brasilien und der Dominikanischen Republik bis nach Bulgarien und den Seychellen ergänzt wurde und im Heimatland Sizilien über so unumschränkte Macht verfügte.

Die sizilianischen Rauschgifthändler brauchten vielleicht eine Pause, um sich nach dem Schlag gegen die

Gambinos von Cherry Hill neu zu organisieren, genau wie nach dem Schlag gegen den Pizzaring. Doch hatten sie sich auch schon vorher »rasch und gut« erholt, wie Louis Freeh bemerkte, und taten das gerade wieder. Wie Freeh sagte, waren die sizilianische und amerikanische Mafia zusammen weiterhin »die Supermächte der Drogenwelt«.[19]

Es gibt viel Spielraum im internationalen Rauschgifthandel, dessen Umsatz auf mehrere 100 Milliarden Dollar jährlich geschätzt wird. Rauschgifthändler sind überall aufgetaucht, um Rauschgift überallhin zu vertreiben, aber nicht viele konnte man als Weltklasse bezeichnen. Nur drei Organisationen sind in der Lage, Betäubungsmittel im internationalen Großhandelsmaßstab zu vertreiben: die chinesischen Triaden für Heroin, die kolumbianischen Kartelle für Kokain, die sizilianische Mafia für beides. Und hier liegt der Vorteil, der die Vorherrschaft der sizilianischen Mafia garantiert; sie ist die einzige der drei Organisationen, die beide begehrten Rauschgifte auf dem Weltmarkt vertreibt. Sie verkauft nicht nur ihr eigenes Produkt, sondern wird auch als Händler für die beiden anderen Gruppen tätig.

Die drei Organisationen kämpfen nicht gegeneinander. Genau wie die amerikanische Cosa Nostra die sizilianische Mafia nicht unter Druck setzt, tun dies auch die chinesischen oder kolumbianischen Rauschgifthändler nicht, die ansonsten ohne weiteres jeden umbringen. Palermos Ehrenmänner können sich sicher in den tückischen Dschungeln des Rauschgifthandels bewegen, weil alle anderen ihr flächendeckendes Vertriebsnetz im Ausland brauchen, das bis in Orte geht, die andere nicht erreichen können.

Die Mafia kauft oder vertreibt seit mehr als 30 Jahren das Kokain der Kolumbianer, in größerem Umfang seit 1978, und massenhaft seit 1983. Die heutigen Mengen sind furchterregend. Sal Riinas Tonne kolumbianisches Kokain in einem Lagerhaus in Miami konnte (außer von Riina) ohne weiteres verschmerzt werden, als er mit John Gambinos weiteren Helfern hochging. Er war nur einer aus einer Armee von sizilianischen Mafiosi, die im großen transatlantischen Tauschhandel Heroin gegen Kokain engagiert waren.

Im Februar 1989 beschlagnahmte zum Beispiel die französische Polizei in Zusammenarbeit mit der italienischen Polizei und der amerikanischen Drogenfahndung eine halbe Tonne Kokain auf dem Weg nach Italien, die zweitgrößte Menge, die je in Europa beschlagnahmt wurde. (Spanien hatte 1988 mit einer Beschlagnahmung von zwei Tonnen den Rekord erzielt.) Das Kokain war aus Kolumbien über die französischen Antillen nach Le Havre verschifft worden, wo es zum Überlandtransport mit einem TIR-Lastzug in ein vier Meter langes Segelschiff verladen wurde. Verwickelt waren Rauschgifthändler verschiedener Nationalität, aber das Kokain gehörte der sizilianischen Mafia.[20]

Einige Monate zuvor hatte die Metropolitan Police von London einen Plan aufgedeckt, Großbritannien mit 100 Kilo Kokain wöchentlich zu überschwemmen — mehr als fünf Tonnen jährlich. Das Kokain sollte in Traktoren und Planierraupen eingeschweißt und über den Flughafen Heathrow eingeflogen werden, wo es nach Angaben des Staatsanwalts vor dem Londoner Gericht »fast unmöglich« entdeckt werden konnte. Produziert wurde das Kokain in Cochabamba in Bolivien. Die »sizilianische Fraktion« der Mafia im US-Bundesstaat Michigan importierte es von dort.[21]

Ihr Talent zur Tarnung ist so groß, daß Palermos Ehrenmänner erst jetzt so langsam als Kokainlieferanten Erwähnung finden. Sie könnten immer noch der Aufmerksamkeit entgehen, gäbe es nicht die wachsende Besorgnis wegen der zunehmenden Verbreitung von Kokain auf der Welt. Merkwürdigerweise haben die allgemein geäußerten Sorgen wegen des Kokains die Angst vor dem Heroin, einer viel tödlicheren Pest, in den Hintergrund gedrängt. Heroin tötet viel schneller, ist viel teurer und erzeugt viel mehr Beschaffungskriminalität. Und im Gegensatz zu einigen verwirrenden Kommentaren aus jüngster Zeit ist sein Gebrauch nicht rückläufig. Zwar mag sich die Schichtzugehörigkeit der Heroinbenutzer in Amerika leicht verändert haben, doch nimmt die Süchtigenzahl dort nicht ab und erreicht in anderen Ländern epidemische Ausmaße — zum Beispiel in ganz Europa.

Die Hafenstadt Neapel mit einer Bevölkerung von drei Millionen Einwohnern hat inzwischen 20 000 Heroinsüchtige — einer auf jeweils 150 Einwohner, im Vergleich zu einem auf 500 in den Vereinigten Staaten. Über eine Viertelmillion gebrauchte Spritzen wurden in den ersten neun Monaten 1988 von der dortigen Straßenreinigung eingesammelt. Die Drogendealer kamen aus Ghana, Nigeria, Senegal und Tunesien, ihre Lieferanten aber waren die Hauptverbündeten der Mafia, die neapolitanische Camorra.[22]

Das Heroinsyndikat der Sizilianer hat sich verständlicherweise verändert. Nachdem die Polizei 15 Raffinerien in Italien entdeckt hatte, wurde die Produktion ins Ausland verlagert. 1986 stieß die Polizei in Frankreich auf eine verblüffende Wiederbelebung der alten French Connection unter neuer Geschäftsleitung. Korsische Gangster und die Chemiker, die sie einst beschäftigten — immer noch die besten der Welt —, waren in Marseille wieder in der Produktion tätig. Wie immer kam die Morphinbase aus der Türkei und ging als Endprodukt hauptsächlich nach New York. Wie ein französisches Gericht jedoch im Dezember 1988 feststellte, legte diesmal die sizilianische

Mafia das Geld aus und hatte unverkennbar das Sagen. In der Tat enthüllte das Beweismaterial nach Aussage des Gerichts »die feste Hand der sizilianischen Mafia bei allem, was im Mittelmeerraum mit Heroin zu tun hat«.[23]

Inzwischen neigten sizilianische Rauschgifthändler immer mehr dazu, Heroin im Nahen und Fernen Osten fertig zu kaufen und nach Belieben zu vertreiben, wobei sie Sizilien völlig umgingen. Bangkok wimmelte kurz vor den neunziger Jahren von Rauschgifthändlern, was allein schon die Notwendigkeit nahelegt, sich nicht vom äußeren Anschein täuschen zu lassen.[24]

Von »China White«, einem Heroin, das aus Südostasien auf den westlichen Markt drängte, wurde 1989 geglaubt, daß es fast ausschließlich durch chinesische Kanäle vertrieben werde. Mit Sicherheit übernahmen die Triaden einen größeren Marktanteil; sie wurden sogar mit einer Großlieferung von 400 Kilo in den Vereinigten Staaten erwischt. Ob als Zwischenhändler der Triaden oder auf eigene Rechnung arbeitend, die im dunkeln arbeitenden sizilianischen Rauschgifthändler blieben jedoch weiterhin eine unberechenbare Macht.

Auch Istanbul wimmelte von Aufkäufern aus Palermo und Catania. 300 TIR-Lastzüge kamen täglich in die Türkei — aus Iran, dem Tor zum weltgrößten Opiumerzeugungsgebiet in Südwestasien. Türken, Syrer, Libanesen und Palästinenser erledigten das Raffinieren, und die TIR-Lastzüge fuhren den Stoff weiter zu italienischen Umschlagplätzen.

Im Januar 1989 erbrachte ein einziger TIR-Lastzug, der in Mailand gestoppt und durchsucht wurde, 115 Kilo »Braunzucker«-Heroin in vier Samsonitekoffern. Im Lastzug fuhren Männer von der türkischen Mafia mit; sizilianische Rauschgifthändler, die die Ladung übernehmen wollten, entkamen. Agenten der amerikanischen Drogenfahndung, die mit der italienischen Polizei eng zusammenarbeiteten, wußten, daß es Mafiafracht war. Wichtiger noch, sie wußten, daß dies nur eine der Lieferungen war, die planmäßig alle zwei Wochen eintreffen sollten; allein aus dieser Quelle kamen zweieinhalb Tonnen raffinierten Heroins jährlich, die eine Hälfte davon für die Vereinigten Staaten und die andere für Westeuropa.

Zwei andere Rauschgiftringe, gegen die in Sizilien ermittelt wurde, nahmen offenbar ihren türkischen Lieferanten jeweils 50 Kilo monatlich ab.[25] Die sizilianisch-türkische Mafiaachse war so stark wie eh und je.

»Die sizilianische Mafia ist immer noch die größte«, sagte Floyd Clark vom FBI im Frühjahr 1989. »Sie haben immer noch Routen, die wir nie entdeckt haben und über die wir nichts wissen. Bezogen auf die Hauptstruktur des Rauschgiftwesens sind wir immer noch naiv. Wir haben immer noch nicht das Bindeglied zwischen den Drogen und der Geldwäsche gefunden. Wir werden darauf nie einen Zugriff bekommen, bevor wir nicht die internationalen Verbindungen durchleuchten können.«[26]

So standen die Dinge kurz vor Beginn der neunziger Jahre. Die Mafia, jetzt endlich als der gefährliche Feind der Gesellschaft erkannt, blieb solange unempfindlich gegenüber der Bloßstellung, solange die zum Vorschein kommenden Beweise ignoriert, heruntergespielt oder unter den Teppich gekehrt wurden. Es lag eine merkwürdige Perversität, ja fast eine Art Todeswunsch in der mangelnden Bereitschaft und der Unfähigkeit von belagerten Ländern und Erdteilen, zu glauben, was sie sahen und hörten. Die Beweise hatten gezeigt, daß die Mafia eine von der Norm abweichende kriminelle Erscheinung war, der dort nicht standgehalten werden konnte, wo sie nicht richtig begriffen wurde.

Die Polizei konnte mit der Cosa Nostra nicht fertig werden wie mit einer Bande von Ganoven. Auch Richter durften sie nicht so wahrnehmen, ohne ihre eigenen sakrosankten Institutionen in Gefahr zu bringen. Politiker durften sie nicht bloß der Polizei und den Gerichten überlassen. Das Recht allein konnte sie nicht vernichten — und die Außerkraftsetzung des Gesetzes zu ihrer Zerschlagung war, wie Mussolini für alle Zeit bewiesen hatte, nicht nur gefährlich, sondern nutzlos.

Kein einzelnes Land konnte der Mafia Einhalt gebieten, und man konnte von ihr auch nicht Stück um Stück abhacken. Kopf und Glieder mußten zusammen mit einem Schlag abgetrennt werden. Dies erforderte einen Akt eisernen Willens, wie ihn die internationale Staatengemeinschaft selten aufgebracht hat. Möglich ist dies noch, aber viel Zeit bleibt nicht mehr dafür. Im Frühjahr 1989 schlug die Guardia di Finanza Alarm im Hinblick auf die neuen Dimensionen, die sich für die sizilianische Mafia im internationalen Finanzmarkt eröffnen. Eine neue Dimension ist der Gemeinsame Markt. 1992 werden die Länder des Gemeinsamen Markts in Europa ihre Grenzen untereinander aufheben. Praktisch die ganze Westhälfte des Kontinents wird dann ohne Zollschranken, Paßkontrollen und Straßensperren der Polizei sein.

Wie jedermann sonst in der Europäischen Gemeinschaft werden Ehrenmänner und ihre Geschäftspartner dann unbehelligt vom Mittelmeer bis zur Ostsee, von der Donau bis zur Atlantikküste Irlands reisen können. Nicht einmal sie hätten von einer gefälligen Welt soviel erwarten können: eine Mafia ohne Grenzen.

Epilog

Dieses Buch soll so enden, wie es angefangen hat, mit Detective Douglas Le Vien, denn er hatte den Schlüssel zur geheimen Invasion der Vereinigten Staaten durch die sizilianische Mafia in der Hand. Niemand in den amerikanischen oder italienischen Rechtsbehörden hat meines Wissens so viele bürokratische Hemmnisse mit derart hartnäckiger Entschlossenheit überwunden oder so viele ungelesene Seiten mit aufschlußreichen Angaben gefüllt. Erst als ich 1986 aus New York mit 35 Tonbändern von Le Viens privatem Tagebuch über die Ereignisse von 1976 bis 1978 nach Italien zurückkam, erkannte ich den Umriß des großen Plans der Mafia.

Ich war voller Bewunderung für diesen eigensinnigen und respektlosen jungen Polizisten, für sein leidenschaftliches Engagement für eine verlorene Sache, seine Gabe, eine Spur zu verfolgen, seine Ungeduld mit den Langweilern in ihrem Bürokratentrott und seine Verachtung für die »ausgestopften Anzüge« hinter pompösen Schreibtischen. Er wollte sich partout nicht ducken und staunte ständig über die vielen anderen, die das taten. Waren sie blind, eingeschüchtert, korrupt, oder was sonst? »Sie *wollen* diesen Fall einfach nicht. Sie werden froh sein, wenn sie Enzo hoppnehmen, diesen Fall abschließen können; und wir finden überhaupt *nichts* heraus. Das macht mich fertig! Ich schwöre bei Gott, daß

473

ich es nicht begreife!« wütete er auf seinem Tonbandgerät.

Was Le Vien als hartnäckiger und mit allen Wassern gewaschener Zivilfahnder ausgegraben hatte, sollte erst ein Jahrzehnt später von den Computern der Bundesregierung ausgespuckt werden. Die Namen der sizilianischen Beauftragten, die mehrere strategische Heroinvorposten für Palermo besetzt hielten — Emmanuele Adamita, Salvatore Riina, die Gebrüder Gambino von Cherry Hill und Salvatore Catalano in Brooklyn, Nick Rizzuto in Kanada und die Cuntreras in Venezuela —, waren in Le Viens Berichten an alle Regierungsbehörden bereits an hervorragender Stelle aufgeführt.

Trotz allem, was über sie bekannt ist, stehen die Gebrüder Napoli, im sizilianischen Villabate eingeschworen, in den Akten der Bundesbehörden immer noch als Mitglieder der amerikanischen Mafiafamilie Gambino. Tatsächlich sind alle drei Gambinos heute in gehobener Stellung und immer noch auf freiem Fuß.

Gaetano, der jüngste und scheinbar unwichtigste, machte in Wirklichkeit 1975 den Gastgeber für John und Giuseppe Gambino bei einem Wochenende in New Jerseys *Playboy-Hotel*. Er wurde am Kopfende ihres Tisches fotografiert und übernahm ihre Rechnung für das Wochenende.[1] In höhere Ehren konnte ein sizilianischer Ehrenmann kaum noch aufsteigen.

Antonino Napolli gehört seit den sechziger Jahren zu John Gambinos innerstem Kreis in New York. Die beiden gingen Anfang der siebziger Jahre ungefähr zur selben Zeit nach Caracas und wurden Geschäftspartner der Familie Cuntrera in deren wuchernden Unternehmen.

Enzo Napoli traf sich 1976 und 1977, in den Jahren von *Operation Earn,* fast täglich mit John Gambino. Le Vien, der mit Enzo im *Ritz* oder im *21* dinierte, pflegte ihn oft danach in John Gambinos Haus in Bensonhurst zu beschatten. Er sah sie Dutzende Male zusammen im *Mille Luci*, Enzos eigenem Café in der 18. Avenue — dem Anlaufpunkt für Luigi Ronsisvalles Großlieferungen von Heroin aus der Knickerbocker Avenue.

Enzo traf sich immer noch mit John und Giuseppe Gambino, bis zum Dezember 1988, als das FBI eine Razzia im *Café Giardino* machte. Während der Ermittlungen des FBI ging er dort aus und ein und wurde bei ein paar interessanten Gesprächen auf Band genommen. Im Sommer 1988 wurde er zum Beispiel belauscht, wie er sich gegenüber Giuseppe Gambino und einem gewissen Francesco Inzerillo (einem Neffen des ermordeten Salvatore Inzerillo) beklagte. Jemand schuldete ihm offenbar schon viel zu lange 150 000 Dollar. »Vincenzo, du magst ihn«, bemerkte Inzerillo mißbilligend. »Manche Leute täten besser daran, andere zum Jammern zu bringen, anstatt selber zu jammern . . . Du hast ein zu gutes Herz . . . Also rufen wir ihn an. Mein Herz ist nicht so wie deins. Ich bin böse. Ich werde ihm sagen, was gesagt werden muß.«[2]

Enzos gutes Herz hätte Le Vien 1976 bei gegebenen Umständen von Angesicht zu Angesicht mit den Gebrüdern Gambino und ihrer Sippschaft zusammenbringen können. Da er seinen korrupten Millionärsfreund »Tommy Russo« immer mehr mochte, lud er Le Vien ein, einige seiner »Leute« in der 18. Avenue zu treffen. Für einen Kriminalbeamten, dessen Gesicht der Hälfte der Ganoven in Brooklyn vertraut war, eine beklemmende Aussicht.

»Ich hab mir fast ein Ding eingefangen bei dem Versuch, da herauszukommen«, hielt Doug auf seinem Tonbandtagebuch fest. »Er will, daß ich ein paar Leute treffe. Ich sage: ›Warum nicht bloß wir beide?‹ Er guckt mich schief an. Ich sage dir, der Kerl kann ein furchteinflößendes Gesicht machen. Er hat nur einen Fehler gemacht; er

hat mich nie gefragt, wer meine Mutter und meine Groß-
mutter gewesen sind.« Le Vien gelang es, sich Enzos Einladung auf die einzige Art und Weise zu entziehen, in der
seine Zielperson beeindruckt werden konnte. Als Enzo
einmal aus einem Restaurant in der New Yorker East Side
herauskam, sah er, wie Tommy Russo einen schreckens-
starren Schwarzen auf den Bürgersteig schob, eine .22er
mit Schalldämpfer hob, schoß (mit Platzpatrone) und die
schlaffe Leiche (eines Kollegen) im Kofferraum seines
Mercedes verstaute. Enzo redete nie darüber, aber sein
Vertrauen war wiederhergestellt.

Da Le Vien sich hütete, Napolis Leute in Fleisch und
Blut zu treffen, ging er daran, labyrinthähnliche Schemata
von zusammengehörigen Namen, Beziehungen und bekannten Gewohnheiten zu zeichnen, die auf ein Familienalbum des transatlantischen Superclans der Gebrüder
Gambino hinausliefen. Wäre Le Vien gestattet worden,
seine Spuren nach Europa zu verfolgen, hätte er den Clan
vielleicht besser ins Licht gerückt. Doch so weit kam er
nicht.

Operation Earn war kaum ein halbes Jahr alt, als die
amerikanische Drogenfahndung Enzo Napoli wegen des
Imports eines einzigen Kilos Heroin aus Thailand verhaftete. Agenten der Drogenfahndung hatten monatelang an
dem Fall gearbeitet, Telefone angezapft, Komplizen beschattet und einen verdeckten Ermittler als Enzos Kurier
eingeschleust. Im März 1977 wußten sie, daß ein Mann in
Bangkok, der in Sizilien geborene Freddy Porcello, »imstande war, alle 15 Tage zehn Kilo reines asiatisches Heroin in die Vereinigten Staaten zu importieren«.[3]

Die Überwachung hatte ergeben, daß das einzelne Kilo
nur eine Mustersendung war — daß Napoli eine Vierteltonne Heroin jährlich in Empfang nehmen und weiterlei-
ten sollte. »Hör doch, es ist nur einmal im Monat«, sagte

er in einem abgehörten Gespräch zu seinem Mann in Mailand. Er hätte die Rauschgiftagenten zu denen führen können, die das Heroin von dort nach Amerika schleusen sollten, wurde jedoch statt dessen verhaftet.[4] Da er noch ein Jahr gegen Kaution auf freiem Fuß war, gab Napoli Le Vien eine Chance, einen weiteren Blick über den Atlantik zu tun. Kreditkartenabrechnungen und Ferngespräche bewiesen, daß Enzo vor seiner Drogenverhaftung mindestens sechs Reisen nach Europa gemacht hatte; und er telefonierte häufig mit zwei der größten Heroindealer Europas.[5]

Die Nummer, die er in München anrief, gehörte Agostino Flenda, »dem Fürsten«. Die amerikanische Drogenfahndung hatte seit 1975 gegen Flenda ermittelt und betrachtete ihn als »bedeutenden sizilianischen Unterweltler in München«. Der Bonner Agent der Drogenfahndung behauptete, Flenda sei »der Vertreter der Cosa Nostra in München mit direktem Kontakt zum Hauptquartier der Cosa Nostra in New York«. In Wirklichkeit war Flenda der Vertreter der sizilianischen Cosa Nostra in München und arbeitete dort Hand in Hand mit Ertem Tegmen, dem bekanntesten Rauschgifthändler der türkischen Mafia.[6]

Agenten der Rauschgiftfahndung, denen die Verbindung offenbar nicht klar war, ermittelten immer noch gegen Flenda, als sie Enzo Napoli im Mai 1977 verhafteten. Zufällig telefonierte Napoli damals auch häufig mit den Leuten in Sizilien, die Männern wie Flenda die Befehle gaben.

Seine Telefonanrufe waren zu einem gewissen Salvatore Montalto verfolgt worden, einem in Palermo wohnhaften Landsmann aus Villabate. Nach Erhalt von Enzos Anrufen aus New York pflegte Montalto Enzos Bruder Antonino in Caracas anzurufen, der einen Sicherungsmann in Miami anrief, der dann wieder Enzo in New York anrief.[7]

Die italienische Polizei verfolgte die Sache nicht weiter, weil sie 1977 nicht wußte, wer Salvatore Montalto in Wirklichkeit war. Sie glaubten, er sei ein rechtschaffener Brennstoffhändler. Später erwies er sich als Boß von Villabate, als Mitglied der Kuppel der Mafia, als großer Rauschgifthändler und als Stellvertreter des ermordeten Salvatore Inzerillo. (In Palermos Massenprozeß wurde er zu lebenslänglich Gefängnis verurteilt.)

Das waren Enzo Napolis Leute daheim.

Operation Earn endete am 12. April 1978, als die Sondereinsatzgruppe beschloß, Enzo Napoli zu verhaften, während er Le Vien eine weitere Schußwaffe verkaufte. In der Sache mit dem einzelnen Kilo Heroin war er immer noch gegen Kaution auf freiem Fuß. Nun wurde er trotz der halben Million Dollar Kaution festgenommen.

Der größte Teil der Sondereinsatzgruppe war dabei, um zuzusehen, wie »Tommy Russo« seinen letzten Kauf von der Zielperson auf dem Parkplatz eines Flughafenhotels in der Nähe des Kennedy Airports tätigte, worauf beide verhaftet wurden. In der *New York Daily News* stand ein kurzer Bericht darüber. Napoli wurde als »internationaler Händler für die fünf Familien von New York« beschrieben, dessen Verhaftung einen größeren Durchbruch bei der Zerschlagung eines »internationalen Schmuggelrings für Falschgeld, gestohlene Kunstwerke, Rauschgift und Waffen« bedeuten könne.

Doch gab es keinen größeren Durchbruch, wurden keine Ringe zerschlagen, keine weiteren Beschuldigungen erhoben, keine weiteren Ermittlungen wegen Napolis eigenartiger Verbindungen und seiner Verbrecherkarriere angestellt. Er bekannte sich vor Gericht schuldig und vermied so alle Fallgruben einer öffentlichen Gerichtsverhandlung. Wegen der Schußwaffen und des Kilos Heroin zu insgesamt 13 Jahren Gefängnis verurteilt, wurde er nach vier Jahren auf Bewährung entlassen und war alsbald wieder auf der Straße tätig.

Trotz 55 mitgeschnittener Gespräche, verschlüsselter Signale über öffentliche Telefonzellen, trotz Gesprächen über achtstellige Summen, Drinks im *Plaza Hotel* und Abendessen im *Palace*, trotz der Spazierfahrt auf dem Hudson und der Pläne für einen Yachtausflug die Küste hinunter nach Miami und Caracas kaufte Le Vien Enzo immer bloß Schußwaffen ab. Mit der sechsten und letzten stieg die verauslagte Summe für seine Käufe auf 6 500 Dollar. Seine Tarnung war immer noch intakt, als er zu einer unangenehmen Begegnung mit Enzo ein kleines graues Zimmer im Brooklyner Hauptquartier der Sondereinsatzgruppe betrat. »Mr. Napoli, ich bin nicht der, für den Sie mich halten. Ich bin Detective Douglas Le Vien im New Yorker Police Department«, sagte er. Enzo, grau im Gesicht, antwortete nach langem Schweigen: »Sie haben gute Arbeit gemacht.«

Le Viens Anweisung lautete, Enzo wenn möglich umzudrehen, doch war er sicher, daß das nicht ging, und er schaffte es auch nicht. Enzo setzte nur ein paar Wochen später eine Abschußprämie auf ihn aus, jedenfalls nach Angaben eines Gewährsmanns. Der Hinweis war schwer zu glauben, weil die amerikanische Mafia in der Regel keine Polizisten umbringt. »Ich habe nie davon gehört, daß eine Figur aus dem organisierten Verbrechen einen Polizisten ermordet. Es gibt keinen Präzedenzfall dafür«, erklärte Edward McDonald, Chef der Sondereinsatzgruppe gegen das organisierte Verbrechen in Brooklyn, als einer seiner Zivilfahnder einige Jahre später erschossen wurde. »Es ist ein Fehler, den der Mob nicht duldet. Die Killer, die flüchtig sind, werden mit Sicherheit gefunden — tot«, sagte ein Mafiahelfer voraus.[8]

Das letzte, was die amerikanische Mafia wollte, war ein Frontalzusammenstoß mit dem Gesetz. Wo Hofieren und Korrumpieren nicht genügten, um den Frieden zu wahren, konnte zwischen beiden Seiten immer noch eine Art stillschweigende Übereinkunft über leben und leben lassen erreicht werden.

»Er hat den Fehler gemacht; Schande über ihn«, so sah Le Vien die Situation damals. Wie ein in Sizilien eingeschworener Mafioso das sehen könnte, stand jedoch auf einem ganz anderen Blatt. Die sizilianische Mafia tötete Polizisten als Teil ihrer herausfordernden Haltung, die sogar die amerikanische Mafia zu lähmen schien. »Die haben vor den ›Siggies‹ die Hosen gestrichen voll«, sagte Le Vien, als er älter und klüger geworden war.

Es war mehr als wahrscheinlich, daß Enzo tatsächlich eine Abschußprämie auf Le Vien ausgesetzt hatte; der »Tommy Russo«, dem er vertraut hatte, lief nun mit einem Wissen herum, das für Enzos Leute lebensgefährlich war. Die New Yorker Polizei hatte jedoch damals keine Ahnung davon. Sie reagierten lediglich darauf, daß sich Enzo Napoli als »Siggy«, als »Zip«, als »Geep« und damit als unberechenbar, wenn nicht als unkontrollierbar erwiesen hatte.

Gegen Le Viens heftigen Protest wurde er als einziger Polizist vom staatlichen Zeugenschutzprogramm betreut. Agenten mit Maschinenpistolen riegelten die Straße ab, und Hubschrauber kreisten über der Szene, als Le Vien, seine Frau und seine beiden kleinen Söhne aus ihrer Wohnung in Brooklyn evakuiert und für die nächsten sechs Monate in ein Versteck gebracht wurden. Dann ging Le Viens vorgesetzter Offizier, Leutnant Joseph Harding, eines Tages zu einem Gespräch mit Big Paul Castellano ins *Great Western Beef*-Restaurant. Der mächtigste Mafiaboß von Amerika, der mit seinem Rechtsanwalt gekommen war, wollte sich selbst nicht äußern, aber er hörte zu. Leutnant Harding sagte ihm, daß das New York Police Department einen Polizistenmord nicht hinnehmen werde. Die Polizei werde jede Spielhölle ausnehmen, die Clubs besetzen, die Kreditwucherer verhaften – kurzum, dem Mob das Leben zur Hölle machen.

Castellano wollte nicht direkt antworten. Er drehte sich lediglich zu seinem Anwalt hin und sagte: »Ich kenne Enzo und seinen Bruder Nino. Ich habe nur Mißachtung für beide.« Er hätte das nie gesagt, wenn die Gebrüder Napoli zu seinen Leuten gehört hätten. In der Mafia ist Achtung alles.

Nicht lange später erhielt Le Vien einen Brief aus der Haftanstalt von Manhattan, in der Enzo einsaß. Er hing eingerahmt an Le Viens Bürowand in Washington D.C., als er Jahre später für die Kommission des Präsidenten gegen das organisierte Verbrechen arbeitete. Enzo wollte klarstellen, daß er nichts nachtrage. Er bewundere Leute, die bei ihrer Arbeit so fleißig seien wie Le Vien und »nicht zu ihrem Vorteil manipulierten«. In den paar Jahren ihrer Beziehung, schrieb er, habe er selbst Wort gehalten. Er schloß mit den Worten (die Hervorhebung stammt von ihm): *Ich als Mann sage Dir, ich trage Dir nicht nach ... Wenn ich in Deiner Situation gewesen wäre, hätte ich dasselbe getan.*«

Dank

Unter den Menschen, die mir zu einem besseren Verständnis dessen verholfen haben, was ich hier niedergeschrieben habe, gebührt mein Dank an erster Stelle Commissario Antonio »Ninni« Cassarà aus Palermo und seinem eifrigen Assistenten Commissario Giuseppe »Beppe« Montana, beide inzwischen von der Mafia ermordet.

Großen Dank schulde ich auch zwei anderen hervorragenden italienischen Polizisten, die zum Glück noch am Leben sind: Gianni De Gennaro, Chef der italienischen Sondereinheit zur Verbrechensbekämpfung, und Alessandro Pansa, seinem unentbehrlichen Stellvertreter.

Äußerst wertvolle Hinweise haben mir die Richter Giovanni Falcone, Giuseppe Ayala und Giusto Sciacchitano aus Palermo gegeben. Die amerikanischen Staatsanwälte Louis Freeh vom New Yorker Southern District und Richard Martin, Vertreter des US-Justizministeriums in Rom, ließen mich ebenso großzügig an ihrem Wissen teilhaben wie Frank Panessa, Chef des Büros der US-Drogenfahndung in Italien.

Unter meinen Kollegen gilt mein wärmster Dank Maria Antonietta Calabro vom Mailänder *Corriere della Sera*, die mich in den langen Jahren der Arbeit an diesem Buch immer wieder mit ihrer intimen Kenntnis der italienischen Gerichte und ihrem Hang zur genauen Recherche unterstützte.

Besonders dankbar bin ich auch Judith Harris, die mir großzügige Anleihen an ihrem sorgfältig recherchierten Manuskript über den internationalen Heroinhandel gestattete.

Zeittafel

1904   Cascio Ferro wird der erste *capo di tutti capi.*

1927-29   Mussolini führt Krieg gegen die sizilianische Mafia.

1931   Lucky Luciano modernisiert die Mafia in Amerika.

1946   Lucky Luciano wird nach Italien abgeschoben.

1951   Anhörungen vor dem Ausschuß von Senator Kefauver.

1957   Gipfelkonferenz der Mafia in Palermo, Vergabe der amerikanischen Heroinkonzession, Bildung des sizilianischen Mafiaausschusses (der Kuppel); Greco erster Vorsitzender.
Heroinkonzession wird durch Mafiakonferenz von Apalachin (US-Bundesstaat New York) ratifiziert.

1962   Lucky Luciano stirbt.

1963   Greco, Leggio und Buscetta führen einen Schießkrieg mit den Gebrüdern La Barbera.
Autobombe von Ciaculli, Auflösung der Kuppel, die sizilianische Mafia schwärmt in die Welt aus.
Richter Terranova beginnt mit seinen Ermittlungen.
Anhörungen vor dem Ausschuß des Senators McClellan.

1964   Erste Verhaftung Leggios.

1967   Prozeß der 114 und weitere große Mafiaprozesse.

1968   Casamento eröffnet die Firma *Eagle Cheese* in den USA.

1972   Korsischer Drogenring in Brasilien zerschlagen, Buscetta verhaftet und nach Italien abgeschoben.

1974   Leggio zu Gefängnis verurteilt.

Die sizilianische Mafia schließt einen Pakt mit der Camorra.

1975   Die sizilianische Mafia schließt einen Pakt mit den Türken.

1976   *Operation Earn* beginnt (Le Vien auf Enzo Napoli angesetzt).

1976-77   Die sizilianische Mafia eröffnet ihre Heroinpipeline in die USA.

1979   Ronsisvalle stellt sich dem FBI.

Sindona wird entführt.

Galante wird erschossen, Catalano übernimmt die Mafiafamilie Bonanno.

1980   Beginn der Ermittlung im Pizzafall. Richter Palermo nimmt seine Ermittlungen gegen ein Waffen- und Drogengeschäft in Trient auf.

Adamitafall: 40 Kilogramm Heroin beschlagnahmt.

1981   Bontate ermordet.

1981-83   Der große Mafiakrieg.

1982   Dalla Chiesa ermordet.

Cassarà reicht den epochemachenden Bericht »Greco + 161« ein.

Spatolaprozeß in Palermo, Anklage gegen 79 Mafiosi, Freispruch für die meisten.

1984   Buscetta wird in Brasilien verhaftet und redet.

1985   In New York beginnt der Pizzaprozeß.

1986   Massenprozeß in Palermo.

Italiens Oberster Gerichtshof beginnt, Urteile gegen Mafia aufzuheben.

1988   Operation *Iron Tower* (gegen die Gambinos von Cherry Hill).

Urteil im Massenprozeß.

Auflösung der Antimafiaarbeitsgruppe in Italien.

Liste prominenter Opfer

Antiochia, Roberto: Kriminalbeamter, Squadra Mobile, Palermo, 6. August 1985

Basile, Emmanuele: Carabinierihauptmann, Monreale, 5. Mai 1980

Caccia, Bruno: Staatsanwalt, Turin, 27. Juni 1983

Cassarà, Antonino: Vizechef der Squadra Mobile, Palermo, 6. August 1985

Chinicci, Rocco: Richter, Palermo, 29. Juli 1983

Ciaccio Montalto, Giangiacomo: Richter, Trapani, 25. Januar 1983

Costa, Gaetano: Staatsanwalt, Palermo, 6. August 1980

Dalla Chiesa, Carlo Alberto: Präfekt, Palermo, 3. September 1982

Fava, Giuseppe: Journalist, Catania, 5. Januar 1984

Giallombardi, Carmelo: Geheimpolizist der Caribinieri, Altavilla, 12. Dezember 1988

Giuliano, Boris: Chef der Squadra Mobile, Palermo, 29. Juli 1979

Ilvollela, Vito: Carabinieriinspektor, Palermo, 10. September 1981

Insalaco, Giuseppe: Exbürgermeister, Palermo, 12. Januar 1988

La Torre, Pio: kommunistischer Parteiführer, Sizilien, 30. April 1982

Mancuso, Lenin: Agent der Squadra Mobile, Palermo, 25. September 1979

Mattarella, Piersanto: Präsident der sizilianischen Region, 6. Januar 1980

Mondo, Natale: Kriminalbeamter, Squadra Mobile, Palermo, 14. Januar 1988

Montana, Giuseppe: Inspektor der Squadra Mobile, Palermo, 28. Juli 1985

Reina, Michele: Sekretär der Christdemokraten, Palermo, 9. März 1979

Rostagno, Mauro: Journalist, Trapani, 1. August 1988

Russo, Giuseppe, Carabinierioberst, Ficuzza, 20. August 1977

Saetta, Antonino: Richter, Caltanissetta, 1. August 1988

Terranova, Cesare: Richter, Palermo, 25. September 1979

Zucchetto, Calogero: Kriminalbeamter, Squadra Mobile, Palermo, 14. November 1982

Mafiaverlierer

Alongi, Sebastiano: Mafiaboß von Prizzi, »weißer Tod«, 9. September 1983

Badalamenti, Antonino: mit der Lupara (abgesägte Schrotflinte) erschossen, 19. August 1981

Bontate, Stefano: mit Kalaschnikow erschossen, 23. April 1981

Bosio, Sebastiano: mit Lupara erschossen, 6. November 1981

Buccellato, Antonino: mit Lupara erschossen, Castellammare del Golfo, 30. September 1981

Buscemi, Rodolfo: erdrosselt, ins Hafenbecken geworfen, 1982

Buscetta, Antonino: »weißer Tod«, 11. September 1982

Buscetta, Benedetto: »weißer Tod«, 11. September 1982

Caruana, Leonardo: erschossen in Palermo, 2. September 1982

Chiazesse, Filippo: »weißer Tod« (kein Leichnam gefunden), 8. Juni 1981

D'Agostino, Emmanuele: »weißer Tod«, 28. Mai 1981

D'Agostino, Ignazio: mit Lupara erschossen, 11. Januar 1982

Di Cristina, Giuseppe: Mafiaboß von Riesi, erschossen, 30. Mai 1978

Di Franco, Carlo: »weißer Tod«, 26. Mai 1981

Di Gregorio, Salvatore: »weißer Tod«, 4. Januar 1982

Di Maggio Calogero: »weißer Tod«, 25. Mai 1981

Fallucca, Giovanni: erdrosselt, im Säurebad aufgelöst, 1982

Federico, Angelo: »weißer Tod«, 26. Mai 1981

Federico, Salvatore: »weißer Tod«, 26. Mai 1981

Ferlito, Alfio: mit Kalaschnikow erschossen in Catania, 16. Juni 1982

Gallina, Stefano: mit Lupara erschossen in Palermo, 1. Oktober 1981

Gnoffo, Ignazio: Mafiachef von Palermo-Stadtmitte, »weißer Tod«, 15. Juni 1981

Grado, Antonino: »weißer Tod«, 14. Oktober 1981

Graviano, Giuseppe: erschossen, ins Hafenbecken geworfen, 1982

Impastato, Giacomo: mit Lupara erschossen, 15. Januar 1982

Impastato, Luigi: mit Lupara erschossen in Palermo, 22. September 1982

Inzerillo, Giuseppe: »weißer Tod«, 31. Juli 1981

Inzerillo, Pietro: in den USA erschossen, 15. Januar 1982

Inzerillo, Salvatore: mit Kalaschnikow erschossen, 11. Mai 1981

Inzerillo, Santo: »weißer Tod«, 25. Mai 1981

Lo Jacono, Carmelo: erdrosselt, im Säurebad aufgelöst, 1982

Lo Presti, Ignazio: »weißer Tod«, im August 1982

Lo Verso, Maurizio: erdrosselt, im Säurebad aufgelöst, 1982

Mafara, Francesco: »weißer Tod«, 14. Oktober 1981

Mafara, Giovanni: mit Lupara erschossen in Palermo, 14. Oktober 1981

Mamola, Emmanuele: mit Lupara erschossen in Palermo, 5. Oktober 1981

Mandala, Franco: mit Lupara erschossen, 5. April 1982

Mandala, Pietro: mit Lupara erschossen in Palermo, 3. Oktober 1981

Marchese, Pietro: im Gefängnis erstochen, 25. Februar 1982

Marsala, Mariano: Mafiaboß von Vicari, »weißer Tod«, im Februar 1983

Migliore, Antonio: erdrosselt, ins Hafenbecken geworfen, 1982

Misuraca, Calogero: mit Lupara erschossen in Palermo, 9. Oktober 1981

Panno, Giuseppe: Mafiaboß von Casteldaccia, »weißer Tod«, 11. März 1981

Pecorella, Stefano: »weißer Tod«, 31. Juli 1981

Piombino, Nicolo: mit Lupara erschossen, 26. Januar 1982

Riccobono, Rosario: Mafiaboß von Partanna, »weißer Tod«, im November 1982

Riccobono, Vito: geköpft, im parkenden Auto deponiert, 1982

Rimi, Vincenzo: mit Lupara erschossen, Alcamo, 1981

Rizutto, Michele: erdrosselt, ins Hafenbecken geworfen, 1982

Romano, Giuseppe: erschossen, im Kofferraum deponiert, 1982

Rugnetta, Antonio: erdrosselt, ins Hafenbecken geworfen, 1982

Settecase, Giuseppe: mit Lupara erschossen in Agrigent, 23. März 1981

Severino, Salvatore: »weißer Tod« in Palermo, 29. Mai 1981

Severino, Vincenzo: »weißer Tod« in Palermo, 29. Mai 1981

Spica, Antonio: in Mailand erschossen, 2. Februar 1982

Sollena, Matteo: in den USA erschossen, im Kofferraum deponiert, 19. November 1983

Sollena, Salvatore: in den USA erschossen, im Kofferraum deponiert, 10. November 1983

Sorci, Nino: Mafiaboß von Villagrazia, mit Lupara erschossen, 12. April 1983

Teresi, »Mimmo«: erschossen, an Schweine verfüttert, 1982

Tramontana, Giuseppe: in den USA erschossen, im Kofferraum deponiert, 8. Februar 1983

Vitale, Leonardo: mit Lupara erschossen in Palermo, 2. Dezember 1984

Anmerkungen

Prolog

1 Auszüge aus der Tonbandabschrift des Gesprächs im *Palace Restaurant* am 13. Januar 1977.

2 Daß Vincenzo Napoli von der *cosca* von Villabate eingeschworen worden war, wurde Doug Le Vien von Luigi Ronsisvalle bestätigt. Vgl. Kapitel 10.

3 Das waren Reiseziele, an denen Napolis eigene *American Express*-Kreditkarte belastet wurde; nicht bekannt ist hingegen, wohin er mit anderer Leute Kreditkarten sonst noch reiste.

4 Tonbandaufzeichnung eines Telefongesprächs im April 1974, Public Morals Devision, New York Police Department.

5 Der Eastern District vertritt das US-Justizministerium in Brooklyn, Queens, Staten Island und Long Island.

6 Mitteilung an die Sondereinsatzgruppe des Eastern District vom leitenden Kriminalbeamten der Ermittlungsgruppe gegen Spielhöllen (Central Gambling Unit), New York Police Department, 4. November 1976.

7 Geheimdienstunterlagen, zitiert in der Akte des US-Justizministeriums über Vincenzo Napoli vom 25. Januar 1975 über den Verkauf von Bundesschatzbriefen, Ausdruck des Justizministeriums vom 25. Januar 1977. INS (Immigration and Naturalization Service, Einwanderungs- und Einbürgerungsbehörde): Berichte über das Einschleusen von Ausländern, zitiert aus dem New York State Police Report vom 18. August 1977. Zeuge; Bericht von Steve Rogers am 10. Februar 1977. BNDD (Drogen-

fahndungsbehörde) über Enzo Napoli vom 30. Oktober 1970. Akte der Polizei von Miami: Enzo Napoli wurde wegen Einreichens gestohlener Schecks im August 1976 verhaftet, aber nicht vor Gericht gestellt; Luigi Ronsisvalle wurde mit ihm verhaftet und saß kurz in Untersuchungshaft. FBI: Alle drei Brüder Napoli wurden verdächtigt, »das Einschleusen illegaler Ausländer nach New York zu betreiben«; Gewährsmann, zitiert im Bericht des FBI vom 5. November 1973. Verschiedene Polizeiberichte; zitiert im Bericht des New York Police Department, Special Forces, vom 8. September 1975: Vincenzo Napoli war demnach verwickelt in »Kreditwucher, Betrug, Verkauf von Handfeuerwaffen, Verkauf gestohlener Handelsware, Raubüberfälle«. Zur Verbindung aller drei Brüder Napoli mit Paul Castellano und der Familie Gambino *Consigliere* Joe N. Gallo, zitiert im Bericht des New York Police Department vom 5. Dezember 1976; New York Police Intelligence Report, 5. August 1976.

8 Der Rubens und der Terborch wurden im »Abscamfall« wieder aufgefunden.

9 *New York Times* vom 12. April 1977; *Time* vom 18. April 1977.

10 Bundesanwalt Tom Puccio, designierter Chef des Eastern District, hatte zumindest einen Grund zum Zögern. Damals wurde gegen einen FBI-Agenten ermittelt, weil er Informationen an die Mafia verkauft hatte. Als erster nachweislich korrupter Agent des FBI bekannte er sich schuldig und wurde zu einem Jahr und einem Tag Gefängnis verurteilt. Der Bericht des FBI über das Gewehr erbrachte keine neuen Erkenntnisse.

11 Napolis Komplizen in Miami waren Luigi Ronsisvalle und Giuseppe Mirabile, beide *Picciotti* der sizilianischen Mafia. Mirabile sollte die sizilianische Polizei unwissentlich zu zwei Hauptangeklagten im Fall der Pizza-Connection führen, weil er mit ihnen zusammen auf Fotos zu sehen war, die 1980 in Palermo heimlich aufgenommen worden waren. (Ronsisvalles Geschichte wird im Kapitel 10 be-

schrieben.) Richter Eshkenazi wurden sie am 29. September 1976 vorgeführt. Vgl. FBI-Bericht MM 87-38484.

12 *New York Times* vom 16. Januar 1977; *New York Daily News* vom 26. Januar 1977.

13 Die First National City Bank in Staten Island wurde im April 1976 von Enzo Napoli und einem weiteren Italiener namens Frank Resto um dieses Geld betrogen. Nach seiner Aussage vor dem Großen Geschworenengericht wurde Resto in seiner New Yorker Wohnung an einem Türhaken erhängt aufgefunden. Wie Le Vien ein Jahr später entdeckte, hatte der Zoll die Spur nach St. George auf Grenada verfolgt, wo Resto/Napoli den größten Teil der Beute aus Staten Island über ihre eigene Briefkastenbank gewaschen hatten, die First National City Bank and Trust Company in der Hallifax Street Nr. 11. »Eigentümer dieser Bank sind Frank Resto und Ricardo LNU [last name unknown, Nachname unbekannt]«, berichtet der Zollfahnder Steve Rogers. »›Ricardo‹ ist Vincent Napoli, ein Hehler gestohlener Bundesschatzbriefe«, Bericht von Steve Rogers vom 10. Februar 1977.

14 *New York Daily News* vom 5. Oktober 1977. Nach Enzo Napolis Verhaftung wegen Heroinhandels 1978 wurde er vom FBI und vom US-Geheimdienst wegen Falschgeldherstellung, Bankbetrugs, Unterschlagung und Weitergabe gestohlener Schecks über Grenzen von US-Bundesstaaten hinweg verhört. Er wurde jedoch in keinem dieser Punkte angeklagt.

15 Die Diamanten wurden nach Enzo Napolis Anweisungen von Luigi Ronsisvalle und Giuseppe Mirabile geraubt, wie Ronsisvalle später bestätigte (vgl. Kapitel 10). Geraubt wurden sie bei Henry Grosbard in der West 47th Street.

16 Bericht der Drogenfahndungsbehörde vom 9. März und 8. April 1977.

1   Der Experte war der Washingtoner Agent Frank Storey, zitiert in *U. S. News* und *World Report* vom 11. April 1988. Der Sprecher war William Carter, zitiert in *Corriere della Sera* (Mailand) vom 1. April 1988. Vgl. Kapitel 20.

2   Die Schätzung von zwölf Milliarden Dollar für den Einzelverkauf von Heroin in den USA beruht auf einem Durchschnittsbetrag von 20 Dollar pro Schuß bei durchschnittlich drei Schüssen täglich für Süchtige und auf einer offiziellen Zahl von 500 000 Süchtigen. Bundesanwalt Rudolph Giuliani vom Southern District in New York nannte mir 1986 die Schätzung von 20 Milliarden Dollar. Die Gesamtziffer für den Handel mit Betäubungsmitteln stammt aus der Kommission des Präsidenten gegen das organisierte Verbrechen, »American Habit: Drug Abuse, Drug Trafficking and Organized Crime« und aus der UN-Konferenz über Betäubungsmittel, Bericht im RAI (italienisches Fernsehen) vom 19. Mai 1989. Die Zahl für Italien wurde von Italiens Richterbund am 31. Januar 1989 mitgeteilt. Die Schätzung von 110 Milliarden Dollar Umsatz mit Betäubungsmitteln in den Vereinigten Staaten erhielt ich im März 1986 vom New Yorker Büro der amerikanischen Drogenfahndung. In früheren Schätzungen, die vom Chef der Drogenfahndung Francis Mullen am 23. Februar 1983 gegenüber dem Rechtsausschuß des amerikanischen Senats zitiert wurden, wurden 79 Milliarden Dollar vermutet.
Diese Zahlen und praktisch alle anderen über den Verbrauch von Betäubungsmitteln und die erzielten Profite sind bestenfalls Schätzungen. Nur wenige Drogenexperten glauben zum Beispiel, daß Statistiken über die amerikanische Süchtigenzahl und die jährlich ins Land gebrachte Gesamtmenge an Heroin zutreffend sind. Sachkundige Mutmaßungen tendieren zum Doppelten der offiziellen Schätzzahlen.

3   Aussage des damaligen FBI-Direktors Richter William Webster gegenüber dem 7. Weltkongreß der UNO gegen

Verbrechen vom 27. August 1987. Gewinnzahlen aus der Akte *Illecito* des Forschungsinstituts der italienischen Regierung Censis vom 4. April 1985 schätzten die Erträge von Investitionen auf 1667 Prozent.

4 Interview mit Frank Panessa von der amerikanischen Drogenfahndung in Rom im August 1988. Interview mit Floyd Clark, stellvertretendem Direktor der Kriminalermittlung des FBI in Washington, und Anthony Daniels, Inspektor und stellvertretender Direktor derselben Abteilung, vom 14. März 1989.

5 Inoffizielle Denkschrift, die ich vom Bureau of International Narcotic Matters des US-Außenministeriums im März 1989 erhielt.

6 Schätzung des Dienstes zur Bekämpfung von Betäubungsmitteln des italienischen Innenministeriums vom 10. August 1988. Am selben Tag im *Corriere della Sera* (Mailand) erschienen. Offizielle Drogentotenzahl Italiens 1988 von General Sotigu, Chef des Amtes zur Bekämpfung von Betäubungsmitteln des italienischen Innenministeriums.

7 *Time* vom 1. August 1988.

8 Britische Zahlen aus meinem Interview mit Colin Hewett, National Drugs Intelligence Coordinator von Scotland Yard, vom Februar 1987. Die französischen Zahlen vom Internationalen Komitee für den Kampf gegen Drogenmißbrauch, gemeldet in einem Telegramm des Außenministeriums aus der US-Botschaft in Paris vom März 1988.

9 Die weltweite Heroinsucht wurde 1987 von der amerikanischen Drogenfahndung bei steigender Tendenz auf 2,5 Millionen beziffert (Interview mit Tom Angioletti, damaliger Chef des Büros der US-Drogenfahndung in Rom). Die europäische Süchtigenzahl nach Angaben des Bureau of International Narcotic Matters des US-Außenministeriums vom 24. April 1988. Die beschlagnahmten Heroinmengen in Europa für 1984 und 1985 sind im National Narcotics Intelligence Consumers Committee Report von 1985-1986 angegeben. Die beschlagnahmten Heroinmengen für 1987 stammen aus dem Interpolbulletin *Quest*, 2.

und 3. Jahresdrittel 1987. Die Angaben über die beschlagnahmte Heroinmenge in den Vereinigten Staaten für 1987 vom Büro der amerikanischen Drogenfahndung in Rom. Die amerikanische Drogenfahndung schätzt, daß ein Kilo unverschnittenes, 95prozentiges Heroin in 45 000 fünfprozentige Schüsse portioniert werden kann.

10 Aussage des Direktors der amerikanischen Drogenfahndung Francis Mullen vor einem Ausschuß des US-Senats, *New York Times* vom 4. Juli 1983: »Amtliche Stellen sind inzwischen überzeugt, daß Familien des organisierten Verbrechens in New York 85 Prozent des Heroins in die Vereinigten Staaten importieren. 1963 hatte noch keine amtliche Stelle gemerkt, daß die direkten Heroinimporteure nicht die Mafiafamilien von New York waren, sondern die sizilianische Mafia, die dazu die Konzession von den amerikanischen Kollegen erhalten hatte.« William Sessions Bericht an das Committee for Governmental Affairs, Permanent Subcommittee on Investigations, US-Senat vom 11. April 1988.

11 Sessions Bericht an das Committee for Governmental Affairs, Permanent Subcommittee on Investigations des US-Senats vom 11. April 1988. Nach Angaben des damaligen US-Generalstaatsanwalts William French Smith hatte die sizilianische Mafia »vermutlich 80 Prozent des gesamten Heroins geliefert, das in die nordöstlichen Staaten der USA gelangte«. Vgl. auch »The Impact: Organized Crime Today«, President's Commission on Organized Crime, S. 57. »Ordinanzia die Rinvio a Giudizio« (Anklageschrift) im Massenprozeß gegen 464 vermutete sizilianische Mafiosi, zitiert in Violante, *La Mafia dell'eroina*.

12 Interview mit Frank Storey, dem Spitzenexperten des FBI zum organisierten Verbrechen vom 28. April 1988.

13 Interview mit Mike Spataro, dem Experten für Drogenfahndung in New York, vom 25. April 1988. »Die Chinesen dealen nicht gern mit Schwarzen; sie werden dabei beraubt. Sie dealen lieber mit den Sizilianern«, sagte er. Bestätigt wurde dies in meinem Interview mit Jules Buo-

navolonta, dem Supervisor des FBI für organisiertes Verbrechen, in New York vom 19. April 1988. Bestätigt wurde dies auch durch Louis Freeh, US-Bundesanwalt im Southern District von New York, der auch das Team der Staatsanwaltschaft im Prozeß gegen die Pizza-Connection 1985 leitete. Im wesentlichen dasselbe berichtete mir Frank Storey vom FBI in Washington.

14 Interview mit dem Direktor der amerikanischen Drogenfahndung in Rom, Frank Panessa, vom 30. Januar 1989.

15 National Narcotics Intelligence Consumers' Committee Report, 1985-1986. Die Verdreifachung in Europa gemeldet in *Time* vom 1. August 1988.

16 Interview mit Mona Ewell, Nachrichtenanalytikerin der amerikanischen Drogenfahndung. Vgl. auch Kapitel 7.

17 Interview mit dem Agenten der amerikanischen Drogenfahndung in Caracas vom Oktober 1987. Seine Schätzung beruht auf der Beschlagnahme von acht Tonnen Kokain aus Venezuela in jenem Jahr. Die zugegebenermaßen etwas grobe Standardrechnung geht davon aus, daß beschlagnahmte Mengen zehn Prozent des Handelsvolumens ausmachen.

18 Die 1982 erstellte DISIP-Studie wurde nie veröffentlicht; ein Teil des interessantesten Materials darin scheint verschwunden zu sein. Der Inhalt wurde 1984 im Parlament von dem Abgeordneten Carlos Tablante und Vladimir Gessen vom Antimafiaausschuß enthüllt, die der DISIP die entscheidenden Dokumente über diesen zur Verfügung gestellt hatten. Vgl. *El Diario de Caracas* vom 12. Dezember 1984.
Der Artikel im *El Diario* über den Kokainhandel der Mafia vom 13. Oktober 1985 war Teil einer gut recherchierten Serie Rodolfo Schmidts über die sizilianische Mafia in Venezuela. Vladimir Gessen, damals Vorsitzender des parlamentarischen Ausschusses gegen Betäubungsmittel, bestätigte die entscheidenden Fakten in einem Interview mit mir im Oktober 1987 in Caracas.

Die für den sizilianischen Anteil am Kokainhandel genannte Zahl betrug 60 Prozent.

19 Interview in New York vom 12. April 1988.

20 Schätzung im Stewart-Clark-Bericht an das Europaparlament von 1986, zitiert in Violante, *La Mafia dell'eroina*, S. 19.

21 Arlacchi, *La Mafia imprenditrice;* Hess, *Mafia.*

22 Gambino, *Blood of My Blood.*

23 Peterson, *The Mob*, S. 444.

24 *New York Times* vom 18. Dezember 1985.

25 Ianni und Reuss-Ianni, *The Crime Society,* S. 99.

26 Cressey, *Theft of the Nation,* S. 19ff., S. 181-182.

27 Ianni und Reuss-Ianni, *The Crime Society,* enthält Beiträge mehrerer bekannter Kommentatoren, darunter einen von Daniel Bell.

28 Peterson, *The Mob*, S. 440.

29 Interview mit Floyd Clark vom FBI vom 14. März 1988.

30 *The Economist* (London), zitiert in *Giornale di Sicilia* (Palermo) vom 2. April 1988. Die Zahl von 30 Milliarden Dollar wurde dem Antimafiaausschuß des italienischen Parlaments am 4. Mai 1989 von der Guardia di Finanza genannt.

31 Die Schätzung der Einkünfte der sizilianischen Mafia stammen von der Guardia di Finanza und wurde im *Corriere della Sera* (Mailand) am 1. Oktober 1983 abgedruckt. Pino Arlacchi, ein bekannter italienischer Verbrechensexperte, nannte mir die Vergleichsschätzung für den Haushalt der sizilianischen Regionalregierung.

32 Größe der amerikanischen Mafia aus »The Impact: Organized Crime Today«, S. 36. Mitgliederzahlen der sizilianischen Mafia von Emanuele De Francesco, früherer Chef des Antimafiaausschusses des italienischen Innenministeriums.

33 Über Anastasias Geschäfte mit Mitgliedsrechten berichtete Joe Valachi; vgl. Maas, *The Valachi Papers*, S. 256. Die Mitgliedszahlen stammen jeweils vom President's Committee on Organized Crime (»The Impact: Organized

Crime Today«) und vom Antimafiaausschuß des italienischen Innenministeriums.

34 Stajano, *Mafia: L'atto d'accusa*, S. 40ff., S. 72.

35 Falzone, *Storia della Mafia* S. 76-115.

36 Diese Ableitung vermutet Giuseppe Guido Loschiavo, ein angesehener sizilianischer Untersuchungsrichter und Autor in seinem Buch *Cento anni di Mafia*. Es wird von vielen anderen Autoren zitiert, unter anderem von Gaetano Falzone, Rosario Poma und Enzo Perrone. In *Blood of My Blood* bezieht sich Richard Gambino auf S. 296 auf die »squadre della Mafia«.

37 Falzone, *Storia della Mafia*, S. 126; Servadio, *Mafioso*, S. 19; Hess, *Mafia*, S. 5-6.

38 Poma und Perrone, *La Mafia*, S. 6; Hess, *Mafia*, S. 5; Servadio, *Mafioso*, S. 23.

39 Petacco, *Joe Petrosino*, S. 119.

40 Giuseppe Guido Loschiavo, ein bekannter Historiker, zitiert in Poma und Perrone, *La Mafia*, S. 50.

41 Giuseppe Pitrè, *Usi e sotumi, credenze e preguidizi del popolo siciliano* (Palermo, Clausen, 1889).

42 Der frühere Kurator ist Gaetano Falzone, ein anerkannter sizilianischer Historiker. Sein Buch *Storia della Mafia* enthält viele wertvolle Angaben.

43 Hess, *Mafia*, S. 70-71; Servadio, *Mafioso*, S. 55-59.

44 Die Amerikaner haben erstmals 1890 von der Schwarzen Hand gehört, als ein aufgeputschter Mob in New Orleans elf Sizilianer lynchte. Die Opfer waren soeben von der Anklage freigesprochen worden, den Polizeichef der Stadt, Dave Hennessey, ermordet zu haben. Die Fakten waren verworren – Hennessey war kein Heiliger, wie die Italiener sagen –, doch die große sizilianische Kolonie der Stadt war mit Sicherheit von Mafiosi aus der alten Heimat durchsetzt.

45 Petacco, *Joe Petrosino*, S. 135.

46 Für eine längere Darstellung von Cascio Ferros Laufbahn in New York vgl. Petacco, *Joe Petrosino*. Der Verweis findet sich auf S. 75.

47 *a. a. O.*, S. 218-225; Pantaleone, *Mafia e droga*, S. 24. Petrosino wurde am 12. März 1909 ermordet.
48 Servadio, *Mafioso*, S. 74.
49 Duggan, *La Mafia durante il Fascismo.*
50 Smith, *Storia della Sicilia medievale e moderna*, S. 701; Duggan, *La Mafia durante il Fascismo.*
51 Pantaleone, *Mafia e politica*, S. 58.
52 Barzini, *The Italians*, S. 345-346.
53 Gosch und Hammer, *The Last Testament of Lucky Luciano*, S. 98.
54 *a.a.O.*, S. 101.
55 Die blutige Auseinandersetzung zwischen Joe Masseria von Trapani und Salvatore Maranzano aus Castellammare del Golfo wurde als New Yorker »Krieg der Castellammaresi« bekannt. Für das Lanskyzitat vgl. Gosch und Hammer, *The Last Testament of Lucky Luciano*, S. 115, 146. *The Autobiography of Joseph Bonanno*, S. 150.
56 Die Bücher blieben von 1931-1954 geschlossen: McClellan Committee Report. 4. März 1965, S. 13.

2 Don Luciano Leggio, der Sieger

1 Der Name »Leggio« wird in der Presse und Literatur häufig fälschlicherweise »Liggio« geschrieben.
2 Persönliche Mitteilung von Richter Falcone aus Palermo. Er schätzt, daß allein in Palermo und der umliegenden Provinz etwa 600 getötet wurden und weitere 400 in mafiaverseuchten Gegenden wie Trapani, Agrigent und Catania.
3 »Während des Zweiten Weltkrieges gab es eine Menge Gerede über angeblich wertvolle Dienste, die Luciano, damals Sträfling, den Militärbehörden in Zusammenhang mit Plänen für die Invasion seines heimatlichen Siziliens erwiesen haben soll. Wir haben nachgeforscht und widersprüchliche Angaben erhalten«, schrieb Senator Kefauver.

4 Vermutlich die maßgeblichste Darstellung der alliierten Landung in Sizilien findet sich in der neueren, umfangreichen und gründlich dokumentierten Geschichte Siziliens des bekannten sizilianischen Historikers Francesco Renda. Das Gesamtwerk hat den Titel *Storia della Sicilia dal 1860 al 1970*. In Band 3 wird unter dem Titel *Dall'occupazione militare alleata al centro sinistra* die alliierte Landung abgehandelt.

In seiner eigenen Beschreibung der alliierten Militäroperation weist Professor Renda eindeutig nach, daß ihre Planung und ihr Ergebnis von sehr viel komplexeren Faktoren abhing als von einer schlichten Geheimvereinbarung mit Mafiabossen. Unter anderem schreibt er: »Der anglo-amerikanische Sieg war nicht so vollständig wie erhofft und wurde auch nicht ohne Schwierigkeiten errungen ... Die Invasion war alles andere als ein Durchmarsch ... Der italienische und deutsche Widerstand war stärker als erwartet.« (auf S. 19-20.)

»Bestimmt wurde das Verhalten der italienischen Truppen und der Zivilbevölkerung [in erster Linie] vom Gewicht der strategisch-politischen Kräfte. Unter diesen Umständen war es unmöglich, daß die Alliierten nicht gewannen, und Leute, die ihren eigenen Kopf zum Denken und Entscheiden hatten, zogen die notwendigen Schlüsse.« (auf S. 25.) »Die Menschen wollten Frieden, und die einzige Möglichkeit dazu war die Ankunft der Alliierten.«

Speziell zur Erzählung über Lucky Lucianos gelbes Seidentaschentuch bemerkt Professor Renda: »Der Mechanismus der Infiltration der Inselverwaltung und der alliierten Militärregierung entwickelte sich völlig spontan, auch weil ihm von seiten verschiedener Offiziere, die für die zivile Verwaltung zuständig waren, kein Widerstand entgegengesetzt wurde. Es gibt keinen Beweis und kein Motiv, das auf irgendein vorgefaßtes und vorsätzliches Komplott unter Beteiligung hoher und niederer Besatzungsbehörden schließen läßt, Sizilien der Mafia in die Hände zu spielen.«

Für andere Verweise vgl. Servadio, *Mafioso:* »Die Rolle, die einige Cosa-Nostra-Verbrecher und sizilianische

Cosche angeblich in den Kriegsanstrengungen gespielt haben, ist umstritten. Es gibt mehrere Versionen, von denen viele aus denselben Quellen stammen (wie von Lucky Lucianos Anwalt Moses Polakoff, der widersprüchliche Geschichten verbreitete). Die Wahrheit liegt vermutlich irgendwo in der Mitte ...« »Zwar bezweifle ich stark, daß es je große Vereinbarungen zwischen amerikanischen Regierungsbeamten und Gangstern gab, doch es ist mehr als möglich, daß Versprechen unter Austausch von Gunsterweisen irgendwo in den mittleren Rängen vorkam.« (S. 82-83.)

Zu Lucky Lucianos spezieller Rolle schreibt Servadio: »Lucky Luciano war damals schon zu lange im Gefängnis gewesen, um die New Yorker ›Familien‹ beherrschen zu können, und mit Sizilien waren wegen der faschistischen Herrschaft alle Kontakte unterbrochen. Calogero Vizzini hatte keine weitreichenden Machtbefugnisse mehr, da Moris Aktionen das Netz der sizilianischen Unterwelt in der Tat mit Erfolg zerschlagen hatten ... Prominent wurde er erst, nachdem er Bürgermeister von Villalba geworden war.«

5 Renda, *Storia della Sicilia dal 1860 al 1970,* Bd. 3.

6 Luciano Leggios Aussagen in Palermos Massenprozeß; *Giornale di Sicilia* (Palermo), 25. Mai 1986.

7 Pantaleone, *Mafia e politica;* Nese, *Nel segno della Mafia,* S. 16.

8 Nese, *Nel segno della Mafia,* S. 16.

9 *a.a.O.,* S. 21.

10 Dieses Zwischenurteil, als Tesafilmurteil bekannt, wurde mit einem neuen italienischen Strafgesetz von 1988 abgeschafft.

11 Nese, *Nel segno della Mafia,* S. 22. Neses ausgezeichnetes Buch über Leggio stützt sich in großen Teilen seiner Dokumentation auf die Berichte des Antimafiaausschusses des italienischen Parlaments.

12 Bericht des Carabinierigenerals Amedeo Branca, Brigadekommandeur in Sizilien, vom 9. Oktober 1946.

13 Fava, *Processo alla Sicilia,* S. 194.

14 *a.a.O.*

15 Nese, *Nel segno della Mafia,* S. 66; Pantaleone, *Mafia e politica,* S. 127-128.

16 Pantaleone, *Mafia e politica,* S. 120; Sterling, »Portrait of a Killer«; Nese, *Nel segno della Mafia,* S. 34-42; Poma and Perrone, *La Mafia.*

17 Sterling, »Portrait of a Killer«; Nese, *Nel segno della Mafia,* S. 34; Poma and Perrone, *La Mafia,* S. 216.

18 »Relazione sull'Indagine Riguardante Casi di Singoli Mafiosi«, Antimafiaausschuß des italienischen Parlaments.

19 *a.a.O.*

20 Ein Bericht über Leggios Erscheinen vor der Kuppel ist enthalten in der Abschrift von Tommaso Buscettas Befragung durch Richter Giovanni Falcone, Palermo, September 1984.

21 Nese, *Nel segno della Mafia,* S. 79.

22 Das Bodenreformgesetz beschränkte den maximalen Grundbesitz auf 200 Hektar.

23 *La Repubblica* (Rom) vom 17. April 1987.

24 Hess, *Mafia,* S. 212.

25 Mori, *Con la Mafia,* S. 128-129, zitiert in Duggan, *La Mafia durante il Fascismo,* S. 20. Trapani hatte 1924 700 Morde jährlich, Palermo 278.

26 Poma und Perrone, *La Mafia,* S. 61. In den vier Westprovinzen Siziliens gab es zwischen 1944 und 1962 2 000 bekannt gewordene Morde und verschwundene Personen.

27 Der Besucher war der Journalist und Redakteur Indro Montanelli, der mir diese Angaben machte.

28 Der Richter war Cesare Terranova, 1979 ermordet. Vgl. Kapitel 8.

29 Bericht des Carabinierioffiziers Mario Malausa, zitiert in »Relazione sull'Indagine Riguradante Casi di Singoli Mafiosi«, Antimafiaausschuß des italienischen Parlaments, zitiert in Sterling, »Portrait of a Mafia Killer«.

30 Fava, *Processo alla Mafia,* S. 196.

31 *a.a.O.,* S. 196-197.

32 *Giornale di Sicilia* (Palermo) vom 3. August 1986.

33 Pantaleone, *Anti-Mafia, occasione mancata,* S. 113.

34 Fava, *Processo alla Mafia,* S. 194.

35 *a.a.O.,* S. 196.

36 *a.a.O.,* S. 25. Die Waffenscheine wurden zwischen 1959 und 1963 ausgegeben.

37 Pantaleone, *Anti-Mafia, occasione mancata,* S. 19. Bericht des Antimafiaausschusses an das Parlament vom 8. Juli 1965. Der Ausschuß hatte seine Ermittlungen 1963 aufgenommen.

3 Don Tommaso Buscetta, der letzte große Verlierer

1 Interview mit Richter Falcone vom Februar 1985.

2 Enzo Biagis Buch *Il Boss è solo* erhielt 1987 den angesehenen italienischen Buchpreis *Premio Bancarella.*

3 McClellan Committee hearings, S. 184.

4 Maas, *The Valachi Papers,* S. 35.

5 *a.a.O.,* S. 44.

6 McClellan Committee hearings vom 25. September bis 9. Oktober 1963, S. 120.

7 Vernehmung Buscettas bei der amerikanischen Drogenfahndung durch Anthony Petrucci vom 22. April 1985.

8 Pistone, *Donnie Brasco,* S. 330.

9 Arlacchi, *La Mafia imprenditrice,* S. 153.

10 Derselbe Eid ist im Laufe der letzten Jahrzehnte von einem Dutzend *Pentiti* beschrieben worden.

11 Vernehmung Buscettas durch die amerikanische Drogenfahndung vom 1. Mai 1985.

12 Biagi, *Il Boss è solo,* S. 181.

13 Die Ermordeten waren Giulio Pisciotta und Natale Carollo. Buscetta wurde vom Gericht in Catanzaro am 22. Dezember 1968 verurteilt. Zusammen mit Angelo La Barbera und Salvatore Greco wurde er der »rechtswidrigen Freiheitsberaubung der Geschädigten Giulio Pisciotta und Natale Carollo« für schuldig befunden, die nie wieder lebend gesehen wurden.

Die Verurteilung wurde nach Angaben von Buscettas Anwalt »wegen eines Formfehlers« durch das Berufungsgericht aufgehoben. Vgl. »Sentenza di Rinvio a Giudizio« von Richter Cesare Terranova; »Sentenza della Corte d'Assise di Catanzaro«; Bericht des Antimafiaausschusses aus dem Jahr 1976, Auszug aus *Il Boss della Mafia.* »Acqua in bocca« bedeutet in wörtlicher Übersetzung: Wasser im Mund.

14 »Sentenza di Rinvio a Giudizio« von Richter Terranova und »Sentenza della Corte d'Assise di Catanzaro«. Der Name des Bauunternehmers war Giuseppe Annaloro. Trotz Annaloros Aussage wurde Buscetta »mangels Beweisen« von dieser Anklage freigesprochen.

15 Bericht des Antimafiaausschusses des italienischen Parlaments von 1976. Die beschlagnahmte Menge betrug 3 815 Kilo: 3,8 Tonnen.

16 Pantaleone, *Mafia e droga,* S. 64-70.

17 »Sentenza di Rinvio a Giudizio«, Richter Cesare Terranova, S. 95; Pantaleone, *Mafia e droga,* S. 92-93.

18 *Il Boss della Mafia* S. 295-315.

19 Gosch und Hammer, *The Last Testament of Lucky Luciano,* S. 292-293.

20 Aussage von John J. Shanley, McClellan Committee hearings vom 25. September bis 9. Oktober 1963, S. 251.

21 Gosch und Hammer, *The Last Testament of Lucky Luciano,* S. 301-302.

22 Pantaleone, *Mafia e politica,* S. 213-214.

23 Pantaleone, *Mafia e droga,* S. 98.

24 *a.a.O.* Weitere von Pantaleone Benannte waren Rosario Mancino, Calcedonio Di Pisa, Antonino Sorce und Pietro Davi, notorische Heroinschmuggler. Luciano ging mit Antonino Sorce und Rosario Mancino 1951 ins Geschäft, um Bauunternehmen in Palermo zu finanzieren. Ihre Firma hieß ISEP (Istituto Sovvenzioni e Prestiti). Nach Lucianos Tod ergab ein Dokument aus seinem Bankschließfach, daß die drei gemeinsam von Prinzessin

Anna von Frankreich 20 Hektar unbezahlbarer Grünfläche im Herzen Palermos erworben hatten.

25 Ausführlich wiedergegeben ist Buscettas Darstellung seiner Beziehung zu Lucky Luciano in *Il Boss è solo,* S. 147-153.

26 Claire Sterling, »The Boys Who Made Bad« in *The Reporter* vom 17. Oktober 1957.

27 Short, *Crime Inc.,* S. 160; Gosch und Hammer, *The Last Testament of Lucky Luciano,* S. 362. Das Heroin wurde von korrupten Beschäftigten der Firma Schiaparelli in Mailand abgezweigt, von denen drei verhaftet wurden. Der in diese Sache verwickelte amerikanische Mafioso war Joe Biondo, der einem dieser Beschäftigten durch Luciano vorgestellt worden war.

28 Vgl. Kapitel 4 und 8.

29 Buscetta enthüllte die Tatsache des Bruchs von 1951, wenn auch nicht dessen Gründe, in seiner Befragung durch Richter Falcone. Vgl. »Interrogazione di Buscetta« vom Oktober 1984 und Buscettas Aussage im Prozeß um die New Yorker Pizza-Connection im Oktober 1985.

30 Petacco, *Joe Petrosino,* S. 121.

31 Vernehmung von Tommaso Buscetta durch die amerikanische Drogenfahndung (Huber und Petrucci), 20. März 1985.

32 Gosch und Hammer, *The Last Testament of Lucky Luciano,* S. 146.

33 Cressey, *Theft of the Nation,* S. 46. Joe Bonanno importierte in den sechziger Jahren, als er um die Macht in seiner Familie kämpfen mußte, Soldaten aus Castellammare.

4   Der große Deal

1 Zur amerikanischen Delegation gehörten Carmine Galante, John Bonventre, Frank Garofalo, John Di Bella, John Priziola, Santo Sorge, Nick Gentile, Gaspare und Giuseppe Maggadino und Vito Vitale. Die sizilianische Abord-

nung umfaßte Genco Russo, Vincenzo Rimi di Alcamo, Salvatore und Angelo La Barbera, Salvatore Greco, Diego Plaja, Don Mimi La Fata und Calcedonio Di Pisa.

2 Richter Aldo Vigneri stellte Haftbefehle aus für Carmine Galante, John Bonventre, John Priziola, Frank Garofalo, Santo Sorge. Vito Vitale, Genco Russo, Calcedonio Di Pisa, Angelo und Salvatore La Barbera und Joe Bonanno, Poma und Perrone, *La Mafia*, S. 92; Falzone, *Storia della Mafia*, S. 286.

3 McClellan Committee hearings vom 10. bis 16. Oktober 1963, S. 777. Dies war in den Vereinigten Staaten die erste Erwähnung der Gipfelkonferenz.

4 Vgl. Pantaleone, *Mafia e droga* und *Mafia e politica;* Poma und Perrone, *La Mafia*, Servadio, *Mafioso*.

5 Bonanno, *Man of Honor*, S. 198-200.

6 »Interrogazione di Buscetta«, 21. Juli 1984, S. 303.

7 Vernehmung Buscettas durch die Drogenfahndung vom 20. März und 14. Juli 1985.

8 Biagi, *Il Boss è solo*, S. 147; S. 154.

9 Vernehmung Buscettas durch die amerikanische Drogenfahndung (Huber und Petrucci) vom 20. März 1985.

10 Aussage von John Shanley, Chef des New York City Police Department's Central Investigation Bureau, in den McClellan Committee hearings vom 25. September bis 9. Oktober 1963.

11 Schätzung des US-Bureau of Narcotics, McClellan Committee hearings vom 4. März 1965, S. 56.

12 Bonanno, *Man of Honor*, S. 270.

13 Gosch und Hammer, *The Last Testament of Lucky Luciano*, S. 314.

14 Aussage von Henry L. Giordano, Commissioner des Bureau of Narcotics, McClellan Committee hearings vom 4. März 1965, S. 70.

15 Es handelt sich um »Big John« Ormento und Natale Evola.

16 Servadio, *Mafioso*, S. 187.

17 Short, *Crime Inc.*

18 Gosch und Hammer, *The Last Testament of Lucky Luciano,* S. 348.

19 *a.a.O.,* S. 372.

20 Gerichtsakten über die Pizza-Connection, S. 37 566.

21 Wortlaut eines Gesprächs, das von der Royal Canadian Mounted Police 1974 aufgenommen und im selben Jahr an die italienische Polizei weitergeleitet worden war. Der Wortlaut wurde in Palermos Massenprozeß ein Jahrzehnt später als Beweismaterial eingeführt. Paul Violi wurde von sizilianischen Mafiosi 1978 ermordet.

22 Poma und Perrone, *La Mafia,* S. 86; Pantaleone, *Mafia e droga,* S. 38.

23 Baresse, *I Complici,* S. 85. In dem Polizeibericht, der Richter Aldo Vigneri 1964 mit anderen Dokumenten unterbreitet wurde, hieß es, das Treffen in Palermo und das in Apalachin einen Monat später »waren interdependent: Ihr Ziel war es, bestimmte offene Fragen mit der Cosa Nostra zu klären und ihre oberste Führung zu reorganisieren. Die Ausschaltung Albert Anastasias ... war Teil dieses Programms.«

24 Pennsylvania Crime Commission Report, »A Decade of Organized Crime«, 1980.

25 Unter den Anwesenden waren die Häupter aller fünf New Yorker Mafiafamilien, Carlos Marcello aus New Orleans, Louis Trafficante jr. aus Florida, Angelo Bruno aus Philadelphia, Joe Zerilli aus Detroit, Sam Giancana aus Chicago, Steve Maggadino aus Buffalo, Sam De Cavalcante aus New Jersey, John Scalise aus Cleveland, Frankie Zito aus dem unteren Illinois und James Coletti aus Colorado sowie John Ormento und Natale Evola von der Familie Lucchese, besonders notorischen Rauschgifthändlern.

26 An beiden Konferenzen in Palermo und Apalachin nahmen teil: John Bonventre, Carmine Galante, John Priziola, John Di Bella, Santo Sorge, die Familie Maggadino, Frank Garofalo und Joe Bonanno selbst. Die Stippvisiten bei Luciano sind beschrieben in

Gosch und Hammer, *The Last Testament of Lucky Luciano.*

27 Servadio, *Mafioso,* S. 192.

28 Gosch und Hammer, *The Last Testament of Lucky Luciano,* S. 400.

29 Short, *Crime Inc.,* S. 33-36.

30 *a.a.O.*

31 Cressey, *Theft of the Nation,* S. 58.

32 McClellan Committee hearings vom 11. bis 16. Oktober 1963, S. 777.

33 In dem Polizeibericht, der Richter Aldo Vigneri 1964 mit anderen Dokumenten unterbreitet wurde, hieß es, das Treffen in Palermo und das in Apalachin einen Monat später »waren interdependent: Ihr Ziel war es, bestimmte offene Fragen mit der Cosa Nostra zu klären und ihre oberste Führung zu reorganisieren. Die Ausschaltung Albert Anastasias ... war Teil dieses Programms«, Barrese, *I Complici,* S. 85.

34 Mangano verschwand 1951. In Angaben von Insidern wurde stets Anastasia als sein Mörder genannt.

35 Vernehmung Buscettas durch die amerikanische Drogenfahndung vom 14. Juli 1985.

36 McClellan Committee hearings vom 25. September bis 9. Oktober 1963, S. 319-323.

37 Maas, *The Valachi Papers,* S. 32.

38 Gosch und Hammer, *The Last Testament of Lucky Luciano,* S. 402-404. Das letzte Treffen zwischen Luciano und Carlo Gambino fand 1958 in Santa Marinella statt.

39 Interview mit Ralph Salerno, New York, vom Mai 1986. Salerno, inzwischen im Ruhestand, war langjähriger Chef des Central Intelligence Unit des New York Police Department.

40 Buscettas Interview mit dem Korrespondenten des *Corriere della Sera* (Mailand) Paolo Graldi am 28. Oktober 1984.

41 Interrogazione di Buscetta, S. 253-254.

42 Pizza-Connection-Prozeß, S. 37 562.

43 *a.a.O.*, S. 37 552. Vgl. Kapitel 15 und 16.
44 Abschrift von Badalamentis Telefongesprächen im Februar 1984, Chronology of Events for Pizza Connection Proceedings, S. 233.
45 Interview mit Louis Freeh im Mai 1987; Interview mit Richter Giusto Sciacchitano in Palermo im August 1987.

5 *Exodus aus Palermo*

1 Richter Cesare Terranova, »Sentenza di Rinvio a Giudizio«, für den Prozeß der 114 in Catanzaro am 31. Mai 1965, S. 125.
2 Buscettas Verhör durch die Drogenfahndung in New York, 18. März 1985. Vgl. auch Vernehmung Buscettas durch die amerikanische Drogenfahndung vom 14. Juli 1985.
3 McClellan Committee hearings vom 10. bis 16. Oktober 1963; McClellan Committee Report, 4. März 1965, S. 121.
4 Hierbei handelte es sich um einen anderen Salvatore Greco, um einen Vetter von Cichiteddu, bekannt als »L'Ingegnere«, der Ingenieur, oder als »Salvatore Il Lungo«, weil er größer als Cichiteddu war. Er war auch im Heroingeschäft genauso groß oder größer.
5 Das war Pietro Davi, ein international notorischer Heroinhändler in den Nachkriegsjahren; Pantaleone, *Mafia e droga*, S. 92.
6 Profil Buscettas im Bericht des Antimafiaausschusses des italienischen Parlaments von 1965, veröffentlicht in *Il Boss della Mafia*.
7 Die Zahl für 1985 aus einer Untersuchung der Universität von Kalifornien, eine der wenigen ernstzunehmenden Studien.
8 Luciano erzählte Gosch und Hammer, er habe 1961 beschlossen, in Betäubungsmittel einzusteigen. Vgl. *The Last Testament of Lucky Luciano*, S. 422-423.

9 *a.a.O.*, S. 432-433.

10 Galluzzo, *Tommaso Buscetta*, S. 30.

11 Pantaleone, *Mafia e droga*, S. 82. Die Wachsapfelsinen wurden 1959 von Italiens Guardia di Finanza entdeckt.

12 *a.a.O.*, S. 108.

13 Im Verhör enthüllte Tommaso Buscetta 1984, daß Di Pisa in Wirklichkeit von Michele Cavatoio ermordet worden war, einem Führer der Greco-Fraktion in der Kuppel. Entsprechend waren Cavatoio und fünf weitere 1969 im sogenannten Viala-Lazio-Massaker mit Maschinenpistolen niedergemäht worden.

14 Poma und Perrone, *La Mafia*. Vgl. auch *Il Giornale* (Mailand) vom 14. März 1981.

15 Poma und Perrone, *La Mafia*, S. 65; Pantaleone, *Mafia e droga*, S. 116.

16 Pantaleone, *Mafia e droga*, S. 119-121; Fava, *Mafia*, S. 66-67.

17 »Sentenza di Rinvio a Giudizio«, Cesare Terranova.

18 Barrese, *I Complici*, S. 60. 1984 bestätigte Buscetta bei seiner Befragung durch Richter Giovanni Falcone die Auflösung der Kuppel.

6 Probelauf in Nordamerika

1 Biagi, *Il Boss è solo*, S. 170-172.

2 *a.a.O.*

3 McClellan Committee hearings vom 25. September bis 9. Oktober 1963, S. 294.

4 Buscetta erzählte seinen Babysittern von der amerikanischen Drogenfahndung von den Kartenspielen mit Paolo Gambino. Nach Angaben von James Kallstrom, der 1970 für das FBI gegen die Brüder Gambino ermittelte, war Paolo Kopf des Menschenschmuggelrings in New York. Vgl. New York FBI Memo vom 5. November 1973.

5 »The Sicilian Mafia and Its Impact on the United States.«

6 Daß John, Rosario und Giuseppe Gambino in Palermo

eingeschworen wurden, wurde mir im Oktober 1987 von Dr. Pansa bestätigt, einem engen Mitarbeiter Gianni De Gennaros, der die Stabsabteilung gegen das organisierte Verbrechen in Rom leitete. Die beiden anderen gehören zu den sachkundigsten Ermittlern gegen die Mafia in Italien. Bestätigt wurde diese Sache später durch Mona Ewell, eine der brillantesten Nachrichtenanalytikerinnen der US-Drogenfahndung.

7 Die Bücher wurden von Lucky Luciano 1931 geschlossen und erst 1954 wieder eröffnet. Vgl. Maas, *The Valachi Papers*, S. 256. Erneut geschlossen wurden sie auf der Mafiagipfelkonferenz in Livingston, New Jersey, im Oktober 1957. Vgl. »A Decade of Organized Crime«. Die Bücher wurden erneut bis 1977 geschlossen, als jeder Familie gestattet wurde, maximal zehn neue Mitglieder einzuschwören.

8 Ein Ortspolizist in Delran im US-Bundesstaat New Jersey, Art Saul, hat immer noch seine Notizen über Treffen Anfang der siebziger Jahre, in denen John, Rosario und Giuseppe Gambino, Filippo Casamento, Emmanuele Adamita, Salvatore Inzerillo und sein Onkel Antonio sowie Tommaso Buscetta und sein Sohn Antonio benannt werden.

9 Rosario Gambino wurde gesehen, wie er Melchiorra und Felicia Buscetta eilig in dem Versuch aus dem Haus brachte, der Polizei unmittelbar nach Buscettas erster Verhaftung im August 1970 aus dem Weg zu gehen. Vgl. Charbonneau, *The Canadian Connection*, S. 295.

10 Bericht der Steuerfahndung (INS-Report) vom 11. September 1969. Adamita bat seinen Onkel Domenico, Buscetta seine Adresse als Briefkasten zur Verfügung zu stellen.

11 Bericht des Antimafiaausschusses des italienischen Parlaments, zitiert in Galluzzo, *Tommaso Buscetta*, S. 43.

12 Brief von Italiens Guardia di Finanza an die amerikanische Drogenfahndungsbehörde (BNDD) vom 19. Juli 1966. Vertraulicher Briefwechsel zwischen BNDD und

Italiens Carabinieri, der Guardia di Finanza und dem Nucleo Polizia Giudiziario: »Re: Conspiracy involving Calcedonio Di Pisa, Joe Profaci jr., Antonio Napoli and Tommaso Buscetta«, 28. Februar 1966.

13 Buscettas Sohn Antonio teilte dies dem Beamten der New Yorker Staatspolizei, Mike Minto, nach Buscettas Verhaftung 1970 mit. Minto-Report vom 18. August 1970; FBI-Report vom 22. Juli 1975. Es gibt keine Anhaltspunkte dafür, daß Buscettas Frau und Tochter in den Heroinhandel einbezogen worden waren; die Firma Lisa Wigs handelte auch legal mit Perücken.

14 Antimafiaausschuß des italienischen Parlaments, zitiert in Galluzzo, *Tommaso Buscetta*, S. 48.

15 Vernehmung Buscettas durch die amerikanische Drogenfahndung vom 18. März 1985. Buscetta erzählte der Drogenfahndung, daß seine Beteiligung mit Napoli an *Pizza City* »faktisch bestand, aber amtlich nicht eingetragen war«. Vgl. auch New York State Police Report vom 18. August 1970. New York City Police Report vom 8. September 1975 erwähnt Buscettas Beschäftigung im Lokal *Dolce Vita.*

16 Le Viens Polizeiberichte über das Murray Hill Town House und die Pizzeria *Pizza City;* Memo des New Yorker FBI über Falcone und Antonino Napolis Spielhölle vom 5. November 1973. Vgl. »A Decade of Organized Crime« und »Organized Crime's Infiltration of the Pizza and Cheese Industry«. Der letzte Bericht erwähnt auf S. 23, daß die Molkerei in Alburg »durch einen verdächtigen Brand zerstört worden ist. Spätere Zivilklagen und andere Prozesse führten schließlich zur Verurteilung Joseph Falcones und seines Geschäftsführers«. Die Version des FBI-Informanten war nur eine von mehreren über die Ursachen, warum die Käsefabrik abbrannte.

17 Die engsten Geschäftspartner waren Salvatore Inzerillo, Giuseppe Tramontana, Salvatore Riina, Emmanuele Adamita, Bruno Pennisi, Filippo Casamento, Antonio Settimo und Pietro Davi. New York State Police Report vom 18.

August 1970; FBI-Report von Charles Rooney vom 4. September 1981; FBI-Report vom 4. Dezember 1982 (Genus Cattails); Report des U. S. Attorney's Office, Southern District of New York an die Joint Strike Force vom 26. August 1970; Report von Jack Ricciardi, INS, an die Brooklyn Strike Force vom 27. Juli 1970; New York State Police Report vom 14. Januar 1970 zur Überwachung von Giuseppe Tramontana. Vgl. auch Aussage von Buscettas Sohn Benedetto im Verhör durch Detective Frank Alessandrino in New York vom 31. Januar 1973.

18 FBI NADDIS printout (Narcotic and Dangerous Drugs Information Systems) aus EPIC (El Paso Intelligence Center), zitiert von Agent Charles Rooney am 4. September 1981. Unter Filippo Casamentos engsten Geschäftspartnern waren alle drei Brüder Napoli, Salvatore Inzerillo und »Carlo Zippo's narcotics organization«. Ein FBI-Bericht von Carmine Russo vom 14. Dezember 1982 zitiert die Tatsache, daß Buscetta und Carlo Zippo häufig als Besucher von Eagle Cheese gesehen wurden. Ein Bericht des FBI Brooklyn-Queens vom 4. Oktober 1982 gibt an, daß »Buscetta Anfang der siebziger Jahre von Frank Casamento bei Eagle Cheese beschäftigt wurde«.
Buscetta streitet inzwischen ab, daß er Casamento je gekannt hat, und hat sich sogar geweigert, sein Foto zu identifizieren. Trotzdem erwähnte Casamentos Anwalt im Pizza-Connection-Prozeß ihre Freundschaft in Palermo. Ein NADDIS-Printout der Drogenfahndung bezeichnet Buscetta als einen der engsten Geschäftspartner von Casamento und erwähnt seine Beschäftigung bei Eagle Cheese. Vgl. FBI Brooklyn-Queens Report vom 21. September 1981.

19 Bericht des Antimafiaausschusses des italienischen Parlaments, zitiert in Galluzzo, *Tommaso Buscetta*, S. 47.

20 Nach Catanias späterem Geständnis trafen sie sich in Montreal mit Guido Orsini und Frank Cotroni, beides

notorische Rauschgifthändler. Vgl. Charbonneau, *The Canadian Connection*, S. 451-453.

21 *a.a.O.*

22 Geständnis Giuseppe Catanias, gestützt durch das Geständnis Jorge Asaf y Balas. Vgl. Fußnote 49 unten.

23 Biagi, *Il Boss è solo*, S. 125-127.

24 Vgl. Kapitel 1.

25 Buscetta schickte diese Botschaft an Gaetano Badalamenti und Stefano Bontate in Palermo. Vgl. Fußnote 26.

26 Vernehmung Buscettas durch die amerikanische Drogenfahndung am 14. Juli 1985. Buscetta wird mit der Aussage zitiert: »Ungefähr im Juni 1970 traf ich Stefano Bontate, Gaetano Badalamenti und Salvatore Greco in Rom. Bei diesem Treffen schlug ich Bontate, Badalamenti und Greco vor, daß sie versuchen sollten, den Ausschuß der sizilianischen Cosa Nostra wieder einzusetzen, was sie dann auch zusammen mit Salvatore Riina taten.« Bontate wird in der Presse häufig irrtümlich als »Bontade« bezeichnet.

27 Resümee von Staatsanwalt Ayala im Massenprozeß. Vgl. *La Repubblica* (Rom) vom 15. April 1987.

28 Das andere Mitglied der Gruppe war Giuseppe Calderone aus Catania. Der Rauschgifthändler war Gerlando Alberti, der gegenwärtig in Italien wegen Drogenhandels lebenslänglich sitzt.

29 Ausführlich beschrieben wird die Episode von Jack Ricciardi von der amerikanischen Einwanderungs- und Einbürgerungsbehörde (US Immigration and Naturalization Service) vom 27. Juli 1970. Buscetta leugnet kategorisch, daß er bei Alberto Barbieri im Auto gewesen sei. »Ich war damals in den USA, also war ich das nicht«, erzählte er Richter Falcone. Trotzdem hatten die Kanadier seinen Paßantrag als Barbieri, mit seinem Foto. Er hatte den Paß am 10. Februar 1970 erhalten und sofort benutzt, um Spanien und Mexiko zu besuchen. Er war in diesem Juni nachweislich in Italien, und die Carabinieri stellten fest, daß er etwa zum fraglichen Datum in Zürich war, wenige

Stunden mit dem Auto von der italienischen Nordgrenze entfernt.

30 Der Bericht wurde 1973 in der Verhandlung vor dem Berufungsgericht wegen des Prozesses der 114 erörtert und enthielt auch die Identifizierung von Buscettas Foto durch den Hotelportier in Zürich. Buscetta behauptete, die Identifizierung sei 1972 erfolgt, also zu spät, um von Bedeutung zu sein. Vergleiche *Il Giornale* (Mailand) vom 31. Januar 1982.

31 Interview mit Minto, Fort Lauderdale, Florida, vom Oktober 1986.

32 Bericht der US-Drogenfahndungsbehörde (BNDD) vom 19. August und 30. Oktober 1970. Die Sendung kam nie an, vermutlich, weil die Polizeiüberwachung bemerkt wurde.

33 Bericht der US-Drogenfahndungsbehörde (BNDD) vom 30. Oktober 1970.

34 Interpol Rom hatte am Tag nach Buscettas Verhaftung ein Telex an die US-Drogenfahndungsbehörde (BNDD) und andere US-Behörden geschickt und nur einen alten Haftbefehl gegen Buscetta wegen Doppelmords und Bildung einer kriminellen Vereinigung von 1963 erwähnt. Meines Wissens wurden nicht einmal diese Beschuldigungen vor Gericht erhoben. Interpol-Telex vom 26. August 1970. Tatsächlich wurde Buscetta erst nach dem berüchtigten Prozeß der 114 in Catanzaro 1968 wegen des Doppelmordes und der Zugehörigkeit zu einer kriminellen Vereinigung verurteilt.

35 Catanias ursprüngliches Geständnis gegenüber dem BNDD-Agenten Ronald Provencher, zitiert in Charbonneau, *The Canadian Connection*, S. 453.

36 National Institute of Drug Abuse, Report on Black Tar Heroin Field Investigation vom Juni 1986. In diesem Bericht wird eine »Epidemie« von 1967 bis 1972 ohne Angabe detaillierterer Statistiken erörtert. Aus beschlagnahmten Mengen von Heroin geht indessen hervor, daß die sprunghafte Zunahme zwischen 1969 und 1979 erfolgte.

37 FBI-Bericht aus Brasilien, »Mafia Suspects in Brazil«, vom 17. November 1972.

38 Persönliche Mitteilung zweier Babysitter Buscettas von der Drogenfahndung in New York vom März 1985.

39 Geplant wurden die Sendungen vom Chef der korsischen Union für ganz Südamerika, Lucien Sarti, der sie gegenüber Pino Catania und Carlo Zippo erwähnte.

40 Nach 1963, als der Ausschuß von Senator McClellan die amerikanischen Süchtigen auf weniger als 50 000 schätzte, wurden in den Vereinigten Staaten bis 1979 keine offiziellen Zahlen gesammelt. Die Schätzung von 720 000 für das Jahr 1971 erhielt ich im März 1981 von dem Sprecher des Bureau of International Narcotics Matters des US-Außenministeriums. Eine Schätzung der amerikanischen Drogenfahndung setzte für 1977 750 000 an: Die Zahl der Süchtigen war nach der Zerschlagung des brasilianischen Rings stark gefallen und kletterte wieder, nachdem die sizilianische Mafia 1977 ihre eigene Heroinpipeline über Montreal in die Vereinigten Staaten in Betrieb genommen hatte.

41 National Narcotics Intelligence Consumers' Committee Report, 1987.

42 Das President's Committee on Organized Crime setzte die Zahl der Heroinsüchtigen in Pakistan bei einer Anhörung in Miami vom 20. und 21. Februar 1985 mit 300 000 an. Die Zeugenaussagen wurden von einem pakistanischen Drogenfahnder gemacht. Bis 1988 war die Zahl nach Angaben des International Narcotics Control Strategy Report des US-Außenministeriums vom März 1988 auf 600 000 gestiegen. Im Folgebericht des Außenministeriums vom März 1989 kletterte die Schätzung auf eine Million.

43 *The Muslim* (Islamabad) vom 19. März 1984.

44 Michel Nicoli erwähnte dieses Treffen in seiner ausführlichen Vernehmung durch die amerikanische Drogenfahndung am 9. September 1974. Das Treffen habe im Mai 1971 stattgefunden, behauptete er. Mehreren anderen

Darstellungen zufolge scheint Juni der wahrscheinlichere Zeitraum zu sein.

45 In einer ausführlichen Dokumentation des britischen Fernsehsenders Central Television vom November 1988 wurde diese Beschuldigung erhoben. Sie benannte auch Christian David, ein weiteres Mitglied der Bande, als Sartis Komplizen beim Attentat auf Kennedy. David war berüchtigt als Lohnkiller des südamerikanischen Rauschgiftrings der Korsen. Unter der Folter in Brasilien gestand er, 1965 das Attentat auf den marokkanischen Oppositionsführer Mehdi Ben Barka in Paris verübt zu haben. Vgl. *Newsday* Team, *The Heroin Trail*, S. 154-155.

46 *Newsday* Team, *The Heroin Trail*, S. 152-156.

47 Michel Nicoli, ein Führer des korsischen Rauschgiftrings, sagte aus, ein Pilot der portugiesischen Luftlinie TAP habe binnen eines Zeitraums von anderthalb Monaten, vom September bis Oktober 1971, 440 Kilo für die Eagle Cheese nach New York gebracht. Das Heroin wurde von Lucien Sarti geliefert, dem Boß Nicolis im Rauschgiftring. Der TAP-Pilot, der später geständig war, hieß Luis Filippe Esteros Da Costa Pires. Derselbe Pilot teilte Claude Pastou mit: »Carlo Zippo hat mir gesagt, daß Eagle Cheese der Empfänger aller Lieferungen ist, die er nach New York gemacht hat.«

48 Kriminalakte des U.S. Southern District über Filippo Casamento, Hintergrundbeschuldigungen im Prozeß um die Pizza-Connection. Claude Pastou, ein wichtiger Kurier für den korsischen Rauschgiftring in Rio, eidesstattliche Erklärung für den New Yorker Southern District vom 4. Januar 1973: »Carlo Zippo hat mir gesagt, daß die Empfänger bei Eagle Cheese auch die Empfänger aller anderen Lieferungen waren, die er nach New York gemacht hat.« Pastou benannte Filippo Casamento als Empfänger.

49 Charbonneau, *The Canadian Connection*, S. 450.

50 Vernehmung Benedetto Buscettas durch die US-Drogenfahndungsbehörde (BNDD) vom 11. Dezember 1972.

51 Urteil des Berufungsgerichts Salerno vom 5. Juli 1978 mit

Bestätigung des erstinstanzlichen Gerichtsurteils vom 12. Juli 1977. Das Urteil wurde auch vom Obersten Gerichtshof Italiens am 19. Februar 1979 bestätigt. Italienische und amerikanische Behörden erörterten seit Buscettas Übertritt ungern seine Rauschgiftakte. Viele behaupten inzwischen, daß seine Schuld nie erwiesen worden sei. Trotzdem sagte Staatsanwalt Richard Martin in seiner Zusammenfassung für den Prozeß um die Pizza-Connection: »Buscetta selbst war in den siebziger Jahren in den Rauschgifthandel verwickelt. Er wurde hineingezogen, weil er Kontakte in den USA hatte und sich ohne weiteres zwischen den USA, Kanada, Italien und Brasilien bewegen konnte« (Prozeßprotokoll, S. 37 567). Rudolph Giuliani, der damalige Chef des Southern District, räumte ebenfalls Buscettas frühere Schuld ein.

52 Vernehmung Michel Nicolis durch die US-Drogenfahndung vom 9. September 1974.

53 Die hier aufgeführten Rauschgiftgeschäfte gehen aus folgenden Geständnissen hervor: Vernehmung Michel Nicolis durch die US-Drogenfahndungsbehörde (BNDD) vom 20. Januar 1973; Michel Nicoli, Erneutbefragung durch die amerikanische Drogenfahndung vom 9. September 1974; Michel Nicoli, eidesstattliche Erklärung in der Angelegenheit der Auslieferung von Tommaso Buscetta im Januar 1984; Jorge Asaf y Bala, Vernehmung durch die amerikanische Drogenfahndung vom 9. Juli 1974; Alfredo Asaf y Bala, Vernehmung durch die amerikanische Drogenfahndung vom 7. Februar 1974; Benedetto Buscetta, Vernehmung durch die New Yorker Stadtpolizei vom 31. Januar 1973; Claude Pastou (Kurier), Aussage gegenüber dem New Yorker Southern District vom 4. Januar 1973; Giuseppe Catania, Vernehmung durch die US-Drogenfahndungsbehörde (BNDD) vom 3. Oktober 1973; Giuseppe Catania, Zeugenaussage vor dem Geschworenengericht des Eastern District vom 16. Oktober 1973; Giuseppe Catania, eidesstattliche Erklärung für den Eastern District im Hinblick auf Buscettas Ausliefe-

rung am 27. Februar 1974; Auszüge aus mehreren zitierten Geständnissen, Urteil des Berufungsgerichts von Salerno vom 5. Juli 1978; Anklage vor dem Großen Geschworenengericht des Eastern District vom 16. Oktober 1973; Luis Filippe Da Costa Pires, eidesstattliche Erklärung vor dem New Yorker Southern District vom 27. Dezember 1973. Untermauernde Polizeiberichte über Carlo Zippo; BNDD vom 19. August 1970; BNDD vom 30. Oktober 1970; BNDD vom 10. April 1970.

54 Obwohl Helene Ferreira häufig als »Ballettänzerin« beschrieben wird, ist sie in brasilianischen Polizeiberichten als Prostituierte aufgeführt.

55 *Newsday* Team, *The Heroin Trail*, S. 155.

56 Pino Catania wurde von der mexikanischen Polizei im Februar 1989 erneut wegen Kokainhandels verhaftet.

57 *Newsday* Team, *The Heroin Trail*, S. 155.

58 FBI-Report, »Mafia Suspects in Brazil«, vom 17. November 1972.

59 Erklärung des U.S. Circuit Judge M. I. Gurfein vom 7. Juli 1975; Brief des Filippo Casamento vom 14. Dezember 1974; Brief des Brooklyner Pfarrers der »Our Lady of Grace Church« vom 7. Dezember 1974; Brief des Priesters der Kathedrale von Carini in Palermo vom 16. Dezember 1974.

60 Das Gericht von Catanzaro verhängte die 14 Jahre Gefängnis am 22. Dezember 1968. In der Berufungsverhandlung von 1974 wurden sie auf drei Jahre reduziert. Das Gericht in Salerno verurteilte Buscetta am 12. Juli 1977 wegen Rauschgifthandels. Das Berufungsgericht von Salerno bestätigte das Urteil am 5. Juli 1978, kürzte die Strafe aber auf acht Jahre. Das Kassationsgericht (der Oberste Gerichtshof) bestätigte das Urteil des Berufungsgerichts am 19. Februar 1978. Der Eastern District in New York hatte für diese Beschuldigungen am 16. Dezember 1973 um Buscettas Auslieferung ersucht.

1   Aus einer Reihe gutrecherchierter Berichte des venezolanischen Enthüllungsjournalisten Rodolfo Schmidt in *El Diario de Caracas* vom 5. Dezember 1984. DISIP bedeutet Direcciän de los Servicios d'Inteligencia y Prevenciän.

2   Buscetta erzählte seinen Babysittern von der Drogenfahndung in New York, daß die sizilianische Mafia die lizenzierten Filialen in Brasilien und Venezuela habe. Interview mit den Babysittern vom Mai 1986.

3   Zitiert im zweibändigen Bericht der italienischen Criminalpol in Mailand und Rom, »Bono + 159«, S. 220.

4   Vgl. Kapitel 1, Fußnote 9.

5   Rodolfo Schmidt, in *El Diario de Caracas* vom 22. November 1984. Der Direktor des DISIP, der die Untersuchung leitete und zu dieser Schätzung gelangte, war Camilo Cussati.

6   Puccios Beschreibung von Antonino Napoli wurde Detective Douglas Le Vien im Dezember 1976 gegeben. Seine Aussage wurde auch vom Leitenden Staatsanwalt Charles Weintraub in einer Konferenz der Eastern District Strike Force vom 14. Dezember 1976 vorgelegt. New York Police Report. Memo von Detective Joseph Conway an die Konferenz der Eastern District Strike Force vom 14. Dezember 1976.

7   Sie heiratete Nino Mongiovi, nach Angaben der amerikanischen Drogenfahndung einer der größten Rauschgifthändler in Miami.

8   Italienische Haftbefehle wurden erstmals 1984 gegen Pascale und Paolo Cuntrera erlassen, im Anschluß an eine umfangreiche Ermittlung gegen die Auslandsaktivitäten der sizilianischen Mafia durch die Criminalpol in Mailand und Rom. Förmliche Auslieferungsersuchen an Venezuela folgten und wurden ignoriert. Haftbefehle gegen Alfonso und Pasquale Caruana, die sich damals in Montreal aufhielten, wurden 1985 erlassen. Ihr Bru-

der Gerlando war damals bereits wegen schwerer Rausch-
giftanklagen in Kanada inhaftiert.

9 *International Herold Tribune* vom 30. März 1988. Der
Minister dementierte jeglichen Gesetzesvorstoß, fügte die
Zeitung hinzu.

10 Interview mit Richter Fulvio Salamone, Agrigent, Oktober 1987.

11 Die Guardia di Finanza informierte die Questura von Agrigent, daß die Cuntreras 1963 nach Brasilien gegangen
waren. Bericht der Criminalpol von Rom und Mailand
»Bono + 159«, S. 276.

12 Interview mit Richter Salamone im Oktober 1976 in Agrigent.

13 Tonbandabschrift der Royal Canadian Mounted Police
von Aufnahmen vom 22. April 1974.

14 »Sentenza di Rinvio a Giudizio«, Agrigent.

15 Interview mit Richter Salamone im Oktober 1987 in Agrigent.

16 *Corriere della Sera* (Mailand), 8. November 1986.

17 Bericht der amerikanischen Drogenfahndung vom 6. Dezember 1982. Zu der Abordnung gehörten auch Galante
und Frank Petrula von der Montrealer Mafia.

18 Stajano, *Mafia: L'atto d'accusa*, S. 208.

19 Bericht der amerikanischen Drogenfahndung vom 6. Dezember 1982. Nino Mongiovis Rolle in Miami wurde mir
von Nachrichtenanalytikern der amerikanischen Drogenfahndung im Oktober 1987 in Washington bestätigt.

20 *El Diario de Caracas* vom 23. Oktober 1985; *The Gazette*
(Montreal) vom 8. April 1988 (Teil einer hervorragenden
Serie von William Marsden).

21 Interview mit Vladimir Gessen, dem früheren Vorsitzenden des Antibetäubungsmittelausschusses des venezolanischen Parlaments vom Oktober 1987.

22 *El Diario de Caracas* vom 19. November 1984.

23 Bericht der amerikanischen Drogenfahndung vom 11.
Dezember 1982; *El Diario de Caracas* vom 17. November
1984; *The Gazette* (Montreal) vom 8. April 1988; Inter-

view mit Gianni De Gennaro von der Stabsabteilung gegen das organisierte Verbrechen in Rom.

24 Dokumente, die von Carlo Tablant vom Antimafia-Sonderausschuß des venezolanischen Parlaments vorgelegt, zitiert in El *Diario de Caracas* vom 12. Dezember 1984.

25 Interview mit Gianni De Gennaro.

26 Zitiert in William Marsdens Artikelserie in *The Gazette* (Montreal) vom 7. April 1988.

27 Aussage Luigi Ronsisvalles im Prozeß gegen die Pizza-Connection. Für die Heroinpipeline vgl. Kapitel 10.

28 Die italienische Polizei zeichnete mehrere Telefongespräche auf der italienischen Seite auf. Vgl. »Bono + 159«.

29 Interview mit Colin Hewett, dem Koordinator der Drogenfahndung von Scotland Yard, März 1987. Die Zahl für das zweite Halbjahr 1987 stammt aus der Interpol-Publikation *Quest*, 2. und 3. Trimester 1987.

30 Dazu gehörten Dr. Pansa von der Stabsabteilung gegen das organisierte Verbrechen in Rom und der brillante Ninni Cassarà, stellvertretender Leiter der Squadra Mobile in Palermo, bis er von der Mafia im August 1985 ermordet wurde.

31 Interview mit Colin Hewett vom März 1987. Der erste Stellvertreter war Francesco Di Carlo, der von einem Londoner Richter am 11. März 1987 zu 20 Jahren Gefängnis verurteilt wurde. Er wurde bei der Transitversendung von 60 Kilo Heroin an Gerlando Caruana in Montreal gefaßt.

32 *Daily Express* vom 13. März 1987.

33 »Ordinanza di Rinvio a Giudizio, Michelangelo Aiello + 32«, S. 71-72. In dieser italienischen Anklageschrift wird Kingsland speziell erwähnt und die gesamte Operation nachgezeichnet. In der grenadischen Fernsehsendung »World in Action« interviewt, bestritt Kingsland alle Straftaten.

34 *Corriere della Sera* (Mailand) vom 14. September 1988.

35 *The Gazette* (Montreal) vom 8. April 1988.

36 *Giornale di Sicilia* (Palermo) vom 12. März 1987. Di

Carlo und seine Komplizen wurden von einem Londoner Gericht am 11. Mai 1987 zu jeweils 25 Jahren Gefängnis verurteilt.

37 Telegramm des US-Außenministeriums aus der Londoner Botschaft, in dem der U. K. Annual Narcotics Report von 1986-1987 zitiert wird.

38 Londoner *Evening Standard* vom 12. März 1987.

39 *a.a.O.* Vgl. auch Londoner Times vom 13. März 1987.

8 *Der Räuberhauptmann von Corleone*

1 Nese, *Nel segno della Mafia,* S. 115-116. Mangano wurde nicht nur 1973 angeschossen, sondern auch Opfer einer heftigen und letztendlich erfolgreichen Diffamierungskampagne.

2 Nese, *Nel segno della Mafia.*

3 Poma und Perrone, *La Mafia,* S. 291.

4 Pantaleone, *Mafia e droga,* S. 121.

5 Barrese, *I Complici,* S. 88.

6 Stajano, *Mafia: L'atto d'accusa,* S. 14.

7 Der Richter war Aldo Vigneri aus Palermo. Die Vereinigten Staaten weigerten sich, die von ihm benannten amerikanischen Angeklagten auszuliefern, weil es in den USA gegen den in der italienischen Anklageschrift genannten Tatbestand »organisiertes Verbrechen« keine Strafvorschrift gibt.

8 Richter Vigneri bereitete die Anklageschrift 1965 vor. Unter den seit der Mafiagipfelkonferenz im *Hotel des Palmes* 1957 Verstorbenen waren Lucky Luciano, John Di Bella, Gaspare Maggadino und Frank Garofalo. Poma und Perrone, *La Mafia,* S. 94-95.

9 Richter Cesare Terranova, »Sentenza di Rinvio a Giudizio«, S. 59, S. 71-72.

10 Nese, *Nel segno della Mafia,* S. 120-122.

11 Vgl. Kapitel 6.

12 Ein paar, die im Prozeß von Catanzaro mit geringfügigen

Urteilen davongekommen waren, kamen durch eine Generalamnestie frei, in Italien kein seltener Vorgang.

13 *La Repubblica* (Rom) vom 9. November 1982 in einem Zitat aus Richter Terranovas Interview in *Giornale di Sicilia* (Palermo) aus 1978.

14 Der Reporter war Marco Nese.

15 Nese, *Nel segno della Mafia*, S. 124.

16 a.a.O.

17 Poma und Perrone, *La Mafia*, S. 294.

18 a.a.O.

19 Leggios Interview mit Guido Guidi von *La Stampa* (Turin), zitiert in Nese, *Nel segno della Mafia*.

20 Nese, *Nel segno della Mafia*, S. 155.

21 Barrese, *I Complici*, S. 195-199.

22 Poma und Perrone, *La Mafia*, S. 296-297.

23 Generalstaatsanwalt Pietro Scaglione wurde im Mai 1971 in der Nähe seines Hauses in Palermo ermordet. Buscetta hat ausgesagt, daß Leggio persönlich aus einem vorbeifahrenden Auto auf ihn schoß. Der Mafiaboß von Riesi, Giuseppe Di Cristina, erklärte in seiner umfangreichen Aussage vor den Carabinieri mehr oder minder dasselbe, bevor er von Leggios Männern ermordet wurde. Beide sagten aus, Scaglione habe sich angeschickt, ein günstiges Urteil für Vincenzo Rimi, den Boß von Trapani, zu erwirken, einen damaligen Feind Leggios. Ein weiterer *Pentito,* Salvatore Contorno, hatte Leggios Schuld bestätigt. Die Gerichte haben Leggio allerdings zweimal freigesprochen. Eine weitere Erklärung für Scagliones Ermordung ist, daß Leggio schlicht nicht wollte, daß er Sizilien mit seinen belastenden Geheimnissen verließ. In der Wochenschrift *Panorama* bemerkt Romano Cantore: »Jedermann im Gerichtsgebäude in Palermo — Saaldiener, Kanzleibeamte, Anwälte und Richter — wußte, daß Denunziationen und anonyme Briefe, Memoranden mit Namen und Vorhaben der Mafia von Scaglione in eine Schublade geworfen wurden, der dazu gewöhnlich ›Wie

langweilig‹ sagte«; zitiert in Nese, *Nel segno della Mafia*, S. 169.

24 Nese, *Nel segno della Mafia*, S. 169.

25 Der Reporter war Marco Nese.

9 *Istanbul, Sofia, Neapel und der Goldene Halbmond*

1 Prominent unter den sizilianischen Mafiosi, die sich in Neapel breitmachten, waren Gerlando Alberti, Giuseppe Di Cristina und Rosario Riccobono. Violante, *La Mafia dell' eroina*, S. 81.

2 Besonders dankbar bin ich Judith Harris für ihre sorgfältige Rekonstruktion dieser Ereignisse in einem noch unveröffentlichten Manuskript.

3 Südostasiatisches Heroin »machte weniger als 20 Prozent des Gesamtangebots in den Vereinigten Staaten und in Westeuropa aus«, meldete das National Narcotics Intelligence Consumers Committee im Juni 1987. Die Exportzahlen für Burma werden im International Narcotics Control Strategy Report vom März 1988 zitiert.

4 Bartels wird in *Oui* vom Dezember 1976 zitiert.

5 Der italienische Kriminalbeamte, der die Geschichte mit Sami Duruoz verfolgte, war Cristoforo La Corte, der Criminalpol in Triest an der jugoslawischen Grenze zugewiesen. Später unterstützte La Corte Richter Carlo Palermos Ermittlungen und begleitete ihn nach Sofia. La Corte gab Einzelheiten des Falles Duruoz an die amerikanische Journalistin Judith Harris weiter. Der türkische Bote, der an Duruoz' Stelle trat, war Cevdet Cil, Bruder des großen Istanbuler Bosses und Drogenhändlers Huseyn Cil.

6 Aussage von John Lawn, Chef der amerikanischen Drogenfahndung vor dem Ausschuß für auswärtige Angelegenheiten des US-Repräsentantenhauses, Task Force on International Narcotics Control vom 7. Juni 1984.

7 Aussage von R. M. Palmer, Staatssekretär im Außenmini-

sterium für europäische und kanadische Angelegenheiten, vor demselben Ausschuß des Repräsentantenhauses.

8 *a.a.O.*

9 Sterling, *The Time of the Assassins*, S. 79-80, S. 96, S. 125. Daß Ugurlu einen bulgarischen Paß hatte, erzählte mir der frühere türkische Innenminister Hasan Fehmy Gunes.

10 Zeugenaussage vor Richter Palermo von Hakim Nasser, der mit Ugurlus Verbindungsmann in Mailand, Salah Al Din Wakkas, zusammenarbeitete. Stajano, *Mafia: L'atto d'accusa*, S. 53.

11 Cunningham Report an die amerikanische Drogenfahndung vom 14. Februar 1981.

12 Sterling, *The Time of the Assassins*, S. 220. Die Quelle für diese Information war Interpol in der Türkei.

13 Agca war vom 3. oder 4. Juli bis zum 31. August 1980 in Sofia, wie durch italienische Gerichtsprotokolle festgestellt. Vgl. die Urteilsbegründungen in dem Prozeß um das Papstattentat; vgl. auch Sterling, *The Time of the Assasins*, S. 103.

14 Sterling, *The Time of the Assassins*, S. 220-224; Stajano, *Mafia: L'atto d'accusa*, S. 62-63; Struffi und Sardi, *Fermate quel giudice*, S. 85. Celenk wurde nach einem Bericht der amerikanischen Drogenfahndung auch von der schweizerischen und holländischen Polizei bei einem Drogentreff in Amsterdam beschattet.

15 Aussage von R. M. Palmer vor einem Ausschuß des amerikanischen Repräsentantenhauses.

16 Struffi und Sardi, *Fermate quel giudice*, S. 49.

17 Die Beschreibung stammt aus meinem Buch *The Time of the Assassins*. Die Ausstattungsmerkmale stammen aus dem Werbeprospekt des Hotels *Vitoscha*.

18 Nathan Adams, »Drugs and Arms«, in *Readers Digest*, November 1983. Die sizilianische Delegation wurde von Francesco Mafara geleitet, dem Spezialisten des Heroinkonsortiums der Kuppel in Italien von Ende der

siebziger Jahre bis zu seiner Ermordung im Jahre 1982.

19 *Newsday* Team, *The Heroin Trail.*

20 Nach internationaler Konvention können TIR-Lastzüge alle Grenzen Europas bis ins Bestimmungsland ohne Zolluntersuchung passieren.

21 Stajano, *Mafia: L'atto d'accusa,* S. 8-9.

22 Das römische Büro der türkischen Mafia in der Via Barberini, WAPA, lag in der Nähe des Büros der irakischen Luftfahrtgesellschaft. Vgl. Richter Carlo Palermos »Rinvio a Giudizio« in Trient, 1984. Vgl. auch Struffi und Sardi, *Fermate quel giudice,* S. 52.

23 Stajano, *Mafia: L'atto d'accusa,* S. 8-10.

24 In seiner Aussage vor dem auswärtigen Ausschuß des amerikanischen Repräsentantenhauses 1984 sagte der geschäftsführende Direktor der amerikanischen Drogenfahndung: »Seit 1970 und bis heute erhält die Drogenfahndung Angaben aus verschiedenen Quellen, in denen das bulgarische Engagement in den illegalen Aktivitäten des Rauschgifthandels beschrieben wird. Die Angaben über die Verwicklung von Regierungsbeamten und Regierungsbehörden und die Beschreibungen bestimmter Waffen- und Rauschgifthändler waren im Laufe der Jahre gleichbleibend. 1973 legte der Spezialagent Tom Angioletti der amerikanischen Drogenfahndung einen Sonderbericht vor, in dem die Erkenntnisse zusammengefaßt waren, die er aus einer Reihe von Interviews mit Henri Arsan im Jahr 1972 erhalten hatte. In einem gigantischen Waffen- und Drogengeschäft hatte er von Mailand aus operiert. Arsan, in Syrien geboren, hatte ein Jahrzehnt in Istanbul und ein weiteres in Sofia verbracht, bevor er sich geschäftlich in Italien niederließ. Arsan wurde dann abgeschaltet − und durfte seine Geschäfte weiterbetreiben. Sowohl die Amerikaner als auch die Italiener hielten ihn für einen Doppelagenten, der auch noch für die Bulgaren und vor allem für die Syrer arbeitete.« Vgl. Stajano, *Mafia: L'atto d'accusa.* In diesem Buch ist auch ein geheimes Memorandum über

Kintex enthalten, das den italienischen Behörden 1973 zur Verfügung gestellt wurde.

25 »Interrogatorio di Michele Zaza«, Richter Aurelio Galasso.

26 Das war die alte Camorra, 1975 wiederbelebt und in heftiger Konkurrenz zu Raffaello Cutolos NCO (Organisierter Neuer Camorra).

27 Stajano, *Mafia: L'atto d'accusa,* S. 94-95.

28 *a.a.O.,* S. 91-94.

29 *Corriere della Sera* (Mailand), 1. April 1988.

30 Wakkas traf Ugurlu erstmals 1969 zusammen mit einem Bruder von Huseyn Cil in Bukarest. Die drei Männer vereinbarten mit einem rumänischen Minister, Zigaretten die Donau hinunter über das Schwarze Meer in die Türkei zu schmuggeln. Von diesem Zeitpunkt an war Ugurlu der Mann, dem Wakkas letztendlich rechenschaftspflichtig war. Vgl. seine Zeugenaussage gegenüber Richter Carlo Palermo in Stajano, *Mafia: L'atto d'accusa.* Für die Aussage, daß er »Ugurlu rechenschaftspflichtig« war, vgl. Bericht der amerikanischen Drogenfahndung (DEA) von Cunningham vom 30. Dezember 1980, zitiert von der italienischen Criminalpol am 14. Februar 1981.

31 Bericht von LABPS (Laboratorio per le Politiche Sociali), das dem italienischen Innenminister untersteht, vom 11. bis 12. Dezember 1986.

32 *a.a.O.*

33 Stajano, *Mafia: L'atto d'accusa,* S. 48-49.

34 Die Hauptbevollmächtigten der sizilianischen Mafia für diesen Zweck im italienischen Norden waren die Gebrüder Grado. Vgl. *a.a.O.,* S. 90-95, bemerkenswert vor allem wegen der Aussagen von Buscetta und Salvatore Contorno.

1 FBI-Report, »Luigi Ronsisvalle, Information Concerning Murder«, Queens, New York, 30. April 1979.

2 Diese und alle weiteren Aussagen von Ronsisvalle sind Textausschnitte aus seiner Aussage vor der President's Commission on Organized Crime vom 20. bis 21. Februar 1985 in Miami.

3 Interview mit James Kallstrom, Mai 1986.

4 Interview mit Louis Schiliro, FBI, Brooklyn-Queens Einsatzzentrale, Mai 1986.

5 Der Transporteur war Frank Rappa.

6 Der Name des Lohnkillers war Sebastiano Pisciotta. Er fiel dem großen Mafiakrieg zum Opfer, und seine Leiche wurde 1982 kurz hinter der Stadtgrenze von Palermo gefunden. Pisciotta war einer der beiden Namen, die am häufigsten auf den Abrechnungen über Enzo Napolis Telefongespräche nach Palermo auftauchten.

7 Interview mit James Kallstrom, FBI, New York; Pennsylvania Crime Commission Report, 1980 (»A Decade of Organized Crime«) und 1985; Sean McWeenies Fallstudien »The Sicilian Mafia and Its Impact on the United States«; Metropolitan Police Department, Washington, D.C., Investigative Service Division Report, 21. Dezember 1984.

8 Die beiden anderen auf Bonannos Abschußliste waren Gaetano Lucchese und Stefano Maggadino. Demaris, *The Last Mafioso,* S. 179.

9 Der Agent war Frank Panessa, inzwischen Chef des Büros der amerikanischen Drogenfahndung in Rom. Zitiert sind diese Zahlen in seiner Aussage vor der President's Commission on Organized Crime, Miami hearings, 20. bis 21. Februar 1985.

10 New York State Police Intelligence Summary, Tramontana-Settimo Investigation, 18. August 1970. FBI-Report von Sean McWeenie, »The Sicilian Mafia and Its Impact on the United States«.

11 Ronsisvalle erzählte dies Detective Le Vien abweichend von FBI- und Presseberichten.

12 Vgl. Kapitel 12.

13 Sindona wurde von einem Mailänder Gericht am 18. März 1986 dafür verurteilt, einen Lohnkiller namens William Arico zur Ermordung Ambrosolis ausgeschickt zu haben. Er starb zwei Tage nach seiner Verurteilung in seiner Gefängniszelle an Strychninvergiftung (vgl. Kapitel 12). Der Lohnkiller starb an einem Sturz aus einem Hochhausfenster, als er versuchte, aus dem Manhattan Correctional Center zu entweichen. Der stellvertretende US-Staatsanwalt, den Ronsisvalle in Sindonas Auftrag töten sollte, war John Kinney.

14 Vgl. Kapitel 15.

15 Frank Panessa, inzwischen Direktor des Büros der amerikanischen Drogenfahndung in Rom, war in diesen Jahren verdeckter Rauschgiftfahnder in New York und Philadelphia. Er hat mir mehrere solcher Szenen beschrieben.

16 »America's Habit«, President's Commission on Organized Crime, S. 25-26, Abb. 5. Die Süchtigenzahl wurde für 1977 mit 750 000 beziffert. Nach einer Untersuchung der Universität von Kalifornien lag sie 1985 bei 625 000.

17 *New York Times* vom 31. Januar 1986.

18 Ronsisvalle wurde im April 1985 auf Empfehlung von Bundesanwalt Rudolph Giuliani, Chef des Southern District, auf Bewährung entlassen und sofort mit seiner Frau und seinen drei Töchtern in das Zeugenschutzprogramm der Regierung einbezogen. Nach einem glänzenden Auftritt als Kronzeuge im Pizzaprozeß widerrief er seine Aussage, widerrief jedoch kurz danach auch seinen Widerruf. Er behauptete, durch Terror zur Zurücknahme seiner Aussage gezwungen worden zu sein, und beschuldigte dabei Salvatore Catalano.

1 Die President's Commission on Organized Crime schätzte
   im Oktober 1984 in »The Cash Connection«, daß die
   Heroinverkäufe in den USA der amerikanischen Mafia
   etwa 2,5 Milliarden Dollar jährlich einbrachten, von denen etwa eine Milliarde nach Sizilien ging. Jedoch beruhten die Schätzungen des US-Nachrichtendienstes auf der
   Annahme, daß die »sizilianische Fraktion« Teil der amerikanischen Mafia sei. Inzwischen ist es gesicherte Erkenntnis, daß die sizilianische Mafia den Rauschgifthandel auf dem Territorium der amerikanischen Mafia in der
   Hand hatte. Die geschätzten Einkünfte beziehen sich auf
   den Großhandelswert. Im Straßenverkauf liegt er um das
   Zehnfache höher. Die Schätzung enthält keine Profite aus
   Kokain, das die sizilianische Mafia über dasselbe Vertriebsnetz ebenfalls in großen Mengen verkaufte. Men-
   genschätzungen sind nicht verfügbar.
2 Der Telran-Computerabgleich wurde vom US-Zoll am
   28. Juli 1977 gemacht.
3 »Pennsylvania Crime Commission' 1985 Report«, S. 17.
4 *a.a.O.,* S. 18.
5 Metropolitan Police Investigation Service, Washington D.
   C., 21. Dezember 1984.
6 Eigentümer der Pizzeria war Pietro Alfano, ein Neffe von
   Gaetano Badalamenti.
7 »Pennsylvania Crime Commission' 1985 Report«, S. 18.
   In dem Bericht heißt es, daß zwischen 1978 und 1983
   8 862 illegale sizilianische Ausländer abgeschoben wurden.
8 Weitere waren Salvatore Riina, Giuseppe Tramontana
   und Bruno Pennisi.
9 Interview mit James Kallstrom, Mai 1986.
10 New Jersey State Police Confidential Intelligence Report
   vom 22. Februar 1973. In »The Sicilian Mafia and Its Impact on the United States« schrieb Sean McWeenie vom
   FBI 1985: »Das FBI, die Drogenfahndung und die Ein-

wanderungs- und Einbürgerungsbehörde haben zusammen mit ihren italienischen Kollegen bestätigt, daß die USA, Kanada und Teile Südamerikas zwischen Mitte der sechziger und Anfang der siebziger Jahre von Sizilianern überschwemmt wurden. Die meisten illegal in die USA Eingewanderten waren flüchtig vor der italienischen Justiz wegen Beschuldigungen, die von Mord bis Rauschgifthandel reichten.«

11 New Jersey State Police Report, 22. Februar 1973.
12 *a.a.O.*, S. 4-5, 20-21.
13 *a.a.O.*, S. 18-19.
14 *a.a.O.*, S. 16-20.
15 Short, *Crime Inc.*, S. 318-319.
16 »A Decade of Organized Crime«, Pennsylvania Crime Commission Report.
17 *Washington Post,* 30. Juni 1985.
18 Pennsylvania Crime Commission Reports, »A Decade of Organized Crime« und »Organized Crime's Infiltration of the Pizza and Cheese Industry«.
19 Adamita hatte die Lizenz für den *Pizza Palace* in Wrightsville im US-Bundesstaat New Jersey und in Levittown im Staat Pennsylvania. Matteo Sollena hatte die Konzession in Perth Amboy und Bedford in New Jersey. Vgl. Pennsylvania Crime Commissions' »Organized Crime's Infiltration of the Pizza and Cheese Industry«, S. 34; New Jersey State Police Report, 22. Februar 1973.
20 Diese und die bereits erwähnten Fakten über die Brüder Piancone sind enthalten im Pennsylvania Crime Commission's »Organized Crime's Infiltration of the Pizza and Cheese Industry«, S. 27-34.
21 Blumenthal, *» Last Days of the Sicilians«.*
22 Cable News Network, 12. April 1988.
23 *Washington Post,* 30. Juni 1985.

1 Di Fonzo, *St. Peter's Banker,* S. 25.
2 *a.a.O.,* S. 75.
3 *a.a.O.,* S .79.
4 *a.a.O.,* Kap. 9.
5 *a.a.O.* Vgl. Sindona: *Gli atti d'accusa,* S. XVII.
6 Der Senator war Graziano Verzotto, der Schmiergeld-schecks für den Mafiaboß von Riesi, Giuseppe Di Cristina, unterzeichnete, einen engen Verbündeten von Buscetta, Salvatore Inzerillo und Stefano Bontate. Vgl. Di Fonzo, *St. Peter's Banker,* S. 7.
7 »The Cash Connection«, Interim Report to the President's Commission on Organized Crime.
8 Di Fonzo, *St. Peter's Banker,* S. 213-214.
9 *a.a.O.*
10 Sindonas spätere Aussage gegenüber dem FBI in seiner Vernehmung vom 20. Mai 1980. Diese Aussage wurde von den Untersuchungsrichtern in Italien als zutreffend akzeptiert. Nach Angaben Sindonas half Gambino mit dem Paß aus, »weil auch er ein sizilianischer Patriot war und den Kommunismus bekämpfen wollte«.
11 »Requisitòria, Rosario Spatola + 84« von Staatsanwalt Giusto Sciacchitano, 20. Dezember 1981.
12 »Requisitòria, Sindona + 11« von Richter Guido Viola, S. 102. Vgl. auch Staatsanwalt Giusto Sciacchitanos »Requisitòria, Rosario Spatola + 84«, S. 205.
13 Di Fonzo, *St. Peter's Banker,* S. 225.
14 *Sindona: Gli atti d'accusa,* S. 26.
15 Bontates Schwager hieß Giacomo Vitale. Seine »herausragende Rolle« wird beschrieben in »Requisitoria, Rosario Spatalo + 84« von Staatsanwalt Giusto Sciacchitano.
16 Aussage von Boris Giulianos Bruder Emmanuele gegenüber dem *Corriere della Sera* (Mailand) vom 27. Juni 1985.
17 Sindona wurde wegen Erteilung des Auftrags zur Er-

mordung von Ambrosoli von einem Gericht in Mailand am 18. März 1986 verurteilt.

18 *Sindona: Gli atti d'accusa*, S. 205.

19 Bericht von Tina Anselmis vor dem Parlamentsausschuß, der die P-2-Loge untersuchte, Zusammenfassung in Sonderausgabe von *L'Espresso* (Rom), 20. Mai 1984, S. 47. Der Chef der Squadra Mobile war Giuseppe Impallomeni, der *Questore* war Giuseppe Nicolicchia.

20 *a.a.O.*, vgl. auch »Ordinanza di Rinvio a Giudizio«, vor dem Massenprozeß von Palermo 1987.

21 Geständnis von Antonino Calderone, *La Stampa* (Turin) vom 2. Oktober 1988.

22 FBI-Vernehmung vom 17. Juni und 1. Juli 1980.

23 »Interrogazione di Buscetta«, italienischer Text, S. 129.

24 »Requisitòria, Sindona + 11«, S. 110.

25 *Sindona: Gli atti d'accusa*, S. 188-189.

26 *a.a.O.*, S. 192.

27 Sindona hatte sogar im Namen des Premierministers damit gedroht, Ambrosoli zu ermorden, und damit gezeigt, was er gegen den mächtigsten Politiker des Landes in der Hand hatte. Ambrosoli zeichnete den Drohanruf von Sindonas Lohnkiller auf. Das Gespräch wurde im Mailänder *Corriere della Sera* vom 20. Mai 1984 veröffentlicht:

KILLER: Sie zeigen mit dem Finger auf dich, ich bin in Rom, und sie zeigen mit dem Finger, als wenn du nicht zusammenarbeiten wolltest . . .
AMBROSOLI: Wer aber sind »sie«?
KILLER: Der große Boß . . .
AMBROSOLI: Wer ist der große Boß?
KILLER: Du verstehst mich schon. Der große Boß und der kleine Boß, alle geben sie dir die Schuld . . . Du bist ein netter Kerl, es täte mir leid . . . Der große, verstehst du? Ja oder nein?
AMBROSOLI: Ich denke, der große ist Sindona.
KILLER: Nein. Es ist Andreotti.
AMBROSOLI: Wer? Andreotti!

KILLER: Genau. Er hat angerufen und gesagt, er hat alles in Ordnung gebracht, aber du bist an allem schuld . . . Also nimm dich in acht . . .

28 Der Minister war Attilio Ruffini, der langjährige Verteidigungsminister und Bruder des damaligen Kardinalprimas von Sizilien. Zitat aus »Requisitòria, Spatola + 84«. Vgl. auch *La Repubblica* (Rom) vom 25. Januar 1984.

29 Hess, *La Mafia*, S. 272.

30 »Requisitòria, Spatola + 84« von G. Sciacchitano, 20. Dezember 1981.

31 Arlacchi, *La Mafia imprenditrice*, S. 130. Die Zahl beträgt in Lire 1 000 Milliarden. Die Geschäftsbeteiligungen in Palermo gingen meist durch Inzerillo Sanitari (Baubedarf) und Valentino Construction.

32 *Nuova Polizia*, Juni 1981.

13 Der große Mafiakrieg von Palermo

1 Für Profitschätzungen vgl. Kap. 1 Fußnote 3. Beschrieben ist die Beteiligung aller Mafiaclans am Heroinpool in einem Bericht an die sizilianische Justiz von Commissario Antonino Cassarà, »Greco + 161« vom 13. Juli 1982. Dieser Bericht war epochemachend in der juristischen Bekämpfung der Mafia, da er vertrauliche Angaben aus einer ganzen Reihe verblüffender Quellen zusammenfaßte. Zu diesen gehörte Salvatore Contorno, Bontates Vollstrecker (Auftragsmörder), und Ignazio Lo Presti, ein eingeschworenes Mitglied von Inzerillos Passo-di-Rigano-Familie und eingeheirateter Verwandter des Finanziers Nino Salvo, ebenfalls eingeschworenes Mitglied unter Bontates Schutz.

2 Aussage von Tommaso Buscetta, Salvatore Contorno und weiteren in Palermos Massenprozeß. Stajano, *Mafia: L'atto d'accusa*, S. 208-209.

3 Interview mit Gianni De Gennaro, Abteilung gegen das

organisierte Verbrechen in Rom, vom Februar 1987; Gerichtsurteil aus Palermo vom 26. Februar 1988.

4 Aussage von FBI-Direktor William Sessions vor dem U.S. Senate Permanent Subcommittee on Investigations vom 11. April 1988.

5 Interview mit Tom Angioletti, damaliger Chef des Büros der amerikanischen Drogenfahndung in Rom, vom März 1985.

6 »Ordinanza di Rinvio a Giudizio«, Massenprozeß, zitiert in Galluzzo u. a., *Rapporto sulla Mafia degli anni* '80, S. 319. Das war das Drogenlabor in Via Messina Marina.

7 Galluzzo u. a., *Rapporto sulla Mafia degli anni* '80, S. 307. Dieses Drogenlabor wurde von den Gebrüdern Grado betrieben, die in den Mailänder Geschäften der Mafia eng mit den Fidanzatis zusammenhingen.

8 »Ordinanza di Rinvio a Giudizio, Calabro, Giocacchino + 19« von Richter Claudio Lo Curto. Die Heroinraffinerie von Alcamo wurde am 30. April 1985 entdeckt.

9 Panessas Aussage vor der President's Commission on Organized Crime, Miami hearings vom 20. bis 21. Februar 1985. Der Rauschgifthändler war seine Zielperson in Philadelphia, Paolo La Porta.

10 Dies und die folgende Ereigniskette sind in Commissario Cassaràs Bericht »Greco + 161« detailliert beschrieben.

11 Mafara wurde 1982 verhaftet und gestand. Er wurde von den Corleonesi noch im selben Jahr ermordet.

12 »Ordinanza di Rinvio a Giudizio, Calabro, Gioacchino + 19«, S. 397

13 Cassarà-Bericht »Greco + 161«.

14 Das Glücksspiel wurde in Atlantic City 1977 legalisiert. Das Atlantic-City-Projekt der sizilianischen Mafia wurde in Cassaràs Bericht »Greco + 161« dargestellt. Vgl. auch die Aussage des FBI-Agenten Richard Ross vor der President's Commission on Organized Crime, Miami hearings vom 20. bis 21. Februar 1985. Ross hatte die Ermittlungen gegen das organisierte Verbrechen in Atlantic City unter sich. Die besonderen Beziehungen zwischen

den Gambinos von Cherry Hill im südlichen New Jersey und der Mafiafamilie Bruno in Philadelphia wurden mir von Frank Panessa beschrieben, dem Chef der amerikanischen Drogenfahndung in Rom, der als verdeckter Rauschgiftfahnder in Philadelphia gearbeitet hat.

15 Cassarà-Bericht »Greco + 161«. In diesem Zeitraum versuchte der Vetter der Brüder Gambino, Emmanuele, ein Hotel in Atlantic City unter falschem Namen zu kaufen, »aus dem schlichten Grund, daß der Kerl das Geschäft mit mir nicht gemacht hätte, wenn ich mich als ein Gambino vorgestellt hätte«. Vgl. Pennsylvania Crime Commission Report »A Decade of Organized Crime«, S. 72.

16 Cassarà-Bericht »Greco + 161«.

17 Die Geschichte mit den 50 Kilo wird nicht nur in Cassaràs Bericht erzählt, sondern auch von Buscetta. Dieser gibt an, daß Inzerillo die 50 Kilo nicht bezahlte und fügte hinzu, daß Inzerillo gemeint habe, Leggio würde nicht wagen, ihn zu töten, bevor er nicht das Geld ausgespuckt habe.

18 Cassaràs Bericht »Greco + 161« stellt fest, daß Giuseppe Di Cristina der letzte wichtigste Mafiaboß war, der zwischen 1978 und 1981 ermordet wurde. Der Boß von Catania war damals Giuseppe Calderone, einer der fünf, die mit Buscetta im Alfa Romeo saßen, als eine Polizeistreife das Auto 1970 in der Nähe der italienischen Nordgrenze anhielt. Calderone wurde 1975 umgebracht. 1988, dreizehn Jahre später, wurde sein Bruder Antonino zum vielleicht wichtigsten Mafiaüberläufer in Italien.

19 Das Opfer war Luigi Corleo, Schwiegervater des Finanziers Nino Salvo.

20 Nach Buscettas Angaben wurde Badalamenti 1978 aus der Cosa Nostra ausgeschlossen. Dennoch blieb er bis 1982 in Palermo, als er nach Norden und später nach Brasilien floh.

21 Diese Information erhielt ich von Cassarà. Dieser hatte sie von Francesco Mafara, dem Vertriebsdirektor der Kup-

pel, der die Information 1979 von zwei belgischen Chemikern namens Albert Gillet und Eric Charlier erhielt, die in den sizilianischen Raffinerien arbeiteten.

22 Cassarà-Bericht »Greco + 161«.

23 Der treue Stellvertreter, der ihn persönlich beriet, war Salvatore Montalto, der Mafiaboß von Enzo Napoli. Die Corleonesi belohnten ihn, indem sie ihn zum Boß von Villabate machten und ihm einen Sitz in der Kuppel gaben, wofür er später zu lebenslänglich verurteilt wurde.

24 Das war Pietro Marchese, der »unbescholtene« Bruder Filippo Marcheses, eines psychopathischen Killers, der den Corso Dei Mille Clan in Palermo führte.

25 Das waren Giuseppe Calderone und später Alfio Ferlito. Ferlito wurde in einem Hinterhalt umgebracht, als ihn vier Carabinieribeamte von einem sizilianischen Gefängnis zu einem anderen eskortierten.

26 Sinagras Aussage in Palermos Massenprozeß vom 15. bis 19. Juni 1986.

27 Ausschnitte von Sinagras Aussage gegenüber Richter Falcone, veröffentlicht in *La Repubblica* (Rom), 24. Januar 1984.

28 Der Kriminalbeamte war Beppe Montana, 1985 von der Mafia ermordet.

29 Hochkommissar Boccias Bericht an den italienischen Innenminister, wörtlich veröffentlicht in *Cronache Parlamentari Siciliane* im Dezember 1986, S. 34.

30 *Corriere della Sera* (Mailand), 24. Mai 1986, in dem Leggios Aussage im Massenprozeß von Palermo zitiert wird.

31 Leggio wurde im Massenprozeß von Palermo förmlich angeklagt, Antonino Faro als seinen Gefängniskiller eingesetzt zu haben.

32 Cassarà-Bericht »Greco + 161«. Vgl. auch Giuseppe Di Cristinas Geheimgeständnis gegenüber den Carabinieri vor seiner Ermordung. Stajano, *Mafia: L'atto d'accusa,* S. 21.

33 Urteilsbegründung im Massenprozeß, 1. Oktober 1988.

1 »Ordinanza di Rinvio a Giudizio«, Massenprozeß, S. 1888. Die gemeinsame Ermittlung mit der amerikanischen Drogenfahndung erhielt den Decknamen *Operation Caesar* und wurde 1978 eingeleitet.

2 Das Geld im Koffer war von Gaetano Badalamentis Neffen in New Jersey, Salvatore Sollena, als Zahlung für eine Sendung von Badalamenti selbst von Palermo an Francesco Mafara geschickt worden, den Vertriebsleiter der Kuppel. Vgl. »Greco + 161«.

3 Aus der Geheimakte M. Fo. Biali, die von der Polizei im römischen Büro des ermordeten Schweigegelderpressers und Verlegers Mino Pecorelli beschlagnahmt wurde, zitiert von Sandra Bonsanti in *La Repubblica* (Rom), 12. September 1982.

4 Der Präsident der sizilianischen Regierung war Piersanto Mattarella, ermordet am 6. Januar 1980. Der Carabinierihauptmann war Emmanuele Basile, ermordet am 3. Mai 1980. Der Staatsanwalt war Gaetano Costa, ermordet am 6. August 1980. Der kommunistische Parteisekretär war Pio La Torre, ermordet am 30. April 1982. General Dalla Chiesa wurde am 3. September 1982 ermordet.

5 Galluzzo u. a., *Rapporto sulla Mafia degli anni '80*, S. 32.

6 Contorno wird in Cassaràs Bericht ausführlich als »Prima Luce« zitiert. Seine Identität wurde 1984 aufgedeckt. Vgl. *Il Giornale* (Mailand) vom 16. November 1984 und *La Repubblica* (Rom) vom 12. April 1986.

7 Stajano, *Mafia: L'atto d'accusa*, S. 318-319.

8 Die Verankerung der Mafia in Catania ist inzwischen durch umfangreiche Aussagen von Mafiaüberläufern gesichert. Ihre bis 1925 zurückreichenden Fundamente wurden im Geständnis von Antonino Calderone angeführt, dessen Bruder Giuseppe Vorsitzender des regionalen Mafiaausschusses in Catania und der *Inter-Provinciale*

der gesamten Mafia gewesen war, bis er von Leggios Verbündeten in Catania ermordet wurde. *Giornale di Sicilia* (Palermo), 11. März 1988.

9 Giorgio Boccas Artikelserie über Catania, *La Repubblica* (Rom), 24. März 1988.

10 Der Stellvertreter war Nino Drago. *Corriere della Sera* (Mailand), 9. Januar 1984.

11 Vgl. Bericht des ersten Antimafiaausschusses des italienischen Parlaments, eine Zehnjahresuntersuchung, die 1974 zu den Akten gelegt wurde.

12 Dalla Chiesa hatte auch einige weitere Personen angeklagt, darunter den früheren christdemokratischen Kabinettsminister Giovanni Gioia, inzwischen verstorben, und den republikanischen Parteichef in Sizilien, Aristide Gunnella.

13 Dalla Chiesa, *Delitto imperfetto,* S. 34. Nando Dalla Chiesa, Soziologieprofessor in Mailand, war ein Rebell der 68er-Generation und Mitglied der Kommunistischen Partei. Obwohl er mit seinem Vater politisch bestimmt nicht einig ging, bewies er soviel Liebe und Achtung, daß man sich kaum vorstellen kann, er habe die Umstände in Zusammenhang mit Dalla Chiesas Auftrag in Sizilien in seiner Darstellung verzerrt.

14 Der Premierminister war Giovanni Spadolini, damals Führer der kleinen und gemäßigten Republikanischen Partei.

15 Dalla Chiesa, *Delitto imperfetto,* S. 48-49.

16 Urteilsbegründung der Richter Alfonso Giordano und Pietro Grasso, zitiert in *La Repubblica* (Rom), 2. Oktober 1988.

17 Ein Beschäftigter, von dem er dies in der Prefettura feststellte, war der Bruder von Joseph Miceli Crimi, der in der vorgetäuschten Entführung Michele Sindonas eine Hauptrolle gespielt hatte. Er wurde nie förmlich einer Straftat beschuldigt.

18 Dalla Chiesa, *Delitto imperfetto,* S. 64.

19 *a.a.O.,* S. 53.

20 »Heute ist die Mafia auch in Catania stark. Mit Zustimmung der Mafia von Palermo operieren heute die vier größten Baufirmen von Catania in Palermo. Glauben Sie, sie könnten das tun, wenn nicht eine neue Verteilung der Mafiamacht hinter ihnen stünde?« Dalla Chiesa, Interview mit Giorgio Bocca.

21 Der Besuch bei Ralph Jones wird in der hervorragenden Artikelserie von Roger Cohen im *Wall Street Journal* vom 12. Februar 1985 beschrieben.

22 Stajano, *Mafia: L'atto d'accusa,* S. 226.

23 Bericht von Carabinierihauptmann Ganzer, »Sentenza di Rinvio a Giudizio«, Massenprozeß; Stajano, *Mafia: L'atto d'accusa,* S. 293.

24 Der Beamte war De Francesco, der Präfekt von Palermo, der nach dem Tod von Dalla Chiesa an dessen Stelle trat und erster Hochkommissar gegen die Mafia wurde.

25 40 Prozent der Bankeinlagen von Sizilien in sechs Regionalbanken, 28 Provinzbanken und Hunderten von Sparkassen befinden sich in Trapani.

26 Zur Provinz von Trapani gehören Alcamo, Castellammare del Golfo, Partanna, Castelvetrano, Marsala, Mazara del Vallo und Salemi.

27 Die Sendung war von Salvatore Zizzo, in meinen Augen einem der großen Mafiabosse, an seinen Bruder in Kanada gegangen. *La Repubblica* (Rom) vom 26. Januar 1983.

28 *La Repubblica* (Rom) vom 13. Mai 1987.

15 Der Krake wird sichtbar

1 Die Zahl von 20 eingeschworenen Sizilianern wird von Sean McWeenie in seinem Sonderbericht für das FBI »The Sicilian Mafia and Its Impact on the United States« angegeben. Die Zahl 1 000 wurde mir 1987 von U.S. Attorney Louis Freeh genannt.

2 Am 31. Oktober 1988 führte ich ein langes Telefonge-

spräch mit Mona Ewell; ich befand mich in Rom, sie in Washington.

3 Vgl. »Bono + 159«, zweibändiger Bericht von Toni De Luca von der Mailänder Criminalpol und Gianni De Gennaro, Chef der Stabsabteilung gegen das organisierte Verbrechen in Rom, vom 7. Februar 1983.

4 Er zahlte dem Rauschgiftring von Philadelphia insgesamt 880 000 Dollar. Der Preis für Heroin lag bei etwa 220 000 Dollar pro Kilo, doch bezahlte Panessa seine letzte Lieferung nicht. Da seine Vorgesetzten beschlossen, seine Zielperson zu verhaften, sahen sie keine Notwendigkeit, die Zahlung zu leisten. Später, als die Zielperson im Gefängnis war, bot Panessa an, die Schuld zu begleichen, doch wurde ihm bedauernd erklärt: »Es ist zu spät.« Die Sizilianer hatten bereits eine Kopfprämie auf ihn ausgesetzt.

5 Panessas Aussage vor der President's Commission on Organized Crime, Miami hearings vom 21. bis 22. Februar 1985.

6 a.a.O., 20. bis 21. Februar.

7 La Portas Gruppe richtete tatsächlich eine Raffinerie in der Dominikanischen Republik ein, die vor Aufnahme ihrer Tätigkeit im September 1983 durch eine Polizeirazzia aufflog.

8 Interview mit Panessa, Rom, 31. Oktober 1988.

9 Die *Heroinanalysen* waren identisch bei dem Heroin, das Panessa in Philadelphia kaufte, und bei fünf Kilo, die bei Ambrogio Farina im Sommer 1983 in New York beschlagnahmt wurden. Farina und sein Sohn Salvatore wurden später von den Vereinigten Staaten an Italien ausgeliefert und schließlich wegen Mordes an Richter Ciaccio Montalto verurteilt.

10 Zito verkaufte Hopson insgesamt zweieinhalb Kilo. Bei der Verhaftung der Angeklagten im Pizzaprozeß im April 1984 wurden ein paar Unzen Kokain bei Sam Evola gefunden, Gaetano Badalamentis eingeheiratetem Neffen. Bis zum Pizzaprozeß in New York wurden vier Angeklag-

te auch einer Heroinlieferung von 40 Kilo in Italien (bereits aus dem Jahr 1980) überführt. Vgl. Kapitel 16.

11 Giuliani war aus dem Justizministerium in Washington im Juli 1983 ausgeschieden, um den Southern District von New York zu leiten.

12 Paolo La Porta wurde zu 30 Jahren Gefängnis verurteilt, sein Bruder Giovanni zu 20 Jahren und ihr engster Gehilfe Alberto Ficalora zu 30 Jahren.

13 »Ordinanza di Rinvio a Giudizio, Aiello + 32«, S. 42.

14 Pistone, *Donnie Brasco.*

15 Vgl. Richter Claudio Lo Curtos Anklageerhebung (»Ordinanza di Rinvio a Giudizio«) wegen des Mordes an Richter Ciaccio Montalto.

16 Interview mit Richard Martin in Rom am 31. Oktober 1988. Es hat Meldungen gegeben, Galante habe 5 000 Dollar für jedes Kilo Heroin erhalten, das die Sizilianer ins Land brachten. In anderen Berichten heißt es, Pasquale Conte, ein Sizilianer, den New Yorker Polizisten als Hauptmann in der amerikanischen Mafiafamilie Gambino ansahen, kassiere ein Honorar in dieser Höhe. Nach Aussagen Martins beruhten diese Meldungen jedoch auf Aussagen eines unzuverlässigen Informanten, die von anderen nicht bestätigt wurden. Die Zahl würde sich ohnehin für Carmine Galante und den gesamten amerikanischen Mafiaausschuß zu gering ausnehmen — fünf Millionen Dollar für die Tonne, vielleicht 15 bis 20 Millionen Dollar jährlich, also kaum ein Betrag, der die amerikanische Mafia wild machen konnte.

17 Pistone, *Donnie Brasco,* S. 204–205.

18 Die drei Getöteten aus der Mafiafamilie Bonanno waren Domenick Trinchera, Alphonse »Sonny Red« Indelicato und Philip Giaccone, die 1981 ermordet wurden.

19 Pistone, *Donnie Brasco,* S. 356–357.

20 Die Geschichte von Salvatore Catalanos Abdankung als Kopf der Mafiafamilie Bonanno erzählte mir Carmine Russo vom FBI, der zufällig an jenem Abend 1981 Beschattungsdienst beim *Café Roma* an der Knickerbocker

Avenue hatte. Agent Russo sagte, Catalano sei in einer Sitzung mit den Bossen der Mafiafamilie Bonanno bei Fern Cliff Caterers in der Nähe vom Kennedy Airport zu dieser Einigung gelangt und war dann gekommen und hatte es den Sizilianern zunächst im *Café Roma* und später an einem »großen runden Tisch« im *Café Viale* erklärt.

21 Der dritte Mann war Pasquale »Patsy« Conte, dem mehrere Key-Food-Supermärkte im Stadtgebiet von New York gehörten und der im geschäftsführenden Vorstand der Key-Food-Ladenkette war. Nach Angaben Buscettas zahlte er 100 000 Dollar, um in die Mafiafamilie Gambino eingeschworen zu werden. Aus seinem Umgang ist jedoch eher zu schließen, daß er in Sizilien eingeschworen wurde. Enzo und Gaetano arbeiteten in seinem Fleischmarkt, als sie frisch in New York eingetroffen waren. Luigi Ronsisvalle sah ihn häufig mit Catalano, Bonventre und Amato auf der Knickerbocker Avenue und nahm einmal an einem Gespräch teil, bei dem Conte den Vorsitz führte.

22 »Chronology of Events« für den Pizzaprozeß, S. 13.

23 Interview mit Richard Martin, Rom, 31. Oktober 1988.

24 Interview mit Freeh, 12. April 1988.

16 Der Schock der Erkenntnis

1 Für detaillierte Berichte über die Ermittlung vgl. Blumenthal, *Last Days of the Sicilians,* und Alexander, *The Pizza Connection.*

2 Aus Zahlen in dem Rauschgifthauptbuch, das bei der Verhaftung des Angeklagten Salvatore Mazzurco gefunden wurde, errechnete der Southern District, daß der Rauschgiftring vorhatte, »zwischen 1982 und 1983« eineinhalb Tonnen Heroin ins Land zu bringen. Die Fünfjahresschätzung von tatsächlich importierten 330 Pfund (165 Kilo) jährlich wurde der Presse von Generalstaatsanwalt

William French Smith zum Zeitpunkt der Pizzaverhaftung am 9. April 1984 genannt.

3 Aufgrund von Rudolph Giulianis Bemühungen ermächtigte das Justizministerium das FBI, 1982 mit der Drogenfahndung in Rauschgiftfällen zusammenzuarbeiten. Vgl. Generalstaatsanwalt William French Smiths Erklärung auf der Pressekonferenz vom 9. April 1984.

4 Vgl. Berichte der US-Drogenfahndungsbehörde (BNDD Reports) 1970-1972 über den Rauschgiftring von Carlo Zippo und die Ermittlungen gegen Antonio Settimo: Am 8. April 1970 identifiziert der Beschattungsbericht über Settimo Antonino und Vincenzo Napoli bei der Firma Lisa Wigs; am 4. Oktober 1970 identifiziert der Beschattungsbericht über Settimo Michael Piancone, Emmanuele Adamita, Antonio Minore, Carlo Zippo, Tommaso Buscetta und Giuseppe Tramontana; am 18. September 1970 bezieht sich der Bericht auf die Beschattung Settimos und Zippos. Ross Riley vom BNDD, der am 30. Oktober 1970 die Ermittlungen von 1970 zusammenfaßte, nennt 16 Sizilianer als Gegenstand der Ermittlungen, darunter Settimo, Adamita, Nick Rizzuto (aus Montreal und Caracas), Giuseppe Catania (aus Mexico City, New York und Montreal), Giovanni Caruana (in Montreal) und Liborio Cuntrera (in Montreal, der mit Sizilien, Brasilien und Venezuela telefoniert). Es ergab sich, daß sich die gesamten Ermittlungen gegen Casamento um seine Heroinempfänger bei der Firma Eagle Cheese drehten. Im Eagle-Cheese-Fall von 1972 schätzte der Eastern District, daß die Firma Eagle Cheese in diesem Jahr Lieferungen von 900 Kilo Heroin in Empfang genommen hatte. Vgl. Kapitel 9.

5 Casamentos Verbindungen zu Ganci und Castronovo wurden als »vermuteter Ermittlungsgrund« benutzt, um die ersten Telefonüberwachungen nach Titel 2 im Pizzafall genehmigt zu bekommen. Das war aber erst Anfang 1983.

6 New Jerseys dienstältester und unbarmherzig methodi-

scher Bundesanwalt Robert Stewart arbeitete eng mit ihm zusammen.

7 »The Cash Connection«, President's Commission on Organized Crime, S. 33-35.

8 Interview mit Richard Martin, Rom, 31. Oktober 1988.

9 Das war der Rauschgiftfall Adamita, der in den Fall Spatola überging. Die drei Hauptfiguren waren Frank Castronovo, Filippo Ragusa und Salvatore Catalanos Bruder Onofrio.

10 Charles Rooneys Bericht an das FBI *(Genus Cattails)* vom 15. Mai 1981.

11 Der Staatsanwalt Giusto Sciacchitano, der den Fall Spatola vorbereitete. Er schob die Verzögerung hauptsächlich auf die Bremser in seinem eigenen Ministerium. Vgl. seine »Requisitòria, Spatola + 84«, 1981.

12 Das *segreto d'istruttoria* verbietet jedem italienischen Untersuchungsrichter, gesammelte Angaben zu offenbaren, bevor sein Fall vor Gericht kommt. Die Rechtsvorschriften sollten 1989 geändert werden.

13 »Bono + 159«, zweibändiger Bericht von Gianni De Gennaro an die Questura von Rom. Für Zahlen zu in Sizilien beschlagnahmtem Heroin und dort zerschlagener Mafiaringe vgl. *Washington Post* vom 3. Oktober 1984; vgl. auch *Giornale di Sicilia* (Palermo), 14. Januar 1988.

14 »Bono + 159«.

15 Die Drogenfahndung stellte fest, daß Bonos Hochzeitstag der 16. November 1980 gewesen war. Die Rechnung belief sich nach Rabatt auf 63,12 Dollar. Bono war in den Akten der Drogenfahndung als Mitglied der Mafiafamilie Bonanno verzeichnet. Vgl. a. a. O., S. 155-156.

16 Unter den Hochzeitsgästen in Brooklyn waren Giuseppe Ganci, Sal Catalano, Cesare Bonventre, Baldo Amato, die Brüder Gambino von Cherry Hill, Filippo Casamento und sein Bruder Franco und Enzo Napolis Bruder Gaetano (Enzo selbst war damals im Gefängnis). Buscetta, dem 138 ausgewählte Fotografien gezeigt wurden, identifizierte 18. Er leugnete, Filippo Casamento erkannt zu haben,

identifizierte aber Sal Catalano, Gaetano Napoli, Nunzio Guido von der Camorra in Kanada und Brasilien und Antonio Inzerillo, einen Onkel des ermordeten Salvatore Inzerillo.

1985 identifizierte Luigi Ronsisvalle Pasquale Conte als den unbekannten Dritten, der im Oktober 1980 mit Big Paul Castellano Mittagessen gegangen war.

17 Galluzzo u. a., *Rapporto sulla Mafia degli anni '80,* S. 28-29.

18 Der Rauschgifthändler, dessen Telefon angezapft worden war, war Giorgio Muratore. Die anderen waren Frank Castronovo und Filippo Ragusa. Salvatore Catalanos Bruder Onofrio war nicht anwesend, hatte aber den schwarzen Mercedes gemietet, mit dem die anderen von der Bar abgeholt wurden.

19 »Requisitòria, Spatola + 84«.

20 Die Lieferungen beliefen sich insgesamt auf 38 Kilo.

21 »Requisitòria, Spatola + 84«.

22 Die Vereinigten Staaten gaben nie eine Antwort auf italienische Ersuchen um Auslieferung John Gambinos, was sizilianische Untersuchungsrichter bis heute verblüfft.

23 Stajano, *Mafia: L'atto d'accusa,* S. 212-213. Neben Catalano und Ganci nannte Contorno Salvatore Greco (Bruder des Mafiabosses von Bagheria), Gaetano Mazzara und Frank Castronovo, bekannt als Ciccio L'Americano. Castronovo, eine wichtige Figur im Rauschgiftvertrieb und in der Geldwäsche, war Miteigner des *Roma Restaurant* in Menlo Park im US-Bundesstaat New Jersey, wo viele Rauschgiftgeschäfte abgeschlossen wurden. Sein Geschäftspartner war Michael Piancone, einer der berüchtigten Brüder Piancone, die als freigebige Onkel die Pizzakette der sizilianischen Mafia in Amerika vorfinanzierten. Vgl. »A Decade of Organized Crime«, »Pennsylvania Crime Commission, 1985 Report« und »Organized Crime's Infiltration of the Pizza and Cheese Industry«. Vgl. auch New Jersey State Police Confidential Intelligence Report vom 22. Februar 1973. Als er mit Catalano und

den anderen im Februar 1980 in Palermo weilte, schloß Castronovo ein Immobiliengeschäft in Millionenhöhe für John Gambino und Salvatore Inzerillo ab. 1982 wurde er von Richter Falcone im Fall Spatola unter Anklage gestellt.

24 Interview mit Richter Giusto Sciacchitano, Palermo, vom 4. August 1987.

25 Vgl. *Giornale di Sicilia* (Palermo), 3. Oktober 1984. Der Generalstaatsanwalt war William French Smith, der FBI-Chefrichter William Webster und der Chef der Drogenfahndung Francis Mullen.

26 *La Repubblica* (Rom) und *Corriere della Sera* (Mailand), 6. November 1988; *Corriere della Sera* (Mailand), 2. Februar 1989. Die Enthüllungsstory verursachte einen Skandal in der Schweiz, dessen Justizministerin Elisabeth Kopp zurücktreten mußte, weil ihr Ehemann in die Geldwäscherei verwickelt war. Sie soll eine Amtspflichtverletzung begangen haben, indem sie ihn vor der bevorstehenden Untersuchung warnte.

27 Anklageerhebung von Richter Claudio Lo Curto, »Ordinanza di Rinvio a Giudizio, Calabro, Gioacchino + 19«.

28 Drei Mafiosi aus Trapani wurden vom Gericht von Caltanissetta am 19. November 1988 für den Attentatsversuch auf Richter Palermo zu lebenslänglich Gefängnis verurteilt.

29 Stajano, *Mafia: L'atto d'accusa,* S. 200-201, 204.

30 Waridel war von 1978 bis 1979 im Gefängnis, wo er Giuseppe Ferrera, einen hohen, mit den Clans von Catania verbündeten Mafiaboß, und Leggio traf, ihren Hauptbeschaffer für Morphin.

31 Der Ersatzmann war Antonino Rotolo, der 1985 mit Pippo Calò verhaftet wurde. Calò war der Boß von Buscettas Porta Nuova Clan, dem sowohl Rotolo als auch La Mattina angehörten.

32 Zusammenfassung der Anklage von Louis Freeh beim Prozeß um die Pizza-Connection, S. 37791-37792.

33 Für Presseberichte vgl. *Forbes,* April 1989; *Newsday,* 1.

April 1989; *Washington Times*, 2. April 1989. Quellen-
material aus vertraulichen Telegrammen der Drogenfahndung in einem umfangreichen Bericht vom 3. Januar
1989.

34 Vgl. Aussagen von Salvatore Contorno und Gennaro
Totta, Cassarà-Bericht »Greco + 161«.

35 »Chronology of Events« für die Geschworenen im Pizzaprozeß, S. 233.

36 Die Corleonesi waren sich auch nicht zu schade, ausgeschlossene Mitglieder einzusetzen, wenn es Geld brachte, Francesco Di Carlo, der mit den Cuntreras und Caruanas in London zusammenarbeitete, wurde auf Drängen der Corleonesi aus irgendwelchen Gründen ebenfalls aus der Mafia ausgeschlossen. Dennoch setzten sie
seinen Bruder als Boß seiner Mafiafamilie von Altofonte
ein und verwendeten Di Carlo als ihren eigenen Vertreter in London.

37 Der angeheiratete Neffe war Sam Evola.

17 Buscettas tiefer Sturz

1 *Corriere della Sera* (Mailand), 12. Oktober 1984 (Artikel
von Giangiacomo Fo über die Wiederverhaftung von Homero Guimaraes sen.).

2 Interview mit Buscettas Babysitter von der Drogenfahndung, Tony Petrucci.

3 Buscetta wurde von zwei Gerichten zu 14 Jahren Gefängnis wegen Bildung einer kriminellen Vereinigung und zu
zehn Jahren wegen Drogenhandels verurteilt. Die Strafen
wurden in der Berufung auf jeweils drei und acht Jahre reduziert. Vgl. Buscettas Aussage im Massenprozeß, wörtlich wiedergegeben in *Giornale di Sicilia* (Palermo) vom
4. April 1986.

4 Aussage von Richterin Lina Monge in Turin am 28. Januar 1980, zitiert in Galluzzo, *Tommaso Buscetta*, S. 104-
105.

5 Justizminister Nino Martinazzoli in *Il Giorno* (Mailand)
   vom 12. März 1984.

6 Aussage von Francesco Gasparini vor Richter Falcone, in
   Stajano, *Mafia: L'atto d'accusa*, S. 115.

7 Galluzzo, *Tommaso Buscetta*, S. 90-91.

8 Zusammenfassung des Staatsanwalts im Pizzaprozeß, S.
   33 579-33 581.

9 Der Staatsanwalt war Giuseppe Ayala im Massenprozeß.

10 Buscetta selbst enthüllte dies 1984 gegenüber Richter Falcone und benannte Antonio Bardellino, Antonio Nuvoletta und Michele Zaza als die drei Chefs der Camorra.

11 Stajano, *Mafia: L'atto d'accusa*, S. 319-320. Der Verwandte war Ignazio Lo Presti, Nino Salvos angeheirateter
   Schwager, der im August 1982 verschwand und vermutlich dem »weißen Tod« zum Opfer fiel.

12 Die Lohnkiller waren Giuseppe Tramontana und Giorgio
   Romano. Tramontana war Buscettas zuverlässiger Kurier
   bei den meisten Drogendeals gewesen, wie er ihn seinerzeit in New York machte, und Trauzeuge bei Buscettas bi-
   gamistischer Hochzeit mit Vera Girotti in New York.

13 Die Korsen, die mit Zaza zusammenarbeiteten, waren
   Paul Graziani und Bernard Quilichini.

14 Für eine umfassende Darstellung vgl. »Bono + 159«, S.
   319-338.14.

15 a.a.O., S. 115-125. Buscetta hat ausgesagt, daß Antonio
   Salamone Brasilien verließ, um zu vermeiden, selbst Buscetta auf Befehl der Corleonesi töten zu müssen. Doch
   sind die Daten von Salamones Abreise schwer zu erklären.
   Sein Neffe Francesco Di Matteo, einer der Gäste bei dem
   Abendessen in Paris, wurde am 24. Oktober 1982 mit
   dem geheimen Bericht der Drogenfahndung in der Tasche
   im Flughafen Punta Ráisi verhaftet. Zaza sagte über ein
   angezapftes Telefon, Salamone habe Brasilien am 25. Oktober verlassen.

16 Der Informant war Paolo Lelio Gigante, der während der
   ganzen sechziger und frühen siebziger Jahre Heroin und
   Kokain für den korsischen Rauschgiftring transportiert

hat. Er wurde zusammen mit Buscetta und den Korsen verhaftet und angeklagt, als ihr Rauschgiftring 1972 zerschlagen wurde. Vgl. *Giornale di Sicilia* (Palermo), 26. Oktober 1983. Der Tip von Gigante widerspricht der allgemein anerkannten Geschichte, Buscettas Wohnung sei zufällig gefunden worden; der Hausverwalter habe angeblich Buscettas Bild unter vielen identifiziert, als ihm ein Foto von Bardellino gezeigt wurde. Dies wurde zur offiziellen Version, vielleicht um den Informanten zu schützen. Dennoch äußerte der zuständige Agent der US-Drogenfahndung bei einem Interview mit mir in Rio de Janeiro im Oktober 1976, »es sei kein Zufall gewesen«, daß Buscettas Wohnung entdeckt wurde.

17 Die Leichen von Giuseppe Tramontana und Giorgio Romano wurden im Februar 1983 in Florida gefunden. Buscetta setzte sich wenige Tage später aus Rio ab. In manchen Berichten heißt es, bei Buscettas Festnahme seien keine Pferde oder Milchvieh auf seiner Ranch gewesen. Buscetta selbst hat seine Herden gegenüber seinem Biographen so beschrieben: Biagi, *Il Boss è solo*, S. 224.

18 *Veja* (brasilianische Wochenschrift) vom 2. November 1983; Bericht der amerikanischen Drogenfahndung vom 15. Dezember 1983.

19 Romeu Tuma wurde in der beliebten brasilianischen Wochenschrift *Veja* am 2. November 1983 zitiert. Der Polizeichef von São Paulo, Pedro Berwanger, und der Chef der Rauschgiftfahndung, Ugo Pavoa, sprachen auf einer Pressekonferenz vom 24. Oktober 1983. Vgl. Galluzzo, *Tommaso Buscetta*, S. 157.

20 Presseinterview mit Buscetta im Gefängnis von São Paulo, *Giornale di Sicilia* (Palermo) am 27. Oktober 1983.

21 Der andere Angeklagte war Salvatore Mazzurco.

22 Bericht an die amerikanische Drogenfahndung von Mona Ewell, Charles Rose und John Huber vom 15. Dezember 1983.

23 Shawcross and Young, *Men of Honor*.

24 a.a.O., S. 183.

25 Interview mit dem zuständigen Agenten der amerikanischen Drogenfahndung in Rio de Janeiro im Oktober 1986.
26 Mona Ewells Bericht an die amerikanische Drogenfahndung, U.S. Government Memorandum vom 15. Dezember 1983.
27 Interview mit Paolo Graldi vom *Corriere della Sera*, 28. Oktober 1984.
28 Galluzzo u. a., *Rapporto sulla Mafia degli anni '80*, S. 35-36.

18 Konfrontation vor Gericht

1 Alle italienischen Zeitungen am 12. November 1987.
2 Die von Premierminister De Mita genannte Mordziffer betrug 135 für die Monate Juni bis November 1988. Zuvor waren für das ganze Jahr 180 genannt worden, doch die Zahl nahm in den letzten Monaten zu. Zum Jahresende wurde allgemein von rund 200 Leichen ausgegangen. In dieser Zahl waren die »weißen Todesfälle« nicht enthalten.
3 Richter Pietro Grasso, beisitzender Richter, nach italienischem Recht als »giudice in latere« benannt, in *La Repubblica* (Rom), 1. Oktober 1988.
4 Zusammenfassung der Anklage durch die Staatsanwälte Ayala und Signorino am 17. April 1987. In der Anklageerhebung selbst war die Cosa Nostra definiert als »Organisation mit straff vertikalem Aufbau und Epizentrum in Palermo, mit beträchtlicher *unicità* (Einheit), trotz periodischer Krisen. Die Cosa Nostra ist dank dem siegreichen Aufstieg der Corleonesi immer straffer geworden: Eine Vorstellung wie die spontane Entstehung des Mafiaphänomens trifft die Sache nicht«. *Corriere della Sera* (Mailand), 9. November 1985.
5 »Ordinanza di Rinvio a Giudizio« vor dem Massenprozeß vom 4. Februar 1986.

552

6 Giampaolo Pansa in *La Repubblica* (Rom) vom 6. Februar 1986, der unter anderem den Dekan der juristischen Fakultät der Universität in Palermo zitierte.

7 Galluzzo u. a., *Rapporto sulla Mafia degli anni '80*, S. 33-38.

8 Interview mit Giusto Sciacchitano am 4. August 1987.

9 Ein *Pentito* aus Catania, Giuseppe Calderone, machte 1988 diese und weitere überraschende Enthüllungen.

10 Buscettas Aussage im Massenprozeß, wörtlich abgedruckt in *Giornale di Sicilia* (Palermo) vom 4. April 1986.

11 a.a.O.

12 Stajano, *Mafia: L'atto d'accusa*, S. 97.

13 Biagi, *Il Boss è solo*, S. 21.

14 Contornos Aussage, wörtlich abgedruckt in *Giornale di Sicilia* (Palermo), 17. April 1986.

15 Obwohl Commissario Cassarà belastende Beweise für Bontates Beteiligung am Drogengeschäft hatte, wußte Contorno davon vielleicht wirklich nichts. Er behauptete, nichts von Bontates Plan gewußt zu haben, Salvatore Riina 1981 umzubringen, vielleicht, weil Bontate ihm dererlei Dinge nicht anvertraute. Buscetta erzählte Bontate jedoch von diesen Plänen.
Zu Bontates Rolle im Rauschgifthandel befragt, sagte Buscetta: »Stefano Bontate behauptete, er stehe außerhalb, aber ich kann wahrhaftig nicht wissen, ob er die Wahrheit sagte, weil in diesem Gebiet jeder für sich behielt, was er wirklich machte.« Vgl. Stajano, *Mafia: L'atto d'accusa*, S. 97.

16 Contornos Aussage, wörtlich abgedruckt in *Giornale di Sicilia* (Palermo), 23. April 1986.

17 a.a.O., 24. April 1986.

18 Leggios Aussage, wörtlich abgedruckt in *Giornale di Sicilia* (Palermo), 24., 25., 26. Mai 1986.

19 »Bono + 159«. Der Plan der Mafia, die Finanzstruktur von Mailand zu unterwandern, wurde auch vom Überläufer Antonino Calderone beschrieben, welcher aussagte,

daß sein verstorbener Bruder den Plan Ende 1979 selbst ausgeheckt habe.

20 Stajano, *Mafia: L'atto d'accusa,* S. 112-135.

21 Die 500-Kilo-Bestellung erfolgte durch Nitto Santapaola, der den Deal direkt mit Koh Bak Kin aushandelte, a.a.O., S. 112.

22 95 Tamilen wurden am 18. März 1985 in Italien wegen Heroinhandels in Komplizenschaft mit der sizilianischen Mafia in Neapel, Palermo und Catania verhaftet. Sie gehörten der Organisation Tiger von Eelam an und finanzierten damit den Aufstand in Sri Lanka. Schließlich wurden sie freigelassen, weil sich kein Gerichtsdolmetscher fand, der ihre Sprache beherrschte. *La Repubblica* (Rom) vom 19. März 1985; *L'Espresso* (Rom) vom 1. Dezember 1985.

1987 verfolgten britische Zollfahnder den sizilianischen Mafiarauschgifthändler Francesco Di Carlo bis zu einem Hotel im kenianischen Mombasa, wo er sich aufgehalten hatte. Das Hotelregister bewies, daß er sich dort mit anderen sizilianischen Mafiabossen getroffen hatte und daß mehrere weitere Hotels und Casinos in Mombasa zur Geldwäsche für die Mafia benutzt wurden. *BBC,* 11. März 1987.

Die Waffengeschäfte mit Guinea-Bissau wurden über eine Euro-Gros genannte Gesellschaft in Massa Carrara abgewickelt. Einzelheiten gingen aus einem Haftbefehl vom 30. Januar 1989 gegen 37 Italiener hervor, darunter zwölf Mafiosi aus den Clans von Corleone und Trapani. Diese Mafiosi hatten bis zu seiner Verhaftung 1985 mit (oder unter) dem Mafiaschatzmeister Pippo Calò gearbeitet. Ihre Geschäftspartner waren rechtsgerichtete Terroristen in der NAR und Ordine Nuovo gewesen. Vgl. *La Repubblica* (Rom), 31. Januar 1989.

Die Insel Aruba vor der venezolanischen Küste wird von vielen sizilianischen Rauschgifthändlern als zeitweilige oder dauerhafte Fluchtburg benutzt. Auf dem Höhepunkt der italienischen Ermittlungen gegen die Geschäfte der

Cuntreras-Caruanas 1985 zog die ganze Familie Cuntrera von Caracas nach Arubà. Interview mit Dr. Pansa von der Staatsabteilung gegen das organisierte Verbrechen in Rom.

Im Sommer 1987 verhafteten die Behörden von Nepal eine Gruppe von Heeresoffizieren, die für die sizilianische Mafia tätig waren.

Die Quelle in Katmandu ist der Rundfunksender *BBC* vom 12. Juli 1987.

23 Interview in *La Repubblica* (Rom) vom 13. April 1985.

19 *Der Krake ist wieder frei*

1 Urteil des Obersten Gerichtshofs (Kassationsgericht), *Corriere della Sera* (Mailand) vom 29. September 1988.

2 *La Repubblica* (Rom) vom 11. Februar 1989.

3 Zaza wurde im März 1989 in Frankreich erneut wegen Zigarettenschmuggels verhaftet.

4 Der Mafiaboß, der wegen der Ermordung von Richter Ciaccio Montalto angeklagt wurde, war Calogero Minore aus Trapani, ein enger Verbündeter der Corleonesi. Seine Freilassung wurde vom Obersten Gericht Italiens (Kassationsgericht) im November 1988 angeordnet.

5 *Corriere della Sera* (Mailand) vom 4. November 1986.

6 *La Repubblica* (Rom) vom 12. und 14. März 1989; *Corriere della Sera* (Mailand) vom 12., 13. und 17. März 1989.

7 »Sentenza della Corte« von Richter Carnevale, Oberster Gerichtshof (Kassationsgericht), S. 85-86, 121, 128.

8 *Corriere della Sera* (Mailand) vom 30. Dezember 1988.

9 Vincenzo De Caro, *Giornale di Sicilia* (Palermo) vom 23. März 1988.

10 Justizminister Giulio Vassalli, ein Sozialist, zitiert in *La Repubblica* (Rom) vom 4. Februar 1988.

11 *Corriere della Sera* (Mailand) vom 3. März 1988.

12 a.a.O., 30. Dezember 1988. In Agrigent, wo sich Unter-

suchungsrichter jahrelang mit Beweisen abgemüht hatten, aufgrund deren 30 Notablen der Mafia verurteilt werden konnten, war am Ende desselben Jahres nur noch einer in Haft.

13 Falcones ausführliche Erklärung in *L'Espresso* (Rom) vom 18. September 1988. Im Laufe der nächsten Monate verließ ein Richter freiwillig die Arbeitsgruppe; zwei wurden abgelöst und auf Fälle ohne Mafiabezug angesetzt; alle erhielten Routinefälle zugewiesen, die ihre bereits riesige Arbeitsbelastung noch vergrößerten. Offiziell sollte die Arbeitsgruppe weiterhin Lagerstelle für alles Material über die Mafia in Palermo selbst bleiben, aber für keinen anderen Ort. In Wirklichkeit wurden selbst hier diese funktionalen Beschränkungen gesetzt. Zum Beispiel wurde ein Fall, der sich auf umfangreiche Verhaftungen in Termini Imerese bezog — eine Sommerresidenz 20 Kilometer vor Palermo, die von den größten Bossen Palermos frequentiert wurde —, durch den Richter am Obersten Gericht Carnevale der Rechtsprechung der Antimafiagruppe entzogen, dem Lokalgericht in Termini Imerese zugewiesen.

14 Entscheidung des Appellationsgerichts in Rom über den Bombenanschlag auf einen Zug an Weihnachten 1984, in welcher die Urteile gegen Pippo Calò und seine Mitangeklagten aufgehoben wurden, die nach Erklärung des Gerichts keiner Mafiavereinigung angehörten. Die Erklärung des Kardinalprimas stammt aus dem *Corriere della Sera* (Mailand) vom 6. April 1989, wo ein Brief zitiert wird, den Ernesto Ruffini zwei Monate nach dem Autobombenanschlag von Ciaculli an den päpstlichen Staatssekretär geschrieben hatte.

15 Richter Paolo Borsellino, früher in Palermos Antimafia-Arbeitsgruppe, später Chefankläger in Marsala, *La Repubblica* (Rom) vom 20. Juli 1988.

16 Freeh-Interview in *La Repubblica* (Rom) vom 14. August 1988.

17 Zum Beispiel der große Erfolg gegen den Rauschgifthan-

del im Dezember 1988, den ein FBI-Experte als »größten in der Geschichte der Menschheit« beschrieb. Mehrere Mitglieder von John Gambinos Rauschgiftring von Cherry Hill wurden damals gestellt, angefangen mit seinem bevorzugten Heroinkurier Emmanuele Adamita. Vgl. Kapitel 20.

18 *La Stampa* (Turin) vom 7. Oktober 1988.

19 Die Erklärung über die Kontrolle von Palermo von Richter Giuseppe di Lello von der Antimafia-Arbeitsgruppe, *Giornale di Sicilia* (Palermo) vom 28. Juli 1988. Sicas Erklärung über die Beherrschung des italienischen Südens, *Corriere della Sera* (Mailand) vom 16. November 1988. Seine Erklärung über die Kontrolle über Institutionen und Terroristen vor dem Antimafiaausschuß des italienischen Parlaments vom 1. März 1989. Der Gouverneur der Zentralbank Ciampi, *La Repubblica* (Rom) vom 29. März 1985. Bürgermeister Orlandos Aussage, *Corriere della Sera* (Mailand) vom 6. August 1988. Der Bericht des Obersten Richterrats von Richter Carlo Smuraglia, *La Repubblica* (Rom) vom 4. Februar 1988.

20 Der Exbürgermeister Giuseppe Insalaco wurde am 11. Januar 1988 von der Mafia ermordet. Er war 1984 drei Monate lang Bürgermeister von Palermo gewesen.

21 *Corriere della Sera* (Mailand) vom 29. Januar 1988.

22 Die große Genossenschaftsbewegung der italienischen Kommunistischen Partei machte einige Geschäfte mit von der Mafia beherrschten Firmen in Sizilien, und einzelne Parteiführer sind gelegentlich von ähnlichen Kontakten berührt worden. Vgl. *Corriere della Sera* (Mailand) vom 14. März 1989. Trotzdem erhalten sie gewöhnlich keine Wohltaten von der Mafia. Daß sie in Sizilien bei den Wahlen so schlecht abschneiden, kann daran liegen oder am Gegenteil. Vgl. Galasso, *La Mafia non esiste*.

23 Schätzung aus der Anklageschrift im Massenprozeß.

24 Antonino Calderone, Befragung durch Richter in Palermo, *Corriere della Sera* (Mailand) vom 15. März 1988.

25 Der Parteiführer der Republikaner in Sizilien war Aristide

Gunnella. Vgl. Miriam Mafai in *La Repubblica* (Rom) vom 22. Juli 1987.

26 Exbürgermeister von Palermo Elda Pucci, Aussage vor dem Antimafia-Ausschuß des italienischen Parlaments, *La Repubblica* (Rom) vom 4. Oktober 1984.

27 In *Anti-Mafia occasione mancata* schrieb Michele Pantaleone: »Limas politische Karriere ist ein ständiges Crescendo in eine Richtung: der Eroberung von Macht, der gesamten Macht in der Partei, jedenfalls immer mehr Macht, mit allen Mitteln. In seiner raschen und glückhaften Karriere und wegen seiner unkonventionellen Methoden als politische Figur ist Lima am stärksten ins Gespräch gekommen. Bürgermeister von Palermo 1958, 1960 bis 1962 bestätigt, 1964 wiedergewählt, Provinzsekretär der Christdemokraten, schaffte es Lima, jede innere Opposition in der Partei und im Stadtrat zu blockieren ... Im April 1964 notierte die zweite Arbeitsgruppe des Antimafiaausschusses des italienischen Parlaments, die speziell Palermo untersuchte, daß Salvatore Lima von seinem Posten als Zusatzbeauftragter bei der Behörde für Landwirtschaftsreformen in Sizilien (ERAS) suspendiert werden sollte. Der Antimafiaausschuß hatte unter anderem vom Generalkommando der Guardia di Finanza die Akte über Angelo La Barbera erhalten, aus der hervorging, daß La Barbera und sein Bruder Salvatore 1958 politisch für die Wahl Limas zum Bürgermeister und ›zum Schutz von Limas Person‹ tätig geworden waren« (S. 40-45).

Zu Andreottis Verteidigung Limas vgl. Andreottis Interview in *Il Messagero* (Rom), zitiert in *Panorama* vom 10. Dezember 1984. Vgl. auch »Un amico a Strasburgo«, verschiedene Dokumentenauszüge, die vom Antimafiaausschuß über Salvo Lima während seiner Amtszeit als Abgeordneter im Europäischen Parlament in Straßburg gesammelt und vom Centro Siciliano di Documentazione Giuseppe Impastato zusammengestellt worden sind.

28 Davis, *The Kennedys*, S. 304-306. John F. Kennedy wurde mit einem Vorsprung von rund 118 550 Stimmen lan-

desweit zum Präsidenten gewählt: mit 49,7 Prozent gegenüber Richard Nixons 49,6 Prozent der Stimmen. Die Republikaner im US-Staat Illinois überprüften inoffiziell nach der Wahl 699 Wahllokale in Cook County, in denen mit Stimmzetteln und nicht mit Automaten gewählt worden war, und brachten 4 539 unterschlagene Stimmen für Nixon zutage – genug, um den ganzen Staat Illinois und damit das landesweite Wahlergebnis an Nixon gehen zu lassen. Bürgermeister Daleys politischer Apparat war imstande, eine neue offizielle Stimmenauszählung zu unterbinden. Nach Angaben von John Davis (eines Vetters von Jacqueline Kennedy) hat sich Giancana später gebrüstet, er habe Kennedy »gewählt«. Vgl. Blakey und Billings, *The Plot to Kill the President;* Hurt, *Reasonable Doubt;* Summers, *Conspiracy;* Scheim, *Contract on America.*

29 Es war die Operation, die von Gianni Di Gennaro und Toni De Luca von der Criminalpol im Bericht »Bono + 159« vom 7. Februar 1983 untersucht wurde. Antonino Calderone, dessen Geständnisse 1988 diejenigen Buscettas weitaus übertrafen, hat beschrieben, wie die Mailänder Operation inszeniert wurde, teilweise unter Leitung von Calderones Bruder Giuseppe, Vorsitzender des regionalen Mafiaausschusses für Ostsizilien und der *Inter-Provinciale* für die ganze Insel.

30 Öffentliche Arbeiten im Wert von 21 Billionen Lire, mehr als 16 Milliarden Dollar, sind für Sizilien für die Jahre 1989 bis 1994 geplant: *La Repubblica* (Rom) vom 18. Januar 1989. Die Warnung vor »angesehenen« Firmen, die für die Mafia den Strohmann spielen, wurde von Hochkommissar Sica und Richter Di Pisa wiederholt, einem spezialisierten Untersuchungsrichter in Palermo: *La Repubblica* (Rom) vom 17. Januar 1989.

31 Eine Nachricht aus Catania, übernommen von der Guardia di Finanza, *La Repubblica* (Rom) vom 21. Januar 1989.

32 *La Repubblica* (Rom) vom 22. September 1988.

33 *Corriere della Sera* (Mailand) vom 12. Februar 1989.

34 Kommissar Sica wurde im August 1988 kurz nach der Ermordung Richter Saettas ernannt, eines weithin geachteten Richters.

20 Unentschieden

1 Gaetano Fidanzati wurde als Adamitas Hauptpartner in diesem Unternehmen benannt, ist aber immer noch flüchtig. Im Massenprozeß zu 22 Jahren Gefängnis verurteilt, wurde er unter Italiens Haftzeitbegrenzungsgesetz während der Berufung auf freien Fuß gesetzt.

2 Der sizilianische Mafioso, der als Chef der Gruppe Torretta in New York angesehen wurde, war Francesco Gambino, dessen Mutter Rosa Mannino war. Mitgeteilt wurde mir dies von Di Gennaro und Pansa von der Staatsabteilung gegen das organisierte Verbrechen in Rom.

3 U.S. Southern District Complaint vom 30. November 1988.

4 Interview mit Richter Claudio Lo Curto von Caltanissetta, der inzwischen nach Florenz versetzt worden ist. Richter Ciaccio Montalto soll in Trapani hauptsächlich deswegen ermordet worden sein, weil er diesem Geschäft zu nahe kam.

5 Interview mit Frank Panessa, Chef der amerikanischen Drogenfahndung in Rom.

6 Das war Ignazio D'Antone im Fernsehprogramm des Senders RAl.

7 Interview mit De Gennaro in Rom vom April 1986.

8 Sein Name war Nigel Sevan Soobiah, in diesem Fall angeklagt, aber immer noch flüchtig, angeblich in Amsterdam wohnhaft. Vgl. U.S. Southern District Complaint vom 30. November 1988.

9 a.a.O., S. 35.

10 a.a.O. Vgl. auch *New York Times* vom 2. Dezember 1988.

11 Wie aus New York berichtet im *Corriere della Sera* (Mailand) vom 3. Dezember 1988.

12 *La Repubblica* (Rom) vom 13. Dezember 1988.

13 Der Informant war Willie Boy Johnson, ermordet am 31. August 1988.

14 *New York Times* vom 28. Juli 1988.

15 *New York Times* vom 28. August 1988; *La Repubblica* (Rom) vom 28. August 1988.

16 Rede vor der Internationalen Vereinigung der Polizeichefs in Houston, Texas, am 13. Oktober 1985 von Oliver Revell, dem stellvertretenden Direktor des FBI für Ermittlungen.

17 President's Committee on Organized Crime, Hearings vom 23. bis 25. Oktober 1984. Vgl. auch Aussage von Floyd Clark, stellvertretender Direktor der Verbrechensaufklärung des FBI vor dem Senate Subcommittee on Investigations vom April 1988; und Oliver Revells Rede in Texas.

18 Interview mit Floyd Clark vom 14. März 1989.

19 Freehs Interview mit Enno Caretto, *La Stampa* (Turin) vom 2. Oktober 1988.

20 Frank Panessa, Drogenfahnder.

21 Londoner *Times* vom 12. Oktober 1988. Die *Times* bezeichnet nur »die Mafia in Detroit« als verantwortlich, doch Quellen der amerikanischen Rauschgiftfahndung fügen hinzu, daß die Rauschgifthändler »die sizilianische Fraktion« der Detroiter Mafia waren.

22 Eine genaue Untersuchung der Drogenszene in Neapel wurde 1988 vom Osservatòrio sulla Camorra vorgelegt, dessen Ergebnisse das Land erschütterten. Vgl. *Corriere della Sera* (Mailand) vom 19. November 1988, und *La Stampa* (Turin) vom selben Tag.

23 Der französische Prozeß um die Pizza-Connection, der im September 1988 begann, wie berichtet im *Le Figaro* vom 12. Dezember 1988.

24 Drogenfahndung Rom.

25 Interview mit Frank Panessa, Drogenfahndung Rom, April 1989.

26 Interview am 14. März 1989.

1 New Jersey State Police Intelligence Report vom 16. Mai 1975.

2 Justizbericht von Italiens Stabsabteilung gegen das organisierte Verbrechen, bezüglich Francesco Inzerillos und 69 weiterer sizilianischer Mafiosi in den Vereinigten Staaten vom 11. November 1988.

3 Bericht der amerikanischen Drogenfahndung vom 9. März und 18. April 1977.

4 Enzo Napolis »Gofer«, der bei diesem Heroingeschäft erwischt wurde, war Victor Amuso, der später Boß der New Yorker Mafiafamilie Lucchese wurde.

5 Napolis Kreditkarten von American Express registrierten unter anderem folgende Flüge nach Europa: nach Mailand im Februar 1975; nach Paris im Mai 1975; nach Mailand im Oktober 1975; nach Lugano und Rom im Januar 1976; nach München, Rom, Lugano und Zürich im Februar 1976.

6 Bericht der amerikanischen Drogenfahndung über Flenda am 13. Juni 1977; Telex des Bonner Agenten vom 13. Februar 1977. Die laufenden Ermittlungen der amerikanischen Drogenfahndung dauerten mindestens den ganzen Sommer 1977. Zehn Jahre später, als die einschlägigen Tatsachen ans Licht kamen, bestätigte das römische Büro der amerikanischen Drogenfahndung, daß Flenda für die sizilianische Mafia gearbeitet hatte.

7 Angaben über Napolis Ferngespräche nach Deutschland und Italien wurden von Detective Le Viens Vorgesetztem, Leutnant Joseph Harding, in einem »Summary of Highlights-Operation Earn« vom 7. Juli 1977 gemacht. Die Information war im Monat Mai eingegangen — also in dem Monat, in dem Enzo wegen der Rauschgiftanklage verhaftet wurde. Sie »bewiesen seine Verbindung zu Gestalten des international organisierten Verbrechens«, sagte Harding.

8 *New York Post* vom 23. Januar 1986.

Literatur

Bücher und Artikel

Albini, Joseph, *The American Mafia: Genesis of a Legend.* New York: Appleton-Century-Crofts, 1971.

Alexander, Shana, *The Pizza Connection.* New York: Weidenfeld and Nicolson, 1988.

Anderson, Annelise Graebner, *The Business of Organized Crime.* Stanford, Calif.: Hoover Institution Press, 1979.

Anonymus, *Uomo di rispetto.* Mailand: A. Mondadori, Juni 1988.

Arlacchi, Pino, *La Mafia imprenditrice.* Bologna: Società Editrice il Mulino, 1983.

Arlacchi, Pino, and Nando Dalla Chiesa, *La palude e la città.* Mailand: Arnaldo Mondadori, 1987.

Armi e droga: L'atto d'accusa del giudice Carlo Palermo. Rom: Editori Riuniti, Januar 1988.

Barrese, Orazio, *I complici.* Mailand: Feltrinelli, November 1983.

Barzini, Luigi, *The Italians.* New York: Atheneum, 1977.

Benson, George C. S., *Political Corruption in America.* Lexington, Mass.: Lexington Books, D. C. Heath, 1978.

Biagi, Enzo, *Il Boss è solo: Buscetta, la vera storia d'un vero padrino.* Mailand: Arnaldo Mondadori, Oktober 1986.

Blakey G. Robert, and Richard N. Billings, *The Plot to Kill the President: Organized Crime Assassinated J. F. K.* New York: Times Books, 1981.

Blok, Anton, *The Mafia of a Sicilian Village.* New York: Harper and Row, 1975.

Blumenthal, Ralph, *Last Days of the Sicilians*. New York: Times Books, 1988.

Bonanno, Joseph, zusammen mit Sergio Lalli, *A Man of Honor: The Autobiography of Joseph Bonanno*. New York: Simon and Schuster, 1983.

Bresler, Fenton, *The Chinese Mafia*. Briarcliff Manor, N. Y.: Stein and Day, 1981.

Brill, Steven, *The Teamsters*. New York: Simon and Schuster, 1978.

Calvi, Fabrizio, *La vie quotidienne de la Mafia*. Paris: Hachette, 1986.

Charbonneau, Jean-Luc, *The Canadian Connection*. Ottawa: Optimum, 1976.

Cressey, Donald, R., *Theft of the Nation*. New York: Harper and Row, 1969.

Dalla Chiesa, Nando, *Delitto imperfetto*. Mailand: Arnaldo Mondadori, 1984.

Davis, John H., *The Kennedys*. New York: McGraw-Hill, 1984.

Demaris, Ovid, *The last Mafioso*. New York: Times Books, 1981.

De Sanctis, Riccardo, *Delitto al potere*. Rom: Las Nuova Sinistra — Edizioni Samonà e Savelli, 1972.

Diapoulous, Peter, und Steven Linakis, *The Sixth Family*. New York: Dutton, April 1976.

Di Fonzo, Luigi, *St. Peter's Banker: Michele Sindona*. New York, London, Toronto, Sydney: Franklin Watts, 1983.

Dolci, Danilo, *Fare presto (e bène) perchè si muore*. Turin: Francesco De Silva, 1954.

— *Banditi a partinico*. Bari: Editori Laterza, 1956.

Duggan, Christopher, *La Mafia durante il Fascismo*. Cosenza: Rubbetino Editore — Soveri Mannelli, 1987.

Falcone, Nino, und Bruno Caruso, *Almanaccu sicilianu*. Messina: Pungitopo Editrice, 1986.

Falzone, Gaetano, *Storia della Mafia*. Palermo: S. F. Flaccovio, 1973.

Fava, Giuseppe, *Mafia: Da Giuliano a Dalla Chiesa*. Rom: Editori Riuniti, 1986.

– *Processo alla Sicilia.* Palermo: Editrice Ites, 1971.

Gage, Nicholas, *The Mafia Is Not an Equal Opportunity Employer.* New York: Dell. 1970.

– Hrsg. *Mafia, U.S.A.* New York: Playboy Press, 1972.

Galasso, Alfredo, *La Mafia non esiste.* Neapel: Tullio Pironti, 1988.

Galli, Giorgio, *Storia del partito armato.* Mailand: Rizzoli, 1986.

Galluzzo, Lucio, *Tommaso Buscetta: L'uomo che tradi se stesso.* Aosta: Musumeci, 1984.

– *Mèglio mòrto: Storia di Salvatore Giuliano.* Palermo: S. F. Flaccovio, 1985.

Galluzzo, Lucio, Francesco La Licata und Saverio Lodato, Hrsg. *Rapporto sulla Mafia degli anni '80.* Palermo: S. F. Flaccovio.

Gambino, Richard, *Blood of My Blood.* Garden City, N. Y.: Anchor Press/ Doubleday, 1974.

Giancana, Antoinette, und Thomas C. Renner, *Mafia Princess.* New York: Avon, 1984.

Gosch, Martin A., und Richard Hammer, *The Last Testament of Lucky Luciano.* Boston, Toronto: Little, Brown, 1974.

Gurwin, Larry, *The Calvi Affair.* London: Macmillan Ltd., 1983.

Hess, Henner, *Mafia.* Rom, Bari: Laterza and Figli Spa, April 1984.

Hoffa, James R., erzählt von Oscar Fraley, in: *Hoffa: The Real Story.* New York: Stein and Day, 1975.

Hurt, Henry, *Reasonable Doubt.* New York: Holt, Rinehart and Winston, 1985.

Ianni, Francis A. J., und Elizabeth Reuss-Ianni, Hrsg., *The Crime Society.* New York: New American Library, 1976.

I Boss della Mafia. Vorwort von Girolamo Li Causi. Rom: Editori Riuniti, August 1971.

Jannuzzi, Lino, *Così parlò Buscetta.* Mailand: Sugarco Edizioni, 1986.

Kaplan David E., und Alec Dubro, *Yakuza.* Reading, Mass.: Addison-Wesley, April 1986.

Kennedy, Robert F., *Gangster drängen zur Macht*. Bern und München: Scherz, 1961.

Kwitny, Jonathan, *Vicious Circles*. New York: Horton, 1979.

Lampedusa, Giuseppe Tomasi di, *Il gattopardo (Der Leopard)*. Mailand: Feltrinelli, 1960.

Lane, Mark, *Rush to Judgment*. New York: Holt, Rinehart and Winston, 1966.

Lernoux, Penny, *In Banks We Trust*. New York: Anchor Press/Doubleday, 1984.

Lewis, Norman, *The Honored Society*. New York: Putnam, 1964.

Maas, Peter, *The Valachi Papers (Die Valachi-Papiere)*. New York: Putnam, 1968.

Marrazzo, Giuseppe, *Il Camorrista*. Neapel: Tullio Pironti, 1984.

Mills, James, *The Underground Empire*. Garden City, N. Y.: Doubleday, 1986.

Moldea, Dan, *The Hoffa Wars*. New York, London: Paddington Press, 1978.

Moore, Robin, *The French Connection*. London: Hodder and Stoughton, 1969.

Mustain, Gene, und Jerry Capeci, *Mob Star: The Story of John Gotti*. New York, Toronto: Franklin Watts, 1988.

Nese, Marco, *Nel segno della Mafia*. Mailand: Rizzoli.

Newsday, *The Heroin Trail*. New York: New American Library, 1973.

Nicolosi, Pietro, *Palermo fin de siècle*. Mailand: U. Mursia Editore, 1979.

Pantaleone, Michele, *Mafia e droga*. Turin: Einaudi, 1966.

— *Mafia e politica*. Turin: Einaudi, 1962.

— *L'industria del potere*. Bologna: Cappelli, 1984.

— *Anti-Mafia occasione mancata*. Turin: Einaudi, 1969.

Petacco, Arrigo, *Il prefetto di Ferro*. Mailand: Arnaldo Mondadori, 1975.

— *Joe Petrosino*, Mailand: Arnaldo Mondadori, 1972.

Peterson, Virgil, *The Mob*. Ottawa, Ill.: Greenhill Press, 1983.

Pileggi, Nicholas, *Wiseguy.* New York: Simon and Schuster, 1985.

Pistone, Joseph D., zusammen mit Richard Woodley, *Donnie Brasco: My Undercover Life in the Mafia.* New York: New American Library, 1987.

Poma, Rosario, und Enzo Perrone, *La Mafia: Nonni e nipoti.* Florenz: Vallecchi, 1971.

Puzo, Mario, *The Godfather (Der Pate).* New York: Putnam, 1969.

Renda, Francesco, *Storia della Sicilia dall 1860 al 1970.* Bd. 3. Palermo, 1986.

Saladino, Giuliana, *De Mauro: Una crònaca palermitana.* Mailand: Feltrinelli, 1972.

Scheim, David, *Contract on America: The Mafia Murders of John and Robert Kennedy.* Silver Spring, Md.: Argyle Press, 1983.

Schiraldi, Vittorio, *Siciliani si nasce.* Mailand: Rusconi Libri, 1983.

Sciascia, Leonardo, *The Day of the Owl.* Boston: David R. Godine, 1984.

Scott, Peter Sale, Paul L. Hoch und Russell Stetler, Hrsg., *The Assassinations: Dallas and Beyond.* New York: Vintage Books/Random House, 1976.

Servadio, Gaia, *Mafioso.* New York: Stein and Day, 1976.

Shawcross, Tim, und Martin Young, *Men of Honor: The Confessions of Tommaso Buscetta.* London: Collins, 1987.

Short, Martin, *Crime Inc.* London: Thames Methuen, 1984.

Sindona: Gli atti d'accusa dei giudici di Milan. Rom: Editori Riuniti, Mai 1986.

Smith, Denis Mack, *Storia della Sicilia medievale e moderna.* Mailand: Editori Laterza, 1983.

Stajano, Corrado, Hrsg., *Mafia: L'atto d'accusa dei giudici di Palermo.* Rom: Editori Riuniti, Januar 1986.

Stendal, Russell, *Rescue the Captors.* Burnsville, Minn.: Ransom Press International, 1984.

Sterling, Claire, »Portrait of a Mafia Killer«. *Reader's Digest,* Juni 1973.

– *The Time of the Assassins.* New York: Holt, 1984.

Struffi, Maurizio, und Luigi Sardi, *Fermate quel giudice.* Trient: Luigi Reverdito, 1986.

Summers, Anthony, *Goddess: The Secret Lives of Marilyn Monroe.* New York: Macmillan, 1985.

– *Conspiracy.* New York: McGraw-Hill, 1981.

Talese, Gay, *Honor Thy Father (Ehre deinen Vater).* New York: Dell, 1971.

Teresa, Vincent, zusammen mit Thomas C. Renner, *My Life in the Mafia.* Garden City, N. Y.: Doubleday, 1973.

Violante, Luciano, *La Mafia dell'eroina.* Rom: Editori Riuniti, April 1987.

Waller, Leslie, *The Swiss Bank Connection.* New York: Signet Books, 1972.

Welch, Neil J., und David W. Marston, *Inside Hoover's FBI.* Garden City. N. Y.: Doubleday, 1984.

Zeiger, Henry A., *Sam the Plumber.*

Italienische Quellen

»Annullamento di Sentenza.« Urteil des Kassationsgerichts mit Aufhebung der Urteilsbestätigung durch das Berufungsgericht von Caltanissetta über die Verurteilungen wegen Mordes an Richter Rocco Chinicci. Von Richter Corrado Carnevale. Rom, 3. Juni 1986.

[»Bono + 159«] »Rapporto Guidiziario di Denuncia a Carico di Bono, Giuseppe + 159, Ritenuti Responsabili d'Associazione per Delinquere di Tipo Mafioso e Finalizzata al Traffico delle Sostanze Stupefaciendi«. Bericht der Questura Rom, Squadra Narcotici (geleitet von Gianni De Gennaro). Erstellt vom Centro Interprovinciale Criminalpol für die Lombardei, Latium, Umbrien und Sizilien-Palermo. Zwei Bände. Rom, 7. Februar 1983.

[»Greco + 161«, Bericht von Antonio Cassarà.] »Rapporto Giudiziario di Denuncia al Carico di Greco, Michele piu Altri 161 Persone«. Der Justiz von Palermo vorgelegt von der Questura Palermo, Centro Interprovinciale di Coordinamento delle Operazioni di Polizia Criminale, Westsizilien. 13. Juli 1982.

»Interrogatòrio d'Angelo Empaminonda«. Von Staatsanwalt Francesco di Maggio vom Gericht in Mailand (mehrere Vernehmungen, 230 Seiten Protokoll). 19. November 1984 bis 4. Februar 1985.

»Interrogatòrio di Michele Zaza«. Von Richter Aurelio Galasso, beim Prozeß gegen Salvatore Amendolito und andere. Rom, 23. April 1985.

»Interrogatòrio di Pietro Luigi De Riz«. Von Richter Giovanni Falcone und Staatsanwalt Giuseppe Ayala. Rom, 23. April 1985.

»Interrogazione di Buscetta, Tommaso«. Von Richter Falcone in Palermo. Serie von *verbali* (Protokolle von Fragen und Antworten). 16. Juli 1984 bis 12. September 1984.

»Mandato di Cattura Contro Abbate, Giovanni + 351«. Palermo, 29. September 1984. Erste Haftbefehle und Beschuldigungen für den Massenprozeß von Palermo, unterzeichnet von den Richtern Antonio Caponnetto, Giovanni Falcone, Paolo Borsellino, Leonardo Guarnotta und Giuseppe Di Lello Finuoli. Begründung der Haftbefehle von Richter Falcone.

»Ordinanza di Rinvio a Giudizio«. Anklageerhebung von Richter Claudio wegen Mordes an Richter Ciaccio Montalto.

»Ordinanza di Rinvio a Giudizio, Baddar Hakam Hussein + 21«. Anklageerhebung durch Richter Vittorio de Cesare gegen 22 Palästinenser und Italiener wegen Rauschgiftschmuggels. Rom, 12. Oktober 1985.

»Ordinanza di Rinvio a Giudizio Contro Calabro, Gioacchino + 19«. Anklageerhebung von Richter Claudio Lo Curto, Gericht von Caltanissetta im Prozeß gegen 20 Angeklagte wegen Mordversuchs an Richter Carlo Palermo. 26. Juni 1986. Begründung der Gerichtsverfügung, 607 Seiten.

»Ordinanza di Rinvio a Giudizio, Michelangelo Aiello +32«. Anklageerhebung durch Richter Arelio Galasso wegen

Geldwaschaktivitäten im Zusammenhang mit Rauschgifthandel im Fall der Pizza Connection und weiteren Fällen. Rom, 6. Oktober 1986.

»Ordinanza di Rinvio a Giudizio, Salvatore Amendolito + 35« (darunter auch Michele Zaza). Von Richter Aurelio Galasso. Rom, 6. Oktober 1986.

»Ordinanza-Sentenza Contro Abbate, Giovanni + 706«. Eröffnungsverfügung des als Maxi-Processo (Massenprozeß) bekanntgewordenen Verfahrens. 40 Bände. Palermo, 8. November 1985.

»Relazione sui Lavori Svolit e Sullo Stato del Fenòmeno Mafioso al Termine della V Legislatura«. Dokument XXIII, Nr. 2.

»Relazione sui Mercati all'Ingrosso«. Bericht des Antimafiaausschusses des italienischen Parlaments vom Mai 1971. Dokument XXIII, Abschnitt *(ter)* 2.

»Relazione sulle Risultanze Acquisite sul Comune di Palermo«. Bericht des Antimafiaausschusses des italienischen Parlaments vom Mai 1971.

»Relazione sull'Indagine Riguardiante Casi di Singoli Mafiosi«. Bericht des Antimafiaausschusses des italienischen Parlaments, dem italienischen Senat im Juli 1971 übermittelt. Dokument XXIII.

»Relazione sull'Indagine Svolta in Merito alle Vicende Conesse all'Irreperibilita di Luciano Leggio«. Veröffentlicht von der Commissione Parlamentare d'Inchiesta sul Fenòmeno delle Mafia in Sicilia, dem italienischen Parlament am 26. Februar 1970 übermittelt. Dokument XXIII, Nr. 2.

»Requisitòria Contro Calò, Giuseppe + 14«. Empfehlung zur Anklageerhebung und Verurteilung wegen Rauschgifthandels und Bombenanschlags in der Weihnachtszeit auf einen Zug bei Bologna. Büro der Procura. Rom, 18. Juni 1987.

»Requisitòria, Michele Sindona + 11«. Empfehlung zur Anklageerhebung gegen Sindona und weitere Angeklagte, darunter John Gambino. Von Staatsanwalt Guido Viola. Mailand, 6. Juni 1984.

»Requisitòria nei Confronti di Calò, Giuseppe, Carboni, Flavio + 25«. Von Staatsanwalt Domenico Sica. Rom.

»Requisitòria, Rosario Spatola + 84«. Empfehlung zur Anklageerhebung, von Staatsanwalt Giusto Sciacchitano, Palermo, 7. Dezember 1981.

»Sentenza della Corte d'Assise d'Appello di Clatanissetta Contro Rabito, Vincenzo + 5« (Urteil). Bestätigung des erstinstanzlichen Urteils gegen Rabito und fünf andere einschließlich Michele Grecos wegen des Mordes an Richter Rocco Chinicci. Von Richter Antonino Saetta, Caltanissetta, 14. Juni 1985.

»Sentenza della Corte d'Assize di Catanzaro«.

»Sentenza della Corte Supreme di Cassazione«. Urteil des Berufungsgerichts in Richter Carlo Palermos Waffen-Rauschgiftfall. 7. August 1987.

»Sentenza della Corte Suprema di Cassazione«. Teilweise Annullierung des erstinstanzlichen Urteils gegen türkisch-italienische Rauschgifthändler von Richter Carlo Palermo. Rom, 7. August 1985.

»Sentenza della Corte Suprema di Cassazione sul Ricorso Proposto d'Amendolito + 26«. Aufhebung der Urteile im italienischen Prozeß um die Pizza-Connection. Von Richter Corrado Carnevale, Rom, 7. November 1988.

»Sentenza di Rinvio a Giudizio«. Von Richter Cesare Terranova. Palermo, 31. Mai 1965.

»Sentenza di Rinvio a Giudizio«. Im Massenprozeß.

»Sentenza di Rinvio a Giudizio«. Anklageerhebung gegen die gesamte Mitgliedschaft der Mafia in Agrigent, insgesamt 56. Von Richter Fabio Salamone. Agrigent, 12. April 1986.

»Sentenza di Rinvio a Giudizio Contro Cercola, Guzido + 14«. Anklageerhebung gegen Cercola und andere, darunter Pippo Calò, wegen des Bombenanschlags auf einen Zug bei Bologna in der Weihnachtszeit. 1984, von Richter Girone, Florenz.

»Sentenza di Rinvio a Giudizio«. Auszüge aus der Anklageerhebung im Waffen- und Rauschgiftfall. Von Richter Carlo Palermo, Gericht von Trient, 15. November 1984.

Vollständiges Protokoll der Zeugenaussagen im Massenprozeß (Maxi-Processo) von Palermo. Nach dem wörtlichen Abdruck in *Giornale di Sicilia* (Palermo), 10. Februar 1986 bis 1. April 1987.

Amerikanische Quellen

»America's Habit: Drug Abuse, Drug Trafficking, and Organized Crime«. Bericht an den Präsidenten und den Generalstaatsanwalt der Vereinigten Staaten vom President's Committee on Organized Crime, Washington, D. C., 1986.

»The Cash Connection«. Interim Report on Organized Crime, Financial Institutions and Money Laundering, President's Commission on Organized Crime. Washington, D. C., Oktober 1984.

»Chronology of Events«. Erstellt vom U.S. Southern District für die Geschworenen im Prozeß um die Pizza-Connection. 1985.

»Colombian Narcotics-Trafficking Organizations«. Criminal Investigative Division, Federal Bureau of Investigation. Washington, D. C., Juni 1986.

»Complaint by U.S. Southern District against Giuseppe Gambino and 26 Others«. Erhoben durch Assistant U.S. Attorney Andrew C. McCarthy. New York, 30. November 1988.

»The Impact: Organized Crime Today«. President's Commission on Organized Crime. Washington, D. C., April 1986.

Indictment (Anklageerhebung) durch die Federal Grand Jury, Manhattan, gegen Gaetano Badalamenti und 34 andere wegen Drogenhandel im Zusammenhang mit der Pizza-Connection. Complaint von U.S. Attorney Rudolph Giuliani. New York, 19. April 1984.

Indictment gegen Anthony Salerno, Paul Castellano und sieben andere wegen Zugehörigkeit zum leitenden Ausschuß der amerikanischen Cosa Nostra. Durch die Federal Grand Jury. Manhattan, 26. Februar 1985.

»International Narcotics Control Strategy Report, März 1988«. U.S. State Department, Bureau of International Narcotics Matters, 1. März 1988.

»International Narcotics Control Strategy Report, März 1989«. U.S. State Department, Bureau of International Narcotics Matters, 1. März 1989.

»La Cosa Nostra in Canada«. Criminal Investigative Division. Federal Bureau of Investigation. Washington, D. C., März 1985.

[McClellan Committee hearings.] »Organized Crime and Illicit Traffic in Narcotics«. Senate Hearings, Permanent Subcommittee on Investigations of the Committee on Government Operations, 85. Kongreß, 1. Sitzungsperiode 25. bis 27. September, 1., 2., 8., 9., 10. bis 16., 29. Oktober 1963; 28. bis 30. Juli 1964. Final Report (Abschlußbericht) des McClellan Subcommittee vom 4. März 1965.

»Narcotics Intelligence Estimate, 1983«. National Narcotics Intelligence Consumers Committee (NNICC). Washington, D. C.

»National Drug Strategy«. Federal Bureau of Investigation. Washington, D. C., 1986.

»The NNICC Report 1985-1986«. NNICC, Washington, D. C., Juni 1987.

»The NNICC Report 1987«. NNICC, Washington, D. C., April 1988.

»Organized Crime and Cocaine Trafficking«. Hearing of the President's Commission on Organized Crime. Miami, 20. bis 21. Februar 1985.

»Organized Crime of Asian Origin«. Hearings of the President's Commission on Organized Crime. New York, 23. bis 25. Oktober 1984.

»Pennsylvania Crime Commission, 1985 Report«. Commonwealth of Pennsylvania, Conshohocken, Pennsylvania, 1985.

»A Report of the Study of Organized Crime's Infiltration of the Pizza and Cheese Industry«. Pennsylvania Crime Commission. März 1980.

»The Sicilian Mafia and its Impact on the United States«. Sean M. McWeeney. Federal Bureau of Investigation, Criminal Investigative Division. Washington, D. C., 1986.

Superseding indictment vom 20. Februar 1985. Sealed Complaint der Bundesanwälte Louis J. Freeh und Richard A. Martin vom 3. April 1984.

Transkript der Tonbänder der Royal Canadian Mounted Police mit der Aufzeichnung des Gesprächs zwischen Paul Violi und Besuchern aus Sizilien, Montreal, 22. April 1974.

Vollständige Zeugenaussagen von Salvatore Contorno, Tommaso Buscetta, Luigi Ronsisvalle, Gaetano Badalamenti, FBI-Agent Charles Rooney, FBI-Agent Carmine Russo und FBI-Agent Joe Pistone im Prozeß um die Pizza-Connection.

Sachbuch

Als Band mit der Bestellnummer 60318 erschien:

Der größte Prozeß der amerikanischen Justiz-
geschichte: 22 Angeklagte, 17 Monate Verfahrensdauer,
125 geladene Zeugen. Ein mitreißender Einblick
in die Machenschaften des organisierten Verbrechens
und in die Taktiken eines monumentalen
Strafverfahrens.

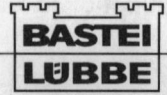